Les conflits d'intérêts en arbitrage commercial international

Logiques Juridiques

Collection dirigée par Gérard Marcou

Le droit n'est pas seulement un savoir, il est d'abord un ensemble de rapports et pratiques que l'on rencontre dans presque toutes les formes de sociétés. C'est pourquoi il a toujours donné lieu à la fois à une littérature de juristes professionnels, produisant le savoir juridique, et à une littérature sur le droit, produite par des philosophes, des sociologues ou des économistes notamment.

Parce que le domaine du droit s'étend sans cesse et rend de plus en plus souvent nécessaire le recours au savoir juridique spécialisé, même dans des matières où il n'avait jadis qu'une importance secondaire, les ouvrages juridiques à caractère professionnel ou pédagogique dominent l'édition, et ils tendent à réduire la recherche en droit à sa seule dimension positive. À l'inverse de cette tendance, la collection « Logiques juridiques » des éditions L'Harmattan est ouverte à toutes les approches du droit. Tout en publiant aussi des ouvrages à vocation professionnelle ou pédagogique, elle se fixe avant tout pour but de contribuer à la publication et à la diffusion des recherches en droit, ainsi qu'au dialogue scientifique sur le droit. Comme son nom l'indique, elle se veut plurielle.

Dernières parutions

Daphne AKOUMIANAKI, *Les rapports entre l'ordre juridique constitutionnel et les ordres juridiques européens. Analyse à partir du droit constitutionnel grec*, 2016.

Boris BARRAUD, *La Recherche juridique. Sciences et pensées du droit*, 2016.

Bolleri PYM, *Le statut juridique des établissements de microfinance (EMF) en zone CEMAC, L'encadrement de la « petite finance » du secteur informel vers le secteur formel*, 2016.

Aurore GRANERO, *Les personnes publiques spéciales*, 2016.

Khaled MEJRI, *Le droit international humanitaire dans la jurisprudence internationale*, 2016.

Tiphaine THAUVIN, *Les services sociaux dans le droit de l'Union européenne*, 2016.

Constance Castres Saint-Martin

Les conflits d'intérêts en arbitrage commercial international

Préface de Bertrand Ancel

L'Harmattan

5-7, rue de l'Ecole-Polytechnique, 75005 Paris

http://www.harmattan.fr
diffusion.harmattan@wanadoo.fr

ISBN : 978-2-343-10196-5
EAN : 9782343101965

PRÉFACE

L'ouvrage que Constance Castres Saint Martin a eu l'heureuse idée de soumettre au public est consacré à un phénomène sans doute actif depuis longtemps, mais dont la puissance corrosive ne s'est révélée que récemment dans de multiples domaines de la vie sociale. S'engageant dans une recherche d'ordre juridique et non pas philosophique ou sociologique - quoique ces dimensions ne soient pas occultées - l'auteur a choisi d'aborder le thème des conflits d'intérêts dans le cadre resserré et plus concret les procédures d'arbitrage qui aujourd'hui sont volontiers présentées comme le mode normal de règlement des différends du commerce international. Indépendamment de son évidente actualité, le sujet se justifiait par une intuition acquise dès l'obtention d'un Master de Droit des Contrats internes et internationaux (Faculté Jean Monnet de l'Université Paris Sud) et que sont venues consolider chemin faisant, après une formation à la profession d'avocat, la fréquentation de la Chambre de Commerce Internationale, la préparation d'un LL.M. de Droit international des Affaires/International Business Law (Sorbonne-Assas International Law School) et les divers stages en cabinet qui ont accompagné l'élaboration de ce travail. Cette intuition percevait que le danger que représente le conflit d'intérêts dans une matière en expansion et de structuration encore souple comme l'est l'arbitrage commercial international, risquait d'en endommager durablement l'image, de le décrédibiliser au point d'en compromettre le développement et de priver le monde des affaires de ses bienfaits, alors que, sans nier la gravité du phénomène, il ne fallait pas non plus la surestimer. Il n'était que temps de dénoncer et détruire quatre idées reçues, dont la conjugaison proscrivait la ligne claire, à savoir que les conflits d'intérêts seraient affaire de conscience individuelle, qu'ils seraient en toute hypothèse nocifs, que la prévention ne serait pas la meilleure manière de les traiter et enfin que l'arbitrage spécialement dans le monde du commerce international offrirait un terrain propice à leur multiplication. Il s'agissait en somme de combattre le trouble né des méfaits déjà ressentis d'une réalité qui était d'autant plus inquiétante qu'elle demeurait encore indistincte. Il y avait là matière à thèse de doctorat comme le discerna l'auteur et comme l'en approuva l'Université Panthéon-Assas ; il y avait là aussi de quoi nourrir une ambition plus pratique, qui portait à démontrer que le silence du législateur en ce domaine équivalait à une démission, alors qu'il était concevable de fixer par voie de dispositions générales un véritable régime des conflits d'intérêts en arbitrage commercial international.

Cependant, avant de s'engager dans la construction d'un régime, il convenait de préciser la notion. C'est pourquoi l'ouvrage s'articule en deux parties dont les titres empruntés au langage médical – la pathologie et le traitement - habillent plus qu'ils ne masquent la distinction classique de la notion et du régime. La première partie établit à partir de cas de figures strictement ordonnancés et développe avec une égale rigueur la définition suivante : un conflit d'intérêts est la contradiction directe et actuelle au sein d'une seule et même personne entre un intérêt personnel et un intérêt tiers dont elle a la charge, la plaçant en situation de faire prévaloir le premier sur le second. Cette contradiction implique que l'arbitre ne peut à la fois servir son intérêt personnel et l'intérêt tiers, celui de la justice réclamée par les parties ; mais elle n'implique pas que l'arbitre privilégie à tout coup son intérêt personnel, elle en crée seulement le risque. La seconde partie sélectionne les diverses réactions que selon le moment de l'évolution de ce risque, il est approprié de lui opposer, soit en prévention soit en sanction, mais toujours par référence au paramètre de la bonne administration de la justice. Le traitement du conflit d'intérêt se décline alors sous l'égide du principe de confiance. Appelé par la nature contractuelle de l'arbitrage, ce principe de confiance l'est tout autant par la dimension juridictionnelle que lui donne son objet, pour quoi il pèse sur tout arbitre au profit de chacune des parties - et spécialement, faut-il préciser, sur celle qui ne l'a pas désigné. « Transcendant » et « congénital », ce principe n'a pourtant pas été formulé par le législateur français de 2011 ; il est permis de le regretter avec l'auteur, mais peut-être cette retenue s'explique-t-elle par le désir de ne pas entraver, dans un domaine où l'initiative étatique se veut pondérée, une dynamique que révèle la jurisprudence de ses tribunaux.

Dûment étayés sur un appareil bibliographique et jurisprudentiel solide dont l'exploitation attentive a favorisé des analyses très justes, exposées avec clarté et sobriété, sans fioriture ni galimatias, l'ampleur et le haut niveau de la recherche confèrent à l'ouvrage une dimension exemplaire.

Bertrand Ancel
Professeur émérite de l'Université Panthéon Assas (Paris II)

Remerciements

À mes Directeurs de recherches, pour leur confiance

À mes parents, pour leur bienveillance

À mes amis, pour leur assistance

Pour Julien, Thibault et Laure

TABLE DES ABREVIATIONS

AAA	American Arbitration Association (États-Unis)
AJDA	L'actualité juridique. Droit administratif
al.	alinéa(s)
Arb. Int.	*Arbitration International* (Grande-Bretagne)
J. Int. Arb.	*Journal of International Arbitration* (États-Unis)
art.	article(s)
ATF	Arrêts du tribunal fédéral suisse
Bull	Bulletin
Bull. civ.	Bulletin des arrêts de la Cour de cassation. Chambres civiles.
c.	contre
CA	Cour d'appel de
CACNIQ	Centre d'arbitrage commercial national et international du Québec
Cah. arb.	Les cahiers de l'arbitrage. Paris Journal of International Arbitration
Cass. (ass. pl. ; 1ère civ. ; 2ème civ. ; 3ème civ. ; com. ; soc. ; crim. ; req. ; ch. réunies)	Cour de cassation (assemblée plénière ; première chambre civile ; deuxième chambre civile ; troisième chambre civile ; chambre commerciale ; chambre sociale ; chambre criminelle ; chambre des requêtes ; chambres réunies)
CCI	Chambre de commerce internationale
CE	Conseil d'État
CEDH	Cour européenne des droits de l'Homme
CEPANI	Centre belge pour la pratique et l'étude de l'arbitrage national et international
cf.	confer
chron.	Chronique
Cie.	Compagnie
CIRDI	Centre international pour le règlement des différends relatifs aux investissements
CNUDCI	Commission des Nations Unies pour le droit commercial international
Comp.	Comparer
conc.	conclusion(s)
CESDH	Convention européenne de sauvegarde des droits de l'homme et des libertés fondamentales
CPC	Code de procédure civile
C. pén.	Code pénal
crit.	critique(s)
D.	Recueil Dalloz
DA	Recueil Dalloz analytique
dact.	dactylographié(e)
Defrénois	Répertoire du notariat Defrénois
esp.	espèce

ès qual.	ès qualités
Fasc.	fascicule(s)
Gaz. Pal.	Gazette du Palais
gén.	général
IBA	International Bar Association
ibid.	ibidem
ICC	International Chamber of Commerce
ICSID	International Centre for Settlement of Investment Disputes
id.	idem
i. e.	id est
JCP G	Juris-Classeur Périodique (La Semaine Juridique), édition générale
JDI	Journal de droit international (ou Clunet)
JO	Journal officiel de la République française
LCIA	London Court of International Arbitration
McGill Law Journ.	McGill Law Journal (Canada)
obs.	observation(s)
OHADA	Organisation pour l'Harmonisation en Afrique du Droit des Affaires
OMPI	Organisation Mondiale de la Propriété Intellectuelle
op. cit.	opere citato
ord.	ordonnance
réf.	statuant en référé
p.	page
Paris	Cour d'appel de Paris
LPA	Les Petites Affiches
Pan.	Panorama
préc.	précité
PUF	Presses universitaires de France
Rev. crit. DIP	Revue critique du droit international privé
Rec.	Recueil
Rép.	Répertoire
Rev. arb.	Revue de l'arbitrage
RTD civ.	Revue trimestrielle de droit civil
RTD com.	Revue trimestrielle de droit commercial
s.	suivant
somm.	sommaire
spéc.	spécialement
t.	tome
T. civ.	Tribunal civil de
TGI	Tribunal de grande instance de
Trad.	Traduction
v.	versus
V.	Voir
Vol.	volume

SOMMAIRE

INTRODUCTION GÉNÉRALE

1. Les conflits d'intérêts sont un sujet passionnant notamment en raison de leur omniprésence dans l'actualité[1]. Cette notion transversale touche indifféremment tous les domaines aussi bien économique, politique que juridique. Les conflits d'intérêts sont notamment présents dans le milieu pharmaceutique. Par exemple, en 2013, les laboratoires *Servier*, fabricant du *Mediator*, ont été soupçonnés d'avoir conclu des contrats avec d'anciens responsables de la santé publique. L'opinion s'est alors interrogée sur l'opportunité de la mise sur le marché de certains médicaments. Les conflits d'intérêts se propagent aussi dans le milieu politique. Dans cette sphère, le législateur a été invité à se prononcer sur l'opportunité du cumul de plusieurs fonctions telles que celles de parlementaire et avocat. Le 26 janvier 2011, M. Jean-Marc Sauvé remet au Président de la République le Rapport de la Commission de réflexion pour la prévention des conflits d'intérêts dans la vie publique. Ce rapport a donné naissance à la loi n° 2013-907 du 11 octobre 2013 relative à la transparence de la vie publique. Ces démarches vont dans le sens d'un développement de l'éthique des agents publics. Enfin, les conflits d'intérêts se multiplient dans le milieu juridique. Aucune branche du droit ne semble épargnée : droit de la santé[2] ; droit des sociétés[3] ; droit des obligations[4] *etc*. Le législateur intervient de manière sporadique et ciblée de telle sorte qu'il existe une multitude de régimes spéciaux des conflits d'intérêts. Chaque branche du droit dispose de son régime des conflits d'intérêts. Cette pratique législative n'est pas conforme au principe de sécurité juridique qui exige, non seulement la continuité des règles de droit, mais aussi leur intelligibilité. La création d'une définition transversale des conflits d'intérêts, applicable à l'ensemble des branches du droit, serait bien plus respectueuse de cet impératif.

2. L'établissement d'une définition transversale est précisément l'objectif que s'est fixé Mme Claire Ogier dans sa thèse publiée en 2008[5]. Après avoir fait une étude croisée des conflits d'intérêts dans différentes branches du

---

[1] M. Hirsch, Pour en finir avec les conflits d'intérêts, Parti pris, Stock, 2010, spéc. p. 28 : « Conflit d'intérêts, expression de l'année 2010 ».
[2] J. Moret-Bailly, « Définir les conflits d'intérêts », D., 2011.1110.
[3] D. Schmidt, Les conflits d'intérêts dans la société anonyme, éd. Joly, 2004.
[4] P.-Fr. Cuif, « Le conflit d'intérêts, essai sur la détermination d'un principe juridique en droit privé », RTD com., 2005.1.
[5] C. Ogier, Le conflit d'intérêts, thèse Saint-Etienne, 2008.

droit, Mme Claire Ogier a ainsi indiqué : « [o]n peut définir le conflit d'intérêts comme la situation dans laquelle un intérêt à protéger en vertu d'une mission issue d'une compétence et d'un pouvoir, intérêt objectivement apprécié, est sacrifié au profit d'un intérêt opposé »[6]. Pour autant, la pratique du législateur n'a pas évolué. Son intervention demeure ponctuelle. En conséquence, d'autres personnes, telles que les journalistes[7], s'emparent de la notion de conflit d'intérêts. Or, sans la protection d'une définition juridique unique, la notion de conflit d'intérêts risque de relever du jargon journalistique. Mme Claire Ogier l'avait déjà relevé dans sa thèse, où elle avertit que la formule *conflit d'intérêts* est « un mot de l'esprit de notre temps, un mot qui pourrait donc rapidement devenir galvaud*é* »[8]. La formule n'est pas en voie d'extinction, mais en voie de perdition. Il serait souhaitable que le législateur donne au conflit d'intérêts son véritable sens.

3. Pour tenter de saisir le véritable sens du conflit d'intérêts, il convient de rappeler quelles sont les origines de cette notion. Le conflit d'intérêts est souvent considéré comme un anglicisme ou encore une traduction littérale de l'expression anglo-américaine *conflict of interests*. En réalité, l'expression *conflit d'intérêts* n'est pas le fruit d'un mimétisme. Elle a, au contraire, une forte empreinte historique en France. Formellement, l'expression apparaît, en 1932, dans le dictionnaire de l'Académie française[9]. Cependant, les prémices de la notion sont bien plus anciennes[10]. Elles remontent au temps des Evangiles, dans lesquels ceux de Luc[11] et de Matthieu[12] indiquent respectivement que « Nul ne peut servir deux maîtres. Car, ou il haïra l'un et aimera l'autre ; ou il s'attachera à l'un et méprisera l'autre. Vous ne pouvez servir Dieu et la richesse ». La lettre du texte ne nomme pas l'expression, mais son esprit y renvoie. La présence du conflit d'intérêts dans les Evangiles est remarquable ; elle lui donne une dimension morale.

4. La notion de conflits d'intérêts doit être étudiée à travers le prisme du droit et celui de la morale. Néanmoins, il convient d'être prudent : la morale est une notion complexe dont il n'est pas aisé de fixer les contours. On trouve une autre trace des conflits d'intérêts dans le Digeste, l'une des compilations les plus importantes du droit romain antique. La notion fait son entrée dans

---

[6] C. Ogier, *op. cit.*, spéc. p. 278.

[7] M. Hirsch, *op. cit.*, spéc. p. 28 : « D'un concept abstrait pour juristes férus de droit comparé, le conflit d'intérêts devient un objet croustillant pour journalistes amateurs de scandales et provoque un abîme de perplexité pour tous ceux qui recherchent la clarté ».

[8] C. Ogier, *op. cit.*, spéc. p. 9.

[9] Dictionnaire de l'Académie française, 8ème éd., 1932-1934.

[10] Lignes directrices de l'OCDE pour la gestion des conflits d'intérêts dans le service public (2003), Avant-propos n° 2 : « préoccupation ancestrale ».

[11] Evangile de Luc, Chapitre 16, verset 13.

[12] Evangile de Matthieu, Chapitre 6, verset 24.

la sphère juridique bien que l'expression *conflit d'intérêts* ne soit pas encore consacrée. Le Digeste comporte deux maximes bien connues en la matière : *Nemo in rem suam auctor esse potest* et *Nemo judex in sua causa*. Celles-ci signifient respectivement *Nul ne peut officier en sa propre cause* et *Nul ne peut être juge et partie*. Ces maximes sont évocatrices et ne nécessitent pas d'explications additionnelles. Elles se suffisent à elles-mêmes. Dans le Digeste, le conflit d'intérêts est envisagé de manière moins moralisatrice que dans les Evangiles. Le Digeste semble en appeler au bon sens, à la conscience et non pas à la morale. La seconde maxime a eu tellement de succès qu'elle a été reprise par Portalis dans son discours préliminaire du premier projet de Code civil[13]. Selon cet auteur, le Code civil « répugne que l'on puisse être à la fois juge et partie. Or, quand on autorise, on est juge, et on est partie quand on traite. On peut, comme partie, chercher son bien propre et particulier ; comme autorisant, on ne doit travailler qu'au bien d'autrui ». Le conflit d'intérêts est donc également présent dans l'esprit du Code civil dès son origine. Le conflit d'intérêts a ainsi une forte empreinte historique et une coloration morale.

5. À l'époque contemporaine, les conflits d'intérêts ont connu plusieurs tentatives de régulation. L'Organisation de Coopération et de Développement Economiques (OCDE) a proposé en 2003 des Lignes directrices pour la gestion des conflits d'intérêts dans le service public. Ce texte a vocation à aider les gouvernements à réexaminer et à moderniser leurs politiques en matière de conflits d'intérêts dans le secteur public. En France, le rapport de la Commission de réflexion pour la prévention des conflits d'intérêts dans la vie publique a été remis au Président de la République le 26 janvier 2011. Cette Commission, présidée par M. Jean-Marc Sauvé, avait pour mission de formuler des propositions afin de renforcer la déontologie des membres du gouvernement et des hauts fonctionnaires. Le 6 avril 2011, le Bureau de l'Assemblée nationale crée un Code de déontologie et prévoit la nomination d'un déontologue dès juin 2012. Au Sénat, un Comité de déontologie s'est réuni, sous la présidence de M. Robert Badinter, pour débattre de la mise en place de bonnes pratiques et s'interroger sur les carences des incompatibilités parlementaires. En 2011, le groupe de travail sur les conflits d'intérêts, présidé par M. Jean-Jacques Hyest, prend le relais de ces réflexions et propose quarante recommandations en vue de dégager les modalités de prévention et de gestion des conflits d'intérêts pour les membres du

[13] Elle a encore un succès certain. Le Conseil constitutionnel l'a lui même empruntée pour juger inconstitutionnel l'article L.631-6 du Code de commerce en vertu duquel le tribunal de commerce pouvait se saisir d'office en vue de l'ouverture d'une procédure collective : Cons. const., 7 déc. 2012, n° 2012-286, QPC, Journal Officiel 8 décembre 2012 ; JCP G, 2013, note 50.

Parlement[14]. Toutes ces démarches trahissent la volonté commune des pouvoirs exécutif et législatif d'encadrer la notion de conflits d'intérêts dans la vie publique.

6. Le conflit d'intérêts mériterait d'être encadré et, en particulier, dans le domaine de l'arbitrage commercial international. À l'occasion d'un arrêt de 1862, la Chambre des Requêtes avait caractérisé l'arbitrage de la manière suivante : « [l]'arbitrage est l'œuvre d'un juge que les parties se sont données »[15]. À la lecture de cet attendu, un profane de la pratique de l'arbitrage commercial international pourrait penser que les conflits d'intérêts sont inhérents à la matière arbitrale. En réalité, ce n'est pas parce que les parties choisissent leurs juges que ceux-ci perdent instantanément leur indépendance et leur impartialité. Le choix de l'arbitre par les parties à l'arbitrage ne fait pas de l'arbitrage un terrain fécond en conflits d'intérêts.

7. La matière de l'arbitrage elle-même est subtile. Pour nous en convaincre, reprenons une phrase de M. François Terré extraite de son article « L'arbitrage, essence du juridique » écrit en 2004 en hommage à M. Claude Reymond : « [l]'élévation d'un homme à l'état de juge implique, pour produire son effet, la conjonction de deux causes : la confiance et le prestige »[16]. Cette citation relève de la philosophie de l'arbitrage en ce qu'elle explique pourquoi les parties choisissent une personne plutôt qu'une autre pour les juger. Les parties désignent avant tout un homme en qui elles ont *confiance*. En effet, la confiance est à la fois un élément essentiel de la fonction de juger, et un élément *congénital* de l'arbitrage. Les parties choisissent également en fonction du *prestige* de l'homme. Ce *prestige*, auquel renvoie M. François Terré, est sans doute le prestige du sachant, car la justice arbitrale se veut technique. Les parties désignent comme arbitre un homme associant une personnalité suscitant la confiance et une technique assurant le prestige. Le choix de l'arbitre par les parties est donc un élément qui ne saurait constituer en tant que tel la cause de l'existence des conflits d'intérêts en arbitrage commercial international.

8. Pourtant, dès les années 1990, Fouchard, M. Emmanuel Gaillard et Goldman avaient constaté une *dégradation des mœurs*[17]. À l'époque, les coauteurs du Traité de l'arbitrage commercial international rapportaient que

---

[14] Rapport d'information Sénat, n° 518, session ordinaire 2010-2011, enregistré à la Présidence du Sénat le 12 mai 2011, sous la présidence de J.-J. Hyest, Les 40 recommandations du groupe de travail sur les conflits d'intérêts

[15] Req., 29 décembre 1862, S., 1862.I.81.

[16] F. Terré, « L'arbitrage, essence du juridique », *in* Mélanges Reymond, Litec, 2004, p. 309, spéc. p. 314.

[17] Ph. Fouchard, E. Gaillard, B. Goldman, Traité de l'arbitrage commercial international, Litec, 1996.

le comportement des parties et des arbitres trahissait une dégradation des moeurs. Les parties avaient tendance à considérer que, n'étant pas dans le cadre d'une procédure classique, le principe du procès équitable notamment n'avait pas vocation à s'appliquer. Tantôt elles gardaient les pièces jusqu'au dernier moment et ne les dévoilaient qu'au jour de l'audience arbitrale, tantôt elles feignaient de ne pas avoir eu connaissance au début de l'instance arbitrale d'un élément factuel concernant l'arbitre pour en demander la récusation de manière dilatoire. Quant aux arbitres, ils se comportaient parfois comme des *champions* défendant la cause de la partie qui les avaient nommés. Cette pratique des « arbitres partisans » ou « arbitres maisons » n'est pas souhaitable. L'arbitre n'est pas un mandataire. La partie qui l'a nommé n'est pas un mandant. L'arbitre est un juge et, en tant que tel, il doit être et demeurer neutre tout au long de l'instance arbitrale. Dans les années 2000, Lalive tente de susciter la réflexion des praticiens et des institutions d'arbitrage en faisant état que ce qu'il appelle les *dérapages* ou *dérives arbitrales*[18]. Lalive compte cinq dérives principales : la *suroccupation*[19] des arbitres les plus connus au détriment des plus jeunes, la *cupidité*[20] de certains arbitres[21], les *manœuvres dilatoires*[22] des parties, le lien de *dépendance*[23] entre des conseils et les parties à l'arbitrage au détriment de la justesse du raisonnement juridique, et la publicité faite autour des institutions d'arbitrage par le biais de séminaires, colloques, *etc*[24]. Lalive pensait que la *commercialisation*[25] de l'arbitrage commercial international était à l'origine de l'ensemble de ces dérives. Les écrits de Lalive conduisent à un sain examen de conscience. Quelques années plus tard, en 2011, M. Pierre Tercier relève la persistance de ces *dérapages arbitraux*[26]. Cette dégradation de la pratique arbitrale semble sans amélioration. Qui plus est, elle serait même ancienne si l'on se fie à l'expérience de Troplong qui écrit en 1843 : « l'arbitrage est une manière de juger si défectueuse, si dépourvue de garanties, qu'on aurait dû laisser les parties maîtresses d'y recourir ou de le répudier, suivant les occasions. Quant à moi, qui ai été arbitre quelquefois, je déclare, par expérience, que, dans un procès de quelque gravité, je ne

---

[18] P. Lalive, « Dérives arbitrales », Bull. ASA, 2006, Vol. 24, p. 2 ; P. Lalive, « Dérives arbitrales », Bull. ASA, 2005, Vol. 23, p. 587 ; P. Lalive, « Inquiétantes dérives de l'arbitrage CCI », Bull. ASA, 1995, Vol. 13, p. 634.

[19] P. Lalive, « Dérives arbitrales », Bull. ASA, 2005, Vol. 23, p. 587, spéc. p. 589.

[20] *Ibid.*, spéc. p. 590.

[21] Sachant qu'à cette époque il était d'usage de rémunérer les arbitres plus modestement que les conseils.

[22] P. Lalive, « Dérives arbitrales », Bull. ASA, 2006, Vol. 24, p. 2, spéc. p. 4.

[23] *Ibid.*, spéc. p. 6.

[24] *Ibid.*, spéc. p. 11. OPPETIT l'appelait l'autopromotion publicitaire.

[25] P. Lalive, « Sur une « commercialisation » de l'arbitrage international », *in* Liber Amicorum en l'honneur de Claude Reymond, Lexis Nexis, 2004, p. 167.

[26] P. Tercier, « Banalisation de l'arbitrage ? », *in* Liber Amicorum en l'honneur de Serge Lazareff, Pedone, 2011, p. 579, spéc. p. 586.

conseillerais à personne de se faire juger par des arbitres : un tribunal qui se croit le droit d'être plus équitable que les lois les plus équitables du monde, me paraît ne pouvoir s'adapter qu'à un petit nombre de questions de fait et à des intérêts médiocres »[27]. Quoi qu'il en soit, nous sommes loin des promesses initiales de l'arbitrage et des attentes légitimes des parties à l'arbitrage. Cela est d'autant plus regrettable que ces pratiques nuisent à la *confiance* et au *prestige* de l'arbitre dont on a vu qu'ils étaient nécessaires. Lalive conclut son article sur les inquiétantes dérives de l'arbitrage CCI en ce sens : « [o]n peut douter [que pareille évolution] accroisse le prestige et la confiance dont l'arbitrage CCI a joui jusqu'ici »[28]. Le *prestige* et la *confiance* en la personne de l'arbitre sont mis à mal. Or, si ces deux éléments disparaissaient, ce serait la fin de la désignation des arbitres. Ce serait la fin de l'arbitrage.

9. Aujourd'hui, les dérives arbitrales persistent et évoluent. Elles adoptent désormais une forme moderne. On peut en donner quelques illustrations : la désignation systématique par une entreprise d'une même personne en qualité d'arbitre pour trancher chacun des arbitrages la mettant en cause ; le cumul des fonctions d'avocat et d'arbitre pouvant donner lieu à la situation dans laquelle l'arbitre est avocat au sein du même cabinet que le conseil de l'une des parties à l'arbitrage ; la désignation en qualité d'arbitre d'un professeur de droit, ayant exprimé publiquement son opinion scientifique sur un point de droit relevant de la matière litigieuse dans le litige pour lequel il a été choisi ; la désignation par le tribunal arbitral d'un secrétaire du tribunal arbitral sans que son identité ne soit révélée aux parties à l'arbitrage ; le recours de manière récurrente au *third party funding*[29] par certains cabinets d'avocats. Nous aurons l'occasion de nous confronter à chacune de ces situations dans la suite de notre étude. Néanmoins, au départ de notre réflexion, nous pouvons déjà retenir qu'en arbitrage commercial international, les conflits d'intérêts sont comparables à une pathologie largement étendue et aux symptômes multiples. Les conflits d'intérêts constituent des menaces au *prestige* et à la *confiance* en l'arbitre. Il apparaît nécessaire d'en trouver un traitement efficace. À défaut, le diagnostic vital de l'arbitrage serait engagé.

10. Pour autant, il n'est peut-être pas souhaitable d'adopter un ton alarmiste comme celui emprunté par deux intervenants[30] au colloque tenu le

---

[27] M. Troplong, Le droit civil expliqué : du contrat de société civile et commerciale, Paris, 1843, t. II, pp. 5-6.
[28] P. Lalive, « Inquiétantes dérives de l'arbitrage CCI », Bull. ASA, 1995, Vol. 3, p. 634, spéc. p. 640.
[29] Cette expression renvoie au financement de l'arbitrage par un tiers.
[30] J. Robert, Avant-propos, *in* Les conflits d'intérêts : fonction et maîtrise, colloque du 18 octobre 2012, Société de législation comparée, p. 9, spéc. p. 10 : « ces conflits d'intérêts qui se

18 octobre 2012 à Paris sur la fonction et la maîtrise des conflits d'intérêts. L'existence des conflits d'intérêts n'est pas nocive en soi, car seule la mauvaise gestion qui en est faite risque d'entraîner un préjudice. Nous sommes convaincus qu'il existe des moyens efficaces pour lutter contre la mauvaise gestion des conflits d'intérêts. L'un des objectifs de cette étude sera de proposer un arsenal de sanctions, au sens large, aux conflits d'intérêts en arbitrage commercial international. En effet, Carbonnier écrivait que « [c]e n'est pas l'ordre qui est la clef de la vie sociale, c'est le conflit »[31]. Aussi, les conflits d'intérêts nous renseignent sur les pratiques arbitrales. Ils sont les témoins d'une conception renouvelée des dérives arbitrales, et constituent, à cet égard, un champ d'études précieux pour saisir l'évolution de la sociologie et de la philosophie de l'arbitrage. Cantonner notre étude à la seule recherche d'une sanction efficace des conflits d'intérêts serait une erreur. L'existence des conflits d'intérêts en tant que telle a un intérêt crucial : elle renseigne sur le présent et le devenir de la matière arbitrale.

11. Aujourd'hui, les législateurs, les juges et les groupes de réflexion concentrent leur attention sur la prévention des conflits d'intérêts. À l'origine de cette tendance contemporaine, la célèbre maxime de Lord Hewart : « *it is not enough that justice be done, it must be seen manifestly and undoubtedly to be done* », qui signifie que, non seulement la justice doit être rendue, mais elle doit aussi clairement montrer qu'elle est rendue. Or, pour que la justice donne l'apparence, voire l'assurance, d'être rendue, il ne doit pas y avoir le moindre risque de conflit d'intérêts. Concrètement, la prévention des conflits d'intérêts est assurée par la révélation par l'arbitre des liens qu'il entretient avec les parties à l'arbitrage notamment, permettant de désamorcer la plupart des conflits d'intérêts. En quelques années, la révélation serait devenue la panacée [32] face à la multiplication des conflits d'intérêts en arbitrage commercial international. Néanmoins, cette notion de révélation suppose un certain nombre de difficultés. Tout d'abord, la révélation ne fait pas l'objet d'un *consensus* auprès des partisans d'une justice privée, secrète, discrète,

produisent de plus en plus souvent partout dénotent tout à la fois un recul de la morale civique, un déclin de l'honnêteté, un culte exclusif de l'argent » ; F. Pasqualini, « Orientations », *in* Les conflits d'intérêts : fonction et maîtrise, colloque du 18 octobre 2012, Société de législation comparée, p. 395, spéc. p. 401 : « De tout temps pourfendus, les conflits d'intérêts traduisent l'égoïsme et la cupidité, deux traits de caractère réprouvés par la conscience, et pourtant si communs ».

[31] J. Carbonnier, Sociologie juridique, Paris, PUF, Quadrige Manuels, 2ème éd., 2004, spéc. p. 363.

[32] Avec la muraille de Chine. La muraille de Chine ou *Chinese Wall* est un concept anglo-américain qui permet à deux équipes indépendantes de travailler chacune de leur côté pour des concurrents ou sur les mêmes projets d'appel d'offres par exemple. Notons que la vraie muraille de Chine n'a, par le passé, jamais servi et présente aujourd'hui de nombreuses parties effondrées. Aujourd'hui, elle ne possède plus la continuité imaginée à l'époque de sa construction. Nous ne l'intégrerons pas dans notre étude.

voire confidentielle. Au contraire, elle inquiète, faisant penser à la tyrannie de la transparence annoncée par Orwell dans 1984. Ensuite, l'obligation de révélation lourdement sanctionnée par les Cours françaises lorsque l'arbitre ne s'y soumet pas [33] ou mal [34], a créé un climat de suspicion. Malheureusement, suspicion n'est pas sœur de confiance. Enfin, il n'est pas évident de tracer les contours de l'obligation de révélation des arbitres. Aujourd'hui, le juge ne sanctionne l'omission d'une information que si l'information omise était effectivement de nature à pouvoir susciter un doute dans l'esprit des parties sur l'indépendance ou l'impartialité de l'arbitre[35]. Il s'agit sans nul doute d'un retour aux apparences.

12. Dans nos travaux, nous nous concentrerons sur l'existence et la gestion des conflits d'intérêts, et pas seulement sur leur prévention. Cette étude a pour objectif d'informer les sujets potentiellement exposés aux conflits d'intérêts et de sensibiliser le législateur qui, selon nous, est la seule institution susceptible de prescrire un traitement efficace aux conflits d'intérêts en droit de l'arbitrage commercial international. On pourrait opposer qu'il n'est pas opportun que le législateur intervienne en matière de conflit d'intérêts en arbitrage commercial international. En consacrant l'existence des conflits d'intérêts, il briserait alors la loi du silence. En déployant un arsenal de sanctions en cas de mauvaise gestion d'un conflit d'intérêts, le législateur durcirait la loi française en tant que loi du siège de l'arbitrage, ce qui pourrait potentiellement nuire à l'attractivité de Paris. Néanmoins, nous n'en sommes pas convaincus. Au contraire, une loi française sur les conflits d'intérêts en arbitrage commercial international serait remarquable, voire exemplaire, et constituerait en tant que telle une publicité bénéfique à la place de Paris. Actuellement, l'absence de réglementation des conflits d'intérêts paralyse certaines procédures arbitrales. L'annonce d'une loi française sur les conflits d'intérêts en arbitrage commercial international serait l'annonce d'une efficacité retrouvée. Autant d'éléments qui, nous l'espérerons, convaincront le législateur français.

---

[33] Paris, 10 mars 2011, *société Nykcool AB c. société Dole France et autres*, Rev. arb. 2011.732, note D. Cohen, la Cour d'appel de Paris a estimé que doit être annulée la sentence lorsque l'arbitre n'a pas signé de déclaration d'indépendance et d'impartialité alors qu'il avait été invité à le faire par une partie au moment de sa nomination, quand bien même le règlement d'arbitrage applicable n'exigerait rien relativement à la signature d'une déclaration d'indépendance.

[34] Paris, 12 février 2009, *Avax SA c. Tecnimont SpA,* Rev. arb. 2009.186, note Th. Clay ; CA Reims, 2 novembre 2011, *Avax SA c. Tecnimont SpA,* Gaz. Pal., 22 et 24 janvier 2012, p. 15, note D. Bensaude ; Rev. arb. 2012.112, note M. Henry.

[35] Cass. 1ère civ., 10 octobre 2012, *Neoelectra Group SAS c. société Tecso EURL*, Rev. arb., 2013.129, note Ch. Jarrosson ; D., 2012.2999, note Th. Clay ; JCP G, 2012, p. 1929, n° 1127, obs. M. Henry ; JCP G, 2012, p. 2281, n° 1268, B. Le Bars ; JCP G, 2012, p. 2281, n° 1354, obs. Ch. Seraglini ; D., 2012.2458, obs. X. Delpech.

13. Aujourd'hui, les conflits d'intérêts se propagent en arbitrage commercial international. Cette maladie n'ayant pas encore été reconnue par le législateur, le juge tranche au cas pas cas, symptôme par symptôme, les situations de conflits d'intérêts au fur et à mesure qu'elles se présentent à lui. Or, actuellement, on ne dispose que d'un seul instrument en la matière : les *IBA Guidelines on Conflicts of Interest in International Arbitration*. La version la plus récente des *IBA Guidelines* a été adoptée par l'*IBA Council* le 23 octobre 2014, et complète la version initiale du 22 mai 2004. Ces *guidelines* comportent sept *General Standards* et quatre listes, couvrant un grand nombre de situations de conflit d'intérêts. Dépourvues de toute force contraignante, à moins que les parties n'aient expressément choisi de s'y soumettre, ces *Guidelines* sont appliquées dans le monde entier. Néanmoins, pour soigner une maladie, il ne suffit pas d'en traiter les symptômes. Il faut la diagnostiquer. Nous nous proposons de le faire en étudiant dans une première partie la pathologie et en prescrivant, dans une seconde partie, un traitement. L'étude de la pathologie sera l'occasion de proposer une définition des conflits d'intérêts en arbitrage commercial international. La prescription d'un traitement nous permettra d'y attacher un régime juridique propre.

PARTIE 1. LA PATHOLOGIE - PROPOSITION DE DÉFINITION DU CONFLIT D'INTÉRÊTS EN ARBITRAGE COMMERCIAL INTERNATIONAL

14. Dans son article écrit en 1995 intitulé *Le droit à l'arbitre*, M. Jean-Louis Delvolvé présente l'arbitrage comme une justice apaisante[36]. Cela n'est pas sans rappeler l'idée de Motulsky selon laquelle l'arbitrage est une justice lénifiante[37]. Formulée d'une manière ou d'une autre, l'idée est la même : l'arbitrage est une justice refuge n'ayant pas vocation à exacerber les conflits, mais à les apaiser.

15. Pourtant, les conflits d'intérêts existent et se développent au sein de l'arbitrage commercial international. L'arbitrage devient une justice tendue. En témoigne « Monsieur Holtzmann, ancien président de l'American Arbitration Association [qui] disait que le meilleur arbitrage est celui dans lequel le président du tribunal arbitral s'était borné à dire au début de la procédure : "*Bonjour Messieurs*" et, à la fin de l'arbitrage : "*Au revoir Messieurs"* »[38]. Ce récit ne paraît pas cohérent avec la vocation apaisante originellement attribuée à l'arbitrage. En réalité, l'arbitrage est malade. Les conflits d'intérêts sont une pathologie.

16. L'existence des conflits d'intérêts n'est pas nocive en soi. En somme, il s'agit d'une pathologie bénigne. Seule la mauvaise gestion d'un conflit d'intérêts par son sujet risque d'entraîner un préjudice. Cette idée a été développée par M. François Pasqualini à l'occasion de son intervention au colloque du 18 octobre 2012 consacré à la fonction et à la maîtrise des

---

[36] J.-L., Delvolvé, « Le droit à l'arbitre », Gaz. Pal., 15 avril 1995, Doctr. p. 473.
[37] H. Motulsky, Ecrits - Etudes et notes sur l'arbitrage, préf. Ph. Fouchard et B. Goldman, Dalloz, 1974, spéc. p. 29.
[38] Cité par L. Matray, « Les systèmes de procédure dans l'arbitrage commercial international », Rev. Banque, 1974, p. 47.

conflits d'intérêts. Selon lui, « il paraît clair que le simple fait qu'un conflit survienne n'est pas suffisant en principe pour qu'une sanction puisse être prononcée. Ce qui est critiquable n'est pas d'être dans une situation de conflit lorsque l'on y est arrivé d'une façon totalement accidentelle ou par inadvertance. Ce qui est blâmable est de ne pas tirer les conséquences du conflit ou de se placer sciemment dans une position de conflit »[39]. L'on en trouve une autre illustration dans le Rapport du Service Central de la Prévention de la Corruption de 2004 qui explique qu'« en droit français, un conflit d'intérêts potentiel n'est pas condamnable ; seule la décision prise qui conduirait à favoriser un intérêt personnel au détriment de celui de l'organisme est condamnable »[40].

17. L'existence d'un conflit d'intérêts en arbitrage commercial international n'est pas nocive en soi. Néanmoins, la mauvaise gestion qui en est faite par son sujet pourrait causer un préjudice. Ainsi est-il nécessaire que le législateur intervienne pour encadrer la notion. Au demeurant, les hypothèses de conflits d'intérêts sont traitées par le juge étatique qui les tranche au fur et à mesure qu'elles se présentent à lui. Ces manifestations se présentent comme des symptômes d'une seule et même pathologie. Le juge étatique donne un traitement à chacun de ces symptômes, tandis que le législateur aurait la possibilité de se confronter à la maladie en son ensemble. Il aurait compétence pour la définir et les juges pourraient ainsi mieux la soigner.

18. Les symptômes sont multiples comme le montre l'étude des différentes manifestations de conflits d'intérêts en arbitrage commercial international (Titre 1). Pour autant, ils n'empêchent pas d'adopter un diagnostic unique. Nous proposerons une définition du conflit d'intérêts en arbitrage commercial international (Titre 2).

---

[39] F. Pasqualini, *op. cit.*, spéc. p. 399.
[40] Rapport du Service Central de la Prévention de la Corruption, 2004, p. 28.

TITRE 1. DES SYMPTÔMES MULTIPLES - L'ÉTUDE DES DIFFÉRENTES MANIFESTATIONS DE CONFLITS D'INTÉRÊTS EN ARBITRAGE COMMERCIAL INTERNATIONAL

19. Les conflits d'intérêts peuvent prendre des formes diverses. Les affaires portées devant le juge étatique en témoignent. La doctrine rapporte également le récit d'affaires inédites ou cachées. La pathologie se traduit ainsi par une multitude de symptômes qu'il convient de recenser et d'étudier. L'objectif de cette étude sera, dans un second temps, de tirer les points communs de ces situations, de les envisager comme critères de définition et de proposer une définition des conflits d'intérêts en arbitrage commercial international.

20. Les conflits d'intérêts sont une pathologie largement répandue. Ils touchent chacun des acteurs principaux de l'arbitrage commercial international : parties, conseils, arbitres et institutions d'arbitrage. Néanmoins, les parties et les conseils n'étant pas propres au procès arbitral, nous avons décidé de les exclure pour ne retenir que les arbitres et les institutions d'arbitrage, qui sont les éléments spécifiques de l'arbitrage commercial international. Aussi, nous étudierons les conflits d'intérêts en la personne de l'arbitre (Chapitre 1), puis les conflits d'intérêts affectant les institutions d'arbitrage (Chapitre 2).

CHAPITRE 1. LES CONFLITS D'INTÉRÊTS EN LA PERSONNE DE L'ARBITRE

21. En arbitrage, commercial et d'investissement, interne et international, la personne la plus susceptible d'être sujette aux conflits d'intérêts est l'arbitre. Aujourd'hui, la personne en laquelle les hypothèses de conflits d'intérêts sont les plus nombreuses est indéniablement la personne de l'arbitre. Ce constat est d'abord la conséquence directe de la fonction juridictionnelle de l'arbitre. En effet, l'arbitre est, comme tout juge, investi d'une mission précise : celle de dire le droit. Or, cette mission ne peut être menée à bien que si l'arbitre met de côté son intérêt personnel. Pour autant, il ne s'agit pas d'une problématique que le juge privé et le juge étatique partagent en tout point. Il est une différence de taille entre l'arbitrage et la justice étatique ; les parties à l'instance arbitrale, contrairement aux parties à un litige soumis au juge étatique, ont la liberté de choisir qui va les juger. Mme Jacqueline Rubellin-Devichi affirme que cette liberté est « indéracinable »[41]. En l'état du droit positif français, ni le principe de la désignation de l'arbitre par un tiers au litige[42], ni l'anonymat des parties[43] ne semblent envisageables pour faire évoluer la pratique arbitrale. Ainsi faut-il étudier en priorité les conflits d'intérêts en raison des parties à l'arbitrage (Section 1). Par ailleurs, l'arbitre peut se trouver en situation de conflit d'intérêts sans que les parties à l'instance n'y soient pour quelque chose. En somme, l'arbitre peut être connu dans le monde de l'arbitrage pour statuer toujours de la même manière dans les litiges concernant telle matière. Les conflits d'intérêts en raison de l'objet de l'instance arbitrale seront donc à étudier en second lieu (Section 2).

---

[41] J. Rubellin-Devichi, note sous Paris, 4 décembre 1979, *René Cornu c. Comptoir commercial André et Cie.*, Rev. arb., 1981.146, spéc. p. 151.

[42] P. Lalive, « De la désignation par un tiers de l'arbitre international », *in* Liber Amicorum en l'honneur de Wilhelm Schonenberger, Fribourg, 1968, p. 373.

[43] Aujourd'hui, l'anonymat des parties est essentiellement pratiqué dans les arbitrages de qualité au sein de la Chambre arbitrale des cafés et poivres du Havre.

SECTION 1. LES CONFLITS D'INTÉRÊTS EN RAISON DES PARTIES À L'ARBITRAGE

22. Les conflits d'intérêts en la personne de l'arbitre en raison des parties à l'arbitrage sont les plus fréquents. Ils sont multiples et varient en fonction des motivations de l'arbitre. La motivation de l'arbitre qui cède à un conflit d'intérêts peut d'abord être purement financière. Il peut être tenté de trancher en faveur d'une partie à l'arbitrage car il sait qu'il en tirera un avantage économique important. La cupidité[44] de l'arbitre l'empêche alors de rester neutre. Il s'agit des conflits d'intérêts patrimoniaux (§1). Ensuite, la motivation de l'arbitre peut être exempte de tout intérêt patrimonial et se nourrir d'éléments exclusivement extrapatrimoniaux. Par exemple, l'arbitre peut être enclin à statuer dans le sens de la partie qui partage sa nationalité ou avec laquelle il entretient une amitié forte. Ces conflits d'intérêts, plus rares, méritent néanmoins d'être étudiés, sous l'appellation de conflits d'intérêts extrapatrimoniaux (§2).

[44] P. Lalive, « Dérives arbitrales », Bull. ASA, 2006, Vol. 24, p. 2 ; P. Lalive, « Dérives arbitrales », Bull. ASA, 2005, Vol. 23, p. 587.

§1. Les conflits d'intérêts patrimoniaux

23. Les conflits d'intérêts patrimoniaux pourraient aussi être qualifiés de conflits d'intérêts économiques, ou encore de conflits d'intérêts matériels. Les hypothèses de conflits d'intérêts patrimoniaux sont triples. Il y a un conflit d'intérêts patrimonial lorsqu'il existe entre l'arbitre et une partie à l'arbitrage un courant d'affaires (A), un lien de subordination (B) ou une relation d'affaires (C).

A. Le courant d'affaires

24. Il convient de faire quelques propos liminaires (1°) avant d'étudier (2°) et de critiquer (3°) les solutions du droit positif français à propos du courant d'affaires.

1° Propos liminaires

25. La problématique doit être posée (a) sans en négliger la gravité (b).

a. Problématique

26. Le courant d'affaires [45] est la première hypothèse de conflits d'intérêts patrimoniaux en la personne de l'arbitre que nous étudierons. Sans en donner une définition précise pour le moment, retenons qu'il s'agit de la désignation systématique d'un arbitre par une partie à l'arbitrage. Le courant d'affaires ne doit pas être confondu avec les activités scientifiques et les prises de position que l'arbitre a pu effectuer par le passé[46]. De plus, il concerne les rapports entre l'arbitre et l'une des parties à l'arbitrage, et non pas les rapports entre deux arbitres d'un même tribunal arbitral[47]. En pratique, il arrive fréquemment qu'une partie recoure toujours au même arbitre à l'occasion de chaque arbitrage la mettant en cause. Cela va sans dire que les arbitres eux-mêmes ne sont pas contre la fréquence de leurs désignations. Elle leur assure indéniablement une certaine réputation dans le *club* des arbitres. De cette pratique, est né l'adage suivant : *reputation is*

---

[45] La notion de courant d'affaires fait référence à la fois à la théorie française de l'« arbitre-maison », V. J.-P. Ancel, « L'éthique dans l'arbitrage vue par le juge », *in* L'éthique dans l'arbitrage, sous la direction de G. Keutgen, coll. Francarbi, Bruylant, 2011, p. 138, et à la figure américaine du *repeat arbitrator*, V. F.-Z. Slaoui, "*The Rising Issue of "Repeat Arbitrators": A Call for Clarification*", Arb. Int., 2009, Vol. 25, p. 103.

[46] Ph. Pinsolle, Chronique de droit de l'arbitrage n° 8, LPA, 14 novembre 2011, n° 226, p. 5.

[47] Paris, 1er juillet 2011, *SA Sorbrior et autres c. SAS ITM Entreprises et autres*, Rev. arb., 2011.761, note D. Cohen ; Paris, 1er juillet 2011, *SA Emivir et autres c. SAS ITM Entreprises*, Rev. arb., 2011.761, note D. Cohen.

repetition. La perspective de nouvelles nominations [48] et celle de rémunérations [49] renouvelées sont évidemment séduisantes pour toute personne. Or, ces désignations à répétition posent de graves problèmes.

B. GRAVITÉ DU PROBLÈME

27. L'hypothèse du courant d'affaires doit susciter le sérieux de tous les acteurs à l'instance arbitrale. Tout d'abord, l'intervention du même arbitre à chacune des instances arbitrales mettant en cause une partie tend à dénaturer le statut de l'arbitre. Il est admis que, dès sa désignation, l'arbitre accède au statut de juge[50]. Or, la récurrence de la désignation de l'arbitre tend à confondre sa mission avec celle d'un prestataire de services[51] ou avec celle d'un mandataire[52]. Cette dénaturation est difficilement acceptable. La doctrine s'en émeut, notamment M. Charles Jarrosson qui considère qu'« [i]l est impossible d'admettre qu'un arbitre soit un hybride de juge et d'avocat de la partie qui l'a nommé. Les mots ont un sens, l'arbitre est un juge »[53]. Il s'agit d'un phénomène bien réel comme peut en témoigner une affaire[54] dans laquelle une partie à l'arbitrage demande la récusation de l'arbitre qu'elle a elle-même nommé en raison de sa participation à d'autres arbitrages que le sien. L'on peut s'étonner que la partie considère l'arbitre comme un professionnel [55] soumis à une véritable clause d'exclusivité tacite. La désignation systématique d'un arbitre par une partie doit également être prise

---

[48] E. Gaillard, note sous Cass. 2ème civ., 6 décembre 2001, *Fremarc c. ITM Entreprises*, Rev. arb., 2003.1231.

[49] Au sujet des honoraires de l'arbitre, V. M. W. BÜLHER, "*The arbitrator's remuneration – too much, too little* ?", *in* Liber Amicorum en l'honneur de Serge Lazareff, Pedone, 2011, p. 103 ; Paris, 28 octobre 1999, *Frétal c. ITM Entreprises*, Rev. arb., 2000.299, note Ph. Grandjean où la société ITM ne donnait à l'arbitre ses honoraires qu'après la reddition de la sentence arbitrale, contrairement à l'usage, en vue de le fidéliser.

[50] Cass. civ., 18 mai 1942 ; Cass. 2ème civ., 25 mai 1962, *société Romand c. de Montmort*, Rev. arb., 1962.103 ; Cass. 2ème civ., 24 février 1965, Rev. arb., 1965.140 ; Paris, 2 juin 1989 ; Paris, 28 juin 1991, Rev. arb., 1992.568, note P. Bellet ; Paris, 9 avril 1992, *Annahold BV c. D. Frydman et autres*, Rev. crit. DIP, 1993, Som. 760 ; Paris, 12 janvier 1996, *Gouvernement de l'Etat du Qatar c. Creighton Limited*, Rev. arb., 1996.428, note Ph. Fouchard.

[51] B. Le Bars et J. Juvenal, obs. sous Cass. 1ère civ., 20 octobre 2010, *M. Marcel Batard et autres c. société Prodim et autres*, JCP G, n° 52, 27 décembre 2010, p. 1306.

[52] Contrairement à ce qu'exige la jurisprudence constante : Cass. 2ème civ., 3 juillet 1996, Rev. arb. 1996.405 : « L'arbitre n'est pas lié à la partie qui le désigne par un contrat de mandat ».

[53] Ch. Jarrosson, Sixième colloque C.C.I.-C.I.R.D.I.-A.A.A., La procédure arbitrale et l'indépendance des arbitres, Paris, 27 octobre 1988, Rev. arb., 1988.748.

[54] Paris, 14e Ch. B, 18 mars 2005.

[55] Le terme de « *professionnel* » apparaît dans les motifs invoqués par la société Fremarc dans Paris, 2 avril 2003, *Fremarc c. ITM Entreprises*, Rev. arb., 2003.1231 D., 2003.2472, note Th. Clay.

en compte. Elle peut donner lieu à la récusation[56] de l'arbitre au cours de l'instance arbitrale ou à l'annulation de la sentence arbitrale[57] à son issue. Ces sanctions sont sources de discrédit et d'insécurité juridique pour l'arbitrage. Les courants d'affaires méritent en cela toute notre attention. Les *IBA Guidelines on Conflicts of Interest in International Arbitration* les prennent d'ailleurs en compte en leur article 3.1.3[58].

2° LE COURANT D'AFFAIRES EN DROIT POSITIF FRANÇAIS

28. Il convient de noter que le courant d'affaires est traditionnellement étudié de manière concomitante avec l'obligation de révélation de l'arbitre[59]. La question est souvent posée de savoir si l'arbitre doit révéler les désignations successives dont il a fait l'objet par l'une des parties à l'arbitrage, à l'autre. Néanmoins, dans un souci de cohérence de ce travail, nous avons choisi d'envisager l'obligation de révélation de l'arbitre de manière autonome[60]. Nous n'envisageons pas d'étudier le courant d'affaires à travers le prisme de l'obligation de révélation de l'arbitre. En effet, nous pensons que les conflits d'intérêts, et en particulier l'hypothèse du courant d'affaires, doivent être envisagés sans référence systématique à l'obligation de révélation de l'arbitre. Celle-ci participe seulement de la prévention des conflits d'intérêts ; elle ne permet pas d'étudier la notion de manière globale.

29. Par ailleurs, il nous semble que deux pratiques arbitrales sont à l'origine des courants d'affaires. La première pratique consiste en la spécialisation des arbitres, notamment dans le cadre de l'arbitrage corporatif[61]. En effet, la technicité croissante des litiges et l'évolution des attentes légitimes des parties sont à l'origine d'une mutation de la figure de l'arbitre. Si historiquement l'arbitre était désigné pour ses qualités humaines, il semble qu'il soit aujourd'hui choisi pour ses compétences techniques. Cette

---

[56] La liste des huit cas de récusation prévue à l'article L.111-6 du Code de l'organisation judiciaire, auquel renvoie l'article 341 du Code de procédure civile, n'étant plus limitative depuis l'arrêt de revirement de Cass. 1ère civ., 28 avril 1998, Bull. I, n° 155 ; RTD civ., 1998.744, obs. R. Perrot, revenant sur la jurisprudence ancienne Cass. com., 29 octobre 1991, Rev. arb., 1996.398 ; A. Hory, obs. sous TGI Paris, réf., 6 janvier 1999, *A. Coquard c. société Vidéopole*, Rev. arb., 1999.138 ; M. Henry, « Les obligations d'indépendance et d'information de l'arbitre à la lumière de la jurisprudence récente », Rev. arb., 1999.193, spéc. n° 37, p. 217.

[57] L'annulation de la sentence arbitrale constitue une sanction grave, synonyme de perte de temps et d'argent pour les parties à l'arbitrage.

[58] *IBA Guidelines of Conflicts of Interest in International Arbitration, Orange List*, art. 3.1.3 : "*The arbitrator has, within the past three years, been appointed as arbitrator on two or more occasions by one of the parties, or an affiliate of one of the parties*".

[59] Notamment Th. Clay, D., 2005.3050 ; D., 2006.2036 ; D., 2010.2933 ; D., 2011.3023.

[60] V. *infra* n° 377 et s..

[61] V. M. Henry, note sous Paris, 17 février 2005, Rev. arb., 2005.720, spéc. n° 3, p. 721.

spécialisation a donné naissance à un nouvel arbitre que l'on pourrait qualifier d'arbitre-spécialiste. Néanmoins, le nombre d'arbitre-spécialistes dans un domaine est souvent moindre. Ensemble, la doctrine et les textes ont relevé un véritable « facteur de rareté »[62] de ces derniers. Les parties, voyant ainsi leur choix réduit[63], sont tentées de désigner systématiquement le même arbitre, pourvu qu'il les ait satisfaits à l'occasion d'un arbitrage antérieur.

30. La seconde pratique consiste en l'insertion dans les contrats-types de clauses compromissoires prévoyant la désignation d'un arbitre unique ou une liste restreinte d'arbitres[64]. Bien qu'il ne soit pas souhaitable de créer un climat de soupçon[65] dans les tribunaux arbitraux, à supposer qu'il n'existe pas déjà[66], il faut faire preuve de vigilance à l'égard de cette pratique. Il peut être craint que le contrat-type ne se révèle être un contrat d'adhésion et que la clause compromissoire ne soit en réalité imposée à la partie faible dudit contrat. Voyons plus précisément quelles sont les solutions du droit positif français.

31. Aujourd'hui, les solutions du droit positif français s'articulent autour de trois questions. À quelles conditions la désignation systématique d'un arbitre par l'une des parties constitue-t-elle un courant d'affaires ? (A) Un courant d'affaires peut-il en soi constituer un cas de récusation de l'arbitre ? (B) Quels sont les pouvoirs du juge étatique dans la reconnaissance des courants d'affaires ? (C)

---

62 Le « facteur de rareté » est expressément relevé par M. Henry, note sous Paris, 29 janvier 2004 ; Paris, 10 février 2005 ; Paris, 17 février 2005 ; TC Paris, réf., 6 juillet 2004, Rev. arb., 2005.720, spéc. n° 19, p. 734 et implicitement pris en compte dans les *IBA Guidelines of Conflicts of Interest in International Arbitration, Orange List*, art. 3.1.3, note 6 considérant que, dans l'hypothèse des arbitrages professionnels, les arbitres ne devraient pas avoir à révéler la fréquence de leur désignation dès lors qu'elle est structurelle à ce type d'arbitrage, et à la condition toutefois que toutes les parties à l'arbitrage soient familières de ce type d'arbitrage. L'idée est de préserver un climat de confiance.

63 Dans le cadre d'un arbitrage corporatif, E. Gaillard, note sous Cass. 2ème civ., 6 décembre 2001, *Fremac c. ITM Entreprises*, Rev. arb., 2003.1231 : « Dans certaines affaires, dans lesquelles de nombreux conflits d'intérêts existent ou dans lesquelles le nombre de spécialistes est limité, le choix de l'arbitre n'est pas facile ».

64 De telles clauses sont fréquentes dans les contrats de sous-traitance et de franchise : Cass. 2ème civ., 31 janvier 2002, *Porée, Denis c. Quille* où néanmoins la clause prévoyait que le sous-traitant restait libre de soumettre le nom d'un autre arbitre ; Paris, 16 mai 2002, *STPIF c. SB Ballestrero*, Rev. arb., 2003.1236, note E. Gaillard ; Paris, 29 janvier 2004, *SA Serf c. société DV Construction*, Rev. arb., 2005.720, 1ère esp., note M. Henry.

65 V. M. HENRY, note sous Paris, 29 janvier 2004 ; Paris, 10 février 2005 ; Paris, 17 février 2005 ; TC Paris, réf., 6 juillet 2004, Rev. arb., 2005.720, spéc. n° 20, p. 736 : « le souci louable de garantir l'indépendance et l'impartialité des arbitres ne doit pas conduire à faire souffler un vent d'inquisition sur l'arbitrage » ; S. Lazareff, « L'ère du soupçon », Cah. arb., 2010-3, p. 1247.

66 V. notamment Paris, 17 février 2005, Rev. arb. 2005.720, 2ème esp., note M. Henry.

A. LA CARACTÉRISATION DU COURANT D'AFFAIRES

32. Le Tribunal de grande instance de Paris a récemment affirmé que « [l]a désignation de l'arbitre par l'une des parties dans une procédure d'arbitrage l'opposant à l'un de ses franchisés — dans laquelle une [autre] sentence a été rendue — ne peut caractériser à elle seule un courant d'affaires entre l'arbitre et cette partie de nature à instiller dans l'esprit des parties un doute raisonnable quant à l'impartialité et l'indépendance de l'arbitre, qualités essentielles de la fonction juridictionnelle »[67]. En effet, il existe un certain nombre de conditions nécessaires à l'existence d'un courant d'affaires. Les juges ont longtemps tâtonné avant d'en établir les conditions actuelles. Initialement, la jurisprudence considérait que la désignation systématique d'un arbitre par l'une des parties ne constituait un courant d'affaires que s'il était démontré un risque de préjugé en la personne de l'arbitre. Or, la jurisprudence estimait qu'il n'y avait pas de risque de préjugé lorsque l'arbitre était appelé à se prononcer à l'égard de parties différentes, bien que dans une situation de fait proche de celle examinée antérieurement[68]. En d'autres termes, il n'y avait de préjugé que si l'arbitre était conduit à trancher un litige entre deux parties identiques à celles d'un arbitrage antérieur. La condition du courant d'affaires était alors unique. Seule était exigée l'identité des parties à l'arbitrage. Cette condition a été réaffirmée pour la dernière fois en 1999 par la Cour d'appel de Paris dans l'arrêt *Frétal*[69]. Puis, cet arrêt a été cassé pour contradiction de motifs par la Cour de cassation en 2001[70]. La cassation pour contradiction de motifs ayant une portée incertaine, de multiples interprétations doctrinales ont fleuri. La doctrine majoritaire a affirmé que la Cour entendait reconnaître l'existence d'un préjugé quand bien même les parties à l'instance arbitrale seraient différentes et abandonner *de facto* la condition de l'identité des parties à l'arbitrage. Cette interprétation s'est par la suite révélée cohérente avec l'arrêt de la Cour d'appel de renvoi[71] statuant sur la même affaire. Puis, la Cour d'appel de Paris est revenue explicitement sur sa jurisprudence par un arrêt *Serf* de 2004[72]. Dans cette affaire, l'arbitre avait été nommé cinquante et une fois par la société défenderesse au cours des dix dernières années. La condition de

---

[67] TGI Paris, 25 septembre 2013, *Me Patrick Prigent et autres c. S.A.SU Animatrice de la franchise*, Rev.arb., 2013.1076.

[68] Paris, 14 octobre 1993, JDI, 1994.447, note E. Loquin ; Cass. 1ère civ., 16 mars 1999, *Etat du Qatar c. société Creighton*, Rev. arb. 1999.308.

[69] Paris, 28 octobre 1999, *Frétal c. ITM Entreprises*, Rev. arb., 2000.299, note Ph. Grandjean.

[70] Cass. 2ème civ., 6 décembre 2001, *Fremarc c. ITM Entreprises*, Rev. arb., 2003.1231, note E. Gaillard ; RTD com., 2002.657, note E. Loquin.

[71] Paris, 2 avril 2003, *Fremarc c. ITM Entreprises*, Rev. arb., 2003. 1231, note E. Gaillard ; D., 2003.2472, note Th. Clay.

[72] Paris, 29 janvier 2004, *SA Serf c. société DV Constrution*, D., 2004.3182, note Th. Clay ; JCP G, 2004.I.179, §5, obs. Ch. Seraglini ; Rev. arb., 2005.720, note M. Henry.

l'identité des parties à l'arbitrage ne pouvait pas tenir face à la flagrance des faits. Comme le constate la Cour d'appel de Paris : « le caractère systématique de la désignation d'une personne donnée comme arbitre, dans les clauses compromissoires conclues par les sociétés d'un même groupe, sa fréquence et sa régularité sur une longue durée, dans des contrats identiques, ont créé les conditions d'un courant d'affaires entre cette personne et la société dudit groupe qui est partie à la procédure ». Les conditions se sont ainsi diversifiées. Il y a courant d'affaires dès lors que la désignation de l'arbitre est systématique dans les clauses compromissoires des sociétés d'un même groupe, fréquente et régulière sur une longue durée dans des contrats identiques. Enfin, les conditions[73] du courant d'affaires ont été affinées par la Cour de cassation dans les arrêts *Prodim* et *Somoclest* de 2010[74] qui ont, d'une part, substitué aux termes de « contrats identiques » ceux de « contrats comparables » pour éviter toute argumentation artificielle, et d'autre part, supprimé la condition restrictive de l'existence d'une clause compromissoire, le courant d'affaires pouvant aussi bien intervenir en présence d'un compromis.

B. COURANT D'AFFAIRES ET RÉCUSATION DE L'ARBITRE

33. Les arrêts *Prodim* et *Somoclest* précités prévoient qu'en présence d'un courant d'affaires, « l'arbitre [est] tenu de révéler l'intégralité de cette situation à l'autre partie à l'effet de la mettre en mesure d'exercer son droit de récusation »[75]. L'existence d'un courant d'affaires n'est pas sanctionnée en tant que telle. Le fait que l'arbitre ne révèle pas à la partie adverse l'existence dudit courant d'affaires est sanctionné car ladite partie est *de facto* privée de la possibilité d'exercer son droit de récusation.

---

[73] Nous regrettons que B. Le Bars et J. Juvenal n'y voient qu'un simple « faisceau d'indices ».
[74] Cass. 1ère civ., 20 octobre 2010, *M. Marcel Batard et autre c. société Prodim et autre*, JCP G, n° 52, 27 décembre 2010, p. 1306, obs. B. Le Bars et J. Juvénal ; Rev. arb., 2011.669, note D. Cohen où l'arbitre avait été désigné trente quatre fois par les sociétés du même groupe ; Cass. 1ère civ., 20 octobre 2010, *société Somoclest Bâtiment c. société DV Construction*, D., 2010.2589, obs. X. Delpech ; Rev. arb., 2011.671, note D. Cohen où l'arbitre avait été désigné cinquante et une fois par les sociétés du même groupe : « encourt la cassation l'arrêt rejetant le recours en annulation contre la sentence alors que le caractère systématique de la désignation d'une personne donnée par les sociétés d'un même groupe, sa fréquence et sa régularité sur une longue période, dans des contrats comparables, ont créé les conditions d'un courant d'affaires entre cette personne et les sociétés du groupe parties à la procédure ».
[75] *Ibid.*.

C. LES POUVOIRS DU JUGE ÉTATIQUE DANS LA RECONNAISSANCE DES COURANTS D'AFFAIRES

34. L'on a pu prendre conscience des pouvoirs du juge étatique dans la reconnaissance des courants d'affaires à l'occasion des arrêts *Fremarc*[76] et *Ballestrero*[77] dans lesquels la Cour d'appel de Paris prend un « soin particulier »[78] à connaître le nombre exact de désignations de l'arbitre par l'une des parties à l'arbitrage. Pour ce faire, la Cour d'appel de Paris ordonne des expertises. Elle nomme ainsi un expert qui lui communique le nombre d'arbitrages dans lesquels l'arbitre a été choisi par la même partie au cours des dix dernières années[79]. L'expert détermine également si, lors de la négociation de la clause compromissoire comportant une liste d'arbitres, la partie adverse était en mesure de proposer d'autres d'arbitres[80]. Le juge étatique peut également demander ces renseignements aux parties les plus diligentes[81], sans que cette mesure ne soit constitutive d'un excès de pouvoir[82]. En revanche, le juge étatique commettrait un tel excès de pouvoir s'il étendait sa mesure d'injonction à un arbitre désigné dans une autre procédure[83].

35. Le droit positif français ainsi présenté, il convient d'en faire la critique.

3° LA CRITIQUE DU DROIT POSITIF FRANÇAIS

36. L'avancée de la notion de courant d'affaires en droit positif français est prodigieuse, relativement à son existence et à son efficacité. S'agissant de l'existence de la notion, on peut se féliciter de trois choses. D'abord, on peut se réjouir que la jurisprudence ait supprimé la condition d'identité des parties à l'arbitrage et ait ainsi admis l'existence d'un courant d'affaires entre l'arbitre et une partie à l'arbitrage dans les arbitrages opposant cette dernière à des parties différentes. Les hypothèses de courant d'affaires s'en trouvent

[76] Paris, 2 avril 2003, *Fremarc c. ITM Entreprises*, Rev. arb., 2003.1231, note E. Gaillard ; D., 2003.2472, note Th. Clay.
[77] Paris, 16 mai 2002, *STPIF c. SB Ballestrero*, Rev. arb., 2003.1236, note E. Gaillard.
[78] M. Henry, note sous Paris, 17 février 2005, *Mytilineos Holdings c. APPASP*, Rev. arb., 2005.720, spéc. n° 4, p. 723.
[79] Comme dans Paris, 2 avril 2003, *Fremarc c. ITM Entreprises*, Rev. arb., 2003.1231, note E. Gaillard ; D., 2003.2472, note Th. Clay.
[80] Comme dans Paris, 16 mai 2002, *STPIF c. SB Ballestrero*, Rev. arb., 2003.1236, note E. Gaillard.
[81] TC Paris, 26 juillet 2004.
[82] La mission du juge d'appui étant de résoudre les difficultés de constitution du tribunal arbitrage de manière à s'assurer que la juridiction arbitrale jouisse de la confiance des parties.
[83] Paris, 10 février 2005, *société Prodim c. Nigioni*, Rev. arb., 2005.720, note M. Henry.

ainsi élargies. Ensuite, il est remarquable que l'arbitre puisse indifféremment être désigné dans une clause compromissoire ou dans un compromis. Enfin, il est opportun que sa désignation puisse intervenir à l'occasion de l'exécution de contrats comparables, et non plus identiques. S'agissant de l'efficacité de la notion, l'augmentation des pouvoirs du juge dans la reconnaissance des courants d'affaires est bénéfique, sous réserve qu'il ne commette pas un excès de pouvoir et tranche dans les limites imposées par la confidentialité de l'arbitrage. Néanmoins, certains progrès restent à faire. La jurisprudence française ne prend toujours pas en compte la désignation systématique d'un arbitre par le conseil de l'une des parties à l'arbitrage[84]. Pourtant, cette pratique est réelle[85] : nombreux sont les auteurs qui dénoncent les « *beauty contests* »[86] à l'occasion desquels les arbitres pressentis se succèdent devant les conseils de chacune des parties avant d'être désignés. Par ailleurs, la Suisse[87] et les Etats-Unis[88] ont admis que la désignation systématique d'un arbitre par le conseil d'une partie pouvait instaurer un courant d'affaires entre eux.

37. Pour autant, ce n'est pas la position de la jurisprudence française. Les raisons sont multiples. Certains pensent que le conseil peut recommander fréquemment un arbitre parce qu'il a confiance en lui et en ses compétences. La fréquence de désignation de cet arbitre refléterait « l'estime d'un juriste pour un autre juriste »[89]. D'autres ajoutent qu'étendre les courants d'affaires aux conseils des parties reviendrait à reconnaître que la volonté d'une partie à l'arbitrage puisse être totalement inhibée par celle de son conseil. Et l'on sait combien la matière arbitrale est attachée au principe de l'autonomie de la volonté des parties à l'arbitrage. En réalité, en l'état du droit positif français, seuls un article des *IBA Guidelines on Conflicts of*

---

[84] Les conseils étant traditionnellement considérés comme des tiers à l'arbitrage, comme l'a récemment rappelé la Cour d'appel de Paris dans Paris, 27 mai 2014, *M. X. Huertas c. M. A. Vasarhelyi*, Rev. arb., 2014.520.

[85] *The White & Case 2010 international arbitration Survey*: "*The choice of the arbitrators is a matter very much dependent on the recommendation and advise of external counsel. This raises a potential issue for the arbitration system as a whole. It may be questioned whether the influence of external counsel over arbitrator selection gives those firms disproportionate influence over the participants in the process, making them virtually* "gatekeepers"*. This may reduce the diversity of the arbitration community and mean that undue importance is placed on arbitrator relationships with law firms*".

[86] Ch. Jarrosson, « Ethique, Déontologie et normes juridiques dans l'arbitrage », *in* L'éthique dans l'arbitrage, sous la direction de G. Keutgen, coll. Francarbi, Bruylant, 2011, p. 1, spéc. n° 31, p. 14.

[87] TPI Bruxelles, 14 décembre 2006, *CBC Banque*, Journ. trib. 2007.207, note G. Keutgen.

[88] F.-Z. Slaoui, *op. cit.*, spéc. p. 103 : "*Repeat arbitrators will be defined in this article as arbitrators that have been previously appointed by the same party or counsel, or concurrent mandates in connected or related proceedings*".

[89] M. Henry, note sous Paris, 29 janvier 2004 ; Paris, 10 février 2005 ; Paris, 17 février 2005 ; TC Paris, réf., 6 juillet 2004, Rev. arb., 2005.720, spéc. n° 18, p. 734.

Interest in International Arbitration et un arrêt de la Cour d'appel de Paris interprété par analogie permettraient éventuellement de prédire une évolution en la matière. D'abord, l'article 3.3.8 des *IBA Guidelines on Conflicts of Interest in International Arbitration*[90] prévoit que l'arbitre qui a été désigné plus de trois fois au cours des trois dernières années par le même conseil ou le même cabinet d'avocats doit le révéler à la partie adverse. Les *IBA Guidelines on Conflicts of Interest in International Arbitration* étendent ainsi explicitement le courant d'affaires aux désignations par le conseil et même par le cabinet d'avocats dans lequel il exerce. Cette double extension est prometteuse. Néanmoins, rappelons que les *IBA Guidelines on Conflicts of Interest in International Arbitration* n'ont aucune valeur normative[91]. Pour cette raison, il est probablement préférable de recourir à un arrêt récent de la Cour d'appel de Paris[92]. Le 9 septembre 2010, la Cour d'appel de Paris a admis pour la première fois[93] que « le défaut d'indépendance peut résulter des rapports qu'un arbitre entretient non seulement avec l'une des parties, mais également avec son conseil »[94]. La solution de la Cour d'appel de Paris est explicite. Néanmoins, en l'espèce, il ne s'agissait pas d'un courant d'affaires mais d'une *relation d'intérêts* - que nous étudierons par la suite[95]. On ne peut que souhaiter, avec une partie de la doctrine [96], que la jurisprudence ouvre la notion de courant d'affaires aux conseils, de manière analogue à la relation d'intérêts.

38. Il est une autre hypothèse de conflits d'intérêts patrimoniaux en la personne de l'arbitre : le lien de subordination.

---

[90] *IBA Guidelines on Conflicts of Interest in International Arbitration, Orange List,* art. 3.3.8 (2014): "*The arbitrator has, within the past three years, been received more than three appointments by the same counsel, or the same law firm*" reprenant *IBA Guidelines on Conflicts of Interest in International Arbitration, Orange List,* art. 3.3.7 (2004): "*The arbitrator has within the past three years been received more than three appointments by the same counsel or the same law firm*".

[91] Pour la nuance, le préambule des IBA *Guidelines on Party Representation in International Arbitration* (2013) énonce que "*The use of the term guidelines rather than rules is intended to highlight their contractual nature. The parties may thus adopt the Guidelines or a portion thereof by agreement. Arbitral tribunals may also apply the Guidelines in their discretion, subject to any applicable mandatory rules, if they determine that they have the authority to do so*".

[92] Sans pour autant admettre la règle du précédent, propre au système de *Common Law*.

[93] Paris, 9 septembre 2010, Rev. arb., 2011.970. La Cour d'appel de Paris l'avait déjà sous-entendu mais sans jamais le dire de manière expresse probablement pour éviter tout *obiter dictum* : V. Paris, 2 juillet 1992, *société Raoul Duval c. société Merkoria Sucden*, Rev. arb., 1996.411 : « le statut de juge, auquel l'arbitre accède dès sa désignation est exclusif de tout lien de dépendance, notamment à l'égard des parties au litige ».

[94] Paris, 9 septembre 2010, *consorts Allaire c. SAS SGS Holding France*, D., 2010.2938, obs. Th. Clay ; Bull. ASA, 2011, Vol. 29, p. 197, note Ph. Pinsolle ; Rev. arb., 2011.686, note D. Cohen ; Gaz. Pal., 8 février 2011, p. 17, obs. D. Bensaude.

[95] V. *infra* n° 50 et s..

[96] Ph. Pinsolle, *op. cit.*, spéc. p. 199.

B. Le lien de subordination

39. Le lien de subordination est une hypothèse fréquente de conflits d'intérêts patrimoniaux dans la pratique arbitrale. Si la Cour de cassation et les juges du fond français utilisent expressément l'expression *lien de subordination*, il s'agit en réalité d'une métonymie. Le lien de subordination ne représente qu'une partie pour un tout : le contrat de travail. L'existence d'un contrat de travail liant l'arbitre à une partie à l'arbitrage, indépendamment dudit arbitrage, fait naître un conflit d'intérêts. La définition du lien de subordination doit être empruntée au droit social. Il s'agit d'un rapport hiérarchique entre un employeur et un salarié et d'une dépendance économique due au versement d'un salaire usuellement mensuel par le premier au second. Avant d'examiner les situations rencontrées en pratique et les solutions adoptées par le législateur et le juge français, il faut relever que le lien de subordination peut intervenir de manière réciproque. Il arrive que l'arbitre soit le salarié de l'une des parties à l'arbitrage. Il s'agit de la situation la plus fréquente. L'arbitre peut également être l'employeur de l'une des parties à l'arbitrage. L'hypothèse est plus rare.

40. Dans tous les cas, le lien de subordination doit être distingué[97] du courant d'affaires. À l'occasion d'un courant d'affaires, la répétition des désignations tend à transformer l'arbitre en un véritable professionnel au service de la partie qui l'a désigné. En revanche, l'existence d'un lien de subordination est indépendante de l'instance arbitrale. Le lien de subordination existe en parallèle de celle-ci. La profession de l'arbitre, dans le cas où il serait le salarié, est autre que celle d'arbitre. L'autonomie du lien de subordination par rapport à l'instance arbitrale n'empêche pas qu'il ait des effets sur le déroulement de celle-ci tels que l'émergence de conflits d'intérêts. Heureusement, en matière de lien de subordination, on peut se féliciter de la rigueur avec laquelle tranchent les juges français. Le principe est celui de l'interdiction de tout lien de subordination entre l'arbitre et l'une des parties à l'arbitrage (1°). Ce principe a connu une double extension au profit des contrats de travail conclus postérieurement à l'instance arbitrale entre l'arbitre et une partie à l'arbitrage et aux contrats de travail passés entre deux arbitres à une même instance arbitrale (2°).

[97] Distinction que les parties ont parfois du mal à faire : V. Paris, 1er juillet 2011, *SA Sorbrior et autres c. SAS ITM Entreprises et autres*, Rev. arb., 2011.761, note D. Cohen : « À supposer que les recourants n'en aient pas eu connaissance avant la clôture des débats, la circonstance que deux arbitres, dont le président du tribunal aient été membres respectivement du comité scientifique d'une revue et de la direction éditoriale d'une autre revue appartenant au même groupe d'édition, qu'ils aient participé à la même journée d'études, ne crée ni lien de subordination ni courant d'affaires entre eux et traduit seulement leur appartenance à la communauté scientifique de sorte qu'il n'existe pas d'interférence entre ces activités scientifiques et leur fonction d'arbitre ».

1° Le principe

41. Le principe est affirmé sans équivoque : tout lien de subordination entre l'arbitre et l'une des parties à l'arbitrage est interdit. L'article L.111-6 7° du Code de l'organisation judiciaire, applicable à l'arbitrage[98], prévoit que « [s]ous réserve de dispositions particulières à certaines juridictions, la récusation d'un juge peut être demandée s'il existe un lien de subordination entre le juge ou son conjoint et l'une des parties ou son conjoint ». L'interdiction est large : elle s'applique non seulement à l'arbitre et aux parties à l'arbitrage, mais également au conjoint de l'arbitre et aux conjoints respectifs des parties à l'arbitrage[99]. Ainsi l'arbitre salarié du conjoint de l'une des parties à l'arbitrage est-il susceptible de faire l'objet d'une demande de récusation. Sur le plan international, les *IBA Guidelines on Conflicts of Interest in International Arbitration* comptent parmi leur *Non-Waivable Red List*[100] l'article 1.2. Cet article prévoit qu'il y a un conflit d'intérêts, insurmontable par la révélation qui en est faite, lorsque "[t]*he arbitrator is a manager, director or member of the supervisory board, or has a controlling influence on one of the parties or an entity that has a direct economic interest in the award to be rendered in the arbitration*". En d'autres termes, lorsque l'arbitre est l'employeur de l'une des parties à l'arbitrage, l'arbitrage ne saurait avoir lieu. Qu'en est-il lorsque l'arbitre est le salarié d'une partie à l'arbitrage ? Cette situation, bien que plus fréquente en pratique, connaît une solution moins précise. On relève une contradiction entre deux articles des *IBA Guidelines*. L'article 3.4.2[101] prévoit qu'il y a un conflit d'intérêts lorsque l'arbitre a été, au cours des trois dernières années, l'employé de l'une des parties ou, s'il s'agit d'une société, l'employé de l'une de ses filiales. L'article 1.3[102] prévoit qu'il y a un conflit d'intérêts dès lors que l'arbitre a un intérêt financier significatif en l'une des parties à l'arbitrage. Or, il semble que la qualité d'employé de l'arbitre constitue, en tant que telle, un intérêt financier significatif en la partie à l'arbitrage qui est son employeur.

---

[98] Par renvoi de l'article 341 du Code de procédure civile.

[99] L'extension est encore plus large à l'article 323-8 de la loi marocaine sur l'arbitrage et la médiation conventionnelle de 30 novembre 2007, Rev. arb., 2009.243 : « Un arbitre peut être récusé quand il existe un lien de subordination entre l'arbitre ou son conjoint ou ses ascendants ou descendants et l'une des parties ou son conjoint ou ses ascendants ou descendants ».

[100] Liste pour laquelle la révélation ne permet pas de surmonter le conflit d'intérêts.

[101] *IBA Guidelines on Conflicts of Interest in International Arbitration*, *Orange List*, art. 3.4.2: "*The arbitrator had been associated with a party, or an affiliate of one of the parties, in a professional capacity, such as a former employee or partner*". La version de 2004 prévoyait une étude dans les trois dernières années. Cette limite temporelle n'a pas été reprise dans la version de 2014.

[102] *IBA Guidelines on Conflicts of Interest in International Arbitration*, *Non-Waivable Red List*, art. 1.3: "*The arbitrator has a significant financial or personal interest in one of the parties, or the outcome of the case*".

Pourtant, le premier article est situé dans la *Orange List* où les conflits d'intérêts sont surmontables par l'absence d'objection expresse des parties tandis que le second article compose la *Non-Waivable Red List* où les conflits d'intérêts sont insurmontables par la révélation qui en est faite. Néanmoins, cette contradiction a peu d'importance, les *IBA Guidelines* n'ayant aucune valeur contraignante. À cet égard, la Cour de cassation a adopté la position suivante. Selon elle, la révélation par l'arbitre du lien de subordination le liant à l'une des parties à la partie adverse permet de surmonter le conflit d'intérêts né dudit lien[103]. La révélation joue alors un « rôle purifiant »[104].

42. Pour autant, cette solution ne saurait permettre les éventuelles manœuvres dilatoires de la partie tierce au lien de subordination. Lorsque la partie n'a pas contesté l'existence du lien de subordination lorsque cela lui était encore possible, les juges français considèrent qu'elle a renoncé à s'en prévaloir. En particulier, dans un arrêt de la Cour d'appel de Paris de 2007[105], l'expiration du délai de récusation et le caractère notoire de la situation empêchent la partie tierce au lien de subordination de le contester. Par ailleurs, les manœuvres dilatoires sont aujourd'hui battues en brèche par la règle de l'*estoppel*[106], dont l'une des premières applications concernait l'existence d'un lien de subordination entre l'arbitre et l'une des parties à l'arbitrage. En l'espèce, l'arbitre était le directeur juridique d'une filiale ayant la même société mère que la société partie à l'arbitrage qui l'avait choisi. La Cour d'appel de Paris décide que « [l]a règle de l'estoppel fait obstacle à ce qu'une partie, qui après s'être interrogée sur l'indépendance d'un arbitre dans un courrier adressé aux arbitres n'a introduit une requête en récusation devant le juge d'appui que plus d'un an après, irrecevable d'ailleurs puisque la sentence finale était déjà rendue au moment où l'affaire est venue à l'audience, puisse soulever ce moyen pour attaquer la

---

[103] Cass. 2ème civ., 22 novembre 2001, Rev. arb., 2001.929 ; D., 2003.2472, obs. Th. Clay : « ayant relevé que, si la société auteur du recours en annulation de la sentence ignorait à la conclusion du contrat de sous-traitance que l'arbitre avait été salarié de l'autre partie cinq ans plus tôt, l'arbitre l'en avait informé dès sa désignation et qu'il n'avait accepté sa mission qu'après que la société recourante eut, en pleine connaissance de ce fait, signé le compromis d'arbitrage, l'arrêt retient exactement que la société recourante avait régulièrement donné son accord à l'arbitrage dudit arbitre ».

[104] V. obs. Th. Clay, *op. cit.*.

[105] Paris, 22 février 2007, *société Worms services maritimes SA c. société CMA CGM,* Rev. arb., 2007.142.

[106] Cass. 1ère civ., 6 juillet 2005, *Golshani c. Gouvernement de la République islamique d'Iran,* D., 2005.3060, obs. Th. Clay ; D., 2006. Jur. 1424, note E. Agostini ; RTD com., 2006.309, note E. Loquin ; Rev. arb., 2005.993, note Ph. Pinsolle ; Gaz. Pal., 24-25 février 2006, p. 18, note F.-X. Train ; JCP G, 2005.I.179, note J. Ortscheidt ; RDC, 2006.1279, obs. B. Fauvarque-Cosson ; Cass. 1ère civ., 6 mai 2009, D., 2009. AJ 1422, obs. X. Delpech ; D., 2009.2966, obs. Th. Clay ; RTD com., 2009.546, obs. E. Loquin ; Cass. 1ère civ., 11 juillet 2006, Bull. civ. I, n° 369, D., 2006. AJ 2052, obs. X. Delpech.

sentence »[107]. Ainsi, une partie peut contester l'existence d'un lien de subordination entre l'arbitre et l'autre partie, sous réserve de ne pas méconnaître la règle de l'*estoppel*.

43. La sanction du conflit d'intérêts né du lien de subordination entre l'arbitre et une partie à l'arbitrage est binaire. Pendant l'instance arbitrale, la partie adverse est admise à demander la récusation de l'arbitre. Après la reddition de la sentence, la partie adverse peut demander la nullité de la sentence arbitrale à condition qu'il ne s'agisse pas pour elle de pallier une demande en récusation forclose[108]. Néanmoins, la Cour d'appel de Paris est allée plus loin à l'occasion d'un arbitrage médical entre un médecin et son patient. La cour a en effet affirmé que « le compromis désignant le professeur S. ne pouvant plus avoir d'effet, il n'a plus lieu à arbitrage »[109]. Cette solution s'interprète en une annulation pure et simple du compromis. Cette sanction est des plus sévères. Nous reviendrons de manière plus approfondie sur la sanction adaptée à la mauvaise gestion d'un conflit d'intérêts[110]. Notons, pour le moment, que la nullité de la convention d'arbitrage est, heureusement, rarement prononcée par les juges.

44. Le principe de l'interdiction de tout lien de subordination entre l'arbitre et une partie à l'arbitrage a connu une double extension.

2° La double extension du principe

45. Le principe de l'interdiction de tout lien de subordination entre l'arbitre et l'une des parties à l'arbitrage a été étendu aux contrats de travail passés entre l'arbitre et l'une des parties à l'arbitrage postérieurement à l'instance arbitrale (a) et aux contrats de travail passés entre deux arbitres à une même instance arbitrale (b).

---

[107] Paris, 7 février 2008, *société Française des Rentes et de Financement c. société Compagnie Générale de Garantie*, Rev. arb. 2008.501, note J.-B. Racine ; D., 2008.3111, obs. Th. Clay.

[108] Cass. 2ème civ., 25 mars 1999, *société Siab et autres c. société Valmont*, Rev. arb., 1999.319, note Ch. Jarrosson ; Cass. 2ème civ., 11 juillet 2002, *société Beugnet Aquitaine c. société DV construction*, Rev. arb., 2004.283, note M. Bandrac ; JCP G, 2003.I.103, n° 8, obs. J. Ortscheidt ; Cass. 2ème civ., 20 novembre 2003, *société Radiologie et imagerie médicale Pasteur Bergouignan (RIMPB) c. Hummel*, Rev. arb., 2004.290, note M. Bandrac : « la partie qui, en connaissance de cause et sans motif légitime, s'abstient d'invoquer en temps utile une irrégularité devant le tribunal arbitral est réputée avoir renoncé à s'en prévaloir ». En conséquence, la partie à l'arbitrage qui n'a pas demandé la récusation de l'arbitre en temps utile ne peut pas demander la nullité de la sentence arbitrale pour défaut d'indépendance dudit arbitre.

[109] Paris, 20 octobre 1994, *E. Richy c. Warlaumont et UAP*, Rev. arb., 1996.442.

[110] V. *infra* n° 354 et s..

A. L'EXTENSION AUX CONTRATS DE TRAVAIL PASSÉS ENTRE L'ARBITRE ET L'UNE DES PARTIES À L'ARBITRAGE POSTÉRIEUREMENT À L'INSTANCE ARBITRALE

46. Dans l'affaire *Raoul Duval*, le Président du tribunal arbitral au premier degré avait été embauché par l'une des parties à l'arbitrage le lendemain même du prononcé de la sentence. La question s'était posée de savoir si un lien de subordination postérieur à l'instance arbitrale pouvait être sanctionné. Les uns invoquent le fait qu'il n'existait aucun contrat de travail entre eux pendant l'instance arbitrale pour rejeter toute sanction. Les autres rappellent que la conclusion d'un contrat de travail est traditionnellement précédée d'une période de négociation de sorte que l'on peut supposer que l'arbitre et la partie étaient en pourparlers au moment de la procédure arbitrale. La Cour d'appel de Paris retient ce dernier argument et relève qu'« il existait entre cet arbitre et l'une des parties des liens d'intérêts tels que la connaissance de cette situation par l'autre partie n'aurait pu que susciter chez elle un doute raisonnable sur l'indépendance d'esprit de cet arbitre »[111]. Il faut noter que la cour emploie, à raison, l'expression de *liens d'intérêts*. En effet, il n'existait pas encore véritablement de lien de subordination au moment de la procédure arbitrale. Ainsi la Cour juge-t-elle que la conclusion du contrat de travail postérieure à la reddition de la sentence arbitrale n'empêche pas l'existence d'un conflit d'intérêts ou d'une « opposition d'intérêts » [112], justifiant une extension du principe d'interdiction. Néanmoins, seuls les contrats de travail dont la période de pourparlers intervient pendant la procédure arbitrale doivent être concernés par cette extension. Les contrats de travail conclus plusieurs mois après l'instance arbitrale ne sauraient être interdits.

47. Par ailleurs, l'interdiction de principe a également été étendue aux contrats de travail passés entre deux arbitres à une même instance arbitrale.

B. L'EXTENSION AUX CONTRATS DE TRAVAIL PASSÉS ENTRE DEUX ARBITRES À UNE MÊME INSTANCE ARBITRALE

48. L'hypothèse d'un contrat de travail existant entre deux coarbitres est rare mais elle existe. La Cour de cassation a déjà eu l'occasion de débouter le demandeur à une action en annulation de la sentence au motif qu'il « ne rapportait pas la preuve de l'existence d'un lien de subordination du président

---

[111] Paris, 2 juillet 1992, *société Raoul Duval c. société Merkoria Sucden*, Rev. arb., 1996.411.
[112] TGI Paris, 12 mai 1993, *société Raoul Duval c. V.*, Rev. arb., 1996.411, 2ème esp. ; Ph. Fouchard, « Le statut de l'arbitre dans la jurisprudence française », Rev. arb., 1996.325, spéc. n° 19, 31, 65, 73 et s..

du tribunal arbitral à l'égard de son coarbitre »[113], lien dont « il pourrait se déduire une absence d'indépendance d'esprit et d'impartialité suffisante pour accomplir leur mission de juger ». Il faut noter l'emploi du conditionnel : l'existence d'un lien de subordination entre le Président du tribunal arbitral et un coarbitre « pourrait » avoir des conséquences sur leur indépendance d'esprit et leur impartialité. Elle pourrait également ne pas en avoir. L'utilisation du conditionnel empêche-t-elle l'extension de l'interdiction de tout lien de subordination entre des coarbitres ? Nous ne le pensons pas.

49. Il est une dernière hypothèse de conflits d'intérêts patrimoniaux en la personne de l'arbitre en raison des parties à l'arbitrage : les relations d'affaires.

C. Les relations d'affaires

50. Les relations d'affaires, « rapports d'intérêts »[114] ou encore « flux d'affaires »[115] entre arbitre et partie sont monnaie courante dans le monde de l'arbitrage. Il ne s'agit pas ici de s'intéresser aux relations d'affaires entre les parties. Les *relations habituelles d'affaires* entre les parties ont permis aux juges, dans les années 1990, de prononcer la validité de la clause compromissoire par référence[116] et d'admettre l'extension de la clause d'arbitrage à une partie non signataire[117]. Néanmoins, les conflits d'intérêts ne se situent pas dans les relations inter-parties, mais dans les relations entre l'arbitre et une partie à l'arbitrage. Par ailleurs, les mots *relations d'affaires* évoquent, *a priori*, une relation d'égal à égal entre deux acteurs du monde des affaires. Il s'agit d'une relation horizontale. Le lien de subordination et le

---

[113] Cass. 1ère civ., 29 janvier 2002, *Hudault c. société générale de surveillance et autres*, Rev. arb., 2002.208.

[114] L'expression *rapports d'intérêts* est reprise par Paris, 9 avril 1992, et TGI Paris, 9 décembre 1992, *société Annahold B.V. et D. Frydman c. L'Oréal et autres*, Rev. arb., 1996.483, 2ème esp. ; Paris, 30 juin 1995, *B. c. société Annahold B.V. et autres*, Rev. arb., 1996.483. On peut considérer qu'il s'agit d'un synonyme de *relations d'affaires* ; Paris, 23 mars 1995, Rev. arb., 1996.446.

[115] Cass. 1ère civ., 14 mai 2014, *société Hautbois c. société groupement agricole d'exploitation en commun (GAEC)*, Rev. arb., 2014.518.

[116] Cass. 1ère civ., 11 octobre 1989, *société Bomar Oil NV c. ETAP*, Rev. arb., 1990.134, note C. Kessedjian ; Cass. 1ère civ., 26 juin 1990, *société dreistern Werl c. société Crouzier*, Rev. arb., 1991.291, note C. Kessedjian ; CA Versailles, 23 janvier 1991, *société Bomar Oil NV c. ETAP*, Rev. arb., 1991.291, note C. Kessedjian ; Paris, 18 avril 1991, *société Afric Viande c. société Brittania*, Rev. arb., 1994.115, note Y. Paclot ; Paris, 30 mai 1991, *SARL Diva Fruits c; société Simfruits*, Rev. arb., 1994.115, note Y. Paclot ; Cass. 1ère civ., 9 novembre 1993, *société Bomar Oil NV c. ETAP*, Rev. arb., 1994.108, note C. Kessedjian.

[117] Paris, 11 janvier 1990, *Orri c. société des Lubrifiants Elf Aquitaine*, Rev. arb., 1992.95, note D. Cohen ; V. sur cette question : D. Cohen, « Arbitrage et groupes de contrats », Rev. arb., 1997.471.

courant d'affaires, quant à eux, suggèrent bien plus un lien vertical[118] par lequel l'arbitre est soumis à une partie. Lorsque l'arbitre entretient des *relations d'affaires* avec une partie à l'arbitrage, le premier est, en principe, au même niveau que la seconde. En conséquence, l'arbitre ne saurait être l'objet de tentatives de corruption[119] - phénomène « unanimement réprouvé » mais « universellement répandu » remarquait Oppetit[120] - ou de trafics d'influence[121]. Au contraire, l'arbitre en relation d'affaires devrait disposer pleinement de sa liberté[122]. Néanmoins, il en va autrement en pratique. En effet, l'arbitre qui est, parallèlement à l'instance arbitrale, en relation d'affaires avec l'une des parties à l'arbitrage peut subir des pressions ayant pour effet d'influencer le sens de sa décision. Il convient d'étudier les relations d'affaires entre l'arbitre et une partie à l'arbitrage (1°) puis ceux entre coarbitres (2°).

1° Les relations d'affaires entre l'arbitre et une partie àl'arbitrage

51. Les relations d'affaires entre l'arbitre et une partie à l'arbitrage englobent en réalité de nombreuses hypothèses. L'arbitre exerce souvent la profession d'avocat et est, à ce titre, indissociable du cabinet dans lequel il exerce. La partie, quant à elle, est assistée et représentée tout au long de la procédure arbitrale par le conseil qu'elle a choisi, conseil qui lui-même est inséparable du cabinet dans lequel il pratique. Les relations d'affaires que nous nous apprêtons à étudier sont donc susceptibles de concerner au moins cinq acteurs : l'arbitre, le cabinet d'avocats de l'arbitre lorsque celui-ci est avocat[123], une partie à l'arbitrage, son conseil[124] et le

[118] On trouve l'expression *conflits d'intérêts verticaux* dans les motifs de l'appelante faisant référence à l'affaire *Vivendi* dans CA Bruxelles, 29 octobre 2007, *La République de Pologne c. Eureko B.V. et autres*, inédit, note B. Hanotiau, "*A contribution by the ITA Board of Reporters*".

[119] V. notamment M. Abdel Raoul, "*How Should International Arbitrators Tackle Corruption Issues?*" ICSID Review, Vol. 24, 2009, p. 116 ; M. Hwang et K. Lim, "*Corruption in Arbitration - Law and Reality*", disponible sur www.arbitration-icca.org.

[120] B. Oppetit, « Le paradoxe de la corruption à l'épreuve du droit du commerce international », JDI, 1987.5.

[121] V. sur cette question A. S. El Kosheri et Ph. Leboulanger, « L'arbitrage face à la corruption et aux trafics d'influence », Rev. arb., 1984.3.

[122] La *liberté de l'arbitre* a fait l'objet d'une présentation de P. Mayer au Palais de Justice de Paris, le 30 novembre 2012.

[123] Cette hypothèse est largement traitée par les *IBA Guidelines on Conflicts of Interest in International Arbitration.*

[124] Paris, 9 septembre 2010, *consorts Allaire c. SAS SGS Holding France*, D., 2010.2938, obs. Th. Clay ; Bull. ASA, 2011, Vol. 29, p. 197, note Ph. Pinsolle ; Rev. arb., 2011.686, note D. Cohen ; Gaz. Pal., 8 février 2011, p. 17, obs. D. Bensaude : « Le défaut d'indépendance peut résulter des rapports qu'un arbitre entretient non seulement avec l'une des parties à l'instance,

cabinet d'avocats dudit conseil. Selon une terminologie qui nous est propre, les relations d'affaires entre l'arbitre et une partie sont de deux types. Elles sont soit passives (a), soit actives (b).

A. LES RELATIONS D'AFFAIRES PASSIVES

52. Une analyse de la jurisprudence française permet de relever deux hypothèses principales de relations d'affaires passives. Il y a une relation d'affaires passive entre l'arbitre et une partie à l'arbitrage lorsque l'arbitre dispose d'un certain nombre d'actions ou de parts sociales d'une société partie à l'arbitrage sans pour autant travailler au sein de la société (1). Il y a également une relation d'affaires passive entre l'arbitre et le conseil d'une partie à l'arbitrage lorsque ces derniers appartiennent au même cabinet d'avocats (2).

1. LA PARTICIPATION DE L'ARBITRE AU CAPITAL D'UNE SOCIÉTÉ PARTIE ÀL'ARBITRAGE

53. Lorsque l'arbitre dispose d'un certain nombre d'actions ou de parts sociales d'une société partie à l'arbitrage, il a tout intérêt à la bonne santé de ladite société. Une société n'a jamais intérêt à perdre un arbitrage. Si sa réputation est en principe préservée par la confidentialité de la procédure arbitrale [125] et par le secret des délibérations du tribunal arbitral [126], sa trésorerie souffrira indéniablement du paiement des frais de procédure et de l'éventuel versement de dommages-intérêts à la partie adverse.

54. Les *IBA Guidelines on Conflicts of Interest in International Arbitration* comportent plusieurs articles concernant la participation de l'arbitre au capital d'une société partie à l'arbitrage. D'abord, l'article 1.3 [127] prévoit notamment qu'il y a un conflit d'intérêts lorsque l'arbitre a un intérêt financier significatif dans une des parties ou dans la solution du litige. Cet article est remarquable de clarté et d'efficacité. Notons également qu'appartenant à la *Non-Waivable Red List*, ce conflit d'intérêts est

---

mais également avec son conseil, dès lors qu'il s'agit de relations d'intérêts et qu'elles ne revêtent pas un caractère purement occasionnel ».

[125] V. notamment Y. Derains, « Les nouveaux principes de procédure : confidentialité, célérité, loyauté » *in* Le nouveau droit français de l'arbitrage, sous la direction de Th. Clay, Lextenso, 2011, p. 91.

[126] V. article 1479 du Code de procédure civile.

[127] *IBA Guidelines on Conflicts of Interest in International Arbitration, Non-Waivable Red List*, art. 1.3: "*The arbitrator has a significant financial or personal interest in one of the parties, or the outcome of the case*" ; à rapprocher de art. 2.2.2 : "*A close family member of the arbitrator has a significant financial interest in the outcome of the dispute*".

insurmontable par la révélation qui en est faite. Ensuite, les articles 2.2.1[128] et 4.4.2[129] renvoient à l'hypothèse dans laquelle l'arbitre détient directement ou indirectement des actions dans le capital d'une partie à l'arbitrage ou d'une filiale de la société partie à l'arbitrage. Les *IBA Guidelines* distinguent deux situations, selon que la société est ou n'est pas cotée en Bourse. Dans l'hypothèse dans laquelle la société n'est pas cotée en Bourse, l'article 2.2.1 est applicable. Relevant de la *Waivable Red List*, l'article 2.2.1 prévoit qu'il existe un conflit d'intérêts surmontable par la révélation qui en est faite. Il suffit à l'arbitre de révéler qu'il détient des parts d'une partie à l'arbitrage ou de la filiale d'une partie à l'arbitrage pour désamorcer le conflit d'intérêts. Lorsque la société est cotée en Bourse, l'article 4.4.2 des *IBA Guidelines* est applicable. Or, cet article appartient à la *Green List* qui contient une liste non-exhaustive de situations dans lesquelles il n'existe objectivement aucun conflit d'intérêts[130].

55. Que se passe-t-il lorsque l'arbitre ne participe pas à l'actif de la société mais à son passif ? Comment faire notamment lorsque l'arbitre consent un prêt à une société partie à l'arbitrage ou à l'une de ses filiales ? Il semble que dans cette situation, l'arbitre a nécessairement intérêt au succès des prétentions de la société emprunteuse et en particulier au succès d'une demande d'indemnisation en sa faveur. À notre connaissance, les *IBA Guidelines* ne prévoient pas cette hypothèse. Du côté de la jurisprudence, seule l'affaire *Jean Lion*[131] de 1998 présentait des faits relativement proches. En l'espèce, le Président du tribunal arbitral de premier degré avait consenti un crédit fournisseur à l'une des parties à l'arbitrage, le groupe Gortzounian. Néanmoins, l'octroi du crédit était intervenu après que le Président du

---

[128] *IBA Guidelines on Conflicts of Interest in International Arbitration, Waivable Red List*, art. 2.2.1: "*The arbitrator holds shares, either directly or indirectly, in one of the parties or an affiliate of one of the parties, this party or an affiliate being privately held*".

[129] *IBA Guidelines on Conflicts of Interest in International Arbitration, Green List*, art. 4.4.2 (2014): "*The arbitrator holds an insignificant amount of shares in one of the parties, or an affiliate of one of the parties, which is publicly listed*" reprenant *IBA Guidelines on Conflicts of Interest in International Arbitration, Green List*, art. 4.5.2 (2004).

[130] *IBA Guidelines on Conflicts of Interest in International Arbitration, PART II: Practical Application of the General Standards, 7. in limine*: "*The Green List is a non-exhaustive list of specific situations where no appearance and no actual conflict of interest exists from an objective point of view*".

[131] CA Rouen, 28 octobre 1998, *société Jean Lion et Cie c. société Etablissements Gortzounian*, Rev. arb., 1999.368, note M. Henry ; à rapprocher de la situation d'un prêt conditionné par la défaite d'une partie à l'arbitrage : V. P.-Y. Tschanz, « Indépendance des arbitres en droit suisse », Rev. arb., 2000.523, spéc. p. 532 : « Le Tribunal fédéral a ainsi jugé que l'on pouvait objectivement douter de l'indépendance d'un arbitre qui était en même temps l'administrateur unique et un actionnaire important d'une société qui s'était engagée à reprendre la dette de la défenderesse si celle-ci succombait dans la procédure arbitrale (ATF 111 la 72, cons. 2, p.74) ».

tribunal arbitral a rendu sa sentence au premier degré, et non concomitamment à l'instance arbitrale.

56. L'autre relation d'affaires passive est l'appartenance de l'arbitre au même cabinet d'avocats que le conseil de l'une des parties à l'arbitrage.

2. L'APPARTENANCE DE L'ARBITRE AU MÊME CABINET D'AVOCATS QUE LE CONSEIL D'UNE PARTIE À L'ARBITRAGE

57. Il y a également une relation d'affaires passive lorsque l'arbitre appartient au même cabinet d'avocats que le conseil d'une partie à l'arbitrage. L'arbitre peut être associé, collaborateur ou encore *of counsel* dans leur cabinet commun. La Cour d'appel de Reims a affirmé, dans l'arrêt *Tecnimont*[132], que « le degré d'association au sein du cabinet [était] indifférent ». En effet, les solutions de la jurisprudence sont les mêmes dans les trois cas. Avant de les examiner, il faut en évoquer un quatrième, propre au système de *Common Law* : l'appartenance de l'arbitre et du conseil d'une partie à la même *barristers chamber*. Dans ce cas précis, l'article 3.3.2 des *IBA Guidelines*[133] prévoit qu'il y a un conflit d'intérêts surmontable par la révélation et par l'absence de contestation explicite des parties. Il ne s'agit donc pas d'une hypothèse dangereuse, comme le relevait la jurisprudence constante avant la rédaction des *IBA Guidelines*. En effet, dans un arrêt de 1991[134], le Président du tribunal arbitral et le conseil de l'une des parties étaient deux *barristers* anglais membres d'une même *chamber*. La Cour d'appel de Paris avait refusé d'y voir un élément objectif affectant l'indépendance du Président du tribunal arbitral au motif qu'« une *"chamber"* de barristers – institution originale, spécifique du système britannique – se caractérise, pour l'essentiel, par la mise en commun de locaux et de collaborateurs, sans création de liens professionnels impliquant – telle, par exemple, l'association en droit français – des intérêts communs ou une quelconque dépendance économique ou intellectuelle des divers membres de la chamber entre eux, fréquemment appelés, notamment en raison de la spécialisation des chambers, à plaider les uns contre les autres, ou à participer à des tribunaux arbitraux devant lesquels d'autres membres de la même chamber interviennent en qualité de conseil ». En revanche, la solution est différente lorsque l'arbitre est collaborateur, associé ou *of counsel* du même cabinet d'avocats que le conseil d'une partie à l'arbitrage.

---

[132] CA Reims, 2 novembre 2011, *SA J. & P. Avax c. société Tecnimont SPA*, Cah. arb., 2011-4, p. 1109, obs. Th. Clay.

[133] *IBA Guidelines on Conflicts of Interest in International Arbitration, Orange List*, art. 3.3.2: *"The arbitrator and another arbitrator, or the counsel for one of the parties, are members of the same barristers' chambers"*.

[134] Paris, 28 juin 1991, *KFTCIC c. Icori Estero*, Rev. arb., 1992.568, note P. Bellet.

En effet, « [i]l est clair que la décision prend en considération la situation originale des barristers anglais, mais qu'elle n'est pas transposable à la situation française des avocats associés »[135] affirment MM. Eric Loquin et Jean-Claude Dubarry.

58. Lorsque l'arbitre est associé ou collaborateur dans le même cabinet d'avocats que le conseil d'une partie à l'arbitrage, l'article 2.3.3 des *IBA Guidelines*[136] l'empêche de statuer sans l'accord exprès des parties. Cette solution existait déjà dans une jurisprudence française ancienne[137]. Dans leur clause d'arbitrage, les parties s'étaient mises d'accord pour désigner comme arbitre une personnalité occupant « une situation de premier plan » dans un milieu régional déterminé. À la naissance du litige, l'une des parties est amenée, sur proposition de l'autre, à accepter la désignation d'un arbitre qui était l'associé du conseil de l'autre partie. La première partie demandait la nullité du compromis pour erreur sur la qualité substantielle de la personne choisie comme arbitre tandis que la seconde invoquait le fait que l'arbitre répondait exactement aux conditions prévues dans la clause d'arbitrage. La Cour de cassation donne raison à la première au motif qu'il existait des « liens d'association » entre l'arbitre et le conseil.

59. De la même manière, le fait que l'arbitre soit *of counsel* dans le cabinet du conseil d'une partie est pris en compte par les juges. Rappelons que l'arbitre *of counsel* dans un cabinet d'avocats présente des liens moins ténus avec ledit cabinet qu'un associé. En principe, il ne dispose pas d'un bureau personnel au sein du cabinet et n'est sollicité par celui-ci que ponctuellement en vue de répondre à une question précise, souvent partie d'un dossier plus vaste. Pour autant, les juges du fond se montrent particulièrement sévères à l'égard de l'arbitre *of counsel.* L'arbitre qui ne révèle pas qu'il est[138] ou a été[139] *of counsel* dans le même cabinet que le

---

[135] V. note E. Loquin et J.-C. Dubarry, RTD com., 1997, p. 234.

[136] *IBA Guidelines on Conflicts of Interest in International Arbitration, Waivable Red List*, art. 2.3.3: "*The arbitrator is a lawyer in the same law firm as the counsel to one of the parties*".

[137] Cass. com., 16 juillet 1964, *société Georges et Cie c. X... Y... et société Otto Lazar et Cie*, Rev. arb., 1964.125 ; à rapprocher de CA Colmar, 8 février 2011, *SA Cevede et autres c. société Système U Est*, Rev. arb. 2011.724, note D. Cohen ; D., 2011.3023, spéc. n° 44, obs. Th. Clay où l'arbitre était professeur et associé du cabinet qui défendait l'une des parties dans d'autres litiges. En l'espèce, la sentence n'a pas été annulée car l'action a été déclarée irrecevable pour un motif de procédure.

[138] Paris, 12 février 2009, *SA J. & P. Avax c. société Tecnimont SPA*, Rev. arb., 2009.186, note Th. Clay ; Gaz. Pal., 13-15 déc. 2009, obs. L. Degos ; Cah. arb., 2009-4, p. 6, obs. L. Degos ; D., 2009.2964, obs. Th. Clay ; Bull. ASA, 2009, Vol. 27, p. 520, note Ph. Schweizer ; Spain Arb. Rev. 2009/6, p. 155, note A. Munoz et Th. Parigot ; *Arbitraje. Revista de arbitraje commercial y de inversiones*, 2010, Vol. 3, p. 597, obs. J.-C. Fernandez-Rozas ; CA Reims, 2 novembre 2011, *SA J. & P. Avax c. société Tecnimont SPA*, Cah. arb., 2011-4, p. 1109, obs. Th. Clay.

conseil d'une partie à l'arbitrage est ainsi sanctionné de la même manière que s'il en avait été l'associé. Cette solution se veut prudente mais ne correspond pas véritablement à la pratique.

60. L'arbitre peut également entretenir des relations d'affaires actives avec une partie à l'arbitrage.

B. Les relations d'affaires actives

61. On peut parler des relations d'affaires actives lorsque l'arbitre collabore à l'exercice de l'activité professionnelle d'une partie à l'arbitrage. Notons que la prise en compte des relations d'affaires actives par les juges est de plus en plus large (2), mis à part le cas particulier de l'arbitrage corporatif ou professionnel (1).

1. Le cas particulier de l'arbitrage corporatif ou professionnel

62. « S'agissant d'un arbitrage professionnel, les arbitres sont nécessairement en relations d'affaires avec les personnes qui exercent leurs activités dans le même secteur économique, mais cette circonstance ne suffit pas à caractériser un état de dépendance ou une partialité des arbitres »[140]. La Cour d'appel de Rouen l'affirma en 1998, et la jurisprudence l'a confirmé depuis[141]. Elle insiste sur la « spécificité » de l'arbitrage professionnel ou corporatif. En effet, dans le cadre de cet arbitrage particulier, les arbitres agréés par les centres sont des professionnels de la branche considérée. Par exemple, les arbitres de la Chambre arbitrale des cafés et poivres du Havre sont des courtiers, des négociants, des importateurs, des transitaires ou encore des torréfacteurs de café. Il en va de même pour l'arbitrage maritime. Etant donné la spécialisation des litiges soumis à l'arbitrage corporatif, il est fréquent que tous les intervenants à la procédure, arbitres, parties et conseils

---

[139] Paris, 10 mars 2011, *EURL Tecso c. SAS Neoelectra Group*, Cah. arb., 2011-3, p. 787, note M. Henry ; LPA, 14 novembre 2011, n° 226, p. 5, note Ph. Pinsolle ; Rev. arb., 2011.737, obs. D. Cohen ; Gaz. Pal., 15-17 mai 2011, p. 19, obs. D. Bensaude ; D., 2009.2959, spéc. n° 44, obs. Th. Clay ; Cass. 1ère civ., 10 octobre 2012, *Neoelectra Group SAS c. société Tecso EURL*, Rev. arb., 2013.129, note Ch. Jarrosson ; D., 2012.2999, note Th. Clay ; JCP G, 2012, p. 1929, n° 1127, obs. M. Henry ; JCP G, 2012, p. 2281, n° 1268, B. Le Bars ; JCP G, 2012, p. 2281, n° 1354, obs. Ch. Seraglini ; D., 2012.2458, obs. X. Delpech.

[140] CA Rouen, 28 octobre 1998, *Jean Lion et Cie c. Etablissements Gortzounian*, Rev. arb., 1999.368, note M. Henry.

[141] TGI Paris, réf., 28 octobre 1998, *société Drexel Burnham Lambert c. société Philipp Brothers*, Rev. arb., 1990.497, note M. de Boisséson ; Paris, 27 juin 2002, *société Comecim c. société Theobroma*, Rev. arb., 2003.427, note C. Legros ; Cass. 1ère civ., 19 décembre 2012, *société Rocco Giuseppe E Figli Spa c. société Agralys*, Rev. arb., 2013.287 ; Paris, 17 décembre 2013, *M. D. Oursel c. SARL Sermaplus*, Rev. arb., 2014.219.

se connaissent parce qu'ils ont déjà eu l'occasion de travailler ensemble. Dès lors, pour faire récuser un arbitre, il ne suffit pas à une partie de dire que celui-ci appartient au « milieu professionnel du commerce »[142]. Le Tribunal de grande instance de Paris a ainsi rejeté la demande d'une partie qui invoquait le fait que l'arbitre appartenait à un groupe de sociétés qui était un client important de l'autre partie [143]. Malgré sa spécificité, l'arbitrage corporatif relève du droit commun[144]. Si l'existence de relations d'affaires ne suffit pas à caractériser l'existence d'un conflit d'intérêts, cela ne signifie pas pour autant que l'arbitrage corporatif est exempt de tout conflit d'intérêts.

63. Par ailleurs, l'argumentation de la jurisprudence française à propos de l'arbitrage professionnel fait écho à la jurisprudence suisse. Dans un arrêt de 1994, le Tribunal fédéral suisse considère que les relations d'affaires sont de la nature même de l'arbitrage privé[145]. La jurisprudence suisse adopte globalement la solution que la jurisprudence française applique exceptionnellement à l'arbitrage corporatif. Quatre années plus tard, le Tribunal fédéral affine sa position : « Les contacts entre un arbitre et un avocat sont admissibles, sauf s'ils impliquent des relations professionnelles étroites et permanentes, ou lorsqu'une partie non négligeable des revenus de l'arbitre provient de ces relations »[146]. Le principe reste celui de l'admission des relations d'affaires entretenues par l'arbitre avec, en l'espèce, le conseil d'une partie. Néanmoins, il est désormais assorti de deux exceptions : l'existence de relations professionnelles étroites et permanentes, et la provenance d'une partie non négligeable des revenus de l'arbitre de ces relations. La jurisprudence française est, quant à elle, beaucoup plus stricte que la jurisprudence suisse. En témoigne la prise en compte de plus en plus large des relations d'affaires actives.

2. La prise en compte de plus en plus large des relations d'affaires actives par les juges

64. Il faut garder à l'esprit que les juges français sont de plus en plus méfiants à l'égard des relations d'affaires entre l'arbitre et une partie à l'arbitrage. En l'état actuel du droit français, les relations d'affaires actives

---

[142] Paris, 10 juin 2004, *société Bargues Agro Industries c. société Young Pecan Company*, Rev. arb., 2006.154.
[143] TGI Paris, 15 juillet 1989, *société Philipp Brothers c. société Drexel et autres*, Rev. arb., 1990.497, note M. de Boisséson : « Un arbitre désigné l'est à titre personnel et individuel et non en raison de son appartenance à tel groupe de sociétés ».
[144] Paris, 18 novembre 1993, *société Hannover International et AGF c. société Uni-Europe*, Rev. arb., 1994.505, note E. Loquin.
[145] Tribunal fédéral suisse, 30 juin 1994, *Hitachi Ltd SMS Schloemann*, ATF, pp. 104-105 ; Bull. ASA, 1997, Vol. 15, p. 99.
[146] Tribunal fédéral suisse, 9 février 1998, *I. SA. c. V.*, ATF, p. 647.

liant l'arbitre à l'une des parties à l'arbitrage sont prises en compte, peu importe qu'elles soient révolues[147] au moment de l'instance arbitrale (i), qu'elles n'aient aucun lien direct[148] avec le litige (ii), qu'elles n'impliquent pas directement l'arbitre, mais le cabinet d'avocats dans lequel il exerce voire un tiers intéressé (iii) et qu'elles n'impliquent pas directement la société partie à l'arbitrage, mais une société du même groupe (iv).

65. **i)** Les relations d'affaires actives entre l'arbitre et une partie à l'arbitrage sont prises en compte même si elles sont révolues au moment de l'instance arbitrale. Il n'en a pas toujours été ainsi. Cette règle s'est construite par étapes. D'abord, avant le décret de 1980, l'article 1014 du Code de procédure civile interdisait de prendre en compte les relations d'affaires antérieures à la procédure arbitrale. Les parties et les arbitres faisaient comme si rien ne s'était passé avant l'instance arbitrale. Puis, les *IBA Rules of Ethics for International Arbitrators* de 1964 ont prévu en leur article 3.4 la prise en compte des relations d'affaires passées, mais à condition qu'elles soient « d'une importance ou d'une nature telle qu'elles puissent vraisemblablement influencer le jugement de l'arbitre pressenti »[149]. La prise en compte des relations d'affaires passées était ainsi conditionnée jusqu'à ce que le Tribunal de grande instance de Paris retienne, sans énoncer de condition particulière, l'absence d'indépendance d'un arbitre unique qui avait été le consultant financier auprès du président d'une société du même groupe que celui d'une partie de 1987 à 1989 et qui avait accepté sa mission le 5 mars 1990[150]. Enfin, les *ICSID Additional Facility Rules*[151] de 2006 applicables aux arbitrages CIRDI et les *UNCITRAL Arbitration Rules* de

[147] V. Paris, 8 mai 1970, *consorts Ury et autres c. société anonyme des Galeries Lafayette*, Rev. arb., 1970.80, concl. de Monsieur l'avocat général Granjon ; D., 1970.635, note J. Robert ; Paris, 1er décembre 1995, *Ministère de l'Agriculture d'Irak c. société Hochtief*, Rev. arb., 1996.456.

[148] L'existence de relations d'affaires présentant un lien direct avec l'instance arbitrale ne posant aucune difficulté : V. Paris, 8 mai 1970, *consorts Ury et autres c. société anonyme des Galeries Lafayette*, Rev. arb., 1970.80 ; D., 1970.635, note J. Robert ; CA Versailles, 14 novembre 1996, *société Scintelle c. Bourey*, RJDA, 1997.1, n° 144, obs. E. Loquin et J.-C. Dubarry ; RTD com., 1997.234, obs. E. Loquin et J.-C. Dubarry ; Paris, 20 novembre 1997, *3R c. Phénix Richelieu*, Rev. arb., 1999.329.

[149] *IBA Rules of Ethics for International Arbitrators*, art. 3.4 (1987): "*Past business relationships will not operate as an absolute bar to acceptance of appointment, unless they are of such magnitude or nature as to be likely to affect a prospective arbitrator's judgment*".

[150] TGI Paris, 9 avril 1992, *société Annahold BV et D. Frydman c. L'Oréal et autres*, Rev. arb., 1996.483, 2ème esp. et Paris, 30 juin 1995, *B. c. société Annahold B.V. et autres*, Rev. arb., 1996.483.

[151] *ICSID Additional Facility Rules*, Annexe C, Chapitre III, art. 13 (2) : « Avant la première session du Tribunal ou lors de cette cession, chaque arbitre signe la déclaration suivante : (...) est jointe à la présente concernant (a) mes relations professionnelles d'affaires et autres (s'il en existe) avec les parties, passées et actuelles, et (b) toute autre circonstance qui pourrait conduire une partie à mettre en cause ma garantie d'indépendance ».

2010 prévoient que la déclaration d'indépendance de l'arbitre doit mentionner ses relations d'affaires passées à condition… qu'elles existent. Toutes les relations d'affaires révolues au moment de l'instance arbitrale sans condition doivent donc être déclarées par l'arbitre. Il est une seule exception : une relation d'affaires appartenant à un passé lointain[152]. Il semblerait que ce soit cette exception qui ait motivé l'arrêt du 14 janvier 2014 de la Cour d'appel de Paris[153]. En l'espèce, la société Cegelec demande l'annulation de la sentence arbitrale pour constitution irrégulière du tribunal arbitral. Elle affirme que l'arbitre désigné par Siemens n'a pas révélé qu'il avait été collaborateur, entre 1987 et 1989, au sein du cabinet d'avocats dans lequel exerçait le conseil de Siemens. La Cour d'appel de Paris refuse l'annulation de la sentence considérant que les liens professionnels entre l'arbitre choisi par Siemens et le conseil de Siemens au sein du même cabinet d'avocats dans les années 1987-1989 sont des faits notoires dont la recourante n'allègue pas qu'elle les aurait appris postérieurement à l'arbitrage. On peut aussi penser que la Cour d'appel de Paris a considéré que la relation d'affaires appartenait à un passé trop lointain pour justifier l'annulation de la sentence arbitrale.

66. ii) Les relations d'affaires actives entre l'arbitre et une partie à l'arbitrage sont prises en compte même si elles n'ont aucun lien direct avec le litige. La question s'est posée au Tribunal de grande instance de Paris qui, en 1988, eut à connaître d'une affaire où l'arbitre était intervenu et intervenait encore pendant la procédure arbitrale comme conseil de la partie défenderesse dans un autre litige. Le tribunal conclut que l'arbitre « ne pouvant, en l'espèce, poursuivre sa mission d'arbitrage et son activité de conseil de l'une des parties, il y a lieu de faire droit à la demande de récusation de l'arbitre »[154]. Une dizaine d'années plus tard, la Cour d'appel de Paris réitère cette solution en affirmant que « même si les activités communes de M. Mumbach [partie à l'arbitrage] et de M. A, [arbitre], n'avaient aucun lien avec l'objet du litige opposant les parties, il apparaît que des rapports d'intérêts existaient au moment de la signature du compromis désignant A. en qualité d'arbitre, entre celui-ci et une des parties, situation de nature, si elle avait été portée à la connaissance des sociétés Maec et Domoticom [parties à l'arbitrage], à susciter un doute raisonnable sur l'indépendance de l'arbitre »[155]. Aujourd'hui, les *IBA Guidelines on*

---

[152] On trouve l'expression « passé lointain » dans Paris, 2 juin 1989, *société Tai et autres c. Maître Lafond et autres,* inédit, cité dans M. de Boisséson, Le droit français de l'arbitrage : interne et international, GLN-Joly éd., 1990, n° 770, pp. 783-784.
[153] Paris, 14 janvier 2014, n° 12/15140, *SAS Cegelec c. SAS Siemens.*
[154] TGI Paris, réf., 15 janvier 1988, *société des Equipements industriels Stolz S.A c. société Ets Letierce et autre*, Rev. arb., 1988.316, note J. Robert ; Paris, 23 mars 1995, Rev. arb., 1996.446.
[155] Paris, 23 mars 1995, Rev. arb., 1996.446.

Conflicts of Interest in International Arbitration répertorient l'existence de conflits d'intérêts dans les cas où les relations d'affaires entretenues par l'arbitre sont sans rapport avec le litige[156].

67. iii) Les relations d'affaires actives entre l'arbitre et une partie à l'arbitrage sont prises en compte même si elles n'impliquent pas directement l'arbitre, mais le cabinet d'avocats dans lequel il exerce. Les illustrations jurisprudentielles sont rares. Néanmoins, les *IBA Guidelines* prévoient plusieurs hypothèses de conflits d'intérêts de ce genre. Il y a conflit d'intérêts lorsque le cabinet dans lequel exerce l'arbitre avait un intérêt passé et révolu dans le litige sans que l'arbitre ne soit lui-même impliqué[157]. De même, il y a conflit d'intérêts lorsque le cabinet dans lequel exerce l'arbitre a agi, au cours des trois années précédant l'instance arbitrale, pour ou contre l'une des parties ou pour sa filiale à l'occasion d'une affaire sans rapport avec le litige et sans implication de l'arbitre[158].

68. iv) Enfin, les relations d'affaires actives entre l'arbitre et une partie à l'arbitrage sont également prises en compte même si elles n'impliquent pas directement la société partie à l'arbitrage, mais une société du même groupe. La filiale d'une société partie à l'arbitrage est susceptible d'être entendue dans la recherche des relations d'affaires liant l'arbitre. Ainsi la notion de partie à l'arbitrage s'entend-elle de manière large. Lorsque la partie à l'arbitrage est une société, il ne faut pas la voir comme une personne morale isolée, mais comme la composante d'un groupe. Il faut rechercher l'existence de relations d'affaires liant l'arbitre au sein de ce groupe[159]. Dans cette conception extensive de la partie à l'arbitrage, il est possible de prendre en compte les relations d'affaires liant l'arbitre avec des sociétés tierces à la procédure arbitrale. En effet, si une société est tierce à la procédure arbitrale,

---

[156] *IBA Guidelines on Conflicts of Interest in International Arbitration, Orange List*, art. 3.1.1: "*The arbitrator has, within the past three years, served as counsel for one of the parties, or an affiliate of one of the parties, or has previously advised or been consulted by the party, or an affiliate of the party making the appointment in an unrelated matter, but the arbitrator and the party, or the affiliate of the party, have no ongoing relationship*" ; *IBA Guidelines on Conflicts of Interest in International Arbitration, Orange List*, art. 3.1.2: "*The arbitrator has, within the past three years, served as counsel against one of the parties, or an affiliate of one of the parties, in an unrelated matter*".

[157] *IBA Guidelines on Conflicts of Interest in International Arbitration, Waivable Red List*, art. 2.3.5: "*The arbitrator's law firm had a previous but terminated involvement in the case without the arbitrator being involved himself or herself*".

[158] *IBA Guidelines on Conflicts of Interest in International Arbitration, Orange List*, art. 3.1.4: "*The arbitrator's law firm has, within the past three years, acted for or against one of the parties, or an affiliate of one of the parties, in an unrelated matter without the involvement of the arbitrator*".

[159] TGI Paris, 27 janvier 1999, *Inter Brochage c. Paprec et autre*, inédit, cité par M. Henry, « Les obligations d'indépendance et d'information de l'arbitre à la lumière de la jurisprudence récente », Rev. arb., 1999.193, spéc. n° 14, p. 202.

elle n'est pas pour autant étrangère au groupe de la société partie à l'arbitrage. *A contrario*, les relations d'affaires de l'arbitre avec une société non seulement tierce à l'arbitrage, mais aussi étrangère au groupe de la société partie à l'arbitrage ne devraient pas être prises en compte. À cet égard, il convient d'étudier une ordonnance rendue par le Tribunal de grande instance de Paris[160] au début des années 1990. En l'espèce, un contrat de coproduction d'une série de télévision avait été signé entre trois sociétés : Vertigo, IMA et M6. Les deux premières, Vertigo et IMA, conclurent ensuite un second contrat pour aménager leurs relations de coproduction. Ce second contrat comportant une clause d'arbitrage donna lieu à un litige. Or, l'un des arbitres était le conseil d'une société étroitement liée à M6. Néanmoins, ladite société étant non seulement tierce à l'arbitrage, mais aussi étrangère au groupe formé par les sociétés Vertigo, IMA et M6, le tribunal rejeta la demande de récusation formulée par la société Vertigo. Cette solution semble cohérente. Pourtant, elle a été remise en cause dans une autre affaire récente. Le 1er février 2012[161], la première chambre civile de la Cour de cassation a rendu un arrêt en sens contraire. En l'espèce, la société Gascogne Paper avait confié à une société d'Experts en tarification de l'énergie une mission de conciliation sur ses relations avec la société EDF. Un différend survint entre la société Gascogne Paper et la société d'Experts en tarification de l'énergie. La procédure arbitrale fut enclenchée. Le tribunal arbitral condamna la société d'Experts en tarification de l'énergie. Celle-ci demanda l'annulation de la sentence en invoquant le fait que le Président du tribunal arbitral avait été le conseil de la société EDF. La cour d'appel, conformément à la jurisprudence constante, rejeta le recours en annulation en invoquant le fait que « la société EDF n'était ni partie, ni en opposition d'intérêts avec la société d'Experts en tarification de l'énergie ». Pourtant, la Cour de cassation a cassé l'arrêt au motif qu'« en statuant ainsi, alors que la circonstance que [le président du tribunal arbitral] ait été le conseil de la société EDF n'était pas contestée et qu'il appartenait à l'arbitre, avant d'accepter sa mission, de révéler toute circonstance susceptible d'être regardée comme affectant son impartialité afin de permettre à la partie d'exercer, à bref délai, s'il y a lieu, son droit de récusation, la cour d'appel a violé le texte susvisé ». Cette solution est d'autant plus étonnante qu'en l'espèce, cette demande pouvait être considérée comme une manœuvre dilatoire.

69. Des relations d'affaires peuvent également exister entre coarbitres.

---

160 TGI Paris, réf., 15 mars 1991, *société Vertigo c. société IMA Productions et X*, inédit.

161 Cass. 1ère civ., 1er février 2012, *société d'Experts en tarification de l'énergie c. société Gascogne Paper*, Rev. arb., 2012.91, 2ème esp., note E. Loquin ; D., 2012.446, obs. X. Delpech ; JCP G, 2012.201, obs. J. Béguin.

2° LES RELATIONS D'AFFAIRES ENTRE COARBITRES

70. Des relations d'affaires entre deux arbitres à une même instance arbitrale peuvent avoir des conséquences colossales au sein d'un tribunal arbitral composé de trois arbitres. Les deux arbitres en relation d'affaires peuvent s'associer pour influencer le troisième au cours des délibérés. L'on sait combien la Cour d'appel de Paris, notamment, n'apprécie guère qu'un ou plusieurs arbitres influencent le jugement de leur(s) coarbitre(s). La Cour l'a récemment rappelé dans l'affaire *Tapie* dans laquelle elle a accueilli le recours en révision de la sentence arbitrale[162]. Pourtant, les juges français n'ont, à notre connaissance, pas eu l'occasion de constater l'existence de telles relations d'affaires. La participation de deux des trois arbitres composant le tribunal arbitral à des colloques ou des travaux dans le domaine de l'arbitrage, à l'exclusion de toute collaboration, n'est pas constitutive d'une relation d'affaires, et ne nuit pas, par conséquent, à leur indépendance[163]. De même, l'appartenance de deux arbitres, par ailleurs avocats, à un même réseau international de cabinets d'avocats ne les rend pas dépendants l'un de l'autre, « les statuts du réseau d'avocats limitant l'objet de l'association à l'amélioration des moyens d'échanges entre cabinets, à la réflexion sur l'exercice professionnel et à la réduction du coût des achats de fournitures, matériels et documentations »[164].

71. Les conflits d'intérêts patrimoniaux ne sont pas les seules hypothèses de conflits d'intérêts en la personne de l'arbitre. L'arbitre peut également être sujet à des conflits d'intérêts extrapatrimoniaux.

---

[162] Paris, 17 février 2015, *SAS CDR Créances et SA CDR-Consortium de réalisation c. Monsieur Bernard Tapie et autres* : « Considérant que cette volonté s'évince de plus fort de l'attitude, au cours de l'arbitrage, de Monsieur Estoup qui fort de sa grande pratique de ce mode de règlement des litiges dont il se dit lui-même un "vieux routier" ainsi que de l'autorité attachée à son ancienne qualité de haut magistrat, s'est employé, à seule fin d'orienter la solution de l'arbitrage dans le sens favorable aux intérêts d'une partie, à exercer au sein du tribunal arbitral, un rôle prépondérant et à marginaliser ses co-arbitres poussés à l'effacement par facilité, excès de confiance, parti pris voire incompétence ainsi qu'il résulte de leurs auditions et de la teneur du courrier adressé par l'un d'eux à l'intéressé ».

[163] Cass. 1ère civ., 29 janvier 2002, *Hudault c. société générale de surveillance (SGS) et autres*, JCP G, 2003.I.105, n° 7, obs. J. Béguin ; Rev. arb., 2002.208 ; Cass. 1ère civ., 4 juillet 2012, D., 2012.2425, obs. B. Le Bars où la Cour souligne la présence occasionnelle d'un arbitre, ayant assisté en tant qu'avocat, sans intervenir comme orateur à un colloque organisé par le syndicat de l'épicerie française et de l'alimentation générale ; CA Tunis, 10 décembre 2013, n° 40438, *CTKD c. THR* où deux arbitres participaient à l'*Arbitration Academy* de Paris et au Master Arbitrage et commerce international de l'Université de Versailles-Saint-Quentin.

[164] Paris, 28 novembre 2002, *société Voith Turbo GmbH AG et Co. c. société nationale des chemins de fer tunisiens*, Rev. arb. 2003.445, note Ch. Belloc ; JCP G, 2003.I.164, n° 3, obs. Ch. Seraglini.

§2. LES CONFLITS D'INTÉRÊTS EXTRAPATRIMONIAUX

72. Les conflits d'intérêts extrapatrimoniaux sont rares, mais ils existent. La nationalité de l'arbitre (A) et les liens affectifs entretenus par l'arbitre (B) en constituent deux illustrations.

A. LA NATIONALITÉ DE L'ARBITRE

73. La nationalité de l'arbitre est la première hypothèse de conflits d'intérêts extrapatrimoniaux que nous étudierons. Contrairement à ce que l'on pourrait penser, la nationalité de l'arbitre concerne également l'arbitrage international et l'arbitrage interne, le critère de distinction étant la mise en cause des intérêts du commerce international[165].

74. L'article 1450 alinéa 1er du Code de procédure civile[166] prévoit que « [l]a mission de l'arbitre ne peut être exercée que par une personne physique jouissant du plein exercice de ses droits ». Cet article est applicable à l'arbitrage interne. La formule *ne peut être exercée que par* est équivalente à l'expression *doit être exercée par*. En d'autres termes, il s'agit d'une condition nécessaire. La question s'est rapidement posée de savoir si cette condition nécessaire était également suffisante. Existe-t-il, par exemple, un usage selon lequel l'arbitre ne doit partager la nationalité d'aucune des parties à l'arbitrage ? Dès les années 1980, la doctrine majoritaire a dissipé le doute à ce sujet. M. Jean Robert a affirmé qu'« il n'[avait] jamais été fait de distinction entre les nationaux et les étrangers sur l'exercice des fonctions d'arbitre » et qu'il s'agissait d'une véritable « tradition en France »[167]. Il semblerait donc que le plein exercice de ses droits par l'arbitre personne physique soit l'unique[168] condition pour l'exercice de ses fonctions. En arbitrage interne, il n'existe donc aucune condition de nationalité.

75. Qu'en est-il en arbitrage international ? L'article 1506 du Code de procédure civile énumère les articles relatifs à l'arbitrage interne et

---

165 Article 1504 du Code de procédure civile.

166 Ancien article 1451 alinéa 1er du Code de procédure civile : « La mission de l'arbitre ne peut être confiée qu'à une personne physique ; celle-ci doit avoir le plein exercice de ses droits civils ».

167 J. Robert, débats Colloque sur la réforme du droit de l'arbitrage, Paris, le 25 septembre 1980, Rev. arb., 1980.637 ; dans le même sens, M. de Boisséson, *op. cit.*, spéc. n° 632, p. 553 ; Ph. Fouchard, E. Gaillard, B. Goldman, *op. cit.*, spéc. n° 764, p. 473 et n° 1015 et s., p. 578.

168 Ainsi les femmes n'ont-elles pas pu être nommées arbitres avant la reconnaissance de leur pleine capacité juridique : V. P. B. Boucher, Manuel des arbitres ou traité complet de l'arbitrage, Paris, 1807, Arthus-Bertrand, p. 45 et R. David, L'arbitrage dans le commerce international, Economica, 1982, n° 270 et s., pp. 341 et s..

applicables à l'arbitrage international. Or, l'article 1450 du Code de procédure civile ne fait pas partie de cette liste. Le régime de l'arbitrage international est-il différent du régime de l'arbitrage interne ? En d'autres termes, existe-t-il en arbitrage international une condition relative à la nationalité de l'arbitre ?

76. Pour répondre à cette question, il faut en cerner les enjeux. En pratique, une partie à l'arbitrage peut légitimement craindre que l'arbitre qui partage la nationalité de la partie adverse risque de partager également ses intérêts et de trancher en faveur de celle-ci. M. Philippe Fouchard décrit parfaitement la situation : « [l]'indépendance de l'arbitre, comme sa neutralité, peut (...) être favorisée par sa nationalité : si elle est différente de celle des parties, on pourra présumer que sa liberté de jugement est plus grande » [169]. Bien qu'il ne soit attaché à aucun ordre juridique en particulier[170], l'arbitre est nécessairement le ressortissant d'un Etat. L'arbitre est un national avant, pendant et après l'instance arbitrale. Il ne perd assurément pas sa qualité de ressortissant en revêtant celle de juge. Pour autant, une nationalité différente de celle des parties ne constitue pas une garantie d'indépendance[171].

77. À cet égard, la loi italienne est remarquable. En effet, celle-ci imposait à toute partie italienne de choisir un arbitre italien[172]. Il existait donc une condition de nationalité qui empêchait les parties à l'arbitrage de choisir un arbitre étranger. Néanmoins, une loi de 1983[173] a supprimé cette condition. La loi nouvelle a suivi un mouvement de libéralisation initié par la Convention de Genève de 1961[174], la Convention interaméricaine de Panama de 1975[175] et la loi-type de la CNUDCI de 1985[176].

78. Aujourd'hui, la majorité des textes applicables à l'arbitrage international semble consacrer un principe d'indifférence de la nationalité de

---

[169] Ph. Fouchard, E. Gaillard, B. Goldman, *op. cit.*, spéc. n° 1037, p. 588 ; J. Paulsson, "*Moral Hazard in International Dispute Resolution*", *Inaugural Lecture as Holder of the Michael R. Klein Distinguished Scholar Chair, University of Miami School of Law*, 29 avril 2010, p. 11, disponible sur www.arbitration-icca.org.

[170] Laissons pour le moment de côté les réflexions de E. Gaillard sur l'existence d'un ordre juridique arbitral.

[171] J. Paulsson, *op. cit.*, spéc. p. 8 : "*a different nationality is not guarantee of independence*".

[172] L'ancien article 812, al. 1 disposait : « Les arbitres doivent être citoyens italiens ».

[173] G. Recchia, « La nouvelle loi italienne sur l'arbitrage », Rev. arb., 1984.65.

[174] Convention de Genève, art. 3 : « Dans les arbitrages soumis à la présente Convention, les étrangers peuvent être désignés comme arbitres ».

[175] Convention interaméricaine de Panama, art. 2 : « Les arbitres peuvent être des nationaux ou des étrangers ».

[176] Loi-type de la CNUDCI, art. 11.1 : « Nul ne peut, en raison de sa nationalité, être empêché d'exercer des fonctions d'arbitre, sauf convention contraire des parties ».

l'arbitre. Par exemple, l'article 11.1 *in limine* de la loi-type de la CNUDCI dispose que « nul ne peut, en raison de sa nationalité, être empêché d'exercer des fonctions d'arbitres ». On retrouve, comme dans la loi applicable à l'arbitrage interne, une absence de condition de nationalité. Néanmoins, l'article 11.1 *in fine* de la loi-type de la CNUDCI évoque expressément l'exception au principe : « nul ne peut, en raison de sa nationalité, être empêché d'exercer des fonctions d'arbitres, sauf volonté contraire des parties ». Il arrive que le principe d'indifférence de la nationalité de l'arbitre se heurte à la volonté des parties. Dans ce cas, la volonté des parties l'emporte. Néanmoins, la jurisprudence joue le rôle de garde-fou. Elle encadre la volonté des parties pour éviter un écueil de taille : la *suspicion* fondée sur la seule nationalité de l'arbitre. Dans une ordonnance du 22 mai 1987, le Tribunal de grande instance de Paris a jugé que « [s]'agissant de déterminer le troisième arbitre, Président du tribunal arbitral, dans un litige opposant une entreprise française et une entreprise mexicaine, il n'y a pas lieu d'écarter, par principe, la désignation d'une personnalité de nationalité française, dont l'indépendance et la neutralité comme arbitre, et donc comme juge, ne sauraient être mises en cause sans motifs pouvant être tenus pour établis »[177] . En l'espèce, Alsthom[178], société française, propose, à l'occasion d'un arbitrage avec une société mexicaine, un arbitre français en raison de ses « connaissances techniques très approfondies en matière de construction navale ». La société mexicaine refuse. Le Tribunal de grande instance de Paris considère que la société ne rapporte pas la preuve que « l'indépendance et la neutralité de l'arbitre [étaient] mises en cause ». Or, sans cette preuve, « l'arbitre, juge et non mandataire d'une partie, ne saurait faire l'objet d'une « suspicion » de principe fondée sur sa seule nationalité » [179]. Cette jurisprudence est globalement approuvée par la doctrine[180]. Elle permet d'asseoir le fait que l'arbitre partage la nationalité de l'une des parties ne saurait constituer en soi une hypothèse de conflit d'intérêts. En d'autres termes, la nationalité commune de l'arbitre et de l'une des parties à l'arbitrage ne permet pas de présumer l'existence d'un conflit d'intérêts. La partie adverse doit nécessairement rapporter la preuve que l'indépendance et la neutralité de l'arbitre étaient en l'espèce mises en cause. Par ailleurs, cette jurisprudence permet de prévenir les éventuelles manœuvres dilatoires [181] telles que la

177 TGI Paris, réf., 22 mai 1987, *Transportations Maritima Mexicana SA c. société Alsthom*, Rev. arb., 1988.699, 1ère esp., note Ph. Fouchard ; à rapprocher de Paris, 17 février 2005, *société Mytilineos Holdings c. APPASP*, Rev. arb., 2005.720, 3ème esp., note M. Henry.

178 Selon l'orthographe de l'époque.

179 *Ibid.*, note 176.

180 M. de Boisséson émet néanmoins quelques réserves : V. M. de Boisséson, *op. cit.*, spéc. n° 632, p. 553.

181 Paris, 31 janvier 2008, *société Thimmonier c. société Inner Mongolia Yili Industrial Group Co. Ltd.*, Rev. arb., 2008.487 où « La partie recourante n'ayant jamais contesté au cours de la

demande de récusation de l'arbitre à l'initiative de la partie de nationalité tierce.

79. Néanmoins, il semblerait que le principe de l'indifférence de la nationalité de l'arbitre et l'encadrement de la volonté contraire des parties ne soient pas uniformément appliqués en arbitrage international. En effet, il en va autrement lorsque ce ne sont pas les parties qui choisissent les arbitres, mais les arbitres eux-mêmes ou les institutions d'arbitrage. La première hypothèse est fréquente : deux arbitres désignés respectivement par chacune des parties nomment usuellement un troisième arbitre, Président du tribunal arbitral. En ce sens, l'article 11.5 de la loi-type CNUDCI prévoit que « [l]orsqu'il nomme un arbitre, le tribunal tient compte de toutes les qualifications requises de l'arbitre par convention des parties et de toutes considérations propres à garantir la nomination d'un arbitre indépendant et impartial et, lorsqu'il nomme un arbitre unique ou un troisième arbitre, il tient également compte du fait qu'il peut être souhaitable de nommer un arbitre d'une nationalité différente de celle des parties ». Il est ainsi conseillé aux arbitres de prendre en compte la nationalité de la personne qu'ils envisagent de nommer comme Président du tribunal arbitral. Le principe n'est donc plus celui de l'indifférence de la nationalité, mais celui de sa prise en compte. Il en va de même lorsqu'il revient à l'institution d'arbitrage de désigner l'arbitre. Il s'agit de l'objet de notre deuxième hypothèse. Par exemple, le Règlement d'arbitrage de la Chambre de Commerce Internationale (CCI) prévoit en son article 13.1 *in limine*[182] que « [l]ors de la nomination ou confirmation d'un arbitre, la Cour tient compte de sa nationalité ». La Cour tient compte de la nationalité, sans que celle-ci ne lie sa prise de décision. En témoigne l'article 13.5 du Règlement : « si les circonstances le justifient et qu'aucune des parties ne s'y oppose dans le délai imparti par la Cour, l'arbitre unique ou le président du tribunal arbitral peut être ressortissant du même pays que l'une des parties »[183]. Deux conditions doivent donc être remplies pour qu'un arbitre de même nationalité que l'une des parties à l'arbitrage soit désigné par la Cour. Premièrement, les circonstances doivent le justifier. Deuxièmement, aucune partie ne doit s'y être opposée dans le délai prévu par la Cour. En pratique, lorsqu' à l'occasion d'une session de la Cour, l'ordre du jour comporte la nomination d'un arbitre, le Secrétariat proposera systématiquement que la nomination soit faite par un comité national de nationalité différente des nationalités respectives des parties et des Etats éventuellement mis en cause dans l'affaire. Par exemple,

procédure arbitrale, la composition du tribunal arbitral, doit être rejeté le moyen présenté par une partie dénonçant un tribunal uniquement composé d'arbitres chinois et disant qu'elle n'a pas eu un délai suffisant pour désigner un arbitre ou pas pu le choisir en dehors de la liste officielle de la CIETAC ».

[182] Identique à l'article 9§1 *in limine* du Règlement d'arbitrage de la CCI de 1998.

[183] Identique à l'article 9§5 du Règlement d'arbitrage de la CCI de 1998.

le Secrétariat de la Cour évitera de proposer au comité américain de nommer un arbitre dans un arbitrage impliquant l'Iran ou la Syrie. Le Règlement d'arbitrage de la *London Court of International Arbitration* de 2014 prévoit les mêmes solutions[184].

80. Finalement, la nationalité de l'arbitre ne semble pas faire l'objet de solutions uniformes. L'alinéa 1er l'article 1450 du Code de procédure civile prévoyant la condition unique du plein exercice de ses droits par l'arbitre personne physique ne s'applique qu'en arbitrage interne. En arbitrage international, la nationalité de l'arbitre est en principe indifférente, sauf lorsqu'il revient aux arbitres ou aux institutions d'arbitrage de désigner les membres du tribunal arbitral. Ainsi, il semble que le principe d'indifférence de la nationalité de l'arbitre innerve la matière. La liberté des parties dans le choix des arbitres est strictement encadrée et le principe de prise en compte de la nationalité de l'arbitre est raisonnablement limité. Il est heureux que la nationalité commune à l'arbitre et à l'une des parties à l'arbitrage ne fonde pas une cause de *suspicion* à l'égard de l'arbitre ; elle ne saurait constituer en soi une hypothèse de conflit d'intérêts.

81. Il est une autre hypothèse de conflits d'intérêts extrapatrimoniaux : les *liens affectifs* entretenus par l'arbitre.

B. LES *LIENS AFFECTIFS* ENTRETENUS PAR L'ARBITRE

82. Il est des situations dans lesquelles l'arbitre connaît une partie à l'arbitrage. Ces situations ne sont *a priori* pas rares dans le monde de l'arbitrage. Alors, de quelle manière le droit français prend-il en compte les *liens affectifs* entretenus par l'arbitre ? En réalité, le législateur français[185] ne s'est pas prononcé sur cette question et a laissé la parole aux juges. Précisons la notion de *liens affectifs* entretenus par l'arbitre (1°) avant d'étudier leurs relations avec les conflits d'intérêts (2°).

---

[184] Réglement d'arbitrage de la LCIA, art. 6.1 : "*Where the parties are of different nationalities, a sole arbitrator or the presiding arbitrator shall not have the same nationality as any party unless the parties who are not of the same nationality as the arbitral candidate all agree in writing otherwise*". Trad. : « Lorsque les parties sont de nationalités différentes, l'arbitre unique ou le président du tribunal arbitral ne sauraient avoir la même nationalité que l'une des parties à l'arbitrage à moins que les parties qui ne partagent pas la nationalité de l'arbitre pressenti donnent toutes leur accord ».

[185] M. de Boisséson, *op. cit.*, spéc. n° 269, p. 233.

1° LA NOTION DE *LIENS AFFECTIFS* ENTRETENUS PAR L'ARBITRE

83. La notion de *liens affectifs* entretenus par l'arbitre est à l'origine difficilement[186] qualifiable et quantifiable (a). Elle est, par ailleurs, fonction de la pratique arbitrale (b).

A. UNE NOTION DIFFICILEMENT QUALIFIABLE ET QUANTIFIABLE

84. Il sera sans doute aisément admis que les *liens affectifs* englobent les *liens amicaux* et les *liens familiaux* entretenus par l'arbitre. Il s'agit de toutes les relations autres que professionnelles entretenues par l'arbitre et qui l'inclinent à soutenir l'intérêt d'une partie au dépend de l'autre. Elles ont toutes trait à l'affect de l'arbitre, ce qui justifie leur classification au sein des conflits d'intérêts extrapatrimoniaux.

85. Tout *lien affectif* entretenu par l'arbitre a-t-il vocation à faire naître un conflit d'intérêts ? La réponse est négative. En effet, la jurisprudence, appuyée par la doctrine majoritaire[187], ne sanctionne que les « situation[s] de nature à affecter le jugement de l'arbitre en constituant un risque de prévention à l'égard de l'une des parties à l'arbitrage »[188]. La *prévention* de l'arbitre est une « attention spéciale »[189] à l'endroit de l'une des parties à l'arbitrage.

86. La notion de *liens affectifs* est encore compliquée par la pratique arbitrale.

B. UNE NOTION, FONCTION DE LA PRATIQUE ARBITRALE

87. Trois phénomènes issus de la pratique arbitrale compliquent l'appréhension de la notion de *liens affectifs* entretenus par

---

[186] Auxquelles s'ajoute une difficulté de preuve : V. notamment TGI Paris, 15 juillet 1989, *société Philipp Brothers c. société Drexel et autres*, Rev. arb., 1990.497 pour la preuve de l'hostilité de l'arbitre et Paris, 12 novembre 1998, *société Financière Azzaro Finanza et autres c. Cattan Alfred et autres*, Rev. arb., 1999.374, note Ch. Jarrosson ; RTD com., 1997.234, obs. E. Loquin et J.-C. Dubarry et CA Lyon, 6 mai 2002, *SARL Hephaistos c. Pons*, JCP G, 2003.I.105, n° 7, obs. J. Béguin pour la preuve de l'amitié notoire entre l'arbitre et un conseil.

[187] Ph. Fouchard, E. Gaillard, B. Goldman, *op.cit.*, spéc. n° 1035, p. 587 et n° 1040, p. 589 ; J.-F. Poudret, S. Besson, Droit comparé de l'arbitrage international, LGDJ, 2002, spéc. p. 372, n° 419.

[188] Paris, 28 juin 1991, *KFTCIC c. Icori Estero,* Rev. arb. 1992.568, note P. Bellet.

[189] Ph. Fouchard, E. Gaillard, B. Goldman, *op.cit.*, spéc. n° 1041, p. 590.

l'arbitre : l'arbitre-partisan (1), la professionnalisation de l'arbitrage (2) et l'arbitrage corporatif (3).

1. L'ARBITRE-PARTISAN

88. L'arbitre-partisan est une dérive de l'arbitre-partie. À l'origine, l'arbitre-partie[190] est le nom donné à tout arbitre désigné personnellement par une partie à l'arbitrage. En arbitrage international, il est de coutume que chaque partie désigne un arbitre. Cette liberté de choix permet à chaque partie de nommer une personne en laquelle elle a pleinement confiance. Mais la confiance n'est-elle pas sœur de l'amitié ? La partie à l'arbitrage n'est-elle pas encline à désigner comme arbitre une personne avec laquelle elle entretient des *liens affectifs* ? Quand bien même de tels liens n'auraient pas existé antérieurement à la désignation, ne sont-ils pas susceptibles de naître postérieurement à celle-ci ? Ces questions sont délicates. Pourtant, la réponse de la doctrine est univoque : « il est (...) illusoire (...) d'espérer qu'en choisissant unilatéralement un membre du collège arbitral, une partie ne recherche pas en lui, sinon un avocat exclusivement chargé de soutenir son point de vue, du moins un arbitre favorablement disposé (ou prédisposé) à son égard »[191]. La figure de l'arbitre-partie semble ainsi dériver en arbitre-partisan[192]. Cette dérive n'est pas sans rappeler la figure de l'arbitre non-neutre[193] reconnue dans certains arbitrages internes tenus aux Etats-Unis. Le *Code of Ethics for Arbitrators in Commercial Disputes*[194], applicable depuis 2004, dispense les arbitres non-neutres de l'application de l'essentiel des règles éthiques prévues par ledit Code[195]. Pour autant, en France, la Cour de

[190] V. F. Eisemann, « L'arbitre-partie », *in* Mélanges Domke, La Haye, 1967, p. 78, où l'auteur compare la désignation *intuitu personae* au *Parteischiedsrichter* allemand.
[191] Ph. Fouchard, E. Gaillard, B. Goldman, *op. cit.*, spéc. n° 1042, p. 590.
[192] Pour une présentation : F. Eisemann, *op. cit.*, spéc. n° 4, p. 81 où l'auteur fait référence au *partisan arbitrator* américain ; pour une illustration : Paris, 20 novembre 1997, *3R c. Phénix Richelieu*, Rev. arb., 1999.329 ; pour une contestation : Ch. Jarrosson, compte rendu du Colloque CCI « La procédure arbitrale et l'indépendance des arbitres », Rev. arb., 1988.748, spéc. p. 750 déjà cité : « il est impossible d'admettre qu'un arbitre soit un hybride de juge et d'avocat de la partie qui l'a nommé. Les mots ont un sens, l'arbitre est un juge, (...) et l'indépendance est de l'essence de la fonction d'arbitre » et M. Henry, « Les obligations d'indépendance et d'information de l'arbitre à la lumière de la jurisprudence récente », Rev. arb., 1999.193, spéc. n° 32, p. 214 : « reconnaître la présence d'arbitres-partisans, c'est donc nier l'existence d'un arbitrage » ; pour une approbation : Ph. KAHN, note sous Cass. 1ère civ., 24 mars 1998, *Excelsior c. UGC-PH*, JDI, 1999.155.
[193] Sur la distinction : V. P. Bellet, « Des arbitres neutres et non-neutres », *in* Etudes de droit international en l'honneur de Pierre Lalive, Helbing & Lichtenhahn, 1993, p. 398.
[194] Le *Code of Ethics for Arbitrators in Commercial Disputes* est l'oeuvre d'une coopération en 1977 entre l'*American Arbitration Association* (AAA) et l'*American Bar Association*. Le Code a été révisé en 2003 par ABA *Task Force* et l'AAA.
[195] *Code of Ethics for Arbitrators in Commercial Disputes, Canon X: Exemptions for arbitrators appointed by one party who are not subject to rules of neutrality.*

cassation est rapidement intervenue, dans un arrêt *Ury c. Lafayette*[196], pour exiger que tous les arbitres soient soumis au même critère d'indépendance. L'arbitre et la partie qui l'a désigné n'entretiennent pas nécessairement des liens affectifs. Penser le contraire reviendrait à établir une présomption fâcheuse pour la pratique arbitrale attachée à la figure des arbitres-parties.

89. Il est un deuxième phénomène de la pratique arbitrale qui module la notion de *liens affectifs* entretenus par l'arbitre : la professionnalisation de l'arbitrage.

2. LA PROFESSIONNALISATION DE L'ARBITRAGE

90. Depuis une trentaine d'années, les praticiens assistent à un phénomène étonnant[197]. La qualité d'arbitre devient une profession à part entière, de sorte que le milieu de l'arbitrage tout entier fait l'objet d'une professionnalisation. Si certains dénoncent une certaine « commercialisation de l'arbitrage »[198], d'autres, au contraire, vantent les mérites d'un « cercle restreint »[199], lieu d'échanges et de rencontres. L'arbitre est désormais soumis à un certain nombre de « rites »[200] ou de « mondanités »[201] telles que sa présence aux colloques, sa participation aux revues spécialisées, *etc.* Les rapports avec les avocats et les professeurs s'en trouvent faussés. L'arbitre conserve-t-il de simples relations de travail ou est-il enclin, à force de temps partagé et de passion commune, à développer des *liens affectifs* avec les autres professionnels du monde de l'arbitrage ? On peut imaginer qu'en règle générale, il s'agit de rapports de pure courtoisie. On peut citer à cet égard l'attendu de la Cour d'appel de Paris dans l'arrêt *Teman* du 29 octobre 2013 : « il n'est pas démontré en quoi le fait pour le président du tribunal, avocat de

---

[196] Cass. 2ème civ., 13 avril 1972, *Ury c. Lafayette*, Rev. arb., 1970.80 : « la désignation de chaque arbitre n'est pas un acte unilatéral même lorsqu'elle est faite, comme en l'espèce, sur l'initiative d'une partie, mais un acte unique, et qu'au contraire (...) hors de toute dénaturation des termes du compromis, cette désignation, élément substantiel de la convention d'arbitrage, procède de la volonté commune des parties » ; TGI Paris, réf., 13 janvier 1986, *SETEC c. SICCA*, Rev. arb., 1987.63, note P. Bellet rejetant toute idée selon laquelle chaque partie aurait « droit à son arbitre ».

[197] Auquel « rien ne s'oppose » selon CA Reims, 2 novembre 2011, *Tecnimont*, Cah. arb., 2011-4, p. 1109, obs. Th. Clay.

[198] U. Draetta, Propos conclusifs de L'éthique dans l'arbitrage, sous la direction de G. Keutgen, coll. Francarbi, Bruylant, 2011, p. 149 ; P. Lalive, « Sur une "commercialisation" de l'arbitrage international », *in* Liber Amicorum Claude Reymond, Lexis Nexis, 2004, p. 167.

[199] J.-F. Poudret et S. Besson, *op. cit.*, spéc. p. 372, n° 419.

[200] E. Gaillard, « La sociologie dans l'arbitrage international », publié en décembre 2014 sur www.transnational-dispute-management.com et présenté en français le 27 mars 2015 au Collège des Bernardins.

[201] Selon les termes de P. Lalive qui évoquait une « mondanité arbitrale », cité par U. Draetta, Propos conclusifs de L'éthique dans l'arbitrage, sous la direction de G. Keutgen, coll. Francarbi, Bruylant, 2011, p. 149

renom d'avoir côtoyé dans l'exercice de sa profession d'avocat ou à l'occasion de commissions auxquelles il avait été appelé à participer en raison de ses titres et qualifications, des confrères appartenant au cabinet en charge de la défense des intérêts de la défenderesse, pouvait être de nature à créer pour le recourant un doute raisonnable sur l'impartialité du président du tribunal arbitral dès lors que ces relations ne sont pas révélatrices d'une proximité professionnelle ou personnelle équivoque »[202].

91. L'arbitrage corporatif est un troisième élément de la pratique arbitrale, compliquant la notion de *liens affectifs* entretenus par l'arbitre.

3. L'ARBITRAGE CORPORATIF

92. L'arbitrage corporatif est l'arbitrage où les parties et les arbitres sont tous des professionnels de la même spécialité. En ce sens, on l'appelle également *arbitrage professionnel*. L'arbitrage corporatif est de plus en plus fréquent dans la pratique arbitrale. Il est devenu incontournable en raison de la technicité croissante des litiges. En effet, comme l'arbitrage de qualité, l'arbitrage corporatif exige de l'arbitre qu'il agisse non seulement comme un juge, mais aussi comme un spécialiste. Ainsi est-il légitime de se demander quels rapports l'arbitre entretient avec les parties à l'arbitrage. Acteurs dans la même branche professionnelle, il est probable que les arbitres et les parties se soient rencontrés préalablement à l'instance arbitrale. Il est même possible qu'ils aient déjà travaillé ensemble. On peut craindre que ces rencontres aient influencé les parties dans leur choix. Même si l'arbitrage corporatif sous-entend des rapports purement professionnels, il est naturel de donner quelque place au doute. Ce doute a toutefois été balayé par la jurisprudence qui affirme que, s'agissant d'un arbitrage corporatif, les arbitres et les parties « sont nécessairement en relations d'affaires les uns avec les autres, les uns contre les autres selon les circonstances, sans que l'existence de telles relations d'affaires doive, par principe, mettre en doute et même en cause leur indépendance à l'égard de la partie les ayant désignés et leur impartialité pour statuer sur le litige comme arbitre et par voie de conséquence nécessaire comme "juge" »[203]. Donc, l'arbitrage corporatif ne permet pas de présumer

---

[202] Paris, 29 octobre 2013, *M. M. Teman et autre c. société civile Norma*, Rev. arb., 2013.1079.

[203] Paris, 27 juin 2002, *société Comecim c. société Theobroma*, Rev. arb., 2003.427, note C. Legros ; TGI Paris, réf., 28 octobre 1988, *Drexel Burnham Lambert c. Philipp Brothers*, Rev. arb., 1990.497, note M. de Boisséson ; CA Rouen, 28 octobre 1998, *Jean Lion c. Etablissements Gortzounian*, Rev. arb., 1999.368, obs. M. Henry ; Paris, 7 octobre 2010, *société Rocco Guiseppe e figli Spa c. société Agralys*, Rev. arb., 2010.972 ; Cass. 1ère civ., 19 décembre 2012, *société Rocco Giuseppe E Figli Spa c. société Agralys*, Rev. arb., 2013.287 : « s'agissant d'un arbitrage corporatif, la demanderesse ne pouvait ignorer que les arbitres, ou certains d'entre eux pouvaient avoir des liens professionnels ».

l'existence de *liens affectifs* entre les arbitres et les parties. Nous approuvons cette solution qui a le mérite de ne pas empêcher les juges du fond d'apprécier au cas par cas l'indépendance de l'arbitre.

93. La notion des *liens affectifs* entretenus par l'arbitre est une notion difficilement qualifiable et quantifiable, qui plus est, fonction de la pratique arbitrale. Voyons quels sont ses rapports avec les conflits d'intérêts en arbitrage international.

2° *LIENS AFFECTIFS* ENTRETENUS PAR L'ARBITRE ET CONFLITS D'INTÉRÊTS

94. Avant d'analyser les solutions du droit positif français (b), étudions les propositions[204] de l'*IBA Guidelines* (a).

A. LES PROPOSITIONS DES IBA GUIDELINES

95. L'article 5 des *IBA Guidelines on Party Representation in International Arbitration* énonce : "*Once the Arbitral Tribunal has been constituted, a person should not accept representation of a Party in the arbitration when a relationship exists between the person and an Arbitrator that would create a conflict of interest, unless none of the Parties objects after proper disclosure*". Ainsi les rédacteurs des *IBA Guidelines on Party Representation in International Arbitration* considéraient que l'avocat à qui l'une des parties à l'arbitrage demande de devenir le conseil ne doit pas accepter ledit arbitrage dès lors qu'il entretient des *liens affectifs* avec l'un des arbitres. Autrement, il y aurait un conflit d'intérêts. Ce conflit d'intérêts peut néanmoins être surmonté par la révélation qui en est faite et l'absence de contestation des parties à l'arbitrage. Il faut se réjouir de la clarté de cet article.

96. Par ailleurs, dans leur version de 2004, les *IBA Guidelines on Conflicts of Interest in International Arbitration* comportaient une définition pertinente des *liens amicaux*. Un arbitre entretient une "*close personal friendship*" avec le conseil de l'une des parties[205] ou toute personne ayant

---

[204] Les *IBA Guidelines on Conflicts of Interest in International Arbitration* n'ayant aucune valeur normative tant que les parties ne s'y sont pas soumises contractuellement.

[205] *IBA Guidelines on Conflicts of Interest in International Arbitration, Orange List,* art. 3.3.6 (2004): "*A close personal friendship exists between an arbitrator and a counsel of one party, as demonstrated by the fact that the arbitrator and the counsel regularly spend considerable time together unrelated to professional work commitments or the activities of professional associations or social organizations*".

une influence sur l'une des parties[206] lorsqu'ils passent un temps considérable ensemble indépendamment de leurs engagements professionnels, des activités, des associations professionnelles ou des manifestations sociales. La distinction est parfaitement claire. Les *IBA Guidelines on Conflicts of Interest in International Arbitration* construisent une véritable barrière entre les *liens amicaux* et les *liens professionnels* entretenus par l'arbitre. On peut imaginer que ces propositions ont influencé les solutions du droit positif français. Néanmoins, il convient de remarquer que, dans leur version de 2014, les *IBA Guidelines on Conflicts of Interest in International Arbitration* n'ont, malheureusement, pas repris cette définition. En revanche, les *IBA Guidelines* prennent en compte une nouvelle hypothèse : celle de l'inimitié entre l'arbitre et le conseil de l'une des parties[207] ou toute personne ayant une influence sur l'une des parties[208]. Cet ajout est utile pour la pratique arbitrale, bien que, à notre connaissance, elle n'ait pas encore fait l'objet d'une application concrète en jurisprudence.

B. Solutions du droit positif français

97. En droit positif français, on distingue traditionnellement les *liens amicaux* (1) des *liens familiaux* (2) liant l'arbitre à l'une des parties à l'arbitrage.

1. Les *liens amicaux* entretenus par l'arbitre

98. Etudions d'abord la définition (i) puis le régime (ii) des *liens amicaux* entretenus par l'arbitre.

i) La définition des *liens amicaux* entretenus par l'arbitre

99. Le législateur français n'a pas donné de définition des *liens amicaux* entretenus par l'arbitre. Il est donc revenu au juge d'en proposer une. En

[206] *IBA Guidelines on Conflicts of Interest in International Arbitration, Orange List,* art. 3.4.3 (2004): "*A close personal friendship exists between an arbitrator and a manager or director or a member of the supervisory board or any person having a similar controlling influence in one of the parties or an affiliate of one of the parties or a witness or expert, as demonstrated by the fact that the arbitrator and such director, manager, other person, witness or expert regularly spend considerable time together unrelated to professional work commitments or the activities of professional associations or social organizations*".

[207] *IBA Guidelines on Conflicts of Interest in International Arbitration, Orange List,* art. 3.3.7 (2014): "*Enmity exists between an arbitrator and counsel appearing in the arbitration*".

[208] *IBA Guidelines on Conflicts of Interest in International Arbitration, Orange List,* art. 3.4.4 (2014): "*Enmity exists between an arbitrator and a manager or director or a member of the supervisory board of: a party; an entity that has a direct economic interest in the award; or any person having a controlling influence in one of the parties or an affiliate of one of the parties or a witness or expert*".

2002, la Cour d'appel de Lyon[209] rend un arrêt important à ce sujet. En l'espèce, la société Hephaistos, partie à l'arbitrage, invoquait la relation d'amitié qui liait les époux X, la partie adverse, à Maître Fabre, l'arbitre qu'ils avaient désigné. La société apporte aux débats un courrier adressé à Maître Fabre où Monsieur X mentionne « les liens d'amitié que nous avons pu nouer depuis plusieurs années » et une lettre de vœux de Maître Fabre aux époux X où le premier écrit aux seconds : « Vous devinez à quel point je suis heureux d'apprendre que le rêve de Philippe devient réalité ». La Cour d'appel de Lyon annule la sentence « rendue par le Tribunal arbitral alors que parmi ses membres se trouve un arbitre qui entretenait avec l'une des parties des relations d'amitié nouées depuis plusieurs années », après avoir relevé que « les correspondances échangées témoignent que les liens entre Maître Fabre et les époux X avaient dépassé le plan professionnel pour devenir des rapports d'amitié ». Les juges semblent tenir compte de deux critères dans la définition de l'amitié : le temps et le cadre[210]. La relation d'amitié doit d'abord être une relation entretenue depuis plusieurs années[211]. On note ici la rédaction prudente de la Cour d'appel de Lyon qui ne se permet pas, au risque de se prendre pour le législateur, de fixer une durée *minimum*. La relation d'amitié doit ensuite évoluer dans un cadre non professionnel, sous peine d'être confondue avec une relation purement professionnelle. Qu'en est-il du régime des *liens amicaux* entretenus par l'arbitre ?

II) LE RÉGIME DES *LIENS AMICAUX* ENTRETENUS PAR L'ARBITRE

100. Le régime des *liens amicaux* entretenus par l'arbitre est fondé sur un texte initialement applicable au juge étatique : l'article L.111-6 du Code de l'organisation judiciaire, auquel renvoie l'article 341 du Code de procédure civile[212]. L'article L.111-6 8° du Code de l'organisation judiciaire dispose que « [s]ous réserve de dispositions particulières à certaines juridictions, la récusation d'un juge peut être demandée s'il y a amitié ou inimitié notoire entre le juge et l'une des parties ». La règle est évidente et le régime strict.

---

[209] CA Lyon, 6 mai 2002, n° 2000/06316.

[210] V. *IBA Rules of Ethics for International Arbitrators*, art. 3.3 : « Des relations mondaines ou professionnelles continues et notables entre un arbitre pressenti et une partie ou une personne connue pour être un éventuel témoin important dans l'arbitrage donneront normalement naissance à des doutes légitimes sur l'impartialité ou l'indépendance de l'arbitre pressenti ».

[211] Paris, 17 février 2015, *SAS CDR Créances et SA CDR-Consortium de réalisation c. Monsieur Bernard Tapie et autres* : « Considérant que la dissimulation de ces liens anciens, étroits et répétés participe de l'accomplissement du dessein ourdi par l'arbitre de concert avec Monsieur Tapie et son représentant, de favoriser au cours de l'arbitrage les intérêts de cette partie ».

[212] L'article est applicable à l'arbitre depuis Cass. 2ème civ., 14 novembre 1990, *société Graine d'élite Clause c. Gérin,* Rev. arb., 1991.75, note Ch. Jarrosson ; RTD com., 1992.167, obs. J.-C. Dubarry et E. Loquin.

En cas d'amitié ou d'inimitié notoire entre l'arbitre et l'une des parties, l'arbitre peut être récusé. Il convient de faire un certain nombre de remarques. D'abord, il faut noter que l'article L.111-6 8° du Code de l'organisation judiciaire, appliqué à l'arbitrage, restreint les cas d'amitié ou d'inimitié notoire aux relations entre l'arbitre et l'une des parties à l'arbitrage. Or, nous avons expliqué que de tels liens peuvent aussi exister entre l'arbitre et le conseil de l'une des parties. Ensuite, on peut s'interroger sur la pertinence de la sanction, à savoir la récusation[213]. En pratique, elle est rarement retenue par les juges[214]. La raison est la suivante : les juges sont particulièrement vigilants lorsqu'une partie à l'arbitrage invoque une amitié ou une inimitié notoires parce qu'ils se méfient des manœuvres dilatoires des parties. L'absence de définition légale d'amitié et les limites que présente la définition jurisprudentielle laissent aux parties une certaine marge de manœuvre que les juges entendent contrôler. D'ailleurs, les parties se montrent de plus en plus imaginatives, comme en témoigne un arrêt rendu par la Cour d'appel de Paris[215], confirmé par la Cour de cassation[216]. En l'espèce, la société Tesco invoquait le fait que le Président du tribunal arbitral était l'ami sur *Facebook* du conseil de la société Neoelectra Group, partie à l'arbitrage. La cour d'appel l'a déboutée. La notion d'amitié, telle qu'elle est envisagée dans le cadre d'un réseau social[217] comme *Facebook*, ne

---

213 En réalité, la sanction dépend de l'avancée de l'instance arbitrale. Dans l'arrêt de 2002, la sentence arbitrale ayant été rendue, la partie pouvait en demander l'annulation en vertu de l'ancien article 1484 du Code de procédure civile. Pour autant, un recours en annulation ne saurait pallier une demande en récusation tardive : V. notamment Cass. 1ère civ., 4 novembre 2010, *société Tecnimont SPA c. SA J. & P. Avax*, Rev. arb. 2010.824 ; Cah. arb., 2010-4, p. 1147, note Th. Clay ; JCP G, 2010.II.1306, note B. Lebars et J. Juvénal ; LPA, 21 février 2011, n° 36, p. 6, obs. M. Henry ; D., 2010.2939, obs. Th. Clay ; JCP G, 2010.I.1286 § 2, obs. Ch. Seraglini ; *Kluwer Arbitration Blog*, 5 novembre 2010, obs. A. Mourre ; *Global Arbitration Review*, 8 décembre 2010, obs. T. Toulson.

214 De nombreux arrêts la rejettent. Par exemple : CA Toulouse, 18 décembre 2006, n° 06/05084 ; CA Aix-en-Provence, 8 novembre 2007, n° 07/15601 ; CA Aix-en-Provence, 28 février 2008, n° 08/01448 ; CA Agen, 7 juin 2010, n° 10/00449 ; CA Agen, 8 septembre 2010, n° 10/00620 ; CA Rennes, 14 juin 2011, n° 11/02302. A notre connaissance, un seul arrêt l'a récemment retenue : CA Aix-en-Provence, 24 novembre 2011, n° 11/16454.

215 Paris, 10 mars 2011, *EURL Tecso c. SAS Neoelectra Group*, Rev. arb., 2011.737, note D. Cohen.

216 Cass. 1ère civ., 10 octobre 2012, *société Neoelectra Group SAS c. société Tecso EURL*, Rev. arb., 2013.129 : « S'il existe un lien entre l'arbitre et l'avocat d'une des parties, celui qui poursuit l'annulation de la sentence doit expliquer en quoi cet élément est de nature à provoquer dans l'esprit des parties un doute raisonnable quant à l'impartialité de l'arbitre mis en cause et à son indépendance ». *Adde*, Ch. Jarrosson, « À propos de l'obligation de révélation : une leçon de méthode de la Cour de cassation, note sous Cass. civ. 1re, 10 octobre 2012 », Rev. arb., 2013.130.

217 Les réseaux sociaux compliquent l'étude des conflits d'intérêts en arbitrage commercial international. Chaque acteur du commerce est détenteur d'une identité numérique. Il peut ainsi multiplier prodigieusement les liens avec les autres acteurs de la vie des affaires.

correspond vraisemblablement pas à celle appréhendée par la Cour d'appel de Lyon dans son arrêt de 2002.

101. Qu'en est-il des *liens familiaux* liant l'arbitre ?

2. LES *LIENS FAMILIAUX* LIANT L'ARBITRE

102. L'article L.111-6 3° du Code de l'organisation judiciaire, applicable à l'arbitrage par renvoi de l'article 341 du Code de procédure civile, prévoit que « [s]ous réserve de dispositions particulières à certaines juridictions, la récusation d'un juge peut être demandée si lui-même ou son conjoint est parent ou allié de l'une des parties ou de son conjoint jusqu'au quatrième degré inclusivement ». La jurisprudence positive entend largement la notion de *liens familiaux*. Dans un arrêt *Milan Presse*[218], la Cour d'appel de Paris a ainsi annulé la sentence d'un arbitre en raison de son mariage avec la mère du conseil de l'une des parties. De la même manière, dans un arrêt de 2008, elle a annulé la sentence d'un arbitre dont la fille exerçait dans le même cabinet d'avocats que le conseil de l'une des parties[219]. Les juges sont rigoureux, mais ils ne sont pas pointilleux. Les *liens familiaux* ne sauraient s'entendre trop largement, au risque d'inciter les parties à multiplier les manœuvres dilatoires. La Cour de cassation a ainsi débouté la partie qui invoquait les *liens familiaux* de l'arbitre avec d'anciens salariés de la société mère de l'une des parties à l'arbitrage[220].

103. La définition des *liens affectifs* entretenus par l'arbitre est, à l'origine, délicate. Qui plus est, elle se complique par la pratique arbitrale. La figure de l'arbitre-partisan, la professionnalisation de l'arbitrage, et l'arbitrage corporatif faussent les relations entre les arbitres et les parties, de sorte que les frontières entre *liens affectifs* et *liens professionnels* ne sont pas complètement hermétiques. Malgré ces difficultés, le droit positif français est remarquable à deux égards. D'abord, la Cour de cassation, dans la mouvance des *IBA Guidelines on Conflicts of Interest in International Arbitration*, fait des efforts pour distinguer, au cas par cas, *liens affectifs* et *liens professionnels*. Elle applique à l'arbitre le même régime de récusation que celui applicable au juge étatique. Ensuite, elle se fait garante de la bonne administration de la justice arbitrale, notamment en sanctionnant les manœuvres dilatoires intempestives des parties. Néanmoins, l'absence de texte formel définissant et règlementant les rapports entre les *liens affectifs* de l'arbitre et l'émergence de conflits d'intérêts crée de grandes difficultés.

---

[218] Paris, 12 janvier 1999, *société Milan Presse c. société Média Sud communication*, Rev. arb., 1999.381.

[219] Paris, 18 décembre 2008, *SARL Avelines Conseil c. Masuy*, Rev. arb., 2009.232.

[220] Cass. 2ème civ., 7 décembre 1988, n° 87-17.296.

La définition des *liens amicaux* donnée par le juge français, calquée sur les espèces qui lui sont proposées, n'a qu'une faible portée, et connaît d'importantes limites. Le législateur est muet. La Cour de cassation est hésitante. Les parties, de plus en plus imaginatives, profitent de ce vide juridique.

104. L'arbitre peut faire l'objet de conflits d'intérêts en raison des parties à l'arbitrage, mais également en raison de l'objet de l'instance arbitrale. Etudions à présent les conflits d'intérêts en raison de l'objet de l'instance arbitrale ou *issue conflicts*.

SECTION 2. LES CONFLITS D'INTÉRÊTS EN RAISON DE L'OBJET DE L'INSTANCE ARBITRALE OU *ISSUE CONFLICTS*[221]

105. Des conflits d'intérêts peuvent apparaître en la personne de l'arbitre de manière indépendante de l'identité des parties au litige. L'objet de l'instance arbitrale, *i.e.* le litige lui-même, peut entraîner l'émergence d'un conflit d'intérêts chez l'arbitre. Les pays de *Common Law* ont traité avec une attention particulière cette problématique qu'ils envisagent sous l'appellation d'*issue conflicts*[222]. En revanche, en France, les auteurs s'accordent à dire que l'*issue conflict* est une notion « douteuse »[223] n'emportant pas le statut de « catégorie juridique spécifique »[224]. Il est une hypothèse de conflit d'intérêts en raison de l'objet de l'instance arbitrale en la personne de l'arbitre qui ne relève pas des *issue conflicts*. Il s'agit de la situation dans laquelle l'arbitre est le rédacteur du contrat dont l'inexécution a donné lieu au litige. Cette situation n'est pas envisagée par les *IBA Guidelines*. Néanmoins, elle fait penser à l'article 7.3 du Règlement Intérieur National de la profession d'avocat (RIN) applicable aux avocats : « [s]i [l'avocat] est intervenu en qualité de rédacteur unique en qualité de conseil de toutes les parties, il ne peut agir ou défendre sur la validité, l'exécution ou l'interprétation de l'acte qu'il a rédigé, sauf si la contestation émane d'un tiers ». À notre

---

[221] « Il est plus grave d'avoir connu de l'affaire que de connaître la partie, car il s'agit non plus d'amitié mais d'amour-propre (beaucoup plus puissant que l'amitié...) », Intervention de P. Bellet à l'occasion de l'exposé de F. Eisemann consacré à l'indépendance des arbitres, Rev. arb., 1970.233

[222] J. R. Brubaker, "*The Judge Who Knew Too Much: Issue Conflicts in International Adjudication*", *Berkeley Journal of International Law*, 2008, Vol. 26, p. 111 ; C. Mouawad, "*Issue Conflict in Investment Treaty Arbitration*", TDM, 2008, Vol. 5, Issue 4 ; M. L. Harrison, "*Chapter 3: Issue Conflict in International Arbitration: Much Ado about Nothing?*", *in* Ian A. Laird and Todd Weiler (eds.), *Investment Treaty Arbitration and International Law*, Vol. 2, JurisNet, LLC (2009), p. 19 ; J. Kalicki, "*Chapter 4: Arbitrators and Issue Conflict: Treading a Tightrope of Legitimacy? Panel Discussion*", *in* Ian A. Laird and Todd J. Weiler (eds.), *Investment Treaty and International Law*, Vol. 2, JurisNet, LLC (2009), p. 42 ; N. Ziadé, "*How Many Hats Can a Player Wear: Arbitrator, Counsel and Expert?*", ICSID Review, 2009, Vol. 24, p. 49 ; J. Paulsson, "*Ethics, Elitism, Eligibility*", J. Int. Arb., 1997, Vol. 14, Issue 4, p. 13 ; J. Levine, "*Dealing with Arbitrator « Issue Conflicts » in International Arbitration*", Global Arbitration Journal, 2006 (Feb.- April) ; J. PAULSSON, "*Moral Hazard in International Dispute Resolution*", *Inaugural Lecture as Holder of the Michael R. Klein Distinguished Scholar Chair, University of Miami School of Law*, 29 avril 2010, disponible sur www.arbitration-icca.org.

[223] F. Mantilla-Serrano, « L'indépendance d'esprit de l'arbitre (ou l'*issue conflict*) », *in* Liber Amicorum en l'honneur de Serge Lazareff, Pedone, 2011, p. 441, spéc. p. 444.

[224] F. Mantilla-Serrano, *op. cit.*, spéc. p. 454.

connaissance, la Cour de cassation n'a jamais eu à se prononcer sur cette question. Si elle était amenée à le faire, nous préconiserions une application du texte précité applicables aux avocats aux arbitres. Qu'en est-il des *issue conflicts* ?

106. La définition la plus pertinente [225] des *issue conflicts*, mais néanmoins imparfaite, est probablement celle proposée par MM. Anthony Sinclair et Matthew Gearing selon laquelle l'*issue conflict* est l'"*actual or apparent bias on the part of the arbitrator stemming from his or her previously expressed views on a question that goes to the very outcome of the case to be decided. It denotes the arbitrator's relationship to the subject matter of the dispute and his or her perceived capacity to adjudicate with an open mind*"[226]. En d'autres termes, l'arbitre serait en situation de conflit d'intérêts lorsqu'il aurait, antérieurement au litige qu'il a à trancher, exprimé son opinion sur l'objet même du litige. Sa relation particulière à l'objet du litige l'empêcherait alors de trancher avec un « esprit ouvert »[227].

107. De cette définition, on peut déduire les deux raisons principales pour lesquelles l'*issue conflict* n'a pas été accueilli par le système juridique français. D'une part, la France est étrangère à la règle du précédent, propre aux pays de *Common Law*, obligeant les tribunaux à rendre des décisions conformes aux décisions antérieurement rendues par eux-mêmes ou par des juridictions supérieures dans des cas similaires. En droit français, les arbitres, se comportant naturellement comme des juges, n'appliquent pas non plus la règle du précédent[228]. Les pays de *Common Law* sont donc plus

---

[225] D'autres définitions méritent évidemment d'être citées notamment celle de J. R. Brubaker, *op. cit.*, spéc. p. 111 : "*an* issue conflict *refers to actual bias, or an appearance of bias, arising from an adjudicator's relationship with the subject matter of, as opposed to the parties to, the dispute*" et celle de N. Ziadé, *op. cit.*, spéc. p. 49 : "*An* "issue conflict" *may be defined as a conflict stemming from the arbitrator's relationship to the subject matter of the dispute.* Issue conflicts *may arise when an individual has taken a stance on a recurring issue*".

[226] A. Sinclair & M. Gearing, "*Partiality and Issue Conflicts*", TDM, 2008, Vol. 5, Issue 4.

[227] Sur cette idée, les auteurs apportent chacun leur avis. S. Clavel avait elle-même utilisé l'expression de l'*esprit ouvert* de l'arbitre à la 12ème journée franco-chinoise le 6 décembre 2011 à l'Institut de droit comparé à Paris. MM. Ph. Fouchard, E. Gaillard Et B. Goldman évoquent « l'objectivité et la "candeur" qui doivent caractériser tout juge lorsqu'il est saisi d'un nouveau litige » dans Ph. Fouchard, E. Gaillard, B. Goldman, *op. cit.*, spéc. n° 1034, pp. 585-586. Les juges suisses, quant à eux, préfèrent la formule d'« esprit totalement vierge d'opinion préalable sur la question litigieuse » : V. notamment TPI Bruxelles, 14 décembre 2006, *CBC Banque*, Journ. trib. 2007.207, note G. Keutgen.

[228] Ph. Fouchard, Conclusions du colloque sur les institutions d'arbitrage en France, Rev. arb., 1990.483, spéc. n° 12, p. 489 développe la thèse contraire en matière d'arbitrage institutionnel où les institutions permanentes favorisent une certaine homogénéité des solutions données au fond des litiges.

réceptifs que la France à la notion d'*issue conflict* qui suppose le choix d'un arbitre pour la prévisibilité de ses opinions.

108. D'autre part, la notion d'*issue conflict* suscite la perplexité de la doctrine française. En effet, ni l'indépendance, ni l'impartialité, telles qu'elles sont actuellement envisagées par la doctrine[229], ne permettent de fonder l'éventuelle interdiction des *issue conflicts* en la personne de l'arbitre. C'est bien plus de sa *neutralité* dont il s'agit. M. Matthieu de Boisséson définit la *neutralité* comme « une certaine distance que l'arbitre prend vis-à-vis de sa culture juridique, politique et religieuse, sans toutefois la renier »[230]. Il s'agit en quelque sorte d'un « état d'esprit »[231]. On le sent, la *neutralité* est une notion embryonnaire. En l'état du droit positif français, elle n'est pas suffisamment stable pour fonder une notion aussi complexe que l'*issue conflict*. Ce sont autant de raisons qui empêchent le législateur français de reconnaître en l'*issue conflict* une véritable notion de droit.

109. Comme annoncé[232], la définition de MM. Anthony Sinclair et Matthew Gearing est imparfaite. Elle l'est notamment lorsqu'elle vise globalement les *views* de l'arbitre. Il aurait fallu rappeler que les *issue conflicts* ne peuvent concerner que les opinions de l'arbitre, et pas ses raisonnements. En effet, les raisonnements de l'arbitre ne peuvent pas faire l'objet d'un contrôle de la part du juge étatique qui n'a aucun pouvoir de révision au fond de la sentence arbitrale. La jurisprudence n'a de cesse de le rappeler[233]. Ensuite, il aurait été utile de préciser de quelle(s) nature(s) peuvent être les opinions ainsi exprimées par l'arbitre. Il en est en réalité de trois sortes, dont deux sont à rapprocher. L'arbitre peut exprimer une opinion purement scientifique en sa qualité de spécialiste (§1). Il peut également donner ses opinions politiques, voire religieuses, en tant qu'homme ou femme du monde (§2).

---

[229] Ph. Fouchard, E. Gaillard, B. Goldman, *op. cit.*, spéc. n° 1028, pp. 582-583 ; J. Robert, L'arbitrage, Dalloz, 5[éme] éd., 1983, p. 114, n° 135.
[230] M. de Boisséson, *op.cit.*, spéc. n° 770, p. 782.
[231] Ph. Fouchard, E. Gaillard, B. Goldman, *op.cit.*, spéc. n° 1036, pp. 587-588.
[232] V. *supra* n° 106.
[233] Cass. 1ère civ., 29 janvier 2002, *Hudault c. société générale de surveillance (SGS) et autres*, JCP G, 2003.I.105, n° 7, obs. J. Béguin ; Rev. arb., 2002.208.

§1. LES OPINIONS SCIENTIFIQUES DE L'ARBITRE

110. Les opinions scientifiques englobent toutes les opinions purement objectives que l'arbitre peut exprimer en qualité de spécialiste. On peut distinguer deux situations dans lesquelles l'arbitre donne une opinion scientifique. Il peut l'avoir fait en ayant connaissance de l'existence de l'instance arbitrale en cours. Cela arrive lorsqu'il a participé à un litige connexe antérieur ou à une instance parallèle (A). Il peut aussi exposer une opinion scientifique de manière prémonitoire *i.e.* sans avoir eu connaissance de l'existence du litige. Cela est le cas lorsque l'arbitre mène une réflexion préalable portant sur l'objet du litige soumis à l'arbitrage, avant même qu'il n'ait été désigné par les parties pour le trancher (B).

A. LA PARTICIPATION DE L'ARBITRE À UN LITIGE CONNEXE ANTÉRIEUR OU À UNE INSTANCE PARALLÈLE

111. Avant d'analyser l'état du droit positif français en ce qui concerne la participation de l'arbitre à un litige connexe antérieur ou à une instance parallèle (2°), il est nécessaire de faire préalablement l'étude du berceau de l'*issue conflict* : l'arbitrage CIRDI (1°).

1° ÉTUDE DU BERCEAU DE L'*ISSUE CONFLICT* : L'ARBITRAGE CIRDI

112. On dit traditionnellement que l'arbitrage CIRDI est le domaine privilégié [234] des *issue conflicts*. En réalité, deux raisons justifient que l'arbitrage CIRDI constitue ainsi le berceau des *issue conflicts* : la publicité des décisions [235] et les références presque systématiques des sentences arbitrales à des cas antérieurs. Dans le cadre d'un arbitrage CIRDI, les arbitres sont incités à utiliser leurs anciennes sentences pour en rendre de nouvelles. Cette pratique a sollicité la préoccupation générale, voire l'inquiétude des praticiens de sorte que le règlement d'arbitrage CIRDI a été amendé[236] en 2006 notamment pour prévenir des *issue conflicts*.

---

[234] Il en est d'autres, moins connus, tels que l'arbitrage sportif cité notamment par N. Ziadé, *op. cit.*, spéc. p. 50.

[235] Contrairement à l'arbitrage CCI où les sentences arbitrales ne sont pas publiées.

[236] À l'initiative du Secrétariat général du CIRDI dans *ICSID Secretariat Discussion Paper, ICSID*, "*Possible Improvements of the Framework for ICSID Arbitration*", 22 octobre 2004, pp. 12-13: "*The relevant ICSID provisions, ISCID Arbitration Rule 6(2) and Article 13(2) of the Additional facility Arbitration Rules, could be amended similarly to require the arbitrator to disclose, not only any past or present relationships with the parties, but more generally any circumstances likely to give rise to justifiable doubts as to the arbitrator's reliability for independent judgment. This might in particular be helpful in addressing perceptions of issues conflicts among arbitrators*".

113. Dans une affaire *Participaciones Inversiones Portuarias SARL c. République du Gabon*, la République du Gabon demandait la récusation de l'arbitre choisi par la partie adverse au motif qu'il avait préalablement rendu une sentence défavorable à l'égard du Gabon. Le Secrétaire général du CIRDI répond de la manière suivante : « le fait d'avoir participé à un tribunal ayant pris position à l'égard de l'une des parties ne peut en soi établir le manque d'impartialité d'un arbitre »[237]. En général, l'*issue conflict* est envisagé par le juge comme un moyen de justifier l'incompatibilité des fonctions d'arbitre et de conseil [238]. Deux grandes affaires illustrent parfaitement cette fonction de l'*issue conflict*. Dans la première affaire, *Telecom Malaysia c. Ghana*, le Ghana invoquait l'affaire CIRDI *Consortium RFCC c. le Royaume du Maroc* au soutien de ses prétentions. Or, l'arbitre, également conseil du Consortium RFCC, venait d'entamer une procédure d'annulation précisément à l'encontre de cette sentence. Saisie de la question, la Cour de La Haye répond que les deux mandats sont incompatibles. L'arbitre met alors fin à son mandat de conseil dans l'affaire CIRDI *Consortium RFCC c. le Royaume du Maroc*. Mais le Ghana, insatisfait, demande également la récusation de l'arbitre. La Cour de La Haye écarte cette demande en précisant que "[a]*n arbitrator has to decide on a question pertaining to which he has previously, in another case, defended a point of view. Save in exceptional circumstances, there is no reason to assume however that such an arbitrator would decide a question less openminded than, if he had not defended such a point of view before*". Par cette réponse, la Cour trahit le fait qu'elle n'était en réalité soucieuse que du seul cumul des fonctions d'arbitre et de conseil, et pas de l'existence en tant que telle d'un *issue conflict*.

114. Dans la seconde affaire, *Grand River Entreprises et autres c. Etats-Unis*, l'arbitre exerce une activité de conseil en matière de droits de l'homme contre diverses agences américaines. Les Etats-Unis demandent la récusation de cet arbitre. Le Secrétaire général du CIRDI invite donc l'arbitre à quitter ses fonctions de conseil[239]. L'arbitre s'exécute, mais informe le CIRDI qu'il conservera néanmoins son poste d'enseignant au *College of Law* de l'Université d'Arizona où il encadre des étudiants sur leurs travaux portant sur les droits de l'homme. Les Etats-Unis renouvellent alors leur demande de récusation. Le Secrétaire général du CIRDI la rejette en distinguant : "*(i)*

---

[237] Aff. CIRDI No ARB/08/17, décisions sur la récusation du 12 novembre 2009, §30.

[238] Sur ces incompatibilités : V. N. Ziadé, "*How Many Hats Can a Player Wear: Arbitrator, Counsel and Expert?*", ICSID Review, 2009, Vol. 24, p. 49. En ce qui concerne l'incompatibilité arbitre/expert, V. Cass. 2ème civ., 19 avril 1985, *société Résidence du Bois d'Aurouze c. société Devoluy Vacances*, Rev. arb., 1986.57, note Ch. Jarrosson et *EDF International S.A., SAUR International S.A. et Léon Participaciones Argentinas S.A. c. la République argentine*, aff. CIRDI No ARB/03/23.

[239] Par une lettre du 28 novembre 2007 disponible sur www.naftaclaims.com.

representing parties in international fora where the underlying aim is similar to the aim of the current arbitration (i.e. assessing whether the United States is in compliance with its international legal obligations); and (ii) supervising students as part of a clinical course. The former requires advocacy of a position; the latter involves instruction and mentoring".

115. Multiples et fonctionnels dans le cadre de l'arbitrage CIRDI, comment les *issue conflicts* sont-ils perçus par le droit positif français ?

2° LA POSITION DU DROIT POSITIF FRANÇAIS

116. La position du droit positif français est nuancée. Nous avons proposé d'étudier la participation de l'arbitre à un litige connexe antérieur ou à une instance parallèle. Il est en réalité une troisième situation qu'il nous faut évoquer brièvement avant de nous consacrer aux deux autres : un arbitre statuant au second degré peut avoir participé au premier degré de l'instance arbitrale. Il n'est nul besoin de rappeler qu'en principe, en arbitrage international, la règle du double degré de juridiction ne s'applique pas : le recours contre une sentence arbitrale n'a, en principe, pas lieu devant un tribunal arbitral. Néanmoins, il est de rares exceptions où le double degré de juridiction est autorisé. Il l'est notamment par la Chambre arbitrale des cafés et poivres du Havre et la Chambre arbitrale maritime de Paris. Dans cette hypothèse, un litige ayant donné lieu à une première sentence arbitrale non définitive peut être réexaminé par un ou plusieurs arbitres et aboutir à une sentence arbitrale définitive. Or, que se passe-t-il lorsque l'arbitre qui avait tranché au premier degré est appelé à statuer au second degré ? La réponse est la suivante : « l'arbitre, qui avait déjà connu, lors d'un arbitrage du premier degré, le complexe de faits et de droit, qui constituait l'affaire, même entre des parties différentes, ne pouvait pas avoir l'indépendance d'esprit suffisante et l'impartialité nécessaire pour accomplir sa mission de juge du second degré conformément à l'attente légitime des parties »[240]. Dans ce cas précis, la jurisprudence est univoque : l'*issue conflict* est dirimant. D'ailleurs, s'agit-il vraiment d'un *issue conflict* ? La *Common Law* connaît une autre figure qui semble plus adaptée à cette situation : l'*issue preclusion*, qui interdit à une personne de rejuger un cas. L'*issue preclusion*, attachée à la personne saisie, s'apparente à l'autorité de la chose jugée française, attachée à la décision rendue. Pour autant, cette situation est particulièrement rare. Pour cette raison, nous consacrerons nos développements aux deux autres situations.

---

[240] TGI Paris, réf., 29 juin 1989, *société Philipp Brothers c. sociétés Drexel et autres*, Rev. arb., 1990.497.

117. Lorsque l'arbitre a participé à un litige connexe antérieur ou participe à une instance parallèle, la Cour d'appel de Paris considère que « [l]e principe de la contradiction (...) n'est pas violé, pas plus que les droits de la défense (...) ; il pourrait en aller autrement si était intervenue dans l'autre instance une décision pouvant constituer de la part de cet arbitre un préjugé défavorable »[241]. La Cour d'appel de Paris a eu l'occasion de confirmer cet arrêt de principe dans une affaire récente dans laquelle le Président du tribunal arbitral siégeait dans deux instances parallèles : « [l]e fait qu'un arbitre, fût-ce le président du tribunal arbitral, siège dans deux instances parallèles n'est pas, par lui-même, de nature à faire raisonnablement douter de son indépendance et de son impartialité, à moins que la décision rendue dans l'une des affaires constitue un préjugé défavorable à l'égard d'une partie dans l'autre instance »[242]. De manière générale, le principe est celui de l'admission des *issue conflicts* (a), l'exception est leur interdiction à condition qu'il existe un *préjugé défavorable* de la part de l'arbitre (b).

A. LE PRINCIPE : ADMISSION DES ISSUE CONFLICTS

118. Dans un arrêt *Gemanco c. Saepa et Siape* datant des années 1980, la Cour d'appel de Paris a affirmé l'admission de principe des *issue conflicts*. Dans cette affaire, la société italienne Gemanco invoque le fait que l'arbitre désigné par les sociétés tunisiennes Saepa et Siape avait participé à une instance parallèle[243] impliquant des sociétés françaises appartenant au même groupe que la société Gemanco. La Cour d'appel de Paris considère, avec pragmatisme[244], qu'il n'y a pas eu de violation du principe de la contradiction ou des droits de la défense. Si la cour en avait décidé autrement, les conséquences auraient été catastrophiques. M. Fernando Mantilla-Serrano[245] en compte deux auxquelles M. Claude Reymond en ajoute une[246]. Premièrement, la solution contraire aurait donné aux décisions arbitrales la valeur de précédents. Deuxièmement, elle aurait mené à un paradoxe car « plutôt qu'un arbitre spécialiste et averti, susceptible de reconnaître un bon

---

241 Paris, 2 juin 1989, *société Gemanco c. sociétés SAEPA et SIAPE*, Rev. arb., 1991.87.

242 Paris, 9 septembre 2014, n° 13/01333, *Al Gobain.*

243 Donnant d'ailleurs lieu à un arrêt de la Cour d'appel de Paris du même jour.

244 Comme dans les arrêts TGI Paris, réf., 12 juillet 1989 ; TGI Paris, réf., 21 septembre 1989 et Paris, 24 novembre 1989, *société La Belle Créole SA c. société The Gemtel Partnership*, Rev. arb., 1990.176, note Ph. Kahn, dans lesquels les juges rejettent la demande de récusation de l'arbitre qui, suite au décès de l'arbitre initial, lui avait succédé en déclarant : « j'ai pris connaissance du dossier que m'a remis la secrétaire du Président Carcassonne, et je me considère, en tant que de besoin, comme solidaire des décisions rendues avant son décès ».

245 F. Mantilla-Serrano, « L'indépendance d'esprit de l'arbitre (ou l'*issue conflict*) », *in* Liber Amicorum en l'honneur de Serge Lazareff, Pedone, 2011, p. 453.

246 C. Reymond, « Des connaissances personnelles de l'arbitre à son information privilégiée. Réflexions sur quelques arrêts récents », Rev. arb., 1991.3.

argument et de distinguer les faits qui pourraient l'amener à changer d'avis par rapport à des opinions exprimées par le passé (et qui, osons le dire, donnent à l'arbitrage une certaine prévisibilité), on nous recommande d'opter pour un arbitre « gris », insaisissable, presque aseptique, comme si l'absence de repères intellectuels constituait une garantie d'indépendance »[247]. M. Fernando Mantilla-Serrano insiste sur cette conséquence absurde à laquelle conduirait une interdiction des *issue conflicts* : l'une des personnes les plus aptes à trancher le litige en serait strictement empêchée. Troisièmement, la solution opposée aurait conduit à sous-estimer la capacité de l'arbitre à changer d'avis, « tant il est vrai que l'opinion formée dans le calme du cabinet ne résiste pas toujours au contact rugueux de la réalité »[248]. La Cour d'appel de Paris énonce une exception au principe de l'admission des *issue conflicts*.

B. L'EXCEPTION : L'INTERDICTION DE L'ISSUE CONFLICT EN CAS DE PRÉJUGÉ DÉFAVORABLE EN LA PERSONNE DE L'ARBITRE

119. La Cour d'appel de Paris précise qu'« il pourrait en aller autrement si était intervenue dans l'autre instance une décision pouvant constituer de la part de cet arbitre un préjugé défavorable »[249]. Interrogeons-nous sur la définition du *préjugé défavorable* (1), avant d'étudier ses conséquences (2) et plusieurs contre-exemples (3).

1. DÉFINITION DU *PRÉJUGÉ DÉFAVORABLE*

120. Selon l'attendu de principe de la Cour d'appel de Paris dans son arrêt du 9 septembre 2014[250], « [l]e fait qu'un arbitre, fût-ce le président du tribunal arbitral, siège dans deux instances parallèles n'est pas, par lui-même, de nature à faire raisonnablement douter de son indépendance et de son impartialité, à moins que la décision rendue dans l'une des affaires constitue un préjugé défavorable à l'égard d'une partie dans l'autre instance ». La Cour précise qu'« il n'en va ainsi, toutefois, que si l'appréciation portée par l'arbitre dans la première procédure sur un ensemble indissociable de fait et de droit entraîne logiquement certaines conséquences sur les questions à trancher ». Cette solution remporte le *consensus* de la doctrine qui estime qu'il s'agit

---

[247] F. Mantilla-Serrano, *op. cit.*, spéc. p. 455.

[248] C. Reymond, *op. cit.*, spéc. pp. 14-15. Pour un argument contraire : V. Th. Clay, L'arbitre, Dalloz, 2001, spéc. n° 368, p. 309 : « si [l'arbitre] a déjà été amené à statuer sur une question analogue, on peut craindre qu'il tranche dans le même sens par conviction, ou par atavisme, sans que les parties en soient informées ».

[249] Paris, 2 juin 1989, *société Gemanco c. sociétés Saepa et Siape*, Rev. arb., 1991.87.

[250] Paris, 9 septembre 2014, n° 13/01333, *Al Gobain.*

d'une « [f]ormule excellente »[251], d'une « solution pragmatique »[252]. Pourtant, cette définition est, pour le moins, floue. Dans les années 1990, certains auteurs, dont M. Claude Reymond, avaient tenté de cerner la notion de *préjugé défavorable* : « il faut que le préjugé porte sur cet ensemble indissociable de fait et de droit que constitue la cause soumise à l'arbitre »[253]. Le *préjugé défavorable* doit porter cumulativement sur les faits et sur le droit que constitue la cause soumise à l'arbitre, et pas seulement sur l'un des deux. L'un[254] des exemples les plus probants est l'appréciation par l'arbitre de la responsabilité d'une personne tierce à un arbitrage antérieur et partie à l'arbitrage en cours[255]. L'arbitre a un préjugé défavorable à l'égard de la personne dont il a précédemment jugé la responsabilité. Il ne peut plus trancher en toute neutralité.

121. On peut envisager une définition *a contrario* du *préjugé défavorable* à la lecture de l'ordonnance du Tribunal de grande instance de Paris dans l'affaire *SAS CSF c. SARL Lamote Distribution et autre* du 2 mars 2012[256]. En l'espèce, l'arbitre désignée par la SARL Lamote Distribution précise dans sa déclaration qu'elle a déjà été désignée en qualité d'arbitre dans le cadre de deux procédures qui ont opposé la SARL Lamotte Distribution à deux autres filiales de la société Carrefour, la société CSF étant elle-même une filiale de Carrefour. Pour cette raison, la SAS CSF demande la récusation de cet arbitre. Le Tribunal juge que « [s]i rien ne permet de mettre en cause l'impartialité de la personne dont la récusation est demandée, il appartient à l'arbitre d'avoir une distance raisonnable par rapport aux parties. Le fait qu'en l'espèce, l'arbitre incriminé ait déjà connu de précédentes affaires liant la société défenderesse à des filiales du groupe de la demanderesse portant sur le même magasin peut constituer une atteinte à son indépendance ». La *distance raisonnable*, évoquée par le Tribunal de grande instance de Paris, serait ainsi le gage de l'absence de *préjugé défavorable* craint par la Cour d'appel de Paris. Quoi qu'il en soit, il conviendrait que la Cour d'appel de Paris donne une définition à la notion de *préjugé défavorable*.

---

[251] Ph. Fouchard, « Le statut de l'arbitre dans la jurisprudence française », Rev. arb., 1996.325, spéc. n° 42 et s., pp. 346 et s..

[252] M. Henry, « Les obligations d'indépendance et d'information de l'arbitre à la lumière de la jurisprudence récente », Rev. arb., 1999.193, n° 21 et s., p. 207 et s..

[253] C. Reymond, « Des connaissances personnelles de l'arbitre à son information privilégiée. Réflexions sur quelques arrêts récents », Rev. arb., 1991.3, spéc. pp. 14-15.

[254] Il en est d'autres tels que la prise de parti à l'égard de l'une des parties à l'arbitrage : Paris, 28 octobre 1999, *Frétal c. ITM Entreprises*, Rev. arb., 2000.299, note Ph. Grandjean.

[255] TGI Paris, réf., 13 janvier 1986, *SETEC c. SICCA*, Rev. arb., 1987.63, note P. Bellet où l'arbitre avait formulé un *obiter dictum* remarqué ; Paris, 12 janvier 1996, *Etat du Qatar c. Société Creighton Limited*, Rev. arb., 1996.428, note Ph. Fouchard.

[256] TGI Paris, 2 mars 2012, *SAS CSF c. SARL Lamote Distribution et autre*, Rev. arb. 2013.186, note J. Ortscheidt.

2. CONSÉQUENCES

122. L'existence d'un *préjugé défavorable* emporte deux conséquences majeures : l'inégalité entre les coarbitres et l'inégalité entre les parties.

123. L'arbitre qui a participé à un litige connexe antérieur ou qui participe à une instance parallèle bénéficie d'une information privilégiée par rapport à ses coarbitres[257]. Cette information, lorsqu'elle n'est pas partagée par l'arbitre sachant, crée un véritable « déséquilibre »[258] au sein du tribunal arbitral. En pratique, il est deux situations. Soit l'arbitre garde les informations qu'il détient pour lui, sans les partager avec les autres arbitres. Dans ce cas, il risque fort de se trouver dans une situation très inconfortable au moment des délibérés, voire dans une situation *schizophrénique* en s'imposant un « auto-lavage de cerveau pour repousser les éléments du premier litige chaque fois qu'il traite du second »[259]. Soit l'arbitre fait part de ces informations à ses coarbitres, au risque de les influencer. M. Eric Loquin pense que cette dernière proposition est l'attitude que l'arbitre devrait avoir. Elle serait imposée par le « principe de collégialité »[260] liant les arbitres. En revanche, selon M. Thomas Clay, cette proposition « n'est qu'un expédient car l'atteinte à l'indépendance est consommée ; l'indépendance de l'arbitre ne sera plus immaculée ». La « solution idéale », selon lui, serait que l'arbitre « s'autocensure et qu'il décline l'arbitrage »[261]. Mais cette solution n'est imposée ni par la loi, ni par la jurisprudence, ni par la pratique arbitrale.

124. Néanmoins, certains auteurs apportent des nuances aux méfaits de l'information privilégiée de l'arbitre. M. Mohammed Bedjaoui relève que, dans bien des cas, le litige connexe antérieur ou l'instance parallèle n'apportent à l'arbitre que des connaissances « superflues et inutilisables »[262] dans le litige en cours. Dès lors, l'arbitre ne jouit plus d'un privilège par

---

[257] Sur l'information privilégiée : C. Reymond, « Des connaissances personnelles de l'arbitre à son information privilégiée. Réflexions sur quelques arrêts récents », Rev. arb., 1991.3.

[258] C. Reymond, *op. cit.*, spéc. p. 11.

[259] M. Bedjaoui, « Des fortes vérités de Cassandre aux modestes correctifs de Némésis (ou le souci communément partagé de voir la liberté fondamentale de choisir un arbitre n'être ni *un danger* ni *en danger* », *in* Etudes de droit international en l'honneur de Pierre Lalive, Helbing & Lichtenhahn, 1993, p. 385, spéc. n° 28, p. 394.

[260] E. Loquin déduit le principe de collégialité de la jurisprudence : Paris, 26 avril 1985, Rev. arb., 1985.311, note E. Mezger où la Cour d'appel de Paris juge d'un recours en annulation fondé sur « une connaissance des faits de la cause par un arbitre consacrant une inégalité de situation entre les arbitres » ; Paris, 6 mars 1986, Rev. arb., 1987.390, note J. Pellerin : « un juge ne peut fonder sa décision sur des faits ou des circonstances dont il a eu personnellement connaissance, et qu'il se doit, quelle que soit sa compétence, de soumettre ce fait ou ces circonstances à un débat contradictoire ».

[261] Th. Clay, L'arbitre, Dalloz, 2001, spéc. n° 369, pp. 310 et s..

[262] M. Bedjaoui, *op. cit.*, spéc. n° 23, p. 392.

rapport aux autres membres du tribunal arbitral. Au contraire, il dispose d'un trop plein d'informations le contraignant à opérer une sélection entre les éléments réellement pertinents pour l'affaire en cours et ceux qui ne le sont pas, sous peine de statuer *ultra petita*[263]. Du privilège, on glisse au véritable handicap de l'arbitre. M. Mohammed Bedjaoui décrit que, paradoxalement, « la situation "schizophrénique" de l'arbitre ainsi "pré-contraint", exige de lui un effort mental de vigilance permanente qui en devient sans doute inconfortable et même stressant »[264]. Par ailleurs, à considérer que l'information de l'arbitre soit privilégiée, elle ne l'est qu'à condition que la confidentialité de l'arbitrage soit respectée.

125. Que se passe-t-il lorsque la partie à l'arbitrage concernée par un litige connexe antérieur communique à l'autre partie à l'arbitrage la sentence prononcée à cette occasion ? Y a-t-il un *issue conflict* ? La réponse est donnée par un arrêt de la Cour d'appel de Paris de 2002. En l'espèce, la SNCFT avait conclu avec la société Ganz un contrat portant sur la construction de vingt locomotives. Cette dernière avait confié la construction des boîtes de vitesse à la société Voith Turbo GmbH AG et Co.. Les parties rencontrent des difficultés de sorte que deux procédures arbitrales sont initiées. La première oppose la SNCFT à la société Ganz, et la seconde, la SNCFT à la société Voith Turbo GmbH AG et Co.. La SNCFT désigne le même arbitre dans les deux arbitrages. La première sentence arbitrale rendue en 1991 condamne la société Ganz. La seconde sentence condamne la société Voith Turbo GmbH AG et Co.. Celle-ci demande alors l'annulation de la seconde sentence en soutenant que l'un des arbitres du tribunal arbitral manque à son devoir d'indépendance en raison de sa participation aux deux arbitrages et à son utilisation d'informations privilégiées. Néanmoins, en 1991, la société SNCFT avait communiqué à la société Voith Turbo GmbH AG et Co. la sentence, rendant ainsi publique la participation de l'arbitre à cet autre arbitrage. La Cour d'appel de Paris conclut que « la participation de cet arbitre à l'autre arbitrage étant ainsi notoire lors de la constitution du tribunal arbitral dans la présente procédure, le recourant, à défaut d'avoir fait état de ses objections au moment de cette composition, ne peut plus s'en prévaloir »[265]. En rendant public à la partie adverse que l'arbitre a participé à un litige connexe antérieur ou participe à une instance parallèle, la partie à l'arbitrage désactive l'*issue conflict* : la partie adverse est en mesure à demander sans attendre la récusation dudit arbitre, et les membres du tribunal arbitral sont disposés à demander à l'arbitre de partager les informations qu'il détient.

---

[263] Facilement décelable dans le cadre d'un arbitrage CCI grâce à l'acte de mission.

[264] M. Bedjaoui, *op. cit.*, spéc. n° 28, p. 394.

[265] Paris, 28 novembre 2002, *Voith Turbo GmbH AG et Co c. SNCFT*, Rev. arb., 2003.445, note Ch. Belloc.

126. L'inégalité entre les parties est la seconde conséquence majeure de l'existence d'un *préjugé défavorable*. Il est évident que l'arbitre qui a développé un *préjugé défavorable* ne dispose plus d'un esprit complètement ouvert aux argumentations de chacune des parties.

3. CONTRE-EXEMPLES DE *PRÉJUGÉS DÉFAVORABLES*

127. La jurisprudence écarte la qualification de *préjugé défavorable* dans plusieurs situations : « il n'y a ni prévention, ni préjugé lorsque l'arbitre est appelé à se prononcer sur une situation de fait proche de celle examinée antérieurement, mais entre des parties différentes et moins encore lorsqu'il doit trancher une question de droit sur laquelle il s'est déjà prononcé, dès lors qu'il n'est pas lié par ses propres précédents »[266]. En d'autres termes, « le jugement antérieur de la même question de droit ne peut constituer un préjugé dans la mesure où les engagements sont distincts et les parties différentes »[267]. Ces motifs ont notamment été utilisés par la Cour d'appel de Paris en 1993 pour rejeter la demande de récusation formée par deux cautions solidaires suspicieuses, alléguant que le Président du tribunal arbitral avait préalablement statué à l'occasion du litige entre les emprunteurs et les prêteurs de la même dette. Cette solution a emporté l'indignation de la doctrine. M. Eric Loquin notamment reproche à la Cour d'appel de Paris de confondre le préjugé avec l'autorité de la chose jugée. Selon lui, seule l'autorité de la chose jugée suppose l'identité des parties. En effet, « il n'est pas certain que l'absence d'identité des parties permette d'écarter la notion de préjugé, dès lors que le complexe de fait et de droit soumis à l'arbitre une première fois est identique à celui qu'il doit juger une seconde fois »[268], car, « dans une telle hypothèse, la présence de parties différentes dans une seconde instance est indifférente à la conviction déjà acquise par le juge dans la première instance »[269]. Par ailleurs, pour M. Eric Loquin, il est toujours possible de « couvrir le vice de préjugé »[270] par le partage des informations privilégiées que l'arbitre détient avec les autres membres du tribunal arbitral,

---

[266] Paris, 14 octobre 1993, *Ben Nasser et autre c. BNP et Crédit Lyonnais*, JDI, 1994.446, note E. Loquin ; Rev. arb., 1994.381, note P. Bellet ; Paris, 28 octobre 1999, *Frétal c. ITM Entreprises*, Rev. arb., 2000.299, note Ph. Grandjean.

[267] Paris, 14 octobre 1993, *Ben Nasser et autre c. BNP et Crédit Lyonnais*, JDI, 1994.446, note E. Loquin ; Rev. arb., 1994.381, note P. Bellet.

[268] E. Loquin, note sous Paris, 14 octobre 1993, *Ben Nasser et autre c. BNP et Crédit Lyonnais*, JDI, 1994.446, spéc. p. 456. La condition de l'identité des parties est d'ailleurs revue dans TGI Paris, réf., 29 juin 1989, *société Philipp Brothers c. sociétés Drexel et autres*, Rev. arb., 1990.497.

[269] E. Loquin, note sous Paris, 14 octobre 1993, *Ben Nasser et autre c. BNP et Crédit Lyonnais*, JDI, 1994.446, spéc. p. 456.

[270] *Ibid.*, spéc. p. 460.

conformément au principe de collégialité, et par la soumission de cette information à la discussion contradictoire entre les parties[271].

128. Ainsi, la position du droit positif français est plus complexe qu'il n'y paraît. Une chose est certaine : la participation de l'arbitre aux premier et second degrés de l'instance arbitrale est constitutive d'un *issue conflict* prohibé par les tribunaux français. Mais l'absence de principe de la règle de double degré de juridiction en arbitrage international rend cette hypothèse exceptionnelle. Plus fréquente, la participation d'un arbitre à un litige connexe antérieur ou à une instance parallèle à l'instance en cours n'est en principe pas interdite. La pratique des arbitrages parallèles et celle des arbitrages multipartites souffriraient d'une solution contraire. Néanmoins, les juges sont moins cléments lorsque ladite participation est à l'origine d'un *préjugé défavorable* à l'égard de l'une des parties à l'arbitrage. Si la participation de l'arbitre à un autre arbitrage l'a conduit à prendre parti pour l'une des parties ou à juger de la responsabilité de l'une d'entre elles, alors elle l'empêche de juger avec une indépendance d'esprit suffisante. Néanmoins, cette exception ne séduit pas la doctrine majoritaire. Qu'en est-il dans la seconde hypothèse d'*issue conflict i.e.* lorsque l'arbitre a réfléchi à l'objet même du litige préalablement à sa désignation ?

B. La réflexion préalable de l'arbitre sur l'objet même du litige soumis à l'arbitrage

129. La réflexion préalable de l'arbitre sur l'objet du litige avant sa participation à la résolution de celui-ci est une hypothèse plus rare que la précédente. Il semble quasiment prémonitoire que l'arbitre écrive un article ou participe à une conférence sur le thème exact du litige avant d'être désigné par les parties pour le trancher. Néanmoins, remémorons-nous les paroles de M. Mark Hunter à l'occasion d'un colloque à Paris : « [q]uand je représente un client dans un arbitrage, ce que je cherche en fait dans un arbitre nommé par une partie, c'est quelqu'un qui témoigne d'un maximum de prédisposition pour mon client mais d'un minimum d'apparence de parti pris »[272]. Il n'est pas rare qu'un arbitre pressenti qui a rédigé un article de fond ou participé à une conférence sur un sujet spécifique soit sollicité par la suite pour trancher des litiges portant sur ce sujet. Il s'agit d'un choix stratégique de la part des parties, ayant souvent le mérite de la discrétion.

---

[271] Cass. 1ère civ., 24 mars 1998, *société Excelsior Film TV c. société UGC-PH*, RTD com., 1998.837, obs. J.-C. Dubarry et E. Loquin où l'absence de soumission de l'information privilégiée au débat contradictoire entre les parties avait entraîné une violation des droits de la défense, bien que l'information ait été partagée entre les membres du tribunal arbitral.

[272] M. Hunter, 6ème colloque CCI-CIRDI-AAA-Paris, 1988, Arbitrations, pp. 222-223.

130. La *Common Law* est particulièrement rigoureuse à l'égard de cette pratique. Dans un article célèbre, M. Joseph Ralph Brubaker ne cache pas son inquiétude : "[p]*ast and present academic articles, expert testimony, international memoranda, interviews, diplomatic experiences, or advocacy on an issue related to the dispute may create a conflict of interest*[s]"[273]. D'ailleurs, il propose que les "*outside activities of adjudicators*"[274] soient régulées en vue de satisfaire deux objectifs fondamentaux : augmenter la légitimité des tribunaux arbitraux et fournir des guides à la fois aux parties et aux arbitres[275]. La fin et les moyens sont nobles. Néanmoins, une telle philosophie ne saurait exister dans le système français. Celui-ci est particulièrement attaché à une certaine séparation entre la fonction de juger et l'activité scientifique de l'arbitre[276]. Les publications de l'arbitre pressenti sont une chose. Sa participation à la résolution d'un litige en est une autre. Si l'on considérait que ce qu'écrit l'arbitre pressenti le lie dans sa mission de dire le droit, cela conduirait de manière fâcheuse à figer sa pensée et à rendre toute discussion inutile. Cela n'est pas concevable. Certes, un arbitre qui aura déjà réfléchi sur le sujet sur lequel porte le litige, n'aura pas l'esprit complètement exempt d'opinion. Mais ne l'a-t-il jamais ? M. Jan Paulsson s'est plu à écrire qu'un "*litigant will be certain to address perfectly open minds only if he is prepared to be judged by very young children*"[277].

131. Par ailleurs, les *IBA Guidelines on Conflicts of Interest in International Arbitration* ont considéré que l'arbitre qui avait exposé son point de vue dans une revue ou à l'occasion d'une conférence n'est pas en situation de conflit d'intérêts[278]. Cette position est rassurante[279]. Par ailleurs, la jurisprudence française est unanime : les opinions scientifiques formulées

---

273 J. R. Brubaker, *op. cit.*, spéc. p. 112.

274 J. R. Brubaker, *op. cit.*, spéc. p. 145.

275 J. R. Brubaker, *op. cit.*, spéc. p. 146 : "*to increase the legitimacy of international arbitration courts and tribunals and to provide guidance for both concerned parties and international adjudicators*".

276 A ce sujet : V. notamment Ph. Pinsolle, Chronique de droit de l'arbitrage n° 8, LPA, 14 novembre 2011, n° 226, p. 5.

277 J. Paulsson, "*Ethics, Elitism, Eligibility*", J. Int. Arb., 1997, Vol. 14, Issue 4, p. 13.

278 *IBA Guidelines on Conflicts of Interest in International Arbitration, Green List*, art. 4.1.1 (2014): "*The arbitrator has previously expressed a legal opinion (such as in a law review article or public lecture) concerning an issue which also arises in the arbitration (but this opinion is not focused on the case)*" modifiant *IBA Guidelines on Conflicts of Interest in International Arbitration, Green List*, art. 4.1.1 (2004): "*The arbitrator has previously published a general opinion (such as in a law review article or public lecture) concerning an issue which also arises in the arbitration (but this opinion is not focused on the case that is being arbitrated)*". Notons que le mode d'expression s'est élargi : il peut désormais être écrit ou oral. Quant à la nature de l'opinion de l'arbitre, seules les opinions juridiques sont prises en compte.

279 L. Degos, "*La recusacion con base en opiniones previas del arbitro : Hemos abierto "la Caja de Pandora"?*", Congrès colombien de l'arbitrage, Bogota, 4 novembre 2005.

par l'arbitre avant sa désignation ne sauraient constituer un conflit d'intérêts. Les illustrations jurisprudentielles sont nombreuses. Récemment, la première chambre civile de la Cour de cassation[280] a rejeté la demande d'une société panaméenne, de récusation du Président du tribunal arbitral ayant écrit deux articles de presse sur le conflit israélo-palestinien. La Cour affirme que les juges du fond n'ont pas à analyser le contenu desdits articles de presse. La solution n'a pas toujours été aussi tranchée. En effet, le spectre du *préjugé défavorable* a hanté pendant un temps les tribunaux. Dans un arrêt du début des années 1990, la Cour d'appel de Paris avait ainsi précisé que « la qualité d'arbitres n'est pas incompatible avec un engagement dans un débat entre professionnels, dès lors que les écrits ne permettent pas de mettre en doute l'impartialité de l'arbitre et que les propos tenus ne manifestent ni véhémence excessive ni hostilité systématique propre à faire présumer de la part de l'arbitre un préjugé à l'encontre de l'une des parties »[281]. Il semblerait que cette exception n'ait pas tenu longtemps puisque la réflexion préalable de l'arbitre constitue précisément l'un des contre-exemples de *préjugé défavorable* vus précédemment[282]. Aujourd'hui, la position des juridictions françaises est univoque : la réflexion préalable d'un arbitre sur la cause du litige ne constitue pas une hypothèse d'*issue conflict* ; elle n'emporte aucun conflit d'intérêts. Cette solution est remarquable de pragmatisme. Adopter la solution inverse aurait eu des conséquences dramatiques sur le développement de la doctrine autorisée en droit de l'arbitrage. Les arbitres pressentis se seraient certainement abstenus de publier, pour favoriser leurs désignations. La théorie de l'arbitrage, en construction permanente, en aurait certainement souffert.

132. Jusqu'à présent, nous nous situions exclusivement dans la sphère scientifique. Mais l'arbitre est également un homme ou une femme du monde. Il peut exprimer des opinions plus personnelles telles que des opinions politiques ou religieuses. Comment le droit de l'arbitrage français envisage-t-il cette situation ?

---

[280] Cass. 1ère civ., 29 juin 2011, *société Papillon group corporation c. République arabe de Syrie et autres*, Rev. arb., 2011.836, note D. Cohen ; Cass. 1ère civ., 1er juillet 2011, *SA Sorbrior et autres c. SAS ITM Entreprises et autres*, Rev. arb., 2011.761, note D. Cohen.

[281] Paris, 5 juillet 1990, *société Uni-Inter c. société Maillard*, Rev. arb., 1991.345, note B. Moreau ; *Urbaser S.A. et Consorcio de Aguas Bilbao Bizkaia Ur Partzzuergoa c. République argentine*, aff. CIRDI No ARB/02/26 où la République argentine mettait en cause les écrits d'un arbitre sur deux thèmes cruciaux pour le dossier : la clause de la nation la plus favorisée et l'état de nécessité. Sa demande avait néanmoins été rejetée.

[282] V. *supra* n° 127 et s..

§2. LES OPINIONS POLITIQUES ET RELIGIEUSES DE L'ARBITRE

133. À première vue, les opinions politiques et religieuses de l'arbitre devraient être étrangères au débat arbitral. L'arbitre doit être un juge juste et non jugeur. Dans un souci d'une bonne administration de la justice arbitrale, il doit mettre ses convictions personnelles de côté. Heureusement, les illustrations jurisprudentielles dans lesquelles l'arbitre a fait part de ses opinions politiques ou religieuses dans le cadre de l'instance sont rares. Il est un litige mettant en cause l'Etat de Dubaï qui a fait grand bruit dans les années 1990. L'arbitre avait choisi comme loi applicable au litige la loi anglaise, au détriment de la loi de Dubaï qui, selon lui, était « quelque peu autocratique ». La maladresse de l'arbitre lui valut une demande de récusation. Ladite demande fut rejetée de justesse par le Tribunal de grande instance de Paris au motif qu'« il résulte des pièces versées aux débats que le terme anglais "*autocratic*", défini comme étant le gouvernement exercé par une personne disposant d'une autorité absolue, n'a pas nécessairement dans cette langue le sens péjoratif que lui attribuent les demandeurs », de sorte que « ces propos ne sont pas de nature à démontrer une inimitié quelconque de l'arbitre envers l'une des parties au litige ni susceptibles de révéler un préjugé défavorable à l'égard des thèses défendues par celles-ci »[283]. Le Tribunal de grande instance de Paris ne considère pas que la manifestation de son opinion politique par l'arbitre soit à l'origine d'un quelconque conflit d'intérêts. Par ailleurs, commentant cet arrêt, Bellet fait référence à la fameuse apostrophe de Lord Mansfield : "[c]*onsider what you consider justice requires and decide accordingly. But never give your reasons; your judgment will be right, but your reasons will certainly be wrong*"[284]. Cette consigne n'est pas sans présenter un fond de vérité. Même si le système français ne considère pas que les opinions politiques et religieuses exprimées par l'arbitre constituent des *issue conflicts*, mieux vaut pour lui de rester discret sur les raisons qui motivent ses décisions, sous réserve du respect de l'obligation de motivation liant les arbitres[285]. Nous nous permettrons de conclure en citant M. Pierre Mayer qui, dans son célèbre article démontrant l'existence d'une règle morale dans l'arbitrage international, explique que « [l]'arbitrage international a pour vocation de procurer une justice neutre, l'arbitre n'étant dans le camp d'aucune des parties sur le terrain politique, religieux ou idéologique. Dans toute la mesure du possible, il doit s'efforcer

---

[283] TGI Paris, réf., 1er avril 1993, *Etat de Dubai et société Dubai Drydocks c. sociétés Halcrow et F. Mc Williams*, Rev. arb., 1993.455, note P. Bellet.

[284] *Ibid.*.

[285] Article 1482 alinéa 2 du Code de procédure civile en arbitrage interne ; article 1506 4° du Code de procédure civile en arbitrage international.

– surtout s'agissant d'un arbitre unique, ou du président d'un tribunal arbitral – de faire abstraction de la plus grande sympathie qu'il éprouve pour les valeurs défendues par l'une des parties, lorsqu'elles opposent une civilisation ou un système politique à un autre, dont est issue l'autre partie »[286].

134. L'arbitre n'est pas le seul à faire l'objet de conflits d'intérêts. Les institutions d'arbitrage sont elles-aussi exposées à cette pathologie.

[286] P. Mayer, « La règle morale dans l'arbitrage international », *in* Mélanges Bellet, Litec, 1991, p. 379, spéc. n° 28, p. 396.

CHAPITRE 2. LES CONFLITS D'INTÉRÊTS AFFECTANT LES INSTITUTIONS D'ARBITRAGE

135. Notre étude, consacrée aux conflits d'intérêts en arbitrage commercial international, serait incomplète si, après avoir étudié les conflits d'intérêts en la personne de l'arbitre, nous ne nous intéressions pas aux conflits d'intérêts au sein des institutions d'arbitrage. En effet, l'institution d'arbitrage, comme l'arbitre, est susceptible d'être affectée par des conflits d'intérêts. Néanmoins, les conflits d'intérêts affectant les institutions d'arbitrage présentent de nombreuses différences avec ceux touchant l'arbitre. Ils sont plus rares et plus complexes. Ils sont, en outre, souvent plus politiques que patrimoniaux, contrairement aux conflits d'intérêts des arbitres. Ainsi, les conflits d'intérêts affectant les centres d'arbitrage méritent-ils une étude distincte de celle portant sur les conflits d'intérêts en la personne de l'arbitre.

136. Néanmoins, la Cour d'appel de Paris a affirmé de manière isolée que « [l]a question de l'indépendance de l'autorité de désignation des arbitres ne se distingue pas de celle de l'indépendance des arbitres »[287]. Dans cette affaire, les juges du fond n'avaient pas admis qu'une partie à l'arbitrage puisse remettre en cause l'institution d'arbitrage indépendamment de l'arbitre. Aujourd'hui, une partie à l'arbitrage peut-elle engager la responsabilité de la seule institution d'arbitrage ? La réponse est positive. Comme l'arbitrage *ad hoc*, l'arbitrage institutionnel repose sur la confiance des parties à l'arbitrage[288]. Qui plus est, à l'occasion d'un arbitrage institutionnel, la confiance des parties est double : les parties font confiance non seulement à l'arbitre qu'elles désignent, mais aussi à l'institution d'arbitrage qu'elles choisissent. Dès lors, il semble cohérent et juste que toute partie puisse agir

---

[287] Paris, 6 avril 1990, *société Philipp Brothers c. société Icco et autres*, Rev. arb., 1990.880, note M. de Boisséson, où la société Philipp Brothers a demandé la récusation des arbitres, compte tenu de leurs liens avec les parties adverses et a reproché au représentant de la Chambre arbitrale de l'AFCC, chargé de désigner les arbitres composant le tribunal du deuxième degré, d'être lié à l'un de ses adversaires dans les procédures d'arbitrage en cause.

[288] TGI Paris, 29 juin 1989, *société Philipp Brothers c. société Drexel et autres*, Rev. arb., 1990.497 : « Le recours à l'arbitrage se fonde essentiellement sur la confiance en l'arbitre désigné qui, comme juge, doit statuer en toute indépendance et impartialité ; cette même confiance justifie le choix d'un centre d'arbitrage préconstitué pour organiser, conformément à son règlement, une procédure adaptée à ces exigences et à la nature du litige ». V. pour une thèse inverse : Ch. Carabiber, « Les centres d'arbitrage. Leur rôle dans le développement de l'arbitrage », Rev. arb., 1955.4.

de la même manière si sa confiance venait à être altérée par l'un ou par l'autre.

137. Pourtant, la remise en cause des décisions de l'institution d'arbitrage par les parties ne remporte pas un *consensus* au sein de la doctrine. M. Emmanuel Jolivet, Conseiller Général de la Cour internationale d'arbitrage de la Chambre de commerce internationale, considère que « [l]'institution d'arbitrage est un interlocuteur expérimenté dont l'impartialité ne doit pas pouvoir être questionnée »[289]. L'institution d'arbitrage serait une entité intouchable.

138. Rappelons brièvement la définition de l'institution d'arbitrage donnée par Fouchard. L'institution d'arbitrage est « une personne morale (association, syndicat, société...) dont la mission est d'organiser des arbitrages en application d'un règlement qu'elle a édicté et que les parties acceptent en convenant que leur litige sera réglé sous ses auspices »[290]. En effet, l'institution peut prendre plusieurs formes : il peut s'agir d'une association, comme la Cour internationale d'arbitrage de la Chambre de commerce internationale, d'un syndicat, comme la Chambre arbitrale de Paris, ou encore d'une société comme la Chambre arbitrale maritime de Paris. Dans tous les cas, l'arbitrage institutionnel est le choix des parties à l'arbitrage ; celles-ci ont décidé de soumettre leur litige au règlement d'arbitrage d'une institution en particulier et l'ont rendue compétente pour en assurer l'exécution. Dès lors, le règlement d'arbitrage est obligatoire pour les parties[291] car elles ont formé avec l'institution d'arbitrage un contrat[292] de nature propre[293], distinct de celui passé entre les parties et l'arbitre[294].

139. L'intérêt principal de l'arbitrage institutionnel pour les parties est l'économie du recours aux tribunaux étatiques pour obtenir certaines mesures d'appui[295] indispensables pour l'avancée de l'instance arbitrale. Fouchard

---

289 E. Jolivet, « L'intérêt de recourir à une institution d'arbitrage. L'exemple de la Cour internationale d'arbitrage de la CCI », *in* Liber Amicorum en l'honneur de Robert Briner, Publications CCI, 2005, p. 413, spéc. p. 415.
290 Ph. Fouchard, « Typologie des institutions d'arbitrage », Rev. arb., 1990.281.
291 V. notamment Paris, 6 avril 1971, Rev. arb., 1971.161.
292 Th. Clay, L'arbitre, Dalloz, 2001, spéc. n° 699-700, pp. 552-553 le nomme « contrat d'organisation de l'arbitrage ».
293 M. de Boisséson, *op. cit.*, spéc. n° 773, p. 789 : « le contrat d'arbitrage est un contrat sui generis, dont la nature juridique se rapproche de celle du mandat d'intérêt commun, lorsque l'organisme accomplit des actes juridiques pour le compte des deux parties (prorogation de délais, désignation des arbitres, fixation du lieu de l'arbitrage...), mais s'apparente aussi au contrat de louage d'ouvrage, lorsque le centre fournit certains services (notification, enregistrement des documents procéduraux, surveillance de l'instance) ».
294 M. de Boisséson, *op. cit.*, spéc. n° 650, p. 575 : il s'agit du « contrat d'arbitrage ».
295 E. Jolivet, *op. cit.*, spéc. p. 417.

ainsi a qualifié les institutions d'arbitrage de « pastiches » des juridictions étatiques[296].

140. Néanmoins, les apparences sont trompeuses : l'humour de l'auteur précède son inquiétude. Lors d'un colloque consacré aux institutions d'arbitrage au début des années 1990, Fouchard confie à ses pairs ses doutes concernant l'arbitrage institutionnel : « Ma première impression est l'inquiétude. Devant la prolifération des institutions d'arbitrage en France, devant la multiplication des questions juridiques que soulève leur intervention dans la procédure arbitrale, les difficultés de qualification, les incidents qui sont portés, de plus en plus nombreux, devant le juge judiciaire, notamment à Paris, il y a matière, en effet, à s'inquiéter. Et à se demander où est passé, dans tout cela, l'arbitrage ? »[297]. L'auteur s'inquiète à raison ; les institutions d'arbitrage prennent de plus en plus de place et de liberté. L'ancien article 34 du Règlement d'arbitrage de la Chambre de commerce internationale[298] en est un exemple probant. Intitulé « Exclusion de responsabilité », cet article énonce que « [n]i les arbitres, ni la Cour ou ses membres, ni la Chambre de commerce internationale ou son personnel, ni les Comités nationaux de la Chambre de commerce internationale, ne sont responsables envers quiconque de tout fait, acte ou mission en relation avec un arbitrage ». En d'autres termes, l'institution d'arbitrage était irresponsable. Ainsi, la Cour internationale d'arbitrage de la Chambre de commerce internationale jouissait-elle, aux termes de cet article, d'une irresponsabilité totale. Les tribunaux[299] et la doctrine[300] se sont offusqués de cet article. Lalive le considérait comme un article « excessif, juridiquement inefficace et sans doute politiquement erroné, voire contre-productif »[301]. L'article 34 a finalement succombé sous leurs coups.

141. Actuellement, l'irresponsabilité des institutions d'arbitrage ne paraît plus possible[302]. Les parties qui ont accordé leur confiance à un centre

---

296 Ph. Fouchard, Rev. arb., 1990.483, spéc. n° 2, p. 483.

297 *Ibid.*.

298 Article 13 du Règlement d'arbitrage CCI en sa version de 1998.

299 Paris, 15 septembre 1998, *société Cubic Defense System Inc. c. Chambre de commerce internationale*, Rev. arb., 1999.103 où la Cour d'appel de Paris conteste l'article 34 du Règlement d'arbitrage de la CCI, par la voie d'un *obiter dictum* : « à la supposer même efficiente ».

300 P. Lalive, note sous Paris, 15 septembre 1998, *société Cubic Defense System Inc. c. Chambre de commerce internationale*, Rev. arb., 1999.103.

301 P. Lalive, *op. cit.*, spéc. n° 17, p. 117.

302 L'évolution des mœurs conduit même certains auteurs à remettre en question la légitimité des centres d'arbitrage : J. Paulsson, "*Moral Hazard in International Dispute Resolution*", *Inaugural Lecture as Holder of the Michael R. Klein Distinguished Scholar Chair, University of Miami School of Law*, 29 avril 2010, disponible sur www.arbitration-icca.org, spéc. p. 13 :

d'arbitrage veulent avoir le pouvoir d'agir si celui-ci est défaillant. L'institution d'arbitrage doit pouvoir faire l'objet d'un contrôle de la même manière que l'arbitre. Le centre d'arbitrage et l'arbitre se trouvent ainsi placés au même niveau, comme le font remarquer M. Geoff Nicholas et M. Constantine Partasides : "*The world in which we live is becoming more complex, and so are the conflicts of interest situations that parties, arbitrators, institutions and courts are required to deal with*" [303]. Les institutions d'arbitrage ne sont plus inaccessibles. Elles sont à la portée des parties. Des contrats d'assurance[304] destinés aux institutions d'arbitrage se sont ainsi développés. Par ailleurs, on assiste à un rassemblement solidaire de certaines institutions d'arbitrage. Depuis le 5 avril 2012, la *Fédération des Centres d'Arbitrage* notamment réunit un grand nombre d'institutions d'arbitrage ayant leur siège en France.

142. Nous pensons que cette évolution, dans le sens d'une désacralisation des institutions d'arbitrage, intervient en réaction à l'existence (Section 1) et à la multiplication (Section 2) des conflits d'intérêts au sein des institutions d'arbitrage.

"*My observations of the world of arbitration lead me to believe that many if not most arbitral institutions are empty edifices waiting for someone to bother to dismantle them*".

[303] G. Nicholas and C. Partasides, "*LCIA Court Decision on Challenges to Arbitrators: A proposal to Publish*", Arb. Int., 2007, Vol. 23, p. 1, spéc. p. 2.

[304] B. Moreau, « Diversité des centres d'arbitrage - Un centre national : L'association française d'arbitrage (A.F.A.) », Rev. arb., 1990.234.

SECTION 1. L'EXISTENCE DES CONFLITS D'INTÉRÊTS AU SEIN DES INSTITUTIONS D'ARBITRAGE

143. Les conflits d'intérêts existent au sein des institutions d'arbitrage. Cette affirmation est nouvelle. *A priori*, les institutions d'arbitrage ont un rôle de simples organisatrices de la procédure arbitrale. Néanmoins, la pratique montre que les centres d'arbitrage se détournent naturellement de leur rôle initial et tendent à se comporter en véritables juridictions. L'existence de conflits d'intérêts au sein des institutions d'arbitrage est rendue possible par ce glissement du rôle de simples organisatrices (§1) à celui de véritables juridictions (§2).

§1. L'INSTITUTION D'ARBITRAGE, UN SIMPLE ORGANISATEUR DE LA PROCÉDURE ARBITRALE

144. Mme Jennifer Kirby affirme, à propos de la Cour internationale d'arbitrage de la Chambre de commerce internationale, qu'« il faut se défaire de toute idée de juridiction car, malgré son nom, la Cour de la CCI n'est pas une cour au sens habituel du mot. Elle est plutôt un organe administratif qui supervise les procédures conduites conformément au règlement d'arbitrage de la CCI »[305]. De manière générale, on peut donc distinguer ce que les institutions d'arbitrage sont censées être (A), et ce qu'elles sont censées ne pas être (B).

A. CE QUE LES INSTITUTIONS D'ARBITRAGE SONT CENSÉES ÊTRE

145. Les institutions d'arbitrage sont souvent qualifiées d'« auxiliaire[s] de l'instance arbitrale »[306]. Elles aident[307] au bon déroulement de la procédure arbitrale. Malgré l'existence d'un débat autour de la qualification du contrat liant les parties à l'institution d'arbitrage[308], la doctrine s'accorde à définir sa mission comme une « mission de supervision »[309]. L'institution d'arbitrage joue en quelque sorte un rôle administratif, voire policier. Elle veille à la bonne avancée de l'instance arbitrale. L'activité du centre d'arbitrage est censée garantir aux parties à la fois célérité et qualité de l'arbitrage. Pourtant, il arrive que les parties mettent en cause les actions de l'institution d'arbitrage, estimant que celles-ci ne leur sont pas réellement favorables. Cette circonstance a précisément donné lieu à une affaire menée contre la Chambre de commerce internationale au milieu des années 1980. À l'époque, les parties qui osaient remettre en cause une institution d'arbitrage étaient rares. Néanmoins, malgré l'audace de la requérante, son action était vouée à l'échec. En l'espèce, les Raffineries de pétrole d'Homs et de Banias reprochaient à la Chambre de commerce internationale d'avoir fait droit à une demande de récusation visant l'arbitre qu'elles avaient elles-mêmes

[305] J. Kirby, « La Cour de la CCI : un regard dans les coulisses », Bull. CCI, 2005, Vol. 16, n° 2, p. 9, spéc. p. 10.
[306] M. de Boisséson, *op. cit.*, spéc. n° 196, p. 152.
[307] Etymologie latine du mot *auxiliaire*.
[308] Certains auteurs optent pour le contrat de louage de service, d'autres pour le contrat d'entreprise, d'autres encore pour le contrat de mandat : Ph. Fouchard, note sous Paris, 4 mai 1988, *Chambre arbitrale de Paris, sociétés Carfa Trade Group et Onium de travaux c. République de Guinée et autres*, Rev. arb., 1988.657, spéc. n° 7, p. 657 ; Ph. Fouchard, « Les institutions permanentes d'arbitrage devant le juge étatique (À propos d'une jurisprudence récente) », Rev. arb., 1987.225, spéc. n° 27, pp. 244-245.
[309] E. Loquin, « La sentence arbitrale. L'examen du projet de sentence par l'institution et la sentence au deuxième degré. Réflexions sur la nature et la validité de l'intervention de l'institution arbitrale sur la sentence », Rev. arb., 1990.426, spéc. n° 54, p. 452.

désigné. Les Raffineries considéraient que la Cour internationale d'arbitrage avait « dépass[é] ses pouvoirs et entrav[é] la constitution régulière du tribunal arbitral et le déroulement normal de la procédure » en rendant une décision « de nature juridictionnelle »[310] et, ne respectant pas le principe de la contradiction, principe directeur du procès imposant une obligation de motivation. Le Tribunal de grande instance de Paris a répondu en quatre temps, avec une pédagogie remarquable. Il a tout d'abord confirmé la validité du choix des parties de confier la *police de l'instance arbitrale* à une institution d'arbitrage (1°) avant de préciser le contenu de ladite mission de *police de l'instance arbitrale* (2°) et de trancher en faveur de la nature administrative des décisions de l'institution d'arbitrage (3°) tout en explicitant leur régime (4°).

1° LA VALIDITÉ DE L'ARBITRAGE INSTITUTIONNEL

146. Les parties « peuvent valablement charger un tiers d'organiser et de maintenir la police de l'instance arbitrale ». Le Tribunal de grande instance de Paris affirme avec clarté la validité de l'arbitrage institutionnel. Le Tribunal pose ainsi les bases de son raisonnement par souci de pédagogie et pour éviter que la doctrine ne taxe la suite de son raisonnement d'*obiter dictum*. Les parties peuvent ainsi décider en toute liberté de désigner un tiers, en pratique une institution d'arbitrage, pour organiser et maintenir la police de l'instance arbitrale. Le Tribunal poursuit en explicitant le contenu de ladite mission de police de l'instance arbitrale.

2° LE CONTENU DE LA MISSION DE *POLICE DE L'INSTANCE ARBITRALE*

147. « La Cour d'arbitrage de la Chambre de commerce internationale [a] été reconnue compétente par les parties pour trancher, conformément à son Règlement, tous problèmes nés de la nomination, de la confirmation, de la récusation et du remplacement des arbitres ». Ainsi, la mission de police de l'instance arbitrale confiée à la Chambre de commerce internationale consiste en la résolution des problèmes nés de la nomination, de la confirmation, de la récusation et du remplacement des arbitres. Cette liste, applicable à toute institution d'arbitrage, n'est pas limitative. Le Tribunal de grande instance de Paris n'a probablement pas voulu dresser une liste exhaustive des compétences de la Cour, en vue de répondre exactement à la question posée par la partie demanderesse.

---

[310] TGI Paris, 28 mars 1984, *Raffineries de pétrole d'Homs et de Banias c. Chambre de commerce internationale*, Rev. arb., 1985.141.

148. En réalité, le centre d'arbitrage peut également prendre certaines initiatives lorsque les circonstances l'exigent. Dans un arrêt de 1987, le Tribunal de grande instance de Paris a jugé qu'il « entre dans la vocation du tiers préconstitué par les parties d'organiser et de maintenir la police de l'instance arbitrale ainsi que de prendre, dans le respect de son règlement, les initiatives qui s'imposent pour donner à chacune des parties les garanties essentielles propres à assurer un "procès équitable" au sens du droit interne et des articles 6 de la Convention de sauvegarde des droits de l'homme et 14 du Pacte de New York relatif aux droits civils et politiques »[311]. Les prérogatives de l'institution d'arbitrage sont ainsi élargies. Au regard de cette décision, il apparaît donc artificiel de dresser une liste des éléments composant la mission de police de l'instance arbitrale confiée au centre d'arbitrage. En revanche, il convient d'étudier la solution donnée par le Tribunal au sujet de la nature des décisions de l'institution d'arbitrage.

3° La nature administrative des décisions de l'institution d'arbitrage

149. Le Tribunal de grande instance de Paris juge que la décision de récusation est une décision de nature purement administrative. Elle n'est pas juridictionnelle, comme le prétendent les *Raffineries*, car elle est « extérieure à l'exercice du pouvoir de juger un différend »[312]. L'institution d'arbitrage a rendu cette décision dans le cadre de sa mission de « police de l'instance arbitrale »[313], et non dans le cadre de sa mission juridictionnelle. En conséquence, la décision de récusation ne saurait être soumise au régime des décisions de nature juridictionnelle.

4° Le régime des décisions de l'institution d'arbitrage

150. Les décisions de l'institution d'arbitrage ayant une nature administrative, elles ne sont pas soumises aux mêmes règles que les décisions de nature juridictionnelle. En l'espèce, « les explications des parties ayant été recueillies au préalable par son secrétariat, il importe peu que les motifs de la décision n'aient pas été communiquées [sic] aux parties ». En d'autres termes, la décision de récusation de la Cour internationale d'arbitrage n'avait pas à être motivée. À l'époque de son jugement, le Tribunal de grande instance proposait un correctif à l'absence

---

[311] TGI Paris, réf., 28 janvier 1987, *République de Guinée c. Chambre arbitrale de Paris et autres*, Rev. arb., 1987.380. La sanction est radicale si l'institution d'arbitrage ne respecte pas cette obligation : « il y a lieu de prononcer la résiliation des liens contractuels convenus entre cette institution et les parties au litige ».
[312] *Ibid.*.
[313] *Ibid.*.

de motivation des décisions de récusation : « la décision de récusation ayant été précédée d'une instruction et accompagnée d'une lettre exposant à l'arbitre récusé les manquements retenus à son encontre, ces documents servent d'équivalents à la motivation non exprimée dans la décision de récusation critiquée ». Le Tribunal de grande instance de Paris a tranché de la même manière dans une affaire plus récente. En 2012, le Tribunal a été saisi par la société Fairplus qui reprochait à la Chambre de commerce internationale de ne pas avoir motivé ses décisions de récusation ou de non-récusation des arbitres[314]. Malgré la pertinence de l'argumentation de la société Fairplus (violation de l'article 6§1 de la Convention européenne des droits de l'homme et non-respect du contrat d'organisation de l'arbitrage), le Tribunal de grande instance de Paris conclut que la décision de récusation ou de non-récusation n'est soumise à aucune obligation de motivation.

151. Les institutions d'arbitrage sont censées être des organisatrices. M. Eric Loquin qualifie le contrat passé entre les parties et l'institution d'arbitrage de contrat « d'organisation ou d'administration d'arbitrage »[315]. L'organisation devrait être la devise de toute institution d'arbitrage. Le législateur[316] et les juges[317] s'entendent sur cette idée. Si l'on s'autorise à comparer avec M. Charles Jarrosson, l'instance arbitrale à une pièce de théâtre, le centre d'arbitrage serait le « metteur en scène »[318]. À cet égard, chacun doit se cantonner au rôle qui lui a été confié. Corollaire de ce que les institutions d'arbitrage sont censées être, étudions à présent ce que les institutions d'arbitrage sont censées ne pas être.

B. Ce que les institutions d'arbitrage sont censées ne pas être

152. D'après M. Eric Loquin, « l'intervention de l'organe de l'institution d'arbitrage ne peut être qualifiée de juridictionnelle. Les règlements des

[314] TGI Paris, 19 décembre 2012, n° 11/02455, *SA Fairplus Holding*, LPA, 29 avril 2013, n° 85, p. 18, note L. R. Rennó Lima ; Cah. arb., 2013-2, p. 455, note S. Akhouad.
[315] E. Loquin, note sous Paris, 15 septembre 1998, *société Cubic Defense System Inc. c. Chambre de commerce internationale*, JDI, 1999.162, spéc. p. 175.
[316] Article 1450 du Code de procédure civile : « La mission de l'arbitre ne peut être exercée que par une personne physique jouissant du plein exercice de ses droits. Si la convention d'arbitrage désigne une personne morale, celle-ci ne dispose que du pouvoir d'organiser l'arbitrage ».
[317] TGI Paris, 21 mai 1997, *société Cubic Defense System Inc. c. Chambre de commerce internationale*, Rev. arb., 1997.417 : « L'intervention d'un centre d'arbitrage pour le règlement d'un litige a un fondement contractuel, l'offre que présente le centre par l'adoption et la diffusion de son règlement étant acceptée lorsque, par leur convention, les parties consentent à confier à l'institution choisie le soin d'organiser et d'administrer l'arbitrage ».
[318] Ch. Jarrosson, « L'instance arbitrale : Le rôle respectif de l'institution, de l'arbitre et des parties à l'instance arbitrale », Rev. arb., 1990.381, spéc. n° 2, p. 381.

institutions l'affirment clairement »[319]. En effet, l'article 1-2 du Règlement d'arbitrage de la Chambre de commerce internationale, par exemple, prévoit que « [l]a Cour ne résout pas elle-même les différends ». L'institution d'arbitrage n'est donc pas une juridiction. Ses fonctions sont exclusivement administratives et se distinguent naturellement des fonctions juridictionnelles de l'arbitre. Ce principe de séparation des fonctions juridictionnelles et des tâches d'organisation a rapidement été dégagé par la jurisprudence (1°). Il implique une interdiction de s'immiscer dans la fonction de l'autre (2°) parmi d'autres conséquences (3°).

1° Le principe de séparation des fonctions juridictionnelles et des tâches d'organisation

153. Le principe de séparation des fonctions juridictionnelles et des tâches d'organisation est apparu à la fin des années 1990, dans les moyens présentés par la société *Cubic* au Tribunal de grande instance de Paris. La société *Cubic* défendait l'existence d'un « principe fondamental qui impose la séparation des fonctions juridictionnelles, confiées aux arbitres sur la base d'un compromis, et des tâches d'organisation dont un centre d'arbitrage comme la CCI peut être chargé »[320]. Fondé sur l'article 1451[321] du Code de procédure civile, le principe a été bien accueilli par la jurisprudence[322] et la doctrine. En conséquence, l'institution d'arbitrage ne doit pas s'immiscer dans la fonction juridictionnelle de l'arbitre. Réciproquement, l'arbitre ne doit pas s'immiscer dans la fonction d'organisation dévolue à l'institution d'arbitrage. Il existe en la matière une interdiction réciproque.

---

[319] E. Loquin, « La sentence arbitrale. L'examen du projet de sentence par l'institution et la sentence au deuxième degré. Réflexions sur la nature et la validité de l'intervention de l'institution arbitrale sur la sentence », Rev. arb., 1990.426, spéc. n° 53, p. 451 : « L'article 2 du Règlement de la Cour d'arbitrage de la CCI dispose ainsi que « *la Cour d'arbitrage ne tranche pas elle-même les différends* », l'article 24-1 du Règlement d'arbitrage de la Chambre de commerce franco-arabe précise que l'intervention du Conseil dans le contrôle du contenu de la sentence ne peut conduire à « le considérer comme jouant le rôle d'arbitre ».

[320] TGI Paris, 21 mai 1997, *société Cubic Defense System Inc. c. Chambre de commerce internationale*, Rev. arb., 1997.417 ; Paris, 15 septembre 1998, *société Cubic Defense System Inc. c. Chambre de commerce internationale*, Rev. arb., 1999.103, note P. Lalive ; JDI, 1999.162, note E. Loquin.

[321] Ancien article 1451 du Code de procédure civile : « La mission d'arbitre ne peut être confiée qu'à une personne physique ; celle-ci doit avoir le plein exercice de ses droits civils.
Si la convention d'arbitrage désigne une personne morale, celle-ci ne dispose que du pouvoir d'organiser l'arbitrage ».

[322] Paris, 15 septembre 1998, *société Cubic Defense System Inc. c. Chambre de commerce internationale*, Rev. arb., 1999.103, note P. Lalive ; JDI, 1999.162, note E. Loquin : « Le système d'arbitrage institué par la CCI ne va pas à l'encontre de la séparation des fonctions juridictionnelles et des tâches d'organisation ».

2° UNE INTERDICTION D'IMMIXTION RÉCIPROQUE

154. Dans l'affaire *Cubic*, la société demanderesse reprochait à la Chambre de commerce internationale d'avoir empiété sur la fonction juridictionnelle de l'arbitre en refusant une procédure de remplacement. Le Tribunal de grande instance de Paris rappelle qu'« en contrepartie de l'adhésion des parties au règlement de l'institution », l'institution d'arbitrage « s'engage à se conformer aux dispositions de ce règlement et à accomplir, sans s'immiscer dans la fonction de juger dévolue aux arbitres, les actes de gestion de l'instance arbitrale qui y sont définis »[323], et conclut, à raison, à l'absence de toute immixtion dans la fonction juridictionnelle de l'arbitre à l'initiative de la Chambre de commerce internationale.

155. Dans une autre affaire, la Chambre arbitrale de Paris avait désigné son propre Président et l'un de ses Vice-présidents pour trancher un litige mettant en cause notamment la République de Guinée. Or, en l'espèce, il existait des litiges pendants entre l'institution d'arbitrage et cet Etat. La République de Guinée demandait la récusation des arbitres au motif qu'ils ne pouvaient pas être indépendants. Le Tribunal de grande instance de Paris rappelle que l'institution d'arbitrage ne pouvant pas « s'immiscer dans la mission juridictionnelle confiée aux seuls arbitres »[324], les arbitres sont parfaitement indépendants. Le Tribunal de grande instance de Paris rejette la demande de récusation des arbitres et renvoie la question à la Cour d'appel de Paris, seule compétente pour en juger. Dans un arrêt du 8 avril 2014, la Cour précise la solution du Tribunal de grande instance de Paris : « [l]e différend opposant l'une des parties à l'institution d'arbitrage à l'occasion d'une autre procédure n'affecte pas intrinsèquement la clause compromissoire relative au litige en question. L'institution d'arbitrage n'ayant pas de fonction juridictionnelle, les conflits qui peuvent l'opposer à une partie ne font pas obstacle à l'organisation de l'arbitrage dès lors que les difficultés de constitution du tribunal arbitral peuvent, le cas échéant, être tranchées par le juge d'appui »[325]. Finalement, l'existence d'un litige pendant entre l'une des parties à l'arbitrage et l'institution d'arbitrage ne nuit ni à l'indépendance des arbitres choisis par l'institution d'arbitrage, ni à l'intégrité de l'institution dans sa fonction d'organisation de l'arbitrage.

156. Si l'institution d'arbitrage ne doit pas s'immiscer dans les fonctions de l'arbitre, l'arbitre ne doit pas non plus s'immiscer dans celles de

[323] TGI Paris, 21 mai 1997, *société Cubic Defense System Inc. c. Chambre de commerce internationale*, Rev. arb., 1997.417.
[324] TGI Paris, réf., 23 juin 1988, *République de Guinée c. MM. R. et O.*, Rev. arb., 1988.657, note Ph. Fouchard.
[325] Paris, 8 avril 2014, *société Nikcool AB c. société Helvétia et autres*, Rev. arb., 2014.512.

l'institution d'arbitrage. Cette hypothèse est plus rare. Néanmoins, elle s'est présentée à la fin des années 1990 à la Chambre arbitrale de Paris qui a développé l'attendu suivant : « les juges arbitraux, choisis par les parties ou l'organisme reconnu, et non récusés, se trouvaient, dès l'acceptation de leur mission, pleinement investis du pouvoir de juger ; l'exercice des prérogatives y attachées, qui relève d'une légitimité propre et autonome, doit pouvoir être assuré de façon totalement indépendante, comme il sied à tout juge, sans aucune interférence avec l'organisme qui a mis en place le tribunal arbitral »[326]. Notons que l'emploi du mot *avec* suppose que l'arbitre ne saurait empiéter sur la mission dévolue à l'institution d'arbitrage. L'utilisation du mot *de* aurait supposé une immixtion en sens inverse.

157. Voyons les autres conséquences du principe de séparation des fonctions juridictionnelles et des tâches d'organisation.

3° Les autres conséquences

158. Mise à part l'interdiction d'immixtion réciproque, le principe de séparation des fonctions juridictionnelles et des tâches d'organisation emporte plusieurs conséquences toutes liées les unes aux autres.

159. D'une part, le centre d'arbitrage n'est pas tenu d'entendre, ni même d'appeler les parties à l'arbitrage avant de prendre une décision[327]. De leur côté, les parties ne peuvent pas exiger de l'institution d'arbitrage la communication mutuelle de leurs pièces et de leurs moyens[328]. L'article 6§1 de la Convention européenne de sauvegarde des droits de l'homme et des libertés fondamentales n'est pas applicable aux institutions d'arbitrage. La garantie du procès équitable ne concerne que les Etats et les juridictions étatiques[329] ; elle ne vise pas les centres d'arbitrage. Le Tribunal de grande

---

[326] Paris, 18 novembre 1987, *Chambre arbitrale de Paris, sociétés Carfa Trade Group et Onium de travaux c. République de Guinée et autres*, Rev. arb., 1988.657, note Ph. Fouchard ; Paris, 4 mai 1988, *Chambre arbitrale de Paris, sociétés Carfa Trade Group et Onium de travaux c. République de Guinée et autres*, Rev. arb., 1988.657, note Ph. Fouchard.

[327] Paris, 29 novembre 1985, *S.C.P.A. c. société coopérative de la Roche Clermault*, Rev. arb., 1987.335 ; Cass. 2ème civ., 23 janvier 1974, *société Schutte Lanz c. veuve Gallais*, Rev. arb., 1974.296, note E. Loquin.

[328] Paris, 20 avril 1972, *société Schutte Lanz c. veuve Gallais*, Rev. arb., 1973.87, note E. Loquin ; Cass. 2ème civ., 23 janvier 1974, *société Schutte Lanz c. veuve Gallais*, Rev. arb., 1974.296, note E. Loquin.

[329] La jurisprudence est unanime : Paris, 15 septembre 1998, *société Cubic Defense System Inc. c. Chambre de commerce internationale*, Rev. arb., 1999.103, note P. Lalive ; JDI, 1999.162, note E. Loquin ; Cass. 1ère civ., 20 février 2001, *société Cubic Defense Systems Inc. c. Chambre de commerce internationale*, Rev. arb., 2001.511, note Th. Clay ; Rev. crit. DIP, 2002.124, note Ch. Seraglini ; Ch. Jarrosson, « L'arbitrage et la Convention européenne des droits de l'Homme », Rev. arb., 1989.573, spéc. n° 53, p. 601.

instance de Paris l'a récemment rappelé dans son jugement du 19 décembre 2012 : « la Convention Européenne des Droits de l'Homme n'engage que les Etats membres du Conseil de l'Europe l'ayant signée »[330].

160. D'autre part, les décisions du centre d'arbitrage sont des décisions administratives[331]. Ce ne sont pas des sentences, car « seuls les arbitres exercent une fonction juridictionnelle et seule leur décision constitue la sentence »[332]. En conséquence, elles n'ont pas à être motivées[333] et toute action en annulation intentée par une partie à l'arbitrage contre une décision d'un centre d'arbitrage pour défaut de motivation est vouée à l'échec[334]. Bien qu'elle soit unanimement admise, cette conséquence est très discutée. En conséquence, la Cour internationale d'arbitrage de la CCI, parmi d'autres, soigne de plus en plus ses correspondances avec les parties à l'arbitrage.

161. Ainsi les institutions d'arbitrage ont-elles *a priori* un rôle de simples organisatrices de la procédure arbitrale. Il leur est, en conséquence, interdit d'empiéter sur la fonction juridictionnelle dévolue exclusivement à l'arbitre. Néanmoins, la pratique montre que les choses ne sont pas aussi simples. Les institutions d'arbitrage se comportent de telle sorte qu'elles tendent à refouler leur rôle[335] initial. En effet, la lecture de certains règlements d'arbitrage et l'examen de décisions rendues dans le cadre

---

[330] TGI Paris, 19 décembre 2012, n° 11/02455, *SA Fairplus Holding*, LPA, 29 avril 2013, n° 85, p. 18, note L. R. Rennó Lima ; Cah. arb., 2013-2, p . 455, note S. Akhouad.

[331] Malgré quelques réserves des juges suisses : CA Canton de Bâle, 2 janvier 1984 : « Ces décisions de la Cour d'arbitrage, cependant, ne constituent pas des actes de procédure. La Cour d'arbitrage, en effet, lorsqu'elle prend une telle décision, n'agit pas en qualité d'arbitre, mais comme "tiers préconstitué" ; elle est un tiers désigné d'avance par contrat. Son intervention relève ainsi du droit contractuel et non pas du droit de la procédure ».

[332] P. Level note sous TGI Paris, 6 mai 1976, Rev. arb., 1977.292, spéc. p. 296. Et ce, bien que l'article 1-2 de la Convention de New York de 1958 ne prévoit le contraire : « On entend par "sentences arbitrales" non seulement les sentences rendues par des arbitres nommés pour des cas déterminés, mais également celles qui sont rendues par des organes d'arbitrage permanents auxquels les parties se sont soumises ».

[333] Pour deux exemples : Paris, 22 janvier 1982, *société Appareils Dragon c. société Construimport*, Rev. arb., 1982.97, note E. Mezger : « la Cour d'arbitrage, n'ayant pas elle-même la qualité d'arbitre, sa décision de prorogation n'a pas de caractère juridictionnel et n'a donc pas à être motivée » ; Paris, 17 mai 1983, *société Techni Import Professionnel c. société Electro Scientific Industries*, Rev. arb., 1987.309, note Ph. Fouchard : « la Cour d'arbitrage de la C.C.I., n'étant pas un organisme juridictionnel, n'a pas à donner à ses décisions une motivation qui ne lui est pas imposée par son Règlement ».

[334] D'autant plus lorsque le règlement d'arbitrage lui-même prévoit l'absence d'obligation de motivation : art. 11-4 du Règlement d'arbitrage de la CCI : « La Cour statue sans recours sur la nomination, la confirmation, la récusation ou le remplacement d'un arbitre. Les motifs de ces décisions ne sont pas communiqués ».

[335] Ch. Jarrosson, « Le rôle respectif de l'institution, de l'arbitre et des parties dans l'instance arbitrale », Rev. arb., 1990.381.

d'arbitrages institutionnels font penser que les institutions d'arbitrage aspirent à endosser le rôle de véritables juridictions.

§2. Glissement vers le rôle de véritable juridiction

162. En vertu du principe de séparation des fonctions juridictionnelles et des tâches d'organisation, les institutions d'arbitrage n'ont aucune compétence juridictionnelle. Prouver qu'elles se comportent comme de véritables juridictions consiste donc à prouver qu'elles empiètent[336] sur les compétences de l'arbitre ou/et sur celles du juge d'appui.

163. La loi règlemente clairement l'articulation des missions respectives de l'institution d'arbitrage et du juge d'appui. En effet, l'article 1454 du Code de procédure civile prévoit que « [t]out autre différend lié à la constitution du tribunal arbitral est réglé, faute d'accord des parties, par la personne chargée d'organiser l'arbitrage ou, à défaut, tranché par le juge d'appui ». Cet article est applicable en l'arbitrage interne et en arbitrage international par renvoi opéré par l'article 1506 2° du Code de procédure civile. Ainsi, le juge d'appui est-il compétent pour trancher les différends liés à la constitution du tribunal arbitral lorsque l'arbitrage est *ad hoc*, et l'institution d'arbitrage, lorsque l'arbitrage est institutionnel. Les compétences du juge d'appui et celles de l'institution d'arbitrage s'excluent mutuellement. Il ne saurait y avoir d'empiètement puisque le juge d'appui et l'institution d'arbitrage ne sont pas simultanément compétents.

164. En revanche, en ce qui concerne la répartition des compétences de l'institution d'arbitrage et celles de l'arbitre, les choses sont moins simples. En effet, l'institution d'arbitrage et l'arbitre agissent simultanément pendant l'instance arbitrale. Leurs compétences sont ainsi superposées pendant un laps de temps certain. Malgré le principe d'interdiction d'immixtion réciproque, cette situation est propice à d'éventuels empiètements notamment à l'initiative du centre d'arbitrage.

165. Il est des indices du glissement du rôle des institutions d'arbitrage vers celui de véritables juridictions. Nous distinguons les indices formels des indices substantiels. Les indices formels englobent notamment les maladresses linguistiques de la doctrine et des rédacteurs des règlements d'arbitrage. Par exemple, Fouchard[337] regrettait le vocable d'*institution* qu'il

---

336 TGI Paris, 28 mars 1984, *Raffineries de pétrole d'Homs et de Banias c. Chambre de commerce internationale*, Rev. arb., 1985.141 où les *Raffineries* invoquent l'existence d'un « dépassement de pouvoir » ; Paris, 15 mai 1985, *Raffineries de pétrole d'Homs et de Banias c. Chambre de commerce internationale*, Rev. arb., 1985.141 où les *Raffineries* invoquent l'existence d'un « excès de pouvoir ».

337 Ph. Fouchard, « Typologie des institutions d'arbitrage », Rev. arb., 1990.281. L'auteur cite Ch. Jarrosson qui définit l'arbitrage comme « l'institution par laquelle un tiers règle le

trouvait trompeur en ce que l'arbitrage lui-même est une institution. On peut également s'étonner de l'appellation *Cour* donnée à certaines institutions d'arbitrage. L'« impropriété de la dénomination »[338] conduit la doctrine[339] et la jurisprudence[340] à utiliser des guillemets, lorsqu'elles ne font pas de lapsus[341]. On peut finalement relever certaines formulations du Règlement d'arbitrage de la Chambre de commerce internationale telles que « la Cour statue »[342], « la question soit tranchée par la Cour »[343], ou encore « [s]ession plénière de la Cour »[344]. Selon nous, ces termes entretiennent une ambigüité fâcheuse.

166. Il est également un certain nombre d'indices substantiels. « Il y a quelque chose d'insatisfaisant, d'illogique et d'ambigu dans la position de ces institutions d'arbitrage »[345] soulevait Lalive. Certains auteurs avaient déjà tenté de lever l'ambigüité[346]. Néanmoins, celle-ci persiste. Nous prendrons par exemple trois prérogatives qui relèvent naturellement de la compétence des arbitres et dont les institutions d'arbitrage se sont emparées par le truchement de leur règlement d'arbitrage. Il s'agit du contrôle *prima facie* de l'existence d'une convention d'arbitrage (A), de l'examen préalable du projet de sentence (B) et du devoir d'adaptation du règlement d'arbitrage en fonction d'un contexte économique ou juridique nouveau (C).

---

différend qui oppose deux ou plusieurs parties, en exerçant la mission juridictionnelle qui lui a été confiée par celles-ci ». Cette définition est extraite la thèse de Ch. Jarrosson : La notion d'arbitrage, LGDJ, 1987, spéc. n° 785, p. 372.

338 A. Kassis, Réflexions sur le règlement d'arbitrage de la Chambre de commerce internationale. Les déviations de l'arbitrage institutionnel, LGDJ, 1988, n° 50, p. 43.

339 P. LEVEL note sous TGI Paris, 6 mai 1976, Rev. arb., 1977.292 , spéc. p. 297.

340 Cass. 1ère civ., 20 février 2001, *société Cubic Defense Systems Inc. c. Chambre de commerce internationale*, Rev. arb., 2001.511, note Th. Clay ; Rev. crit. DIP, 2002.124, note Ch. Seraglini.

341 Paris, 22 janvier 1982, *société Appareils Dragon c. société Construimport*, Rev. arb., 1982.97, note E. Mezger évoque le « pouvoir souverain de la Cour d'arbitrage ».

342 Article 11-4 du Règlement d'arbitrage de la CCI : « La Cour statue sans recours sur la nomination, la confirmation, la récusation ou le remplacement d'un arbitre. Les motifs de ces décisions ne sont pas communiqués ».

343 Article 36-6 du Règlement d'arbitrage de la CCI : « Lorsqu'une demande de provision n'est pas satisfaite, le Secrétaire général peut, après consultation du tribunal arbitral, l'inviter à suspendre ses activités et fixer un délai qui ne saurait être inferieur à quinze jours, à l'expiration duquel les demandes auxquelles correspond cette provision seront considérées comme retirées. Si la partie concernée entend s'opposer à cette mesure, il lui appartient de demander, dans le délai ci-dessus, que la question soit tranchée par la Cour. Un tel retrait ne prive pas la partie concernée du droit de réintroduire ultérieurement la même demande dans une autre procédure ».

344 Titre de l'article 4 du Règlement d'arbitrage de la CCI.

345 P. Lalive, note sous Paris, 15 septembre 1998, *société Cubic Defense System Inc. c. Chambre de commerce internationale*, Rev. arb., 1999.103, spéc. n° 24, p. 118.

346 M. de Boisséson, *op. cit.*, spéc. n° 728, p. 706 : « Ces organismes ou centres d'arbitrage n'exercent pas normalement de pouvoir juridictionnel, mais ils contribuent étroitement à l'exercice, par l'arbitre, de ce pouvoir ».

A. Le contrôle *prima facie* de l'existence d'une convention d'arbitrage

167. Certaines institutions d'arbitrage[347] ont le pouvoir de contrôler *prima facie* l'existence de la convention d'arbitrage. Bellet expliquait que les mots *prima facie* « ne veulent pas dire que l'examen est hâtif et superficiel. En réalité, la discussion peut être, comme en référé, longue et difficile »[348]. Il s'agit d'un contrôle de l'existence matérielle[349] de la convention d'arbitrage. L'institution d'arbitrage vérifie qu'une convention d'arbitrage existe effectivement dans le contrat litigieux ou éventuellement dans un document de référence. Ce contrôle s'apparente à une simple mesure de précaution. Pourtant, il est d'une importance décisive. En effet, une institution d'arbitrage n'opère un tel contrôle que lorsque les parties à l'arbitrage ne sont pas d'accord sur l'existence d'une convention d'arbitrage. En d'autres termes, en opérant ce contrôle *prima facie*, l'institution d'arbitrage tranche le premier des litiges opposant les parties. À cet égard, elle remplit une véritable fonction juridictionnelle. Cette thèse est défendue notamment par Fouchard[350], malgré l'abondance d'arrêts[351] affirmant la nature administrative

[347] Par exemple, art. 6-4 du Règlement d'arbitrage de la CCI ; art. 25-2 du Règlement d'arbitrage du *Singapore International Arbitration Center* ; art. R.41-4 alinéa 2 du Règlement de procédure du Tribunal arbitral du Sport

[348] P. Bellet, note sous TGI Paris, réf., 13 juillet 1988, *REDEC et Pharaon c. société Uzinexport Import et Chambre de commerce internationale*, Rev. arb., 1989.97, spéc. pp. 99-100. La comparaison avec la matière des référés va dans notre sens.

[349] Selon les termes de l'ancien article 13-3 du Règlement d'arbitrage de la CCI dans sa version de 1955 : « Lorsqu'une des parties soulève un ou plusieurs moyens d'exception relatifs à l'existence ou à la validité de la clause d'arbitrage, la Cour, ayant constaté l'existence matérielle de cette clause, peut décider, sans préjuger la recevabilité ou le bien-fondé de ces moyens, que l'arbitrage aura lieu. Dans ce cas, il appartiendra à l'arbitre seul de prendre toute décision sur sa propre compétence ».

[350] Ph. Fouchard, « Les institutions permanentes d'arbitrage devant le juge étatique (À propos d'une jurisprudence récente) », Rev. arb., 1987.225, spéc. n° 25, pp. 243-244 : lorsque l'institution d'arbitrage « estime qu'il n'existe pas prima facie une convention d'arbitrage lui permettant d'intervenir, alors que les deux parties soutiennent sur cette question des positions contradictoires (...), on peut soutenir qu'elle remplit une fonction juridictionnelle ; à sa place, en tout cas, le président du Tribunal de grande instance, constatant par ordonnance que la clause compromissoire n'est pas "*manifestement nulle*" (article 1444, al. 3 N.C.P.C.) ou statuant sur une "*difficulté*" de récusation (article 1463), accomplirait incontestablement, lui, un acte juridictionnel, car il tranche une contestation ».

[351] TGI Paris, 8 octobre 1986, *Cekobanka c. Chambre de commerce internationale*, Rev. arb., 1987.367 : « Du fait de la saisine, par une partie, d'une institution permanente d'arbitrage selon les formalités prescrites par le règlement de celle-ci qui a accepté d'examiner la demande, se sont créés entre elles des liens contractuels comprenant notamment, à la charge de l'institution, l'obligation de constater, au regard et selon les modalités dudit règlement, devenu la loi des parties, l'existence prima facie d'une convention d'arbitrage ». En l'espèce, Cekobanka considérait que la CCI avait commis une faute en faisant une mauvaise application de son Règlement et en concluant abusivement qu'il n'y avait pas de convention d'arbitrage.

des décisions des institutions d'arbitrage rendues à l'issue de ce contrôle. Au surplus, les institutions d'arbitrages se sont également arrogé le droit d'examiner le projet de sentence du tribunal arbitral, préalablement à sa reddition.

B. L'EXAMEN PRÉALABLE DU PROJET DE SENTENCE

168. L'examen préalable du projet de sentence est une prérogative courante [352] des institutions d'arbitrage. Elle consiste, pour le centre d'arbitrage, à examiner le projet de sentence partielle ou définitive élaboré par les arbitres. L'institution d'arbitrage peut ainsi communiquer aux arbitres les modifications de forme à opérer et attirer leur attention sur des considérations touchant au fond du litige[353].

169. L'examen préalable de la sentence par la Cour est porté par l'article 33 du Règlement d'arbitrage de la CCI. Ledit article 33 prévoit qu'« [a]vant de signer toute sentence, le tribunal arbitral doit en soumettre le projet à la Cour. Celle-ci peut prescrire des modifications de forme. Elle peut, en respectant la liberté de *décision* du tribunal arbitral, attirer son attention sur les points intéressant le fond du litige. Aucune sentence ne peut être rendue par le tribunal arbitral sans avoir été approuvée en la forme par la Cour ». Ainsi, les corrections formelles apportées par la Cour à l'issue de cet examen lient les arbitres[354]. En revanche, en ce qui concerne le fond du litige, la Cour a seulement la possibilité d'attirer l'attention du tribunal arbitral sur certains points.

170. Il convient de noter que l'examen préalable de la sentence est une prérogative ancrée[355] dans la tradition de la Cour internationale d'arbitrage de

---

[352] Elle existe notamment dans la Cour internationale d'arbitrage de la CCI, la Cour d'arbitrage de la Chambre de commerce franco-arabe, la Cour d'arbitrage de l'Europe du Nord et l'Association pour le règlement des conflits par l'arbitrage et la médiation.

[353] V. notamment art. 33 du Règlement d'arbitrage de la CCI ; art. 28-1 du Règlement d'arbitrage de la Chambre de commerce franco-arabe et art. 34 du Règlement d'arbitrage de la CAREN.

[354] E. Loquin, « La sentence arbitrale. L'examen du projet de sentence par l'institution et la sentence au deuxième degré. Réflexions sur la nature et la validité de l'intervention de l'institution arbitrale sur la sentence », Rev. arb., 1990.426, spéc. n° 11, p. 432 : « Cette obligation est une condition de validité de la sentence ». En réalité, le caractère obligatoire du contrôle dépend de la rédaction du règlement d'arbitrage. Par exemple, l'article 30 4. du Règlement d'arbitrage de la chambre arbitrale de Milan propose un examen facultatif du projet de sentence, réalisé seulement à la demande des arbitres : « Le Secrétaire général signale d'éventuels manquements aux conditions de forme prévues par le présent article aux arbitres qui sollicitent l'examen de leur projet de sentence avant de la signer ».

[355] A. Prujiner, « La gestion des arbitrages commerciaux internationaux : l'exemple de la Cour d'arbitrage de la CCI », JDI, 1988.663, spéc. p. 706.

la Chambre de commerce internationale. Elle fut insérée dans son règlement d'arbitrage en 1927, soit seulement quatre années après la création de la Cour. Il convient de relever qu'à l'époque, la Cour internationale d'arbitrage de la Chambre de commerce internationale avait, comme aujourd'hui, à coeur de promouvoir l'arbitrage. L'examen préalable de la sentence apparaissait comme une garantie de la qualité de l'arbitrage. Depuis, l'arbitrage connaît un phénomène de spécialisation : les arbitres sont des spécialistes de la matière sur laquelle porte le litige et deviennent peu à peu des spécialistes de la procédure arbitrale.

171. Dès lors, il est légitime de se demander si l'examen préalable de la sentence présente actuellement la même utilité que dans les années 1920. La doctrine[356] et les parties[357], à qui l'on a vanté les mérites d'un contrôle renforçant la qualité et la force exécutoire des sentences[358] s'interrogent sur son caractère désuet.

172. À la fin des années 1980, M. Antoine Kassis était convaincu du « caractère explosif du contrôle préalable »[359]. Selon lui, si les institutions d'arbitrage ne cessaient pas d'opérer un tel contrôle, il entraînerait la

---

[356] E. Jolivet, « L'intérêt de recourir à une institution d'arbitrage. L'exemple de la Cour internationale d'arbitrage de la CCI », *in* Liber Amicorum en l'honneur de Robert Briner, Publications CCI, 2005, p. 413, spéc. p. 423 : « La Cour prend un soin scrupuleux à ne pas empiéter sur le pouvoir juridictionnel des arbitres mais exerce pleinement le pouvoir qui lui est conféré par le règlement d'arbitrage de 1998 pour contribuer à l'établissement par les arbitres d'une sentence de la meilleure qualité possible ». Le *mais* révèle le paradoxe entre le rôle de la Cour et les pouvoirs qu'elle détient.

[357] Cass. 1ère civ., 20 février 2001, *société Cubic Defense Systems Inc. c. Chambre de commerce internationale*, Rev. arb., 2001.511, note Th. Clay ; Rev. crit. DIP, 2002.124, note Ch. Seraglini.

[358] Cass. 2ème civ., 31 mars 1978, Rev. arb., 1979.457, note Ph. Fouchard : « le pouvoir donné à la Cour d'arbitrage d'appeler l'attention du collège arbitral sur les points intéressant le fond du litige tend essentiellement à vérifier que la sentence pourra être effectivement exécutée dans la nation concernée » ; Cass. 2ème civ., 23 janvier 1974, *société Schutte Lanz c. veuve Gallais*, Rev. arb., 1974.296, note E. Loquin : « la Cour d'arbitrage ne devant pas être considérée comme un arbitre au deuxième degré, le défaut de connaissance des conclusions présentées aux arbitres n'avait pu préjudicier aux droits de la défense » ; J. Kirby, « La Cour de la CCI : un regard dans les coulisses », Bull. CCI, 2005, Vol. 16, n° 2, p. 9, spéc. p. 17 : « Le processus d'examen préalable renforce la qualité et la force exécutoire des sentences de la CCI. On ne saurait trop insister sur l'importance de ce processus pour les parties. L'auteur du présent article n'a jamais vu un projet de sentence qui n'ait pas tiré parti, souvent énormément, de cet examen préalable, qu'il s'agisse d'erreurs typographiques et de calcul, d'un raisonnement juridique erroné, voire d'erreurs de procédure si graves qu'elles auraient pu amoindrir complètement la force exécutoire de la sentence. Le processus d'examen préalable se propose de résoudre tous ces problèmes ».

[359] A. Kassis, Réflexions sur le règlement d'arbitrage de la Chambre de commerce internationale. Les déviations de l'arbitrage institutionnel, LGDJ, 1988, spéc. n° 3, p. 6 et n° 149, p. 115.

« perdition »[360] de l'arbitrage institutionnel. Les conclusions auxquelles aboutit M. Antoine Kassis sont pessimistes voire alarmistes. Néanmoins, son argumentation est juste. Le plus fort de ses arguments[361] est probablement le suivant. Selon lui, « [l]e problème dans ce pouvoir inédit est qu'il constitue une ingérence dans la mission et le pouvoir de l'arbitre de dire le droit, de trancher le litige en juge privé »[362]. Le principe de séparation entre les fonctions juridictionnelles et les tâches d'organisation n'est pas respecté.

173. M. Antoine Kassis n'était pas d'accord avec la doctrine de l'époque qui voyait dans l'examen préalable du projet de sentence par l'institution d'arbitrage une « garantie de bonne justice »[363]. L'auteur y voit, au contraire, une « arme tranchante »[364] entre les mains des institutions d'arbitrage.

174. Bien que la jurisprudence tente d'apaiser la situation en affirmant que « la sentence définitive reste l'opinion exacte de l'arbitre »[365], la rédaction de certains règlements d'arbitrage inquiète. L'article 6 du Règlement intérieur de la Cour internationale d'arbitrage notamment prévoit que « [l]ors de son examen préalable des projets de sentence en vertu de l'article 33 du Règlement, la Cour prend en considération dans la mesure du possible les exigences des lois impératives du lieu de l'arbitrage ». Or, cela ne relève-t-il pas du rôle de l'arbitre ? Il semble que, par cet examen préalable de la sentence, l'institution d'arbitrage opère un glissement de son rôle d'organisatrice de la procédure arbitrale à celui de véritable juridiction.

175. Pour nous en convaincre, étudions une dernière prérogative de certaines institutions d'arbitrage, plus précisément, un devoir, celui d'adapter le règlement d'arbitrage en fonction d'un contexte économique ou juridique nouveau.

---

[360] *Ibid.*, spéc. n° 8, p. 7.

[361] Ses arguments étaient nombreux : transformation de l'arbitrage institutionnel en un arbitrage surveillé ; absence de définition de la forme du projet de sentence par rapport au fond de celui-ci ; asymétrie incohérente avec la justice étatique ; offense faite à l'arbitre du fait de l'ingérence de l'institution d'arbitrage. En définitive, une sentence qui a été soumise au contrôle préalable devrait être invalidée pour violation du principe du secret des délibérés, atteinte au principe de la contradiction, atteinte à l'indépendance des arbitres ou atteinte au caractère juridictionnel de l'arbitrage.

[362] A. Kassis, *op. cit.*, spéc. n° 2, p. 6.

[363] P. Level note sous TGI Paris, 6 mai 1976, Rev. arb., 1977.292 , spéc. p. 297.

[364] A. Kassis, *op. cit.*, spéc. n° 87, p. 74.

[365] Paris, 15 septembre 1998, *société Cubic Defense System Inc. c. Chambre de commerce internationale*, Rev. arb., 1999.103, note P. Lalive ; JDI, 1999.162, note E. Loquin.

C. Le devoir d'adaptation du réglement d'arbitrage

176. Le devoir d'adaptation du règlement d'arbitrage liant les institutions d'arbitrage est peu connu. Pourtant, il s'agit d'une prérogative décisive. Ce devoir a été consacré par le Tribunal de grande instance de Paris de la manière suivante : « pour répondre à [la] confiance de toutes les parties, un centre d'arbitrage doit prendre les mesures nécessaires en faisant adapter, s'il y a lieu, son règlement en fonction d'un contexte économique ou juridique nouveau, pour ne pas voir contester, par principe, les procédures *qu'il a pour mission* d'organiser »[366]. L'institution d'arbitrage a le pouvoir de réviser son règlement d'arbitrage lorsque les circonstances l'exigent. Rappelons que le règlement d'arbitrage a une valeur contractuelle liant à la fois les parties à l'arbitrage et le centre d'arbitrage, parties audit règlement d'arbitrage.

177. Dès lors, s'agit-il d'un pouvoir de révision dévolu aux institutions d'arbitrage en qualité de partie au contrat ou en qualité de juge ? En pratique, l'institution d'arbitrage ne procède pas d'office à l'adaptation de son règlement d'arbitrage. Au moins l'une des parties à l'arbitrage demande explicitement à l'institution de modifier son règlement. Deux situations sont envisageables. Soit les parties sont d'accord pour demander la modification du règlement d'arbitrage, l'institution agissant alors en tant que partie au contrat. Soit seule une partie à l'arbitrage demande la modification du règlement d'arbitrage, l'institution agirait alors en qualité de juge puisqu'en acceptant ou en refusant la révision du règlement d'arbitrage, elle tranche, par là même, un litige opposant les parties à l'arbitrage.

178. Par le contrôle *prima facie* de l'existence d'une convention d'arbitrage, l'examen préalable du projet de sentence et le devoir d'adaptation du règlement d'arbitrage, les institutions d'arbitrage tendent à se comporter comme de véritables juridictions.

179. Néanmoins, il ne s'agit aujourd'hui que d'un glissement, et non d'une coïncidence parfaite. Les institutions d'arbitrage ne sont pas des juridictions. Elles tendent seulement à se comporter comme telles. Ce comportement suffit pour que des conflits d'intérêts naissent en leur sein, au même titre qu'ils naissent en la personne de l'arbitre. Comme annoncé, les conflits d'intérêts existent au sein des centres d'arbitrage et s'y multiplient.

---

[366] TGI Paris, 29 juin 1989, *société Philipp Brothers c. société Drexel et autres*, Rev. arb., 1990.497.

SECTION 2. LA MULTIPLICATION DES CONFLITS D'INTÉRÊTS AU SEIN DES INSTITUTIONS D'ARBITRAGE

180. Il semble que ni l'arbitre, ni les institutions d'arbitrage ne puissent échapper aux conflits d'intérêts. La pathologie se propage largement. Or, en affectant ces deux *organes vitaux* de l'arbitrage, les conflits d'intérêts altèrent le *corps* de l'arbitrage tout entier. Il est vrai que les conflits d'intérêts au sein des institutions d'arbitrage sont moins nombreux qu'en la personne de l'arbitre. Néanmoins, ils ne sont pas moins complexes. Souvent, ils ne soulèvent pas d'enjeux pécuniaires contrairement à la plupart des conflits d'intérêts chez l'arbitre[367], mais mêlent des enjeux sociaux et politiques, voire diplomatiques lorsque l'institution d'arbitrage bénéficie d'un rayonnement international. En pratique, les conflits d'intérêts affectant les institutions d'arbitrage sont peu visibles. Nous distinguerons les conflits d'intérêts structurels (§1) des conflits d'intérêts conjoncturels (§2).

[367] V. *supra* n° 23 et s..

§1. LES CONFLITS D'INTÉRÊTS STRUCTURELS

181. On entend par *conflits d'intérêts structurels*, les conflits d'intérêts tenant à l'organisation interne de l'institution d'arbitrage. Selon nous, l'organisation de l'institution vise notamment la désignation de ses membres, les missions données à chaque organe et les interférences existant entre ces organes. Tous ces éléments se déduisent en général des dispositions respectives de ses Statuts et de son Règlement intérieur. Il est des conflits d'intérêts communs à toutes les institutions d'arbitrage (A). Nous les étudierons avant de consacrer une étude aux conflits d'intérêts au sein de la Cour internationale d'arbitrage de la Chambre de commerce internationale (B).

A. LES CONFLITS D'INTÉRÊTS STRUCTURELS COMMUNS À TOUTES LES INSTITUTIONS D'ARBITRAGE

182. Les conflits d'intérêts structurels communs à toutes les institutions d'arbitrage tiennent au non-respect de l'indépendance entre les institutions d'arbitrage et les parties à l'arbitrage (1°), d'une part, et entre les institutions d'arbitrage et les arbitres (2°), d'autre part.

1° L'INDÉPENDANCE ENTRE LES INSTITUTIONS D'ARBITRAGE ET LES PARTIES À L'ARBITRAGE

183. « L'organe de l'institution d'arbitrage qui procède au contrôle du contenu de la sentence doit dans sa composition être en situation d'indépendance à l'égard des parties. Tout membre de l'organe qui ne répondrait pas à cette exigence doit s'abstenir de siéger »[368]. Ainsi le principe est-il explicitement posé par la doctrine. Les institutions d'arbitrage doivent être indépendantes des parties à l'arbitrage. Le même principe s'impose à l'égard des conseils respectifs des parties. Cela n'est pas sans rappeler nos développements à propos des conflits d'intérêts en la personne de l'arbitre[369]. L'institution d'arbitrage ne saurait être dans une situation de dépendance à l'égard d'une partie ou de son conseil car alors, les modalités de l'instance arbitrale dont elle a la charge (prorogation du délai de l'instance arbitrale ; confirmation, nomination et récusation des arbitres ; contrôle *prima facie* de l'existence d'une convention d'arbitrage ; examen préalable du projet de sentence ; devoir d'adaptation du règlement d'arbitrage) risqueraient d'être traitées systématiquement dans un sens favorable à cette partie et au

---

368 E. Loquin, « La sentence arbitrale. L'examen du projet de sentence par l'institution et la sentence au deuxième degré. Réflexions sur la nature et la validité de l'intervention de l'institution arbitrale sur la sentence », Rev. arb., 1990.426, spéc. n° 57, p. 454.

369 V. *supra* n° 21 et s..

détriment de l'autre. Nous avons relevé dans la jurisprudence deux illustrations de ce manquement au devoir d'indépendance.

184. La première illustration est un jugement du Tribunal de grande instance de Paris du 15 juillet 1989. En l'espèce, il s'agissait d'un arbitrage de l'Association française du commerce des cacaos (AFCC). Le Président de l'AFCC était, au moment du litige, rémunéré par une filiale à 75% d'une société concurrente (société *Sucden France*) d'une partie à l'arbitrage (société *Phibro*). Le Président de l'AFCC se trouvait dans une situation de dépendance économique. Il était imaginable que le Président de l'AFCC fasse l'objet de pressions de la part de société mère (société *Sucden France*) de la filiale qui le rémunérait pour qu'il garantisse le rejet des prétentions de sa concurrente (société *Phibro*). Dès lors, la question posée au Tribunal de grande instance de Paris était la suivante : y a-t-il un conflit d'intérêts structurel lorsqu'il existe un lien de subordination entre le Président de l'institution d'arbitrage et la filiale d'une société concurrente d'une partie à l'arbitrage ? La question est particulièrement délicate. Elle se trouve aux confins d'intérêts économiques, sociaux et politiques. Le Tribunal de grande instance de Paris ne répond pas à la question qui lui est posée. Il se cache derrière l'absence de production d'une nouvelle pièce aux débats (un article du *Monde*) pour éviter de répondre à la question. Celle-ci reste donc en suspens. À notre connaissance, une situation similaire ne s'est pas représentée devant les tribunaux depuis 1989.

185. La seconde décision est particulièrement intéressante en ce qu'elle consacre le principe d'indépendance des institutions d'arbitrage à l'égard des conseils des parties. Il s'agissait d'un arrêt de la deuxième chambre civile de la Cour de cassation du 31 mars 1978[370]. En l'espèce, une société partie à l'arbitrage demandait la nullité du contrat d'organisation de l'arbitrage la liant à la Cour internationale d'arbitrage de la Chambre de commerce internationale au motif qu'elle ignorait que le conseil de la partie adverse était simultanément Vice-président de ladite Chambre. La Cour de cassation a estimé que « [n]e se contredit pas et ne dénature pas le règlement de la Cour d'arbitrage de la Chambre de commerce internationale, la cour d'appel qui, pour déduire que le fonctionnement de cet organisme assurait son indépendance et son impartialité, relève (...) que lorsqu'un membre de la Cour d'arbitrage est le conseil d'une partie dans un litige soumis au règlement d'arbitrage de la Chambre, ce membre s'abstient de siéger et ne serait pas admis à siéger ». En d'autres termes, lorsqu'un membre de la Chambre de commerce internationale est choisi comme conseil d'une partie à un arbitrage et que cet arbitrage se déroule sous l'égide de la Cour

---

[370] Cass. 2ème civ., 31 mars 1978, *société Metal Profil c. société Intercraft*, Rev. arb., 1979.457, note Ph. Fouchard.

internationale d'arbitrage de la Chambre de commerce internationale, le membre de la CCI/conseil n'est pas admis à siéger au sein de la Chambre. Il est excusé de manière temporaire, le temps de l'instance arbitrale, et de manière limitée, seulement à l'occasion des réunions d'équipe et des sessions de la Cour abordant cette affaire.

186. Si l'indépendance entre l'institution d'arbitrage et les parties à l'arbitrage et leurs conseils respectifs est nécessaire, elle n'est pas suffisante. L'institution d'arbitrage doit également être indépendante des arbitres.

2° L'INDÉPENDANCE ENTRE LES INSTITUTIONS D'ARBITRAGE ET LES ARBITRES

187. L'affaire la plus représentative d'un conflit d'intérêts structurel tenant à l'absence d'indépendance entre l'institution d'arbitrage et les arbitres est probablement l'affaire de la *République de Guinée* contre la Chambre arbitrale de Paris. En l'espèce, avaient été nommés comme arbitres le Président et un Vice-président de l'institution d'arbitrage. Le Tribunal de grande instance de Paris a affirmé que « les institutions d'arbitrage ont l'obligation de mettre en œuvre les instances arbitrales dans des conditions qui assurent à chacun une égalité de traitement au cours d'une procédure conduite de façon normale et raisonnable, respectant les principes essentiels de la neutralité et l'objectivité propre à toute instance juridictionnelle »[371]. En effet, la nomination du Président et d'un Vice-président de la Chambre était particulièrement malvenue dans un litige la concernant directement. Dans un jugement rendu deux années plus tard, le Tribunal de grande instance de Paris ajoute que « cette exigence est plus impérieuse lorsque le centre doit procéder lui-même à la désignation d'arbitres, et plus particulièrement, à la nomination de tous les arbitres au second degré »[372]. Néanmoins, il faut se rassurer. De telles situations de conflits d'intérêts sont rares, voire « exceptionnelles » selon la doctrine[373]. Qu'en est-il de la Cour internationale d'arbitrage de la Chambre de commerce internationale ? Celle-ci mérite une étude isolée.

---

371 TGI Paris, réf., 28 janvier 1987, *République de Guinée c. Chambre arbitrale de Paris et autres*, Rev. arb., 1987.380.

372 TGI Paris, 29 juin 1989, *société Philipp Brothers c. société Drexel et autres*, Rev. arb., 1990.497 où la société Philipp Brothers demandait la récusation de deux arbitres qui étaient les employés de la société, du Vice-président de la Chambre arbitrale de l'AFCC et d'un arbitre qui travaillait dans la même société que le Président de la Chambre arbitrale de l'AFCC.

373 Ph. Fouchard, E. Gaillard, B. Goldman, *op. cit.*, spéc. n° 1032, p. 585.

B. L'exemple de la Cour internationale d'arbitrage de la Chambre de commerce internationale

188. Bien que dans la gestion des affaires qui lui sont confiées, la Cour internationale d'arbitrage de la Chambre de commerce internationale utilise, de manière efficace, le système des excusés et s'interroge systématiquement sur les entités liées au litige, elle a une organisation propre qui peut être à l'origine de conflit d'intérêts. La plupart des conflits d'intérêts structurels au sein de la Cour internationale d'arbitrage de la Chambre de commerce internationale serait neutralisée si la Cour internationale d'arbitrage était indépendante de la Chambre de commerce internationale (1°) et de ses organes (2°).

1° L'indépendance entre la Cour internationale d'arbitrage et la Chambre de commerce internationale

189. L'article 1-2 des Statuts de la Cour internationale d'arbitrage de la CCI[374] dispose qu'« en tant qu'organisme indépendant, la Cour exerce sa mission dans une totale indépendance vis-à-vis de la CCI et de ses organes ». Le principe de la totale indépendance de la Cour internationale d'arbitrage à l'égard de la Chambre de commerce internationale est posé. Néanmoins, la pratique est toute autre. La Chambre de commerce internationale est en réalité très présente dans les affaires de la Cour internationale d'arbitrage. Elle intervient notamment au moment de la désignation et du renouvellement du mandat du Président de la Cour[375]. On peut se demander si l'absence de personnalité morale de la Cour internationale d'arbitrage n'est pas à l'origine de ces pratiques. La Chambre de commerce internationale est une association. En revanche, la Cour internationale d'arbitrage n'a aucun statut autonome. Or, il est probable que la personnalité morale garantirait une réelle indépendance structurelle à la Cour internationale d'arbitrage. Elle lui permettrait une véritable autonomie. À cet égard, nous ne partageons pas l'opinion de M. Dominique Hascher qui considère que « l'absence de personnalité juridique de la Cour internationale d'arbitrage lui assure une protection bienvenue contre les influences extérieures et lui permet de

---

[374] Les Statuts de la Cour internationale d'arbitrage de la CCI se trouvent à l'Appendice I du Règlement d'arbitrage de la CCI.

[375] Article 3-1 des Statuts de la Cour internationale d'arbitrage : « Le Président est élu par le Conseil mondial de la CCI, sur recommandation du comité directeur de la CCI ». Une procédure similaire est prévue à l'article 3-2 des Statuts de la Cour internationale d'arbitrage pour les Vice-présidents de la Cour.

conserver la confiance des parties de tous horizons qui recourent à ses services »[376]. La *protection* à laquelle M. Dominique Hascher fait référence, est, sans doute, celle de la Chambre de commerce internationale. Or, nous pensons que la Cour internationale d'arbitrage doit trouver son autonomie.

190. Au demeurant, la Cour internationale d'arbitrage devrait également être indépendante des organes de la Chambre de commerce internationale.

2° L'INDÉPENDANCE ENTRE LA COUR INTERNATIONALE D'ARBITRAGE ET LES ORGANES DE LA CHAMBRE DE COMMERCE INTERNATIONALE

191. La Chambre de commerce internationale est composée d'un Secrétariat, d'un Conseil mondial et de Comités Nationaux aussi appelés *groupes*. Or, l'article 1-2 des Statuts de la Cour internationale d'arbitrage dispose qu'« en tant qu'organisme indépendant, la Cour exerce sa mission dans une totale indépendance vis-à-vis de la CCI et de ses organes ». L'article 1-3 des anciens[377] Statuts de la Cour internationale d'arbitrage confirme que « ses membres sont indépendants des comités nationaux ou groupes de la CCI ». Pourtant, d'autres articles des Statuts de la Cour internationale d'arbitrage empêchent l'indépendance effective de la Cour à l'égard des Comités Nationaux. Précisément, l'article 3-3 des Statuts de la Cour internationale d'arbitrage prévoit que les membres de la Cour sont nommés par le Conseil mondial de la Chambre de commerce internationale sur proposition des Comités Nationaux à raison d'un membre pour chaque Comité National. Comment la Cour internationale d'arbitrage pourrait-elle être indépendante des organes de la Chambre de commerce internationale alors que ses membres sont nommés conjointement par eux ? D'ailleurs, un autre article vient rappeler l'indépendance des membres de la Cour par rapport au Comité National sur la proposition duquel ils ont été nommés. Il s'agit de l'article 3-2[378] du Règlement intérieur de la Cour internationale d'arbitrage[379]. Cet article fait manifestement double emploi avec l'article 1-3 des Statuts de la Cour internationale d'arbitrage. Peut-être les rédacteurs des Statuts de la Cour ont-ils souhaité convaincre par la répétition.

---

[376] D. Hascher, « Indépendances de la justice étatique et de la justice arbitrale », *in* L'indépendance de l'arbitre, Supplément spécial, Bull. CCI, 2007, spéc. n° 5, p. 86.

[377] Avant leur révision en date du 18 mars 2015.

[378] Article 3-2 du Règlement intérieur de la Cour internationale d'arbitrage de la CCI : « Les membres de la Cour sont, en cette qualité, indépendants à l'égard du comité national ou du groupe de la CCI sur la proposition duquel ils ont été nommés par le Conseil mondial de la CCI ».

[379] Le Règlement intérieur de la Cour internationale d'arbitrage de la CCI se trouve à l'Appendice II du Règlement d'arbitrage de la CCI.

192. Le manque d'indépendance de la Cour à l'égard des Comités Nationaux pose d'autant plus de difficultés que lesdits comités peuvent être composés aussi bien de sociétés, de groupements nationaux professionnels et de branches, de fédérations d'entreprises et d'employeurs, de cabinets d'avocats et de conseils, que de chambres de commerce. En ce sens, *Coca-Cola, McDonald's, Nestlé, Philips, Ernst and Young, Crédit Suisse, Barclays Bank, Chase Bank, China Construction Bank, Danske Bank, Baker and McKenzie* et *Clifford Chance* sont membres des Comités Nationaux de la Chambre de commerce internationale. Cette pratique suscite un certain nombre de questions.

193. Comment faire lorsqu'une partie à un arbitrage CCI est membre de l'un des Comités Nationaux de la Chambre de commerce internationale ? Par exemple, comment faire lorsque *Coca-Cola* est partie à un arbitrage CCI face à une autre entreprise qui n'est membre d'aucun Comité National de la Chambre de commerce internationale ? N'y a-t-il pas là un conflit d'intérêts structurel ? Par ailleurs, comment faire lorsqu'une partie à un arbitrage CCI est en relation d'affaires ou, inversement, en concurrence avec une société membre d'un Comité National de la Chambre de commerce internationale ? La société membre de la Chambre de commerce internationale ne serait-elle pas tentée de profiter de sa position pour influencer la Cour internationale d'arbitrage ? Enfin, comment faire lorsqu'une partie à un arbitrage CCI choisit son conseil dans un cabinet d'avocats membre d'un Comité National de la Chambre de commerce internationale ? Les cabinets d'avocats figurant au sein des Comités Nationaux sont dans une position idéale pour proposer la nomination d'un Président du tribunal arbitral à l'institution d'arbitrage[380].

194. Par ailleurs, il existe une autre particularité en ce qui concerne l'organisation interne de la Cour internationale d'arbitrage de la Chambre de commerce internationale. Si le Président et le personnel du Secrétariat de la Cour ne peuvent pas intervenir comme arbitre ou comme conseil dans une affaire soumise à l'arbitrage sous l'égide de la Chambre de commerce internationale[381], en revanche, les Vice-présidents et les autres membres de la Cour peuvent être proposés comme arbitre par une ou plusieurs parties à l'arbitrage[382]. Notons que cette liberté est propre à la Chambre de commerce internationale. Cette pratique est interdite notamment par le Règlement

[380] Rappelons que ces situations sont des hypothèses de travail qui ne visent qu'à apprécier les risques éventuels de conflits d'intérêts pour mieux les prévenir.
[381] Article 2-1 du Règlement intérieur de la Cour internationale d'arbitrage de la CCI.
[382] Article 2-2 du Règlement intérieur de la Cour internationale d'arbitrage de la CCI : « Les Vice-présidents et les autres membres de la Cour ne peuvent être directement nommés arbitre par la Cour. Ils peuvent néanmoins être proposés à cette fonction par une ou plusieurs parties ou suivant toute autre procédure convenue entre les parties, pour confirmation ».

d'arbitrage de la Chambre de Commerce et d'Industrie de Genève[383] et par le Règlement d'arbitrage de la Cour Commune de Justice et d'Arbitrage[384] dans l'espace OHADA.

195. Il existe néanmoins des garde-fous. L'article 2-3 du Règlement intérieur de la Cour internationale d'arbitrage de la CCI prévoit que « [l]orsque le Président, un Vice-président, un autre membre de la Cour ou un membre du Secrétariat est, à un titre quelconque, intéressé à une procédure pendante devant la Cour, il doit en informer le Secrétaire général de la Cour dès qu'il a connaissance de cette situation ». *A fortiori*, cet article s'applique lorsqu'un Vice-président ou un autre membre de la Cour a été proposé comme arbitre par une ou plusieurs parties à l'arbitrage. Cet article a le mérite d'exister. Néanmoins, l'institution d'arbitrage peut-elle, en pratique, rester neutre à l'égard d'arbitres qui sont ses propres membres ? En cas de difficulté au sein du tribunal arbitral, l'institution d'arbitrage ne sera-t-elle pas encline à favoriser l'arbitre qu'elle connaît ? Ne sera-t-elle pas tentée, par exemple, de faciliter certaines procédures au fil de l'instance arbitrale ? Autant de questions qui nuisent à la « crédibilité des sentences issues de son système d'arbitrage »[385].

196. Il est une dernière hypothèse qu'il faut envisager : *quid* d'un Président de la Cour internationale d'arbitrage qui, au jour de son entrée en fonction, serait encore arbitre dans plusieurs arbitrages CCI en cours ? Cette question s'est effectivement posée à la Cour à l'occasion de l'entrée en fonctions de M. Alexis Mourre au 1er juillet 2015. La Cour a raisonné de la manière suivante. Une fois en fonctions, le Président ne pourra plus accepter d'arbitrages CCI en tant qu'arbitre. En ce qui concerne ses arbitrages en cours, il faut prendre en compte l'avancement de la procédure arbitrale. Si le tribunal arbitral a commencé la rédaction de la sentence arbitrale, les parties sont libres de maintenir ou non le Président de la Cour comme membre du tribunal arbitral. Si la rédaction de la sentence arbitrale n'a pas encore été entamée, l'arbitre/Président de la Cour est prié de se déporter. Nous trouvons que cette solution est pragmatique.

---

383 Article 2-2 du Règlement d'arbitrage de la Chambre de Commerce et d'Industrie de Genève : « Les membres du Comité d'arbitrage (...) ne peuvent être ni arbitres, ni conseils dans des arbitrages de la CCIG ».

384 Article 3-1 du Règlement d'arbitrage de la Cour Commune de Justice et d'Arbitrage : « Le Président, les Vice-présidents, les Juges ainsi que le personnel du Secrétariat Général de la Cour ne peuvent intervenir personnellement comme arbitres ou comme conseils dans une affaire soumise un arbitrage de la Cour Commune de Justice et d'Arbitrage ». V. notamment G. Kenfack Douajni, « L'éthique des centres d'arbitrage - L'exemple de l'OHADA », *in* L'éthique dans l'arbitrage, sous la direction de G. Keutgen, coll. Francarbi, Bruylant, 2011, p. 132.

385 *Ibid.*.

197. Les institutions d'arbitrage sont également affectées par un autre type de conflit d'intérêts dont l'appellation nous est propre : les conflits d'intérêts conjoncturels.

§2. Les conflits d'intérêts conjoncturels

198. On entend par *conflits d'intérêts conjoncturels*, les conflits d'intérêts qui sont liés à l'environnement dans lequel se trouve l'institution d'arbitrage. L'institution d'arbitrage est évidemment sensible au milieu dans lequel elle se situe. Si elle est influente, elle ne saurait néanmoins être influençable, sous peine de perdre la confiance des parties à l'arbitrage[386]. Selon nous, deux éléments conjoncturels peuvent influencer l'institution d'arbitrage : l'espace et la matière. Nous envisagerons l'influence du *facteur spatial* sur le comportement de l'institution d'arbitrage à travers l'exemple des institutions d'arbitrage régionales (A), puis, celle du *facteur matériel* à travers l'exemple des institutions d'arbitrage spécialisées (B).

A. Les conflits d'intérêts au sein des institutions d'arbitrage régionales

199. Les institutions d'arbitrage régionales ont pour spécificité de pratiquer la matière arbitrale dans un domaine géographique restreint. Elles sont souvent méconnues. Pourtant, elles ont une activité essentielle pour la pratique arbitrale. Parmi les institutions d'arbitrage régionales ayant leur siège en France, on peut notamment citer le Centre d'arbitrage de Rhône-Alpes (CARA) et la Cour d'arbitrage de l'Europe du Nord (CAREN). Néanmoins, cette appartenance de l'institution d'arbitrage à une région en particulier a pour conséquence que celle-ci se fait approcher et se rapproche naturellement des pouvoirs publics. L'institution d'arbitrage régionale apparaît plus accessible que les institutions d'arbitrage internationales. Pour cette raison, elle risque de subir certaines pressions locales. Ces pressions proviennent des pouvoirs publics ou d'entreprises implantées dans la région. La bonne administration de la justice arbitrale risque d'être mise à l'épreuve. En ce sens, M. Eugène Sage écrit que « la justice [doit] *être le plus près possible des justiciables mais assez éloignée pour éviter toute pression locale* »[387].

---

386 Ph. Fouchard, « Les institutions permanentes d'arbitrage devant le juge étatique (À propos d'une jurisprudence récente) », Rev. arb., 1987.225, spéc. n° 64, p. 273 : « Mais les centres permanents d'arbitrage, dont on a vu la diversité, mais également *l'ancrage* naturel (politique ou économique) dans des pays, des milieux ou des professions déterminés, doivent veiller à inspirer à toutes les parties un sentiment égal de confiance dans leur propre indépendance, et partant dans celle des arbitres qu'ils nomment aujourd'hui ».

387 E. Sage, « Diversité des centres d'arbitrage - Un centre régional : Le C.A.R.A. - Centre d'arbitrage Rhône-Alpes », Rev. arb., 1990.235.

200. Néanmoins, quand considérer que l'institution d'arbitrage est *trop proche des justiciables* ? D'après M. Eugène Sage, « le cadre régional permet d'éviter ces écueils et la création d'autres centres régionaux permet si besoin est de trouver d'autres arbitres »[388]. D'autres praticiens tels que M. Philippe Tark, Président de la CAREN, ajoutent que des institutions d'arbitrage régionales *ab initio* peuvent se transformer en institutions d'arbitrage internationales, de sorte que le risque de pressions locales est minimisé. En ce qui concerne la CAREN, « Lille est une ville au carrefour de diverses frontières, alors que la frontière entre le Nord et la Belgique n'existe pas, non plus qu'entre la Belgique et la Hollande et que le tunnel sous la Manche va encore rapprocher et intensifier les échanges commerciaux déjà existants avec la Grande-Bretagne »[389]. Néanmoins, malgré ces arguments, la pratique montre que des conflits d'intérêts naissent au sein des institutions d'arbitrage régionales.

201. À ce jour, aucune hypothèse de conflit d'intérêts au sein d'une institution d'arbitrage régionale n'a été présentée devant le juge étatique. Dès lors, nous ne pourrons émettre que des hypothèses au fil des développements qui vont suivre. Plusieurs illustrations nous semblent réalistes. Par exemple, une entreprise particulièrement présente dans une région et indispensable à son essor, est attraite à l'arbitrage sous l'égide de l'institution d'arbitrage présente dans cette région. On peut penser que l'impact positif de l'entreprise sur la région incitera l'institution d'arbitrage à veiller à ce que les arbitres tranchent en faveur de ladite entreprise. On peut imaginer que cette situation est encore plus délicate lorsque l'institution d'arbitrage se situe au sein de la Chambre de commerce de la région. Il est un autre exemple : une personnalité politique appréciée dans la région travaille au sein d'une entreprise partie à un arbitrage mené sous l'égide de l'institution d'arbitrage de ladite région. L'institution d'arbitrage pourrait être tentée d'œuvrer pour que l'entreprise obtienne gain de cause.

202. Un autre facteur est à l'origine de l'apparition de conflits d'intérêts conjoncturels : la matière. Étudions à présent les institutions d'arbitrage spécialisées.

B. Les conflits d'intérêts au sein des institutions d'arbitrage spécialisées

203. Les institutions d'arbitrage spécialisées sont nombreuses. En France, la Chambre arbitrale maritime de Paris, la Chambre arbitrale de

---

[388] E. Sage, *op. cit.*, spéc. p. 237 ; G. Chetrite, « Objectifs et expériences », Rev. arb., 1990.270.

[389] Ph. Tack, « Objectifs et expériences », Rev. arb., 1990.262.

Strasbourg, la Chambre arbitrale des cafés et poivres du Havre et la Chambre d'arbitrage de l'association française du commerce des cacaos notamment en témoignent. Traditionnellement, deux pratiques sont reprochées aux institutions d'arbitrage spécialisées : leur pouvoir de nomination des membres du tribunal arbitral chargé du réexamen de l'affaire au second degré (1°) et le système de listes préétablies (2°).

1° LE POUVOIR DE NOMINATION DES MEMBRES DU TRIBUNAL ARBITRAL CHARGE DU RÉEXAMEN DE L'AFFAIRE AU SECOND DEGRÉ

204. La plupart des institutions d'arbitrage spécialisées a le pouvoir de nommer les membres du tribunal arbitral chargé de réexaminer l'affaire au second degré. Il s'agit d'une prérogative décisive. M. Emmanuel du Pontavice[390] rapporte qu'il s'agissait d'une condition pour la création de la Chambre arbitrale maritime de Paris en 1929. Le réexamen de l'affaire au second degré doit être distingué [391] du contrôle du projet de sentence arbitrale. En effet, le réexamen au second degré est une faculté pour les parties à l'arbitrage, tandis que l'examen préalable de la sentence est obligatoire.

205. La jurisprudence a d'abord soutenu, à la fin des années 1950, qu'il s'agissait d'une voie de recours interne à la Chambre arbitrale ouverte contre la sentence du premier degré[392]. Cette solution a été confirmée par la Cour d'appel de Paris au début des années 1990[393]. Néanmoins, un arrêt rendu quatre années plus tard autorise l'institution d'arbitrage à refuser l'accès au réexamen de l'affaire à une partie à l'arbitrage, sans que ce refus ne constitue

---

[390] E. du Pontavice, « Un centre spécialisé : la Chambre arbitrale maritime de Paris », Rev. arb., 1990.239.

[391] V. notamment E. Loquin, « La sentence arbitrale. L'examen du projet de sentence par l'institution et la sentence au deuxième degré. Réflexions sur la nature et la validité de l'intervention de l'institution arbitrale sur la sentence », Rev. arb., 1990.426, spéc. n° 4 et 5, pp. 428-429.

[392] CA Douai, 14 juin 1957, *Boyer c. société Bellevre-Despierre*, Rev. arb., 1958.121 : « les parties à l'arbitrage pouvaient soit acquiescer à la sentence rendue en premier ressort et interjeter appel devant les tribunaux de droit commun, soit faire appel devant la Commission d'arbitrage au second degré et renoncer à saisir en appel la juridiction de droit commun ». En l'espèce, il s'agissait de la Chambre arbitrale de Lille. Le réexamen du litige par le tribunal arbitral du second degré était ainsi considéré comme une alternative à l'appel devant la cour d'appel.

[393] Paris, 5 février 1981, *société Etablissements Louis Laprade c. société Thership*, Rev. arb., 1983.109 : « Le Règlement d'arbitrage de la Chambre arbitrale maritime de Paris prévoyant une possibilité de réexamen du litige à un deuxième degré ne constitue qu'une voie de recours interne, qui ne peut être assimilée à un double degré de juridiction ». En l'espèce, les juges du fond veillent à ce que la possibilité pour les parties de faire juger à nouveau leur litige n'affecte pas les recours éventuels auprès des juridictions judiciaires.

une violation de l'ordre public international, ni une méconnaissance des droits de la défense[394]. Depuis, la nature du réexamen de l'affaire au second degré fait l'objet de controverses. On notera la proposition de M. Eric Loquin de considérer la procédure de premier degré comme une procédure de conciliation[395]. Malgré l'originalité et la pertinence du raisonnement de M. Eric Loquin, il semble qu'il ne soit pas conforme aux attentes légitimes des parties. Nous pensons que le réexamen de l'affaire au second degré s'apparente bien plus à une procédure d'appel, ce qui rend d'autant plus décisive la prérogative de l'institution d'arbitrage de nommer les membres du second tribunal arbitral. Dans un arrêt du 5 mars 2014, la Cour de cassation va dans ce sens, en affirmant que « la demande de réexamen anéantissait la décision originaire »[396].

206. Est également reproché aux institutions d'arbitrage spécialisées de nommer les arbitres au moyen de listes préétablies.

2° Les listes préétablies

207. Les listes préétablies par les institutions d'arbitrage spécialisées font des heureux et des envieux. Les heureux sont ceux qui y trouvent leurs noms. Les envieux sont ceux qui en sont exclus. De cette manière, la pratique des listes préétablies se trouve à l'origine de nombreuses pressions corporatives. Pour s'en convaincre, étudions deux institutions d'arbitrage spécialisées : la Chambre arbitrale maritime de Paris et la Chambre arbitrale des cafés et poivres du Havre. La première est composée d'un certain nombre d'organismes professionnels : Chambres de commerce et d'industrie de Dunkerque, Marseille et Paris ; Comité central des armateurs de France ; Comité central des assureurs maritimes de France ; Chambres nationales et association de pratiquement toutes les activités maritimes, y compris la Construction navale, ainsi que le *Baltic and International Maritime Council*. La liste des arbitres comprend pour l'essentiel les professionnels du monde maritime, quelques avocats et professeurs de droit, en majorité de nationalité

---

[394] Paris, 26 avril 1985, *société Abess Brothers and Sons Ltd, M. Dakhlallah c. société des Grands Moulins de Pantin*, Rev. arb., 1986.95 : « Le fait pour le Président de la Chambre arbitrale [de Paris] d'avoir refusé l'accès des appelants au second degré, ne constitue pas une violation de l'ordre public international ni une méconnaissance des droits de la défense dès lors qu'il est établi que cette décision a été prise en conformité avec le Règlement de la Chambre arbitrale auquel les parties ont accepté de se plier ».

[395] E. Loquin, *op. cit.*, spéc. n° 73, p. 462 : « Ces incohérences résultent toutes de l'erreur initiale qui est de considérer la procédure de premier degré comme une procédure d'arbitrage et non pas comme une procédure organisée de conciliation ». Comp. Paris, 4 novembre 1958, *Mesny c. Courtehoux*, Rev. arb., 1958.126 : « le réexamen du litige était la seule procédure juridictionnelle mise en œuvre par l'institution d'arbitrage, la procédure du premier degré n'étant qu'une procédure de conciliation ».

[396] Cass. 1ère civ., 5 mars 2014, n° 12-29.112, D., 2014.671 note Th. Clay.

française. S'y trouvent aussi des Britanniques, membres de la *London Maritime Arbitrators Association*, ainsi que quelques Allemands, Espagnols, Italiens, Libanais et Néerlandais. La liste semble diversifiée. Pourtant, en réalité, certains arbitres deviennent des *figures* et sont systématiquement appelés à siéger au détriment des autres. De la même manière, la Chambre arbitrale des cafés et poivres du Havre nomme souvent les mêmes arbitres de sorte que des liens peuvent se nouer entre ces arbitres et l'institution d'arbitrage. Ces pratiques nuisent, évidemment, à la bonne administration de la justice arbitrale. Les arbitres peuvent se trouver sous la tutelle de l'institution d'arbitrage qui les nomme et les guide dans leurs décisions. Autant de pratiques qui participent à la multiplication des conflits d'intérêts au sein des institutions d'arbitrage.

TITRE 2. UN DIAGNOSTIC UNIQUE - ESSAI SUR LA DÉFINITION DES CONFLITS D'INTÉRÊTS EN ARBITRAGE COMMERCIAL INTERNATIONAL

208. Si l'on compare notre démarche avec celle du scientifique, on pourrait dire que, jusqu'à présent, nous nous situions dans une phase d'observation. Celle-ci consistait à recenser toutes les manifestations potentielles ou avérées de conflits d'intérêts dans la pratique de l'arbitrage commercial international. Elle nous a permis d'établir une *summa divisio* entre les conflits d'intérêts en la personne de l'arbitre et les conflits d'intérêts affectant les institutions d'arbitrage, et une classification précise au sein de chacune de ces deux catégories. Néanmoins, si l'observation est nécessaire, elle n'est pas suffisante. Nous proposons d'entamer une seconde phase, celle de l'analyse.

209. Traditionnellement, on commence par l'analyse la plus évidente. Dès lors, la première analyse que l'on puisse faire est probablement la suivante : le juge étatique n'emploie, à aucun moment, l'expression de *conflit d'intérêts*. Il est légitime de se demander pourquoi le juge n'emploie pas les mots qui correspondent pourtant précisément à la situation à laquelle il est confronté. Les raisons peuvent être multiples. Peut-être le juge n'a-t-il pas conscience de l'existence du conflit d'intérêts. Nous n'y pensons pas. Ou peut-être est-ce parce que les parties elles-mêmes n'emploient pas l'expression de *conflit d'intérêts*. Cela est envisageable. En réalité, la véritable raison est plus préoccupante. Le juge n'emploie pas l'expression de *conflit d'intérêts* dans les situations qui pourtant l'exigeraient, car la branche du droit de l'arbitrage commercial international ne reconnaît aucune existence juridique au conflit d'intérêts. En d'autres termes, en l'état du droit positif français, le conflit d'intérêts ne consiste pas en une notion de droit, mais en une notion de pur fait. En conséquence, aucun régime juridique propre ne lui est attaché. En pratique, le juge se contente de trancher ce que les parties lui présentent : un courant d'affaires, un lien de subordination *etc.* Aujourd'hui, le juge étatique agit comme s'il soignait les symptômes d'une maladie, sans (pouvoir) chercher de quelle maladie il s'agit. Cette situation ne saurait perdurer. Il n'est plus question de traiter de manière hétérogène chacune des manifestations de conflit d'intérêts. Il est grand temps que le juge donne un diagnostic unique à ces symptômes multiples.

210. Le conflit d'intérêts a déjà fait l'objet de plusieurs tentatives de définition. Il est remarquable de constater que ce sont souvent dans le cadre des droits des sociétés et de la santé, que les auteurs en ont ressenti le besoin. Parmi ces propositions de définition, nous en avons retenu deux. La première a été proposée par M. Dominique Schmidt en droit des sociétés : « Le conflit d'intérêts prend naissance lorsqu'une même personne poursuit deux ou plusieurs intérêts et lorsque ces intérêts sont contradictoires »[397]. M. Joël Moret-Bailly est à l'origine d'une seconde définition en droit de la santé : « Dans l'hypothèse des conflits d'intérêts, les intérêts pouvant entrer en conflit sont portés par une même personne, qui pourrait profiter de sa situation de pouvoir pour faire prévaloir le sien ou celui de tiers au détriment de ceux qu'il est chargé de défendre, de représenter ou de protéger »[398]. Malgré la justesse de ces deux définitions, la notion de conflit d'intérêts n'est toujours pas reconnue par le droit. Quelles sont les raisons de l'absence de définition juridique du conflit d'intérêts dans la branche du droit de l'arbitrage commercial international en particulier ?

211. Selon nous, les raisons sont nombreuses. La première pourrait relever de la procédure. Dans le cadre de l'instance arbitrale, comme dans celui du procès civil, les parties orientent le juge. Il revient aux parties à l'arbitrage d'apporter au juge l'ensemble des éléments nécessaires au débat. Or, en pratique, les parties à l'arbitrage évoquent rarement de manière explicite l'existence d'un conflit d'intérêts, et insistent plus souvent sur sa prévention (indépendance et impartialité de l'arbitre ; obligation de révélation) ou sur sa manifestation concrète (courant d'affaires ; lien de subordination ; relations d'affaires *etc*). Cette première raison connaît évidemment des limites : si le conflit d'intérêts était une notion de droit, les conseils respectifs des parties à l'arbitrage penseraient sans doute à le soulever.

---

[397] D. Schmidt, Les conflits d'intérêts dans la société anonyme, éd. Joly, 2004, spéc. n° 19, p. 30.

[398] J. Moret-Bailly, « Les conflits d'intérêts des experts consultés par l'administration dans le domaine sanitaire », Revue de droit sanitaire et social, 2004, p. 855.

212. Une deuxième raison pourrait être évoquée. La reconnaissance de l'existence juridique des conflits d'intérêts en arbitrage commercial international risquerait de ternir la réputation de l'institution même d'arbitrage. En effet, consacrer l'existence juridique des conflits d'intérêts revient à reconnaître leur existence concrète et à admettre la nécessité de leur traitement. L'arbitrage n'aurait-il pas plutôt intérêt à s'en cacher ? *A priori*, la réponse est positive, d'autant plus que l'arbitrage souffre des interrogations de la doctrine sur sa légitimité[399]. Néanmoins, il est de notoriété publique que le conflit d'intérêts est une pathologie affectant tous les domaines. Les propositions de définition en droit des sociétés et en droit de la santé en témoignent. Dès lors, reconnaître l'existence juridique du conflit d'intérêts en arbitrage commercial international serait au contraire faire preuve de pragmatisme.

213. Enfin, une dernière raison, relevant de la politique juridique, peut être évoquée. Le législateur n'intervient que très ponctuellement en matière d'arbitrage. Si sa dernière intervention est récente[400], la précédente remontait aux années 1980. En revanche, les interventions du juge étatique dans la matière arbitrale est plus régulière. Dès lors, il est plus probable que ce soit le juge qui consacre l'existence juridique des conflits d'intérêts en arbitrage commercial international. De quel juge s'agit-il ? De l'arbitre lui-même ou du juge étatique ? L'arbitre étant souvent intéressé aux conflits d'intérêts, le juge étatique serait le plus apte à retenir l'existence juridique des conflits d'intérêts. Néanmoins, la tâche n'est pas aisée. L'action du juge étatique peut être freinée par plusieurs considérations. D'abord, les rapports entre le juge étatique et l'arbitre reposent sur une certaine courtoisie. Le juge étatique doit respecter le juge privé et ses sentences. Or, la consécration de la notion de conflit d'intérêts en arbitrage commercial international par le juge étatique risquerait d'être perçue comme un moyen de *saboter* le travail des arbitres. Le juge étatique disposerait alors d'un moyen efficace pour remettre en cause les sentences de l'arbitre sujet à conflit d'intérêts.

214. Passons « *de l'idée à la notion* »[401]. Il est temps de proposer une définition des conflits d'intérêts en arbitrage commercial international. Notre proposition de définition juridique du conflit d'intérêts en arbitrage commercial international est la suivante : *Un conflit d'intérêts est la contradiction directe et actuelle au sein d'une seule et même personne entre un intérêt personnel et un intérêt tiers dont elle a la charge, la plaçant en situation de faire prévaloir le premier au détriment du second.* Plusieurs

---

[399] V. notamment la « *légitimité externe* » ou « *légitimité absolue* » présentée par P. Tercier dans P. Tercier, « La légitimité de l'arbitrage », Rev. arb., 2011.653.
[400] Elle date du décret n° 2011-48 du 13 janvier 2011 portant réforme de l'arbitrage.
[401] B. Oppetit, Théorie de l'arbitrage, PUF, 1998, p. 14.

conditions concourent à l'existence d'un conflit d'intérêts. Les unes sont objectives (Chapitre 1), les autres subjectives (Chapitre 2).

CHAPITRE 1. LES CONDITIONS OBJECTIVES DU CONFLIT D'INTÉRÊTS

215. *Un conflit d'intérêts est la contradiction directe et actuelle au sein d'une seule et même personne entre un intérêt personnel et un intérêt tiers dont elle a la charge, la plaçant en situation de faire prévaloir le premier au détriment du second.* Le conflit d'intérêts est une contradiction entre un intérêt personnel et un intérêt tiers (Section 1). La contradiction est directe et actuelle (Section 2).

Section 1. Le conflit d'intérêts est une contradiction entre un intérêt personnel et un intérêt tiers

216. Selon nous, un conflit d'intérêts est une contradiction entre un intérêt personnel et un intérêt tiers. Les qualificatifs *personnel* et *tiers* s'entendent par référence au sujet du conflit d'intérêts. L'intérêt personnel est l'intérêt propre du sujet du conflit d'intérêts, tandis que l'intérêt tiers est celui d'une autre personne que le sujet du conflit d'intérêts. Ainsi pour qu'il y ait conflit d'intérêts, il faut une contradiction (§1) et que cette contradiction intervienne entre un intérêt personnel et un intérêt tiers (§2).

§1. UNE CONTRADICTION

217. Le conflit d'intérêts est avant tout un conflit, au sens de contradiction. Pour éviter de tomber dans le travers de la tautologie, précisons ce que nous entendons par *contradiction* de manière positive (A), puis de manière négative (B).

A. LA DÉFINITION POSITIVE

218. La définition positive de la contradiction pourrait être la suivante : une contradiction est une proposition qui réunit des éléments incompatibles [402] . Si l'on demandait aux personnes qui utilisent cette expression de placer sur un segment chacun des deux termes en contradiction, ils placeraient assurément le premier sur l'une des extrémités du segment, et le second sur l'autre extrémité. Les deux termes sont aussi éloignés l'un de l'autre qu'ils peuvent l'être. Ils ne partagent rien. Ils n'ont rien en commun. Pour exprimer la même idée, est employée l'expression selon laquelle deux personnes ou deux notions sont aux *antipodes* l'une de l'autre. Pourtant, ce qui est intéressant avec la contradiction, est précisément la confrontation. En ce qui concerne les conflits d'intérêts, la contradiction est violente. Les deux intérêts en présence sont réunis en une seule et même personne : le sujet du conflit d'intérêts. Dès lors, confrontés l'un à l'autre, l'intérêt personnel et l'intérêt tiers se heurtent.

219. Ainsi, une contradiction est une opposition évidente et inévitable entre deux termes. Néanmoins, même si l'opposition est évidente et inévitable en tant que telle, il est possible d'en réguler les effets. En ce qui concerne les conflits d'intérêts, il est possible de prévoir un certain nombre de règles pour faciliter la tâche de la personne sujette au conflit d'intérêts. On peut par exemple prévoir une hiérarchie entre les intérêts en présence qui permettrait à la personne sujette au conflit d'intérêts de faire le bon choix[403]. Voyons désormais ce que la contradiction n'est pas.

---

[402] A. Lalande, Vocabulaire technique et critique de la philosophie, PUF, Quadrige, 1999, Vol. I.

[403] V. *infra* n° 346 et s..

B. La définition négative

220. Nous avons choisi d'assimiler le terme de *conflit* à celui de *contradiction*. *A contrario*, nous avons renoncé à d'autres concepts parce que leur sémantique (1°), leur régime (2°) ou leur incidence sur l'état psychologique du sujet (3°) ne correspondaient pas à la réalité du conflit d'intérêts en arbitrage commercial international.

1° Exclusions en raison de la sémantique

221. Nous avons choisi le terme de *contradiction* d'abord pour sa justesse sémantique. En effet, d'autres termes étaient à notre disposition, mais ne nous semblaient pas suffisamment forts pour rendre compte du choc entre les intérêts en présence à l'occasion d'un conflit d'intérêts. La *querelle*, par exemple, connote une bataille infantile. Le terme est employé à l'occasion d'un conflit persistant entre deux écoles doctrinales. De la même manière, la *mésentente* nous a semblé trop faible. Il renvoie à un conflit mineur entre deux personnes qui pourraient, si elles en faisaient l'effort, se réconcilier. D'ailleurs, son antonyme, l'*entente*, renvoie à une relation cordiale, sans excès. La *contestation* n'était pas non plus un terme approprié. En effet, le procès est déclenché par la contestation d'une personne. Si cette personne ne s'était pas manifestée, il n'y aurait pas eu de procès. Or, un conflit d'intérêts n'est pas provoqué mais spontané : il naît par la réunion de deux intérêts antagonistes en une même personne. Le conflit d'intérêts ne saurait donc être défini par le terme de *contestation*. Enfin, on aurait pu définir le conflit d'intérêts par les termes de *différend* ou de *litige*. Le *différend* ou le *litige* renvoient bien à la notion de conflit. Néanmoins, connotant la logique procédurale devant le juge étatique, nous n'avons pas jugé bon de choisir le terme de *différend*, ni celui de *litige*. Le concept de *contradiction* a également prévalu en raison de son régime.

2° Exclusions en raison du régime

222. *Conflit d'intérêts*. Cette alliance de mots rappelle deux expressions clefs du droit international privé : *conflit de lois* et *conflit de juridictions*. Le conflit de lois est la situation dans laquelle plusieurs lois nationales semblent pouvoir être applicables à une situation présentant un élément d'extranéité. Or, une seule loi doit être appliquée. De la même manière, le conflit de juridictions est la situation dans laquelle plusieurs juridictions semblent être compétentes, mais où une seule sera saisie *in fine*. Il semble que dans ces deux situations, chacune des lois et chacune des juridictions envisagées aient, *ab initio*, la même légitimité. Toutes les lois en présence semblent être applicables. Toutes les juridictions en présence semblent être compétentes.

En revanche, à l'occasion d'un conflit d'intérêts, les deux intérêts en présence ont-ils la même légitimité ? Ont-ils chacun une légitimité suffisante pour prévaloir sur l'autre ? La question est intéressante. À l'occasion d'un conflit d'intérêts, un intérêt personnel et un intérêt tiers rentrent en contradiction. *A priori*, les deux intérêts se valent : le premier étant l'intérêt personnel de la personne sujette au conflit d'intérêts et le second renvoyant à l'intérêt d'une personne tierce au sujet du conflit d'intérêts. Mais il faut préciser que l'intérêt tiers n'est pas un intérêt comme les autres. La personne sujette au conflit d'intérêts en a la charge. Le sujet du conflit d'intérêts est chargé de veiller sur l'intérêt tiers. En d'autres termes, la personne sujette au conflit d'intérêts s'est engagée auprès de cette tierce personne et lui a garanti que son intérêt serait satisfait. Pour cette raison, bien que l'on ne puisse empêcher que l'intérêt personnel du sujet du conflit d'intérêts s'oppose à l'intérêt tiers dont il a la charge, on ne peut pas accepter que l'intérêt personnel l'emporte sur l'intérêt tiers. Les deux intérêts n'ont donc pas la même légitimité. L'intérêt personnel doit être mis de côté et l'intérêt tiers doit l'emporter. Pour cette raison, le régime du conflit d'intérêts se distingue de celui des conflits de lois et des conflits de juridictions. Nous avons donc préféré le mot *contradiction* à celui de *cumul*.

223. Il est un autre régime que nous avons choisi de mettre de côté : la concurrence. Si nous avions défini le conflit d'intérêts comme plusieurs intérêts *en concurrence*, sa résolution aurait été en faveur du plus fort au détriment du plus faible. Or, en matière de conflit d'intérêts, la partie forte est le sujet du conflit d'intérêts qui est maître de sa gestion. Le titulaire de l'intérêt tiers est, quant à lui, la partie faible. Il est évident que si l'on avait choisi le régime de concurrence pour définir le conflit d'intérêts, l'intérêt personnel l'aurait systématiquement emporté sur l'intérêt tiers.

224. L'état psychologique du sujet a également donné lieu à un certain nombre d'exclusions.

3° Exclusions en raison de l'incidence sur l'état psychologique du sujet

225. Le conflit d'intérêts place le sujet dans une situation délicate. Le sujet a l'impression d'avoir un choix à faire entre accomplir sa mission ou satisfaire son intérêt personnel. Le conflit d'intérêts est-il un dilemme ? Rappelons que le dilemme est la situation dans laquelle une personne a l'obligation de choisir entre deux possibilités comportant toutes deux des inconvénients. En présence d'un conflit d'intérêts, le choix n'est pas libre car l'intérêt tiers doit l'emporter sur l'intérêt personnel. Néanmoins, le sujet du conflit d'intérêts a l'impression qu'il peut choisir librement. Cette impression est certainement due à la concentration des pouvoirs entre ses mains. En revanche, en cas de dilemme, la personne est effectivement libre de son choix. L'on se rappelle des pièces de Corneille et d'Anouilh dans lesquelles les héros sont tiraillés entre leur amour et leur honneur[404] ou entre la famille et le respect de la loi[405]. Dans ces situations, les héros sont libres de choisir laquelle des deux vertus ils désirent privilégier. Néanmoins, les dilemmes peuvent conduire à de mauvaises décisions. En réalité, il est toujours une vertu qui emporte les grâces de l'opinion commune. Entre l'amour et l'honneur, la société tend à privilégier l'honneur. Entre la famille et le respect de la loi, la société ne cache pas sa préférence pour la loi. Les héros des tragédies sont en proie au dilemme parce qu'ils ont à cœur l'amour et la famille. En matière de conflits d'intérêts, l'opinion commune prend une place moindre. Le sujet qui choisit de satisfaire son intérêt personnel plutôt que d'accomplir sa mission aura plus à craindre de la partie victime de la mauvaise gestion du conflit d'intérêts que de l'opinion commune. Les conflits d'intérêts touchent rarement aux vertus de cœur qui font la matière des dilemmes. Il est un autre état psychologique du sujet qu'il faut exclure : la schizophrénie.

226. On pourrait dire, par un abus de langage malheureux, que le sujet du conflit d'intérêts se trouve dans l'état d'un schizophrène. La schizophrénie est une psychose caractérisée par une désagrégation physique (ambivalence des pensées et des sentiments, conduite paradoxale), la perte de contact avec la réalité et le repli sur soi. Or, les différences sont nombreuses entre la schizophrénie et la situation de conflit d'intérêts. La personne sujette à schizophrénie agit de manière paradoxale. Au contraire, le sujet à un conflit d'intérêts agit de manière logique et lucide, soit dans le sens de son intérêt personnel, soit dans celui de l'intérêt tiers dont il a la charge. La personne sujette à un conflit d'intérêts ne connaît qu'une brève période de tourments où elle hésite éventuellement entre les deux intérêts en conflit. Mais aucune comparaison n'est possible entre ce moment d'égarement du sujet du conflit d'intérêts et la tourmente permanente du schizophrène.

227. À l'issue de ces exclusions successives en raison de la sémantique, du régime et de l'état psychologique du sujet, nous avons jugé opportun d'utiliser le terme de *contradiction* pour définir le conflit d'intérêts. Attardons-nous maintenant sur les termes de cette contradiction.

---

[404] Dans *le Cid*, Don Diègue demande à son fils Rodrigue de le venger du soufflet qu'il a reçu du père de son amante Chimène. Rodrigue est déchiré entre son amour et son devoir. Finalement, il tue le père de Chimène en duel.

[405] Dans *Antigone*, Antigone veut accomplir les rites funéraires pour son frère Polynice tué par son propre frère Etéocle lors d'une bataille pour savoir lequel des deux devait devenir roi de Thèbes. Sa sœur tente de l'en dissuader car Créon interdit d'accomplir ces rites.

§2. LES TERMES DE LA CONTRADICTION

228. Contrairement à ce que l'on pourrait penser, le conflit d'intérêts n'est pas un conflit entre deux personnes, mais entre deux intérêts au sein d'une même personne. Il faut appréhender l'expression de *conflit d'intérêts* de manière littérale pour la cerner. Cette évidence est oubliée par la plupart des auteurs qui a tenté une définition des conflits d'intérêts. Avant d'analyser quels sont ces intérêts en conflit, il convient de nous attarder sur la notion même d'*intérêt*.

229. Il est remarquable de constater que le droit positif français ne donne aucune définition de l'*intérêt*. Le caractère polysémique de la notion a probablement dissuadé le législateur d'élaborer une définition unique. Pour s'en convaincre, il suffit de confronter les notions d'intérêt moratoire du droit des obligations[406], d'intérêt à agir[407] de la procédure civile, d'intérêt commun des indivisaires[408] en droit des biens, d'intérêt social[409] fondamental en droit des sociétés et encore d'intérêt public que M. Chaïm Perelman qualifie de « standard que le législateur n'a pas défini »[410]. Ces notions n'ont assurément rien en commun les unes avec les autres. Dès lors, même si des auteurs[411] regrettent l'absence de définition de l'*intérêt*, il faut accepter que « la notion d'intérêt répugne à s'intégrer dans une quelconque catégorie juridique », qu'« elle résiste à tout effort de systématisation », et que « son efficacité tient plutôt à sa capacité d'en appeler directement à l'évidence et au sens commun »[412]. En arbitrage commercial international, Oppetit allait dans le même sens : « le droit de l'arbitrage est devenu un droit de solutions, axé principalement sur la traduction d'intérêts matériels, et a quelque peu perdu son caractère de discipline méthodologique »[413]. Nous sommes tentés de rapprocher la notion d'intérêt de celles de désir[414] ou de mobile en ce qu'ils précèdent et motivent l'action.

---

406 V. notamment l'article 1153 du Code civil.

407 V. notamment l'article 31 du Code de procédure civile.

408 V. notamment l'article 815-5 du Code civil.

409 V. notamment les articles L.221-4 et L.241-3 du Code de commerce.

410 Ch. Perelman, Logique juridique, Nouvelle rhétorique, Méthodes du droit, Dalloz, 2ème éd., 1979.

411 G. Cornu et J. Foyer, Procédure civile, Paris, 1958, spéc. p. 296 : « L'intérêt est une notion fondamentale et négligée que l'on illustre, qu'on qualifie (personnel, légitime), qu'on classe (moral, patrimonial), mais qu'on ne définit pas ».

412 Ph. Gérard, M. Van de Kerchove, Fr. Ost, Droit et intérêt, Publications des Facultés universitaires Saint-Louis, Bruxelles, 1990, Vol. 2, spéc. p. 12.

413 B. Oppetit, Théorie de l'arbitrage, PUF, 1998, p. 10.

414 Ph. Gérard, M. Van de Kerchove, Fr. Ost, *op. cit.*, spéc. p. 14 : « L'intérêt ne serait-il pas l'interprète du désir, ce terrible désir, subjectif et ravageur, qui se joue, ou pourrait se jouer, craint-on, des contraintes sociales et des interdits juridiques ? ».

230. À l'occasion d'un conflit d'intérêts, deux intérêts s'entrechoquent : l'intérêt tiers (A) à la personne sujette au conflit d'intérêts et l'intérêt personnel (B) du sujet du conflit d'intérêts.

A. L'INTÉRÊT TIERS

231. L'intérêt tiers semble abstrait. Pourtant, il renvoie à un intérêt constant en son origine et en son objet (1°). Par ailleurs, l'arbitre ou l'institution d'arbitrage ont en charge la satisfaction de cet intérêt tiers. Il s'agit d'une véritable mission liant l'arbitre ou l'institution d'arbitrage (2°).

1° UN INTÉRÊT CONSTANT EN SON ORIGINE ET EN SON OBJET

232. L'intérêt tiers à la personne sujette au conflit d'intérêts est toujours le même. Il est constant à la fois en son origine et en son objet. D'abord, l'intérêt tiers est constant en son origine. En effet, l'intérêt tiers renvoie toujours à la même partie à l'arbitrage *i.e.* à celle qui serait la victime de la mauvaise gestion du conflit d'intérêts.

233. Ensuite, l'intérêt tiers est constant en son objet. Il a toujours la même consistance. L'intérêt tiers consiste en la bonne administration de la justice arbitrale. L'une des parties à l'arbitrage est victime de la mauvaise gestion parce que l'arbitre ou l'institution d'arbitrage ont satisfait leur intérêt personnel plutôt que de veiller, comme il ou elle s'y était engagé, à la bonne administration de la justice arbitrale. En agissant de la sorte, l'arbitre ou l'institution d'arbitrage ne répondent pas aux attentes légitimes des parties à l'arbitrage.

234. Les attentes légitimes des parties à l'arbitrage ne doivent pas être négligées au cours de l'instance arbitrale, ni par l'arbitre, ni par l'institution d'arbitrage. Lorsque les parties consentent à recourir à l'arbitrage, elles nourrissent un certain nombre d'attentes légitimes : compétence, disponibilité et diligence des arbitres ; célérité de la justice arbitrale notamment. Les parties à l'arbitrage s'attendent légitimement à ce que les acteurs de la justice arbitrale aient conscience des exigences de la vie des affaires. Ces attentes sont légitimes et, pour cette raison, ne figurent pas toujours expressément au contrat conclu entre les parties et l'arbitre ou entre les parties et l'institution d'arbitrage. Même si ces attentes ne figurent pas de manière expresse au contrat, leur méconnaissance peut enclencher des mécanismes contractuels. Nous y reviendrons au moment d'évoquer la sanction des conflits d'intérêts[415].

---

[415] V. *infra* n° 354 et s..

235. Les attentes légitimes des parties à l'arbitrage ont-elles la même teneur que les attentes légitimes des parties à un litige soumis à la justice étatique ? Pour répondre à cette question, concentrons-nous sur les raisons pour lesquelles des parties à un litige choisissent l'arbitrage. Oppetit expliquait, dans sa *Théorie de l'arbitrage*, que « ce que chercheraient les parties lorsqu'elles mettent en œuvre [l'arbitrage], c'est à être jugées autrement qu'elles le seraient dans le cadre de tel ou tel autre mode de règlement des différends »[416]. Les parties à l'arbitrage souhaitent être jugées autrement que si elles soumettaient leur litige au juge étatique. En d'autres termes, en mettant en oeuvre l'arbitrage, les parties cherchent l'altérité. En quoi consiste précisément cette altérité ? Les parties veulent-elles se soumettre à une procédure autre que la procédure traditionnelle (constitution d'avocat ; échanges des conclusions *etc*) parce qu'elle leur semble inadaptée à la vie des affaires ? Espèrent-elles une issue autre que celle qui serait prononcée à l'occasion d'un procès classique ? Veulent-elles simplement être jugées par quelqu'un d'autre que le juge étatique ? En outre, l'altérité consiste-t-elle en une altérité processuelle, en une altérité substantielle ou en une altérité personnelle ? On peut penser qu'en employant le terme générique *altérité*, Oppetit renvoyait globalement à ces trois aspects. Dès lors, puisque les parties veulent être jugées autrement, peuvent-elles avoir les mêmes attentes légitimes que les parties à un litige soumis au juge étatique ? Il est clair que les attentes légitimes des parties à l'arbitrage sont différentes des attentes légitimes des parties à un litige soumis au juge étatique. Lorsque les parties recourent à l'arbitrage, elles ont conscience qu'elles devront adapter leurs attentes à leur choix. Néanmoins, l'arbitrage et la justice étatique ont un point commun irréductible. La justice privée et la justice étatique sont deux formes de justice. Les parties à l'une comme à l'autre y recourent pour voir leur litige tranché en dehors de tout arbitraire. Ainsi, les parties à l'arbitrage et les parties à un litige soumis au juge étatique partagent-elles tout de même un certain nombre d'attentes légitimes. Elles ont un socle commun d'attentes légitimes dont fait partie la bonne administration de la justice. À la fin des années 1990, Oppetit relevait l'augmentation du nombre des attentes légitimes communes aux parties à l'arbitrage et aux parties à un litige soumis au juge étatique. L'auteur voyait les deux formes de justice se rapprocher et l'altérité de l'arbitrage se dissiper : « À y regarder de plus près, il semblerait pourtant que cette altérité de l'arbitrage commercial international soit moindre qu'on ne le pense et, à notre sens, elle tendrait même plutôt à l'époque présente à se réduire singulièrement. L'arbitrage, quelles qu'en soient les modalités, s'insère aujourd'hui dans la recherche du même idéal de justice que celui que poursuivent les juridictions étatiques, ainsi que l'avait pressenti H. Motulsky : à l'heure actuelle, la même philosophie du procès équitable imprègne les finalités et les principes d'organisation de toute forme

[416] B. Oppetit, Théorie de l'arbitrage, PUF, 1998, spéc. pp. 116-117.

de justice, publique ou privée, contribuant ainsi à instituer la fonction de juger sur des bases communément acceptées et respectées »[417].

236. Il est néanmoins un aspect de l'altérité qui perdure : l'altérité personnelle. Aujourd'hui, il est probable que si l'on pose la question suivante aux parties à un arbitrage : « pour quelle raison avez-vous eu recours à l'arbitrage ? », elles répondent : « pour l'arbitre ! ». En effet, à notre époque, les parties à l'arbitrage ne choisissent pas de recourir à l'arbitrage pour être soumises à des règles de procédure autres, ou pour avoir une solution autre à leur litige, mais bien plus, pour être jugées par une personne autre que le juge étatique. Il ne s'agit pas d'antipathie à l'égard du juge étatique. En règle générale, les parties choisissent l'arbitrage pour qu'un spécialiste tranche leur litige dont les données techniques auraient été inintelligibles pour le juge étatique sans recours à un expert. L'arbitre spécialiste est ainsi en mesure de garantir la bonne administration de la justice arbitrale.

237. L'intérêt tiers est l'intérêt de la partie qui subirait un préjudice de la mauvaise gestion du conflit d'intérêts. Il renvoie à la bonne administration de la justice arbitrale. Celle-ci est d'ailleurs l'une des missions de l'arbitre ou de l'institution d'arbitrage.

2° UNE MISSION LIANT L'ARBITRE OU L'INSTITUTION D'ARBITRAGE

238. Rappelons notre définition du conflit d'intérêts. *Un conflit d'intérêts est la contradiction directe et actuelle au sein d'une seule et même personne entre un intérêt personnel et un intérêt tiers dont elle a la charge, la plaçant en situation de faire prévaloir le premier au détriment du second.*

239. L'arbitre ou l'institution d'arbitrage ont la charge de la satisfaction de l'intérêt tiers, *i.e.* de la partie à l'arbitrage qui serait la victime de la mauvaise gestion du conflit d'intérêts par son sujet. Or, est-il normal que l'arbitre ou l'institution d'arbitrage aient ainsi en charge l'intérêt d'une seule des parties à l'arbitrage ? *A priori*, la réponse est négative. Néanmoins, l'intérêt tiers consiste en la bonne administration de la justice arbitrale. Il s'agit donc d'une attente légitime partagée par toutes les parties à l'arbitrage.

240. En vertu de quel fondement peut-on affirmer que l'arbitre ou l'institution d'arbitrage ont en charge la bonne administration de la justice arbitrale ? Théoriquement, deux fondements sont envisageables. Le premier

[417] B. Oppetit, Théorie de l'arbitrage, PUF, 1998, spéc. pp. 116-117.

relève du domaine juridictionnel : le juge[418] est tenu d'appliquer les principes directeurs du procès dont la bonne administration de la justice arbitrale fait partie. Néanmoins, si la fonction juridictionnelle de l'arbitre ne fait aucun doute[419], celle de l'institution d'arbitrage est plus controversée[420]. Le second fondement possible relève du domaine contractuel : la bonne administration de la justice arbitrale est l'une des attentes légitimes des parties à l'arbitrage. Parce qu'elles sont légitimes, les attentes des parties ont leur place dans le contrat les liant à l'arbitre et dans celui les liant à l'institution d'arbitrage. Une contractualisation tacite des attentes légitimes des parties à l'arbitrage serait envisageable. Ces fondements renvoient l'un au volet juridictionnel et l'autre au volet contractuel de l'arbitrage. Analysons-les successivement.

241. En ce qui concerne le fondement juridictionnel, nous renvoyons à nos développements antérieurs sur la tendance des institutions d'arbitrage à se comporter comme de véritables juridictions[421]. Nous nous interrogerons dès lors uniquement sur le statut de l'arbitre : l'arbitre est-il un juge ? On aborde souvent cette question en comparant la situation de l'arbitre avec celle du juge étatique. Le juge étatique est investi d'une compétence juridictionnelle permanente. En revanche, l'arbitre a occasionnellement le pouvoir de trancher un litige déterminé, en vertu de la volonté des parties à l'arbitrage. Lazareff parle, pour le premier, d'une « légitimité institutionnelle » et, pour le second, d'une « légitimité consensuelle »[422]. La question est de savoir si les deux légitimités se valent et si l'arbitre peut être assimilé à un juge. La principale objection à cette assimilation est la suivante. Si l'arbitre a le pouvoir de dire le droit (la *jurisdictio*), il n'a pas le

---

[418] En arbitrage interne, l'article 1464 du Code de procédure civile prévoit qu'« À moins que les parties n'en soient convenues autrement, le tribunal arbitral détermine la procédure arbitrale sans être tenu de suivre les règles établies pour les tribunaux étatiques.
Toutefois, sont toujours applicables les principes directeurs du procès énoncés aux articles 4 à 10, au premier alinéa de l'article 11, aux deuxième et troisième alinéas de l'article 12 et aux articles 13 à 21, 23 et 23-1.
Les parties et les arbitres agissent avec célérité et loyauté dans la conduite de la procédure.
Sous réserve des obligations légales et à moins que les parties n'en disposent autrement, la procédure arbitrale est soumise au principe de confidentialité ». En arbitrage international, l'article 1506 3° du Code de procédure civile prévoit que seul l'alinéa 3 de l'article 1464 dudit Code s'applique en arbitrage international.

[419] P. Level, « La jonction de procédures, intervention de tiers et demandes additionnelles et reconventionnelles », Bull. CCI, 1996, Vol. 7, n° 2, p. 36, spéc. p. 36 : « Le pouvoir juridictionnel des arbitres - c'est-à-dire le pouvoir, reconnu par l'Etat et la communauté internationale, de résoudre des litiges par une décision définitive ayant force de chose jugée - procède de l'accord de volontés des personnes en litige de confier la solution d'un litige né ou éventuel à des personnes, ni investies par l'Etat à ce titre, ni délégataires d'un tel pouvoir par l'Etat ».

[420] V. *supra* n° 162 et s..

[421] V. *supra* n° 162 et s..

[422] S. Lazareff, « L'arbitre est-il un juge ? », *in* Mélanges Reymond, Litec, 2004, p. 173, spéc. p. 182.

pouvoir de faire exécuter ses sentences (l'*imperium*). Pour que les sentences de l'arbitre soient exécutoires, il faut que le juge étatique y appose l'*exequatur*. Dès lors, plusieurs questions se posent. La dépendance de l'arbitre à l'égard du juge étatique témoigne-t-elle d'une absence de fonction juridictionnelle de l'arbitre ? Etre juge signifie-t-il être titulaire à la fois de la *jurisdictio* et de l'*imperium* ? Par ailleurs, qu'est-ce que la *jurisdictio* ? Qu'est-ce que l'*imperium* ? Les réponses à ces interrogations ne sont pas figées. Dans un article resté célèbre, M. Charles Jarrosson a éclairci les notions de *jurisdictio* et d'*imperium* et leurs rapports. Selon lui, « la *jurisdictio* est la composante de l'imperium qui réside dans le pouvoir de dire le droit, pouvoir conféré par l'Etat au juge et, sous certaines conditions et limites, à l'arbitre »[423]. Ainsi, contrairement à ce qui est traditionnellement enseigné, l'arbitre dispose d'une part d'*imperium*. Néanmoins, cette fraction ne permet pas à l'arbitre de se passer du juge étatique pour l'exécution de ses sentences. Pour autant, cette dépendance de l'arbitre au juge étatique n'a aucune incidence sur la reddition desdites sentences par l'arbitre. L'arbitre rend, seul, des sentences et tranche, seul, les litiges qui lui sont présentés. Selon nous, la fonction juridictionnelle de l'arbitre ne fait aucun doute. Comme l'a écrit Littré : « [l]e juge (...) est celui qui a le droit et l'autorité de juger ; l'arbitre celui qui, agréé ou désigné par les parties, juge un différend. Que ces définitions rapprochent les deux fonctions ! »[424].

242. Le second fondement possible est la contractualisation tacite des attentes légitimes des parties à l'arbitrage. Nous avons expliqué que la bonne administration de la justice arbitrale était partagée par les deux parties à l'arbitrage au titre de leurs attentes légitimes. Ces attentes étant, par hypothèse, légitimes, il n'est pas nécessaire de les faire figurer de manière expresse aux contrats liant les parties à l'arbitre ou à l'institution d'arbitrage. Elles entrent naturellement dans le champ contractuel. Dès lors, la bonne administration de la justice arbitrale devient une obligation contractuelle liant l'arbitre ou l'institution d'arbitrage.

243. Il semble qu'aucun des deux fondements ne l'emporte véritablement sur l'autre. L'un comme l'autre permettent de sensibiliser l'arbitre et l'institution d'arbitrage à la protection de l'intérêt tiers. L'arbitre et l'institution d'arbitrage doivent prendre conscience de la mission qui leur a été confiée. Néanmoins, cette tâche n'est pas aisée car l'autre terme de la contradiction est leur intérêt personnel.

---

423 Ch. Jarrosson, « Réflexions sur l'*imperium* », *in* Mélanges Bellet, Litec, 1991, p. 245, spéc. p. 279.
424 S. Lazareff, *op. cit.*, spéc. p. 173.

B. L'INTÉRÊT PERSONNEL

244. L'autre terme de la contradiction est l'intérêt personnel du sujet du conflit d'intérêts. Il y a un conflit d'intérêts parce que cet intérêt personnel se manifeste. M. Bruno Dondero qualifie l'intérêt personnel d'« intérêt parasite »[425]. En effet, *ab initio*, l'arbitre ou l'institution d'arbitrage ont en charge l'intérêt tiers qui correspond à la bonne administration de la justice arbitrale. Puis, leur intérêt personnel émerge et vient se heurter à l'intérêt tiers. C'est ainsi que naît le conflit d'intérêts.

245. L'intérêt personnel revêt de nombreuses particularités. D'abord, l'intérêt personnel est variable en son objet (1°). Ensuite, l'intérêt personnel est variable en son origine (2°). Enfin, en ce qui concerne son régime, l'intérêt personnel doit céder devant la bonne administration de la justice arbitrale, intérêt tiers dont le sujet du conflit d'intérêts a la charge (3°).

1° UN INTÉRÊT VARIABLE EN SON OBJET

246. « L'intérêt parle toutes sortes de langues et joue toutes sortes de personnages, même celui du désintéressé » affirme La Rochefoucauld. « L'intérêt parle toutes sortes de langues ». En d'autres termes, l'intérêt personnel est une notion universelle. Tout un chacun a un intérêt personnel. Dans cette citation, on cerne une allusion à l'intérêt pécuniaire, intelligible par toute personne, peu importe sa langue. « L'intérêt joue toutes sortes de personnages ». En réalité, la personne intéressée, plus que l'intérêt, joue toutes sortes de personnages. Elle peut effectivement jouer un rôle, en vue de satisfaire son intérêt personnel.

247. Il faut noter que l'intérêt personnel est d'une grande variété. Il dépend évidemment de la nature de son titulaire. D'abord, l'intérêt personnel diffère selon qu'il est l'intérêt d'un arbitre ou d'une institution d'arbitrage. En effet, les conflits d'intérêts en la personne de l'arbitre ont essentiellement une motivation patrimoniale, tandis que les conflits d'intérêts affectant les institutions d'arbitrage ont un aspect plus politique. Ensuite, l'intérêt personnel varie selon l'identité de son titulaire. Par exemple, si l'arbitre est exclusivement Professeur à l'Université, il y a peu de risques de lien de subordination avec l'une des parties à l'arbitrage. En revanche, au sein de cette même personne, les risques d'*issue conflicts* sont importants. En effet, un professeur est régulièrement sollicité pour donner son avis à l'occasion d'un article ou d'un colloque. Pour se convaincre de la variabilité de l'intérêt

[425] B. Dondero, « Le traitement juridique des conflits d'intérêts : entre droit commun et dispositifs spéciaux », D., 2012.1686.

personnel en fonction de l'identité de son titulaire, il suffit de se référer à notre étude sur les conflits d'intérêts en la personne de l'arbitre dans laquelle la multitude des hypothèses avait exigé une classification précise[426].

248. Cette variabilité de l'intérêt personnel est à mettre en perspective avec la constance de l'intérêt tiers. Rappelons que le conflit d'intérêts est la contradiction entre deux termes : l'intérêt personnel du sujet du conflit d'intérêts et un intérêt tiers dont il a la charge. Cet intérêt tiers renvoie à l'intérêt de la partie à l'arbitrage qui subirait un préjudice de la mauvaise gestion du conflit d'intérêts par son sujet. L'intérêt tiers est de manière constante la bonne administration de la justice arbitrale. Le conflit d'intérêts est donc une contradiction entre un intérêt stable et un intérêt variable. À première vue, il semblerait logique que l'intérêt stable l'emporte sur l'intérêt variable. D'autant plus que l'intérêt personnel, surtout lorsqu'il est motivé par des considérations purement pécuniaires, ne semble pas pouvoir concurrencer la bonne administration de la justice arbitrale.

249. La situation se complique lorsque rentre en jeu l'intérêt personnel d'un proche de l'arbitre ou celui d'un membre de l'institution d'arbitrage. L'interêt personnel est un intérêt variable en son origine.

2° Un intérêt variable en son origine

250. À l'occasion de notre étude sur les conflits d'intérêts en la personne de l'arbitre, nous avions vu que certaines situations n'impliquaient pas directement l'intérêt personnel de l'arbitre, mais celui de l'un de ses proches. C'était notamment le cas dans une affaire où la fille de l'arbitre exerçait dans le même cabinet d'avocats que le conseil de l'une des parties à l'arbitrage[427]. Il allait donc dans l'intérêt personnel de la fille de l'arbitre que la partie à l'arbitrage représentée par son cabinet obtienne gain de cause. Il ne s'agissait donc pas directement de l'intérêt personnel de l'arbitre. Dès lors, peut-on admettre que l'intérêt personnel d'un proche de l'arbitre puisse constituer l'un des termes du conflit d'intérêts ? Cette question doit être abordée avec pragmatisme. S'agissant de l'intérêt personnel de la fille de l'arbitre, l'intérêt de l'arbitre, en qualité de père, est indirectement en jeu. Si l'intérêt personnel de la fille n'est pas satisfait, on peut imaginer que l'intérêt personnel du père ne le sera pas non plus. L'intérêt de l'arbitre est une sorte d'intérêt par ricochet qu'il convient de prendre en compte comme s'il s'agissait d'un intérêt direct. De cette manière, l'intérêt personnel peut varier non seulement en son objet, mais également en son origine. L'intérêt personnel se trouve ainsi à l'opposé de l'intérêt tiers constant à la fois en son origine et en son objet.

---

426 V. *supra* n° 21 et s..

427 Paris, 18 décembre 2008, *SARL Avelines Conseil c. Masuy*, Rev. arb., 2009.232.

251. Néanmoins, si l'on admet que l'intérêt personnel d'un proche au sujet du conflit d'intérêts puisse constituer l'un des termes du conflit d'intérêts, il faut adopter un ton mesuré. Il ne saurait s'agir de tous les proches du sujet du conflit d'intérêts. Sinon, les hypothèses de conflit d'intérêts seraient trop nombreuses et leur traitement d'une particulière complexité. Aussi, il serait opportun que le législateur fixe des limites. Nous pensons que seules les personnes qui entretiennent véritablement des liens étroits avec le sujet du conflit d'intérêts devraient être prises en compte. Par ailleurs, lucides sur les difficultés de proposer une définition pertinente de l'amitié, nous ne jugeons pas bon de faire entrer les amis de l'arbitre dans la catégorie des proches du sujet du conflit d'intérêts. Sur ce point, nous croyons au professionnalisme et au bon sens du sujet qui saura faire prévaloir la bonne administration de la justice arbitrale. En effet, il est une évidence qu'il nous faut maintenant évoquer : l'intérêt personnel doit céder devant la bonne administration de la justice arbitrale.

3° UN INTÉRÊT DEVANT CÉDER DEVANT LA BONNE ADMINISTRATION DE LA JUSTICE ARBITRALE

252. Le sujet du conflit d'intérêts se trouve dans une situation délicate. Il est le foyer d'une contradiction forte entre deux intérêts : l'intérêt tiers dont il a la charge et son intérêt personnel auquel il n'est évidemment pas insensible. Dans quel sens le sujet va-t-il résoudre cette contradiction ? La résolution idéale du conflit d'intérêts est la prévalence de l'intérêt tiers. L'intérêt tiers a en effet de nombreuses raisons de l'emporter sur l'intérêt personnel. D'abord, il est constant en son origine et en son objet, signe d'une certaine stabilité. Ensuite, il consiste en un intérêt louable : la bonne administration de justice arbitrale. Enfin, le sujet du conflit d'intérêts en a la charge : il s'est personnellement engagé à veiller à sa satisfaction. Autant d'éléments qui vont dans le sens d'une résolution systématique des conflits d'intérêts en faveur de l'intérêt tiers *i.e.* en faveur de la bonne administration de la justice arbitrale.

253. Pourtant, en pratique, la résolution des conflits d'intérêts est tout autre. Le sujet du conflit d'intérêts est bien souvent tenté de satisfaire son intérêt personnel, au détriment de l'intérêt tiers. Le sujet méconnaît la bonne administration de la justice arbitrale et, par cela-même, ne remplit pas sa mission. Cet individualisme semble éloigné de la conception que Lazareff a développée de l'arbitrage commercial international : l'arbitrage est "*a gentlemanly way to resolve disputes between gentlemen*"[428]. Or, l'attitude du sujet du conflit d'intérêts qui préfère agir dans le sens de son intérêt

---

[428] S. Lazareff, « L'arbitre singe ou comment assassiner l'arbitrage », *in* Liber Amicorum en l'honneur de Robert Briner, Publications CCI, 2005, p. 477, spéc. p. 478.

personnel plutôt que d'accomplir sa mission de bonne administration de la justice arbitrale ne semble pas agir "*in a gentlemanly way*". Les raisons de cette mutation sont nombreuses. Oppetit en évoquait certaines à la fin des années 1990. L'auteur regrettait alors « un climat général de plus en plus délétère, sur fond de corruption et de manquements répétés à la déontologie des affaires »[429]. Face à cet écueil de taille, M. Elie Kleiman donne le conseil suivant aux arbitres, auquel nous ne pouvons qu'adhérer : « l'arbitre ne doit donc jamais oublier qu'il doit aux parties, aux institutions d'arbitrage et surtout à l'arbitrage, le meilleur de lui-même »[430].

254. Ainsi le conflit d'intérêts est-il une contradiction entre un intérêt personnel et un intérêt tiers au sujet. Encore faut-il que cette contradiction soit directe et actuelle.

---

[429] B. Oppetit, Théorie de l'arbitrage, PUF, 1998, spéc. p. 11.

[430] E. Kleiman, « Arbitre, *Intuitu personae* », *in* Liber Amicorum en l'honneur de Serge Lazareff, Pedone, 2011, p. 361, spéc. p. 381.

SECTION 2. UNE CONTRADICTION DIRECTE ET ACTUELLE

255. Rappelons notre définition du conflit d'intérêts. *Un conflit d'intérêts est la contradiction directe et actuelle au sein d'une seule et même personne entre un intérêt personnel et un intérêt tiers dont elle a la charge, la plaçant en situation de faire prévaloir le premier au détriment du second.*

256. Le recensement des situations de conflits d'intérêts et leur comparaison nous ont permis de dégager deux caractères de cette contradiction. Cette caractérisation a pour but d'éviter toute qualification intempestive. En effet, bien que les conflits d'intérêts se propagent de manière spectaculaire en arbitrage commercial international, ce n'est pas une raison pour voir des conflits d'intérêts là où il n'y en a pas.

257. Deux caractères de la contradiction émergent de la définition du conflit d'intérêts que nous avons proposée. La contradiction doit être directe (§1) et actuelle (§2).

§1. UNE CONTRADICTION DIRECTE

258. Pour qu'il y ait conflit d'intérêts, la contradiction entre l'intérêt personnel et l'intérêt tiers doit être directe. Cette affirmation mérite un certain nombre d'explications (A). Nous en fournirons ensuite quelques illustrations (B).

A. EXPLICATIONS

259. La contradiction entre l'intérêt personnel et l'intérêt tiers doit être directe. Cette condition fait écho à la définition que nous avions donnée de la contradiction. Deux intérêts en contradiction sont deux intérêts qui s'entrechoquent, qui se heurtent frontalement. Il ne doit exister aucun obstacle entre eux. Les deux intérêts doivent rentrer immédiatement en conflit, sans intermédiaire. La contradiction doit être directe. Or, une contradiction est directe à condition que seuls l'intérêt personnel du sujet du conflit d'intérêts et un intérêt tiers soient en jeu. Si un troisième intérêt intervient, la contradiction n'est plus directe, mais indirecte, et la qualification de conflit d'intérêts ne peut plus être retenue.

260. Nous avions déjà suggéré le caractère direct de la contradiction à l'occasion de l'implication de l'intérêt personnel d'un proche du sujet du conflit d'intérêts. Nous avions finalement conclu qu'il était important en pratique d'admettre que l'intérêt personnel d'un proche au sujet du conflit d'intérêts puisse constituer l'un des termes du conflit d'intérêts. Et nous avions alors qualifié l'intérêt du sujet d'intérêt par ricochet. Cette situation est la seule exception au caractère direct de la contradiction. En effet, l'intérêt tiers ne peut pas faire l'objet d'une extension comparable à celle de l'intérêt personnel puisque nous savons que l'intérêt tiers est constant en son origine. Il s'agit toujours de l'intérêt de la partie à l'arbitrage qui serait la victime de la mauvaise gestion du conflit d'intérêts par son sujet. Par ailleurs, l'intérêt tiers est également constant en son objet. L'intérêt tiers consiste toujours en la bonne administration de la justice arbitrale. Or, on imagine mal une personne tierce à l'arbitrage titulaire de cet intérêt.

261. La contradiction doit être directe : elle doit intervenir entre l'intérêt personnel du sujet du conflit d'intérêts ou de l'un de ses proches, et un intérêt tiers dont il a la charge. La contradiction étant directe, elle est patente. Il ne devrait pas y avoir de doute sur l'existence d'un conflit d'intérêts. Illustrons notre propos.

B. Illustrations

262. Le caractère direct de la contradiction est une condition fondamentale de l'existence du conflit d'intérêts. Il est quatre situations dans lesquelles le caractère direct de la contradiction peut susciter la discussion : les relations entre une société mère et ses filiales (1°) ; le financement de l'arbitrage par un tiers (2°) ; l'existence d'une assurance (3°) et l'existence de liens entre l'arbitre ou l'institution d'arbitrage et le conseil de l'une des parties à l'arbitrage (4°).

1° Les relations entre une société mère et ses filiales

263. Dans quelle mesure faut-il prendre en compte les relations entre une société mère et ses filiales dans l'appréciation de l'existence d'un conflit d'intérêts en arbitrage commercial international ? La question peut se poser, par exemple, lorsque le litige met en cause l'une des filiales d'une société mère, n'étant pas elle-même partie à l'arbitrage mais dans laquelle l'arbitre est salarié. N'y a-t-il pas, à première vue, trois intérêts en présence dans une telle situation : l'intérêt de l'arbitre, l'intérêt de la société mère et l'intérêt de la filiale ? Pour le savoir, il convient de reprendre scrupuleusement les termes de la contradiction précédemment posés. Quel est l'intérêt tiers ? L'intérêt tiers est celui de la partie à l'arbitrage qui serait la victime d'une mauvaise gestion du conflit d'intérêts par son sujet. En l'espèce, la mauvaise gestion du conflit d'intérêts consisterait pour l'arbitre à trancher, sans véritable examen au fond, en faveur de la filiale de la société mère pour laquelle il travaille. L'intérêt tiers est donc celui de la partie adverse. Quel est l'intérêt personnel ? L'intérêt personnel est l'intérêt du sujet du conflit d'intérêts *i.e.* celui de l'arbitre, et consiste en le maintien de son contrat de travail au sein de la société mère, voire en une promotion. Les apparences sont donc trompeuses. La situation ne comporte non pas trois mais seulement deux intérêts : celui de l'arbitre et celui de la partie à l'arbitrage autre que la filiale. L'existence d'une société mère ne constitue donc pas un obstacle à la qualification du conflit d'intérêts. Que se passe-t-il en cas de financement de l'arbitrage par un tiers ?

2° Le financement de l'arbitrage par un tiers

264. La pratique du financement de l'arbitrage par un tiers est née en Australie et a été importée en France pour promouvoir l'arbitrage. Egalement connu sous le nom de *Third Party Funding*[431], le financement de l'arbitrage

[431] M. Kantor, "*Third-Party Funding in International Arbitration: An Essay About New Developments*", *ICSID Review*, 2009.65 ; Ph. Pinsolle, « Le financement de l'arbitrage par les

par un tiers permet de rendre l'arbitrage plus accessible aux petites et moyennes entreprises. Néanmoins, le financement de l'arbitrage par un tiers est en partie lucratif. Le tiers financeur intervient pour assister une partie à l'arbitrage alors même qu'il n'est pas concerné par les faits litigieux. Le tiers paye les frais de l'arbitrage comportant notamment les rémunérations du conseil et de l'arbitre, moyennant un pourcentage de l'indemnité que la partie financée touchera si elle obtient gain de cause. Le tiers financeur bénéficie ainsi d'un retour sur son investissement. L'intérêt du tiers financeur au succès des prétentions de la partie qu'il finance nous a conduits à nous demander si ce tiers avait véritablement le statut de tiers ou si, au contraire, il ne devenait pas une véritable partie à l'arbitrage. La question fait actuellement débat[432]. Nous ne pensons pas qu'il devienne une partie à l'arbitrage car il n'a pas participé aux faits litigieux, et n'aurait lui-même aucun intérêt à agir. Néanmoins, il est certain que le tiers financeur n'est pas un tiers comme les autres.

265. Imaginons la situation dans laquelle l'arbitrage est financé par un tiers avec lequel l'arbitre est en relation d'affaires depuis de nombreuses années. Il est actuellement discuté de l'opportunité de révéler l'existence du tiers financeur et son identité au début de l'instance arbitrale précisément pour mettre en lumière des liens éventuels du tiers financeur avec l'un des membres du tribunal arbitral[433]. Existe-t-il une contradiction directe entre l'intérêt personnel de l'arbitre et un intérêt tiers dont il a la charge ? Pour répondre à cette question, il convient de reprendre notre méthode. Déterminons d'abord quel est l'intérêt tiers. L'intérêt tiers est l'intérêt de la partie à l'arbitrage qui serait la victime d'une mauvaise gestion du conflit d'intérêts par son sujet. L'arbitre ne gérerait pas convenablement le conflit d'intérêts s'il tranchait, sans véritable examen au fond, en faveur de la partie à l'arbitrage bénéficiant du financement par un tiers. Donc, l'intérêt tiers est l'intérêt de la partie à l'arbitrage qui n'a pas été financée. Déterminons maintenant quel est l'intérêt personnel. L'intérêt personnel est celui du sujet du conflit d'intérêts. En l'espèce, l'intérêt personnel est celui de l'arbitre. Il consiste à maintenir sa relation d'affaires avec le tiers financeur. Ainsi, seuls deux intérêts s'opposent directement. La qualification de conflit d'intérêts pourrait donc être retenue. Qu'en est-il lorsque les parties à l'arbitrage font appel à une compagnie d'assurance ?

---

tiers », Rev. arb., 2011.385 ; Dossier CCI, 2013, *Third party Funding in International Arbitration.*

[432] V. Colloque « Le financement du contentieux par un tiers », Institut de Droit Comparé, Paris, 2 avril 2012 ; Conférence-débat du CFA 40, « Le financement par les tiers (ou *third-party funding*) », animé par Maître Carine Dupeyron.

[433] E. Thomas et J.-W. Bang, "*ICSID tribunal orders claimants to disclose details of third party funder*", DLA Piper Publications, 13 juillet 2015.

3° L'ASSURANCE

266. Les parties à l'arbitrage peuvent conclure un contrat avec une compagnie d'assurance ou avec un fonds d'investissement pour faire assurer le risque du paiement d'une somme d'argent en faveur de la partie adverse prononcé par la sentence arbitrale. L'intervention d'un assureur dans le cadre d'un arbitrage a-t-elle des conséquences sur l'appréciation de l'existence d'un conflit d'intérêts ? Avant de répondre à cette question, notons que cette situation présente une certaine proximité avec la situation précédente, à savoir le financement de l'arbitrage par un tiers. L'assureur et le tiers financeur sont tous deux rémunérés : le premier, de manière certaine, par la prime d'assurance et le second, de manière conditionnelle, par un pourcentage déterminé de l'indemnisation en cas de gain de cause de la partie financée. L'assureur et le tiers financeur ont également intérêt à ce que la partie qu'il assure ou finance obtienne gain de cause : le premier n'a pas à dédommager la partie victorieuse et le second obtiendra une partie des dommages-intérêts versés par la partie adverse.

267. Contrairement au tiers financeur, l'assureur est assimilé à la partie à l'arbitrage qu'il assure. Il s'agit d'une application pratique du mécanisme de la subrogation[434]. L'assureur étant assimilé à la partie à l'arbitrage qu'il assure, leurs intérêts respectifs sont confondus. De cette manière, le caractère direct de la contradiction est préservé.

268. Notons que la Cour de cassation a récemment jugé une affaire très particulière qui ne correspondait ni à un financement par un tiers, ni à une assurance, mais à une cession de créance. En l'espèce, la société TEP Congo, appartenant au groupe Total, n'avait pas encore versé le montant de la redevance d'exploitation pétrolière à la République du Congo. À l'occasion d'un arbitrage opposant ladite République du Congo à la société GAT, la société TEP Congo se porte garante du paiement des sommes dont la République du Congo serait débitrice envers la société GAT dans l'hypothèse où la République de Congo n'obtiendrait pas gain de cause et dans la limite de la somme due au titre de la redevance d'exploitation pétrolière. Ainsi, si la République du Congo perd l'arbitrage, la société TEP Congo versera le montant de la redevance d'exploitation pétrolière, non pas à la République du Congo, mais à la société GAT. En revanche, si la République du Congo obtient gain de cause, la société TEP Congo ne versera rien à la société GAT, mais sera toujours redevable de la redevance d'exploitation pétrolière à la République du Congo. Finalement, la sentence condamne la société GAT à payer à la République du Congo une certaine

---

434 V. l'article L.121-12 du Code des assurances.

somme d'argent. La société TEP Congo ne verse donc rien à la société GAT. La société GAT demande l'annulation de la sentence arbitrale, notamment au motif que le Président du tribunal arbitral n'a pas satisfait à ses exigences d'indépendance et d'impartialité. La société GAT rapporte que le Président du tribunal arbitral a entretenu une relation d'affaires avec le groupe Total auquel appartient la société TEP Congo. La Cour de cassation rejette cette demande en expliquant que « le mécanisme est neutre pour la société TEP Congo puisque cette société paiera 70 millions de dollars US, que la République du Congo soit ou non condamnée, ce paiement se faisant au profit, soit de la société GAT, soit de la République du Congo, et en tire la conséquence que l'issue de la procédure arbitrale n'aura aucun retentissement sur la situation financière de la société TEP Congo laquelle n'est d'ailleurs pas partie à la procédure, ce qui exclut l'existence d'un éventuel conflit d'intérêts susceptible de créer un risque de défaut d'indépendance et d'impartialité de M. Y... »[435]. La première partie du raisonnement suivi par la Cour de cassation est logique et incontestable. La seconde partie, à partir du mot *d'ailleurs*, nécessite une analyse plus approfondie. Traditionnellement, le mot *d'ailleurs* introduit un *obiter dictum* de la part de la Cour de cassation. Un *obiter dictum* est une observation faite par un juge qui, bien qu'elle se trouve à l'intérieur de l'analyse de la Cour, ne constitue pas un élément justifiant la décision rendue. En l'espèce, la Cour observe que la société TEP Congo n'est pas partie à la procédure et que cela exclut l'existence d'un éventuel conflit d'intérêts susceptible de créer un risque de défaut d'indépendance et d'impartialité. Cette observation sert la décision rendue. Il ne s'agit donc pas, *a priori*, d'un *obiter dictum*. Notons, néanmoins, que l'argument n'avait pas été soulevé par la société GAT. La Cour de cassation en est à l'initiative. Par ailleurs, nous ne sommes pas d'accord avec la logique tenue par la Cour : ce n'est pas parce qu'une société n'est pas partie à la procédure arbitrale qu'elle ne peut pas participer de l'émergence d'un conflit d'intérêts. Nos développements sur les groupes de société et sur le financement de l'arbitrage par un tiers en témoignent. L'intervention d'une tierce personne à la procédure arbitrale peut être à l'origine de la naissance d'un conflit d'intérêts, à condition que le caractère direct de la contradiction soit avéré. Enfin, qu'en est-il lorsque l'arbitre ou l'institution d'arbitrage sont liés au conseil de l'une des parties à l'arbitrage ?

---

[435] Cass. 1ère civ., 25 juin 2014, *Groupe Antoine Tabet c. République du Congo*, Rev. arb., 2014.802.

4° LES LIENS ENTRE L'ARBITRE OU L'INSTITUTION D'ARBITRAGE ET LE CONSEIL DE L'UNE DES PARTIES À L'ARBITRAGE

269. Il arrive souvent que l'arbitre ou que les membres de l'institution d'arbitrage connaissent le conseil de l'une des parties à l'arbitrage parce qu'ils exercent dans le même cabinet d'avocats par exemple. Ces liens soulèvent des enjeux importants lorsque l'on sait que les conseils sont les premières personnes susceptibles d'orienter les parties à l'arbitrage dans leur choix d'un arbitre. Une partie à l'arbitrage se laissera aisément influencer par les suggestions de son conseil sur les personnes en mesure de mener un bon arbitrage. Alors, l'intérêt du conseil ne vient-il pas s'ajouter à l'intérêt personnel de l'arbitre et à l'intérêt tiers ? La contradiction entre l'intérêt personnel de l'arbitre et l'intérêt tiers est-elle encore directe ? Une réponse négative à la première question permet d'en adopter une positive à la seconde. La contradiction entre l'intérêt personnel de l'arbitre et l'intérêt tiers est directe malgré l'existence d'un lien entre l'arbitre et le conseil de l'une des parties à l'arbitrage pour une raison évidente. Le conseil d'une partie a pour mission de la représenter. Aussi, lorsque le conseil s'exprime, il le fait au nom et pour le compte de la partie à l'arbitrage qu'il représente. C'est une simple application du mécanisme de la représentation. De cette façon, l'existence d'un lien entre l'arbitre et le conseil de l'une des parties à l'arbitrage ne nuit pas au caractère direct de la contradiction. Il peut dès lors y avoir un conflit d'intérêts. Par ailleurs, il ne suffit pas que la contradiction soit directe pour qu'il y ait un conflit d'intérêts. Encore faut-il que la contradiction soit actuelle.

§2. UNE CONTRADICTION ACTUELLE

270. Le conflit d'intérêts est une contradiction directe et actuelle entre deux intérêts. Nous savons désormais ce que signifie *directe*. Expliquons (A) maintenant en quoi consiste le caractère actuel de la contradiction, avant d'illustrer (B) notre propos.

A. EXPLICATIONS

271. La contradiction entre l'intérêt personnel et l'intérêt tiers doit présenter une certaine actualité. Quel est le moment de référence pour apprécier l'actualité de la contradiction ? Selon nous, cinq événements pourraient constituer ce moment de référence : la demande à l'arbitre pressenti pour statuer ; l'acceptation par l'arbitre de sa mission ; la rédaction de l'acte de mission ; l'instance arbitrale ou la reddition de la sentence. Voyons lequel de ces événements serait le plus pertinent pour apprécier l'actualité de la contradiction (1°). Puis, analysons les conséquences (2°) de ce choix.

1° LE MOMENT DE RÉFÉRENCE POUR APPRÉCIER L'ACTUALITÉ DE LA CONTRADICTION

272. La contradiction doit-elle être contemporaine au moment où la partie à l'arbitrage demande à l'arbitre pressenti de devenir arbitre de son litige ? Plusieurs éléments vont dans le sens d'une réponse négative. D'abord, ce moment ne correspond pas à un moment précis. En pratique, les deux parties à l'arbitrage font leur demande à des dates différentes. De plus, ce moment ne permet pas d'englober les conflits d'intérêts qui apparaîtraient pendant l'instance arbitrale. Or, imaginons que pour influencer son choix, la partie à l'arbitrage propose à l'arbitre un contrat de travail avec une rémunération attrayante en cours d'instance. Cette situation présente un conflit d'intérêts évident. Pourtant, si l'on prend pour référence le moment de la demande faite à l'arbitre, cet événement ne serait pas considéré comme actuel et aucun conflit d'intérêts ne pourrait être caractérisé. De plus, ce moment ne saurait être le moment de référence puisque l'intérêt tiers, la bonne administration de la justice arbitrale, n'est pas encore constitué, l'instance arbitrale n'ayant pas encore commencé.

273. La contradiction doit-elle être concomitante avec l'acceptation de sa mission par l'arbitre ? La réponse est encore une fois négative. Même si l'intérêt tiers est constitué en raison du déclenchement de l'instance arbitrale, ce moment correspond à un moment trop ponctuel pour permettre un encadrement suffisant des conflits d'intérêts en arbitrage commercial international. Néanmoins, au moment de l'acceptation de sa mission, l'arbitre devrait, en principe, dire aux parties si un élément l'empêche de mener à bien sa mission. L'arbitre peut encore le faire à un autre moment : celui de la signature de l'acte de mission.

274. La contradiction doit-elle être contemporaine à la signature de l'acte de mission ? Rappelons que l'article 23 du Règlement d'arbitrage de la CCI prévoit que l'acte de mission est l'acte signé par les parties et par les membres du tribunal arbitral fixant un certain nombre de modalités de l'instance arbitrale. Il comporte notamment un exposé sommaire des prétentions des parties et des décisions sollicitées par chacune d'elles, ainsi que des indications relatives aux règles applicables à la procédure et, le cas échéant, la mention des pouvoirs octroyés au tribunal arbitral de statuer en amiable compositeur ou de décider *ex aequo et bono etc.* Même si la signature de cet acte constitue un moment solennel, il ne peut pas s'agir du moment de référence pour juger de l'actualité de la contradiction. Ce moment est trop ponctuel et ne permet pas un encadrement effectif des conflits d'intérêts en arbitrage commercial international.

275. La contradiction doit-elle être contemporaine à l'instance arbitrale ? La réponse est positive. Il s'agit du moment le plus opportun. L'instance arbitrale est le champ d'application exact de la bonne administration de la justice arbitrale. Elle s'entend de manière suffisamment large pour garantir un encadrement efficace des conflits d'intérêts, car elle englobe tous les conflits d'intérêts intervenant en cours d'instance.

276. Enfin, la reddition de la sentence arbitrale n'est pas le moment le plus opportun pour apprécier l'actualité de la contradiction. Si tel était le cas, l'arbitre pourrait faire disparaître la contradiction peu de temps avant la reddition de la sentence arbitrale pour éviter toute sanction.

2° Les conséquences

277. Ainsi la contradiction doit-elle être contemporaine à l'instance arbitrale. L'instance arbitrale est une période de temps qui démarre par l'acceptation de l'arbitre de statuer en cette qualité et s'achève par la reddition de la sentence arbitrale. De cette manière, ne sont pas actuels à l'instance arbitrale les faits antérieurs à l'acceptation de l'arbitre et les faits postérieurs à la reddition de la sentence arbitrale. Ces faits intervenant en dehors du champ de l'instance arbitrale ne peuvent *a priori* pas emporter la qualification de conflit d'intérêts.

278. Les faits postérieurs à l'instance arbitrale ne posent pas véritablement de difficultés. Ils interviennent après la reddition de la sentence arbitrale et ne sauraient être à l'origine de conflit d'intérêts émergeant pendant l'instance. Il ne peut pas y avoir de conflit d'intérêts après la reddition de la sentence arbitrale, puisque l'instance arbitrale s'achève et, avec elle, la bonne administration de la justice arbitrale. Néanmoins, certains faits intervenant après la reddition de la sentence arbitrale peuvent avoir pour origine des faits contemporains à l'instance arbitrale. Par exemple, la conclusion d'un contrat de travail entre l'arbitre et l'une des parties à l'arbitrage après la reddition de la sentence dont la phase de négociations avait débuté pendant l'instance arbitrale. Dans ce cas, il semble qu'il faille prendre en compte les faits à l'origine des faits postérieurs à la reddition de la sentence, dans notre exemple, les pourparlers.

279. En ce qui concerne les faits antérieurs à l'instance arbitrale, la tâche est plus difficile. La question qui se pose est celle de savoir si un fait qui est intervenu avant le début de l'instance arbitrale peut avoir des conséquences sur le comportement de l'arbitre ou de l'institution d'arbitrage. On peut imaginer qu'un arbitre qui a déjà eu l'occasion de travailler ou de conseiller l'une des parties à l'arbitrage aura du mal à faire abstraction de ces rapports antérieurs avec elle. Néanmoins, il nous semble juste de ne pas les prendre en compte. Illustrons nos propos.

B. ILLUSTRATIONS

280. Le caractère actuel de la contradiction est une condition fondamentale de l'existence d'un conflit d'intérêts. Il est un certain nombre de situations dans lesquelles le caractère actuel de la contradiction peut faire l'objet d'une discussion. Outre l'hypothèse du contrat de travail conclu postérieurement à la reddition de la sentence arbitrale, mais dont les pourparlers ont eu lieu pendant l'instance arbitrale, hypothèse que nous avons déjà évoquée au fil de nos explications, trois situations méritent d'être rapportées : le courant d'affaires (1°) ; les *issue conflicts* (2°) et les conflits d'intérêts conjoncturels affectant les institutions d'arbitrage (3°).

1° LE COURANT D'AFFAIRES

281. Le courant d'affaires, qui consiste en la désignation systématique d'un arbitre par une partie à l'arbitrage, remplit-il la condition d'actualité du conflit d'intérêts ? Par hypothèse, chacune des désignations intervient avant chacune des instances arbitrales associées. Pourtant, nous avions vu que le courant d'affaires est l'une des manifestations types du conflit d'intérêts patrimonial en la personne de l'arbitre. Serait-il une exception au caractère actuel du conflit d'intérêts ? La réponse est négative. Le courant d'affaires remplit la condition d'actualité, comme tout conflit d'intérêts. En effet, ce qui est reproché à l'arbitre n'est pas sa désignation précédente par la même partie à l'arbitrage, ni même celle d'avant. Il est reproché à l'arbitre qu'un usage se soit créé entre lui et l'une des parties à l'arbitrage. Or, l'usage s'inscrit dans le temps ; il existe tant qu'il est pratiqué. Entre deux applications concrètes, un usage ne s'éteint pas ; l'on pourrait dire qu'il *veille*. Finalement, il faut prendre en compte la période qui s'écoule du jour de la première désignation de l'arbitre jusqu'au moment de l'instance arbitrale. De cette façon, les anciennes désignations de l'arbitre par la même partie à l'arbitrage, bien qu'elles soient des faits antérieurs à l'instance arbitrale, participent au maintien d'un usage contemporain à l'instance arbitrale.

2° LES *ISSUE CONFLICTS*

282. Les *issue conflicts* sont des conflits d'intérêts nés de la formulation par l'arbitre d'une opinion scientifique, politique ou religieuse avant le déroulement de l'instance arbitrale, susceptible de faire penser que l'arbitre a un préjugé sur le litige qui lui est soumis. Cette opinion étant intervenue avant l'instance arbitrale, elle ne devrait pas pouvoir être à l'origine d'un éventuel conflit d'intérêts. Néanmoins, il semble que l'on puisse en discuter.

283. Selon nous, il est deux conceptions alternatives de l'opinion : une conception interne ou une conception externe. Selon la conception interne, l'opinion est indissociable de la personne de l'arbitre, dc sorte que, même si cette opinion a été exprimée avant l'instance arbitrale, elle perdure en la personne de l'arbitre notamment pendant l'instance arbitrale. Selon la conception interne, l'opinion peut heurter directement la bonne administration de la justice arbitrale et être à l'origine d'un conflit d'intérêts. En revanche, si l'on adopte une conception externe de l'opinion, on considère que l'opinion est une manifestation extérieure de la pensée de l'arbitre. L'opinion se fige dans le temps par son extériorisation. L'arbitre est alors dissocié des opinions qu'il a exprimées par le passé. Ainsi, les opinions extériorisées avant l'instance arbitrale appartiennent au passé et n'ont aucune incidence sur la bonne administration de la justice arbitrale, de telle sorte qu'aucun conflit d'intérêts n'est possible.

284. Pour notre part, nous adoptons la conception externe de l'opinion. Elle nous semble plus pragmatique. En effet, associer l'arbitre à ses opinions revient à faire de l'arbitre un être figé. Or, les opinions de l'arbitre sont évidemment amenées à évoluer avec le temps, au fil de ses lectures et de ses rencontres. On ne peut pas considérer que l'arbitre a des opinions définitives, insusceptibles de modification ou de revirement. L'arbitre peut changer d'avis. Il est une personne sensible aux arguments qui sont invoqués devant lui. Il est certainement encore plus attentif aux arguments qui ne vont pas dans le sens qu'il avait précédemment adopté dans un colloque ou dans un article par exemple.

3° Les conflits d'intérêts conjoncturels affectant les institutions d'arbitrage

285. La dernière situation qui nous intéresse est celle des conflits d'intérêts conjoncturels affectant les institutions d'arbitrage. En réalité, cette situation présente moins de difficultés que les précédentes. Il s'agit par exemple d'un conflit d'intérêts affectant une institution d'arbitrage en raison de sa composition ou de la composition de la Chambre de commerce à laquelle elle appartient. Les conflits d'intérêts conjoncturels dépendent des circonstances entourant l'instance arbitrale. Ils peuvent évoluer en fonction de l'environnement dans lequel se trouve l'institution d'arbitrage. Néanmoins, ils sont toujours actuels à l'instance arbitrale. On pourrait éventuellement envisager d'élaborer une présomption d'actualité des conflits d'intérêts conjoncturels. Cette présomption ne dispenserait pas, pour autant, de rapporter la preuve de l'existence d'une contradiction directe entre l'intérêt personnel du sujet du conflit d'intérêts, l'institution d'arbitrage, et l'intérêt tiers, intérêt de la partie à l'arbitrage qui serait la victime d'une mauvaise gestion du conflit d'intérêts par l'institution d'arbitrage.

286. L'objet du conflit d'intérêts est ainsi posé. La détermination puis la caractérisation de l'objet du conflit d'intérêts nous ont permis de dégager les conditions objectives du conflit d'intérêts. Il convient désormais d'étudier les conditions subjectives du conflit d'intérêts.

CHAPITRE 2. LES CONDITIONS SUBJECTIVES DU CONFLIT D'INTÉRÊTS

287. Rappelons notre définition du conflit d'intérêts. *Un conflit d'intérêts est la contradiction directe et actuelle au sein d'une seule et même personne entre un intérêt personnel et un intérêt tiers dont elle a la charge, la plaçant en situation de faire prévaloir le premier au détriment du second.*

288. La définition que nous proposons du conflit d'intérêts en arbitrage commercial international est composée de deux volets. Nos précédents développements étaient consacrés au premier volet, à savoir la contradiction en tant que telle, ses caractères et ses termes. Il convient désormais d'aborder le second volet de notre définition *i.e.* le sujet du conflit d'intérêts. À l'occasion de notre travail de recensement des différentes situations de conflit d'intérêts[436], nous avions cerné deux sujets principaux : l'arbitre et l'institution d'arbitrage. Il s'agit ici de compléter nos précédents propos.

289. La formule *conflit d'intérêts* est explicite : le conflit n'intervient pas entre plusieurs personnes, mais entre plusieurs intérêts et ce, au sein d'une seule et même personne. Cette condition subjective est souvent oubliée des auteurs. Pourtant, elle est l'une des conditions les plus remarquables de l'existence d'un conflit d'intérêts. Par ailleurs, il faut avoir présent à l'esprit que le sujet du conflit d'intérêts n'est, la plupart du temps, pas responsable de l'émergence du conflit d'intérêts en sa personne. Le conflit d'intérêts s'impose à lui ; il intervient malgré lui. Pour cette raison, nous avons choisi le terme de *sujet* pour le qualifier. Le *sujet* a, notamment dans le domaine médical, une connotation passive. Le sujet n'est pas responsable de l'émergence de sa maladie. Néanmoins, il est maître de son traitement. Parce que le conflit d'intérêts émerge au sein d'une seule et même personne, celle-ci se trouve en situation de faire prévaloir son intérêt personnel au détriment de l'intérêt tiers dont elle a la charge. En d'autres termes, le fait que le sujet soit unique (Section 1) conduit à une situation inique (Section 2). Ce sont ces deux conditions subjectives que nous nous proposons d'étudier à présent.

---

[436] V. *supra* n° 21 et s..

SECTION 1. UN SUJET UNIQUE

290. Un conflit d'intérêts est une contradiction *au sein d'une seule et même personne*. Cette première condition subjective du conflit d'intérêts est originale. En effet, elle éloigne le conflit d'intérêts de la représentation traditionnelle du conflit. Un conflit oppose typiquement deux personnes. Or, un conflit d'intérêts n'oppose pas deux personnes, mais deux intérêts au sein d'une seule et même personne.

291. À l'occasion du recensement des situations de conflits d'intérêts en arbitrage commercial international, nous avions distingué les conflits d'intérêts en la personne de l'arbitre et les conflits d'intérêts affectant les institutions d'arbitrage. L'arbitre et l'institution d'arbitrage sont donc les deux sujets potentiels de conflits d'intérêts. Dans cette section, nous examinerons les réactions des parties à l'arbitrage, du juge étatique et du législateur face à l'unité du sujet du conflit d'intérêts. Cette condition subjective du conflit d'intérêts suscite la méfiance des parties à l'arbitrage (§1), la perplexité du juge étatique (§2) et le détachement du législateur (§3).

§1. La méfiance des parties à l'arbitrage

292. *Ab initio*, l'arbitrage est une justice apaisante. Elle repose sur la confiance des parties en l'arbitrage, en tant que mode de résolution des litiges, et en la personne des arbitres et institutions d'arbitrage qu'elles ont personnellement choisis. Au moment où les parties à l'arbitrage apprennent l'existence d'un conflit d'intérêts, leur confiance fait place à la méfiance. Naturellement, les parties à l'arbitrage développent une certaine méfiance envers l'arbitre (A) et à l'égard de l'arbitrage (B).

A. La méfiance envers l'arbitre

293. Dans son arrêt du 2 novembre 2011 dans l'affaire *Avax c. Tecnimont*, la Cour d'appel de Reims explique que l'arbitre doit révéler toute circonstance de nature à affecter son jugement et à provoquer un doute raisonnable sur ses qualités d'impartialité et d'indépendance dans l'esprit des parties. Pour déterminer quelles informations sont de nature à provoquer un doute raisonnable sur les qualités d'impartialité et d'indépendance de l'arbitre dans l'esprit des parties, la Cour d'appel de Reims propose à l'arbitre de se placer « du point de vue des parties, en se mettant à leur place »[437]. La Cour suscite ainsi l'empathie des arbitres. Nous sommes convaincus qu'elle a raison de le faire. Cette invitation faite aux arbitres de se mettre à la place des parties est bénéfique pour la pratique de l'arbitrage commercial international. Elle va certainement conduire les arbitres à s'impliquer davantage dans la bonne administration de la justice arbitrale.

294. Il n'est pas évident pour l'arbitre de se mettre à la place des parties à l'arbitrage. En effet, l'arbitre se trouve au centre d'un conflit entre son intérêt personnel et la bonne administration de la justice arbitrale. Si l'arbitre se met à la place des parties, il agira dans le sens de la bonne administration de la justice arbitrale. En revanche, si l'arbitre ne se met pas à la place des parties, il y a de grandes chances qu'il satisfasse son intérêt personnel. Cette attitude suscite la méfiance des parties à l'arbitrage. Comment faire confiance à un arbitre sujet à un conflit d'intérêts ?

---

[437] CA Reims, 2 novembre 2011, *SA J. & P. Avax c. société Tecnimont SPA*, Cah. arb., 2011-4, p. 1109, obs. Th. Clay : « Considérant que si rien ne s'oppose à la professionnalisation des fonctions d'arbitre, celle-ci n'atténue point les exigences d'information de la part de l'arbitre sur toutes les circonstances de nature à affecter son jugement et à provoquer un doute raisonnable sur ses qualités d'impartialité et d'indépendance dans l'esprit des parties, c'est-à-dire non en raison de ce que l'arbitre pense, ce que la société Avax dans ses écritures appelle le caractère subjectif de la perception de l'arbitre, mais du point de vue des parties, en se mettant à leur place ainsi que le reconnaît Monsieur Jarvin dans sa lettre de démission du 20 mars 2008 ».

295. Il semblerait maladroit d'imposer aux parties à l'arbitrage de renouveler leur confiance envers un arbitre sujet à un conflit d'intérêts. Néanmoins, l'on peut imaginer que l'arbitre, voyant les parties renouveler leur confiance en lui ou, plus précisément, en son aptitude à gérer correctement le conflit d'intérêts auquel il est sujet, se mette à la place des parties et agisse conformément à la bonne administration de la justice arbitrale. À cet égard, M. Alexis Mourre a écrit que « le parcours de l'arbitre n'est pas une carrière. C'est une recherche d'équilibre, un travail sur soi comparable à celui du philosophe, où l'exigence morale et la méditation sur les autres sont irremplaçables »[438]. Les arbitres se nourrissent bien plus de la confiance des parties à l'arbitrage, que de leur méfiance.

296. Néanmoins, les parties à l'arbitrage qui apprennent en cours d'instance arbitrale l'existence d'un conflit d'intérêts, ne peuvent pas empêcher la mutation de leur confiance en méfiance. Leur réaction est naturelle. Rien ne peut l'empêcher, pas même la révélation par l'arbitre de toute circonstance de nature à affecter son jugement et à provoquer un doute raisonnable sur ses qualités d'impartialité et d'indépendance dans l'esprit des parties. Nous y reviendrons[439]. Les parties attendent beaucoup d'un arbitre : compétence ; bon sens [440] ; disponibilité ; implication ; empathie ; humanisme[441] ; éthique *etc*. En apprenant que l'arbitre est sujet à un conflit d'intérêts, elles craignent que leurs attentes légitimes ne soient pas satisfaites et leur confiance trahie. Qui plus est, cette méfiance est double lorsqu'une partie à l'arbitrage a été, à plusieurs reprises, victime de la mauvaise gestion de conflits d'intérêts par un arbitre ou par une institution d'arbitrage. Dans cette hypothèse, la partie à l'arbitrage risque de développer une certaine méfiance à l'égard de l'arbitrage, en tant que mode de résolution des litiges.

B. LA MÉFIANCE À L'EGARD DE L'ARBITRAGE

297. « L'arbitre est, d'une certaine manière, l'arbitrage » [442]. Plus précisément, l'arbitre donne une première image de l'arbitrage aux parties à l'arbitrage. Aux yeux des parties, l'arbitre incarne, malgré lui, l'arbitrage. Il est donc essentiel que l'arbitre se comporte convenablement et notamment

---

[438] A. Mourre, « Serge Lazareff, une vision de l'arbitre à travers 10 ans d'éditoriaux des Cahiers de l'arbitrage », *in* Liber Amicorum en l'honneur de Serge Lazareff, Pedone, 2011, p. 467, spéc. p. 470.

[439] V. *infra* n° 377 et s..

[440] A. Mourre, *op. cit.*, spéc. p. 470.

[441] *Ibid.* : « Comment n'aimerait-on pas cet arbitre là, qui met fin à la discorde et rétablit la concorde ? Nulle vanité, donc, dans le bonheur d'être aimé de Serge Lazareff. C'est la marque d'un humaniste qui est par là un grand arbitre ».

[442] J.-B. Racine, « Le nouvel arbitre », *in* Le nouveau droit français de l'arbitrage, sous la direction de Th. Clay, Lextenso, 2011, p. 117.

conformément à la bonne administration de la justice arbitrale. De cette manière, les parties à l'arbitrage auront confiance en l'arbitrage en tant que mode de résolution des différends. M. Bernard Hanotiau écrivait en ce sens que « [s]'il doit jouer un rôle directif et proactif, l'arbitre sera toujours à l'écoute des parties. Il veillera à assurer autant que possible la satisfaction de leurs expectatives procédurales. Il favorisera leur coopération et la recherche du consensus pour la résolution des problèmes de procédure éventuellement rencontrés au cours de l'instruction. Il ne tranchera qu'en l'absence d'accord. Mais il évitera par ailleurs de se laisser emprisonner par des solutions concertées qui mettraient en péril le respect des valeurs dont il est garant. Ce n'est qu'au prix du respect de ces valeurs que l'arbitrage continuera à être respecté par la communauté internationale et apprécié par ses utilisateurs, et qu'il pourra poursuivre le cheminement qui a fait de lui, au fil d'un développement ininterrompu et d'un renforcement constant au cours des dernières décennies, le juge naturel du commerce international »[443].

298. La réussite de l'arbitrage et la satisfaction des parties à l'arbitrage sont primordiales. Si, sujet à un conflit d'intérêts, l'arbitre ne le résout pas dans le sens de la bonne administration de la justice arbitrale, il est peu de chances que les parties à l'arbitrage soient satisfaites et que l'arbitrage soit réussi. La mauvaise gestion des conflits d'intérêts par les arbitres et par les institutions d'arbitrage ternit l'image de l'arbitrage commercial international. Elle est à l'origine de la méfiance des parties à l'arbitrage.

299. À ce stade de nos réflexions, il faut lutter contre une idée reçue : l'arbitrage n'est pas un terrain propice aux conflits d'intérêts. L'arbitrage est une branche du droit dans laquelle le législateur n'est pas encore intervenu pour encadrer la notion de conflit d'intérêts. Pour cette raison, la pratique de l'arbitrage commercial international connaît quelques tourments entraînant la méfiance des parties à l'arbitrage. En attendant une intervention souhaitable du législateur, les arbitres devraient exercer leur office en ayant conscience qu'ils incarnent l'arbitrage. Seuls représentants aux yeux des parties à l'arbitrage de cette justice à part, ils devraient avoir une ligne de conduite irréprochable.

300. L'unité du sujet du conflit d'intérêts suscite la méfiance des parties à l'arbitrage envers l'arbitre et à l'égard de l'arbitrage en tant que mode de résolution des litiges. Cette première condition subjective des conflits d'intérêts provoque la perplexité du juge étatique.

---

[443] B. Hanotiau, « L'arbitre, garant du respect des valeurs de l'arbitrage », *in* Liber Amicorum en l'honneur de Robert Briner, Publications CCI, 2005, p. 365, spéc. p. 375.

§2. LA PERPLEXITÉ DU JUGE ÉTATIQUE

301. Le juge étatique a une importance décisive en matière de conflits d'intérêts en arbitrage commercial international. En effet, le juge étatique est confronté à un grand nombre de situations de conflits d'intérêts : courant d'affaires ; lien de subordination ; relations d'affaires ; *issue conflicts* ; conflits d'intérêts structurels et conflits d'intérêts conjoncturels. En effet, lorsqu'une partie à l'arbitrage s'estime victime de la mauvaise gestion d'un conflit d'intérêts, elle se tourne naturellement vers le juge étatique. Ce dernier sera en mesure de régler les éventuelles difficultés de constitution du tribunal arbitral, dans l'hypothèse où aucune institution d'arbitrage n'aurait été choisie par les parties, voire de prononcer la nullité de la sentence arbitrale. Nous reviendrons ultérieurement sur la sanction des conflits d'intérêts[444].

302. Selon nous, le sentiment partagé par les juges étatiques qui ont eu l'occasion de se confronter à une ou plusieurs situations de conflits d'intérêts en arbitrage commercial international est la perplexité. Face à un conflit d'intérêts, l'unité du sujet, caractère original du conflit d'intérêts, rend le juge étatique perplexe.

303. Cette perplexité empêche-t-elle le juge étatique de juger ? Pour répondre à cette interrogation, rappelons la définition donnée par Drai : « [j]uger, c'est aimer écouter, essayer de comprendre et vouloir trancher »[445]. Il ne fait aucun doute que le juge étatique, confronté à une situation de conflit d'intérêts, aimera écouter, essayera de comprendre et voudra trancher. Le juge étatique est en mesure de juger une situation de conflit d'intérêts. Néanmoins, il devra s'adapter à la représentation peu traditionnelle du conflit à laquelle renvoie le conflit d'intérêts. Les conflits d'intérêts appellent une logique particulière, un mode de résolution à part. L'exercice de son office par le juge étatique est compliqué par trois éléments : le caractère subsidiaire de l'intervention du juge étatique dans la gestion des conflits d'intérêts ; l'absence de définition et de régime juridiques du conflit d'intérêts et la délicate appréciation du préjudice causé par la mauvaise gestion du conflit d'intérêts.

304. La résolution du conflit d'intérêts relève, en principe, de la compétence de l'arbitre ou de l'institution d'arbitrage qui en est le sujet. Le juge étatique n'intervient que si l'arbitre ou l'institution d'arbitrage n'ont pas

---

444 V. *infra* n° 354 et s..

445 P. Drai, cité par J.-Cl. Woog, « Portrait d'un juge », *in* Mélanges Drai, Le juge entre deux millénaires, Dalloz, 2000, p. 149, spéc. p. 158.

géré le conflit d'intérêts conformément à la bonne administration de la justice arbitrale. En cette matière, le juge étatique n'a qu'une compétence subsidiaire.

305. Qui plus est, le juge étatique confronté à une situation de conflit d'intérêts en arbitrage commercial international est perplexe en raison de l'absence de définition et de régime juridiques du conflit d'intérêts dans ce domaine. Actuellement, le législateur n'a pas encore donné de définition du conflit d'intérêts, ni régime juridique. Le conflit d'intérêts n'est pas, dans la branche du droit de l'arbitrage commercial international, une catégorie juridique. Le juge étatique ne peut donc pas se rattacher à une définition donnée ou à un régime juridique déterminé. Dans le silence de la loi, l'on peut imaginer la perplexité du juge étatique. Pour autant le juge, *bouche* de la loi, peut-il rester muet confronté à une situation de conflit d'intérêts ? La réponse est négative. L'article 4 du Code civil lui impose de juger, peu importe le silence, l'obscurité ou l'insuffisance de la loi, sous peine de se rendre coupable d'un déni de justice. Finalement, le juge étatique a, à sa disposition, divers instruments lui permettant de trancher. Il peut s'inspirer des *IBA Guidelines on Conflicts of Interest in International Arbitration*, ou les appliquer strictement dans l'hypothèse où les parties à l'arbitrage s'y seraient soumises. Le juge étatique peut également s'inspirer des définitions et régimes juridiques du conflit d'intérêts proposés par le législateur, la doctrine et les groupes de réflexion dans d'autres branches du droit. Les ressources du juge étatique sont multiples.

306. Enfin, il est un dernier élément propre au conflit d'intérêts qui peut être à l'origine de la perplexité du juge étatique : l'appréciation délicate du préjudice causé par la mauvaise gestion du conflit d'intérêts. Rappelons que l'existence d'un conflit d'intérêts en arbitrage commercial international n'est pas nocive en soi. Seule sa mauvaise gestion est à l'origine d'un préjudice et justifie l'intervention du juge étatique. Dès lors, quelle est la nature du préjudice causé par la mauvaise gestion du conflit d'intérêts ? À notre connaissance, la jurisprudence n'a pas eu l'occasion de se prononcer sur cette question. Nous pensons qu'il s'agit d'une perte de chance pour la partie victime de la mauvaise gestion du conflit d'intérêts de voir l'instance arbitrale menée conformément à la bonne administration de la justice arbitrale. Néanmoins, la perte de chance est difficilement quantifiable.

307. L'on peut comprendre que l'étendue du préjudice causé par la mauvaise gestion du conflit d'intérêts entraîne la perplexité du juge étatique. Concrètement, imaginons qu'un arbitre tranche en faveur de la partie à l'arbitrage avec laquelle il entretient des relations d'affaires et condamne la partie adverse à lui verser une certaine somme au titre des dommages-intérêts. L'étendue du préjudice subi par la partie victime de la mauvaise gestion du conflit d'intérêts correspond-elle au montant des dommages-intérêts à verser ? Dans notre hypothèse, les dommages-intérêts peuvent constituer un indice pour le juge étatique dans son évaluation de l'étendue du préjudice. L'on peut également envisager que le juge étatique retienne l'existence d'un préjudice moral de la partie victime de la mauvaise gestion du conflit d'intérêts. En effet, la partie victime souffre à deux titres. En agissant sans se conformer à la bonne administration de la justice arbitrale, l'arbitre ou l'institution d'arbitrage ont non seulement trahi la confiance que la partie avait mise en eux, mais ils ont aussi déçu ses attentes légitimes.

308. L'unité du sujet, condition subjective du conflit d'intérêts en arbitrage commercial international, emporte une troisième conséquence : le détachement du législateur.

§3. Le détachement du législateur

309. Au fil de ces développements, nous entendrons le législateur de manière large, comme l'auteur des lois et des décrets étant donné l'origine quasi exclusivement règlementaire du Code de procédure civile. En droit de l'arbitrage commercial international, le législateur a, de manière générale, un comportement remarquable : il intervient de manière sporadique. Depuis trente années, le législateur n'est intervenu que deux fois pour réglementer le droit de l'arbitrage : en 1980-1981 et en 2011. Par ailleurs, en France, il n'existe pas, à proprement parler, de Code de l'arbitrage. La pratique de l'arbitrage commercial est encadrée par le Livre IV du Code de procédure civile. L'on note ainsi un détachement général du législateur à l'égard du droit de l'arbitrage commercial international, qui s'explique probablement par le fait que l'arbitrage est une justice sur mesure, reposant plus sur la volonté des parties à l'arbitrage[446] que sur la loi. Il n'était donc pas question pour le législateur de réglementer à l'excès la pratique de l'arbitrage commercial. Ce détachement est exacerbé en matière de conflit d'intérêts. En effet, l'unité du sujet, condition subjective du conflit d'intérêts, provoque un détachement spécial de la part du législateur, qui provient probablement de la proximité des notions de conflit d'intérêts et de morale. Etudions le détachement général du législateur à l'égard du droit de l'arbitrage commercial international (A), et son détachement spécial à l'égard des conflits d'intérêts (B).

A. Détachement général à l'egard du droit de l'arbitrage commercial international

310. « Le droit français de l'arbitrage est principalement un droit plaidé et jugé »[447]. Cette phrase, prononcée par M. Dominique Hascher en 2005, appelle plusieurs remarques. D'abord, dire que le droit français de l'arbitrage est principalement un droit *plaidé* signifie que le travail des conseils a une importance capitale. Ensuite, dire que le droit français de l'arbitrage est principalement un droit *jugé* suppose que l'une des sources du droit français de l'arbitrage soit prétorienne. Cette affirmation est vraie. D'ailleurs, le législateur intervient essentiellement pour codifier la jurisprudence constante. Le décret de 2011 en constitue le parfait exemple.

311. Ce détachement général du législateur à l'égard du droit de l'arbitrage commercial n'est pas une spécificité française. Il existe aussi à

[446] Il s'agit de la thèse défendue par MM. McNair et Schmitthoff.
[447] D. Hascher, « L'influence de la doctrine sur la jurisprudence française en matière d'arbitrage », Rev. arb., 2005.391, spéc. p. 392.

l'étranger où les lois relatives à l'arbitrage sont anciennes[448]. La plupart date des années 1990 : loi du 17 juin 1986 au Canada ; loi de la République Populaire de Chine sur l'arbitrage du 31 août 1994 en Chine ; loi du 17 juin 1996 relative à la refonte et à l'amélioration de la législation applicable à l'arbitrage sur convention d'arbitrage, à l'application d'autres dispositions sur l'arbitrage et les sentences arbitrales, à des mesures connexes en Angleterre ; loi du 23 septembre 1996 au Brésil ; loi pour le nouveau règlement du droit de l'arbitrage du 22 décembre 1997 portant modification du dixième livre du Code de procédure civile en Allemagne et la loi sur l'arbitrage du 4 mars 1999 en Suède. Ainsi, l'intervention du législateur en droit de l'arbitrage commercial international est timide. Oserait-on dire qu'il s'en désintéresse ? Fouchard en était convaincu en ce qui concerne le législateur français. Il relève en 1984 « l'indifférence des rédacteurs du nouveau Code de procédure civile à l'égard de l'arbitrage commercial »[449]. Le mot *indifférence* est fort. Il convient dès lors de se demander quelles sont les raisons de ce détachement.

312. Fouchard évoque une « cause profonde » relevant de « la sociologie de l'arbitrage en France »[450]. On peut penser que l'auteur entende par « sociologie de l'arbitrage en France » notamment la grande liberté laissée aux parties à l'arbitrage. En effet, le droit français de l'arbitrage est connu pour accorder une place importante à la volonté des parties à l'arbitrage. Or, de manière générale, l'intervention du législateur entraîne une restriction des libertés[451].

313. L'on peut évoquer une deuxième raison du détachement général du législateur à l'égard de l'arbitrage commercial : l'existence des usages du commerce international. Ces usages sont remarquables en ce qu'ils sont parfaitement adaptés à la pratique de l'arbitrage commercial. À l'inverse, M. Ole Lando pense que les lois en arbitrage commercial international ne sont, pour la plupart, pas adaptées à la pratique arbitrale dans la sphère internationale : "[b]*y choosing the lex mercatoria the parties oust the technicalities of national legal systems and they avoid rules which are unfit for international contract. Thus they escape peculiar formalities, brief cut-off periods, and some of the difficulties created by domestic laws which are unknown in other countries such as the common law rules on consideration and privity of contract. Furthermore, those involved in the proceedings -*

[448] Le Répertoire pratique de l'Arbitrage commercial international, sous la direction de Francarbi, préface de Guy Keutgen, Bruylant, 2011 répertorie notamment les lois suivantes comme étant de droit positif.
[449] Ph. Fouchard, « L'arbitrage commercial et le législateur », *in* Mélanges Roblot, LGDJ, 1984, p. 63, spéc. p. 75.
[450] *Ibid.*.
[451] J. Carbonnier cite Luther : « Toute loi en soi est un mal » dans J. Carbonnier, Les Ecrits, textes rassemblés par R. Verdier, PUF, 2008, spéc. p. 1525.

parties, counsel and arbitrators - plead and argue on an equal footing; nobody has the advantage of having the case pleaded and decided by its own law and nobody has the handicap of seeing it governed by a foreign law"[452]. Dans ces circonstances, le législateur peut se sentir moins légitime à intervenir.

314. Enfin, il est une troisième cause du détachement général du législateur à l'égard de l'arbitrage commercial : le succès des lois-types. À titre d'exemple, la Commission des Nations Unies pour le Droit du Commerce International (CNUDCI) s'attache, depuis plus de quarante ans, à moderniser et à harmoniser les règles du commerce international. La loi-type CNUDCI, née en 1985 et révisée en 2006, inspire aujourd'hui la législation de plus en plus d'Etats[453], notamment en Asie[454].

315. Finalement, la liberté des parties à l'arbitrage, l'existence des usages du commerce international parfaitement adaptés à la pratique de l'arbitrage commercial international et le succès des lois-types telles que la loi-type CNUDCI réduisent l'utilitité de l'intervention du législateur[455]. En matière de conflit d'intérêts en arbitrage commercial international, l'unité du sujet, condition subjective du conflit d'intérêts, suscite également le détachement du législateur. Etudions précisément ce détachement spécial.

B. Détachement spécial à l'égard des conflits d'intérêts

316. Le conflit d'intérêts est la contradiction de deux intérêts au sein d'une seule et même personne. Il revient donc principalement à cette personne, que nous avons appelée *sujet* du conflit d'intérêts, de gérer le conflit d'intérêts en agissant dans le sens de la bonne administration de la

---

[452] O. Lando, "*The Lex Mercatoria in International Commercial Arbitration*", 34 Int'l and Comp. L. Q., 1985, spéc. pp. 747-748. Comp. A. F. Lowendeld, "*Lex Mercatoria, An Arbitrator's View*", *in Lex mercatoria and Arbitration, Juris Publishing, Kluwer Law International*, 1998, p. 71, spéc. p. 85 : "*the rule is not fit for international trade*".

[453] V. notamment V. Pechota, "*The Future of The Law Governing The International Arbitral Process*", *in Lex mercatoria and Arbitration, Juris Publishing, Kluwer Law International*, 1998, p. 257, spéc. p. 260 : "*Significantly, states are not urged to incorporate its provisions into their legislation, but rather to give consideration to the Model Law on International Commercial Arbitration, in view of the desirability of uniformity of the law of arbitral procedures and the specific needs of international commercial arbitration practice*".

[454] À Hong Kong et à Singapour notamment.

[455] Il est néanmoins un thème pour lequel une implication du législateur serait la bienvenue : la protection des parties à l'arbitrage - parties faibles. V. F. A. Mann, "*Lex Facit Arbitrum*", *in* Mélanges Domke, La Haye, 1967, p. 157, spéc. p.176 : "*The law is rarely an instrument of oppression. Arbitration, forced upon the weak by the strong and conducted according the home-made standards of fairness, is liable to lead to grave abuse*" ; spéc. pp. 176-177 : "*if the parties make an agreement to eliminate the operation of the law, there is no need for protecting them against their own folly*".

justice arbitrale. On peut penser que le législateur se détache de la réglementation des conflits d'intérêts, parce qu'il s'agit d'un conflit interne, devant être résolu par son sujet.

317. L'on peut envisager que le législateur ait considéré que les conflits d'intérêts relèvent de la compétence de l'arbitre et pas de la sienne. Dès lors, le traitement des conflits d'intérêts en arbitrage commercial international relève-t-il de la compétence du législateur ? La gestion des conflits d'intérêts ne figurant pas à l'article 34 de la Constitution française, revenons à la définition de la loi issue des travaux préparatoires au Code civil. Selon Portalis, la loi est générale et impersonnelle. La loi est générale en ce que « [l]'office de la loi est de fixer, par de grandes vues, les maximes générales du droit ; d'établir des principes féconds en conséquence, et non de descendre dans le détail des questions qui peuvent naître sur chaque matière »[456]. Elle est impersonnelle car « [l]a loi statue sur tous : elle considère les hommes en masse, jamais comme particuliers ; elle ne doit point se mêler des faits individuels ni des litiges qui divisent les citoyens (...) Les intérêts particuliers assiègeraient la puissance législative ; ils la détourneraient, à chaque instant, de l'intérêt général de la société. Il y a une science pour les législateurs, comme il y en a une pour les magistrats ; et l'une ne ressemble pas à l'autre »[457]. Portalis semble donc exclure les conflits d'intérêts du domaine de la loi.

318. Cela signifie-t-il que les conflits d'intérêts relèvent du non-droit ? Carbonnier exposait que « le non-droit, ce n'est pas la violation du droit, ce n'est pas de l'anti-droit (...). Ce que la sociologie entend par non-droit, c'est quelque chose d'autre que le droit, qui cependant peut avoir la même fonction que le droit, à défaut de droit, à la place du droit, la fonction de réguler, de modérer les comportements humains, de faire régner l'ordre et la paix dans la société »[458]. À quoi correspond ce *quelque chose d'autre que le droit* ? Carbonnier nous éclaire sur ce point de la façon suivante : « le droit est infiniment plus petit que l'ensemble des relations humaines. La conduite humaine est conduite par d'autres systèmes que le droit »[459]. Ainsi sont notamment visées la religion, la morale et les mœurs.

319. Néanmoins, nous avons eu l'occasion de voir qu'actuellement, les conflits d'intérêts sont une véritable pathologie affectant l'arbitrage commercial international. Ils existent et se multiplient en la personne de

---

456 Portalis, Discours préliminaire au premier projet de Code civil, préf. Michel Massenet, coll. Voix de la cité, Confluences éd., 1999, spéc. p. 19.
457 Portalis, *op. cit.*, spéc. p. 23.
458 J. Carbonnier, Les Ecrits, textes rassemblés par R. Verdier, PUF, 2008, spéc. p. 741.
459 J. Carbonnier, *op. cit.*, spéc. pp. 740-741.

l'arbitre et au sein des institutions d'arbitrage. Il n'est dès lors pas raisonnable de penser que la religion, la morale ou les moeurs prévoiront un traitement efficace. À notre sens, il revient au législateur de guider[460] les arbitres et les institutions d'arbitrage sujets à un conflit d'intérêts dans la gestion des conflits d'intérêts.

320. Le fait que le conflit d'intérêts se manifeste au sein d'une seule et même personne suscite la méfiance des parties à l'arbitrage, la perplexité du juge étatique et le détachement du législateur. Par ailleurs, l'unité du sujet du conflit d'intérêts entraîne une situation inique. Etudions cette seconde condition subjective du conflit d'intérêts.

---

[460] Portalis, *op. cit.*, spéc. p. 18 : « quoi que l'on fasse, les lois positives ne sauraient jamais entièrement remplacer l'usage de la raison naturelle dans les affaires de la vie ».

SECTION 2. UNE SITUATION INIQUE

321. Rappelons notre définition du conflit d'intérêts. *Un conflit d'intérêts est la contradiction directe et actuelle au sein d'une seule et même personne entre un intérêt personnel et un intérêt tiers dont elle a la charge, la plaçant en situation de faire prévaloir le premier au détriment du second.*

322. Dans la définition que nous proposons du conflit d'intérêts, c'est parce que le conflit d'intérêts naît *au sein d'une seule et même personne*, qu'il la place *en situation de faire prévaloir son intérêt personnel au détriment d'un intérêt tiers dont elle a la charge*. En d'autres termes, le sujet unique conduit à une situation inique, c'est-à-dire qui manque en équité ou contraire à la justice. Pour en rendre compte, délimitons la mission de l'arbitre (§1) et étudions-en l'exécution lorsque l'arbitre est sujet à un conflit d'intérêts (§2).

§1. La mission de l'arbitre

323. Il convient de déterminer quel est le statut de l'arbitre (A) afin d'en déduire sa mission (B).

A. Le statut de l'arbitre

324. Nous sommes convaincus que l'arbitre est l'équivalent du juge étatique[461]. « Il y a longtemps (...) que l'arbitrage et le juge étatique ont "jeté à la rivière" la rivalité méfiante qui aurait pu, autrefois, les opposer »[462], affirmait fouchard en 1996. Pourtant, la doctrine relève de manière récurrente plusieurs différences. Discutons chacune des différences traditionnellement retenues entre le juge étatique et l'arbitre.

325. D'abord, la doctrine met en avant la différence d'origine des investitures respectives du juge étatique et de l'arbitre. En effet, le juge étatique est un juge public bénéficiant d'une investiture de l'Etat, tandis que l'arbitre serait un juge privé investi par la seule volonté des parties à l'arbitrage. Néanmoins, l'arbitre n'est pas complètement détaché du système étatique. Au contraire, l'investiture de l'arbitre provient d'une permission de la loi. Or, la loi a indéniablement une origine étatique. Certains rétorqueront que l'office du juge est permanent tandis que celui de l'arbitre est temporaire. Mais cette affirmation se heurte à plusieurs objections. La durée de l'office du juge ne devrait pas être calculée dans l'absolu[463], mais par rapport à chaque litige. Après tout, « [l]e juge n'"existe" que lorsqu'il officie » explique M. Hubert Haenel. Il ajoute que « [l]e pouvoir du juge s'éteint aussitôt son dessaisissement, coïncidant avec la prise de décision »[464]. Ainsi l'arbitre et le juge ont-ils tous deux un office temporaire : ils officient le temps du litige. Une fois le litige tranché, ils sont tous deux[465] dessaisis. Par

---

[461] R. David, « Conception française et conception anglaise de l'arbitrage », *in* Mélanges Ganshof Van der Meersch, Bruylant, Bruxelles et LGDJ, 1972, t. 2, p. 765, spéc. p. 770 : « On peut bien affirmer (...) que les arbitres doivent "procéder comme des juges" ; on ne nous dit pas comme quels juges ».

[462] Ph. Fouchard, « Le statut de l'arbitre dans la jurisprudence française », Rev. arb., 1996.325, spéc. n° 4, p. 326.

[463] Quand bien même nous retiendrons la conception absolue de la temporalité de l'office du juge, il est un contre-exemple d'importance : le juge consulaire. Celui-ci est nommé temporairement.

[464] H. Haenel, « Justice : quelle indépendance ? », Libération, 3 décembre 1997, p. 8. De la même manière, H. Roland et L. Boyer, Adages du droit français, Litec, 4ème éd., 1999, spéc. n° 197 : "*Lata sententia, judex desinit esse judex*" : trad. : « la sentence rendue, le juge cesse d'être juge ».

[465] Comme en témoignent ces deux articles aux rédactions étonnamment proches : article 481 alinéa 1er du Code de procédure civile : « Le jugement, dès son prononcé, dessaisit le juge de

ailleurs, lorsque l'on connaît la durée de certains arbitrages, l'on peut se demander quel est l'office le plus temporaire des deux.

326. Certains soutiennent que toute personne peut être arbitre alors que toute personne ne peut pas devenir magistrat. Certes, *a priori*, aucune condition n'est requise pour être nommé arbitre, si ce n'est être une personne physique jouissant du plein exercice de ses droits[466]. Néanmoins, dans le contexte actuel de professionnalisation de l'arbitrage, il est une condition tacite de compétence. Le bon déroulement de l'arbitrage de qualité notamment dépend des connaissances et des compétences techniques de l'arbitre. Le magistrat et l'arbitre se trouvent finalement dans la même situation. Tout un chacun ne peut devenir magistrat, ni arbitre sans avoir fait la preuve de ses compétences.

327. Malgré tout, le juge public serait un juge imposé, tandis que l'arbitre serait un juge choisi. Plusieurs arguments peuvent être invoqués contre cette idée : le juge étatique n'est pas systématiquement imposé, de même que l'arbitre n'est pas toujours librement choisi par les parties à l'arbitrage. En effet, le Code de procédure civile[467] et le Code de la consommation[468] prévoient un certain nombre d'options de compétence dans une logique pragmatique et protectrice de la partie faible. Il est également certains cas dans lesquels il existe une option de compétence entre les tribunaux civils et commerciaux[469]. Enfin, les clauses d'élection de for[470] ou

---

la contestation qu'il tranche » ; article 1485 alinéa 1er du Code de procédure civile : « La sentence dessaisit le tribunal arbitral de la contestation qu'elle tranche ».

466 Article 1450 alinéa 1er du Code de procédure civile : « La mission d'arbitre ne peut être exercée que par une personne physique jouissant du plein exercice de ses droits ». Cet article applicable à l'arbitrage interne n'est pas repris dans le régime de l'arbitrage international.

467 Article 42 alinéa 2 du Code de procédure civile : « Lorsqu'il y a plusieurs défendeurs, le demandeur saisit, à son choix, la juridiction du lieu de l'un d'eux » ; article 46 du Code de procédure civile : « Le demandeur peut saisir à son choix, outre la juridiction du lieu où demeure le défendeur :
- en matière contractuelle, la juridiction du lieu de la livraison effective de la chose ou du lieu de l'exécution de la prestation de service ;
- en matière délictuelle, la juridiction du lieu du fait dommageable ou celle dans le ressort de laquelle le dommage a été subi ;
- en matière mixte, la juridiction du lieu où est situé l'immeuble ;
- en matière d'aliments ou de contribution aux charges du mariage, la juridiction du lieu où demeure le créancier ».

468 Article L.141-5 du Code de la consommation : « Le consommateur peut saisir à son choix, outre l'une des juridictions territorialement compétentes en vertu du code de procédure civile, la juridiction du lieu où il demeurait au moment de la conclusion du contrat ou de la survenance du fait dommageable ».

469 J. Vincent et S. Guinchard, Procédure civile, Dalloz, coll. Précis-droit privé, 25ème éd., 1999, spéc. n° 348-355.

clauses attributives de compétence[471] laissent une place certaine à la liberté des parties dans le choix du juge compétent pour trancher leur litige. Réciproquement, l'arbitre peut être imposé aux parties. La pratique des listes d'arbitres restreint également la liberté de choix des parties. M. Thomas Clay note que « puisque l'arbitre est le juge naturel du commerce, notamment international, il est partiellement au moins imposé par les règles et les usages du commerce international. Comment prétendre dès lors qu'on choisit librement son juge naturel ? »[472]. Néanmoins, M. Thomas Clay vise le choix du mode de résolution des litiges, et non le choix de la personne de l'arbitre.

328. Il est, par ailleurs, affirmé que, contrairement à l'arbitre, le juge étatique ne peut statuer qu'en droit, et non en amiable composition. Cette affirmation est théoriquement fausse car l'alinéa 4 de l'article 12 du Code de procédure civile prévoit expressément que « [l]e litige né, les parties peuvent aussi, dans les mêmes matières et sous la même condition, conférer au juge mission de statuer comme amiable compositeur, sous réserve d'appel si elles n'y ont pas spécialement renoncé ». Néanmoins, cet article n'est pratiquement jamais invoqué par les parties.

329. Une autre différence consiste en l'existence d'une jurisprudence étatique, tandis que celle d'une jurisprudence arbitrale, notamment en raison du principe de confidentialité. La question de l'existence d'une jurisprudence arbitrale fait actuellement débat. Néanmoins, le principe de confidentialité, incertain en son étendue et en son principe, ne saurait constituer un argument suffisant pour justifier son inexistence.

330. En son étendue, plusieurs questions sont actuellement en suspens : le principe de confidentialité est-il applicable en arbitrage commercial international et/ou en arbitrage interne ? En effet, l'article 1464 alinéa 4 du Code de procédure civile, applicable en arbitrage interne, dispose que « [s]ous réserve des obligations légales et à moins que les parties n'en disposent autrement, la procédure arbitrale est soumise au principe de confidentialité ». En revanche, l'article 1506 du Code, applicable en arbitrage international, ne renvoie pas à l'article 1464 alinéa 4 du Code[473]. Notons, par

---

[470] Aussi bien en matière interne qu'en matière internationale : V. notamment L. Cadiet, « Chronique de droit judiciaire privé : À propos des options de compétence », JCP G, 1997.I.3989 §9.

[471] Article 48 du Code de procédure civile : « Toute clause qui, directement ou indirectement, déroge aux règles de compétence territoriale est réputée non écrite à moins qu'elle n'ait été convenue entre des personnes ayant toutes contracté en qualité de commerçant et qu'elle n'ait été spécifiée de façon très apparente dans l'engagement de la partie à qui elle est opposée ».

[472] Th. Clay, L'arbitre, Dalloz, 2001, spéc. n° 91, p. 74.

[473] MM. Paulsson et Rawding cités par J.-L. Delvolvé dans J.-L. Delvolvé, « Vraies et fausses confidences, ou les petits et les grands secrets de l'arbitrage », Rev. arb., 1996.373, spéc. p.

ailleurs, que l'article 1506 du Code renvoie pourtant à l'article 1479 du Code de procédure civile sur la confidentialité des délibérations du tribunal arbitral.

331. Le principe de confidentialité est-il applicable exclusivement à la sentence arbitrale ? L'ambigüité est née à l'occasion de l'affaire *Esso/BHP c. Plowman*. La Cour Suprême australienne a affirmé que s'il existe une règle de confidentialité de l'audience arbitrale, elle ne signifie pas que l'arbitrage commercial est confidentiel en général. Depuis cette décision, l'ambigüité persiste. Chaque règlement d'arbitrage prévoit un domaine différent du principe de confidentialité. L'article 73 du Règlement d'arbitrage de l'OMPI et l'article 66 du Règlement d'arbitrage accéléré de l'OMPI prévoient que le principe de confidentialité s'applique à l'existence même de l'arbitrage. Ils consacrent également le caractère confidentiel des informations divulguées pendant la procédure arbitrale. L'article 19.4 du Règlement d'arbitrage de la LCIA prévoit le caractère privé des réunions et audiences. Les délibérations du tribunal arbitral sont secrètes selon les articles 1479 du Code de procédure civile, 15.1 du Règlement CIRDI, et 30.2 du Règlement d'arbitrage de la LCIA. Enfin, les articles 30.1 et 30.3 du Règlement d'arbitrage de la LCIA, 75 du Règlement d'arbitrage de l'OMPI, 68 du Règlement d'arbitrage accéléré de l'OMPI retiennent le caractère confidentiel de la sentence arbitrale.

332. Le principe de confidentialité est-il applicable à tout type d'arbitrage ? Une réponse négative s'impose car, en arbitrage d'investissement et en arbitrage sportif, le principe de la publicité des sentences arbitrales règne. Dès lors, peut-on légitimement parler de *principe* lorsqu'un pan entier de la matière en est dispensé ?

333. En son fondement, le principe de confidentialité est incertain en arbitrage international. Certains auteurs parlent d'une présomption [474], d'autres d'un principe inhérent à la nature même de l'arbitrage[475], d'autres

---

375 : « à l'examen, le principe de confidentialité ne saurait être considéré comme établi de *lege lata* en arbitrage international ».

474 M. de Boisséson, *op. cit.*, spéc. n° 719 a, p. 648 : « une présomption de confidentialité s'attache à l'arbitrage commercial international ».

475 MM. Mustill et Boyd, *Commercial Arbitration*, 2ème éd., Butterworths, p. 303 : "*It is implicit in the nature of private arbitrations that the proceedings are confidential*". De même, Paris, 18 février 1986, *Aita c. Ojjeh*, Rev. arb., 1986.583, note G. Flécheux : « il est de la nature même de la procédure d'arbitrage d'assurer la meilleure discrétion pour le règlement des différends d'ordre privé ainsi que les deux parties en étaient convenues » ; TC Paris, 22 février 1999, Rev. arb., 2003.190 : « l'arbitrage, étant une procédure privée à caractère confidentiel, la voie de l'arbitrage, acceptée par les parties doit éviter toute publicité du litige qui les oppose et de ses éventuelles conséquences et que sous réserve d'une obligation légale d'information, tout manquement de cette confidentialité par l'une des parties à la procédure

encore proposent des fondements différents en fonction de l'état d'avancement de l'instance arbitrale[476]. Selon nous, ces incertitudes sont révélatrices de l'absence de principe de confidentialité. En conséquence, rien n'empêche l'émergence d'une jurisprudence arbitrale. En pratique, un arbitre saisi d'un litige a le réflexe de consulter et de prendre en compte les sentences arbitrales précédemment rendues dans des affaires similaires. Cela a conduit Sanders, Goldman Et Vasseur à écrire, dans une sentence célèbre, que « [l]es décisions des tribunaux arbitraux forment progressivement une jurisprudence dont il échet de tenir compte, car elle déduit les conséquences de la réalité économique et est conforme aux besoins du commerce international, auxquels doivent répondre les règles spécifiques, elles-mêmes progressivement élaborées, de l'arbitrage international »[477]. Récemment, la décision CIRDI du 2 juin 2010, *Burlington Ressources c. Republic of Ecuador*, rendue sous la présidence de Mme Gabrielle Kaufmann-Kohler, a énoncé que le tribunal n'était pas lié par des décisions précédemment rendues mais qu'il devait les prendre en considération et qu'il avait le devoir d'adopter les solutions établies dans une série de décisions convergentes[478]. En ce sens, nous pensons qu'une jurisprudence arbitrale existe et nous croyons en sa reconnaissance prochaine.

334. Il est une dernière différence entre le juge étatique et l'arbitre qu'il faut aborder : la maîtrise de l'*imperium*. L'arbitre serait, contrairement au juge étatique, privé de l'*imperium*. L'*imperium* est l'expression de la souveraineté territoriale d'un Etat. Or, l'arbitre étant détaché de tout ordre juridique étatique, il ne serait en conséquence pas en mesure d'exercer un quelconque *imperium*. Néanmoins, en pratique, un arbitre peut prononcer et liquider une astreinte. L'arbitre est libre d'enjoindre aux parties de produire des pièces ou des éléments de preuve, d'ordonner la constitution d'une garantie financière, de prononcer une saisie conservatoire et même l'exécution provisoire de sa sentence. Sur les traces de M. Charles Jarrosson[479], M. David Chekroun[480] a brillamment soutenu que l'arbitre dispose d'une partie de l'*imperium*.

---

d'arbitrage est fautive ». *Contra* Paris, 22 janvier 2004, *société National Company for Fishing and Marketting "Nafimco" c. Société Foster Wheeler Trading Company AG*, Rev. arb., 2004.647, note E. Loquin, met en doute « l'existence et les raisons d'un principe de confidentialité dans le droit français de l'arbitrage international quelle que soit la nature de l'arbitrage » en rejetant une demande d'indemnisation pour violation de la confidentialité de l'arbitrage, faute pour la victime de s'être expliquée sur l'existence et les raisons d'un tel principe.

[476] E. Loquin, « Les obligations de confidentialité de l'arbitrage », Rev. arb., 2006.323, spéc. p. 323.

[477] Sent. arb. intérim. CCI, n° 4131, 23 septembre 1982, *Dow Chemical*, JDI, 1983.899, note Y. Derains.

[478] Aff. CIRDI, 2 juin 2010, *Burlington Ressources c. Republic of Ecuador*, §100.

[479] Ch. Jarrosson, « Réflexions sur l'*imperium* », *in* Mélanges Bellet, Litec, 1991, p. 245.

335. Il résulte de nos développements que les différences traditionnelles entre le juge étatique et l'arbitre s'estompent. Certes, l'arbitre n'est pas[481] le juge étatique, mais il en est l'équivalent. En qualité de juge, l'arbitre a une mission précise.

B. La mission de l'arbitre

336. Motulsky affirmait que « [l]a mission de l'arbitre est exactement la même que celle du juge »[482], à savoir la *jurisdictio* et la bonne administration de la justice arbitrale. Donnons la définition de la bonne administration de la justice (1°), puis démontrons son existence en droit de l'arbitrage commercial international (2°).

1° La définition de la bonne administration de la justice

337. La *bonne administration de la justice* n'est mentionnée que dans un seul article du Code de procédure civile. L'article 155-1 du Code de procédure civile, créé par le décret n° 98-1231 du 28 décembre 1998, prévoit que « [l]e président de la juridiction peut dans l'intérêt d'une bonne administration de la justice désigner un juge spécialement chargé de contrôler l'exécution des mesures d'instruction confiées à un technicien en application de l'article 232 ». Particulièrement réduit à l'origine, son champ d'application s'est élargi au fil du temps et de la pratique. Il est rapporté qu'en sa qualité de magistrat, Drai l'avait invoqué pour ordonner la toute première

---

480 D. Chekroun, L'*imperium* de l'arbitre, thèse Paris I, 2008, spéc. n° 779, p. 397. D. Chekroun rejette la thèse de l'autofondation de l'*imperium* de l'arbitre. Selon lui, l'*imperium* de l'arbitre n'est pas né de l'autonomie de l'arbitre ou de celle de l'arbitrage. Il rejette également la thèse de la délégation par l'Etat. Selon l'auteur, le fondement de l'*imperium* est double. Il procéderait de l'acceptation implicite des parties et de la reconnaissance expresse des Etats intéressés.

481 En témoignent deux affaires : CJCE, 27 janvier 2005, *Denuit* selon laquelle l'arbitre ne peut pas soumettre de questions préjudicielles à la Cour de Justice de l'Union Européenne dans la mesure où « un tribunal arbitral conventionnel ne constitue pas une juridiction d'un Etat membre au sens de l'arbitre 234 CE, dès lors qu'il n'y a aucune obligation, ni en droit ni en fait, pour les parties contractantes de confier leurs différends à l'arbitrage et que les autorités publiques de l'Etat membre concerné ne sont ni impliquées dans le choix de la voie de l'arbitrage, ni appelées à intervenir d'office dans le déroulement de la procédure devant l'arbitre » ; Cass. com., 28 juin 2011, *Mme I. Ayache-Revah c. SCP Flichy Grangé*, JCP G, 2011.1432, n° 1, obs. J. Ortscheidt ; D., 2012.159, note A. Bénabent ; Rev. arb., 2012.65, note G. Samper-Le Breton : l'arbitre ne peut pas poser une question prioritaire de constitutionnalité au Conseil constitutionnel dès lors qu'un « arbitre, investi d'un pouvoir juridictionnel, n'est pas une juridiction relevant de la Cour de cassation au sens de l'article 23-1 de l'ordonnance n° 58-1067 du 7 novembre 1958 portant loi organique sur le Conseil constitutionnel ».

482 H. Motulsky, Ecrits - Etudes et notes sur l'arbitrage, préf. Ph. Fouchard et B. Goldman, Dalloz, 1974, spéc. n° 3, p. 6.

médiation. L'article 155-1 du Code de procédure civile fournit quelques pistes de réflexions. En effet, lorsque le président de la juridiction décide de désigner un juge spécialement chargé de contrôler l'exécution des mesures d'instruction, il ne fait pas le choix d'une économie de temps, ni d'une économie de moyens. Il fait prévaloir la qualité de la justice.

338. Par ailleurs, les Rapports Guinchard (2008) et Darrois (2009) font référence à la bonne administration de la justice. Le Rapport Guinchard, intitulé *L'ambition raisonnée d'une justice apaisée*, évoque la bonne administration de la justice à deux reprises : d'abord, à propos du pouvoir du Président du tribunal de grande instance de caractériser une contrainte locale. Une fois que celui-ci a caractérisé la contrainte locale, l'organisation d'audiences de proximité tenues par le juge aux affaires familiales est interdite. Ensuite, le Rapport Guinchard renvoie à la bonne administration de la justice à propos de la constitution du réseau structuré entre les différents magistrats intéressés par la famille qui a développé les moyens de communication des informations et des pièces des dossiers. Ainsi, le Rapport Guinchard ne donne pas de définition expresse de la bonne administration de la justice. Néanmoins, on peut déduire des deux illustrations précédentes que la bonne administration de la justice englobe à la fois l'efficacité dans la reddition de la justice et le respect de la vie privée des parties. De son côté, le Rapport Darrois évoque la bonne administration de la justice à propos de l'autorisation du tarif de complément d'honoraire que le bénéficiaire de l'aide juridictionnelle partielle est tenu de verser à son avocat. Celle-ci est possible si le tarif répond aux objectifs de protection du consommateur et de bonne administration de la justice. Le Rapport Darrois ne propose aucune définition de la bonne administration de la justice. L'ensemble des exemples exposés montre que la bonne administration de la justice couvre un champ très large. Elle est invoquée aussi bien pour la rémunération des avocats que pour la communication des pièces et la tenue des audiences. Il semblerait que la bonne administration de la justice renvoie au bon déroulement de l'instance, à la fois efficace et respectueux des attentes et de la volonté des parties au litige, conduisant à la reddition d'une justice juste et adaptée aux faits. Parallèlement, existe-t-il une bonne administration de la justice arbitrale ?

2° L'EXISTENCE DE LA BONNE ADMINISTRATION DE LA JUSTICE ARBITRALE

339. L'existence de la bonne administration de la justice arbitrale découle naturellement de l'existence de la justice arbitrale, découlant elle-même du statut de juge de l'arbitre. Ce raisonnement *en escalier* ne nécessite pas d'amples développements. Nous avons précédemment démontré le statut de juge de l'arbitre. Quant à l'existence de la justice arbitrale, celle-ci est une « idée communément reçue »[483], comme l'évoque M. Charles Jarrosson. La question mérite toutefois que l'on s'y attarde, car elle appelle une réflexion sur la nature même de l'arbitrage.

340. L'arbitrage est-il un mode alternatif de résolution des conflits ? La réponse dépend du sens du mot *alternatif* : *alternatif* à la justice étatique[484], ou *alternatif* à la justice *tout court*. Dans la première hypothèse, l'arbitrage serait un mode alternatif de résolution des conflits. En revanche, dans la seconde hypothèse, l'arbitrage ne serait pas un mode alternatif de résolution des conflits. Nous pensons que le terme *alternatif* signifie *alternatif* à la justice. Or, l'arbitrage étant une forme de justice, il ne peut pas être un mode alternatif de résolution des conflits. Aujourd'hui, il ne fait aucun doute que l'arbitrage est une justice autonome, ou une « justice parallèle »[485] pour reprendre la formule de M. Thomas Clay. Pourtant, nombreux sont les auteurs convaincus que l'arbitrage est un mode alternatif de résolution des conflits[486]. L'amalgame[487] traditionnellement fait entre l'arbitrage et la conciliation y a certainement participé. Par ailleurs, le décret n° 2012-66 du

---

[483] Ch. Jarrosson, La notion d'arbitrage, LGDJ, 1987, spéc. n° 174, p. 101.

[484] J.-L. Delvolvé, « L'intervention du juge dans le décret du 14 mai 1980 relatif à l'arbitrage », Rev. arb., 1980.608, spéc. p. 609 : « L'arbitrage est tout bonnement l'un des deux modes, privé ou public, de règlement des litiges auxquels le justiciable, maître de ses droits, est normalement libre de s'adresser ».

[485] Th. Clay, L'arbitre, Dalloz, 2001, spéc. n° 242, p. 198.

[486] N. Bouanha-Capel, Conciliation et alternative au règlement des contestations, thèse Toulouse I, 1999, spéc. n° 31-34, pp. 28-29 ; spéc. n° 55-57, p. 43 ; B. Oppetit, « Les modes alternatifs de règlement des différends de la vie économique », Just., n° 1, 1995.53, spéc. p. 54 ; L. CADIET, « Solution judiciaire et règlement amiable des litiges : de la contradiction à la conciliation », *in* Mélanges Champaud, Dalloz, 1997, p. 123, spéc. n° 6-10, pp. 126-129 ; L. Cadiet, Découvrir la justice, Dalloz, 1997, spéc. p. 67 ; G. Cornu, « Les modes alternatifs de règlement des conflits : rapport de synthèse », Rencontres internationales de droit comparé, Damas, 5-8 octobre 1996, RID comp., 1997.313, spéc. pp. 318 et 322.

[487] E. Loquin, L'amiable composition en droit comparé et international, Litec, 1981, spéc. n° 626, p. 363 : « l'arbitrage, en fin de compte est le prolongement direct de la conciliation. L'arbitre n'impose aux parties que les concessions supplémentaires devant lesquelles elles avaient reculé pour résoudre le litige à l'amiable ». Quelques années plus tard, Ch. Jarrosson pose les définitions suivantes : Ch. Jarrosson, La notion d'arbitrage, LGDJ, 1987, spéc. n° 394, p. 197 : « Il y a donc trois éléments qui permettent de distinguer l'arbitrage de la conciliation. Le premier, le plus utilisé est, la force obligatoire de la décision du tiers, ce qui suppose donc une prise en compte de la volonté des parties, car c'est d'elle dont dépend cette force obligatoire. Le second est d'intérêt moindre, mais il peut constituer une aide dans les cas difficiles ; il s'agit de la participation (ou de l'absence de participation) des parties à la solution proposée par le tiers. Enfin, le troisième, auquel on pourra recourir pour les hypothèses dans lesquelles la qualification est délicate, est celui de la connaissance (ou de l'ignorance) par les parties, de la solution du tiers au moment où elles donnent leur adhésion à ladite solution. Si elles ignorent la solution, il ne peut y avoir conciliation ; si elles la connaissent, il ne peut y avoir arbitrage, l'accord compromissoire liant par hypothèse les parties avant que la sentence ne soit connue ».

20 janvier 2012 a inséré la conciliation et la médiation conventionnelles, et la procédure participative au sein du Code de procédure civile. Naît un nouveau concept : la résolution amiable des différends. Dès lors, l'arbitrage est-il un mode de résolution amiable des différends ? La réponse est négative. En effet, même s'il est choisi par les parties, l'arbitre est un tiers au conflit intervenant pour le trancher. La résolution du conflit n'est donc pas amiable.

341. L'arbitrage n'est ni un mode alternatif de résolution des conflits, ni un mode de résolution amiable des différends. L'arbitrage est une justice à part entière, autonome de la justice étatique. Aujourd'hui, l'existence de la justice arbitrale ne fait plus aucun doute en droit français. En découle naturellement l'existence d'un principe de la bonne administration de la justice arbitrale, relevant de la mission de l'arbitre. Etudions à présent la mise en oeuvre de ce principe.

§2. L'EXÉCUTION DE SA MISSION PAR L'ARBITRE SUJET À UN CONFLIT D'INTÉRÊTS

342. En présence d'un conflit d'intérêts, l'exécution de la mission de bonne administration de la justice arbitrale est plus difficile (A). Pour autant, elle ne devient pas impossible (B).

A. L'EXISTENCE DE DIFFICULTÉS DANS L'EXÉCUTION DE SA MISSION PAR L'ARBITRE

343. Mettons-nous à la place de l'arbitre. Sujet à un conflit d'intérêts, l'arbitre est *tiraillé* entre l'accomplissement de sa mission et la satisfaction de son intérêt personnel. En effet, l'arbitre est tenu, en vertu de son statut de juge, d'agir conformément à la bonne administration de la justice arbitrale. En agissant de la sorte, il est certain de satisfaire les attentes légitimes des parties à l'arbitrage. Il est également assuré de rendre une sentence arbitrale juste et adaptée aux faits. Néanmoins, il peut arriver que l'arbitre soit moins attiré par l'accomplissement de sa mission que par la satisfaction de son intérêt personnel. Nous avions noté que la plupart des conflits d'intérêts en la personne de l'arbitre est d'ordre patrimonial. Il arrive que l'arbitre soit tenté de trancher en faveur de la partie à l'arbitrage avec laquelle il entretient un courant d'affaires, un lien de subordination ou une relation d'affaires par exemple. L'accomplissement par l'arbitre de sa mission est rendu difficile en ce que l'arbitre doit résister à l'appât du gain et faire preuve de droiture. Pour autant, le conflit d'intérêts ne rend pas l'accomplissement de celle-ci impossible.

B. L'ABSENCE DE TOUTE IMPOSSIBILITÉ D'EXÉCUTION DE SA MISSION PAR L'ARBITRE

344. La situation de conflit d'intérêts n'est pas une situation impossible à régler. Bien heureusement, il existe plusieurs modes de résolution adaptés aux conflits d'intérêts. Le premier mode de résolution des conflits d'intérêts en arbitrage commercial international est la *balance des intérêts*[488]. Cette méthode consiste à comparer les intérêts en présence pour voir lequel doit l'emporter sur l'autre selon un critère préétabli. Dans sa *Méthode d'interprétation et sources en droit privé positif*, Gény décrit les bienfaits de son utilisation : « [c]e principe, qu'on peut appeler principe de l'équilibre des intérêts en présence, doit guider le jurisconsulte interprète du droit, aussi

[488] Ph. Gérard, M. Van de Kerchove, Fr. Ost, *op. cit.*, spéc. p. 13 : « la méthode propre au traitement juridique de l'intérêt est bien celle du calcul, de la pesée ou de la balance. Pesée des intérêts, balance de la justice ».

bien que le législateur ou les organes de la coutume (...). L'objet de l'organisation juridique positive, en effet, n'est pas autre que de donner la satisfaction la plus adéquate aux diverses aspirations rivales, dont la juste conciliation apparaît nécessaire pour réaliser la fin sociale de l'humanité. Le moyen général d'obtenir ce résultat consiste à reconnaître les intérêts en présence, à évaluer leur force respective, à les peser, en quelque sorte, avec la balance de la justice, en vue d'assurer la prépondérance des plus importants, d'après un criterium social, et finalement d'établir entre eux l'équilibre éminemment désirable »[489].

345. Néanmoins, appliquée aux conflits d'intérêts en arbitrage commercial international, la balance des intérêts aurait pour conséquence de privilégier tantôt l'intérêt personnel, tantôt l'intérêt tiers. Sans les prescriptions de Gény, cette méthode présenterait un inconvénient majeur : l'absence de prévisibilité. Les parties ne sont pas en mesure de prévoir le résultat de la balance des intérêts. Ce sont autant d'inconvénients qui nous conduisent à examiner le second mode de résolution des conflits d'intérêts : la *hiérarchisation des intérêts*.

346. La hiérarchisation des intérêts est définie par M. François Ost comme la « logique gradualiste de pondération des intérêts en présence »[490]. Concrètement, il s'agit de toujours favoriser un intérêt au détriment de l'autre. Or, nous avons défini le conflit d'intérêts comme la *contradiction directe et actuelle au sein d'une seule et même personne entre un intérêt personnel et un intérêt tiers dont elle a la charge, la plaçant en situation de faire prévaloir le premier au détriment du second.* L'intérêt tiers consistant en la bonne administration de la justice arbitrale, mission de l'arbitre, il est juste de faire systématiquement prévaloir l'intérêt tiers sur l'intérêt personnel du sujet. La hiérarchisation des intérêts permet à l'intérêt tiers de l'emporter systématiquement sur l'intérêt personnel de l'arbitre ou de l'institution d'arbitrage. Ce mode de résolution des conflits d'intérêts en arbitrage commercial international a le mérite de la simplicité, de la prévisibilité et du pragmatisme.

347. Nous sommes favorables à ce qu'en présence d'un conflit d'intérêts, l'arbitre ou l'institution d'arbitrage appliquent la méthode de la hiérarchisation des intérêts. Entre leur intérêt personnel et l'intérêt tiers consistant en la bonne administration de la justice arbitrale, ils doivent faire prévaloir la bonne administration de la justice arbitrale qui constitue le seul intérêt légitime. En renonçant ainsi à la satisfaction de leur intérêt personnel,

---

489 Fr. Gény, Méthode d'interprétation et sources en droit privé positif, 2ème éd., Paris, 1919, t. 1, p. 167.

490 Ph. Gérard, M. Van de Kerchove, Fr. Ost, *op. cit.*, spéc. p. 172.

l'arbitre ou l'institution d'arbitrage exécutent effectivement leur mission. Ainsi, en présence d'un conflit d'intérêts, l'exécution de la bonne administration de la justice arbitrale est difficile mais elle n'est pas impossible pour l'arbitre ou l'institution d'arbitrage. L'application de la méthode de la hiérarchisation des intérêts au profit de l'intérêt tiers leur permet de mettre fin efficacement au conflit et d'exécuter convenablement leur mission.

348. Le conflit d'intérêts se manifeste au sein d'une seule et même personne de sorte que le sujet du conflit d'intérêts est unique. L'unité du sujet suscite la méfiance des parties à l'arbitrage, la perplexité du juge étatique et le détachement du législateur. L'unité du sujet rend la situation inique. Néanmoins, l'exécution de sa mission par l'arbitre ou par l'institution d'arbitrage n'est pas impossible. Il leur est conseillé d'appliquer la méthode de la hiérarchisation des intérêts au profit de l'intérêt tiers.

349. Leur définition ainsi posée, il convient désormais de trouver un régime uniforme et efficace aux conflits d'intérêts.

PARTIE 2. UN TRAITEMENT - PROPOSITION D'UN RÉGIME DES CONFLITS D'INTÉRÊTS EN ARBITRAGE COMMERCIAL INTERNATIONAL

350. Jusqu'à présent, le juge étatique envisageait seulement les symptômes de la maladie, tels que le courant d'affaires ou le lien de subordination, et pas la maladie en elle-même. En conséquence, le juge étatique saisi par une partie à l'arbitrage traitait isolément chaque symptôme, au lieu de traiter la maladie dans son ensemble. De cette pratique, est né un ensemble de traitements hétérogènes qui nuit à la cohérence du droit français de l'arbitrage et à son intelligibilité par les parties à l'arbitrage. À partir d'une définition unique du conflit d'intérêts, on peut envisager un traitement uniforme.

351. Plusieurs textes tels que les *IBA Guidelines on Conflicts of Interest in International Arbitration*, les *IBA International Code of Ethics*, les *IBA International Principles on Conduct of the Legal Profession* et les *IBA Rules of Ethics for International Arbitrators* ont d'ores et déjà prévu un certain nombre de mesures pour traiter les conflits d'intérêts. Dès lors, pourquoi ne pas compiler ces textes pour la construction d'un traitement uniforme des conflits d'intérêts en arbitrage commercial international ? La raison est double. D'abord, aucun de ces textes n'a de valeur normative. Or, étant donné la propagation de la pathologie et l'urgence de son traitement, il semble qu'il faille adopter une démarche plus directive. Par ailleurs, les textes précités relèvent de la déontologie des arbitres. Or, parce que la déontologie est en perpétuelle évolution et parce qu'elle n'a pas la même autorité que la loi, nous ne pensons pas qu'elle soit en mesure de réglementer le traitement des conflits d'intérêts.

352. Le traitement des conflits d'intérêts renvoie au régime juridique des conflits d'intérêts. En qualifiant le conflit d'intérêts de pathologie, nous en avons proposé une définition. Il convient désormais d'associer cette définition à un régime. Le régime des conflits d'intérêts comporte deux volets traditionnels : la nature de la sanction (Titre 1) et son fondement (Titre 2).

353. À cet égard, nous nous fixons quatre objectifs : gommer les incertitudes du droit français de l'arbitrage en matière de conflits d'intérêts ; favoriser la lisibilité du droit français de l'arbitrage ; consolider la place de Paris dans l'arbitrage international[491] et, par dessus tout, rétablir la confiance entre les parties et les arbitres[492].

---

[491] Le Rapport Prada du 31 mars 2011 affirme que Paris est fréquemment choisi comme siège de l'arbitrage : « Ce choix reposait essentiellement sur la réputation d'impartialité de la place de Paris, sur la perception d'un regard favorable porté par la place sur l'arbitrage (notamment l'attitude positive des juridictions françaises) et sur les aspects pratiques comme la disponibilité de salles d'audience et la bonne desserte de la ville par les différents moyens de transport ».

[492] Rapport n° 3997 et 3998 de Fr. de Rugy fait au nom de la Commission des lois constitutionnelles, de la législation et de l'administration générale de la République sur la proposition de loi organique (n° 3838) et la proposition de loi (n° 3866) relatives à la transparence de la vie publique et à la prévention des conflits d'intérêts, spéc. p. 14, rapporte l'existence d'un dispositif lacunaire voire inexistant pour garantir la transparence financière de la vie politique de prévenir les conflits d'intérêts et d'une crise de confiance envers les responsables publics.

TITRE 1. LA NATURE DE LA SANCTION DES CONFLITS D'INTÉRÊTS

354. « Le juge qui rend une sentence partiale sera destitué et condamné à douze fois la valeur de l'amende qu'il avait prononcée ». Cet extrait du Code d'Hammourabi, cité par M. Thomas Clay dans sa thèse, « montre que non seulement le risque de partialité a toujours été le tourment de la justice, mais, qu'en plus, dès cette époque, les moyens d'y remédier avaient été envisagés »[493].

355. Aujourd'hui, une sanction aussi rigoureuse n'est plus envisageable. En effet, M. Pierre Tercier relève qu'« il est exceptionnel, actuellement du moins, qu'un arbitre fasse l'objet d'une révocation et d'un remplacement, que ses honoraires soient réduits ou, surtout, qu'il fasse ultérieurement l'objet d'une action en responsabilité »[494]. Selon l'auteur, « il n'y a pas de sanction au sens strict, leur violation peut ternir pour l'avenir la réputation de l'arbitre ou péjorer dans le milieu ses chances d'être proposé dans d'autres procédures »[495].

356. Entre la destitution de l'arbitre doublée d'une lourde amende et une totale impunité, il convient de trouver une sanction équilibrée.

357. Nous sommes convaincus de la légitimité de l'existence d'une sanction des conflits d'intérêts en arbitrage commercial international. Par conséquent, notre étude portera exclusivement sur la consistance de ladite sanction. À cet égard, il convient de faire deux remarques préalables avant d'exposer les deux idées qui guideront l'essentiel de nos propos.

358. D'abord, nous ne jugeons pas opportun d'élaborer une sanction pénale des conflits d'intérêts en arbitrage commercial international. Plus précisément, nous ne sommes favorables ni à la création d'une infraction

---

[493] Th. Clay, L'arbitre, Dalloz, 2001, spéc. n° 277, p. 233.
[494] P. Tercier, « L'éthique des arbitres », *in* L'éthique dans l'arbitrage, sous la direction de G. Keutgen, coll. Francarbi, Bruylant, 2011, p. 17, spéc. p. 23.
[495] *Ibid.*.

nouvelle incriminant le conflit d'intérêts, ni à l'assimilation, jadis proposée, du conflit d'intérêts à la prise illégale d'intérêts[496] prévue aux articles 432-12 et 432-13 du Code pénal. D'une part, nous ne pensons pas qu'il soit pertinent de créer l'infraction de *conflit d'intérêts* dans le Code pénal. En effet, en soi, l'existence d'un conflit d'intérêts n'est pas nocive. Nous l'avons expliqué, la situation de conflit d'intérêts peut prospérer à condition que son sujet le gère convenablement, c'est-à-dire conformément à la bonne administration de la justice arbitrale. Seule la mauvaise gestion d'un conflit d'intérêts est susceptible de causer un préjudice aux parties à l'arbitrage. Dès lors, serait-il possible de créer une infraction nouvelle correspondant à la mauvaise gestion d'un conflit d'intérêts ? Une telle infraction n'est pas non plus envisageable en ce qu'elle ne serait pas conforme à la logique pénaliste : un conflit d'intérêts en arbitrage commercial international ne constitue pas une atteinte aux intérêts de la société, mais une atteinte à l'institution même d'arbitrage. D'autre part, nous ne pensons pas non plus qu'il soit théoriquement juste d'assimiler le conflit d'intérêts à la prise illégale d'intérêts prévue aux articles 432-12 et 432-13 du Code pénal. Ces notions répondant chacune à une définition propre, elles ne sauraient être confondues.

359. L'arbitrage est « une justice non pas rendue par un Souverain, mais par un particulier. Une justice qui ne se veut pas d'en haut, mais d'à côté. Une justice non pas pyramidale, mais en réseau »[497]. Cette citation de M. Jean-Baptiste Racine introduit notre seconde remarque préalable. Le conflit d'intérêts ne saurait donner lieu à une sanction disproportionnée. Malgré la propagation de la maladie et l'urgence de son traitement, nous insistons sur la nécessité d'une sanction raisonnable des conflits d'intérêts. Il ne convient pas de sanctionner les arbitres outre mesure, car, l'essentiel n'est pas leur punition, mais le rétablissement de la confiance entre l'arbitre et les parties à l'arbitrage.

360. À cet égard, deux idées guideront nos propos. Nous envisagerons la sanction des conflits d'intérêts au sens large en distinguant les mesures préventives des mesures curatives. Une mesure préventive ne prévient pas l'existence d'un conflit d'intérêts, mais sa mauvaise gestion. En effet, il n'est aucune raison de prévenir son existence, qui n'est pas nocive en soi. Nous

---

[496] Définie à l'article 432-12 alinéa 1er du Code pénal comme « [l]e fait, par une personne dépositaire de l'autorité publique ou chargée d'une mission de service public ou par une personne investie d'un mandat électif public, de prendre, recevoir ou conserver, directement ou indirectement, un intérêt quelconque dans une entreprise ou dans une opération dont elle a, au moment de l'acte, en tout ou partie, la charge d'assurer la surveillance, l'administration, la liquidation ou le paiement ».

[497] J.-B. Racine, « L'arbitrage : propos liminaires sur un droit pragmatique », *in* L'arbitrage : questions contemporaines, L'Harmattan DL, 2012, p. 11, spéc. p. 12.

insisterons sur la préférence à accorder aux mesures préventives. En effet, il faut préférer les mesures préventives aux mesures curatives car les premières interviennent avant la gestion du conflit d'intérêts par son sujet, au moment où une bonne administration de la justice arbitrale est encore possible.

361. Malgré la préférence à accorder aux mesures préventives, un arsenal de mesures curatives est nécessaire, en cas d'échec des premières. En effet, comme l'a écrit Burlamaqui avec sagesse, « si l'on suppose que deux Législateurs, voulant établir une même loi, proposent, l'un de grandes récompenses, et l'autre de rigoureuses peines ; il est certain que le dernier portera plus efficacement les hommes à l'obéissance, que le ferait le premier »[498].

362. Nous proposons donc des mesures préventives (Chapitre 1) et des mesures curatives (Chapitre 2) pour traiter la mauvaise gestion des conflits d'intérêts en arbitrage commercial international.

---

[498] J.-J. Burlamaqui, Principes du Droit Naturel, Dalloz, 2007, Première Partie, p. 158.

CHAPITRE 1. LES MESURES PRÉVENTIVES

363. La logique préventive connaît actuellement un succès certain, notamment dans la vie publique[499]. Sorte de médecine douce, les mesures préventives ont pour intérêt majeur de maintenir un climat de confiance au sein de l'arbitrage. Néanmoins, mal appliquées, celles-ci pourraient instaurer un climat de suspicion et de délation qui n'est évidemment pas souhaitable pour l'arbitrage commercial international.

364. Par exemple, certains auteurs retiennent comme mesures préventives : l'interdiction des contacts directs de l'arbitre avec les parties à l'arbitrage[500], le devoir d'agir dans l'intérêt des deux parties[501], ou la

[499] En témoignent la création de la Commission de réflexion pour la prévention des conflits d'intérêts dans la vie publique, présidée par J.-M. Sauvé et qui a rendu son rapport le 26 janvier 2011, le Rapport de Fr. de Rugy n° 3997 et 3998 fait au nom de la Commission des lois constitutionnelles, de la législation et de l'administration générale de la République sur la proposition de loi organique (n° 3838) et la proposition de loi (n° 3866) relatives à la transparence de la vie publique et à la prévention des conflits d'intérêts du 23 novembre 2011 et les deux projets de loi relatifs à la transparence de la vie publique discutés en Conseil des ministres le 24 avril 2013.

[500] P. Tercier, « L'éthique des arbitres », *in* L'éthique dans l'arbitrage, sous la direction de G. Keutgen, coll. Francarbi, Bruylant, 2011, p. 17, spéc. p. 30 : « Une fois nommé, l'arbitre, quelle que soit sa fonction, n'a plus le droit d'avoir des contacts directs avec une partie, sauf à le faire dans des circonstances particulières du consentement des acteurs et de manière transparente. La formule appelle toutefois quelques nuances. Avant sa nomination, il est en général admis qu'une personne pressentie puisse avoir un contact limité avec les représentants ou les conseils qui envisagent de la proposer ou de la nommer. Il importe de savoir si elle est disponible, prête à s'engager, si elle n'a pas des conflits personnels, si elle dispose des compétences requises (art. 5.1 *IBA Rules of Ethics*). L'objet en est donc limité, destiné qu'il est pour chacun à obtenir les informations nécessaires à la décision. Il ne doit donc pas porter sur la discussion de la position de cette partie, sous réserve d'une description générale. Durant la procédure, il est en principe exclu d'établir le moindre contact. L'arbitre ou le président abordé par une personne en violation de ce principe doit évidemment refuser d'entrer en matière et même en informer les autres membres du tribunal arbitral, selon les cas (art. 5.3 *IBA Rules of Ethics*). Exceptionnellement, il peut être justifié de tolérer un contact direct, non dans l'intérêt de l'affaire, mais celui de la procédure ; un tel mandat, précis et dûment justifié ne peut être fait qu'avec le consentement (ou à l'invitation) des autres membres du tribunal arbitral et en toute transparence. Cela doit rester de toute façon l'exception ».

[501] P. Tercier, *op. cit.*, spéc. p. 34.

suppression des arbitres-parties[502] *etc.* Notre arsenal de mesures préventives est différent. Celles que nous envisagerons sont connues : incompatibilité ; révélation ; déport et récusation. Si ces mesures n'ont, en soi, rien d'innovant, nous en proposerons une articulation nouvelle et adaptée à la définition précédemment donnée du conflit d'intérêts.

365. Trois acteurs distincts peuvent être à l'initiative de l'exercice de mesures préventives. Le législateur peut prévoir des incompatibilités entre la fonction d'arbitre et d'autres fonctions. Nous n'y sommes néanmoins pas favorables (Section préalable). En outre, l'arbitre lui-même peut être à l'initiative de deux mesures préventives : la révélation et le déport (Section 1). Enfin, en dernier ressort, les parties à l'arbitrage ont le pouvoir d'activer une ultime mesure préventive : la récusation de l'arbitre (Section 2).

---

[502] J. Levy-Morelle, « L'éthique des parties », *in* L'éthique dans l'arbitrage, sous la direction de G. Keutgen, coll. Francarbi, Bruylant, 2011, p. 81, spéc. n° 14, p. 84 : « c'est secret de polichinelle de relever que la partie désignante ne peut que difficilement se défaire de l'arrière-pensée, non exprimable, que « son » arbitre est aussi le défenseur de ses thèses dans le délibéré collégial. C'est oublier que l'arbitre en question n'est pas le mandataire de la partie désignante et qu'il n'a pas de comptes à rendre de ce chef ».

Section préalable. La mesure préventive à l'initiative du législateur

366. M. François de Rugy, Rapporteur de la Commission des lois constitutionnelles, de la législation et de l'administration générale de la République sur la proposition de loi organique (n° 3838) et la proposition de loi (n° 3866) relatives à la transparence de la vie publique et à la prévention des conflits d'intérêts, pense que les incompatibilités constituent « un puissant instrument de prévention des conflits d'intérêts » [503]. L'incompatibilité prévue par le législateur est-elle un instrument *puissant* en arbitrage commercial international ?

367. Il faut rappeler que traditionnellement, les interventions du législateur en arbitrage commercial international sont sporadiques, ce qui nous avait précédemment conduit à conclure à son *détachement*[504]. Pour autant, elles ne sont pas inexistantes ; il est actuellement un certain nombre d'incompatibilités légales entre la fonction d'arbitre et d'autres fonctions.

368. En ce qui concerne le recensement, l'historique et la présentation de ces incompatibilités, nous renvoyons à l'étude menée par M. Thomas Clay dans sa thèse[505], dont nous proposerons l'actualisation suivante.

369. De manière générale, l'arbitre ne saurait être un fonctionnaire[506], un parlementaire[507], ou un magistrat en fonction[508]. En revanche, les élus locaux

---

[503] Fr. de Rugy, Rapport n° 3997 et 3998 fait au nom de la Commission des lois constitutionnelles, de la législation et de l'administration générale de la République sur la proposition de loi organique (n° 3838) et la proposition de loi (n° 3866) relatives à la transparence de la vie publique et à la prévention des conflits d'intérêts, 23 novembre 2011, spéc. p. 13.

[504] V. *supra* n° 310 et s..

[505] Th. Clay, L'arbitre, Dalloz, 2001, spéc. n° 479-522, pp. 400-424.

[506] Chronologiquement, l'article 3 alinéa 2 du décret-loi du 29 octobre 1936 relatif aux cumuls de retraites, de rémunérations et de fonctions autorisait le fonctionnaire à être arbitre. Puis, cet alinéa fut abrogé le 1er juillet 2007. Ainsi est née l'incompatibilité entre les fonctions de fonctionnaire et d'arbitre.

[507] Cette incompatibilité trouve son assise dans l'article LO.140 du Code électoral : « Ainsi qu'il est dit à l'article 9 de l'ordonnance n° 58-1270 du 22 décembre 1958 portant loi

ou européens peuvent être nommés arbitres. Par ailleurs, les deux listes rouges des *IBA Guidelines on Conflicts of Interest in International Arbitration* prévoient que l'arbitre ne peut être simultanément ni le représentant légal d'une partie à l'arbitrage[509] ou de son conseil[510], ni gérant, ni administrateur, ni membre du conseil de surveillance d'une partie à l'arbitrage[511], ni actionnaire d'une partie à l'arbitrage[512], ni le conseiller habituel d'une partie à l'arbitrage[513]. *A contrario*, si l'arbitre ne peut pas être

---

organique relative au statut de la magistrature, l'exercice des fonctions de magistrat est incompatible avec l'exercice d'un mandat à l'Assemblée nationale ». La doctrine majoritaire interprète cet article comme prohibant le cumul des fonctions de parlementaire et d'arbitre.

[508] La question a fait l'objet d'un ample débat. À la suite de deux circulaires confuses, l'article 37 du décret n° 93-21 du 7 janvier 1993 modifié par le décret n° 94-314 du 20 avril 1994 prévoyait que « La participation d'un magistrat en activité à un arbitrage est subordonnée à l'obtention préalable d'une dérogation conformément au deuxième alinéa de l'article 8 de l'ordonnance du 22 décembre 1958 susvisée. Une dérogation est nécessaire pour chaque arbitrage ». Bien qu'encadré, le cumul des fonctions d'arbitre et de magistrat était donc possible. Mais à la suite des critiques formulées par la presse (M. A. Lombard, « Quand les magistrats pantouflent à temps partiel », Le Figaro, 18 juillet 2000, p. 7 ; E. Plouvier « Justice privée cherche hauts magistrats à louer », Libération, 21 septembre 1993) et par la doctrine relevant le « problème endémique d'encombrement » de la justice (Th. Clay, L'arbitre, Dalloz, 2001, spéc. n° 507, p. 417), l'article 14 de la loi n° 2001-539 du 25 juin 2001 relative au statut des magistrats et au Conseil supérieur de la Magistrature a modifié l'article 8 de l'ordonnance n° 58-1270 du 22 décembre 1958 et a interdit le cumul des fonctions de magistrat et d'arbitre.

[509] *IBA Guidelines on Conflicts of Interest in International Arbitration, Non-Waivable Red List,* art. 1.1: "*There is an identity between a party and the arbitrator, or the arbitrator is a legal representative or employee of an entity that is a party in the arbitration*" ; *IBA Guidelines on Conflicts of Interest in International Arbitration, Waivable Red List,* art. 2.3.1: "*The arbitrator currently represents or advises one of the parties, or an affiliate of one of the parties*".

[510] *IBA Guidelines on Conflicts of Interest in International Arbitration, Waivable Red List,* art. 2.3.2: "*The arbitrator currently represents or advises the lawyer or law firm acting as counsel for one of the parties*".

[511] *IBA Guidelines on Conflicts of Interest in International Arbitration, Non-Waivable Red List,* art. 1.2: "*The arbitrator is a manager, director or member of the supervisory board, or has a similar controlling influence on one of the parties or an entity that has direct economic interest in the award to be rendered in the arbitration*" ; *IBA Guidelines on Conflicts of Interest in International Arbitration, Waivable Red List,* art. 2.3.4: "*The arbitrator is a manager, director or member of the supervisory board, or has a similar controlling influence in an affiliate of one of the parties, if the affiliate is directly involved in the matters in dispute in the arbitration*".

Néanmoins, on peut lire sur le site Internet du CMAP que « Les arbitres du CMAP sont issus d'horizons professionnels divers : praticiens du droit et des opérations commerciales et financières, anciens magistrats, professeurs d'université, dirigeants d'entreprises, ingénieurs, *etc.* ».

[512] *IBA Guidelines on Conflicts of Interest in International Arbitration, Waivable Red List,* art. 2.2.1: "*The arbitrator holds shares, either directly or indirectly, in one of the parties, or an affiliate of one of the parties, this party or an affiliate being privately held*".

[513] *IBA Guidelines on Conflicts of Interest in International Arbitration, Non-Waivable Red List,* art. 1.4 *in limine*: "*The arbitrator or his or her firm regularly advises the party, or an affiliate of the party*" ; *IBA Guidelines on Conflicts of Interest in International Arbitration,*

avocat dans le même cabinet que le conseil d'une partie à l'arbitrage[514], rien ne l'empêche d'être avocat ou conseil[515] de manière générale.

370. Actuellement, le dispositif légal des incompatibilités prête le flanc à la critique. On lui reproche notamment son caractère lacunaire. En effet, si le magistrat judiciaire en fonction ne peut pas être désigné comme arbitre, aucun texte ne prévoit la même règle au sujet du juge administratif, du juge consulaire[516] et du juge judiciaire à la retraite[517]. Enfin, une dernière critique à adresser au dispositif légal est sa contradiction avec la tendance actuelle au cumul des fonctions. Actuellement, il est autorisé d'être simultanément arbitre et conseil notamment en propriété industrielle [518], arbitre et conciliateur[519] ou encore arbitre et médiateur[520].

Waivable Red List, art. 2.1.1: "*The arbitrator has given legal advice, or provided an expert opinion, on the dispute to a party or an affiliate of one of the parties*" ; *IBA Guidelines on Conflicts of Interest in International Arbitration, Waivable Red List*, art. 2.3.1: "*The arbitrator currently represents or advises one of the parties, or an affiliate of one of the parties*" ; *IBA Guidelines on Conflicts of Interest in International Arbitration, Waivable Red List*, art. 2.3.7: "*The arbitrator regularly advises one of the parties, or an affiliate of one the parties, but neither the arbitrator nor his or her firm derives a significant financial income therefrom*".

[514] *IBA Guidelines on Conflicts of Interest in International Arbitration, Waivable Red List*, art. 2.3.3: "*The arbitrator is a lawyer in the same law firm as the counsel to one of the parties*".

[515] *IBA Guidelines on Conflicts of Interest in International Arbitration, Part I: General Standards Regarding Impartiality, Independence and Disclosure, (6) Relationships (a)*: "*the activities of an arbitrator's law firm, if any, and the relationship of the arbitrator with the law firm, should be considered in each individual case. The fact that the activities of the arbitrator's firm involve one of the parties shall not necessarily constitute a source of such conflict, or a reason for disclosure*".

[516] Th. Clay, « Arbitre, magistrat ou juge consulaire, il faut choisir », Dr. et patr., juin 2002, p. 92 : « Existe-t-il dans le statut de celui-ci des spécificités telles qui justifieraient une entorse au principe naissant d'unicité de la fonction juridictionnelle ? L'interrogation concerne non seulement les juges consulaires, mais aussi, plus généralement, l'ensemble des juges professionnels ».

[517] J.-D. Bredin, « La révélation. Remarques sur l'indépendance de l'arbitre en droit interne français », *in* Etudes de procédure et d'arbitrage en l'honneur de Jean-François Poudret, Lausanne, 1999, p. 349, spéc. p. 357 : « Peut-être [l'avocat de la partie demanderesse] attendrait-il de l'arbitre unique qu'il soit fidèle à ses jugements, fidèle à soi ! N'était-ce pas cela un préjugé ? Mais un juge devenu arbitre était-il en droit d'informer les parties des jugements qu'il avait rendus en tant que juge ? Ne risquait-il pas de sembler se méfier de soi, et surtout de violer le secret de son délibéré ? ».

[518] L'article L.422-13 du Code de propriété intellectuelle prévoit, depuis la loi n° 2004-130 du 11 février 2004, que « La profession de conseil en propriété industrielle est incompatible avec l'exercice de toute autre profession, sous réserve de dispositions législatives ou réglementaires particulières.
Elle est toutefois compatible avec les fonctions d'enseignement, ainsi qu'avec celles d'arbitre, de médiateur, de conciliateur ou d'expert judiciaire ».

[519] L'autorisation de cumul des fonctions de conciliateur et d'arbitre par la même personne a été déduite notamment de l'arrêt rendu par la deuxième chambre civile de la Cour de cassation : Cass. 2ème civ., 10 juillet 2003, n° 01-16.628 : « Les conclusions du demandeur

371. En réalité, nous ne sommes pas favorables à ce que l'incompatibilité constitue une mesure préventive en matière de conflits d'intérêts. Deux arguments viennent au soutien de notre prétention. D'abord, bien que l'élaboration par le législateur d'une liste exhaustive d'incompatibilités avec la fonction d'arbitre soit confortable, il ne s'agit que d'un confort précaire. La pratique arbitrale est une pratique constructive et évolutive, d'où naîtront certainement de nouvelles situations de conflit d'intérêts. De fait, la pratique arbitrale n'est pas adaptée à l'établissement de listes figées.

372. Ensuite, l'existence d'un conflit d'intérêts n'est pas nocive en soi. Seule sa mauvaise gestion doit être sanctionnée. Or, reconnaître l'existence d'une incompatibilité de principe revient à présumer la mauvaise gestion du conflit d'intérêts par l'arbitre assumant une autre fonction. Instaurer une incompatibilité légale entre la fonction d'arbitre et une autre fonction revient à présumer[521], de manière systématique, la mauvaise gestion des éventuels conflits d'intérêts par le sujet. Nous n'y sommes pas favorables.

373. Enfin, l'établissement d'une liste d'incompatibilités par le législateur semble incohérent avec la logique volontariste chère au droit français de l'arbitrage. Les parties désirent rester libres de choisir qui elles veulent pour la résolution de leur litige. L'on peut imaginer qu'il s'agit là de l'une des premières attentes légitimes des parties à l'arbitrage. Dès lors, il

---

avaient invoqué une atteinte à l'impartialité objective du tribunal arbitral du fait de la mission de conciliation qu'il avait précédemment exercée, mais non la transgression par lui d'une obligation de confidentialité à l'égard des informations recueillies dans la phase de conciliation [...] ; D'où il suit que le moyen est nouveau et que, mélangé de fait et de droit, il est irrecevable ».

[520] Le med-arb est un exemple de modèles hybrides émergents de résolution des litiges. Ce vocable, qui est une contraction de Médiation-Arbitrage, vise une nouvelle manière de résoudre les litiges consistant à demander à un tiers d'être d'abord médiateur, puis arbitre si la médiation échoue. En plein essor, ce mode de résolution des litiges offre de nombreux avantages qui expliquent qu'il soit désormais proposé par de plus en plus de centres de médiation et/ou d'arbitrage. Parmi ces avantages, on peut noter l'économie de temps et d'argent réalisée lorsque l'on poursuit la résolution du différend avec une personne qui connaît déjà le dossier.

[521] Le jeu des présomptions dans le domaine de l'indépendance de l'arbitre est délicat : V. notamment TGI Paris, réf., 4 mai 2012, *Me Ph. Samzun ès-qualités c. SASU Animatrice de la Franchise « La Brioche Dorée »*, Rev. arb., 2012.478 : « Le fait que, concomitamment au présent arbitrage, se déroule un autre arbitrage dans lequel l'arbitre désigné par la défenderesse est avocat, et le conseil de la défenderesse arbitre, constitue bien une circonstance de nature à affecter le jugement de l'arbitre dans la présente affaire et à tout le moins à provoquer dans l'esprit de l'autre partie un doute raisonnable sur les qualités qui sont de l'essence de la fonction juridictionnelle de l'arbitre, ce qui constitue une présomption suffisante du défaut d'indépendance allégué ».

n'est pas question que la volonté du législateur se substitue à celle des parties.

374. Pour toutes ces raisons, nous excluons l'incompatibilité légale des mesures préventives de la mauvaise gestion des conflits d'intérêts en arbitrage commercial international. À tout le moins, si le législateur établissait une liste limitative des incompatibilités entre la fonction d'arbitre et d'autres fonctions, nous serions favorables à ce que cette liste ne relève pas de l'ordre public et que les parties puissent y déroger par une convention contraire.

375. L'arbitre peut être à l'initiative de mesures préventives efficaces que nous nous proposons d'étudier.

SECTION 1. LES MESURES PRÉVENTIVES À L'INITIATIVE DE L'ARBITRE

376. Un paradoxe semble naître du fait que l'arbitre, sujet du conflit d'intérêts, soit lui-même à l'initiative de mesures préventives. En réalité, la plupart des situations de conflit d'intérêts est subie par l'arbitre[522] qui, souvent, ne choisit pas d'être en situation de conflit d'intérêts. Il est donc naturel que l'arbitre soit le premier à lutter contre les conflits d'intérêts. Ainsi l'arbitre est-il à l'initiative de deux mesures préventives : la révélation (Sous-section 1) et le déport (Sous-section 2).

[522] V. *supra* n° 21 et s..

SOUS-SECTION 1. LA RÉVÉLATION

377. La révélation de l'arbitre est éminemment un sujet d'actualité, à tel point qu'elle a fait l'objet d'une question d'un député et d'une réponse ministérielle de la Garde des Sceaux le 1er octobre 2013[523]. M. Hervé Mariton a appelé l'attention de la Ministre de la Justice sur le fait que « les arbitres désignés sont souvent des avocats associés dans de grands cabinets spécialisés, et l'on ne peut nier que certains puissent être liés à des conflits d'intérêts pouvant remettre en cause leur impartialité ». Il demande donc « dans quelles mesures peuvent être envisagés un meilleur contrôle et une meilleure impartialité de ce type de procédure ». La Garde des Sceaux a répondu que « [l]'une des spécificités de l'arbitrage tient au fait que ce sont les parties qui choisissent les arbitres, au besoin avec l'intervention du juge d'appui. Sur ce point, il peut être rappelé qu'en application de l'article 1456 du code de procédure civile applicable tant à l'arbitrage interne qu'à l'arbitrage international par renvoi de l'article 1506 du même code, *"il appartient à l'arbitre, avant d'accepter sa mission de révéler toute circonstance susceptible d'affecter son indépendance ou son impartialité"* ».

378. La révélation fascine et interpelle si bien qu'il convient d'en faire une présentation (§1) avant d'en préciser les contours (§2).

[523] Rép. Min. 31033-JO 01/10/2013.

§1. La présentation de l'obligation de révélation

379. La plus originale des présentations de la révélation est probablement la parabole rédigée par M. Jean-Denis Bredin[524]. Celui-ci narre le récit d'un magistrat à la retraite qui, en tant qu'arbitre pressenti, se demande lui-même s'il est indépendant et impartial. Cette histoire reflète exactement les enjeux soulevés par la révélation et montre comment l'arbitre peut s'interroger sur sa propre indépendance.

380. Synonyme de l'obligation d'« information »[525], de « divulgation »[526] ou de « renseignement »[527], l'obligation de révélation a été définie par Eisemann de la manière suivante : l'obligation de révélation est la « règle déontologique obligeant l'arbitre d'informer les parties, pour leur permettre de juger si elles peuvent néanmoins lui faire confiance »[528]. Elle prend traditionnellement[529] la forme d'une déclaration d'indépendance remplie par l'arbitre[530] au début de l'instance arbitrale et actualisable à tout moment.

381. L'obligation de révélation s'inscrit dans deux tendances actuelles : la transparence[531] et l'apparence.

382. La tendance à la transparence a été parfaitement décrite par M. Marc Henry à la fin des années 1990 : « [p]our permettre aux parties à l'arbitrage d'apprécier l'indépendance des arbitres, il est nécessaire qu'une pleine transparence existe sur les rapports que pourrait entretenir l'arbitre avec les parties ou avec l'objet du litige »[532]. Cette transparence reçoit un écho particulier dans le domaine politique où le gouvernement a adopté, lors

---

524 J.-D. Bredin, *op. cit.*.

525 M. Henry, Le devoir d'indépendance de l'arbitre, LGDJ, 2001, spéc. n° 345, p. 230.

526 Ph. Fouchard, E. Gaillard, B. Goldman, *op. cit.*, spéc. n° 1055, p. 596.

527 M. de Boisséson, *op. cit.*, spéc. n° 268, pp. 232-233.

528 Fr. Eisemann, « Déontologie de l'arbitre commercial international », Rev. arb., 1969.217, spéc. n° 19, p. 224 ; à rapprocher de M. Henry, *op. cit.*, spéc. n° 350, p. 235 : « Le devoir de révélation demeurerait un devoir moral à la charge de l'arbitre qui lui permettrait d'attester auprès des parties qu'il a bien conscience de son devoir fondamental d'indépendance ».

529 L'article article 11-2° du Règlement d'arbitrage de la CCI vise la « déclaration d'acceptation, de disponibilité, d'impartialité et d'indépendance ».

530 Pour une vision humoristique des déclarations d'indépendance, V. l'édito de Félix Rome, « *Rien à déclarer ???* », D., 2013.897.

531 V. notamment J. Fernandez-Armesto, "*The time has come - A plea for abandoning secrecy in arbitration*", Cah. arb., 2012-3, p. 583 ; P. Hodges, "*The perils of complete transparency in international arbitration - should parties be exposed to the glare of publicity?*", Cah. arb., 2012-3, p. 589 ; C. Benson, "*Can Professional Ethics Wait? The Need for Transparency in International Arbitration*", *Dispute Resolution International*, 2009, Vol. 3, p. 82.

532 M. Henry, Le devoir d'indépendance de l'arbitre, LGDJ, 2001, spéc. n° 345, p. 230.

du Conseil des ministres du 24 avril 2013, deux projets de loi relatifs à la transparence de la vie publique. La transparence paraît d'autant plus importante que « le secret entretient la rumeur et jette le soupçon »[533].

383. Dans la pratique arbitrale, la transparence prend la forme de déclarations d'indépendance remplies par les arbitres. En principe, la forme des déclarations d'indépendance est libre[534]. Si une partie s'inquiète de l'absence de déclaration d'indépendance d'un arbitre, elle doit immédiatement contester cette carence, sinon elle ne pourra plus s'en prévaloir par la suite[535]. De même, si le contenu d'une déclaration d'indépendance d'un arbitre inquiète une partie à l'arbitrage, celle-ci doit en faire part immédiatement à l'institution d'arbitrage ou au juge d'appui. À défaut, la partie sera considérée avoir renoncé à contester la régularité de la composition du tribunal arbitral, à moins que des éléments importants tels que l'existence d'un courant d'affaires, d'un lien de subordination ou d'une relation d'affaires, aient manqué dans la déclaration de l'arbitre. Dans ce cas, la Cour de cassation considère que la partie à l'arbitrage n'a pas renoncé à contester la régularité de la composition du tribunal arbitral[536].

384. La révélation doit être étudiée au regard d'une seconde tendance : l'apparence. Les origines de la théorie de l'apparence sont anciennes. Dans *Lettres à Atticus*, Cicéron écrit que César se sépara de sa femme, Pompeia Sulla, à qui l'on prêtait faussement une aventure avec le jeune Clodius Pulcher. Bien que cette tromperie n'était qu'une rumeur, César se sépara de sa femme au motif que celle-ci devait éviter non seulement la faute, mais aussi l'apparence de faute.

385. Actuellement, la théorie de l'apparence renvoie à la logique anglo-américaine. L'on se rappelle de la célèbre maxime de Lord Hewart : "*it is not enough that justice be done, it must be seen manifestly and undoubtedly to be done*". Selon cette logique, paraître

---

[533] Fr. de Rugy, Rapport n° 3997 et 3998 fait au nom de la Commission des lois constitutionnelles, de la législation et de l'administration générale de la République sur la proposition de loi organique (n° 3838) et la proposition de loi (n° 3866) relatives à la transparence de la vie publique et à la prévention des conflits d'intérêts, spéc. p. 20 ; à rapprocher de L. Aynès, « L'obligation de loyauté », *in* « L'obligation », Archives de philosophie du droit, t. 44, 2000, p. 195, spéc. p. 197 : « La transparence, dont le législateur contemporain se délecte, interdit de cacher, de se taire ou de taire ; elle impose un devoir d'information et combat le secret ».

[534] Paris, 6 mai 2014, n° 12/21230 où la déclaration d'indépendance de l'arbitre prend la forme d'un courrier de l'arbitre, accompagné de son *curriculum vitae*, précisant les points qui pourraient mettre en cause son indépendance.

[535] Paris, 29 octobre 2013, n° 12/05854 et n° 12/05955, *M. M. Teman et autre c. société civile Norma*, D., 2013.2936, obs. Th. Clay.

[536] Cass. 1ère civ., 18 décembre 2014, n° 14-11.085, D., 2015. 86.

impartial et indépendant est tout aussi important que de l'être réellement. Cette tendance, qui peut sembler artificielle, est néanmoins importante aux yeux des justiciables et, en arbitrage commercial international, aux yeux des parties à l'arbitrage[537].

386. L'obligation de révélation de l'arbitre est consacrée à l'article 1456 alinéa 2 du Code de procédure civile en vertu duquel « [i]l appartient à l'arbitre, avant d'accepter sa mission, de révéler toute circonstance susceptible d'affecter son indépendance ou son impartialité. Il lui est également fait obligation de révéler sans délai toute circonstance de même nature qui pourrait naître après l'acceptation de sa mission ».

387. Cet article, introduit par le décret du 13 janvier 2011, précise l'obligation de révalation liant l'arbitre. Auparavant, l'ancien article 1452 du Code de procédure civile prévoyait en son alinéa 2 que « [l]'arbitre qui suppose en sa personne une cause de récusation doit en informer les parties. En ce cas, il ne peut accepter sa mission qu'avec l'accord de ces parties ». La nouvelle rédaction, dissociant clairement l'obligation de révélation du mécanisme de la récusation, se rapproche de l'article 12§1 de la loi-type CNUDCI qui prévoit que « lorsqu'une personne est pressentie en vue de sa nomination éventuelle en qualité d'arbitre, elle signale toutes les circonstances de nature à soulever des doutes légitimes sur son impartialité ou sur son indépendance ».

388. L'obligation de révélation est omniprésente dans les législations étrangères[538] et dans les Règlements d'arbitrage[539]. Elle est également consacrée de manière constante par la jurisprudence française[540].

---

[537] Canon II du Code d'éthique élaboré conjointement par l'AAA et l'ABA : "*This code reflects the prevailing principle that arbitrators should disclose the existence of any interests or relationship which are likely to affect their impartiality or which might reasonably create the appearance that they are biased against one party or favorable to another*".

[538] Article 57 du Code tunisien de l'arbitrage ; article 1034 du Code de procédure civile néerlandais ; article 1036 alinéa 1er du ZPO allemand *etc.* La LDIP suisse ne comporte aucune obligation de révélation.

[539] Article 5-3 du Règlement d'arbitrage de la LCIA ; article 6-2 du Règlement d'arbitrage du CIRDI ; article 4§1 du Règlement d'arbitrage de l'AFA ; article 7 du Règlement d'arbitrage international de l'AAA ; article 11 du Règlement d'arbitrage de la CNUDCI de 2010 ; article 13.1 du Règlement d'arbitrage du CMAP ; articles 11-2 et 11-3 du Règlement d'arbitrage de la CCI ; article R. 16 du Règlement d'arbitrage interne de l'AAA ; article 18 du Règlement d'arbitrage du CCAC ; article 22-b du Règlement d'arbitrage de l'OMPI.

[540] L'un des arrêts fondateurs est sans doute l'arrêt de la Cour d'appel de Paris : Paris, 2 avril 2003, *Fremarc c. ITM Entreprises*, D., 2003.2472, obs. Th. Clay ; Rev. arb., 2003.1231, note E. Gaillard, dans lequel elle affirme qu'« Il est de principe que l'arbitre doit révéler aux parties toute circonstance de nature à affecter son jugement et à provoquer dans l'esprit des parties un doute raisonnable sur les qualités d'impartialité et d'indépendance qui sont de l'essence même de la fonction arbitrale ».

389. Pourtant, deux erreurs sont communément commises en matière de révélation. D'abord, les causes de récusation des arbitres, éventuellement contenues dans leur déclaration d'indépendance, ne coïncident pas avec les causes de récusation des magistrats prévues à l'article L.111-6 du Code de l'organisation judiciaire auquel renvoie l'article 341 du Code de procédure civile. Cette distinction est le fruit d'une évolution jurisprudentielle remarquable. Dans deux arrêts rendus en 1990 et 1991, la deuxième chambre civile[541] et la chambre commerciale[542] de la Cour de cassation avaient affirmé que la déclaration de l'arbitre portait sur les cas visés par l'article 341 du Code de procédure civile. En conséquence, l'arbitre n'avait pas pour obligation d'informer les parties d'une cause qui ne figurait pas expressément à cet article[543], et les parties à l'arbitrage ne pouvaient récuser l'arbitre en se fondant sur un fait n'y figurant pas[544]. Cette jurisprudence a suscité une levée de boucliers de la part de la doctrine. À l'époque, les auteurs ont rappelé que si l'arbitre est un juge, il n'est pas assimilable à un magistrat. Après tout, l'ancien article 1452 alinéa 2 du Code de procédure civile ne faisait aucune référence à l'article 341 du Code de procédure civile. À supposer l'article 341 du Code de procédure civile applicable aux arbitres, comment expliquer que cet article, qui n'est pas limitatif pour le juge[545], le soit pour l'arbitre ? L'interprétation extensive du droit au respect à un procès équitable porté par l'article 6§1 de la Convention européenne de sauvegarde des droits de l'homme et des libertés fondamentales conduit à dépasser les cas énumérés à

---

[541] Cass. 2ème civ., 14 novembre 1990, *société Graine d'élite Clause c. Gérin*, Rev. arb., 1991.75, note Ch. Jarrosson ; RTD com., 1992.167, obs. J.-C. Dubarry et E. Loquin.

[542] Cass. com., 29 octobre 1991, *société Reliure Sill et autres c. société Papeteries de l'Aa et autres*, Rev. arb., 1996.398, note Ph. Fouchard.

[543] Cass. com., 29 octobre 1991, *société Reliure Sill et autres c. société Papeteries de l'Aa et autres*, Rev. arb., 1996.398, note Ph. Fouchard : « En l'absence de convention particulière, l'article 341 du Nouveau Code de Procédure Civile est applicable à la récusation des arbitres. Dès lors, si aucune des causes de récusation énumérées par ce texte ne pouvait être invoquée à l'encontre d'un arbitre judiciairement désigné, celui-ci n'était pas tenu d'informer les parties d'une cause de récusation qu'il aurait pu supposer en sa personne, ayant été le mandataire des actionnaires d'une des parties ».

[544] Cass. 2ème civ., 14 novembre 1990, *société Graine d'élite Clause c. Gérin*, Rev. arb., 1991.75, note Ch. Jarrosson, RTD com., 1992.167, obs. J.-C. Dubarry et E. Loquin : « l'obligation de déclaration imposée à l'arbitre par l'article 1452 alinéa 2 du Nouveau Code de Procédure Civile implique que cette déclaration porte sur les faits prévus par un texte ; dès lors, ayant relevé que les griefs invoqués à l'encontre de l'arbitre n'entraient pas dans les cas visés à l'article 341 du Nouveau Code de Procédure Civile, une cour d'appel, aucune convention particulière n'étant alléguée, en a justement déduit que la demanderesse ne fondait nullement l'existence d'une cause de récusation au sens de l'article 1452 alinéa 2 ».

[545] Cass. 1ère civ., 28 avril 1998, Bull. I, n° 155 ; D., 1998.131 ; RTD civ., 1998.744, obs. R. Perrot ; A. Hory, note sous TGI Paris, réf., 6 janvier 1999, *A. Coquard c. société Vidéopole*, Rev. arb., 1999.138 ; M. Henry, « Les obligations d'indépendance et d'information de l'arbitre à la lumière de la jurisprudence récente », Rev. arb., 1999.193, spéc. n° 37, p. 217 : « il est maintenant admis que la liste contenue à l'article 341 du Code de procédure civile n'est pas limitative ».

l'article 341 du Code de procédure civile, que ce soit pour le juge ou pour l'arbitre. Enfin, la révélation et la récusation n'ont pas la même fonction[546]. Ces arguments ont conduit la jurisprudence à opérer un revirement en 1995[547]. Aujourd'hui, l'article 341 du Code de procédure civile n'a plus qu'un rôle indicatif pour les arbitres. Les cas de récusation prévus dans cet article les inspirent pour la rédaction de leur déclaration d'indépendance, mais ils ne s'imposent pas à eux. Par ailleurs, les arbitres peuvent également s'inspirer de l'article 668 du Code de procédure pénale qui énumère les causes de récusation de tout juge ou conseiller.

390. Il est une seconde erreur régulièrement commise au sujet de la révélation. Elle consiste à penser que révéler est faire l'aveu de l'existence ou de la mauvaise gestion à venir d'un conflit d'intérêts. Cette erreur, commune, conduit certains arbitres à écrire noir sur blanc, dans leur déclaration d'indépendance, que leur révélation n'est pas l'admission d'un conflit d'intérêts. Par exemple, dans une affaire CIRDI de 2009 entre PIP et le Gabon, un arbitre révèle qu'il a présidé le tribunal arbitral dans une précédente affaire qui avait impliqué le Gabon et dans laquelle celui-ci avait été condamné. Dans sa déclaration d'indépendance, l'arbitre prend la peine de préciser que "[i]*t goes without saying that the fact of having presided over another arbitration involving the Republic of Gabon by no means affects my ability to exercise my duties as co-arbitrator with complete independence, objectivity and equity*"[548]. Révéler, ce n'est ni faire l'aveu de l'existence d'un conflit d'intérêts, les *IBA Guidelines on Conflicts of Interest in International Arbitration* insistent sur ce point[549] , ni anticiper sa mauvaise gestion. En réalité, la révélation "*helps to select the right arbitrator and to avoid selecting an arbitrator who could subsequently be challenged by the other side on account of a conflict of interest*"[550]. Un arbitre révèle pour mettre les parties en confiance, et non pour les faire douter. Dire que la révélation est l'admission de l'existence et de la mauvaise gestion à venir d'un conflit d'intérêts, revient à assimiler l'obligation de révélation à l'obligation

---

546 Th. Clay, L'arbitre, Dalloz, 2001, spéc. n° 389, p. 330 : « La révélation a pour objet de sécuriser l'instance arbitrale alors que la récusation a pour fonction de l'anéantir. Dès lors, il est logique de penser que les causes d'anéantissement ne recoupent pas forcément les causes de consolidation, car le champ de la révélation doit être le plus large possible, alors que les causes de récusation doivent être strictement entendues ».

547 Paris, 23 mars 1995, *société Maec SA, société Domiticom SARL c. P. Mumbach*, RTD com., 1995.588, note E. Loquin.

548 *Challenge Decision*, 12 novembre 2009.

549 *IBA Guidelines on Conflicts of Interest in International Arbitration, Explanation to General Standard 3 (b)* (2004): "*Disclosure is not an admission of a conflict of interest*"; *IBA Guidelines on Conflicts of Interest in International Arbitration, Explanation to General Standard 3 (c)* (2014): "*Disclosure does not imply the existence of a conflict of interest*".

550 K. Daele, *Challenge and Disqualification of Arbitrators in International Arbitration, International Arbitration Law Library*, Vol. 24, 2012, p. 1.

d'indépendance. Or, de la même manière que la révélation doit être distinguée de la récusation, l'obligation de révélation doit être distinguée de l'obligation d'indépendance [551] . Le véritable enjeu de l'obligation de révélation est la détermination de ses contours.

[551] À cet égard, deux éminents auteurs s'opposent : M. Henry, « Le devoir de révélation dans les rapports entre arbitres et conseils : de la suggestion aux électrochocs », Cah. arb., 2011-3, p. 787, spéc. n° 5 : « Le devoir de révélation ne se confond toutefois pas avec le devoir d'indépendance de l'arbitre. Tout manquement à l'obligation de révélation ne caractérise pas nécessairement un manquement au devoir d'indépendance » et Th. Clay, « La disparition de l'obligation d'indépendance de l'arbitre au profit de l'obligation de révélation », note sous Paris, 12 février 2009, Rev. arb., 2009.186, spéc. n° 9, pp. 192-193 : « La révélation n'est plus seulement le moyen de parvenir à l'indépendance ; elle s'y est substituée ».

§2. LES CONTOURS DE L'OBLIGATION DE RÉVÉLATION

391. « L'obligation de révélation n'est pas infinie »[552]. Pour autant, la fixation de ses contours[553] n'est pas aisée. Même si « la révélation constitue le meilleur rempart contre l'inquisition »[554], il faut veiller à ce que « la volonté de transparence ne nourrisse pas le voyeurisme ! »[555]. L'arbitre doit savoir doser[556] ce qu'il a ou n'a pas à révéler. Pour l'aider, la jurisprudence lui a fourni deux *unités de mesure*.

392. En 1989[557], la jurisprudence propose à l'arbitre de faire varier l'étendue de son obligation de révélation en fonction de la notoriété[558] de la situation critiquée, de son lien avec le litige et de son incidence sur le jugement de l'arbitre[559]. Depuis 1985, la jurisprudence a changé de conception. Pour savoir si l'arbitre doit révéler une information, il doit se demander si cette information serait de nature à faire naître un doute dans l'esprit des parties sur son indépendance ou son impartialité. Ce critère ressort notamment de l'arrêt de la première chambre civile de la Cour de cassation du 10 octobre 2012, dans l'affaire *Neoelectra Group c. Tecso*. En l'espèce, l'arbitre désigné par une partie n'avait pas révélé qu'il avait travaillé pendant dix années en qualité de *of counsel* dans le cabinet d'avocats du conseil de cette partie. Par ailleurs, après cette période, il avait rendu des consultations pour ce cabinet à plusieurs reprises. La Cour d'appel de Paris avait annulé la sentence en s'appuyant seulement sur le constat du

---

[552] D. Mouralis, « Les exigences d'indépendance et d'impartialité de l'arbitre », LPA, 13 février 2013, n° 32, p. 18.

[553] Seuls les contours matériels de l'obligation de révélation nous intéressent puisque les contours temporels sont fixés par l'article 1456 alinéa 2 *in fine* du Code de procédure civile. L'obligation de révélation est une obligation continue : elle dure pendant toute l'instance arbitrale.

[554] M. Henry, « L'obligation d'indépendance de l'arbitre ou le mythe d'Icare », LPA, 21 juillet 2009, n° 144, p. 4, spéc. n° 1, p. 5.

[555] B. Roman, Discussion générale à l'Assemblée Nationale, Séance 23 novembre 2011, disponible sur http://www.assemblee-nationale.fr/13/rapports/r3997.asp.

[556] P. Tercier, « L'éthique des arbitres », *in* L'éthique dans l'arbitrage, sous la direction de G. Keutgen, coll. Francarbi, Bruylant, 2011, p. 17, spéc. p. 28 : « il est préférable pour prévenir tous les risques d'en dire plus afin de ne pas courir finalement celui de n'en pas dire assez ».

[557] Paris, 2 juin 1989, *société T.A.I., ESW et IEC c. sociétés SIAPE, Engrais de Gabès et autres* et Paris, 2 juin 1989, *Gemanco c. sociétés SAEPA et SIAPE*, Rev. arb., 1991.87, note C. Reymond.

[558] Pour une étude sur la notion de notoriété, M. Henry, « Indépendance et impartialité de l'arbitre : la Cour d'appel de Paris tire les enseignements de l'arrêt Tecso de la Cour de cassation », note sous Paris, 2 juillet 2013, Rev. arb., 2013.1038, spéc. n° 12, p. 1044.

[559] Confirmé par Paris, 28 juin 1991, *KFTCIC c. Icori Estero*, Rev. arb., 1992.568 ; Paris, 9 avril 1992, *société Annahold BV et autre c. SA L'Oréal et autres*, Rev. arb., 1996.483 ; Paris, 2 juillet 2013, *Société La Valaisanne Holding LVH c. M. Guy Besnardeau et autre*, Rev. arb., 2013.819, note M. Henry.

défaut de révélation. La Cour de cassation casse cet arrêt au motif qu'« en se déterminant par ces seuls motifs sans expliquer en quoi ces éléments étaient de nature à provoquer dans l'esprit des parties un doute raisonnable quant à l'impartialité de l'arbitre et à son indépendance, la Cour d'appel n'a pas mis la Cour de cassation en mesure d'exercer son contrôle sur la décision, en violation de l'article 1484-2° ancien du Code de Procédure Civile »[560].

393. Néanmoins, les critères énoncés par la Cour de cassation sont subjectifs[561], et ne permettent pas de déterminer précisément[562] les contours de l'obligation de révélation. M. Jean-Denis Bredin n'approuve pas cette jurisprudence : « "*indépendance, impartialité, neutralité, incidence raisonnablement prévisible, risque certain de prévention*", c'est avec tous ces mots que vous devez vous débrouiller pour découvrir ce qu'il vous faut déclarer... Regardez donc toutes ces étoiles dans la nuit tourmentée de l'arbitre »[563].

394. En plus de la *débrouillardise* dont il doit faire preuve, l'arbitre est confronté à deux autres problèmes qu'il faut évoquer brièvement.

395. Le premier problème a été soulevé par la doctrine, et plus précisément par M. Marc Henry, qui s'est légitimement demandé si « [l]e fait pour l'arbitre de révéler le nombre de fois où le Conseil d'une partie l'aura proposé comme arbitre ne [reviendrait] pas pour l'arbitre à violer le secret professionnel auquel il est astreint ? »[564]. La question mérite d'être posée. Néanmoins, pour être soumis au secret professionnel, encore faut-il que l'exercice des activités de l'arbitre soit reconnu comme une véritable profession.

396. Le second problème a été révélé par la jurisprudence : l'arbitre a-t-il l'obligation de révéler une information qu'il ignore personnellement et qui

---

[560] Cass. 1ère civ., 10 octobre 2012, *Neoelectra Group SAS c. société Tecso EURL*, Rev. arb., 2013.129, note Ch. Jarrosson ; D., 2012.2999, note Th. Clay ; JCP G, 2012, p. 1929, n° 1127, obs. M. Henry ; JCP G, 2012, p. 2281, n° 1268, B. Le Bars ; JCP G, 2012, p. 2281, n° 1354, obs. Ch. Seraglini ; D., 2012.2458, obs. X. Delpech.

[561] J.-D. Bredin, « La révélation. Remarques sur l'indépendance de l'arbitre en droit interne français », *in* Etudes de procédure et d'arbitrage en l'honneur de Jean-François Poudret, Lausanne, 1999, p. 349, spéc. p. 361 : « flou terminologique qui règne ainsi sur notre droit (...). Que signifient ces formules gonflées de vent ? Elles signifient que le juge se réserve, par le précieux secours de formules très vagues, la faculté de vérifier "cas par cas" si l'arbitre satisfait aux exigences de l'indépendance, de l'impartialité ».

[562] J.-D. Bredin, *op. cit.*, spéc. p. 353 : l'obligation de révélation de l'arbitre est devenue une véritable « auberge espagnole ».

[563] J.-D. Bredin, *op. cit.*, spéc. pp. 361-362.

[564] M. Henry, « Le devoir de révélation dans les rapports entre arbitres et conseils : de la suggestion aux électrochocs », Cah. arb., 2011-3, p. 787, spéc. n° 27.

implique le cabinet dans lequel il exerce en tant qu'avocat ? Cette question découle des faits de l'affaire *Avax c. Tecnimont*, dans laquelle la Cour d'appel de Paris avait considéré que l'arbitre ne peut pas opposer la taille mondiale du cabinet lorsqu'un service est chargé de la vérification des conflits et que les informations fournies par le Président du tribunal arbitral aux parties lui ont été communiquées par son cabinet[565]. Il faut noter que dans cet arrêt, la Cour d'appel de Paris s'aligne sur les *IBA Guidelines on Conflicts of Interest in International Arbitration* qui prévoient que "*Failure to disclose a conflict is not excused by lack of knowledge, if the arbitrator does not perform such reasonable enquiries*"[566]. Quoi qu'il en soit, cet arrêt a suscité les foudres de la doctrine et notamment de M. Marc Henry, qui a immédiatement proposé la consécration d'un « droit à l'ignorance légitime »[567] au profit de l'arbitre.

397. Il semble que la jurisprudence incite les arbitres à adopter la logique suivante : « dans le doute, révélez ! »[568]. Mais nous ne sommes pas favorables à cette méthode qui, en réalité, n'en est pas une. Parce que « seuls des critères précis et concrets d'appréciation de l'obligation de révélation permettront à celle-ci de remplir le rôle qui lui est dévolue »[569], nous nous permettons de faire les propositions suivantes pour un meilleur encadrement de l'obligation de révélation.

398. D'abord, nous ne sommes pas favorables à la fixation des contours de l'obligation de révélation sous la forme d'une liste exhaustive. L'élaboration d'une telle liste représenterait un travail colossal de compilation des sources jurisprudentielle et doctrinale et serait, par essence, lacunaire. Ainsi, nous ne dresserons pas un *inventaire à la Prévert* des éléments qui devraient ou ne devraient pas être révélés par l'arbitre.

399. Nous pensons qu'il serait opportun d'adopter une appréciation objective de l'obligation de révélation de l'arbitre. Nous nous situons à cet

---

565 Paris, 12 février 2009, *SA J. & P. Avax c. société Tecnimont SPA*, Rev. arb. 2009.186, note Th. Clay ; Gaz. Pal., 13-15 déc. 2009, obs. L. Degos ; Cah. arb., 2009-4, p. 6, obs. L. Degos ; D., 2009.2964, obs. Th. Clay ; Bull. ASA, 2009, Vol. 27, p. 520, note Ph. Schweizer ; Spain Arb. Rev. 2009/6, p. 155, note A. Munoz et Th. Parigot ; *Arbitraje. Revista de arbitraje commercial y de inversiones*, 2010, Vol. 3, p. 597, obs. J.-C. Fernandez-Rozas.

566 *IBA Guidelines on Conflicts of Interest in International Arbitration, Part I : General Standards Regarding Impartiality, Independence and Disclosure, (7) Duty of Arbitrator and Parties, (d).*

567 M. Henry, « L'obligation d'indépendance de l'arbitre ou le mythe d'Icare », LPA, 21 juillet 2009, n° 144, p. 4, spéc. n° 15, p. 12.

568 S. Lazareff, « De la révélation », Cah. arb., 2011-2, p. 643 : « Pour l'arbitre, la réponse est simple : en cas de doute, révéler ; c'est précisément quand il y a doute qu'il convient de ne pas cacher une situation ».

569 Th. Clay, L'arbitre, Dalloz, 2001, spéc. n° 382, p. 322.

égard dans la ligne des idées développées par MM. Thomas Clay[570] et Marc Henry[571]. Il n'est pas aisé d'adopter une appréciation subjective semblable à celle développée par la jurisprudence précitée. Nous sommes donc favorables à une appréciation objective de l'obligation de révélation. Néanmoins, une appréciation purement objective conduirait à tout révéler. Nous optons pour une appréciation *objective tempérée*, pour reprendre l'expression employée par M. Marc Henry. Selon nous, l'obligation de révélation devrait être tempérée par l'utilité de la révélation[572] pour la bonne administration de la justice arbitrale. L'utilité de la révélation pour la bonne administration de la justice arbitrale deviendrait ainsi le curseur permettant à l'arbitre de savoir s'il doit ou non révéler.

400. L'appréciation objective tempérée par l'utilité de la révélation permet de ne pas concevoir la transparence comme une fin en soi[573]. Comme le cernait parfaitement Carcassonne, « devenue une fin en soi, la transparence n'aura nul motif à s'arrêter ici ou là, s'insinuera partout, irrésistiblement, sous le masque fallacieux d'une exigence démocratique »[574].

401. Enfin, nous pensons qu'il serait opportun de consacrer un devoir d'investigation à la charge des parties à l'arbitrage[575]. À l'instar des arbitres eux-mêmes [576], les parties à l'arbitrage devraient être en mesure de se

570 Th. Clay, L'arbitre, Dalloz, 2001, spéc. n° 384-385, pp. 323-324.

571 M. Henry, « Le devoir de révélation dans les rapports entre arbitres et conseils : de la suggestion aux électrochocs », Cah. arb., 2011-3, p. 787, spéc. n° 5.

572 La parabole élaborée par J.-D. Bredin en fournit un parfait exemple : J.-D. Bredin, *op. cit.*, spéc. p. 357 : « Il nota qu'hier il avait accueilli chez lui l'avocat de la partie demanderesse, venu lui expliquer le litige. Il avait entendu le Bâtonnier Tatin qui, seul, sans adversaire, lui avait exposé les mérites de ses prétentions et les faiblesses de la thèse des défendeurs. Sans doute avait-il écouté le Bâtonnier par politesse, il l'avait trouvé bavard, confus, et vite il avait aperçu les faiblesses de son argumentation. Restait ce fait essentiel : il avait reçu, et entendu, le Bâtonnier Tatin en l'absence de l'autre partie. Devait-il en informer Maître Legagneur, [avocat de la partie adverse] ? Aussi préoccupant était le fait qu'en cinq ans Suzanne et lui avaient été conviés trois fois à dîner par Madame Tatin (...). Fallait-il qu'il en informât les parties pour satisfaire à l'article 1452 ? ».

573 Fr. de Rugy, Rapport n° 3997 et 3998 fait au nom de la Commission des lois constitutionnelles, de la législation et de l'administration générale de la République sur la proposition de loi organique (n° 3838) et la proposition de loi (n° 3866) relatives à la transparence de la vie publique et à la prévention des conflits d'intérêts, spéc. pp. 18-19 évoque les dangers de la transparence conçue comme une fin en soi. La transparence doit être envisagée nécessairement comme la garantie de l'indépendance des responsables publics.

574 G. Carcassonne, « Le trouble dans la transparence », Pouvoirs, n° 97, 2001, p. 22.

575 P. Schweizer, « Récusation d'arbitre », Bull. ASA, 2009, Vol. 27, p. 520 évoque un « devoir de diligence des parties ». Le devoir d'investigation des parties est à distinguer du devoir de vérification visé par S. Lazareff, « De la révélation », Cah. arb., 2011-2, p. 643.

576 Th. Clay, « La disparition de l'obligation d'indépendance de l'arbitre au profit de l'obligation de révélation », note sous Paris, 12 février 2009, Rev. arb., 2009.186, spéc. n° 35, p. 202 : cet arrêt « renforce le devoir d'enquête de l'arbitre sur lui-même. L'arbitre doit

renseigner sur les personnes qu'elles ont choisies pour juger leur différend. Selon le droit suisse de l'arbitrage, il appartient aux parties de procéder aux vérifications nécessaires afin de s'assurer de l'indépendance des arbitres qu'elles ont désignés[577]. Le choix de rester dans l'ignorance peut être considéré, dans certains cas, comme une manœuvre dilatoire comparable à une demande tardive de récusation d'un membre du tribunal arbitral[578].

402. Pour autant, le devoir d'investigation à la charge des parties à l'arbitrage doit être limité. Il pourrait par exemple être cantonné aux informations accessibles au public. La Cour d'appel de Paris et les *IBA Guidelines on Conflicts of Interest in International Arbitration* raisonnent en ce sens. Dans un arrêt du 17 décembre 2013 rendu dans le cadre d'un arbitrage corporatif, la Cour d'appel de Paris suppose l'existence d'un devoir d'investigation à la charge des parties à l'arbitrage. Celui-ci serait limité aux informations notoires dans la profession concernée et nécessairement appuyé par des éléments de preuve : « [s]'agissant d'un arbitrage corporatif, le défendeur ne pouvait ignorer que les arbitres ou certains d'entre eux pouvaient avoir des liens professionnels, étant relevé d'une part que la composition du conseil d'administration de l'organisme représentatif dont le défendeur tire argument pour fonder l'existence de liens est une information notoire dans la profession et, d'autre part, que le défendeur affirme sans en rapporter aucun élément de preuve que la société gérée par le président du tribunal arbitral est cliente de la société-mère du demandeur et que la société dont l'un des co-arbitres est préposé, est représentant auprès de cette dernière »[579]. On peut se demander si cette solution s'applique exclusivement à l'arbitrage corporatif ou si elle s'étend aux autres types d'arbitrage, dont l'arbitrage commercial. Par ailleurs, les *IBA Guidelines on Conflicts of Interest in International Arbitration* prévoyaient, dans leur version de 2004, qu'une partie devait procéder à la recherche raisonnable des informations disponibles publiquement[580]. Néanmoins, ce devoir à la charge des parties

---

explorer sa propre histoire, ses relations familiales, amicales et professionnelles, la généalogie de ses contacts avec les différents protagonistes de l'affaire. (...) Il doit instruire sur lui-même avec plus de sévérité que ne le ferait n'importe qui d'autre contre lui » ; *IBA Guidelines on Conflicts of Interest in International Arbitration, Part I : General Standards Regarding Impartiality, Independence and Disclosure, (7) Duty of Arbitrator and Parties, (c)*: "*An arbitrator is under a duty to make reasonable enquiries to investigate any potential conflict of interest, as well as any facts or circumstances that may cause his or her impartiality or independence to be questioned. Failure to disclose a potential conflict is not excused by lack of knowledge if the arbitrator makes no reasonable attempt to investigate*".

577 Tribunal fédéral suisse, 27 mai 2003, aff. 4P_267/2002, consid. 4.2.2.1.

578 Tribunal fédéral suisse, 20 mars 2008, aff. 4A_506/2007, consid. 3.1.2.

579 Paris, 17 décembre 2013, *M. D. Oursel c. SARL Sermaplus*, Rev. arb., 2014.219.

580 *IBA Guidelines on Conflicts of Interest in International Arbitration, Part I: General Standards Regarding Impartiality, Independence and Disclosure, (7) Duty of Arbitrator and*

n'a pas été repris dans les *IBA Guidelines on Conflicts of Interest in International Arbitration* de 2014. En effet, certains auteurs avaient manifesté leur réserve à propos de ce devoir d'investigation pesant sur les parties à l'arbitrage. Nous trouvons regrettable que les *IBA Guidelines on Conflicts of Interest in International Arbitration* de 2014 ne reprennent pas ce devoir d'investigation à la charge des parties à l'arbitrage car, après tout, ce sont les parties à l'arbitrage « qui tien[nen]t les rênes de l'instance arbitrale ? »[581]

403. En guise de conclusion, nous nous permettrons de citer M. Pierre Tercier qui dresse un bilan positif de la révélation en tant que mesure préventive : « [l]'expérience apprend que ces révélations ne conduisent pas nécessairement à remettre en cause le choix de la partie, (...) elles sont au contraire souvent de nature à générer pour tous une confiance accrue en l'intégrité de la personne concernée »[582]. Il est une seconde mesure préventive de la mauvaise gestion des conflits d'intérêts dont l'arbitre est à l'initiative : le déport.

Parties, (b) (2004): "*a party shall provide any information already available to it and shall perform a reasonable search of publicly available information*".

[581] Ch. Jarrosson, note sous Paris, 19 mai 1998, *société Torno SpA c. société Kagumai Gumi Co Ltd* ; Paris, 3 décembre 1998, *société ITP Interpipe c. Hunting Oilfield Services (HOS)* ; Paris, 19 janvier 1999, *société CIC International Ltd c. Ministre de la Défense de la République d'Allemagne*, Rev. arb., 1999.601, spéc. n° 1, p. 601.

[582] P. Tercier, « L'éthique des arbitres », *in* L'éthique dans l'arbitrage, sous la direction de G. Keutgen, coll. Francarbi, Bruylant, 2011, p. 17, spéc. p. 28.

SOUS-SECTION 2. LE DÉPORT

404. « Doit se récuser tout juge dont on peut légitimement craindre un manque d'impartialité »[583], affirme la Cour européenne des droits de l'homme en 1982 dans l'affaire *Piersack c. Belgique*. Le déport, que l'on peut également appeler « auto-récusation »[584] ou démission[585], a des origines anciennes. Dès 1925, Citröen lui consacre quelques pages dans son *Manuel de l'arbitre*[586].

405. Le déport est la seconde mesure préventive de la mauvaise gestion des conflits d'intérêts dont l'arbitre ait l'initiative. Elle peut intervenir en lieu et place de la révélation : plutôt que de révéler, l'arbitre se déporte. Elle peut aussi intervenir en même temps que la révélation : l'arbitre se déporte en révélant aux parties et aux autres arbitres les raisons de son déport.

406. La révélation et le déport entretiennent deux différences majeures. La révélation n'est pas un aveu de l'existence d'un conflit d'intérêts. En revanche, le déport consiste en une admission de l'existence d'un conflit d'intérêts et de sa mauvaise gestion à venir. Par ailleurs, la révélation a pour objectif de laisser les parties libres de renouveler leur confiance à l'égard de l'arbitre qu'elles ont choisi. À l'inverse, le déport contraint les parties à laisser l'arbitre quitter la procédure arbitrale. Si, de manière générale, il est préférable que l'arbitre révèle plutôt qu'il ne se déporte, l'arbitre est libre de choisir la mesure préventive qui lui semble la plus appropriée au regard des circonstances de l'espèce.

407. Le déport soulève des enjeux fondamentaux, tels que la bonne administration de la justice arbitrale et, plus largement, la « crédibilité »[587] de l'arbitrage. Il convient de mieux cerner la notion de déport (§1) et d'en déterminer la portée (§2).

---

583 CEDH, 1er octobre 1982, *Piersack c. Belgique*, n° 8692/79.
584 Th. Clay, L'arbitre, Dalloz, 2001, spéc. n° 409, p. 345.
585 Ph. Fouchard, E. Gaillard, B. Goldman, *op. cit.*, spéc. n° 1131, p. 628.
586 H. Citröen, Manuel de l'arbitre, préf. d'E. Clémentel, lettre de Willis H. Booth, La Perle, 1925.
587 CA Versailles, 4 novembre 1996, Rev. arb., 1997.361, 2ème esp..

§1. DÉPORT ET NOTIONS VOISINES

408. La notion de déport (B) se distingue de notions voisines (A).

A. NOTIONS VOISINES

409. Mise à part la procédure de remplacement initiée par certaines institutions d'arbitrage, telles que la CCI, conformément à leur règlement d'arbitrage, nous avons recensé cinq notions voisines à celle du déport : le déclinement ; l'empêchement ; l'incapacité ; la carence et l'abstention.

410. Le déclinement est la situation dans laquelle l'arbitre pressenti décline immédiatement la mission qui lui est proposée. L'instance arbitrable n'est pas encore entamée. Ainsi, cette hypothèse ne pose aucune difficulté, sauf, éventuellement, aux parties qui doivent se tourner vers une autre personne pour trancher leur litige.

411. L'empêchement est un événement indépendant de la volonté de l'arbitre qui le contraint à ne pas poursuivre la mission qui lui a été confiée. Par exemple, la *Shari'a* empêche toute personne atteinte de cécité, de mutité ou de surdité d'être désignée arbitre à moins que le handicap ne soit partiel. Si celui-ci naît au cours de l'instance arbitrale, l'arbitre doit obligatoirement se déporter, sous peine d'annulation de la sentence[588]. L'empêchement ne doit donc pas être confondu avec le déport, le premier étant la cause du second.

412. De la même manière, l'incapacité et la carence sont des causes de déport et ne sauraient être confondues avec lui. L'incapacité renvoie au plein exercice de ses droits par l'arbitre visé par l'article 1450 alinéa 1er du Code de procédure civile prévoyant que « [l]a mission d'arbitre ne peut être exercée que par une personne physique jouissant du plein exercice de ses droits ». La carence, quant à elle, est synonyme de défaillance et justifie aussi le déport de l'arbitre.

413. La dernière notion voisine du déport est l'abstention[589]. Elle est probablement la notion la plus proche du déport et la plus susceptible de confusion avec lui[590]. Traditionnellement, l'arbitre s'abstient au moment des

---

588 S. Saleh, "*Commercial Arbitration in the Arab Middle East. A Study in Shari'a and Statute Law*", *Graham and Trotman*, Londres, 1992, p. 36.

589 À rapprocher de l'article 339 *in limine* du Code de procédure civile : « Le juge qui suppose en sa personne une cause de récusation ou estime en conscience devoir s'abstenir se fait remplacer par un autre juge que désigne le président de la juridiction à laquelle il appartient ».

590 Pour un exemple de confusion : TGI Paris, réf., 15 février 1995, *société chérifienne des pétroles c. société Mannesmann Industria Iberica et autres, société Industrialexport and*

délibérés. Concrètement, il refuse de participer au délibéré ou de signer la sentence arbitrale. En sus de son abstention, l'arbitre peut formuler une opinion dissidente. L'opinion dissidente est une pratique répandue dans la tradition de *Common Law*. En France, en revanche, les arbitres l'exercent rarement, notamment en raison de l'exigence du secret du délibéré. Si le tribunal arbitral est composé de trois arbitres et que l'un d'eux émet une opinion dissidente, il est aisé de savoir ce que chacun des arbitres pense de l'affaire. Par ailleurs, l'on peut légitimement se demander si l'émergence d'une opinion dissidente ne discrédite pas l'autorité du Président du tribunal arbitral, garant du bon déroulement des délibérés arbitraux et de la reddition d'une sentence rendue à l'unanimité. L'on pourrait même aller plus loin en envisageant que la responsabilité du Président du tribunal arbitral pourrait être engagée du fait de l'existence d'une opinion dissidente. Quoi qu'il en soit, malgré l'existence d'une opinion dissidente, le tribunal arbitral demeure au complet. En conséquence, le contrat qui lie les parties à l'arbitre demeure[591] et la sentence arbitrale est valable[592]. L'arbitre qui s'est abstenu n'a pas quitté le tribunal arbitral, dont la composition demeure conforme à la volonté des parties à l'arbitrage.

414. Nous préférons le déport à l'abstention, comme mesure préventive de la mauvaise gestion des conflits d'intérêts, pour une raison évidente. L'abstention d'un arbitre risque de mettre ses co-arbitres dans l'embarras au moment des délibérés arbitraux. Au contraire, le déport d'un arbitre permet aux parties d'organiser son remplacement.

B. La notion de déport

415. Etudions les conditions (1) et les effets (2) du déport.

1° Les conditions du déport de l'arbitre

416. Le déport est soumis à deux conditions. Il doit être justifié et accepté. La raison d'être de ces deux conditions est d'éviter les déports

others, Rev. arb., 1996.503, 2ème esp., note Ph. Fouchard, qui assimile la démission et l'abstention.

[591] J.-F. Poudret, S. Besson, Droit comparé de l'arbitrage international, LGDJ, 2002, spéc. n° 738, p. 698 ; *Contra* : Th. CLAY, L'arbitre, Dalloz, 2001, spéc. n° 660, p. 523.

[592] Sous la réserve exprimée par D. Hascher dans D. Hascher note sous Paris, 1er juillet 1997, *ATC-CFCO c. Comilog*, Rev. arb., 1998.131, spéc. p. 137 : « la sentence est valable à condition que l'arbitre récalcitrant ait été mis à même d'exercer les prérogatives qui s'attachent à sa mission d'arbitre, c'est-à-dire qu'il ait effectivement eu la possibilité de participer au délibéré ».

intempestifs[593] ou dilatoires[594]. D'abord, le déport doit être justifié. La doctrine est unanime : l'arbitre ne peut se déporter que pour de justes motifs[595], qui sont les mêmes que ceux de la récusation. Par exemple, la loi dominicaine relative à l'arbitrage commercial du 19 décembre 2008 dispose en son Article 16, intitulé « Motifs de déport et de récusation », que :

« 1) Toute personne désignée comme arbitre devra révéler par écrit toutes les circonstances qui pourraient donner lieu à des doutes justifiés concernant son impartialité ou son indépendance. L'arbitre, dès sa nomination et au cours de la procédure arbitrale, révèlera immédiatement ces circonstances aux parties.

2) Un arbitre ne pourra être récusé que s'il existe des circonstances qui donnent lieu à des doutes justifiés quant à son impartialité ou son indépendance, ou s'il ne remplit pas les conditions requises convenues par les parties. Une partie ne pourra récuser l'arbitre nommé par elle, ou à la nomination duquel elle a participé, que sur la base d'éléments dont elle a eu connaissance après avoir effectué cette désignation ».

417. À défaut de juste motif, le déport de l'arbitre constitue une faute engageant sa responsabilité contractuelle. Il semble que la mauvaise gestion d'un conflit d'intérêts constitue vraisemblablement un juste motif de déport.

418. Ensuite, le déport doit être accepté. L'acceptation est la seconde condition du déport. Or, par qui le déport de l'arbitre doit-il être accepté ? Il est légitime de penser qu'il revient aux parties à l'arbitrage d'accepter le déport de l'arbitre puisqu'elles l'ont désigné. L'article 14 2° de la loi-type CNUDCI tranche en ce sens. Pour autant, cette idée ne fait pas *consensus* : l'article 8 2° du Règlement d'arbitrage CIRDI prévoit que le déport doit être accepté par les autres arbitres du tribunal arbitral, et l'article 15 1° du Règlement d'arbitrage de la CCI impose que le déport soit accepté par la Cour. En réalité, tout dépend de la nature de l'arbitrage. Si l'arbitrage est

---

593 Th. Clay, L'arbitre, Dalloz, 2001, spéc. n° 373, p. 314 : « tant qu'il est arbitre, il reste tenu par son obligation d'indépendance. A cette règle rigoureuse qui peut finir par embarrasser un arbitre voulant s'engager dans des activités limitrophes, il existe une solution simple : le déport ».

594 Ph. Fouchard, E. Gaillard, B. Goldman, *op. cit.*, spéc. n° 1131, p. 628 : « Elle ne condamne pas seulement la légèreté ou le caprice d'un arbitre que la lourdeur et la longueur de ses fonctions viendraient à lasser ; elle a surtout pour but de lutter contre une attitude dilatoire qui n'est pas exceptionnelle : un arbitre sentant qu'il est minoritaire au sein du tribunal démissionne dans le but d'empêcher celui-ci de prononcer une sentence défavorable à la partie qui l'a désigné ».

595 Ph. Fouchard, E. Gaillard, B. Goldman, *op. cit.*, spéc. n° 1131, p. 628 ; P. Lalive, J.-F. Poudret, C. Reymond, Le droit de l'arbitrage interne et international en Suisse, Payot, Lausanne, 1989, spéc. p. 333 ; Th. Clay, L'arbitre, Dalloz, 2001, spéc. n° 373, p. 314 évoque une « raison légitime ».

institutionnel, il semble logique que l'arbitre soumette son déport à l'acceptation de l'institution d'arbitrage. De la même manière, si le tribunal arbitral est composé de trois personnes, il semble raisonnable que l'arbitre soumette son déport à l'acceptation de ses co-arbitres et notamment du Président du tribunal arbitral, s'il ne l'est pas lui-même. Enfin, dans l'hypothèse d'un arbitrage *ad hoc* avec un arbitre unique, l'arbitre devra soumettre son déport à l'acceptation des parties à l'arbitrage.

419. Quels sont les effets du déport de l'arbitre ?

2° LES EFFETS DU DÉPORT DE L'ARBITRE

420. Nous avons relevé cinq effets du déport de l'arbitre, dont certains suscitent le débat. D'abord, le contrat passé entre l'arbitre et les parties à l'arbitrage devient caduc[596]. Pour autant, le déport ne constitue pas une cause d'interruption de l'instance arbitrale[597]. Celle-ci continue, dans le respect de la bonne administration de la justice arbitrale et des intérêts des parties à l'arbitrage. Or, pour que l'instance arbitrale se poursuive, il faut remplacer l'arbitre qui s'est déporté. Si une sentence arbitrale est rendue sans remplacement préalable de l'arbitre démissionnaire, la sanction est radicale[598] : la sentence est annulable[599], quand bien même le déport de l'arbitre serait intempestif ou dilatoire[600]. Il est néanmoins fait exception à la nullité de la sentence arbitrale si les parties ont convenu du contraire ou se

---

[596] J.-F. Poudret, S. Besson, Droit comparé de l'arbitrage international, LGDJ, 2002, spéc. n° 432, p. 384 ; Th. Clay, L'arbitre, Dalloz, 2001, spéc. n° 629, p. 504.

[597] Paris, 1er juillet 1997, *ATC-CFCO c. Comilog*, Rev. arb., 1998.131, note D. Hascher. Pendant le délibéré, l'arbitre nommé par la partie défenderesse démissionne en guise de protestation contre l'intervention d'une tierce personne dans les délibérations. La Cour en conclut qu'« indépendamment des obligations qui pouvaient peser sur lui et de la responsabilité dont elles pourraient être la source dans le cadre d'autres instances, la démission de l'arbitre n'a pas constitué une cause d'interruption de l'instance, mais elle a amputé le tribunal arbitral de l'un de ses membres avant que la sentence n'ait été rendue ».

[598] Elle est radicale mais approuvée par la doctrine majoritaire : J.-F. Poudret, S. Besson, *op. cit.*, spéc. n° 738, p. 697 ; S. Schwebel, « Validité d'une sentence arbitrale rendue par un tribunal tronqué », Bull. CCI, novembre 1995, p. 18 ; C. Reymond, « Le Président du tribunal arbitral », *in* Mélanges Bellet, Litec, 1991, p. 467 ; P. Level, « Brèves réflexions sur l'office de l'arbitre », *in* Mélanges Perrot, Dalloz, 1995, p. 259.

[599] Paris, 1er juillet 1997, *ATC-CFCO c. Comilog*, Rev. arb., 1998.131, note D. Hascher : « la composition du tribunal arbitral n'étant donc plus conforme à la convention fondant et légitimant son pouvoir juridictionnel, doit être annulée la sentence rendue dans ces conditions ». En l'espèce, à la suite de la démission de l'arbitre de la partie défenderesse en guise de protestation contre l'intervention d'une tierce personne dans les délibérations, les deux autres arbitres s'empressent de rendre une sentence alors qu'ils avaient eu connaissance de la nomination d'un nouvel arbitre par la partie défenderesse.

[600] Paris, 1er juillet 1997, *ATC-CFCO c. Comilog*, Rev. arb., 1998.131, note D. Hascher : « le caractère éventuellement dilatoire et abusif de la démission d'un arbitre au cours du délibéré est sans incidence sur la question de la régularité de la composition du tribunal arbitral ».

sont soumises à un Règlement d'arbitrage en ce sens[601]. En revanche, aucun texte ne permet au juge étatique d'autoriser le tribunal arbitral à poursuivre la procédure sans le remplacement de l'arbitre démissionnaire[602].

421. Qu'en est-il de la portée du déport de l'arbitre ? Dans l'hypothèse de l'existence d'un conflit d'intérêts au sein de l'arbitre, s'agit-il d'un droit ou d'un devoir de celui-ci ? Ce sont les questions auxquelles il convient de répondre à présent.

---

[601] Ph. Fouchard, E. Gaillard, B. Goldman, *op. cit.*, spéc. n° 1136, pp. 630-631.

[602] TGI Paris, réf., 15 février 1995, *société chérifienne des pétroles c. société Mannesmann Industria Iberica et autres, société Industrialexport and others*, Rev. arb., 1996.503, 2ème esp., note Ph. Fouchard.

§2. La portée de la notion de déport

422. L'arbitre a-t-il le droit ou le devoir de se déporter ? On peut imaginer que cela dépend des circonstances de l'espèce. Il est probablement des situations dans lesquelles l'arbitre sent qu'il devrait se déporter, et d'autres dans lesquelles il estime qu'il ne peut pas faire autrement. Pourtant, peut-on dire qu'il existe un devoir de déport ? Ce n'est pas évident. La consécration d'un tel devoir ne serait pas cohérente avec l'interdiction de déni de justice.

423. L'interdiction de déni de justice existe-t-elle dans la justice arbitrale, à l'instar de la justice étatique ?[603] L'article 4 du Code civil prévoit que « [l]e juge qui refusera de juger, sous prétexte du silence, de l'obscurité ou de l'insuffisance de la loi, pourra être poursuivi comme coupable de déni de justice ». Cet article est applicable aux juges étatiques et aux arbitres internes en vertu du renvoi opéré par l'article 1464 alinéa 2 du Code de procédure civile.

424. En revanche, en arbitrage international, l'article 1506 du Code de procédure civile n'opère aucun renvoi direct à l'article 4 du Code civil, ni indirect à l'article 1464 alinéa 2 du Code de procédure civile. Néanmoins, le régime de l'arbitrage international comporte des textes comparables. L'article 1457 alinéa 1er du Code de procédure civile, auquel renvoie l'article 1506 2° du Code, énonce qu'il appartient à l'arbitre de poursuivre sa mission jusqu'au terme de celle-ci à moins qu'il justifie d'un empêchement ou d'une cause légitime d'abstention ou de démission. L'article 1485 alinéa 1er du Code de procédure civile, auquel renvoie l'article 1506 4° du Code, expose que la sentence dessaisit le tribunal de la contestation qu'elle tranche. En d'autres termes, l'arbitre doit trancher le litige et ne sera dessaisi que par la reddition de sa sentence. L'article 11 5° du Règlement d'arbitrage de la CCI prévoit qu'« [e]n acceptant sa mission, l'arbitre s'engage à l'accomplir jusqu'à son terme conformément au Règlement ». Dans l'affaire *NIOC* du 1er février 2005, la première chambre civile de la Cour de cassation précise que « l'impossibilité pour une partie d'accéder au juge, fût-il arbitral, chargé de statuer sur sa prétention, à l'exclusion de toute juridiction étatique, et d'exercer ainsi un droit qui relève de l'ordre public international consacré par les principes de l'arbitrage international et l'article 6. 1, de la Convention européenne des droits de l'homme, constitue un déni de justice »[604]. Ce déni de justice fonde la compétence internationale du Président du Tribunal de

---

[603] Pour une étude sur le sujet, J. Paulsson, *Denial of Justice in International Law*, *Cambridge University Press*, 2005.

[604] Cass. 1ère civ., 1er février 2005, *Etat d'Israël c. Société NIOC*, Rev. arb., 2005.693, note H. Muir Watt.

grande instance de Paris, dans sa mission d'assistance et de coopération à la constitution d'un tribunal arbitral, dès lors qu'il existe un rattachement avec la France. Ainsi la jurisprudence française étend-elle la notion de déni de justice, à la justice arbitrale[605]. L'on peut penser que l'article 1134 alinéa 1er du Code civil, indépendamment des articles précités, pourrait constituer le fondement du déni de justice arbitrale en ce qu'il consacre la force obligatoire du contrat. En effet, le contrat passé avec les parties à l'arbitrage contraint l'arbitre à rendre une sentence arbitrale. *A contrario*, ce contrat interdit l'arbitre de commettre un déni de justice.

425. La consécration d'un devoir de déport de l'arbitre serait-elle cohérente avec l'interdiction de déni de justice arbitrale ? La souplesse de la loi et le pragmatisme de la jurisprudence nous mènent à penser que la consécration d'un devoir de déport de l'arbitre peut s'articuler de manière cohérente avec l'interdiction de déni de justice arbitrale. Si l'alinéa 1er de l'article 1437 du Code de procédure civile autorise l'arbitre à ne pas poursuivre sa mission jusqu'à son terme, le second alinéa prévoit avec simplicité les conditions de désignation de l'arbitre remplaçant. En effet, on ne peut pas envisager qu'une « fonction aussi éminemment personnelle que celle de juger »[606] puisse faire l'objet d'une exécution forcée par nature.

426. La consécration d'un devoir de déport de l'arbitre pour qui la mauvaise gestion d'un conflit d'intérêts est inévitable, semble possible. L'on peut imaginer que ce devoir prenne la forme d'une clause de conscience[607]. Historiquement, la clause de conscience est associée au journaliste professionnel. Elle a été créée par la loi du 29 mars 1935 qui introduit notamment l'article L.7112-5 3° dans le Code du travail. Cette clause permet aux journalistes professionnels de démissionner en cas de changement notable dans le caractère ou dans l'orientation du journal à condition que « ce

---

605 A ce sujet, CA Angers, 1ère Ch., 28 septembre 1987, Rev. arb., 1988.162, note M.-C. Rondeau-Rivier ; Paris, 26 janvier 1988, Rev. arb., 1988.307, note Ch. Jarrosson ; Th. Clay, L'arbitre, Dalloz, 2001, spéc. n° 584, p. 469.

606 TGI Paris, réf., 15 février 1995, *société chérifienne des pétroles c. société Mannesmann Industria Iberica et autres, société Industrialexport and others*, Rev. arb., 1996.503, 2ème esp., note Ph. Fouchard : « même dans le cadre des pouvoirs généraux que lui confère le NCPC, [le Président du Tribunal de grande instance de Paris] ne saurait, en délivrant une injonction à l'arbitre défaillant, tenter de le contraindre à reprendre et poursuivre l'exercice d'une fonction aussi éminemment personnelle que celle de juger ».

607 L'expression de M. Robert Badinter n'est pas anodine : R. Badinter, « L'impartialité de l'arbitre », colloque de l'AFA, 30 septembre 1991, Publications de l'AFA, p. 17, spéc. p. 23 : les arbitres sont soumis à un véritable « examen de conscience ». De même, le Code d'éthique de la Chambre Arbitrale Internationale de Paris en date du 10 juin 2010 prévoit en son Principe I que « Dans l'exercice de son office, l'Arbitre doit, en conscience, s'astreindre à respecter un certain nombre de devoirs et respecter certaines obligations telles que définies dans le présent code ».

changement crée, pour le salarié, une situation de nature à porter atteinte à son honneur, à sa réputation ou, d'une manière générale, à ses intérêts moraux ». La clause de conscience touche aujourd'hui de nombreuses professions : architecte[608] ; greffier de tribunal de commerce salarié[609] ; médecin[610] ; avocat[611] *etc.*

427. Toutefois, peut-on considérer la fonction d'arbitre comme une profession ? Certains auteurs le sous-entendent en dotant l'arbitre de certains attributs du professionnel[612]. D'autres revendiquent clairement l'existence d'une « profession française d'arbitre international »[613], comme la *Chartered Institute of Arbitrators* (CIArb) de Londres. Bien qu'il ne s'agisse pas d'une profession agréée, nous sommes convaincus que l'arbitre est un professionnel. La pratique est telle qu'une même personne peut être désignée comme arbitre dans un ou plusieurs arbitrages simultanément et que son temps soit intégralement consacré à la résolution du ou des litiges qui lui sont soumis. Cette activité est rémunérée et encadrée, notamment lorsque l'arbitrage est institutionnel. En conséquence, nous proposons de consacrer

---

608 Article 8 du Code de déontologie des architectes : « L'architecte avant de signer un contrat doit vérifier que certaines clauses ne risquent pas de le contraindre à des choix ou des décisions contraires à sa conscience professionnelle ».

609 Article L.743-12-1 alinéa 2 *in fine* du Code de commerce : « Nonobstant toute clause du contrat de travail, le greffier de tribunal de commerce salarié peut refuser à son employeur d'accomplir une mission lorsque celle-ci paraît contraire à sa conscience ou susceptible de porter atteinte à son indépendance ».

610 Article R.4127-47 du Code de la santé publique : « Quelles que soient les circonstances, la continuité des soins aux malades doit être assurée. Hors le cas d'urgence et celui où il manquerait à ses devoirs d'humanité, un médecin a le droit de refuser ses soins pour des raisons professionnelles ou personnelles. S'il se dégage de sa mission, il doit alors en avertir le patient et transmettre au médecin désigné par celui-ci les informations utiles à la poursuite des soins » ; article L.2151-7-1 du Code de la santé publique : « Aucun chercheur, aucun ingénieur, technicien ou auxiliaire de recherche quel qu'il soit, aucun médecin ou auxiliaire médical n'est tenu de participer à quelque titre que ce soit aux recherches sur des embryons humains ou sur des cellules embryonnaires autorisées en application de l'article L. 2151-5 ».

611 Article 1-1 alinéa 4 de la loi du 31 décembre 1971 : « La profession d'avocat est une profession libérale et indépendante » ; article 7 alinéa 5 de la loi du 31 décembre 1971 : « En aucun cas, les contrats ou l'appartenance à une société ou un groupement ne peuvent porter atteinte aux règles déontologiques de la profession d'avocat, et notamment au respect de l'obligation en matière d'aide judiciaire et de commission d'office, et à la faculté pour l'avocat collaborateur ou salarié de demander à être déchargé d'une mission qu'il estime contraire à sa conscience ou susceptible de porter atteinte à son indépendance ».

612 Tels que le secret professionnel : M. Henry, « Le devoir de révélation dans les rapports entre arbitres et conseils : de la suggestion aux électrochocs », Cah. arb., 2011-3, p. 787, spéc. n° 27 : « Le fait pour l'arbitre de révéler le nombre de fois où le Conseil d'une partie l'aura proposé comme arbitre ne reviendrait-il pas pour l'arbitre à violer le secret professionnel auquel il est astreint ? ».

613 Le Rapport Prada du 31 mars 2011 évoque le « rayonnement de la profession française d'arbitre international » et invite à réfléchir notamment à l'organisation de la profession sous l'appellation unique de *Paris Arbitrage*.

une clause de conscience au profit de l'arbitre. Une clause de conscience de l'arbitre serait le fondement de son devoir de déport lorsque les circonstances de l'espèce conduisent à une mauvaise gestion prévisible d'un conflit d'intérêts en son sein. Le législateur pourrait ajouter, à cet effet, un alinéa au cœur de l'article 1457 du Code de procédure civile, prévoyant que l'arbitre a l'obligation de se déporter lorsque, sujet à un conflit d'intérêts, il pressent qu'il ne pourra pas le résoudre conformément à la bonne administration de la justice arbitrale.

428. La révélation et le déport constituent les deux mesures préventives dont l'arbitre a l'initiative pour prévenir la mauvaise gestion d'un conflit d'intérêts en sa personne.

429. Nous sommes davantage favorables à la révélation, en ce qu'elle permet aux parties à l'arbitrage de renouveler leur confiance en l'arbitre. Néanmoins, il faut laisser aux arbitres une totale liberté dans l'articulation de ces deux mesures préventives et les laisser agir de la manière qui leur semble la plus appropriée au regard des circonstances de l'espèce.

430. Si l'arbitre révèle les faits utiles à la bonne administration de la justice arbitrale telles que ses liens avec l'une des parties à l'arbitrage, et que les parties ne renouvellent pas leur confiance, ou si l'arbitre ne se déporte pas de lui-même, les parties à l'arbitrage ont, entre leurs mains, une ultime mesure préventive : la récusation de l'arbitre.

SECTION 2. LA MESURE PRÉVENTIVE À L'INITIATIVE DES PARTIES À L'ARBITRAGE

431. La mesure préventive dont les parties à l'arbitrage ont l'initiative est la récusation de l'arbitre. La récusation n'est pas la mesure préventive à privilégier. En effet, contrairement à la révélation et au déport, la récusation est perçue comme une sanction de l'arbitre imposée par les parties à l'arbitrage. En ce sens, nous parlerons de mesure préventive *ultime*, qui doit être envisagée, en dernier ressort, à défaut de toute autre mesure préventive.

432. Présentons la récusation (§1) avant d'en prescrire un usage modéré (§2).

§1. La présentation de la récusation

433. M. Thomas Clay propose la définition suivante de la récusation : « [l]a récusation se définit comme le procédé qui permet d'écarter un arbitre qui ne remplit pas les conditions nécessaires à l'exercice de sa mission arbitrale, et notamment l'indépendance »[614]. Dans les pays de *Common Law*, on parle du *challenge* de l'arbitre. La récusation se distingue de la révocation[615]. La première est à l'initiative d'une seule partie à l'arbitrage, tandis que la seconde est demandée conjointement par l'ensemble des parties à l'arbitrage, conformément à l'article 1458 du Code de procédure civile. Sanction « marginale »[616], la révocation suscite le débat : si certains auteurs pensent que les litigants ont un droit de révocation *ad nutum* de l'arbitre[617], d'autres défendent l'idée que l'arbitre peut engager la responsabilité des parties à l'arbitrage pour « résiliation injustifiée du contrat d'arbitre »[618].

434. Aujourd'hui, on assiste à une ouverture de la procédure de récusation. Par exemple, l'article 14 1° du Règlement d'arbitrage de la CCI de 2012 prévoit que la demande de récusation est fondée sur une allégation de défaut d'impartialité ou d'indépendance ou sur *tout autre motif.* De la même manière, l'article 10.1 du Réglement d'arbitrage de la Cour européenne d'arbitrage, applicable au 1er janvier 2011, énonce que "[a]*ny party may challenge an arbitrator whom it has not appointed if there are grounds to cast serious doubts on the arbitrator's impartiality or independence or any other reason exists which would prevent the arbitrator from effectively participating in the activity of the Arbitral Tribunal*".

435. Pour éviter la toute puissance des parties, un encadrement de ce procédé est nécessaire. Il s'agit souvent d'un encadrement temporel. Par exemple, l'article R.34 du Code de l'arbitrage en matière de sport dispose que « la récusation doit être requise dans les sept jours suivant la connaissance de la cause de récusation ». L'article 10.3 du Règlement d'arbitrage de la Cour européenne d'arbitrage et l'article 13 du Règlement d'arbitrage de la CNUDCI de 2010 prévoient un délai impératif de quinze jours à compter de la notification aux parties de la composition du tribunal arbitral ou de la découverte de la cause de récusation. Ce délai expiré, toute demande de récusation est irrecevable. Il convient ainsi d'éviter les récusations intempestives ou dilatoires fomentées par les parties à l'arbitrage. Celles-ci

---

614 Th. Clay, L'arbitre, Dalloz, 2001, spéc. n° 429, p. 360.

615 Ph. Fouchard, E. Gaillard, B. Goldman, *op. cit.*, spéc. n° 1138-1139, p. 632.

616 M. Henry, Le devoir d'indépendance de l'arbitre, LGDJ, 2001, spéc. n° 436, p. 293.

617 Th. Clay, L'arbitre, Dalloz, 2001, spéc. n° 893, pp. 680-681.

618 D. Mouralis, « Les exigences d'indépendance et d'impartialité de l'arbitre », LPA, 13 février 2013, n° 32, p. 18.

sont décrites avec humour par M. Loïc Cadiet, « [l]e risque est grand, et la tentation peut être forte, que l'irrégularité ne soit pas immédiatement dénoncée pour pouvoir être invoquée ultérieurement, par la partie qui aurait succombé, à l'appui d'un recours dirigé contre la sentence arbitrale ou l'ordonnance d'exequatur, sorte de « Livret A » de la procédure arbitrale, épargne de précaution, utile pour lendemain difficile. Pareille habileté est-elle admissible ? »[619].

436. Nous pensons que le remède actuel aux manœuvres dilatoires des parties à l'arbitrage est l'*estoppel*. Dans son article intitulé « L'interdiction de se contredire au détriment d'autrui comme principe général du droit du commerce international - Le principe de l'estoppel dans quelques sentences arbitrales récentes », publié postérieurement à la reddition des sentences *Amco* et *Woodward Clyde Consultants*, M. Emmanuel Gaillard affirme que l'*estoppel* « repose sur une exigence de bonne foi interdisant de profiter de ses propres contradictions »[620]. Comme le relève M. Sigvard Jarvin, « [l]es parties [doivent], dans l'esprit de bonne volonté qu'elles ont déjà manifesté en signant l'acte de mission, s'abstenir de tout acte susceptible d'étendre ou d'aggraver le différend, de compliquer la tâche du tribunal arbitral, voire même de rendre plus difficile, d'une manière ou d'une autre, l'exécution d'une éventuelle sentence arbitrale »[621]. La règle de l'*estoppel* est de tradition de *Common Law*. Elle a été visée pour la première fois en matière arbitrale par la première chambre civile de la Cour de cassation dans un arrêt du 6 juillet 2005. En l'espèce, la Cour avait décidé qu'une partie ayant participé sans réserve à l'arbitrage est « irrecevable, en vertu de la règle de l'estoppel, à soutenir, par un moyen contraire, que cette juridiction aurait statué sans convention d'arbitrage ou sur une convention nulle »[622]. En effet, la partie qui participe à l'arbitrage et qui conteste par la suite l'existence ou la validité de la convention d'arbitrage se contredit. Or, nul ne peut se contredire au détriment d'autrui. Le Tribunal de commerce de Versailles a récemment eu

---

[619] L. Cadiet, « La renonciation à se prévaloir des irrégularités de la procédure arbitrale », Rev. arb., 1996.3, spéc. n° 2, pp. 5-6.

[620] E. Gaillard, « L'interdiction de se contredire au détriment d'autrui comme principe général du droit du commerce international - Le principe de l'estoppel dans quelques sentences arbitrales récentes », Rev. arb., 1985.241, spéc. n° 6, p. 246.

[621] S. Jarvin, « L'obligation de coopérer de bonne foi - Exemple d'application au plein de l'arbitrage international », *in* L'apport de la jurisprudence arbitrale, CCI, 1986, p. 157 ; Sentence CCI , n° 3896, 1982, JDI, 1983.914, obs. S. Jarvin.

[622] Cass. 1ère civ., 6 juillet 2005, *Golshani c. Gouvernement de la République islamique d'Iran*, D., 2005.3060, obs. Th. Clay ; D., 2006. Jur. 1424, note E. Agostini ; RTD com., 2006.309, note E. Loquin ; Rev. arb., 2005.993, note Ph. Pinsolle ; Gaz. Pal., 24-25 février 2006, p. 18, note F.-X. Train ; JCP G, 2005.I.179, note J. Ortscheidt ; RDC, 2006.1279, obs. B. Fauvarque-Cosson ; Cass. 1ère civ., 6 mai 2009, D., 2009. AJ 1422, obs. X. Delpech ; D., 2009.2966, obs. Th. Clay ; RTD com., 2009.546, obs. E. Loquin ; Cass. 1ère civ., 11 juillet 2006, Bull. civ. I, n° 369, D., 2006. AJ 2052, obs. X. Delpech.

l'occasion de préciser le contenu de ce principe : « [l]e principe nul ne peut se contredire au détriment d'autrui suppose, pour encourir l'irrecevabilité de la demande, un changement de comportement procédural dont l'incohérence est manifeste. Il est reconnu par la jurisprudence que la cohérence du comportement procédural d'une partie s'apprécie non seulement au cours de l'instance judiciaire mais également par rapport à ses positions exprimées antérieurement. Le défendeur ayant, dans un courrier antérieur, affirmé que la clause compromissoire contenue dans un accord d'assurance qualité fournisseur n'était applicable qu'au litige en lien avec cet accord, il ne peut ensuite valablement invoquer, sans se contredire, les clauses compromissoires contenues dans cet accord et dans des accords de confidentialité pour fonder une exception d'incompétence à l'encontre du tribunal de commerce saisi d'une demande en responsabilité délictuelle pour rupture brutale des pourparlers, cette demande étant sans lien avec les accords contenant les clauses compromissoires »[623]. L'*estoppel* couvre un large domaine, puisque les positions exprimées antérieurement à l'instance arbitrale sont prises en compte dans le cadre de son appréciation.

437. Néanmoins, il faut adopter une attitude pragmatique et réaliste : une partie peut prendre le temps de réfléchir à la récusation d'un arbitre sans intention dilatoire. Au contraire, elle peut donner à l'arbitre le temps de faire ses preuves, malgré l'existence d'une éventuelle cause de récusation. Si, à l'issue de ce laps de temps, l'arbitre ne s'avère pas aussi fiable que la partie à l'arbitrage l'avait espéré, rien ne devrait l'empêcher de le récuser. Cette thèse est défendue par M. Marc Henry, qui explique que « [l]e fait pour une partie de connaître une circonstance qui pourrait faire douter de l'impartialité d'un arbitre et de ne pas pour autant demander sa récusation sur ce motif, ne devrait pas la priver de demander la récusation du même arbitre si celui-ci s'avérait par la suite avoir effectivement un comportement partial »[624]. Si cette idée est défendable, elle ne nous semble néanmoins plus correspondre à certaines pratiques de l'arbitrage : il arrive qu'une partie à l'arbitrage, pressentant que la sentence à venir lui sera défavorable, invoque *in extremis* des faits de nature à faire douter de l'impartialité de l'arbitre.

438. L'exercice de la récusation n'est pas aisé. À cet égard, nous en prescrivons un usage modéré.

---

[623] TC Versailles, 3ème Ch., 20 septembre 2013, *SA Linxens France c. SDE Isola GmbH*, Rev. arb., 2014.501.

[624] M. Henry, Le devoir d'indépendance de l'arbitre, LGDJ, 2001, spéc. n° 374, p. 255.

§2. LA NÉCESSITÉ D'UN USAGE MODÉRÉ DE LA RÉCUSATION

439. Les parties à l'arbitrage doivent faire un usage modéré de la récusation. Bien qu'il s'agisse d'une mesure préventive efficace contre la mauvaise gestion d'un conflit d'intérêts, elle présente des risques pour l'arbitre (A), pour les parties à l'arbitrage (B), et pour l'arbitrage en tant que mode de résolution des litiges (C).

A. LES RISQUES POUR L'ARBITRE

440. La récusation est la mesure préventive de la mauvaise gestion des conflits d'intérêts la plus extrême. Elle consiste en un rejet caractérisé d'un arbitre en particulier. Pour ce dernier, la récusation est vécue comme une véritable sanction. Il ne s'agit plus d'une mesure de prudence, mais d'une manifestation de défiance. Pour ces raisons, la récusation doit intervenir seulement en cas de nécessité. Qui plus est, la récusation ne laisse aucune place au renouvellement de la confiance des parties à l'arbitrage en la personne de l'arbitre.

441. Cette sanction est à ce point brutale que, dans l'hypothèse d'une relation entre l'arbitre et le conseil d'une partie à l'arbitrage, l'article 6 des *IBA Guidelines on Party Representation in International Arbitration* préfère la récusation du conseil par l'arbitre à celle de l'arbitre par les parties à l'arbitrage[625]. Cet article est particulièrement intriguant mais n'a, à notre connaissance, pas encore donné lieu à une application concrète. De son côté, la jurisprudence affirme que l'article 16 du Code de procédure civile, portant le principe du contradictoire, est applicable à la procédure de récusation de l'arbitre[626]. L'article 14 3° du Règlement d'arbitrage de la CCI reprend la jurisprudence à son compte en prévoyant que « [l]a Cour se prononce sur la recevabilité, en même temps que, s'il y a lieu, sur le bien-fondé de la demande de récusation, après que le Secrétariat a mis l'arbitre concerné, les autres parties et tout autre membre du tribunal s'il y en a, en mesure de

[625] *IBA Guidelines on Party Representation in International Arbitration, Guideline* 6 (2013): "*The Arbitral Tribunal may, in case of breach of Guideline 5, take measures appropriate to safeguard the integrity of the proceedings, including the exclusion of the new Party Representative from participating in all or part of the arbitral proceedings*".

[626] TGI Paris, réf., 14 juin 1989, Rev. arb., 1990.497, 2ème décision : « le juge doit, en toutes circonstances, faire observer et observer lui-même le principe de la contradiction (art. 16 NCPC) et faire assurer les droits de la défense ; attendu qu'on ne saurait statuer sur une cause de récusation, fondée sur des motifs tenant à la personne même d'un arbitre, sans lui avoir au préalable fait connaître l'existence de la procédure et de ses fondements, et, surtout, sans lui avoir permis de présenter, le cas échéant, toutes observations utiles avant toute décision ».

présenter leurs observations par écrit dans un délai convenable. Ces observations sont communiquées aux parties et aux arbitres ».

442. Il convient de rappeler que l'acte de récusation est un acte de police de l'instance arbitrale[627]. Cette qualification emporte deux conséquences qui peuvent être néfastes pour l'arbitre : l'absence de motivation obligatoire de la décision de récusation ou de non-récusation, et l'absence de recours possible contre la décision de récusation[628].

443. Paradoxalement, la récusation de l'arbitre met également en danger les parties à l'arbitrage.

B. Les risques pour les parties à l'arbitrage

444. La récusation de l'arbitre met en danger les parties à l'arbitrage dans la mesure où elle entraîne la caducité de la clause compromissoire lorsque celle-ci désigne expressément l'arbitre récusé. La personne de l'arbitre étant la cause déterminante de l'engagement des parties dans la clause compromissoire, si celui-ci est récusé, il n'y a pas lieu de maintenir la convention d'arbitrage[629]. En présence d'un compromis, la Cour d'appel de Nancy a affirmé dans un arrêt ancien que « la défaillance de l'arbitre, pour quelque cause que ce soit, si les parties ne s'accordent pas sur son remplacement ou l'expiration des délais, s'ils ne sont pas conventionnellement prorogés, entraîne la caducité du compromis »[630]. La récusation de l'arbitre entraîne également la caducité du compromis d'arbitrage lorsqu'il désigne expressément la personne de l'arbitre récusé. La sanction est double : récusation de l'arbitre et caducité de la convention d'arbitrage le désignant expressément. À la suite de la récusation de l'arbitre, les parties sont donc amenées à rédiger une nouvelle clause compromissoire ou un nouveau compromis. Cela prend du temps et nuit à la célérité de l'arbitrage.

445. La récusation, et plus précisément le rejet d'une telle demande par l'institution d'arbitrage ou par le juge d'appui, présente un autre danger pour les parties à l'arbitrage. La Cour de cassation admet de manière constante

---

[627] Cass. 2ème civ., 7 octobre 1987, *société Opinter France c. SARL Dacomex*, Rev. arb., 1987.479, note E. Mezger.

[628] Paris, 15 mai 1985, *Raffineries de pétrole d'Homs et de Banias c. Chambre de commerce interntional*, Rev. arb., 1985.147, note Ph. Fouchard.

[629] E. Loquin, « Arbitrage - Compétence arbitrale - Etendue », J.-Cl. Proc. civ., fasc. n° 1032, 10 octobre 2008 mise à jour 12 mai 2014, spéc. n° 95, p. 22 : « les arbitres ayant été choisis intuitu personae par les parties, la défaillance de l'un d'entre eux fait disparaître la cause de l'engagement de celles-ci dans la convention d'arbitrage ».

[630] CA Nancy, 19 décembre 1968, *Potier c. Potier*, Rev. arb., 1969.64.

que la décision du juge d'appui qui rejette une demande de récusation de l'arbitre rend irrecevable le moyen d'annulation tiré de son défaut d'indépendance[631]. Elle l'a réaffirmé dans un arrêt *Société Carrefour c. société Coop Atlantique* du 13 mars 2013[632]. Cette jurisprudence constante incite les parties qui souhaiteraient enclencher une procédure de récusation à attendre la reddition de la sentence. Néanmoins, en agissant ainsi, les parties risquent d'être taxées de négligence, voire de mauvaise foi, et de se voir retirer leur action. En effet, la deuxième chambre civile de la Cour de cassation considère que « la partie qui, en connaissance de cause et sans motif légitime, s'abstient d'invoquer en temps utile une irrégularité devant le tribunal arbitral est réputée avoir renoncé à s'en prévaloir »[633].

446. Dans cette même logique, la Cour d'appel de Paris a jugé qu'était « irrecevable à invoquer le caractère irrégulier de la constitution du tribunal arbitral la partie qui s'est abstenue délibérément de mettre en oeuvre, alors même qu'elle se trouvait encore dans le délai de 30 jours de la « découverte » de la cause de récusation de l'arbitre désigné prévu par le Règlement d'arbitrage auquel elle avait accepté de se soumettre, en choisissant volontairement alors même qu'elle était en mesure de le faire, de ne pas engager les procédures propres à corriger les vices dont elle estimait qu'ils avaient entaché la nomination de l'arbitre unique »[634]. L'idée est d'éviter que les parties à l'arbitrage ne se contredisent en demandant l'annulation de la sentence au motif que le tribunal arbitral a été irrégulièrement constitué, alors même qu'elles n'avaient manifesté aucune réaction au moment de la constitution dudit tribunal arbitral. Les parties à l'arbitrage n'ayant pas exercé leur droit de récusation de l'arbitre se voient privées de leur recours en annulation contre la sentence arbitrale. Les parties à l'arbitrage se retrouvent-elles *piégées* par cette jurisprudence ? En réalité, nous ne le pensons pas. Nous verrons qu'en cas de mauvaise gestion d'un conflit d'intérêts, les parties pourraient invoquer un motif d'annulation de la sentence arbitrale bien plus adapté que le défaut d'indépendance de l'arbitre ou la constitution irrégulière du tribunal arbitral[635].

---

[631] CA Versailles, 2 mars 2006, inédit, cité par Th. Clay, D., 2006.3026, spéc. p. 3030.

[632] V. Chantebout, « L'irrévocabilité des décisions du juge d'appui », note sous Cass. 1ère civ., 13 mars 2013, Rev. arb. 2013.737 ; JCP G, n° 17, 17-22 avril 2013, p. 813, note D. Mouralis ; JCP G, n° 27, 1er juillet 2013, p. 1349, obs. Ch. Seraglini ; Procédures, 2013, p. 25, obs. L. Weiller.

[633] Cass. 2ème civ., 25 mars 1999, *société Siab et autres c. société Valmont*, Rev. arb., 1999.319, note Ch. Jarrosson ; Cass. 2ème civ., 11 juillet 2002, *société Beugnet Aquitaine c. société DV construction*, Rev. arb., 2004.283, note M. Bandrac ; JCP G, 2003.I.103, n° 8, obs. J. Ortscheidt ; Cass. 2ème civ., 20 novembre 2003, *société Radiologie et imagerie médicale Pasteur Bergouignan (RIMPB) c. Hummel*, Rev. arb., 2004.290, note M. Bandrac.

[634] Paris, 28 janvier 2014, *SCS GE Medical Systems « Gems » c. société Albanna Group for General Trade Co.*, Rev. arb., 2014.225.

[635] V. *infra* n° 483 et s..

447. La récusation présente également des risques pour l'arbitrage en tant que mode de règlement des litiges.

C. Les risques pour l'arbitrage en tant que mode de résolution des litiges

448. La récusation nuit à l'arbitrage en tant que mode de résolution des litiges. En effet, les procédures de récusation allongent la durée de l'instance arbitrale et, *de facto*, nuisent à la célérité de l'arbitrage. Qui plus est, l'instance arbitrale est suspendue [636] tout au long de la procédure de récusation. Or, « [l]e rythme de l'entreprise n'est pas celui du Palais »[637], et ne saurait le devenir[638]. La lenteur des procédures de récusation n'est pas appréciée par les acteurs du commerce international. Le monde des affaires exige une certaine rapidité. Pour cette raison, certains Règlements d'arbitrage, dont celui de la Cour européenne d'arbitrage de Strasbourg[639], prévoient qu'à la suite de la récusation d'un arbitre, son remplacement est opéré sans la consultation préalable des parties à l'arbitrage. L'idée est de rattraper le temps que les parties à l'arbitrage ont perdu en récusant l'arbitre.

449. Ainsi, nous avons relevé que trois acteurs peuvent être à l'initiative de mesures préventives : le législateur, l'arbitre et les parties à l'arbitrage. Nous ne retiendrons pas la mesure préventive à l'initiative du législateur consistant en une incompatibilité entre la fonction d'arbitre et une autre fonction, car elle conduit à établir une présomption de mauvaise gestion à venir du conflit d'intérêts par l'arbitre. L'arbitre est à l'initiative de deux mesures préventives efficaces : la révélation et le déport. Nous proposons d'adopter une appréciation objective de l'obligation de révélation de l'arbitre, tempérée par l'*utilité* de la révélation. L'arbitre n'aurait à révéler que les faits qui lui semblent *utiles* à la bonne administration de la justice arbitrale. De plus, les parties devraient être en mesure de se renseigner sur les personnes qu'elles ont choisies pour les juger. L'arbitre peut également choisir de se déporter. Nous considérons qu'il existe une obligation de déport de l'arbitre

---

[636] Article 9-6 du Règlement d'arbitrage CIRDI ; article 15 4° du Règlement d'arbitrage de la CCI : « Sitôt reconstitué, le tribunal décide, après avoir invité les parties à présenter leurs observations, si et dans quelle mesure la procédure antérieure est reprise ».

[637] D. Vidal, « Notions de base de l'arbitrage », *in* L'arbitrage : questions contemporaines, L'Harmattan DL, 2012, p. 13, spéc., p. 15.

[638] A. de Fontmichel, « Les tentatives de paralysie de l'instance arbitrale devant le juge étatique », Cah. arb., 2010-2, p. 407.

[639] Article 10.6. du Règlement d'arbitrage de la Cour européenne d'arbitrage de Strasbourg : "*Upon removal of an arbitrator the Court shall appoint a new arbitrator without consultation of the parties*".

en cas de mauvaise gestion prévisible d'un conflit d'intérêts. Elle pourrait prendre la forme d'une clause de conscience figurant dans un nouvel alinéa au cœur de l'article 1457 du Code de procédure civile. Les parties à l'arbitrage ont entre leurs mains l'initiative d'une ultime mesure préventive : la récusation de l'arbitre, dont nous prescrivons un usage modéré. La récusation doit intervenir en dernier ressort, à défaut de toute autre mesure préventive. Bien qu'il s'agisse d'une mesure préventive efficace, elle est perçue par l'arbitre comme une véritable sanction et ne laisse aucune place au rétablissement de la confiance entre les parties à l'arbitrage et l'arbitre. Priorité doit donc être donnée aux mesures préventives à l'initiative de l'arbitre.

450. Malgré la préférence à accorder aux mesures préventives, un arsenal de mesures curatives doit exister en cas d'échec des premières et, à tout le moins, à titre dissuasif. Etudions désormais les mesures curatives intervenant après la mauvaise gestion d'un conflit d'intérêts.

CHAPITRE 2. LES MESURES CURATIVES

451. « Tout, cependant, ne semble pas aller pour le mieux dans le meilleur des mondes arbitraux »[640], relève M. Loïc Cadiet dans les années 1990. Ce constat serait d'actualité si nous nous contentions, pour le traitement des conflits d'intérêts en arbitrage commercial international, de mesures préventives, sans les assortir de mesures curatives.

452. En effet, il est possible qu'aucune des mesures préventives exposées ne soit activée et que l'arbitre fasse prévaloir son intérêt personnel au détriment de l'intérêt tiers dont il a la charge. Rappelons que, dans le cadre du traitement des conflits d'intérêts en arbitrage commercial international, les mesures préventives n'ont pas vocation à prévenir l'émergence d'un conflit d'intérêts, mais sa mauvaise gestion par son sujet. Si l'arbitre ou l'institution d'arbitrage agissent dans le sens de son intérêt personnel, les mesures préventives ne peuvent plus être enclenchées. Le renouvellement de la confiance que les parties ont mise en la personne de l'arbitre ne semble plus possible. Le lien de confiance est rompu. Il est alors nécessaire de recourir à des mesures curatives ayant une triple fonction : réparatrice, punitive et dissuasive. Elles interviennent en vue non seulement de réparer le préjudice subi par la partie dont l'intérêt a été lésé, mais aussi de sanctionner l'arbitre qui n'a pas agi dans le sens de la bonne administration de la justice arbitrale. Les mesures curatives ont, enfin, une fonction dissuasive à l'égard des membres de la communauté arbitrale.

453. Dans l'étude des mesures curatives, deux écueils doivent être évités. D'abord, nous ne souhaitons pas présenter la justice arbitrale comme une justice gâtée par la mauvaise gestion des conflits d'intérêts. Nous ne

[640] L. Cadiet, « La renonciation à se prévaloir des irrégularités de la procédure arbitrale », Rev. arb., 1996.3, spéc. n° 2, p. 6.

souhaitons pas dissuader les potentielles parties à l'arbitrage de recourir à l'arbitrage. Bien au contraire, nous pensons que la justice arbitrale est suffisamment pragmatique et saine pour lutter efficacement contre la mauvaise gestion des conflits d'intérêts. Ensuite, la fonction dissuasive des mesures curatives ne doit pas conduire les arbitres pressentis à ne plus accepter aucun arbitrage. Les mesures curatives ne doivent pas constituer un frein à l'arbitrage, mais une force supplémentaire.

454. Dans un souci de pédagogie, nous avons choisi de classer en deux catégories les mesures curatives : d'une part, les sanctions matérielles qui touchent à la convention d'arbitrage et à la sentence arbitrale ; d'autre part, les sanctions personnelles qui visent l'arbitre et l'institution d'arbitrage. L'ensemble des mesures curatives est à l'initiative des parties à l'arbitrage, contrairement aux mesures préventives dont l'essentiel était entre les mains de l'arbitre[641]. Les parties à l'arbitrage sont libres de manier l'arsenal des mesures curatives comme elles l'entendent. Les sanctions matérielles et les sanctions personnelles n'étant pas exclusives les unes des autres, les parties peuvent les cumuler[642]. Envisageons successivement les sanctions matérielles (Section 1) et les sanctions personnelles (Section 2) qui peuvent être mises en oeuvre après la mauvaise gestion d'un conflit d'intérêts en arbitrage commercial international.

---

[641] V. *supra* n° 377 et s..

[642] TGI Nanterre, 1er juillet 2010, *société Filature Française de Mohair c. Fédération Française des Industries Lainières et Cotonnières*, Cah. arb. 2011-2, p. 401, note Ph. Stoffel-Munck ; JCP G, 2010.I.1286, § 8, obs. J. Ortscheidt ; LPA, 15 novembre 2011, n° 227, p. 9, note C. Catino, où est retenue la responsabilité contractuelle du centre d'arbitrage lorsque la sentence a été annulée pour violation du principe du contradictoire.

SECTION 1. LES SANCTIONS MATÉRIELLES

455. Les sanctions matérielles s'attachent à la matière de l'arbitrage. On pourrait rajouter à la *matière première* de l'arbitrage constituée, selon nous, de la convention d'arbitrage et de la sentence arbitrale. Nous exclurons de cette étude un certain nombre de *produits dérivés* de l'arbitrage, à savoir l'acte de mission, le contrat d'arbitre [643], également appelé « contrat d'investiture » [644] ou "*receptum arbitri*" [645], qui sera évoqué au moment d'étudier la responsabilité de l'arbitre[646], et l'ordonnance d'*exequatur*[647] dont le sort est lié à celui de la sentence arbitrale[648]. Deux autres *produits dérivés* doivent être écartés de nos propos, en ce qu'ils sont propres à l'arbitrage institutionnel[649]. Il s'agit du contrat d'organisation de l'arbitrage conclu entre les parties et l'institution d'arbitrage, dont nous parlerons au moment d'étudier la responsabilité de celle-ci [650], et du contrat de collaboration arbitrale passé entre l'arbitre et le centre d'arbitrage.

456. Par ailleurs, cantonner le domaine des sanctions matérielles à la *matière première* de l'arbitrage, *i. e.* à la convention d'arbitrage et à la sentence arbitrale, présente deux avantages. D'abord, notre proposition de traitement des conflits d'intérêts ne risque pas d'être entachée par des

---

643 Th. Clay, L'arbitre, Dalloz, 2001, spéc. n° 587 et s., pp. 474 et s.. Par la suite, l'expression a été consacrée par la Cour d'appel de Paris (Paris, 6 novembre 2008, *Charasse et autre c. D. et autres*, Rev. arb., 2009.376, note Ph. Leboulanger) et par la Cour de cassation (Cass. 1ère civ., 17 novembre 2010, *société CNCA-CEC et Charasse c. B. et autre*, Rev. arb., 2011.943, note Ch. Jarrosson).

644 M. de Boisséson, « Réflexions sur l'espace et le temps dans l'arbitrage international », *in* Mélanges Bellet, Litec, 1991, p. 33.

645 R. David, L'arbitrage dans le commerce international, Economica, 1982, spéc. n° 292, p. 369.

646 V. *infra* n° 511 et s..

647 Seule l'ordonnance qui accorde l'*exequatur* est susceptible d'être attaquée par la partie à l'arbitrage dont l'intérêt a été lésé.

648 Article 1499 du Code de procédure civile : « L'ordonnance qui accorde l'exequatur n'est susceptible d'aucun recours.
Toutefois, l'appel ou le recours en annulation de la sentence emporte de plein droit, dans les limites de la saisine de la cour, recours contre l'ordonnance du juge ayant statué sur l'exequatur ou dessaisissement de ce juge ».

649 Th. Clay, L'arbitre, Dalloz, 2001, spéc. n° 763, p. 587.

650 V. *infra* n° 522 et s..

questions de délimitation de frontières car, actuellement, il n'existe plus véritablement de débat sur les qualifications de convention d'arbitrage ou de sentence arbitrale. En revanche, l'élaboration des définitions du contrat d'arbitre, du contrat d'organisation de l'arbitrage et du contrat de collaboration arbitrale est toujours en cours. Ensuite, le traitement que nous proposons s'inscrit parfaitement dans la lutte « anti-gaspillage »[651] menée par Loussouarn. En effet, en réduisant le domaine des sanctions matérielles, on réduit également le nombre de procédures ouvertes aux parties à l'arbitrage. L'idée est d'éviter tout « gaspillage de procédure », nuisible à l'arbitrage. Pour autant, exclure les *produits dérivés* du champ des sanctions matérielles ne signifie pas que les *produits dérivés* ne subiront aucun effet du fait de l'exercice de ces sanctions matérielles. *Produits dérivés* par hypothèse, leur sort dépend de celui de la convention d'arbitrage ou de celui de la sentence arbitrale. Dans son cours dispensé à La Haye en 1935, Balladore Pallieri expliquait que la convention d'arbitrage est « l'acte fondamental, auquel tous les autres se rattachent, et duquel tous dépendent. Les autres actes nous apparaissent (...) comme des actes accessoires, tel le contrat entre les parties et les arbitres »[652]. Ainsi, bien qu'elles ne concernent que la convention d'arbitrage et la sentence arbitrale, les sanctions matérielles ont des effets sur le contrat d'arbitre, le contrat d'organisation de l'arbitrage et le contrat de collaboration arbitrale de l'arbitrage.

457. Etudions la sanction qui pourrait toucher la convention d'arbitrage (§1) dans l'hypothèse de la mauvaise de gestion d'un conflit d'intérêts, avant d'envisager celles portant sur la sentence arbitrale (§2).

[651] Lorsque l'opposition à l'ordonnance d'*exequatur* existait encore, Y. Loussouarn, « Les voies de recours dans le décret du 14 mai 1980 relatif à l'arbitrage », Rev. arb., 1980.671, spéc. pp. 680-681 : « La multiplicité des recours possibles était une prime à la mauvaise foi des perdants, qui avaient beau jeu de les utiliser comme manœuvres dilatoires. En l'absence de toute mauvaise foi, les parties, dans les cas douteux, et pour être sûres d'utiliser la voie de recours adéquate, n'hésitaient pas à user de façon cumulative de l'appel en nullité et de l'opposition à l'ordonnance d'exequatur, d'où un invraisemblable gaspillage de procédure ».
[652] G. Balladore Pallieri, « L'arbitrage privé dans les rapports internationaux », Recueil de cours de l'Académie de droit international de La Haye, 1935, Vol. 51, spéc. p. 335.

§1. La sanction touchant la convention d'arbitrage

458. La convention d'arbitrage est l'acte fondateur[653] par lequel les parties décident de retirer leur différend de la compétence des juridictions étatiques[654] pour le confier à un tribunal arbitral. Véritable charte de l'arbitrage[655], la convention d'arbitrage n'est pas un contrat comme les autres[656]. Pour cette raison, les juges étatiques prononcent rarement de sanctions à l'encontre d'une convention d'arbitrage. Par exemple, dans un arrêt du 8 avril 2014, la Cour d'appel de Paris a décidé que « [l]e différend opposant l'une des parties à l'institution d'arbitrage à l'occasion d'une autre procédure n'affecte pas intrinsèquement la clause compromissoire relative au litige en question. L'institution d'arbitrage n'ayant pas de fonction juridictionnelle, les conflits qui peuvent l'opposer à une partie ne font pas obstacle à l'organisation de l'arbitrage dès lors que les difficultés de constitution du tribunal arbitral peuvent, le cas échéant, être tranchées par le juge d'appui »[657].

459. Enumérons les différents états de la convention d'arbitrage (A), puis interrogeons-nous sur la consécration d'une action en annulation de la convention d'arbitrage pour mauvaise gestion d'un conflit d'intérêts (B).

A. Énumeration des différents états de la convention d'arbitrage

460. De manière générale, la convention d'arbitrage connaît cinq états. Les articles 1448 et 1455 du Code de procédure civile visent la nullité et l'inapplicabilité manifestes de la convention d'arbitrage. La jurisprudence[658] y ajoute son inexistence. Enfin, la doctrine recense également sa caducité et sa renonciation[659].

---

[653] M. de Boisséson, « La nouvelle convention d'arbitrage », *in* Le nouveau droit français de l'arbitrage sous la direction de Th. Clay, Lextenso, 2011, p. 81, spéc. p. 85.
[654] Th. Clay, L'arbitre, Dalloz, 2001, spéc. n° 652, p. 517.
[655] R. Vulliemin, De l'arbitrage commercial particulièrement en matière internationale, collection d'Etudes théoriques et pratiques de Droit Etranger, de Droit Comparé et de Droit International, sous la direction de M. Henri Lévy-Ullman, 1931, spéc. p. 31.
[656] R. David, L'arbitrage dans le commerce international, Economica, 1982, spéc. n° 215, p. 270.
[657] Paris, 8 avril 2014, *société Nikcool AB c. société Helvétia et autres*, Rev. arb., 2014.512.
[658] Cass. 1ère civ., 28 novembre 2006, *société So Good International Ltd*, D., 2008.180, obs. Th. Clay.
[659] Ph. Fouchard, E. Gaillard, B. Goldman, *op. cit.*, spéc. n° 736, pp. 456-458.

461. Au titre des sanctions curatives de la mauvaise gestion d'un conflit d'intérêts, seule la nullité paraît envisageable. En effet, la convention d'arbitrage ne peut pas être frappée d'inapplicabilité car l'émergence d'un conflit d'intérêts au sein de l'arbitre ne rend pas l'exécution de sa mission impossible[660]. La convention d'arbitrage ne saurait être sanctionnée par l'inexistence, qui n'intervient pas véritablement comme une sanction, mais qui constitue un fait[661]. Elle ne peut pas non plus être caduque, car cela signifierait que l'une des conditions de validité de la convention d'arbitrage a disparu, ce qui n'est pas le cas. La renonciation n'est pas non plus pertinente puisqu'elle est à l'initiative des deux parties à l'arbitrage. Or, seule une partie à l'arbitrage subit un préjudice de la mauvaise gestion du conflit d'intérêts par l'arbitre.

462. La nullité de la convention d'arbitrage est la seule sanction envisageable en cas de mauvaise gestion d'un conflit d'intérêts. Dès lors, est-il envisageable de consacrer une action en annulation de la convention d'arbitrage pour mauvaise gestion d'un conflit d'intérêts ?

B. La consécration d'une action en annulation de la convention d'arbitrage pour mauvaise gestion d'un conflit d'interets ?

463. La consécration d'une action en annulation de la convention d'arbitrage pour mauvaise gestion d'un conflit d'intérêts est-elle possible ? (1°) Dans l'affirmative, serait-elle opportune ? (2°)

1° Une consécration possible ?

464. Nous reprenons le raisonnement que la doctrine majoritaire a adopté concernant la possibilité de consacrer une action en annulation de la convention d'arbitrage pour défaut d'indépendance de l'arbitre. La doctrine a recensé les causes de nullité de la convention d'arbitrage pour déterminer si au moins l'une d'entre elles pouvait fonder l'action en annulation de la convention d'arbitrage sur ce fondement. Confrontée au caractère évasif du Code de procédure civile en la matière, la doctrine a appliqué à la convention d'arbitrage la théorie générale des nullités[662] portée notamment par l'article 1108 du Code civil. Cet article prévoit que :

---

[660] V. *supra* n° 344 et s..

[661] Fr. Terré, P. Simler et Y. Lequette, Droit civil - Les obligations, 11ème éd., Dalloz, 2013, spéc. n° 87, pp. 115-116.

[662] A. Kassis, L'autonomie de la clause compromissoire, Le droit français en question, L'Harmattan, 2005, spéc. n° 205, p. 126 : « la convention d'arbitrage international, bien qu'elle

« Quatre conditions sont essentielles pour la validité d'une convention :

Le consentement de la partie qui s'oblige ;

Sa capacité de contracter ;

Un objet certain qui forme la matière de l'engagement ;

Une cause licite dans l'obligation ».

465. Selon Vulliemin, l'objet de la convention d'arbitrage est « l'engagement réciproque des parties de ne point porter les litiges par lui visés ou à désigner, et à s'en tenir à la sentence que ceux-ci auront rendue » et la cause, « l'engagement correspondant de l'autre partie. Chacun des deux contractants renonce à ses juges naturels moyennant semblable renonciation consentie d'autre part »[663]. Au regard de ces définitions, il semble que la mauvaise gestion d'un conflit d'intérêts ne relève ni de l'objet, ni de la cause de la convention d'arbitrage. Elle ne concerne pas plus la capacité des parties puisque l'arbitre ou l'institution d'arbitrage, à l'origine de la mauvaise gestion du conflit d'intérêts, ne sont pas parties à la convention d'arbitrage. La mauvaise gestion d'un conflit d'intérêts relève davantage du consentement des parties à l'arbitrage. Si les parties avaient soupçonné l'émergence d'un conflit d'intérêts, elles n'auraient probablement pas consenti. Ainsi, comme tout contrat, la convention d'arbitrage peut être affectée d'un vice du consentement[664].

466. La jurisprudence a progressivement admis la possibilité d'agir en annulation de la convention d'arbitrage pour vice du consentement en cas de défaut d'indépendance de l'arbitre. Dans un arrêt *Ury*, la Cour de cassation affirme que « l'indépendance d'esprit (...) est l'une des qualités essentielles des arbitres ; l'ignorance par l'une des parties d'une circonstance de nature à porter atteinte à cette qualité vicie le consentement donné par elle à la convention d'arbitrage et en entraîne la nullité par application de l'article 1110 du Code civil »[665]. Ainsi la convention d'arbitrage est-elle susceptible d'être annulée pour erreur, en cas de défaut d'indépendance de l'arbitre.

---

ait pour objet l'institution d'une procédure, doit être considérée comme un contrat créateur d'obligations à l'égal de tout autre contrat ».

663 R. Vulliemin, *op. cit.*, spéc. p. 29.

664 Pour un avis plus tranché : R. David, L'arbitrage dans le commerce international, Economica, 1982, spéc. n° 228, p. 285 : « La question des vices du consentement se pose, en matière d'arbitrage, comme pour tous les contrats d'adhésion ».

665 Cass. 1ère civ., 13 avril 1972, *consorts Ury c. SA Galeries Lafayette*, Rev. arb., 1975.235.

467. Dès lors, on peut se demander si la mauvaise gestion d'un conflit d'intérêts peut, elle aussi, entraîner la nullité de la convention d'arbitrage pour erreur. Dans un premier temps, il convient de déterminer de quel type d'erreur il s'agirait. S'agirait-il d'une erreur sur la personne ou d'une erreur sur l'une des qualités substantielles de la chose ? Pour répondre à cette question, nous nous permettrons de reprendre la thèse de M. Marc Henry : « [l]'erreur, cause de la nullité de la convention d'arbitrage n'est pas dans notre hypothèse une « erreur sur la personne » au sens de l'article 1110 alinéa 2. Une telle erreur vise en effet la personne du cocontractant à une convention. Or, l'arbitre n'est pas « partie » à la convention d'arbitrage. L'erreur en cause est une erreur sur une qualité substantielle d'une des « choses » objet de la convention d'arbitrage au sens de l'alinéa 1 de l'article 1110, cette chose étant la personne de l'arbitre et sa nécessaire qualité d'indépendance »[666]. Dans cet extrait, M. Marc Henry relève un élément essentiel : l'arbitre n'est pas partie à la convention d'arbitrage. Il ne peut donc pas s'agir d'une erreur sur la personne du contractant, mais d'une erreur sur l'une des qualités substantielles de la chose. À cet égard, l'erreur ne conduirait à la nullité de la convention d'arbitrage qu'à condition que la personne désignée comme arbitre soit la cause déterminante de l'engagement des parties à l'arbitrage. Comment savoir si elle l'est ? Pour reprendre les termes employés par M. Eric Loquin, cette recherche relève du « divinatoire »[667]. Néanmoins, la présence du nom de l'arbitre pressenti dans la convention d'arbitrage constitue un indice pertinent. Selon M. Thomas Clay, lorsque les cocontractants portent mention du nom de l'arbitre dans leur convention d'arbitrage, il est deux hypothèses : « soit ils ont eu principalement en vue de recourir à l'arbitrage, soit, au contraire, ils n'ont choisi l'arbitrage qu'à la condition que la personne désignée soit effectivement leur arbitre »[668]. Dans le dernier cas, la considération de la personnalité de l'arbitre est une condition déterminante de l'engagement des parties. Cette convention d'arbitrage pourrait donner lieu à une action en annulation pour erreur sur les qualités substantielles de l'arbitre. Néanmoins, nous devons émettre une réserve, émise également par M. Thomas Clay. La convention nominative ne résout pas tout : « il ne s'agit là que d'un indice de la volonté des litigants et non d'une présomption irréfragable »[669]. Les parties à l'arbitrage peuvent y recourir simplement par usage ou par commodité.

468. Une dernière difficulté se dresse contre la reconnaissance d'une action en annulation de la convention d'arbitrage pour mauvaise gestion d'un

[666] M. Henry, Le devoir d'indépendance de l'arbitre, LGDJ, 2001, spéc. n° 402, p. 271.
[667] E. Loquin, « La caducité de la clause compromissoire valant compromis après le décès de l'arbitre », note sous Cass. 2ème civ., 23 mai 1974, Rev. arb., 1974.102, spéc. p. 105.
[668] Th. Clay, L'arbitre, Dalloz, 2001, spéc. n° 666, p. 526.
[669] *Ibid.*, spéc. n° 667, p. 527.

conflit d'intérêts. Théoriquement, l'erreur est appréciée au moment de la formation de la convention d'arbitrage[670], alors que la mauvaise gestion d'un conflit d'intérêts peut intervenir à tout moment au cours de l'instance arbitrale.

469. Il n'apparaît donc pas certain que la consécration d'une action en annulation de la convention d'arbitrage pour mauvaise gestion d'un conflit d'intérêts soit possible. Si tel était le cas, serait-elle opportune ?

2° Une consécration opportune ?

470. On peut légitimement s'interroger sur l'opportunité de la reconnaissance d'une action en annulation de la convention d'arbitrage pour mauvaise gestion d'un conflit d'intérêts. En effet, dans le cadre de notre recensement des situations de conflit d'intérêts en arbitrage commercial international, nous avions remarqué que le juge étatique ne prononce la nullité de la convention d'arbitrage qu'en présence d'un lien de subordination entre l'arbitre et l'une des parties à l'arbitrage[671]. Par conséquent, la nullité de la convention d'arbitrage n'est que très rarement prononcée par les juges du fond.

471. Plusieurs raisons peuvent être exposées. D'abord, il faut noter que, jadis, les parties à l'arbitrage demandaient la nullité de la convention d'arbitrage lorsque la procédure de récusation de l'arbitre leur était fermée. Or, sous l'empire de l'ancien article 1014 du Code de procédure civile, le domaine de la récusation était limité aux causes survenues après la désignation de l'arbitre. Cette disposition limitait considérablement le domaine de la récusation. Les parties à l'arbitrage demandaient donc la nullité de la convention d'arbitrage à titre de correctif, car le régime de la récusation était restrictif. Depuis, l'ancien article 1014 du Code de procédure civile a été abrogé. Aujourd'hui, le domaine de la récusation a été élargi. La récusation est devenue un outil efficace pour les parties à l'arbitrage[672]. En conséquence, les parties à l'arbitrage sont moins enclines à demander la nullité de la convention d'arbitrage. Ensuite, il faut avoir à l'esprit que l'annulation de la convention d'arbitrage est une sanction rigoureuse : elle entre directement en conflit avec le principe de validité de la convention d'arbitrage[673].

---

[670] Cette position traditionnelle du droit civil français est remise en cause notamment par F. Rouvière, « Le moment d'appréciation de l'erreur », D., 2014.1782.
[671] V. *supra* n° 39 et s..
[672] V. *supra* n° 431 et s..
[673] Il ne s'agit pas néanmoins d'un principe d'invulnérabilité de la convention d'arbitrage.

472. Finalement, l'action en annulation de la convention d'arbitrage pour mauvaise gestion d'un conflit d'intérêts par l'arbitre ne semble pas possible. En tout cas, elle n'est pas opportune. Pire encore, l'annulation de la convention d'arbitrage paraît absurde quand on sait que, *in fine*, c'est la sentence arbitrale qui heurte les intérêts de la partie perdante. Aussi faut-il envisager les sanctions portant sur la sentence arbitrale.

§2. Les sanctions touchant la sentence arbitrale

473. Dans cette étude, nous rependrons la définition de la sentence arbitrale donnée par la jurisprudence constante. La sentence arbitrale est « la décision des arbitres qui tranchent de manière définitive, en tout ou partie, le litige qui leur est soumis, que ce soit sur le fond, sur la compétence ou sur un moyen de procédure qui les conduit à mettre fin à l'instance - la qualification de sentence opposée à celle d'ordonnance de procédure »[674]. Rappelons que la qualification de la sentence ne dépend pas des termes retenus par les parties ou par les arbitres eux-mêmes[675].

474. Nous ne reviendrons pas sur le débat autour de la nature contractuelle de la sentence arbitrale[676]. Nous sommes convaincus que la sentence arbitrale est et doit être traitée comme un véritable jugement[677]. Comme il est dit dans l'arrêt *Putrabali* du 29 juin 2007, « la sentence internationale, qui n'est rattachée à aucun ordre juridique étatique, est une décision de justice internationale dont la régularité est examinée au regard

---

[674] Paris, 9 juillet 1992, *société Industrialexport-Import c. société GECI et GFC*, Rev. arb., 1993.303, note Ch. Jarrosson ; Paris, 25 mars 1994, *société Sardisud et autre c. société Technip et autre,* Rev. arb., 1994.391, note Ch. Jarrosson ; RTD com., 1994.483, obs. J.-C. Dubarry et E. Loquin ; Paris, 10 novembre 1995, *Verbiese c. SEE et autre*, Rev. arb., 1997.583, note J. Pellerin ; Paris, 1er juillet 1999, *société Braspetro Oil Services (Brasoil) c. GMRA,* Rev. arb., 1999.834, note Ch. Jarrosson ; Paris, 4 avril 2002, *société National Company for Fishing and Marketing (NAFIMCO) c. société Foster Wheeler Trading Company AG*, Rev. arb., 2003.143, note D. Bensaude ; Paris, 11 avril 2002, *société ABC International c. société Diverseylever Ltd,* Rev. arb., 2003.150, note D. Bensaude ; Paris, 29 novembre 2007, 1ère esp., *société française de rentes et de financements crédirente c. société Compagnie générale de garantie,* Rev. arb., 2009.742, note C. Chainais.

[675] Paris, 1er juillet 1999, *société Braspetro Oil Services (Brasoil) c. GMRA*, Rev. arb., 1999.834, note Ch. Jarrosson ; Paris, 17 décembre 2013, *société Jnah Development SAL c. société Marriott International Hotels Inc.*, Rev. arb., 2014.218.

[676] Cette théorie fut initialement développée par MM. Merlin et Weiss : « C'est le compromis qui lui donne l'être, c'est du compromis qu'elle tient toute sa substance. Elle a donc, comme le compromis, le caractère de contrat ». Aujourd'hui, la question se pose essentiellement en présence d'une sentence d'accord-parties. V. J. Billemont, « La sentence d'accord-parties : vraie sentence ou transaction déguisée ? », note sous Cass. 1ère civ., 14 novembre 2012, Rev. arb., 2013.139. En l'espèce, il s'agissait d'un litige entre avocats soumis au traditionnel arbitrage du bâtonnier de l'ordre des avocats de Paris, avant la création du Centre de règlement des litiges professionnels sous l'initiative de M. Louis Degos (Bull. Barreau de Paris n° 29, 15 octobre 2013 ; Dépêches du J.-Cl., 18 octobre 2013). Le meilleur argument de M. Jean Billemont y est formulé de la manière suivante : « En prétendant imposer à l'arbitre le choix d'une solution prédéfinie, les parties lui reprendraient d'une main le pouvoir juridictionnel donné de l'autre ».

[677] R. Vulliemin, De l'arbitrage commercial particulièrement en matière internationale, collection d'Etudes théoriques et pratiques de Droit Etranger, de Droit Comparé et de Droit International, sous la direction de M. Henri Levy-Ullmann, 1931, spéc. p. 49.

des règles applicables dans le pays où sa reconnaissance et son exécution sont demandées »[678].

475. Les sanctions portant sur la sentence arbitrale peuvent relever de deux domaines : civil ou pénal. Nous évoquerons brièvement les deux sanctions pénales (A) qui peuvent frapper toute sentence arbitrale, avant d'aborder les sanctions civiles (B).

A. Les sanctions pénales

476. Plusieurs auteurs [679] pensent que la sentence arbitrale peut constituer une inscription de faux au sens de l'article 441-1 du Code pénal[680]. En effet, l'article 441-1 du Code pénal dispose en son alinéa 1er que « [c]onstitue un faux toute altération frauduleuse de la vérité, de nature à causer un préjudice et accomplie par quelque moyen que ce soit, dans un écrit ou tout autre support d'expression de la pensée qui a pour objet ou qui peut avoir pour effet d'établir la preuve d'un droit ou d'un fait ayant des conséquences juridiques ». Il revient au juge de dire si une sentence arbitrale peut constituer une inscription de faux au sens de l'article 441-1 du Code pénal. L'arbitre doit avoir, comme n'importe quel juge, le souci de rechercher la vérité. Or, l'arbitre qui tranche sans se conformer à la bonne administration de la justice arbitrale, n'agit pas dans ce sens. Qui plus est, sa sentence rendue à l'encontre de la bonne administration de la justice arbitrale est de nature à causer un préjudice à la partie à l'arbitrage dont l'intérêt a été lésé. Enfin, la sentence arbitrale est bien un écrit qui a pour objet d'établir la preuve d'un droit ou d'un fait ayant des conséquences juridiques. Ainsi, la sentence arbitrale est-elle, selon nous, susceptible de constituer une inscription de faux au sens de l'article 441-1 du Code pénal. À notre connaissance, le juge n'a pas encore eu l'occasion de se prononcer sur ce point.

---

[678] Cass. 1ère civ., 29 juin 2007, *société PT Putrabali Adyamulia c. société Rena Holding et société Moguntia Est Epices*, Rev. arb. 2007.507, note E. Gaillard ; JDI, 2007.1236, obs. Th. Clay ; LPA, 25 septembre 2007, n° 192, p. 7, obs. M. de Boisséson.

[679] A condition que la sentence arbitrale ait fait l'objet d'une procédure d'*exequatur* : Th. Clay, L'arbitre, Dalloz, 2001, spéc. n° 586, p. 470 ; D. Chilstein, « Droit pénal et arbitrage », Rev. arb., 2009.3, spéc. p. 64 : « à défaut d'exequatur, la sentence arbitrale reste une décision à caractère privé et ne saurait, en cas d'altération, constituer qu'un faux en écriture privée ».

[680] Article 441-1 du Code pénal : « Constitue un faux toute altération frauduleuse de la vérité, de nature à causer un préjudice et accomplie par quelque moyen que ce soit, dans un écrit ou tout autre support d'expression de la pensée qui a pour objet ou qui peut avoir pour effet d'établir la preuve d'un droit ou d'un fait ayant des conséquences juridiques.
Le faux et l'usage de faux sont punis de trois ans d'emprisonnement et de 45000 euros d'amende ».

477. Par ailleurs, une seconde infraction prévue par le Code pénal mérite d'être examinée. Elle est portée par l'article 434-25 alinéa 1er du Code pénal selon lequel « [l]e fait de chercher à jeter le discrédit, publiquement par actes, paroles, écrits ou images de toute nature, sur un acte ou une décision juridictionnelle, dans des conditions de nature à porter atteinte à l'autorité de la justice ou à son indépendance est puni de six mois d'emprisonnement et de 7 500 euros d'amende ». Une sentence arbitrale rendue à la suite de la mauvaise gestion d'un conflit d'intérêts par son sujet, est-elle à l'origine d'un discrédit portant atteinte à la justice arbitrale ? Trois remarques nous permettent de répondre par la négative. D'abord, à la lecture de l'article 434-25 alinéa 1er du Code pénal, le discrédit est jeté « publiquement ». Or, la pratique de l'arbitrage commercial international est confidentielle. Ensuite, il n'est pas certain que l'article 434-25 alinéa 1er du Code pénal envisage la situation dans laquelle la personne qui cherche à jeter le discrédit sur la décision de justice est le juge même qui l'a rendue. Enfin, le principe d'interprétation stricte de la loi pénale mène à penser que seule la justice étatique est ici concernée.

478. Finalement, il nous semble vraisemblable qu'une sentence arbitrale rendue à la suite de la mauvaise gestion d'un conflit d'intérêts puisse constituer une inscription de faux. En revanche, nous ne pensons pas qu'une telle sentence jette le discrédit sur un acte ou une décision juridictionnelle.

B. Les sanctions civiles

479. De manière générale, une sentence peut être frappée de deux types de sanctions civiles. Le premier type renvoie aux voies de recours dirigées contre la sentence. Le second renvoie aux autres sanctions que les voies de recours, à savoir l'arrêt et l'aménagement de l'exécution de la sentence, son inopposabilité ou l'absence de reconnaissance de la sentence arbitrale.

480. L'arrêt et l'aménagement de l'exécution de la sentence sont prévus, en arbitrage international, par l'article 1526 alinéa 2 du Code de procédure civile. L'aménagement est une exception à l'absence d'effet suspensif du recours en annulation contre la sentence arbitrale. Lorsqu'une partie forme un recours en annulation contre une sentence arbitrale, l'exécution de la sentence se poursuit. Néanmoins, si cette exécution est susceptible de léser gravement les droits de l'une des parties, le premier président statuant en référé ou, dès qu'il est saisi, le conseiller de la mise en état peut aménager l'exécution de la sentence. Donc, l'aménagement ne porte pas sur le fond de la sentence, mais sur son exécution. Dans l'hypothèse de la mauvaise gestion d'un conflit d'intérêts, on peut imaginer que la partie perdante souhaite aménager l'exécution de la sentence arbitrale, et non son exécution. En conséquence, nous n'opterons pas pour l'aménagement comme mesure curative de la mauvaise gestion d'un conflit d'intérêts.

481. Par ailleurs, « il ne semble pas que le demandeur puisse utiliser en France la voie de l'action en inopposabilité de la sentence, qui n'était pas admise par la jurisprudence sous l'empire de l'ancienne règlementation, et dont on peut fortement douter qu'elle le soit sous l'empire de la nouvelle, même si la solution pourrait être opportune »[681]. Ce bilan dressé par MM. Jérôme Ortscheidt et Christophe Seraglini ne va pas non plus dans le sens d'une action en inopposabilité de la sentence arbitrale à la suite de la mauvaise gestion d'un conflit d'intérêts par l'arbitre.

482. Enfin, l'absence de reconnaissance de la sentence arbitrale laisserait subsister une sentence arbitrale rendue en violation de la bonne administration de la justice arbitrale. Nous ne pouvons dès lors pas retenir cette sanction. En conséquence, notre étude se cantonnera à la première catégorie de sanctions civiles : les voies de recours dirigées contre la sentence arbitrale.

483. À cet égard, il faut avoir en tête que le décret de 2011 s'efforce de garantir une exécution rapide de la sentence arbitrale internationale. Il a notamment assoupli les modalités de notification de la sentence arbitrale[682] et a supprimé[683] l'effet suspensif des recours[684]. Tirant les leçons du passé[685], les rédacteurs du décret de 2011 ont voulu empêcher les parties à l'arbitrage d'abuser des voies de recours contre les sentences arbitrales. Aujourd'hui, la sentence arbitrale est efficace dans un délai plus court qu'auparavant. Ainsi, conformément à l'esprit du décret de 2011, nous ne pouvons que prescrire un usage modéré des voies de recours dirigées contre la sentence arbitrale. Nous ne sommes pas favorables à l'émergence d'une « société contentieuse »[686].

484. D'ailleurs, nous pensons que toutes les voies de recours qui peuvent être dirigées contre la sentence arbitrale ne sont pas pertinentes en vue de sanctionner la mauvaise gestion d'un conflit d'intérêts. Parmi les voies

---

[681] J. Ortscheidt et Ch. Seraglini, « La nouvelle articulation des recours en arbitrage international », *in* Le nouveau droit français de l'arbitrage sous la direction de Th. Clay, Lextenso, 2011, p. 189, spéc. n° 34, pp. 205-206.
[682] Article 1519 alinéa 3 du Code de procédure civile : « La notification est faite par voie de signification à moins que les parties n'en conviennent autrement ».
[683] Ancien article 1506 du Code de procédure civile.
[684] Article 1526 du Code de procédure civile.
[685] J.-D. Bredin, « La paralysie des sentences arbitrales étrangères par l'abus des voies de recours », JDI, 1962.639.
[686] L. Cadiet, « Le spectre de la société contentieuse », *in* Droit civil, procédure, linguistique juridique. Ecrits en hommage à G. Cornu, PUF, 1994, p. 29.

de recours traditionnelles : recours en annulation ; appel ; recours en révision ; tierce opposition ; opposition et pourvoi en cassation, nous ne retiendrons que les voies de recours qui sont communes à l'arbitrage interne et à l'arbitrage international, à savoir le recours en annulation (1°) et, dans une moindre mesure, le recours en révision (2°). En effet, il serait absurde qu'un conflit d'intérêts soit traité différemment selon le caractère national ou international de l'arbitrage.

1° Le recours en annulation

485. Le recours en annulation a remplacé l'ancien appel-nullité créé par la jurisprudence. Avant 2011, le recours en annulation avait un caractère subsidiaire par rapport à l'appel. Néanmoins, il était d'ordre public, de sorte que les parties à l'arbitrage ne pouvaient y renoncer[687]. En arbitrage interne, le recours en annulation n'était pas recevable tant que la sentence n'avait pas reçu l'*exequatur*. En arbitrage international, la sentence devait nécessairement être signifiée par acte d'huissier pour faire courir les délais de recours[688].

486. Depuis 2011, les règles ont changé. La combinaison des articles 1489 et 1491 alinéa 1er du Code de procédure civile et l'insistance marquée par l'article 1518 du même Code font du recours en annulation la voie de recours de droit commun. Le recours en annulation n'a conservé son caractère d'ordre public qu'en arbitrage interne[689]. En revanche, les parties à un arbitrage international[690] peuvent renoncer au recours en annulation, même si elles ont un lien avec la France[691]. Néanmoins, l'article 1522 du Code de procédure civile impose que la renonciation soit expresse et réalisée par convention spéciale. Aussi la seule référence à un règlement d'arbitrage ne prévoyant aucun recours en annulation ne vaut pas renonciation audit recours. Il en va de même de toute formule générale exprimant une renonciation à *tout recours*. Les articles 1494, en arbitrage interne, et 1519, en arbitrage international, du Code de procédure civile précisent que le recours en annulation est recevable dans un délai d'un mois à compter de la

[687] Ancien article 1484 alinéa 1er du Code de procédure civile.
[688] Ancien article 1505 du Code de procédure civile.
[689] Article 1491 du Code de procédure civile.
[690] Article 1522 du Code de procédure civile.
[691] Au contraire, la Belgique (article 1717(4) du Code judiciaire belge), la Suisse (article 192 LDIP suisse) et la Suède (article 51 de la loi suédoise sur l'arbitrage) n'autorisent que les parties qui n'ont pas de lien avec leur pays à renoncer au recours en annulation : en Belgique, les parties ne doivent avoir ni la nationalité belge, ni leur résidence, ni leur principal établissement, ni de succursale sur le territoire ; en Suisse, elles ne doivent avoir ni leur domicile, ni leur résidence habituelle, ni d'établissement sur le territoire ; en Suède, ni domicile, ni d'établissement sur le territoire.

notification de la sentence. Il résulte de cette nouvelle formulation que le recours en annulation est recevable bien que la sentence n'ait pas fait l'objet d'une procédure d'*exequatur*. Enfin, en arbitrage international, l'article 1519 du Code de procédure civile prévoit que la notification de la sentence est faite par voie de signification, à moins que les parties en conviennent autrement. La procédure en est accélérée.

487. Le recours en annulation est porté devant la cour d'appel dans le ressort de laquelle la sentence a été rendue[692]. À cette occasion, les juges de la cour d'appel disposent de pouvoirs étendus[693]. En revanche, l'arbitre ne peut être ni juge, ni partie à l'instance[694], ni même témoin à la procédure[695]. Malgré l'existence d'un certain nombre de critiques[696], nous sommes favorables à l'incompétence de l'arbitre pour juger de la nullité de la sentence qu'il a rendue. Nous sommes également contre sa participation au recours en annulation en tant que partie à l'instance ou en tant que témoin à la procédure. Ces hypothèses mettraient à mal le secret du délibéré arbitral.

---

[692] Article 1494 alinéa 1er du Code de procédure civile en arbitrage interne et article 1519 alinéa 1er du Code de procédure civile en arbitrage international.

[693] En vertu de l'article 1493 du Code de procédure civile : « Lorsque la juridiction annule la sentence arbitrale, elle statue sur le fond dans les limites de la mission de l'arbitre, sauf volonté contraire des parties », corroboré par la jurisprudence : Cass. 1ère civ., 6 janvier 1987, *Southern Pacific Properties Ltd et Southern Pacific Ltd c. République arabe d'Egypte*, Rev. arb., 1987.469, note Ph. Leboulanger : « aucune limitation n'est apportée au pouvoir de cette juridiction de rechercher en droit et en fait tous les éléments concernant les vices en question ».

[694] Paris, 9 avril 1992, *société Annahold et B. Frydman c. L'Oréal et autres*, Rev. arb., 1996.487 : « selon les règles d'ordre public auxquelles est soumis le recours en annulation d'une sentence arbitrale, l'instance ne peut viser que la sentence, et non l'arbitre, qui n'est pas partie dans ce débat, et dont seulement la responsabilité pourrait, le cas échéant, être recherchée, mais par une procédure autonome, obéissant à d'autres règles ». Concrètement, cela signifie que l'arbitre ne peut être ni intervenant forcé, ni intervenant volontaire à la procédure.

[695] Paris, 29 mai 1992, *époux Rouny c. société Holding RC*, Rev. arb., 1996.409 : « l'arbitre, même dessaisi par l'effet de la sentence n'est pas un tiers par rapport au litige qu'il a jugé ; investi de la mission de trancher ce litige, il accède dès acceptation de sa mission au statut de juge par l'effet du contrat d'investiture ; il possède donc les mêmes droits et doit respecter les mêmes devoirs qu'un juge, dont l'audition personnelle, dans une instance où il n'est pas lui-même partie, n'est pas légalement possible ».

[696] A. Pinna et A. Barrier, « L'arbitre et le recours en annulation contre la sentence qu'il a rendue. Approche critique du droit français à la lumière du droit comparé », Cah. arb., 2012-2, p. 295, spéc. *abstract* : « Il semble pourtant que le juge de l'annulation et les parties pourraient bénéficier des éclaircissements que l'arbitre pourrait fournir, ce qui est confirmé par le droit comparé de l'arbitrage, dont l'étude montre que nombreux systèmes juridiques admettent, avec des garde-fous, que l'arbitre puisse contribuer à l'instruction du recours en annulation » ; spéc. n° 6 : « il est permis de s'interroger sur la pertinence du fait d'avoir des débats judiciaires sur un prétendu défaut d'indépendance de l'arbitre sans que celui-ci puisse être entendu par le juge du contrôle sur un sujet qui le concerne pourtant directement et sur lequel il n'est pas exclu qu'il puisse apporter des éléments importants en vue de la manifestation de la vérité ».

488. En pratique, le juge étatique prononce l'annulation de la sentence arbitrale en présence de deux symptômes que nous avons étudiés : le courant d'affaires[697] et les relations d'affaires[698]. Néanmoins, pour que le recours en annulation dirigé contre la sentence arbitrale constitue une mesure curative, il faut s'assurer que l'un des cas d'ouverture du recours en annulation puisse accueillir la mauvaise gestion d'un conflit d'intérêts.

489. En arbitrage interne, l'article 1492 du Code de procédure civile énonce six causes alternatives d'annulation de la sentence arbitrale. La sentence arbitrale peut être annulée quand :

1° Le tribunal arbitral s'est déclaré à tort compétent ou incompétent ou

2° Le tribunal arbitral a été irrégulièrement constitué ou

3° Le tribunal arbitral a statué sans se conformer à la mission qui lui avait été confiée ou

4° Le principe de la contradiction n'a pas été respecté ou

5° La sentence est contraire à l'ordre public ou

6° La sentence n'est pas motivée ou n'indique pas la date à laquelle elle a été rendue ou le nom du ou des arbitres qui l'ont rendue ou ne comporte pas la ou les signatures requises ou n'a pas été rendue à la majorité des voix.

490. En arbitrage international, l'article 1520 du Code de procédure civile reprend les cinq premières causes énumérées ci-dessus. En vue de proposer un traitement uniforme des conflits d'intérêts en arbitrage et étant donné que la liste des causes d'annulation d'une sentence arbitrale est

---

[697] Cass. 1ère civ., 20 octobre 2010, *M. Marcel Batard et autre c. société Prodim et autre,* JCP G, n° 52, 27 décembre 2010, p. 1306, obs. B. Le Bars et J. Juvénal ; Rev. arb., 2011.669, note D. Cohen, où l'arbitre avait été désigné trente quatre fois par la société Prodim. L'autre partie à l'arbitrage demande à la première chambre civile de la Cour de cassation de conclure dans le sens de l'annulation de la sentence arbitrale au motif que le tribunal arbitral a été irrégulièrement composé. La première chambre civile de la Cour de cassation ne prononce pas l'annulation de la sentence arbitrale. Néanmoins, elle vise l'ancien article 1484-2° du Code de procédure civile (article 1492 2° actuel) en vertu duquel le recours en annulation contre la sentence est ouvert si le tribunal arbitral a été irrégulièrement composé.

[698] Paris, 9 septembre 2010, *consorts Allaire c. SAS SGS Holding France*, D., 2010.2938, obs. Th. Clay ; Bull. ASA, 2011, Vol. 29, p. 197, note Ph. Pinsolle ; Rev. arb., 2011.686, note D. Cohen ; Gaz. Pal., 8 février 2011, p. 17, obs. D. Bensaude, où la Cour d'appel de Paris a considéré qu'une *relation d'intérêts* avait existé entre un arbitre et le cabinet d'avocats d'une partie à l'arbitrage et que cette circonstance préjudiciait à l'indépendance de l'arbitre justifiant ainsi l'annulation de la sentence.

limitative[699], nous chercherons, parmi les causes 1° à 5°, celle qui pourrait accueillir la mauvaise gestion d'un conflit d'intérêts. Notons que la cause 6° ne concerne que les exigences liées à la forme de la sentence et n'aurait pu englober la mauvaise gestion d'un conflit d'intérêts.

491. Selon nous, un arbitre qui a mal géré un conflit d'intérêts, ne s'est pas déclaré à tort compétent, car, à supposer que le conflit d'intérêts existait déjà au moment où les parties lui ont proposé de trancher leur litige, il était objectivement compétent pour le faire. Un arbitre sujet à un conflit d'intérêts demeure compétent pour trancher le litige qui lui est soumis. Le paragraphe 1° des articles 1492 et 1520 du Code de procédure civile ne saurait englober la mauvaise gestion d'un conflit d'intérêts.

492. De même, un arbitre qui a fait une mauvaise gestion du conflit d'intérêts en son sein n'a pas nécessairement malmené le principe du contradictoire. Au long de l'instance arbitrale, l'arbitre peut faire mine d'être attentif aux prétentions de chacune des parties tout en étant convaincu, dès le début de la procédure, du sens dans lequel il tranchera. L'arbitre peut entendre chacune des parties à l'arbitrage tout en décidant de ne pas réellement les écouter. Le paragraphe 4° des articles 1492 et 1520 du Code de procédure civile ne peut donc pas renvoyer à la mauvaise gestion d'un conflit d'intérêts.

493. Le tribunal arbitral, qui a fait une mauvaise gestion du conflit d'intérêts en son sein, a-t-il été régulièrement constitué ? Dans le *Traité de l'arbitrage commercial international*, Fouchard, M. Emmanuel Gaillard et Goldman avaient retenu que ce n'est que si la volonté des parties n'a pas été respectée que l'on considère que le tribunal arbitral a été irrégulièrement constitué[700]. Si l'on retient une interprétation stricte de cette règle, le tribunal arbitral est régulièrement constitué dès lors qu'il se compose des arbitres qui ont été choisis par les parties, peu importe leur comportement. Néanmoins, la jurisprudence[701] et la doctrine[702] ont choisi d'adopter une interprétation plus

---

[699] Solution récemment rappelée par la Cour d'appel de Paris dans Paris, 18 mars 2014, *SAS Exponens Conseil et Expertise c. SARL d'expertise comptable VB Conseil et autre*, Rev. arb., 2014.508.

[700] Ph. Fouchard, E. Gaillard, B. Goldman, *op. cit.*, spéc. n° 782, pp. 479-480.

[701] Malgré une première tentative vaine : Paris, 6 avril 1990, *Philipp Brothers c. Icco*, Rev. arb., 1990.880, note M. de Boisséson où la Cour d'appel de Paris n'a pas prononcé l'annulation de la sentence pour composition irrégulière du tribunal arbitral en raison du « défaut d'indépendance des arbitres désignés compte tenu de leurs liens avec les parties adverses », la jurisprudence semble constante depuis : Paris, 2 juillet 1992, *société Raoul Duval c. société Merkoria Sucden*, Rev. arb., 1996.411 : « irrégulièrement composé, au sens de l'article 1502-2° du nouveau Code de procédure civile, du fait de la nomination d'un arbitre ne présentant pas à l'égard de toutes les parties les garanties d'indépendance que tout justiciable est en droit

souple. Elles considèrent, par exemple, que lorsqu'un arbitre ne présente pas les garanties d'indépendance et d'impartialité, le tribunal arbitral n'a pas été régulièrement constitué. Le paragraphe 2° des articles 1492 et 1520 du Code de procédure civile pourrait donc, apparemment, accueillir la mauvaise gestion d'un conflit d'intérêts. Néanmoins, les juges du fond imposent que « [t]out grief invoqué à l'encontre d'une sentence au titre de l'article 1502-2° du Code de procédure civile doit, pour être recevable devant le juge de l'annulation, avoir été soulevé chaque fois que cela est possible, au cours de la procédure d'arbitrage »[703]. Or, il arrive souvent que la mauvaise gestion d'un conflit d'intérêts ne soit appréciable qu'au jour de la reddition de la sentence arbitrale. La sentence arbitrale mettant fin à la procédure d'arbitrage, la partie victime de la mauvaise gestion du conflit d'intérêts ne peut soulever l'irrégularité de la constitution du tribunal arbitral devant le juge de l'annulation, que tardivement. Bien que la Cour d'appel de Paris adopte un ton pragmatique en précisant que les parties doivent agir de la sorte « chaque fois que cela est possible », il n'est pas évident que le paragraphe 2° des articles 1492 et 1520 du Code de procédure civile puisse concerner la mauvaise gestion d'un conflit d'intérêts.

494. Les articles 1492-3° et 1520-3° du Code de procédure civile prévoient une autre cause d'annulation de la sentence arbitrale. La sentence arbitrale est nulle lorsque le tribunal arbitral a statué sans se conformer à la mission qui lui avait été confiée. D'après M. Matthieu de Boisséson, « cette « mission » consiste à mener à bien les opérations d'arbitrage pour trancher un litige déterminé, dont les limites ont été fixées par les parties elles-mêmes. Les arbitres ont, en conséquence, le devoir d'appliquer les règles de procédure prévues, le cas échéant, par les parties, et de faire coïncider exactement la sentence qu'ils sont amenés à rendre avec l'objet du litige qui leur a été soumis »[704]. Ainsi, l'arbitre qui fait prévaloir son intérêt personnel au détriment de l'intérêt tiers dont il avait la charge statue sans se conformer

---

d'exiger » ; Paris, 16 mai 2002, *STPIF c. Ballestrero*, Rev. arb., 2003.1231 ; Cass. 1ère civ., 20 octobre 2010, n° 09-6811 et n° 09-68997 ; Cass. 1ère civ., 1er février 2011, n° 11-11084.

702 D. Mouralis, « Les exigences d'indépendance et d'impartialité de l'arbitre », LPA, 13 février 2013, n° 31, p. 18. *Contra* : M. Henry, « Le devoir de révélation dans les rapports entre arbitres et conseils : de la suggestion aux électrochocs », Cah. arb., 2011-3, p. 787, spéc. n° 7 à propos de Paris, 10 mars 2011, *EURL Tecso c. SAS Neoelectra Group* : « La question de l'indépendance de l'arbitre ne relève pas de la composition régulière ou irrégulière du Tribunal arbitral. L'indépendance de l'arbitre est une composante fondamentale de l'arbitrage et relève comme telle de l'ordre public interne et international ».

703 Paris, 28 janvier 2014, *SCS GE Medical Systems « Gems » c. société Albanna Group for General Trade Co.*, Rev. arb., 2014.225 ; Paris, 6 mai 2014, *Me F. Bouet en qualité de mandataire* ad hoc *de la société UMA Holding et autre c. société MISC BHD*, Rev.arb., 2014.516.

704 M. de Boisséson, Le droit français de l'arbitrage : interne et international, GLN-Joly éd., 1990, spéc. n° 455, p. 372.

à la mission qui lui avait été confiée, puisqu'il n'agit pas conformément à la bonne administration de la justice arbitrale. Le paragraphe 3° des articles 1492 et 1520 du Code de procédure civile engloberait ainsi parfaitement la mauvaise gestion d'un conflit d'intérêts.

495. Enfin, la sentence arbitrale rendue en violation de la bonne administration de la justice arbitrale est-elle contraire à l'ordre public ? Cette l'hypothèse est visée par les articles 1492-5° et 1520-5° du Code de procédure civile. Fouchard, M. Emmanuel Gaillard et Goldman expliquent que « le fait qu'une sentence ait été rendue par un arbitre dont il est démontré qu'il était partial ou dépendant d'une partie peut être constitutif d'une violation de l'ordre public international au sens de l'article 1502 5° du nouveau Code de procédure civile »[705]. Néanmoins, les conflits d'intérêts ne sauraient être confondus avec les exigences d'impartialité et d'indépendance de l'arbitre. En réalité, la question qui se pose est celle de savoir si la bonne administration de la justice arbitrale est une composante de l'ordre public. Or, la jurisprudence n'ayant pas encore consacré expressément l'existence de la bonne administration de la justice arbitrale, elle n'a, *a fortiori*, pas eu l'occasion de dire s'il s'agissait d'une composante de l'ordre public. En l'état du droit positif français, le paragraphe 5° des articles 1492 et 1520 du Code de procédure civile ne permet pas de fonder l'action en annulation de la sentence arbitrale rendue à la suite de la mauvaise gestion d'un conflit d'intérêts.

496. Ainsi nous pensons que le fondement le plus pertinent à l'action en annulation dirigée contre la sentence arbitrale pour mauvaise gestion d'un conflit d'intérêts par l'arbitre sont les articles 1492-3° et 1520-3° du Code de procédure civile. En faisant prévaloir son intérêt personnel au détriment de la bonne administration de la justice arbitrale, l'arbitre a statué sans se conformer à la mission qui lui avait été confiée. Abordons à présent la seconde voie de recours : le recours en révision dirigé contre la sentence arbitrale.

2° Le recours en révision

497. Dans un article célèbre publié en 2010, M. Thomas Clay constate que « [l]e recours en révision est carrément le parent pauvre de la littérature juridique française sur l'arbitrage »[706]. Le recours en révision est le fruit

---

[705] Ph. Fouchard, E. Gaillard, B. Goldman, *op. cit.*, spéc. n° 1073, pp. 603-604 ; M. Henry, « Le devoir de révélation dans les rapports entre arbitres et conseils : de la suggestion aux électrochocs », Cah. arb., 2011-3, p. 787, spéc. n° 8.

[706] Th. Clay, « Le fabuleux régime du recours en révision contre les sentences arbitrales », *in* Mélanges Guinchard, Dalloz, 2010, p. 651, spéc. n° 9, p. 653.

d'une évolution historique passionnante. Son ancêtre est la proposition d'erreur qui, apparue à la fin du Moyen-âge, permettait de corriger les arrêts des Parlements. En 1667, la grande ordonnance civile de Saint-Germain-en-Laye, appelée également Code Louis, supprime la proposition d'erreur et la remplace par la requête civile. La requête civile se maintient jusqu'à l'avènement du Nouveau Code de procédure civile, où elle disparaît au profit du recours en révision. Le recours en révision est considéré comme « l'une des innovations les plus heureuses du Code de procédure civile élaboré dans les années 1970 »[707].

498. En arbitrage interne, le décret du 14 mai 1980 avait ouvert le recours en révision contre la sentence arbitrale dans les cas et sous les conditions prévues pour les jugements. Le recours en révision devait être porté devant la cour d'appel compétente pour connaître des autres voies de recours contre la sentence arbitrale[708]. Le décret du 13 janvier 2011 apporte quelques nouveautés : il réduit les dispositions applicables à la fois aux jugements et transposables aux sentences, aux articles 594, 596, 597 et 601 à 603 du Code de procédure civile et dispose que le recours est porté devant le tribunal arbitral. Ce n'est que si le tribunal arbitral ne peut pas être à nouveau réuni que le recours est porté devant la cour d'appel[709].

499. En arbitrage international, le décret du 12 mai 1981 supprime littéralement le recours en révision contre les sentences arbitrales internationales[710]. Cette suppression pure et simple a suscité une levée de boucliers de la part de la doctrine[711] dont Bellet et Mezger furent les porte-paroles : « [l]a disparition pure et simple du recours en révision nous laisse (...) perplexe. Même contre les sentences rendues à l'étranger. La partie lésée devrait avoir un moyen de ce genre pour se défendre contre la fraude, la dissimulation de pièces décisives, le faux, le faux témoignage découverts après le prononcé de la sentence et trop tard pour être invoqués avant l'expiration des délais de recours ordinaires (appel de la décision de reconnaissance ou exécution, recours en annulation de la sentence). (...) Pour éviter que la France ne soit bientôt connue comme le pays où l'on peut obtenir des sentences inattaquables par des manœuvres frauduleuses, les

[707] J. Héron et Th. Le Bars, Le droit judiciaire privé, 5ème éd., 2012, Montchrestien, coll. Domat droit privé, Montchrétien, spéc. n° 933, p. 777.
[708] Ancien article 1491 du Code de procédure civile.
[709] Article 1502 alinéa 3 du Code de procédure civile.
[710] Ancien article 1507 du Code de procédure civile.
[711] Notamment P. Mayer, « L'insertion de la sentence dans l'ordre juridique français », *in* Y. Derains, Droit et pratique de l'arbitrage international en France, avant-propos R. Pichard du Page, Feduci, Paris, 1984, p. 81 ; E. Loquin, « Perspectives pour une réforme des voies de recours », Rev. arb., 1992.321, spéc. p. 332.

juges devront inventer une nouvelle action pour parer un mal qu'il aurait été facile de ne pas faire naître »[712].

500. Ces critiques ont conduit la Cour de cassation à développer une jurisprudence *contra legem* en admettant, dès 1992, le recours en révision d'une sentence arbitrale internationale rendue en France, qu'elle qualifie, avec précaution, de « rétractation »[713]. Finalement, le décret du 13 janvier 2011 réinstaure le recours en révision en arbitrage international pour les sentences rendues à l'étranger[714], mais pas pour les sentences rendues en France qui ne peuvent faire l'objet que d'un recours en annulation[715]. Pour la cohérence d'ensemble des voies de recours dirigées contre la sentence arbitrale et la garantie d'une justice arbitrale de qualité, nous serions favorables à ce que le recours en révision soit étendu aux sentences internationales rendues en France.

501. Le recours en révision a probablement connu une histoire aussi tumultueuse en raison de sa nature. Le recours en révision est une voie de rétractation. Or, la rétractation s'apparente à un examen au fond de la sentence arbitrale, contraire au principe de non-révision au fond d'une sentence arbitrale par le juge étatique[716]. L'article 593 du Code de procédure civile dispose que « [l]e recours en révision tend à faire rétracter un jugement passé en force de chose jugée pour qu'il soit à nouveau statué en fait et en droit ». Rappelons que la sentence arbitrale a, dès qu'elle est rendue, autorité de la chose jugée relativement à la contestation qu'elle tranche[717]. En revanche, elle n'obtient force de chose jugée qu'à l'expiration des délais des recours suspensifs d'exécution pouvant être dirigés contre elle[718]. En conséquence, le recours en révision a une triple utilité en arbitrage commercial international.

502. D'abord, le recours en révision est particulièrement utile lorsque le recours en annulation dirigé contre la sentence arbitrale est forclos. Rappelons que le recours en annulation n'est plus recevable s'il n'a pas été

---

[712] P. Bellet et E. Mezger, « L'arbitrage international dans le nouveau code de procédure civile », Rev. crit. DIP, 1981.611, spéc. pp. 654-655.

[713] Cass. 1ère civ., 25 mai 1992, *Fougerolle c. Procofrance*, Rev. arb., 1993.91 : « il résulte des principes généraux du droit en matière de fraude que, nonobstant l'exclusion du recours en révision par l'article 1507 du Nouveau Code de procédure civile, la rétractation d'une sentence rendue en France en matière d'arbitrage international doit être exceptionnellement admise en cas de fraude lorsque le tribunal arbitral demeure constitué après le prononcé de la sentence (ou peut à nouveau être réuni) ».

[714] *Via* l'article 1506 5° du Code de procédure civile renvoyant à l'article 1502 dudit Code.

[715] Article 1518 du Code de procédure civile.

[716] V. Chantebout, Le principe de non-révision au fond des sentences arbitrales, thèse Paris II, 2007.

[717] Article 1484 alinéa 1er du Code de procédure civile.

[718] Article 500 du Code de procédure civile.

exercé dans le mois de la notification de la sentence[719]. Le délai du recours en révision est de deux mois à compter du jour où la partie a eu connaissance de la cause de révision qu'elle invoque[720]. Donc, lorsque le recours en annulation est forclos, les parties à l'arbitrage peuvent, par hypothèse, faire un recours en révision. La Cour d'appel de Paris a ainsi récemment accueilli le recours en révision dirigé contre une sentence rendue en 2008[721]. Le régime du recours en révision est très utile pour la partie à l'arbitrage victime de la mauvaise gestion d'un conflit d'intérêts[722].

503. Ensuite, le recours en révision est utile lorsque les parties à l'arbitrage international ont renoncé expressément et par convention spéciale au recours en annulation, conformément à l'article 1522 alinéa 1er du Code de procédure civile. Le recours en révision apparaît alors comme l'ultime recours contre la sentence arbitrale rendue à la suite de la mauvaise gestion du conflit d'intérêts.

504. Enfin, le recours en révision est utile lorsque le recours en annulation dirigé contre la sentence arbitrale est rejeté par le juge de l'annulation. *A contrario*, le recours en révision est irrecevable lorsque le recours en annulation formé à l'encontre de ladite sentence arbitrale a été accueilli[723].

505. Finalement, le recours en révision est utile lorsque les parties à l'arbitrage ont valablement renoncé au recours en annulation, lorsque le délai de celui-ci est expiré et lorsque les conseillers l'ont rejeté. En découle une articulation évidente entre le recours en annulation et le recours en révision. Le recours en annulation est la voie de recours principale et le recours en

---

719 Article 1494 alinéa 2 du Code de procédure civile en arbitrage interne et article 1519 alinéa 2 du Code de procédure civile en arbitrage international.

720 Article 596 du Code de procédure civile auquel renvoient l'article 1502 alinéa 1er du Code de procédure civile et l'article 1506 5° du Code de procédure civile.

721 Paris, 17 février 2015, *SAS CDR Créances et SA CDR-Consortium de réalisation c. Monsieur Bernard Tapie et autres*, n° 13/13278.

722 *Contra* Y. Loussouarn, « Les voies de recours dans le décret du 14 mai 1980 relatif à l'arbitrage », Rev. arb., 1980.671, spéc. p. 672 : « Dans l'avant-propos de la quatrième édition de son Traité de l'arbitrage, le Président Jean Robert, recherchant les causes du développement de l'arbitrage, a mis en exergue le fait qu'il permet une solution qui, pour juridictionnelle qu'elle soit, autorise la reprise du cycle économique, ce qui ne peut être le cas que si le temps d'incertitude est réduit au minimum. L'une des vertus traditionnellement attribuées à l'arbitrage est sa rapidité. Il est nécessaire de le modeler en fonction de ce besoin. Et il ne servirait à rien d'accélérer la phase arbitrale si la phase post-arbitrale est interminable à raison de la complexité et de l'incohérence du système des voies de recours » ; M. de Boisséson, Le droit français de l'arbitrage : interne et international, GLN-Joly éd., 1990, spéc. n° 415, p. 348 : « L'arbitrage souffrirait donc, de manière chronique, de la transposition des voies de recours judiciaires qui, sophistiquées et précises, risquent, en raison de ces mêmes vertus, de prolonger trop longtemps l'arbitrage ».

723 Paris, 27 mai 2014, *M. X. Huertas c. Mme M. Taburno et autres*, Rev. arb., 2014.520.

révision, la voie de recours subsidiaire[724] contre la sentence arbitrale. Cette articulation est conforme aux règles de procédure civile selon lesquelles le plaideur doit d'abord utiliser les voies de recours ordinaires, dont le recours en annulation fait partie, avant d'user des voies de recours extraordinaires, telles que le recours en révision[725].

506. Il convient maintenant de s'assurer que la mauvaise gestion d'un conflit d'intérêts correspond à l'un des cas d'ouverture du recours en révision. L'article 1502 alinéa 1er du Code de procédure civile en arbitrage interne et l'article 1506 5° du Code de procédure civile en arbitrage international prévoient que le recours en révision est ouvert dans les cas prévus pour les jugements à l'article 595 du Code de procédure civile.

507. L'article 595 du Code de procédure civile énonce que « [l]e recours en révision n'est ouvert que pour l'une des causes suivantes

1° S'il se révèle, après le jugement, que la décision a été surprise par la fraude de la partie au profit de laquelle elle a été rendue ;

2° Si, depuis le jugement, il a été recouvré des pièces décisives qui avaient été retenues par le fait de l'autre partie ;

3° S'il a été jugé sur des pièces reconnues ou judiciairement déclarées fausses depuis le jugement ;

4° S'il a été jugé sur des attestations, témoignages ou serments judiciairement déclarés faux depuis le jugement.

Dans tous les cas, le recours n'est recevable que si son auteur n'a pu, sans faute de sa part, faire valoir la cause qu'il invoque avant que la décision ne soit passée en force de chose jugée ».

508. Parmi ces quatre cas d'ouverture du recours en révision, le premier semble le plus adapté à accueillir la mauvaise gestion d'un conflit d'intérêts. Rapportons, par exemple, l'un des considérants de l'arrêt de la Cour d'appel de Paris du 17 février 2015 dans lequel elle accueille le recours en révision d'une sentence arbitrale de 2008 pour fraude de la partie au profit de laquelle elle a été rendue : « [c]onsidérant qu'il est, ainsi, démontré que Monsieur Estoup, au mépris de l'exigence d'impartialité qui est de l'essence même de

---

[724] Dans le même sens : J. Héron et Th. Le Bars, Le droit judiciaire privé, 5ème éd., 2012, Montchrestien, coll. Domat droit privé, Montchrétien, spéc. n° 939 et s., pp. 780 et s..

[725] D. Hascher, « La révision en arbitrage international », *in* Mélanges Reymond, Litec, 2004, p. 111, spéc. n° 14, pp. 118-119.

la fonction arbitrale, a, en assurant une mainmise sans partage sur la procédure arbitrale, en présentant le litige de manière univoque puis en orientant délibérément et systématiquement la réflexion du tribunal en faveur des intérêts de la partie qu'il entendait favoriser par connivence avec celle-ci et son conseil, exercé une influence déterminante et a surpris par fraude la décision du tribunal arbitral »[726]. En l'espèce, la Cour d'appel de Paris a considéré que la circonstance que la sentence ait été rendue à l'unanimité des trois arbitres est inopérante car « il est établi que l'un d'eux a circonvenu les deux autres dans un dessein frauduleux ». Par ailleurs, le fait que certaines des parties défenderesses n'aient pas participé à la fraude est sans emport « dès lors que celle-ci affecte les sentences dans leur essence même et atteint l'ensemble de leurs dispositions ». Ainsi, la Cour d'appel de Paris a-t-elle considéré que les conditions du recours en révision étaient réunies. En conséquence, le recours en révision doit être accueilli et la sentence arbitrale de 2008 rétractée. L'on peut imaginer que la fraude au sens de l'article 595 1° du Code de procédure civile englobe d'autres situations de conflits d'intérêts en arbitrage commercial international telles que le courant d'affaires ou la relation d'affaires par exemple.

509. Théoriquement, la fraude a fait l'objet d'un commentaire célèbre de M. Matthieu de Boisséson[727]. Celui-ci a judicieusement proposé de décliner la fraude en deux volets : la fraude *par* l'arbitrage « lorsque les parties ou l'une des parties conclut une convention d'arbitrage qui à l'analyse se révèle être constitutive d'une fraude » et la fraude *dans* l'arbitrage « en présence d'une série de manœuvres qui pervertit le sens et les conditions de déroulement de l'instance arbitrale ». Dans sa thèse[728], M. Alexandre de Fontmichel a ajouté un troisième volet : la fraude *objet de l'arbitrage* lorsque l'arbitre est amené à apprécier des faits de corruption par exemple. Pratiquement, en matière de conflit d'intérêts, la mauvaise gestion des conflits d'intérêts découle de cette connivence frauduleuse entre l'arbitre et la partie au profit de laquelle la sentence a été rendue. Elle rentre naturellement dans le volet fraude *dans* l'arbitrage exposé par M. Matthieu de Boisséson.

510. Dès lors, qui aurait compétence pour statuer sur un recours en révision dirigé contre une sentence arbitrale rendue à la suite de la mauvaise gestion d'un conflit d'intérêts par l'arbitre ? Avant 2011, l'ancien article 1491 du Code de procédure civile disposait qu'était compétente la cour d'appel qui eût été compétente pour connaître des autres recours contre la sentence.

---

726 Paris, 17 février 2015, *SAS CDR Créances et SA CDR-Consortium de réalisation c. Monsieur Bernard Tapie et autres*, n° 13/13278.

727 M. de Boisséson, « L'arbitrage et la fraude : à propos de l'arrêt *Fougerolle* rendu par la Cour de cassation le 25 mai 1992 », Rev. arb., 1993.3.

728 A. de Fontmichel, L'arbitre, le juge et les pratiques illicites du commerce international, LGDJ, 2004, p. 393 et s..

Néanmoins, malgré cet article, la jurisprudence[729] prenait l'habitude de donner compétence au tribunal arbitral lorsque celui-ci demeurait constitué[730]. Cette solution avait suscité la perplexité de la doctrine[731]. Le décret de 2011 a codifié la jurisprudence constante. En arbitrage interne, le recours en révision est en principe porté devant le tribunal arbitral conformément à l'article 1502 alinéa 2 du Code de procédure civile. Toutefois, l'article 1502 alinéa 3 du Code de procédure civile prévoit que si le tribunal arbitral ne peut à nouveau être réuni, le recours en révision contre la sentence arbitrale est porté devant la cour d'appel qui eût été compétente pour connaître des autres recours dirigés contre la sentence.

511. On peut imaginer que la mauvaise gestion d'un conflit d'intérêts est une situation dans laquelle le tribunal arbitral ne peut pas être à nouveau réuni. En effet, les parties à l'arbitrage ne s'attendent pas à retrouver l'arbitre à l'origine de la sentence attaquée au sein du tribunal arbitral chargé de statuer sur son recours en révision. Mais en arbitrage international, l'article 1506 5° du Code de procédure civile renvoie à l'alinéa 2 de l'article 1502 dudit Code à l'exception de son alinéa 3. Or, l'alinéa 3 de l'article 1502 du Code de procédure civile prévoit que, lorsque le tribunal arbitral ne peut à nouveau être réuni, le recours en révision est porté devant la cour d'appel qui eût été compétente pour connaître des autres recours contre la sentence. Nous déplorons cette différence de régime entre les arbitrages interne et international[732]. L'article 1506 5° du Code de procédure civile devrait

---

[729] Cass. 1ère civ., 25 mai 1992, *société Fougerolle c. société Procofrance*, Rev. arb., 1993.91 : « il résulte que, nonobstant l'exclusion du recours en révision de l'article 1507 (ancien) du Code de procédure civile, la rétractation d'une sentence rendue en France en matière d'arbitrage international doit être, exceptionnellement, admise en cas de fraude lorsque le tribunal arbitral demeure constitué après le prononcé de la sentence, ou peut à nouveau être réuni » ; Cass. 2ème civ., 12 février 2004, *M. c. société Groupe Capitales (Perinvest)*, Rev. arb., 2004.359, note M.-C. Rivier : « il résulte des principes généraux du droit en matière de fraude que la rétractation d'une sentence rendue en matière d'arbitrage international doit être admise en cas de fraude lorsque le tribunal arbitral peut être à nouveau réuni après le prononcé de la sentence ».

[730] Pour éviter toute méconnaissance du principe de dessaisissement de l'arbitre par la reddition de la sentence arbitrale.

[731] R. Perrot, « Arbitrage interne et arbitrage international - Les recours devant la cour d'appel empêchent-ils l'arbitre de poursuivre sa mission ? », Rev. arb., 1987.107, spéc. n° 1, p. 108.

[732] Dans le même sens : D. Mouralis, « Les exigences d'indépendance et d'impartialité de l'arbitre », LPA, 13 février 2013, n° 31, p. 18 : « L'action en révision (...) doit être portée devant le tribunal arbitral, ce qui est problématique puisque, par hypothèse, un de ses membres n'est pas indépendant ou impartial. Il faudrait sans doute admettre que, dans ce cas de figure, le tribunal arbitral « ne peut à nouveau être réuni » et que le recours doit être soumis à la cour d'appel » ; *Contra* Th. Clay, « Le fabuleux régime du recours en révision contre les sentences arbitrales », *in* Mélanges Guinchard, Dalloz, 2010, p. 651, spéc. n° 49-50, p. 666 : « La révision devant le juge du fond, à savoir l'arbitre ; l'annulation devant le juge du contrôle, à savoir le juge judiciaire. Voila qui devrait simplifier les choses » ; Y. Loussouarn, « Les voies de recours dans le décret du 14 mai 1980 relatif à l'arbitrage », Rev. arb.,

renvoyer à l'article 1502 du Code de procédure civile dans son intégralité, sans distinction entre ses alinéas. Néanmoins, l'amorce de l'article 1506 du Code de procédure civile applicable en arbitrage international, « [à] moins que les parties en soient convenues autrement », laisse aux parties à l'arbitrage une certaine marge de manœuvre. On peut penser que les parties à l'arbitrage international peuvent prévoir, dans leur convention d'arbitrage, la possibilité d'un recours en révision de la sentence arbitrale dans les mêmes conditions que celles de l'article 1502 du Code de procédure civile.

512. Nous avons conscience que l'arsenal des sanctions matérielles que nous proposons présente des limites : faculté de renonciation au recours en annulation en arbitrage international ; absence de recours en annulation pour les sentences arbitrales internationales rendues à l'étranger ; absence de recours en révision des sentences arbitrales internationales rendues en France. Néanmoins, malgré l'existence de ces règles, nous croyons en l'efficacité de l'arsenal des sanctions matérielles que nous proposons. La partie victime de la mauvaise gestion du conflit d'intérêts par l'arbitre dispose également de sanctions personnelles qu'il faut à présent évoquer.

1980.671, spéc. p. 672 : « En soumettant leur différend à une juridiction arbitrale, les parties entendent se soustraire aux juridictions étatiques. Or les voies de recours conduisent au second degré à restituer compétence à ces dernières. Pour ces différentes raisons, elles ne doivent être maintenues que dans les limites du nécessaire ».

SECTION 2. LES SANCTIONS PERSONNELLES

513. La partie victime de la mauvaise gestion d'un conflit d'intérêts par l'arbitre n'est pas un *mauvais perdant* employant des « chemins de traverse pour essayer de trouver un responsable à ses déboires et le faire payer »[733]. Au contraire, il est légitime que lui soit ouverte une action en responsabilité dirigée contre le sujet du conflit d'intérêts qui n'a pas géré ledit conflit d'intérêts conformément à la bonne administration de la justice arbitrale. Etudions successivement la responsabilité de l'arbitre (§1) et celle de l'institution d'arbitrage (§2).

[733] Th. Clay, Arbitrage et modes alternatifs de résolution des litiges, D., 2008.3111.

§1. La responsabilité de l'arbitre

514. De manière traditionnelle, les obligations de l'arbitre se scindent en deux catégories : les obligations liées à l'exercice de son pouvoir juridictionnel, d'une part, et les obligations liées à l'exécution du contrat d'arbitre, d'autre part. Dans un arrêt du 10 novembre 2010, la première chambre civile de la Cour de cassation donne une illustration de cette dichotomie. En l'espèce, elle considère que « la demande d'une note aux parties et le refus de démission du président du tribunal arbitral constituaient l'exercice du pouvoir juridictionnel des arbitres susceptible de donner lieu à recours en annulation de la sentence et non de caractériser une faute dans l'exécution du contrat d'arbitre »[734]. Ces deux catégories d'obligations ne sont pas soumises au même régime.

515. Il convient de se demander à quelle catégorie d'obligations appartient la bonne administration de la justice arbitrale. Nous pensons que la bonne administration de la justice arbitrale relève des obligations liées à l'exercice du pouvoir juridictionnel de l'arbitre. Or, dans l'exécution des obligations liées à l'exercice de son pouvoir juridictionnel, l'arbitre bénéficie d'une immunité de principe[735]. Aussi étonnant que cela puisse paraître à « une époque où presque tout dysfonctionnement se doit d'être attribué à un responsable sur qui pèse l'indemnisation »[736], l'immunité de l'arbitre est communément admise. M. Thomas Clay explique qu'« [u]ne immunité de principe ne peut (...) se comprendre que si la spécificité de l'activité exercée est telle qu'elle la justifie. C'est incontestablement le cas de la mission juridictionnelle - irréductible à un autre type de mission - qui ne peut être accomplie que si la liberté de juger est totale, car celui qui craindrait des représailles ne pourrait juger sereinement »[737]. De la même manière, Fouchard, M. Emmanuel Gaillard et Goldman relèvent qu'« [a]ucun système juridique (...) n'admet une pleine responsabilité des arbitres pour n'importe quelle erreur de jugement ; aucun n'offre le spectacle d'un harcèlement judiciaire dont ils seraient la cible de la part de litigants condamnés »[738]. Ainsi l'arbitre peut-il juger, en son âme et conscience, sans craindre l'engagement intempestif de sa responsabilité par les parties au litige.

---

[734] Cass. 1ère civ., 17 novembre 2010, *société CNCA-CEC et Charasse c. B. et autre*, Rev. arb., 2011.943, note Ch. Jarrosson.
[735] Ph. Fouchard, E. Gaillard, B. Goldman, *op. cit.*, spéc. n° 1144, p. 634.
[736] Th. Clay, L'arbitre, Dalloz, 2001, spéc. n° 565, p. 452.
[737] *Ibid.*, spéc. n° 565, p. 452.
[738] Ph. Fouchard, E. Gaillard, B. Goldman, *op. cit.*, spéc. n° 1088, p. 610.

516. Pour autant, l'immunité n'est pas synonyme d'impunité[739]. Dans les années 1990, Lalive avait relevé en effet qu'une immunité totale serait *contre-productive*, et donnerait à l'arbitre un « dangereux sentiment d'impunité »[740]. En effet, il est admis que l'arbitre engage sa responsabilité lorsqu'il commet une faute personnelle. Cette exception à l'immunité de principe de l'arbitre est portée par l'arrêt *Bompard*[741] de 1991 selon lequel « la faute personnelle [est la] seule de nature à ouvrir droit à une action en responsabilité contre les arbitres ». Ensemble, la doctrine et la jurisprudence se sont mises d'accord sur une définition de la faute personnelle. Il s'agit de la « faute équipollente au dol ou constitutive d'une fraude, d'une faute lourde ou d'un déni de justice »[742].

517. Quelle est la nature de la responsabilité de l'arbitre susceptible d'être engagée ? Dans une moindre mesure, sa responsabilité pénale semble pouvoir être engagée. L'article 434-9 du Code pénal, modifié par la loi n° 2011-525 du 17 mai 2011, prévoit qu'est puni de dix ans d'emprisonnement et de 150 000 euros d'amende le fait pour « un arbitre exerçant sa mission sous l'empire du droit national de l'arbitrage, de solliciter ou d'agréer, sans droit, à tout moment, directement ou indirectement, des offres, des promesses, des dons, des présents ou des avantages quelconques, pour lui-même ou pour autrui, pour accomplir ou avoir accompli, pour s'abstenir ou s'être abstenu d'accomplir un acte de sa fonction ou facilité par sa fonction ». L'on peut imaginer que cet article, dont nous ne disposons d'aucune application concrète, emporte un effet dissuasif auprès de la communauté arbitrale.

518. Par ailleurs, l'arrêt *Bompard* précité avait retenu que la responsabilité civile de l'arbitre est engagée dans les conditions du droit commun[743] : « [d]ans l'accomplissement de leur mission déduite de ce contrat d'investiture, les arbitres engagent leur responsabilité civile, dans les termes des art. 1142 et 1147 C. civ., en cas d'inexécution ou de mauvaise

---

[739] J.-D. Bredin, « Qu'est-ce que l'indépendance du juge ? », Justices. Revue générale de droit processuel, janvier-juin 1996, n° 3, p. 161, spéc. p. 165 : « il n'est pas souhaitable que la paresse obstinée d'un juge, son incapacité professionnelle, ses fautes grossières demeurent sans effet ».

[740] P. Lalive, « Sur l'irresponsabilité arbitrale », *in* Etudes de procédure et d'arbitrage en l'honneur de Jean-François Poudret, Lausanne, 1999, p. 419, spéc. p. 425.

[741] Paris, 22 mai 1991, *Bompart c. consorts C. et autres*, Rev. arb, 1996.476.

[742] Cass. 1ère civ., 15 janvier 2014, *M. S. Azran c. M. E. Schirer et autres*, Rev. arb., 2014.222 ; X. Delpech, Dalloz Actualité, 23 janvier 2014 ; à rapprocher de Paris, 1er mars 2011, *M. S. Azran c. M. E. Schirer et autres*, Rev. arb., 2014.211 ; TGI Paris, 13 juin 1990, *Bompard c. consorts C. et autres*, Rev. arb., 1996.476, note Ph. Fouchard ; Th. Clay, L'arbitre, Dalloz, 2001, spéc. n° 585, p. 469.

[743] Bien que X. Delpech évoque un *régime original* dans X. Delpech, « Responsabilité civile de l'arbitre : un régime original », Dalloz Actualité, 23 janvier 2014.

exécution »[744]. Cette solution est reprise dans un arrêt du 15 janvier 2014 de la première chambre civile de la Cour de cassation. En l'espèce, M. Z. reprochait aux arbitres d'avoir prononcé diverses sentences au mépris de l'autorité de chose jugée d'une première sentence rendue dans la même affaire. La cour d'appel[745] a débouté M. Z.. Selon elle, l'arbitre bénéficie, en tant que juge, d'une immunité juridictionnelle et n'est responsable que de sa faute personnelle. Or, les arbitres amiables compositeurs, statuant sur la base de faits nouveaux et sans que soit démontré de manquement de leur part à leur obligation de bonne foi et d'impartialité, ne pouvaient être considérés comme ayant commis une telle faute. M. Z. forme un pourvoi en cassation au motif que la cour d'appel a violé les articles 1142 et 1147 du Code civil. Ce dernier invoque, à raison, que la responsabilité des arbitres, unis aux parties par un lien contractuel et n'étant investis d'aucune fonction publique, devrait s'apprécier selon les conditions du droit commun de la responsabilité contractuelle. Néanmoins, la Cour de cassation rejette le pourvoi[746]. La Cour rappelle que reprocher aux arbitres d'avoir poursuivi l'instance arbitrale au mépris de l'autorité de chose jugée, tend à remettre en cause l'exercice de leur fonction juridictionnelle. Elle considère que la cour d'appel a exactement écarté leur responsabilité et légalement justifié sa décision en l'absence de preuve de faits propres à caractériser une faute personnelle équipollente au dol, constitutive d'une fraude, d'une faute lourde ou d'un déni de justice.

519. Le renvoi aux articles 1142 et 1147 du Code civil signifie que la responsabilité de l'arbitre n'est ni délictuelle, ni quasi-délictuelle[747], mais contractuelle. Le fondement de la responsabilité contractuelle de l'arbitre est le contrat d'arbitre[748] passé entre l'arbitre et les parties à l'arbitrage. Ainsi, la responsabilité civile de l'arbitre est-elle engagée dans les conditions du droit commun, sur le fondement des articles 1142 et 1147 du Code civil[749]. Ne sont pas applicables à l'arbitre, les articles applicables au magistrat, notamment l'article 11-1 de l'ordonnance n° 58-1270 du 22 décembre 1958 sur le statut de la magistrature prévoyant que :

---

[744] Paris, 22 mai 1991, *Bompard c. consorts C. et autres*, Rev. arb, 1996.476.

[745] Paris, Pôle 2, Ch. 1, 1er mars 2011, n° 09/22701, Gaz. Pal., 26 juillet 2011, p. 18.

[746] Cass. 1ère civ., 15 janvier 2014, *M. Z. c. MM. A., B., C., PB*, n 11-17196.

[747] R. O. Dalcq et A. Van Oevelen, « La responsabilité de l'Arbitre », *in* L'Arbitre : Pouvoirs et statut, Actes du colloque du CEPANI du 28 mars 2003, p. 191, spéc. n° 22, p. 205.

[748] R. David, L'arbitrage dans le commerce international, Economica, 1982, spéc. n° 298, p. 381.

[749] À supposer que la loi française soit applicable : Cass. 1ère civ., 29 janvier 1960, *société Veuve J. Houdet et Fils c. Chambre Arbitrale de L'union des Grains et Farines de Bordeaux*, Rev. arb., 1960.121.

« [l]es magistrats du corps judiciaire ne sont responsables que de leurs fautes personnelles.

La responsabilité des magistrats qui ont commis une faute personnelle se rattachant au service public de la justice ne peut être engagée que sur l'action récursoire de l'Etat.

Cette action récursoire est exercée devant une chambre civile de la Cour de cassation ».

520. Les arbitres et les magistrats ont pour point commun qu'ils ne sont responsables que de leurs fautes personnelles. En revanche, la responsabilité de l'arbitre qui a commis une faute personnelle ne saurait être engagée sur l'action récursoire de l'Etat, l'arbitre ne participant pas au service public de la justice. Concernant le magistrat, l'action récursoire est exercée devant une chambre civile de la Cour de cassation. La responsabilité de l'arbitre est, elle aussi, engagée devant le juge étatique. Il ne s'agit pas, pour autant, d'une violation du principe de compétence-compétence, car ce dernier porte sur l'application de la convention d'arbitrage, et non sur celle du contrat d'arbitre. D'ailleurs, on imagine mal un arbitre trancher sur sa propre faute.

521. Par ailleurs, la responsabilité d'un arbitre est-elle engagée individuellement ou collectivement ?[750] L'arrêt *Bompard* explique que la responsabilité civile de l'arbitre peut être engagée soit à titre individuel, soit à titre collectif dans le cas d'une décision collégiale[751]. Il est clair que même si les arbitres participent collégialement au bon déroulement de l'instance arbitrale, chacun d'eux engage sa responsabilité personnelle dans l'exercice de sa mission juridictionnelle[752]. Cela est d'autant plus vrai en matière de conflit d'intérêts où le sujet est personnellement en charge de sa gestion.

522. Dans quelles conditions peut-on engager la responsabilité contractuelle individuelle de l'arbitre pour mauvaise gestion d'un conflit d'intérêts ? Pour répondre à cette question, il faut déterminer quelle est la nature de l'obligation d'agir conformément à la bonne administration de la justice arbitrale. S'agit-il d'une obligation de résultat ou d'une obligation de moyens ?[753] Le débiteur d'une obligation de résultat a l'obligation d'atteindre un résultat donné. En revanche, le débiteur d'une obligation de moyens doit agir avec le soin d'une personne normalement consciencieuse, de la même

---

[750] R. O. Dalcq et A. Van Oevelen, *op. cit.*, spéc. n° 14, p. 201.
[751] Paris, 22 mai 1991, *Bompard c. consorts C. et autres*, Rev. arb, 1996.476.
[752] TGI Paris, réf., 29 novembre 1989, Rev. arb., 1990.525.
[753] R. Demogue, Traité des obligations en général, VI, Paris, Rousseau, 1931, spéc. n° 530-631, pp. 565-686.

catégorie professionnelle, placée dans les mêmes circonstances concrètes externes, et accomplir les efforts nécessaires pour atteindre un résultat donné mais sans promettre d'y parvenir. Cette distinction a son importance pour la répartition de la charge de la preuve. Dans le cas d'une obligation de résultat, il suffit pour le créancier, en cas de non-exécution de cette obligation, de prouver l'existence de celle-ci et l'absence du résultat promis pour engager la responsabilité du débiteur, excepté lorsque ce dernier peut démontrer qu'il a été empêché de respecter son obligation en raison d'une cause étrangère. Dans le cas d'une obligation de moyens, le créancier doit, pour engager la responsabilité du débiteur, non seulement prouver l'existence de l'obligation, mais aussi que le débiteur n'a pas apporté le soin nécessaire au respect de son obligation et qu'il en découle un préjudice.

523. L'obligation de l'arbitre d'agir conformément à la bonne administration de la justice arbitrale est-elle une obligation de résultat ou une obligation de moyens ? La réponse n'est pas dans les textes et n'a, à notre connaissance, pas été donnée par la jurisprudence. Pourtant, cette distinction d'ordre théorique emporte des conséquences pratiques importantes notamment au regard de la consistance de la preuve de l'inexécution de l'obligation rapportée par leur créancier, *i.e.* les parties à l'arbitrage.

524. Contrairement au droit belge[754] qui prévoit une priorité du recours en annulation de la sentence arbitrale sur l'action en responsabilité de l'arbitre qui l'a rendue, le droit français ne prévoit aucune hiérarchie entre les deux sanctions. Il s'agit de deux actions totalement indépendantes l'une de l'autre. L'action en responsabilité de l'arbitre peut être doublée d'un recours en annulation dirigé contre la sentence qu'il a rendue, ou exercée seule, comme le recours en annulation contre la sentence arbitrale peut être exercé seul[755].

525. Enfin, l'arbitre peut-il faire assurer sa responsabilité pour faute commise dans l'accomplissement de sa mission juridictionnelle ? Certains auteurs[756] l'envisagent. Néanmoins, nous pensons que la mission de dire le droit est une mission trop personnelle pour être assurée. Seule l'évolution de la pratique arbitrale nous permettra de dire si une telle assurance est possible ou non.

---

[754] À condition toutefois que ces moyens puissent conduire à ce que le préjudice causé par les fautes ou les imprécisions de l'arbitre soit réparé : R. O. Dalcq et A. Van Oevelen, *op. cit.*, spéc. n° 15, p. 202.
[755] E. Kleiman et S. Saleh, « Célérité et loyauté en droit français de l'arbitrage international : quels pouvoirs et quelles responsabilités pour les arbitres et les parties ? », Cah. arb., 2012-1, p. 99, spéc. n° 90.
[756] R. O. Dalcq et A. Van Oevelen, *op. cit.*, spéc. n° 26, p. 207.

526. Il convient à présent de s'intéresser à l'autre sujet potentiel de conflit d'intérêts : l'institution d'arbitrage. Dans quelle mesure la responsabilité d'un centre d'arbitrage peut-elle être engagée en cas de mauvaise gestion d'un conflit d'intérêts ?

§2. La responsabilité de l'institution d'arbitrage

527. Cornu et Foyer considéraient qu'en matière d'arbitrage institutionnel, « la confiance en l'arbitre, plus diffuse, plus anonyme, va à l'organisme »[757]. En choisissant de confier la procédure de leur litige à une institution d'arbitrage, les parties lui font confiance. M. Thomas Clay parle à cet égard d'"*intuitu firmae*"[758]. À l'occasion de notre recensement des situations de conflits d'intérêts, nous avions relevé que des conflits d'intérêts existent au sein des institutions et qu'ils s'y multiplient[759]. À cet égard, il faut envisager la responsabilité de l'institution d'arbitrage. Il convient d'ores et déjà d'écarter la responsabilité extracontractuelle de l'institution d'arbitrage en ce qu'elle n'est retenue qu'au titre de la violation d'un devoir précontractuel d'information sur les conditions d'adhésion à l'arbitrage. Or, on sait que la jurisprudence limite le devoir d'information de l'institution d'arbitrage à la seule communication aux parties du règlement d'arbitrage[760]. Il y a donc peu de chances que la responsabilité d'un centre d'arbitrage soit retenue sur ce fondement. Il faut également écarter toute responsabilité du centre d'arbitrage du fait du comportement de l'arbitre. Indépendamment du fait qu'il n'existe pas en droit français de principe général de responsabilité du fait d'autrui, et que la jurisprudence ne peut pas retenir des hypothèses de responsabilité du fait d'autrui autres que celles prévues par la loi, nous ne pensons pas qu'il soit opportun de consacrer une responsabilité des institutions d'arbitrage du fait des arbitres. Cette relation triangulaire[761] risquerait de diluer, de manière malvenue, la responsabilité de l'arbitre. Par ailleurs, le conflit d'intérêts affectant l'institution d'arbitrage naît directement au sein de l'institution d'arbitrage, sans nécessairement impliquer l'arbitre[762].

528. En cas de mauvaise gestion d'un conflit d'intérêts, le centre d'arbitrage engage sa responsabilité contractuelle[763] sur le fondement du

---

757 G. Cornu et J. Foyer, Procédure civile, PUF, Paris, 1958, spéc. p. 62.

758 Th. Clay, L'arbitre, Dalloz, 2001, spéc. n° 696, p. 550.

759 V. *supra* n° 180 et s..

760 Paris, 15 septembre 1998, *société Cubic Defense Systems Inc. c. Chambre de commerce internationale*, Rev. arb., 1999.103, note P. Lalive ; JDI, 1999.162, note E. Loquin.

761 Dont on sait qu'elle n'est pas facile à aborder en droit : D. Mazeaud, obs. sous Cass. com., 12 décembre 1995, D., 1996.333 : « si la figure triangulaire est parfaitement apprivoisée en géométrie, elle suscite moult difficultés en matière juridique. Ainsi, lorsque le lien obligatoire unit non plus seulement un couple mais un trio de protagonistes, les questions surgissent pour déterminer avec précision le régime de ces relations enchevêtrée ».

762 V. *supra* n° 134 et s..

763 TGI Paris, 8 octobre 1986, *Ceskolovenska Obchodni Banka A.S. c. CCI*, Rev. arb., 1987.367 ; TGI Paris, 21 mai 1997, *société Cubic Defense System c. Chambre de commerce internationale*, Rev. arb., 1997.417 ; Paris, 15 septembre 1998, *société Cubic Defense Systems*

contrat d'organisation de l'arbitrage. Ce contrat, le liant aux parties à l'arbitrage [764], est également appelé « contrat d'administration de l'arbitrage » [765] ou « contrat d'organisation ou d'administration de l'arbitrage »[766]. La nature du contrat d'organisation de l'arbitrage fait encore débat. Une partie de la doctrine pense qu'il s'agit d'un contrat d'entreprise[767], tandis qu'une autre le qualifie de mandat d'intérêt commun [768]. Nous partageons la thèse de M. Thomas Clay qui conclut que le contrat d'organisation de l'arbitrage est un co-mandat[769], le centre d'arbitrage ne partageant pas le même objectif que les parties à l'arbitrage.

529. Une dernière précision s'impose sur le moment de formation du contrat d'organisation de l'arbitrage. Le centre d'arbitrage est en situation d'offre permanente et ferme de contracter matérialisée par son règlement d'arbitrage en vigueur au jour de l'introduction effective de la procédure d'arbitrage[770]. Pour accepter[771], les parties à l'arbitrage font référence au règlement d'arbitrage dans leur convention d'arbitrage. Finalement, le contrat est formé lorsque l'acceptation par les parties à l'arbitrage est portée à la

---

Inc. c. Chambre de commerce internationale, Rev. arb., 1999.103, note P. Lalive ; JDI, 1999.162, note E. Loquin.

[764] Th. Clay, L'arbitre, Dalloz, 2001, spéc. n° 695 et s., pp. 549 et s. ; Paris, 15 septembre 1998, *société Cubic Defense Systems Inc. c. CCI*, Rev. arb., 1999.103, note P. Lalive ; JDI, 1999.162, note E. Loquin ; TGI Paris, 22 mai 2002, *société Lear c. CCI*, Rev. arb., 2002.785.

[765] E. Loquin, note sous Paris, 1er juin 1999, JDI, 2000.370, spéc. p. 383.

[766] E. Loquin, note sous Paris, 15 septembre 1998, *société Cubic Defense Systems Inc. c. CCI*, JDI, 1999.162, spéc. p. 175.

[767] M. de Boisséson, « La constitution du Tribunal arbitral dans l'arbitrage institutionnel », Rev.arb., 1990.337, spéc. p. 338.

[768] Cette qualification, retenue notamment par M. Ph. Fouchard dans Ph. Fouchard, « Les institutions permanentes d'arbitrage devant le juge étatique (à propos d'une jurisprudence récente) », Rev. arb., 1987.225, spéc. n° 37, p. 252, a pour conséquence principale l'application de l'article 2007 du Code civil qui permet au mandataire de renoncer à son mandat en notifiant au mandant sa renonciation.

[769] Th. Clay, L'arbitre, Dalloz, 2001, spéc. n° 1069, p. 797 ; n° 1074, p. 800 et n° 1076, p. 801.

[770] Y. Derains et C. Schroeder, « Institutions d'arbitrages et responsabilité », Cah. arb., 2010-1, p. 219. Cela n'est pas sans rappeler l'*offre de justice* émise en permanence par les tribunaux étatiques : E. Guigou, « La justice au service du citoyen », *in* Le service public de la justice. Colloque organisé par le tribunal de grande instance, le tribunal administratif et le tribunal de commerce de Paris avec le Laboratoire de sociologie juridique de Paris II, 6 octobre 1997. Odile Jacob, 1998, p. 11, spéc. p. 17.

[771] Par ailleurs, notons que la mise à l'écart de certaines dispositions du règlement d'arbitrage devrait s'analyser comme une contre-offre qui ne vaudra contrat d'organisation de l'arbitrage que si elle est à son tour acceptée par le centre d'arbitrage : TGI Paris, réf., 22 janv. 2010, *Samsung Electronics Co. Ltd c. Michael Jaffé*, Rev. arb. 2010. 571, note J.-B. Racine ; LPA, 12 octobre 2010, n° 203, p. 6, obs. P.-A. Rouquette.

connaissance du centre d'arbitrage[772], *i.e.* au moment de la saisine de l'institution par la partie demanderesse à l'arbitrage[773].

530. Notons qu'il est rare que les parties consacrent un *instrumentum* au contrat d'organisation d'arbitrage. Il est d'usage que le contrat d'organisation d'arbitrage prenne la forme du règlement d'arbitrage lui-même[774]. Or, nombreux sont les règlements d'arbitrage qui comportent une clause limitative ou élusive de responsabilité au profit du centre d'arbitrage. À cet égard, on peut se demander si la clause limitative ou élusive de responsabilité d'une institution d'arbitrage est valable en soi. Prenons l'exemple de l'arbitrage CCI. L'article 40 du Règlement d'arbitrage CCI de 2012 prévoit que « [l]es arbitres, les personnes nommées par le tribunal arbitral, l'arbitre d'urgence, la Cour et ses membres, la CCI et son personnel, les comités nationaux et groupes de la CCI et leurs employés et représentants ne sont responsables envers personne d'aucun fait, d'aucun acte ou d'aucune omission en relation avec un arbitrage, sauf dans la mesure où une telle limitation de responsabilité est interdite par la loi applicable ».

531. Historiquement, il convient de relever que les Règlements d'arbitrage CCI de 1923 et de 1988 ne comportaient aucune clause élusive de responsabilité. Ce n'est qu'en 1998 qu'apparaît, pour la première fois, une telle clause. Cette lente évolution s'explique probablement par la peur des procès dirigés contre la CCI. Or, la peur peut être « mauvaise conseillère »[775]. En effet, dès 1998, les critiques fusent. La doctrine invoque l'absence de cohérence avec la mission strictement administrative dévolue à la CCI. Comment un centre d'arbitrage pourrait-il bénéficier de la même protection que l'arbitre alors même qu'ils n'exercent pas la même fonction ?[776] Il y a, par ailleurs, une incohérence sur le plan contractuel. Comment le pollicitant peut-il valablement s'exonérer par avance de toute responsabilité ? Fouchard déplorait une disposition « d'une licéité douteuse »

[772] Contrairement à la théorie de l'émission retenue en droit commun : Req., 21 mars 1932 : « la formation de la promesse est réalisée et le contrat rendu parfait par l'acceptation des propositions qui sont faites, dès l'instant où cette acceptation a lieu » ; Cass. com., 7 janvier 1981, n° 79-13.499 : « faute de stipulation contraire, une convention est destinée à devenir parfaite non par la réception par le pollicitant de l'acceptation de l'autre partie, mais par l'émission, par celle-ci, de cette acceptation ».

[773] Ph. Fouchard, « Les institutions permanentes d'arbitrage devant le juge étatique (À propos d'une jurisprudence récente) », Rev. arb., 1987.225 ; Ch. Jarrosson, « L'instance arbitrale. Le rôle respectif de l'institution, de l'arbitre et des parties dans l'instance arbitrale », Rev. arb., 1990.381 ; Th. Clay, L'arbitre, Dalloz, 2001, spéc. n° 730 et s., pp. 568 et s..

[774] Ph. Stoffel-Munck, « Responsabilité d'un centre d'arbitrage pour nullité de la sentence », Cah. arb., 2011-2, p. 401.

[775] P. Lalive, « Sur l'irresponsabilité arbitrale », *in* Etudes de procédure et d'arbitrage en l'honneur de Jean-François Poudret, Lausanne, 1999, p. 419, spéc. p. 434.

[776] A. Plantey, « Quelques mots sur l'arbitrage administré », JDI, 1999.741.

qu'il juge « sans valeur »[777]. L'article 40 du Règlement d'arbitrage CCI pourrait retenir la responsabilité du centre d'arbitrage dans le cas de sa faute délibérée, comme le fait notamment l'article 77 du Règlement d'arbitrage de l'OMPI[778].

532. Face à cette levée de boucliers qui n'a cessé depuis 1998, la jurisprudence a récemment émis deux réserves. La première réserve n'est pas une nouveauté. En effet, dans un arrêt du 22 janvier 2009, la Cour d'appel de Paris rappelle que « la CCI, organisation non gouvernementale reconnue par l'ONU, est responsable des actes d'administration de la Cour internationale d'arbitrage, la CCI étant seule à disposer de la personnalité juridique »[779]. Dès lors, l'irresponsabilité de la Cour internationale d'arbitrage s'explique notamment par son absence de personnalité juridique. En conséquence, la CCI, ayant la personnalité juridique, est responsable des actes d'administration de l'institution d'arbitrage. La Cour d'appel de Paris émet une seconde réserve dans le même arrêt : « la clause élisive de responsabilité qui autorise la CCI à ne pas exécuter son obligation essentielle en tant que prestataire de services non juridictionnels doit être réputée non écrite entre la CCI et la société SNF dès lors que la clause contredit la portée du contrat d'arbitrage »[780]. Ainsi on remarque que le juge étatique, compétent[781] pour statuer sur la responsabilité d'un centre d'arbitrage, applique la jurisprudence de droit commun[782].

---

[777] Ph. Fouchard, « Rapport sur le Statut de l'Arbitre de la Commission de l'arbitrage international », Bull. CCI, mai 1996, p. 28, spéc. p. 32.

[778] Article 77 du Règlement d'arbitrage de l'OMPI : « Sauf en cas de faute délibérée, la responsabilité de l'arbitre ou des arbitres, de l'OMPI ou du Centre n'est engagée à l'égard d'aucune partie pour aucun acte ou omission lié à l'arbitrage ».

[779] Paris, 22 janvier 2009, *SNF c. CCI*, JDI, 2009.617, note Th. Clay ; JCP G, 2009.I.148, § 12, obs. J. Ortscheidt ; J. Int. Arb., 2009, Vol. 26, Issue 4, p. 579, obs. L. Kiffer ; *adde* TGI Paris, 10 octobre 2007, *société SNF c. Chambre de commerce internationale,* Rev. arb., 2007.847, note Ch. Jarrosson ; D., 2007.2916, obs. Th. Clay ; Paris, 15 septembre 1998, *société Cubic Defense Systems Inc. c. Chambre de commerce internationale*, Rev. arb., 1999.103, note P. Lalive ; JDI, 1999.162, note E. Loquin.

[780] Paris, 22 janvier 2009, *SNF c. CCI*, JDI, 2009.617, note Th. Clay ; JCP G, 2009.I.148, §12, obs. J. Ortscheidt ; J. Int. Arb., 2009, Vol. 26, Issue 4, p. 579, obs. L. Kiffer, où le contrat d'arbitrage est en réalité le contrat d'organisation de l'arbitrage.

[781] TGI Paris, réf., 30 octobre 1986, *République de Guinée c. Chambre arbitrale de Paris et autres*, Rev. arb., 1987.380.

[782] En première instance, TGI Paris, 10 octobre 2007, *société SNF c. Chambre de commerce internationale,* Rev. arb., 2007.847, note Ch. Jarrosson ; D., 2007.2916, note Th. Clay : « La clause exonératoire de responsabilité contenue à l'article 34 du règlement d'arbitrage est licite en droit français par application de l'article 1150 du Code civil, d'autant plus qu'elle est insérée dans un contrat international. Au surplus, aucune faute intentionnelle, inexcusable et lourde, assimilable au dol, qui pourrait limiter l'application de cette clause de non-responsabilité n'est invoquée ».

533. Dès lors, comment engager la responsabilité d'une institution d'arbitrage à la suite de la mauvaise gestion d'un conflit d'intérêts en son sein et en présence d'un règlement d'arbitrage prévoyant une clause limitative ou élusive de responsabilité ? Selon nous, la partie victime de la mauvaise gestion d'un conflit d'intérêts devrait pouvoir engager la responsabilité de l'institution d'arbitrage en rapportant trois preuves : celle de la contradiction de la clause limitative ou élusive de responsabilité avec la portée du contrat d'organisation de l'arbitrage, celle d'une mauvaise administration[783] de la justice arbitrale dont l'institution d'arbitrage est garante [784] et celle de l'existence d'un préjudice en découlant. La preuve de la contradiction d'une clause limitative ou élusive de responsabilité avec la portée du contrat d'organisation de l'arbitrage dépend de la rédaction de la clause. Si la rédaction de la clause limitative ou élusive de responsabilité insérée dans le contrat d'organisation de l'arbitrage est comparable à celle de l'article 40 du Règlement d'arbitrage CCI, il y a des chances que la contradiction soit constatée. En effet, l'article 40 du Règlement d'arbitrage CCI est rédigé en des termes larges[785] qu'il ne semble faire aucune place à la responsabilité de la CCI. En conséquence, cette clause devrait être réputée non écrite. Mais cela ne suffit pas pour engager la responsabilité de l'institution d'arbitrage. Encore faut-il que la partie victime de la mauvaise gestion du conflit d'intérêts rapporte la preuve d'une mauvaise administration de la justice arbitrale, dont l'institution d'arbitrage était naturellement garante, et celle de son préjudice. Ce n'est que si elle parvient à rapporter ces trois preuves que la partie victime d'un conflit d'intérêts pourra contourner la clause limitative ou élusive de responsabilité et engager la responsabilité contractuelle du centre d'arbitrage.

534. Ainsi, l'arsenal des mesures curatives est constitué de deux catégories de sanctions : les sanctions matérielles et les sanctions personnelles. Nous pensons que les sanctions matérielles doivent toucher non pas les *produits dérivés* de l'arbitrage, mais sa *matière première*, à savoir la convention d'arbitrage et la sentence arbitrale. Nous avons expliqué qu'il était impossible et inopportun, de consacrer une action en annulation de la convention d'arbitrage pour mauvaise gestion du conflit d'intérêts. En revanche, plusieurs sanctions matérielles sont possibles contre la sentence arbitrale. Ces sanctions sont les voies de recours qui peuvent être dirigées contre la sentence arbitrale en arbitrages interne et international : le recours en annulation et, dans une moindre mesure, le recours en révision. Lorsque

---

783 Paris, 13 mars 2008, *CETIM c. SDT*, n° 06/12878 vise « le contrat d'organisation et d'administration d'arbitrage ».

784 Th. Clay, L'arbitre, Dalloz, 2001, spéc. n° 1066 et s., pp. 795 et s. : « co-mandat ».

785 Y. Derains et C. Schroeder, « Institutions d'arbitrages et responsabilité », Cah. arb., 2010-1, p. 219 : « caractère « attrape-tout » de l'article 34 » du Règlement d'arbitrage CCI de 1998 dont la rédaction est similaire à l'article 40 du Règlement d'arbitrage CCI de 2012.

l'arbitre a statué sans se conformer à la mission qui lui avait été confiée, le recours en annulation de la sentence arbitrale pour mauvaise gestion d'un conflit d'intérêts pourrait être exercé sur le fondement de l'article 1492 3° du Code de procédure civile en arbitrage interne et de l'article 1520-3° du Code de procédure civile en arbitrage international. Les sanctions personnelles sont dirigées directement contre le sujet du conflit d'intérêts qui est à l'origine de sa mauvaise gestion. La responsabilité pénale de l'arbitre semble pouvoir être engagée sur le fondement l'article 434-9 du Code pénal. Au civil, la responsabilité contractuelle individuelle de l'arbitre peut être engagée dans les conditions du droit commun, sur le fondement des articles 1142 et 1147 du Code civil. Puisque l'arbitre qui ne gère pas convenablement le conflit d'intérêts agit dans le cadre de sa mission juridictionnelle, la partie à l'arbitrage devra rapporter la preuve de sa faute personnelle. Quant aux institutions d'arbitrage, leur responsabilité peut être engagée malgré l'existence d'une clause élusive ou limitative de responsabilité dans leur règlement d'arbitrage, dans les conditions fixées par la jurisprudence.

535. Il convient désormais de nous intéresser au fondement de la sanction des conflits d'intérêts en arbitrage commercial international.

TITRE 2. LE FONDEMENT DE LA SANCTION DES CONFLITS D'INTÉRÊTS

536. Nous avons défini le conflit d'intérêts de la manière suivante : *un conflit d'intérêts est la contradiction directe et actuelle au sein d'une seule et même personne entre un intérêt personnel et un intérêt tiers dont elle a la charge, la plaçant en situation de faire prévaloir le premier au détriment du second.*

537. Nous avons expliqué que l'existence d'un conflit d'intérêts n'est pas nocive en soi et que seule la mauvaise gestion qui en est faite par son sujet (arbitre ou institution d'arbitrage) est préjudiciable et, *a fortiori*, sanctionnable. Nous avons proposé une articulation nouvelle des sanctions traditionnelles de la matière arbitrale. À cet égard, nous avons naturellement distingué les mesures préventives (révélation, déport et récusation) des mesures curatives (annulation de la sentence arbitrale et engagement de la responsabilité du sujet). Chacune de ces mesures possède un fondement spécifique d'origine légale. L'objectif de ce dernier titre est de trouver quel pourrait être le fondement général de la sanction *lato sensu* des conflits d'intérêts en arbitrage commercial international. Nous supposons, pour ce titre, que les parties n'ont rien prévu dans leur convention d'arbitrage au sujet de l'émergence d'un éventuel conflit d'intérêts. Autrement, le fondement de la sanction *lato sensu* des conflits d'intérêts serait naturellement contractuel. Une prévision de la part des parties à ce sujet est pour le moins rare et ne saurait couvrir l'ensemble de la pratique arbitrale.

538. Nous entendons trouver un fondement littéralement *général i.e.* adapté aux arbitrages internes et internationaux, *ad hoc* et institutionnels. À cet égard, M. Charles Jarrosson a récemment relevé « la difficulté que rencontrent les magistrats pour définir une ligne claire, apte à constituer une jurisprudence « lisible » sur les conflits d'intérêts »[786]. Espérons que notre

[786] Ch. Jarrosson, « Ethique, Déontologie et normes juridiques dans l'arbitrage », *in* L'éthique dans l'arbitrage, sous la direction de G. Keutgen, coll. Francarbi, Bruylant, 2011, p. 1, spéc. n° 27, p. 12.

recherche du fondement général de la sanction contribuera à apporter plus de clarté en la matière.

539. Pour poursuivre efficacement la recherche d'un fondement pertinent à la sanction *lato sensu* des conflits d'intérêts en arbitrage commercial international, nous devons préalablement procéder à un certain nombre d'exclusions.

Exclusions préliminaires

540. Les conflits d'intérêts touchent à des notions complexes telles que la morale, l'éthique et la déontologie. À cet égard, M. Filali Osman a mené une étude passionnante[787] dans laquelle il constate la « dégradation des sources privées du droit » regrettable[788], mais nécessaire[789]. Voyons en quoi ni la morale, ni l'éthique, ni la déontologie ne sauraient constituer un fondement pertinent à l'encadrement des conflits d'intérêts en arbitrage commercial international. Rappelons que ces notions doivent être étudiées avec précaution car, pour reprendre les termes de M. Daniel Gutmann, « [d]éontologie, droit, morale, sont des notions en reconstruction permanente, dont il est malaisé de délimiter avec précision les contours »[790].

---

[787] F. Osman, « Avis, directives, codes de bonne conduite, recommandations, déontologie, éthique etc. : réflexions sur la dégradation des sources privées du droit », RTD civ., 1995.509.

[788] *Ibid.* : « Les ordres juridiques privés sont donc, de plus en plus, à l'origine d'une production normative dont la juridicité peut paraître affaiblie au juriste ». Néanmoins, il nuance immédiatement : « Si le droit mou ne revêt pas intrinsèquement de caractère contraignant, son contenu n'a pas pour autant une nature juridique immuable. Il peut acquérir une effectivité conditionnée par la manière dont il a été adopté, ainsi que par son contenu ».

[789] *Ibid.* : « La réception des normes non juridiques des ordres privés peut également constituer un moyen de combler un vide juridique au sein de l'ordonnancement juridique étatique ».

[790] D. Gutmann, « L'obligation déontologique entre l'obligation morale et l'obligation juridique », Archives de philosophie du droit, t. 44, 2000, p. 115, spéc. p. 116.

PREMIÈRE EXCLUSION : LA MORALE

541. « Droit et morale seraient (...) de « faux amis » »[791] affirme Mme Dominique Fenouillet. En effet, la morale est définie tantôt comme « un ensemble de règles de conduite tenues pour inconditionnellement valables »[792], tantôt comme « un enseignement qui a pour but de faire distinguer le bien du mal et d'amener l'homme à pratiquer le bien »[793].

542. La morale n'est donc ni le droit [794], ni la vertu [795]. M. Philippe Jestaz retient que le droit et la morale ont des sources, des domaines, des objets, des sanctions et des finalités différentes[796]. De la même manière, Fenet concevait une séparation stricte entre le droit et la morale, retenant que « la morale prend l'homme là où la loi civile cesse de le régir (...) elle condamne ce que la loi civile ne doit pas apercevoir »[797]. À la même époque, Portalis proposait de distinguer selon la finalité de la règle : « les lois s'occupent plus du bien politique de la société que de la perfection morale de l'homme »[798]. Aujourd'hui, convaincue que le droit et la morale

---

[791] D. Fenouillet, Propos introductifs, *in* Droit et morale, D. Bureau, F. Drummond et D. Fenouillet, Dalloz, coll. Thèmes & commentaires, 2011, p. 1, spéc. n° 4, p. 3.

[792] A. Lalande, Dictionnaire technique et critique de la philosophie, PUF, Quadrige, 1999.

[793] M. Davau, M. Cohen, M. Lallemand, Dictionnaire du français vivant, Bordas, Paris - Bruxelles - Montréal, 1972.

[794] Ph. Fouchard, « Droit et morale dans les relations économiques internationale », Rev. des sciences morales et politiques, 1997.33 et Ecrits, p. 517, écrit en 1997, spéc. n° 1, p. 518 : la distinction entre le droit et la morale est « pour les meilleurs juristes, la plus redoutable des énigmes ».

[795] V. pour une étude globale : A. Garapon, J. Allard, Fr. Gros, Les vertus du juge, Dalloz, 2008.

[796] Ph. Jestaz, « Les frontières du droit et de la morale », Revue de recherche juridique, 1982.334.

[797] P.-A. Fenet, Travaux préparatoires du Code civil, 1827, Videcoq, t. 9, p. 248.

[798] Portalis, Sur le Code civil, Discours et rapports sur le Code civil, PU de Caen, coll. Bibliothèque de philosophie politique et juridique, 1990, p. 17.

s'inspirent réciproquement[799], la doctrine majoritaire prône une « séparation tempérée »[800] entre les deux notions.

543. La morale n'est pas la vertu. Au sens de MM. Yves Dezalay et Bryant G. Garth, "[o]*nly a select and elite group of individuals is able to serve as international arbitrators. They are purportedly selected for their "virtue": judgment, neutrality, expertise*"[801]. La vertu intervient donc avant l'instance arbitrale : elle guide le choix de l'arbitre par les parties à l'arbitrage.

544. Néanmoins, peu importe que la morale soit proche[802] du droit sans en être. Ce qui retient notre attention est l'aptitude de la morale à régler les situations dans lesquelles une personne se retrouve en conflit avec elle-même. Comme l'a expliqué M. Charles Jarrosson, « le droit a pour caractéristique de ne saisir que les rapports d'altérité et donc de laisser dans l'ombre la part où l'individu est seul face à lui-même et qui revient à la morale »[803]. Or, *ab initio*, « l'arbitre, juridiction privée qui n'appartient à aucun ordre juridique, ne peut se référer qu'à lui-même »[804]. Qui plus est, en présence d'un conflit d'intérêts, l'arbitre ou l'institution d'arbitrage développent en leur sein une contradiction qu'ils sont les seuls à pouvoir résoudre.

545. Dès lors, est-ce que la morale pourrait constituer un fondement général pertinent à l'encadrement des conflits d'intérêts en arbitrage commercial international ?

546. En réalité, nous ne le pensons pas. En effet, la morale n'est pas du droit. Or, nous qui souhaitons que le conflit d'intérêts, notion de purs faits, soit érigée en notion de droit, la morale ne semble pas constituer le fondement idoine pour cette entreprise.

---

799 J. Carbonnier, « Le visible et l'invisible », *in* L'art du droit en quête de sagesse, PU, coll. Doctrine juridique, 1998, p. 419 spéc. p. 421 : « tout droit positif demande son chemin à un ordre de valeurs idéales ».

800 D. Fenouillet, Propos introductifs, *in* Droit et morale, D. Bureau, F. Drummond et D. Fenouillet, Dalloz, coll. Thèmes & commentaires, 2011, p. 1, spéc. n° 4, p. 3.

801 Y. Dezalay et B. G. Garth, *Dealing in virtue. International Commercial Arbitration and the Construction of a Transnational Legal order*, avant-propos de P. Bourdieu, *The University of Chicago Press*, 1996, spéc. p. 8.

802 P. Roubier, Théorie générale du droit, Sirey, 2ème éd., 1951, spéc. p. 40 : « la morale rôde autour du droit ».

803 Ch. Jarrosson, « Ethique, Déontologie et normes juridiques dans l'arbitrage », *in* L'éthique dans l'arbitrage, sous la direction de G. Keutgen, coll. Francarbi, Bruylant, 2011, p. 1, spéc. n° 3, p. 2.

804 P. Mayer, « La règle morale dans l'arbitrage international », *in* Mélanges Bellet, 1991, p. 379, spéc. n° 22, p. 392.

547. Plus encore, seul le fondement qui validera les quatre conditions suivantes sera considéré comme pertinent : caractère objectif ; portée générale ; valeur contraignante et valeur juridique. Or, la morale est par essence subjective, n'a aucune portée générale, ni valeur contraignante[805]. Enfin, malgré une influence réciproque avec le droit, la morale n'a aucune valeur juridique. En conséquence, la morale est exclue de notre champ de recherche. Qu'en est-il de l'éthique ? D'après Mme Dominique Fenouillet, « l'éthique serait une morale appliquée (son objet serait de résoudre des questions pratiques, et non de formuler des principes théoriques définis abstraitement et *a priori*) » [806] . L'éthique pourrait-elle constituer un fondement pertinent ?

[805] J. Carbonnier, Les Ecrits, textes rassemblés par P. Verdier, PUF, 2008, spéc. pp. 1527-1528 : « la morale n'est pas imposée par la contrainte physique au sens large du terme, une contrainte matérielle ou physique. C'est la voix simple de la conscience. Bien sûr les sociologues insisteront sur le fait que la réprobation de l'opinion publique ou du milieu, la réprobation de la société ont un effet de contrainte même dans la morale. Mais dans le droit, la contrainte est d'une autre nature. C'est une contrainte organisée ».

[806] D. Fenouillet, Propos introductifs, *in* Droit et morale, D. Bureau, F. Drummond et D. Fenouillet, Dalloz, coll. Thèmes & commentaires, 2011, p. 1, spéc. n° 56, p. 22.

DEUXIÈME EXCLUSION : L'ÉTHIQUE[807]

548. *"A good arbitrator is one who imposes his ethical values, fully aware that this will affect his reputation and that his professional future will be benefited by conducting himself according to these values and not bending to the demands of a particular case"*[808].

549. Comme la morale, l'éthique ne répond pas à une définition unique. Les auteurs tentent d'adopter une définition neutre : « [l]'éthique est la science qui prend pour objet immédiat les jugements d'appréciation sur les actes qualifiés bons ou mauvais. Sans doute, il arrive que les questions de Morale et celles d'Ethique, ainsi définies, sont souvent mêlées ; mais cela n'exclut pas une *distinction très nette de leurs définitions* »[809], tout en prenant certaines libertés : « [l]'éthique est le système de normes qui serait une sorte de médiation entre la loi, trop brutale, et la religion, trop peu laïque »[810], ou encore « énoncer ce qui est contraire à l'éthique c'est un peu comme dire ce qu'est un éléphant : cet animal est difficile à définir, mais quand, au cœur de la brousse, on se trouve nez à nez avec lui, on est sûr que c'en est un ! »[811].

---

[807] V. notamment C. A. Rogers, "*The Ethics of Advocacy in International Arbitration*", *The Pennsylvania State University, the Dickison School of Law, Legal Study research*, Paper n° 18, 2010 ; F. Estavillo-Castro, "*Ethics in Arbitration*", *in* Liber Amicorum en l'honneur de Bernardo Cremades, La Ley, 2010, p. 387 ; C. Benson, "*Can Professional Ethics Wait? The Need for Transparency in International Arbitration*", *Dispute Resolution International*, 2009, Vol. 3, p. 82 ; C. A. Rogers, "*The Ethics in International Arbitrators*", *in* Lawrence W. Newman & Richard D. Hill (éd.), *The Leading Arbitrator Guide to International Arbitration*, 2008 ; M. Hunter, J. Paulsson, "*A Code of Ethics for Arbitrators in International Commercial Arbitration*", *Arbitration*, 1985, Vol. 13, p. 153.

[808] J.-C. Fernandez Rozas, "*Clearer Ethics Guidelines and Comparative Standards for Arbitrators*", *in* Liber Amicorum en l'honneur de Bernardo Cremades, La Ley, 2010, p. 413, spéc. n° 1, p. 414.

[809] A. Lalande, Dictionnaire technique et critique de la philosophie, PUF, Quadrige, 1999.

[810] J. Carbonnier, Droit Civil, PUF, 1ère éd., Quadrige, 2004, spéc. n° 18, p. 45.

[811] Ch. Jarrosson, « Ethique, Déontologie et normes juridiques dans l'arbitrage », *in* L'éthique dans l'arbitrage, sous la direction de G. Keutgen, coll. Francarbi, Bruylant, 2011, p. 1, spéc. n° 23, p. 11.

550. Dès lors, ne tentons pas[812] une définition de l'éthique que nous regretterions immédiatement une fois énoncée, mais attardons-nous sur les raisons d'être de celle-ci. Dans les années 1990, deux éminents auteurs se sont penchés sur les causes de l'émergence soudaine de l'éthique dans la vie des affaires. Etchegoyen pensait que « la valse des éthiques exprime sous la forme d'une mode éphémère la réalité du besoin, enfoui dans les consciences, d'un retour à la morale »[813]. Cette idée fut partagée par Oppetit en son temps. Selon lui, l'éthique « vise à conjurer les excès de l'individualisme du self interest, qui menacent l'avenir, et tend à définir un compromis entre la morale du sacrifice et l'amoralisme individualiste »[814]. L'auteur conclut que « [l]e phénomène confirme la permanence d'un besoin du corps social qui, lorsqu'il n'est plus assuré dans le cadre de l'état de droit, resurgit par d'autres voies »[815]. Il s'agit précisément de notre situation. En présence d'un conflit d'intérêts en leur sein, l'arbitre ou l'institution d'arbitrage se trouvent dans une situation non réglée par le droit. L'éthique est-elle la *bouée de sauvetage* à laquelle l'arbitre ou l'institution d'arbitrage, sujets à un conflit d'intérêts, pourraient se raccrocher ? Autrement formulé, l'éthique constitue-t-elle un fondement pertinent à la sanction *lato sensu* des conflits d'intérêts en arbitrage commercial international ?

551. Pour répondre à cette question, reprenons le chemin parcouru par l'éthique depuis près d'une quinzaine d'années. Dans les années 2000, l'usage de l'éthique mène à un constat relativement négatif. Taxée de « fausse monnaie juridique »[816], l'éthique ne remporte pas un franc succès : « l'efficacité de la régulation par l'éthique est douteuse et les résultats décevants »[817]. Néanmoins, l'année 2011 est plus prometteuse. Le 28 mai 2011, naissent les *IBA International Principles on Conduct for the Legal Profession*[818]. Le 9 décembre 2011, un colloque entièrement consacré à l'Ethique dans l'arbitrage est organisé à la Maison du Barreau de Paris. À l'occasion de ce colloque, M. Charles Jarrosson pose une question extrêmement intéressante : « la « communauté arbitrale » (d'autres diraient « le monde de l'arbitrage ») est-elle apte à déterminer la place des normes

[812] U. Draetta, « Propos conclusifs », *in* L'éthique dans l'arbitrage, sous la direction de G. Keutgen, coll. Francarbi, Bruylant, 2011, p. 149, spéc. p. 149 : « l'éthique est une « substance dangereuse », à manier avec précaution, soin et une certaine dose d'humilité ».
[813] A. Etchegoyen, La valse des éthiques, éd. Fr. Bourin, 1991, spéc. p. 223.
[814] B. Oppetit, « Ethique et vie des affaires », *in* Mélanges Colomer, Litec, 1993, p. 319, spéc. p. 333.
[815] *Ibid.*.
[816] G. Farjat, Pour un droit économique, PUF, Les voies du droit, 2004, p. 159.
[817] A. Mezghani, « Méthodes de droit international privé et contrat illicite », Recueil des cours de droit international de La Haye, 2004, Vol. 303, p. 409.
[818] Notons qu'ils sont initialement à destination des avocats.

non juridiques qui pourraient régir l'arbitrage et, dans l'affirmative, est-elle capable d'en assurer le respect ? »[819].

552. Actuellement, l'éthique est codifiée dans la Charte éthique de l'arbitrage du Conseil National des Barreaux[820], les *IBA International Principles on Conduct for the Legal Profession*, les *IBA Rules of Ethics for International Arbitrators* (1987) et le *AAA-ABA Code of Ethics for Arbitrators in Commercial Disputes* (1977, révisé en 2004). Déjà en 1987, R. Coulson relevait le caractère lacunaire de ces textes[821]. Aujourd'hui, la doctrine appelle à des règles plus claires à la fois pour les arbitres[822] et pour les institutions d'arbitrage[823].

553. À l'occasion du colloque de 2011 auquel nous avons assisté, nous avons remarqué une certaine gêne des intervenants. Cette gêne n'a pas échappé à M. Ugo Draetta qui, dans ses propos conclusifs, exprime que « dans notre débat sur l'éthique dans l'arbitrage, il faut prendre en considération uniquement les prescriptions éthiques pouvant être qualifiées comme infra legem ou praeter legem et non celles sanctionnées par des normes ayant une portée juridique. Je remarque au contraire que, lorsque l'on parle d'éthique par rapport à l'arbitrage, la discussion se concentre essentiellement, bien que non exclusivement, sur des notions telles que l'impartialité, l'indépendance, la neutralité des arbitres, leur obligation de signaler d'éventuels conflits d'intérêts, leur disponibilité, leurs obligations de confidentialité et de transparence. À mon humble avis, dans le contexte

---

[819] Ch. Jarrosson, « Ethique, Déontologie et normes juridiques dans l'arbitrage », *in* L'éthique dans l'arbitrage, sous la direction de G. Keutgen, coll. Francarbi, Bruylant, 2011, p. 1, spéc. n° 17, p. 8.

[820] L'arbitrage : principes et pratiques, Les cahiers du Conseil National des Barreaux, 2011, spéc. p. 45.

[821] R. Coulson, "*An American Critique of the I.B.A.'s Ethics for International Arbitrators*", J. Int. Arb., 1987, Vol. 4, Issue 2, p. 103.

[822] J.-C. Fernandez Rozas, "*Clearer Ethics Guidelines and Comparative Standards for Arbitrators*", *in* Liber Amicorum en l'honneur de Bernardo Cremades, La Ley, 2010, p. 413, spéc. n° 5, p. 418 : "*it seems increasingly advisable to establish a code of ethics for arbitrators*" ; spéc. n° 43, p. 449 : "*it is essential to have an effective system with which to control respect for arbitral ethics and correct many irregularities seen in recent arbitration practices*".

[823] M. W. Bühler, « L'éthique des centres d'arbitrage - L'exemple de la Cour Internationale d'arbitrage de la Chambre de Commerce Internationale (CCI) », *in* L'éthique dans l'arbitrage, sous la direction de G. Keutgen, coll. Francarbi, Bruylant, 2011, p. 89, spéc., p. 100 préconise la mise en place d'un certain nombre de « règles de bonne gouvernance » ; spéc. p. 101 : « Compte tenu du grand nombre de personnes travaillant au Secrétariat, on pourrait imaginer l'introduction d'un « code de bonne conduite » tel qu'il existe dans de nombreux groupes de sociétés et d'organismes publics ».

actuel de l'arbitrage, il faudrait au contraire placer sur un plan légèrement différent une discussion sur l'éthique dans l'arbitrage »[824].

554. L'éthique est injustement assimilée aux obligations qu'elle englobe (indépendance ; impartialité ; disponibilité ; révélation ; confidentialité *etc*), à tel point que l'on peut se demander si, dans l'arbitrage, l'éthique existe autrement que par son contenu. En raison de toutes les interrogations qu'elle suscite, nous ne pensons pas que l'éthique constitue un fondement pertinent à l'encadrement des conflits d'intérêts en arbitrage commercial international.

555. Qui plus est, bien que l'éthique soit objective et à portée générale, sa valeur contraignante fait débat [825] et l'éthique n'a aucune valeur juridique[826]. Par ailleurs, Carbonnier se plaisait à comparer l'éthique à la déontologie. Selon lui, « [l]'éthique peut s'accommoder de la subjectivité, d'impressionnisme même, elle est aérienne, la déontologie, elle, se veut rugueuse, rigoureuse, matérialiste »[827]. Passons donc à l'étude de la notion de déontologie.

---

[824] U. Draetta, « Propos conclusifs », *in* L'éthique dans l'arbitrage, sous la direction de G. Keutgen, coll. Francarbi, Bruylant, 2011, p. 149, spéc. p. 151.

[825] B. Oppetit, « Ethique et vie des affaires », *in* Mélanges Colomer, Litec, 1993, p. 319, spéc. p. 333 : « l'éthique, en imposant des exigences plus élevées que celles de la réglementation et en se voulant affirmation d'un assujettissement librement consenti à des valeurs communes et à un idéal supérieur aux normes du droit, accuse par là même les insuffisances (et les dangers) d'une régulation juridique par trop désengagée ».

[826] L'éthique participe du pluralisme juridique mais n'a aucune valeur juridique : U. Draetta, « Propos conclusifs », *in* L'éthique dans l'arbitrage, sous la direction de G. Keutgen, coll. Francarbi, Bruylant, 2011, p. 149, spéc. p. 149 : « je ne suis pas du tout un spécialiste de l'éthique (...). Je suis un juriste et je suis plus à l'aise avec les règles de droit qu'avec les préceptes éthiques ».

[827] J. Carbonnier, Les Ecrits, textes rassemblés par R. Verdier, PUF, 2008, spéc. p. 1039.

TROISIÈME EXCLUSION : LA DÉONTOLOGIE

556. Nous tenons le terme *déontologie* du philosophe anglais Bentham[828] qui a rassemblé les mots grecs *deon, ontos* : le devoir, et *logie* : la science. En d'autres termes, la déontologie est l'ensemble des devoirs imposés à un professionnel dans l'exercice de sa science. Près d'un siècle plus tard, la Cour de cassation valide cette définition en précisant que l'objet des règles déontologiques est de « fixer les devoirs des membres de la profession »[829].

557. Or, si les arbitres pris individuellement sont souvent des professionnels dans un domaine particulier, les arbitres ès qualité ne sont pas considérés comme des professionnels[830]. Arbitre n'est, aujourd'hui, pas une profession reconnue et réglementée. Néanmoins, nous en avons déjà parlé, deux mouvements semblent aller dans le sens d'une évolution en la matière. D'abord, dans les années 1990, M. Jan Paulsson a remarqué l'émergence d'une élite[831] d'arbitres qui n'est pas sans rappeler la *Chartered Institute of Arbitrators* contemporaine de la *London Court of International Arbitration*. Ensuite, certains auteurs considèrent que nous sommes dans une période de

[828] J. Bentham, *Deontology, or Science of Morality*, London ed. by John Bowring, 1834, trad. Benjamin Laroche.

[829] Cass. 1ère civ., 5 novembre 1991, *Conta c. SARL Le Blanc distribution et autre*, Bull. civ. I, n° 297, p. 195, RJDA, 1992, n° 11, p. 15 ; JCP G, 1993.II.17, note A. Viandier.

[830] D. Lord Hacking, "*Ethics, Elitism, Eligibility: A Response – What happens if the Icelandic Arbitrator falls through the ICC?*", J. Int. Arb., 1998, Vol. 15, Issue 4, p. 73, spéc. pp. 76-77: "*Nearly all arbitrators come into arbitration holding professional status in one discipline or another and having a reputation and experience in that discipline. Most, in the experience of conducting arbitrations, become very good at it. Yet, for the status itself of being an arbitrator, the arbitrator is unqualified and (when operating outside an arbitral institute) he acts unsupervised. When the system is working well, this does not matter. However, when the system is not working well, it could matter a lot*".

[831] J. Paulsson, "*Ethics, Elitism, Eligibility*", J. Int. Arb., 1997, Vol. 14, Issue 4, p. 13, spéc. p. 21: "*Elitism is no sin; the ambition to work at the highest possible level is surely a healthy one. The building of a reputation in this challenging context is a lengthy process, which offers no assurance of success. However, it creates a depth of confidence which can never be achieved by self-serving declarations*".

professionnalisation de l'arbitrage et que la profession d'arbitre existe, de fait[832].

558. En conséquence, la déontologie de l'arbitre devrait, elle-aussi, exister de fait. Il s'agit précisément de l'idée développée par M. Lambert Matray en 1985 dans son article « La déontologie de l'arbitrage commercial international »[833]. L'auteur recommande, à raison, la chose suivante : « [e]n raison de l'unité de son objet, il est désirable que l'arbitrage commercial international soit régi par une déontologie arbitrale unique »[834]. Néanmoins, depuis, aucun texte n'a vu le jour[835] en matière de déontologie des arbitres ou des institutions d'arbitrage. Dès lors, revenons plus précisément sur l'histoire de l'éthique dans le droit de l'arbitrage français.

559. En 1985, M. Lambert Matray formule un certain nombre de propositions telles que la nécessité pour tout arbitre de signer la sentence arbitrale, l'absence de communication du tribunal arbitral avec une partie à l'arbitrage en particulier ou la négociation sur le montant des honoraires et leur mode de règlement avant les délibérations du tribunal arbitral. À l'époque, aucune de ces règles ne possède de fondement textuel et M. Lambert Matray le déplorait [836]. L'auteur recommande, idéalement, l'élaboration de règles déontologiques uniformes à l'arbitrage commercial international[837] et d'un règlement de déontologie propre à chaque institution d'arbitrage[838].

---

[832] J.-C. Fernandez Rozas, "*Clearer Ethics Guidelines and Comparative Standards for Arbitrators*", *in* Liber Amicorum en l'honneur de Bernardo Cremades, La Ley, 2010, p. 413 spéc. n° 18, p. 427 et n° 19, p. 428.

[833] L. Matray, « La déontologie de l'arbitrage commercial international », Revue belge de droit international et droit comparé, 1985, p. 97.

[834] *Ibid.*, spéc. Conclusion n° 2, p. 128.

[835] Notons néanmoins F. Dessemontet, « Projet de Disposition sur les règles applicables à la Déontologie dans les arbitrages internationaux et Projet de Code de conduite », Bull. ASA, 2008, Vol. 26, p. 259 ; G.-L. Dal et D. Matray, « L'éthique des conseils », *in* L'éthique dans l'arbitrage, sous la direction de G. Keutgen, coll. Francarbi, Bruylant, 2011, p. 37, spéc. p. 78.

[836] Au début de son article, l'auteur semble supposer que l'on pourrait appliquer, par analogie, aux arbitres les règles déontologiques des avocats ou celles des magistrats. Mais au fil de ses développements, l'auteur revient sur cette idée.

[837] L. Matray, « La déontologie de l'arbitrage commercial international », Revue belge de droit international et droit comparé, 1985, p. 97, spéc. Conclusion n° 5, p. 129 : « Il convient dès lors d'établir, en concertation avec les instituts spécialisés de l'arbitrage international, des règles déontologiques uniformes de l'arbitrage commercial international. En raison de leur mission propre et de leur participation aux procès arbitraux internationaux, les avocats et leurs organisations représentatives doivent être associés à l'élaboration de ces normes ».

[838] *Ibid.*, spéc. n° 45, p. 128 : « il devrait être suggéré aux instituts d'arbitrage d'élaborer à l'intention des arbitres un règlement de déontologie. Au moment de sa désignation, l'arbitre devrait prendre l'engagement de s'y conformer. Cette formalité permettrait de renseigner l'arbitre de manière claire sur les devoirs qui s'imposent à lui ».

560. Dans les années 2000, la situation n'a pas évolué : il n'existe toujours aucun texte fondant l'existence formelle d'une déontologie des arbitres ou des institutions d'arbitrage. En Belgique, cette inertie conduit M. Georges-Albert Dal à poser l'équation suivante : la déontologie de l'arbitre serait la somme des principes fondamentaux de l'arbitrage et des règles de convenance procédurales[839]. En Italie, la Chambre arbitrale de Milan dispose désormais d'un Code de déontologie qui aurait pu être intitulé *Code de déontologie des arbitres*, si son article 1-2. ne prévoyait pas qu'il était également applicable aux experts nommés par le tribunal arbitral dans les procédures arbitrales administrées par ladite institution d'arbitrage. Qui plus est, des formations consacrées aux devoirs déontologiques des arbitres sont également dispensées.

561. En 2011, M. Charles Jarrosson dresse le bilan : « [p]our le moment, il ne semble pas que les législations étatiques viennent imposer en matière d'arbitrage l'établissement de normes déontologiques »[840]. Deux séries de raisons ont été évoquées. En amont, l'auteur invoque l'absence de profession organisée[841]. En aval, MM. Georges-Albert Dal et Didier Matray pensent que l'existence d'un code mondial des règles déontologiques suppose l'existence d'une autorité ordinale globale en mesure d'en assurer le respect. « On en est loin »[842], concluent-ils, à juste titre.

562. Aujourd'hui, l'absence persistante de règles déontologiques applicables à l'arbitre ès qualité nous conduit à penser que la déontologie n'est pas le fondement le plus pertinent pour la sanction *lato sensu* des conflits d'intérêts en arbitrage commercial international. Bien que la déontologie dispose d'un caractère objectif, elle n'a aucune portée générale. Sa valeur contraignante existe, en principe[843], mais la sanction est exclusivement disciplinaire. Enfin, la valeur juridique de la règle déontologique fait débat[844].

---

839 G.-A. Dal, « Déontologie de l'arbitre », *in* L'Arbitre : Pouvoirs et Statut, Actes du colloque du CEPANI du 28 mars 2003, p. 165, spéc. n° 2, p. 165.

840 Ch. Jarrosson, « Ethique, Déontologie et normes juridiques dans l'arbitrage », *in* L'éthique dans l'arbitrage, sous la direction de G. Keutgen, coll. Francarbi, Bruylant, 2011, p. 1, spéc. n° 19, p. 9.

841 *Ibid.* : « Peut-être cela vient-il de ce que les opérateurs de l'arbitrage constituent un ensemble trop disparate, à la différence d'une profession ou d'une activité organisée (banque, assurance...) ».

842 G.-L. Dal et D. Matray, « L'éthique des conseils », *in* L'éthique dans l'arbitrage, sous la direction de G. Keutgen, coll. Francarbi, Bruylant, 2011, p. 37, spéc. p. 55.

843 B. Beignier, Dictionnaire de culture juridique, PUF, 2003 : « la déontologie est une morale sanctionnée par le droit ».

844 Dans son célèbre article « L'obligation déontologique entre l'obligation morale et l'obligation juridique », Archives de philosophie du droit, t. 44, 2000, p. 115, M. Daniel Gutmann la place à équidistance entre l'obligation morale et l'obligation juridique.

563. Ainsi, bien que nous soyons convaincus de l'existence[845] d'une déontologie des arbitres et des institutions d'arbitrage, et favorables à sa consécration formelle, nous ne jugeons pas la déontologie pertinente pour fonder l'encadrement des conflits d'intérêts en arbitrage commercial international.

564. Nous sommes à la recherche d'un fondement stable : ayant un caractère objectif, une portée générale, une valeur contraignante et une valeur juridique. Dès lors, tentons d'emprunter un fondement classique (Chapitre 1) au droit des obligations ou au droit processuel. À défaut, nous adopterons un fondement propre au droit de l'arbitrage (Chapitre 2).

[845] L. Matray, « La déontologie de l'arbitrage commercial international », Revue belge de droit international et droit comparé, 1985, p. 97, spéc. n° 2, p. 98 : « La relation de confiance que suppose une justice largement contractuelle ne se conçoit pas sans l'existence d'une déontologie de l'arbitre ».

CHAPITRE 1. L'EMPRUNT D'UN FONDEMENT CLASSIQUE

565. « Ce sont souvent les problèmes les plus pratiques qui postulent le recours aux concepts fondamentaux »[846]. Nous sommes convaincus par ce constat atemporel dressé par Motulsky. Guidés par la nature hybride de l'arbitrage, nous proposons d'emprunter, pour assise de la sanction *lato sensu* des conflits d'intérêts en arbitrage commercial international, un fondement classique au droit des obligations (Section 1) ou au droit processuel (Section 2).

[846] H. Motulsky, Ecrits - Etudes et notes sur l'arbitrage, préf. Ph. Fouchard et B. Goldman, Dalloz, 1974, spéc. p. 44.

SECTION 1. UN FONDEMENT CLASSIQUE EMPRUNTÉ AU DROIT DES OBLIGATIONS

566. Nous avons choisi d'emprunter un fondement classique au droit des obligations car l'arbitrage commercial international possède une source conventionnelle. Dans le cadre de cette étude, nous nous référerons au droit des obligations positif et prendrons en considération le droit prospectif, à savoir les projets de réforme du droit des contrats en cours d'adoption et le droit européen des contrats en phase de construction. Nous chercherons un fondement dans les phases de formation (Sous-section 1) et d'exécution (Sous-section 2) du contrat.

SOUS-SECTION 1. AU STADE DE LA FORMATION DU CONTRAT

567. Au stade de la formation du contrat, nous nous interrogerons sur la validité du contrat d'arbitre ou du contrat d'organisation arbitrale. Nous reprendrons, de manière traditionnelle, les conditions de validité d'une convention énoncées à l'article 1108 du Code civil :

« Quatre conditions sont essentielles pour la validité d'une convention :

Le consentement de la partie qui s'oblige ;

Sa capacité de contracter ;

Un objet certain qui forme la matière de l'engagement ;

Une cause licite dans l'obligation ».

568. Il semble qu'un vice du consentement (§1) ou l'incapacité (§2) pourraient constituer des fondements pertinents pour l'encadrement des conflits d'intérêts en arbitrage commercial international.

§1. Un vice du consentement

569. Même si, d'après M. Jean-Claude Dubarry, « [i]l est certain que l'ignorance de la situation de dépendance de l'arbitre peut constituer un vice du consentement qui fonde la nullité de la convention d'arbitrage »[847], posons progressivement les bases de notre raisonnement.

570. L'article 2061 du Code civil, issu de la loi n° 2001-420 du 15 mai 2001, dispose que « [s]ous réserve des dispositions législatives particulières, la clause compromissoire est valable dans les contrats conclus à raison d'une activité professionnelle ». Cet article pose un principe de licéité de la clause compromissoire. Néanmoins, la licéité de la clause compromissoire n'emporte pas sa validité. La validité de la convention d'arbitrage est soumise à des conditions de capacité, d'arbitrabilité et éventuellement de forme. MM. Christophe Seraglini et Jérôme Ortscheidt persistent : « [l]e consentement doit exister, mais encore être exempt de vices »[848], et signent : « le consentement à l'arbitrage doit être libre et éclairé, exempt de vices »[849]. À défaut, la convention d'arbitrage ne serait pas valide.

571. Par ailleurs, la théorie des vices du consentement doit également être envisagée au regard du principe de l'autonomie de la convention d'arbitrage. En effet, les auteurs précités précisent que « le vice devra être caractérisé à l'égard du consentement à la convention d'arbitrage elle-même, et non simplement à l'égard du consentement au contrat principal »[850]. Les bases de notre réflexion sont ainsi posées.

572. L'article 1109 du Code civil dispose qu'« [i]l n'y a point de consentement valable si le consentement n'a été donné que par erreur ou s'il a été extorqué par violence ou surpris par dol ». Ainsi, les vices du consentement sont au nombre de trois : l'erreur et le dol, qui altèrent le consentement dans son caractère éclairé ; la violence, qui attente à sa liberté. Ce triptyque est une constante du droit français des obligations. Le projet de réforme du Code civil élaboré par la Chancellerie ne propose d'ailleurs un changement que dans l'ordre de leur énumération.

---

[847] J.-C. Dubarry, « L'indépendance de l'arbitre par rapport aux parties : tutoiement, lien de subordination et conseiller habituel », RTD com., 1999.371.
[848] Ch. Seraglini, J. Ortscheidt, Droit de l'arbitrage interne et international, Montchrestien, Lextenso, 2013, spéc. n° 625, p. 528.
[849] *Ibid.*, spéc. n° 83, p. 95.
[850] *Ibid.*, spéc. n° 83, p. 95.

573. Notons qu'il est arrivé à la jurisprudence de viser les vices du consentement sans en dégager un en particulier[851]. Nous ne pensons pas juste de viser *les* vices du consentement et verrons si *un* vice du consentement pourrait pertinemment fonder l'encadrement des conflits d'intérêts en arbitrage commercial international. Nous imaginons mal des *gentlemen* utiliser la violence, bien que la violence prenne, dans le monde des affaires, une forme différente[852] que celle intuitivement perçue. Suivant les conseils avisés de M. Lambert Matray, « un vice d'un consentement de la convention d'arbitrage devrait se déduire soit d'une erreur substantielle, soit d'un dol par réticence »[853]. Selon cette approche, notre étude se cantonnera à l'erreur (A) et à la réticence dolosive (B).

A. L'ERREUR

574. L'article 3.2.1 des principes UNIDROIT définit l'erreur de la manière suivante : « [l]'erreur est une fausse croyance relative aux faits ou au droit existant au moment de la conclusion du contrat ». En effet, l'erreur est l'état de celui qui prend pour vrai ce qui est faux, ou inversement. Elle consiste en une fausse représentation de la réalité, conduisant à une discordance entre la réalité et la croyance de l'*errans* (celui qui s'est trompé). En droit français, l'erreur trouve son siège à l'article 1110 du Code civil, repris par les projets de réforme du droit des contrats[854]. Reprenons chacun des deux alinéas de l'article 1110 du Code civil.

1° L'ALINÉA 1ER DE L'ARTICLE 1110 DU CODE CIVIL[855]

575. L'article 1110 du Code civil dispose en son alinéa 1er que « [l]'erreur n'est une cause de nullité de la convention que lorsqu'elle tombe

---

[851] Cass. 2ème civ., 5 octobre 2006, n° 04-11179 où le demandeur contestait que l'erreur fût établie et où la Cour juge qu'un vice du consentement était caractérisé, sans préciser lequel.
[852] J. Robert, « Influence sur la validité de l'arbitrage des rapports antérieurs des arbitres avec les parties », Rev. arb., 1969.43, spéc. n° 6-2, p. 49 : « menaces d'une partie sur l'autre, touchant sa fortune ou sa réputation, pour faire accepter ce qui n'aura que l'apparence d'un arbitrage ».
[853] L. Matray, « La déontologie de l'arbitrage commercial international », Revue belge de droit international et droit comparé, 1985, p. 97, spéc. n° 19, pp. 110-111.
[854] Article 1112 de l'avant-projet Catala ; article 37 du projet Terré ; articles 1131 à 1135 du projet d'ordonnance portant réforme du droit des contrats. Ce projet d'ordonnance a été publié le 25 février 2015 par la Chancellerie. Le gouvernement a jusqu'au 17 février 2016 pour le publier sous forme d'ordonnance.
[855] Repris par l'article 1131 du projet d'ordonnance portant réforme du droit des obligations : « L'erreur de droit ou de fait est une cause de nullité du contrat si elle porte sur les qualités essentielles de la prestation due ou sur celles du cocontractant et si elle est excusable ».

sur la substance même de la chose qui en est l'objet ». Dès lors, naissent deux problèmes qu'il convient de régler successivement.

(a) L'arbitre ou l'instiution d'arbitrage peuvent-ils être considérés comme la *chose*, objet du contrat ?

(b) Les qualités essentielles de l'arbitre ou de l'institution d'arbitrage sont-elles être mises en cause dans le cas de la mauvaise gestion d'un conflit d'intérêts ?

A. L'arbitre ou l'institution d'arbitrage peuvent-ils être considérés comme la chose, objet du contrat ?

576. « Seules les choses, c'est-à-dire les biens corporels sont a priori susceptibles d'avoir une substance » affirme M. Jacques Ghestin. Néanmoins, l'auteur poursuit : « [m]ais il ressort du droit positif que l'erreur sur la substance ne se limite pas à cette seule hypothèse »[856]. En effet, « [i]l semble (...) que les rédacteurs du Code civil, en utilisant le mot chose de l'article 1110, aient simplement voulu éviter comme dans l'article 1126, le mot plus technique de prestation qui aurait mieux convenu à leurs intentions »[857]. Ainsi l'arbitre, bien qu'il soit une personne physique, peut être envisagé comme la chose, objet du contrat. Il en va de même de l'institution d'arbitrage.

B. Les qualités substantielles de l'arbitre ou de l'institution d'arbitrage sont-elles mises en cause dans le cas de la mauvaise gestion d'un conflit d'intérêts ?

577. La réponse est positive. En effet, comme l'expliquent parfaitement M. Philippe Malinvaud et Mme Dominique Fenouillet à propos desdites qualités substantielles : « [i]l peut s'agir de qualités aussi diverses que la compétence, l'honorabilité, la situation de famille, l'indépendance d'esprit, *etc.* »[858]. Pour nous en convaincre, étudions une affaire célèbre. Dans l'affaire *Philipp Brothers*[859], la société éponyme demandait la nullité de la convention

---

[856] J. Ghestin, Traité de droit civil - La formation du contrat - Tome 1 Le contrat - Le consentement, 4ème éd., LGDJ, 2013, spéc. n° 1129, p. 899.
[857] *Ibid.*, spéc. n° 1134, p. 906.
[858] Ph. Malinvaud et D. Fenouillet, Droit des obligations, Litec, 2010, spéc. n° 178, p. 137.
[859] Paris, 6 avril 1990, *société Philipp Brothers c. société Icco et autres*, Rev. arb., 1990.880, note M. de Boisséson : « La constitution des tribunaux arbitraux ayant fait l'objet d'ordonnances du Président du Tribunal de grande instance, statuant sur la base de l'art. 1493 N.C.P.C., les décisions intervenues pour rejeter les demandes de récusation sont

d'arbitrage en invoquant une erreur sur les qualités substantielles de la Chambre arbitrale de l'AFCC. En effet, l'institution d'arbitrage avait nommé des arbitres ne figurant pas sur la liste des arbitres et, de fait, inconnus de la société Philipp Brothers. En outre, ils entretenaient des liens avec ses adversaires potentiels, que la société Philipp Brothers ignorait. La Cour d'appel de Paris a écarté le grief fondé sur une erreur sur les qualités substantielles de l'institution d'arbitrage au motif que des décisions sont déjà intervenues pour rejeter les demandes de récusation des arbitres et sont insusceptibles de recours. La question de l'indépendance des arbitres a déjà été irrévocablement tranchée ; elle ne peut plus être rejugée par le moyen d'un recours en annulation[860]. Néanmoins, la Cour d'appel de Paris n'a pas rejeté le grief en son principe.

578. Par ailleurs, dans une autre affaire, la Cour d'appel de Paris a eu l'occasion de viser « certains aspects de la personnalité de l'arbitre »[861] qui n'avaient pas été connus de la partie demanderesse en annulation du compromis pour erreur. Nous ne résistons pas au plaisir de citer une dernière affaire dans laquelle le Tribunal de grande instance de Paris a été amené à énoncer que l'utilisation, par un arbitre qui avait participé à plusieurs arbitrages sous l'égide de la CCI, du titre inexistant d'*arbitre de la CCI*, ne suffit pas à justifier un grief de nullité de la convention d'arbitrage fondé sur une prétendue erreur substantielle sur les qualités personnelles de l'arbitre[862]. Passons désormais à l'alinéa 2 de l'article 1110 du Code civil.

2° L'alinéa 2 de l'article 1110 du Code civil[863]

579. Aux termes de l'article 1110 alinéa 2 du Code civil : « [l'erreur] n'est point une cause de nullité lorsqu'elle ne tombe que sur la personne avec laquelle on a intention de contracter, à moins que la considération de cette personne ne soit la cause principale de la convention ».

insusceptibles de recours, et ont irrévocablement statué sur l'indépendance des arbitres visés; la question ne peut plus être rejugée par le moyen du recours en annulation, une nouvelle contestation de la régularité de la composition des tribunaux arbitraux ne pourrait être fondée que sur la révélation ultérieure d'éléments affectant la composition du tribunal arbitral ».

860 M. de Boisséson, Rev. arb., 1990.880, spéc. p. 888 : « il est vrai qu'il était difficile à la société Philipp Brothers de démontrer que le règlement d'arbitrage qu'elle avait choisi faisait référence à des règles de désignation qu'elle ignorait. Cette démonstration s'avère d'autant plus délicate lorsque l'organisme d'arbitrage est un centre professionnel, appartenant au même secteur d'activité commerciale que les sociétés qui l'ont choisi pour organiser l'arbitrage ».

861 Paris, 8 mai 1970, *consorts Ury et autres c. société anonyme des Galeries Lafayette*, Rev. arb., 1970.80, concl. de Monsieur l'avocat général Granjon.

862 TGI Paris, réf., 15 janvier 1988, *société des Equipements industriels Stolz S.A c. société Ets Letierce et autre*, Rev. arb., 1988.316, note J. Robert.

863 Repris par l'article 1133 du projet d'ordonnance portant réforme du droit des obligations : « L'erreur sur les qualités essentielles du cocontractant n'est une cause de nullité que dans les contrats conclus en considération de la personne ».

580. Autrement formulé, l'erreur sur la personne du contractant n'est, en principe, pas une cause de nullité de la convention. Néanmoins, l'erreur sur la personne du contractant entraîne exceptionnellement la nullité de la convention conclue *intuitu personae*. Dès lors, on peut se poser deux questions :

(a) L'erreur sur la personne de l'arbitre peut-elle entraîner la nullité de la convention d'arbitrage en application de l'article 1110 alinéa 2 *in fine* du Code civil ?

(b) L'article 1110 alinéa 2 du Code civil signifie-t-il *a contrario* que l'erreur sur une personne tierce au contrat peut entraîner la nullité dudit contrat ?

A. L'erreur sur la personne de l'arbitre peut-elle entraîner la nullité de la convention d'arbitrage en application de l'article 1110 alinéa 2 in fine du Code civil ?

581. M. Alain Sériaux apporte une réponse toute personnelle : « [s]euls les contrats conclus *intuitu personae* peuvent être annulés pour cause d'erreur sur la personne. Ainsi, par exemple, dans la désignation contractuelle d'un arbitre pour trancher un différend : sa partialité, ignorée de l'autre partie, justifie assurément la nullité du compromis d'arbitrage »[864].

582. Or, ce raisonnement n'est pas juste. Au sens de l'article 1110 alinéa 2 du Code civil, la convention d'arbitrage est un contrat conclu *intuitu personae* si, et seulement si, les parties l'ont conclu l'une en fonction de l'autre. Or, dans la convention d'arbitrage, l'arbitre n'est pas une partie au contrat. En conséquence, la convention d'arbitrage ne peut pas être un contrat conclu en considération de la personne de l'arbitre. Le raisonnement tenu par M. Alain Sériaux n'est donc pas exact. Néanmoins, on ne saurait lui en tenir rigueur car, comme le reconnaît Robert, « [c]omme la personne de l'arbitre est ici en cause sur la tête de qui s'établira l'erreur, on serait tenté de se référer à l'art. 1110 al. 2 visant l'erreur sur la personne, d'autant plus que la considération de la personne est ici la cause principale de la convention d'arbitrage »[865]. Cet argument ne vaut pas, en revanche, pour le contrat d'arbitre auquel l'arbitre est partie, ni pour le contrat d'organisation arbitrale auquel l'institution d'arbitrage est partie.

---

[864] A. Sériaux, Manuel de droit des obligations, PUF, 2ème éd., 2006, spéc. n° 27, p. 45.
[865] J. Robert, « Influence sur la validité de l'arbitrage des rapports antérieurs des arbitres avec les parties », Rev. arb., 1969.43, spéc. n° 6-3, p. 49.

B. L'ARTICLE 1110 ALINÉA 2 DU CODE CIVIL SIGNIFIE-T-IL A CONTRARIO QUE L'ERREUR SUR UNE PERSONNE TIERCE AU CONTRAT PEUT ENTRAÎNER LA NULLITÉ DUDIT CONTRAT ?

583. Dans sa note sous l'arrêt de la chambre commerciale de la Cour de cassation du 19 novembre 2003, M. Frédéric Garron expose que « [l]a Cour de cassation a ainsi décidé à plusieurs reprises qu'un compromis - ou une clause compromissoire - est susceptible d'être annulé si une des parties a cru faussement à l'impartialité de l'arbitre désigné dans l'acte. L'arbitre est incontestablement un tiers à la convention d'arbitrage, cette jurisprudence reconnaît par là même que le consentement d'un contractant peut être vicié par une méprise sur un tiers au contrat »[866]. La réponse est claire et nous la validons complètement.

584. En conclusion, à condition qu'elle soit déterminante et excusable, l'erreur sur les qualités substantielles de l'arbitre (article 1110 alinéa 1er du Code civil) ou l'erreur sur la personne de l'arbitre en tant que tiers à la convention d'arbitrage (article 1110 alinéa 2 du Code civil) pourraient constituer des fondements pertinents à l'encadrement des conflits d'intérêts en arbitrage commercial international.

585. Néanmoins, plusieurs objections doivent être soulevées. La première objection concerne la sanction de l'erreur *i.e.* la nullité relative du contrat qu'elle affecte. Or, nous avions jugé que, dans l'hypothèse d'un conflit d'intérêts, l'annulation de la convention d'arbitrage était une sanction trop rigoureuse et disproportionnée en ce qu'elle risquerait de heurter les intérêts de la partie perdante. La seconde objection est la suivante : nous imaginons mal soutenir que la nullité de la sentence arbitrale, sanction que nous avons retenue comme mesure curative à la mauvaise gestion d'un conflit d'intérêts par son sujet, soit fondée sur le fondement de l'erreur - vice du consentement. La sentence arbitrale est un acte juridictionnel dont on ne saurait demander l'annulation sur un fondement contractuel. Cela n'aurait pas de sens. Nous aurons l'occasion de développer davantage cette idée dans le cadre de notre étude consacrée à la réticence dolosive.

586. En conclusion, l'erreur n'est pas un fondement pertinent pour la sanction *lato sensu* des conflits d'intérêts en arbitrage commercial international. Qu'en est-il de la réticence dolosive ?

---

[866] F. Garron, « L'erreur sur la personne d'un tiers au contrat », Revue Lamy de droit civil, juin 2004, p. 74, à propos de Cass. com., 19 novembre 2003, n° 01-01.859.

B. LA RÉTICENCE DOLOSIVE

587. La réticence dolosive correspond au silence[867] d'une partie sur un élément d'information relatif au contrat qui, s'il avait été connu, aurait dissuadé l'autre partie de contracter. Le dol suppose une véritable intention de tromper le contractant, permettant de le distinguer[868] de l'erreur. La réticence dolosive est intentionnelle lorsque son auteur connaît à la fois la vérité et l'importance du fait dissimulé pour l'autre partie. À défaut, nous serions en présence d'une erreur commune[869].

588. Il existe une tendance à l'assimilation de la réticence dolosive à la violation d'une obligation précontractuelle d'information. Cette tendance, observée en droit des obligations, existe également en droit de l'arbitrage. Dès les années 1960, Robert notait que « [l]e recours à la réticence dolosive consacre essentiellement - mais non automatiquement - la défaillance de l'arbitre à une déclaration qu'il était de son devoir de faire »[870]. Ce commentaire précède un arrêt de principe de la Cour de cassation rendu le 16 juillet 1964, selon lequel « encourt la cassation, l'arrêt qui, sur une demande en nullité du compromis d'arbitrage pour cause d'erreur et de dol, refuse d'y faire droit, alors qu'il résulte de cet arrêt qu'au moment où cette partie a accepté cette désignation, elle ignorait les liens d'association de cet arbitre »[871]. Cette jurisprudence fut unanimement approuvée[872].

589. Avant d'aller plus loin, il convient de se poser la question suivante : la réticence dolosive, fondement classique du droit des obligations, pourrait-elle constituer un fondement pertinent de l'annulation de la sentence arbitrale

---

867 Cass. 1ère civ., 19 mai 1958, Bull. civ. I, n° 251 ; Cass. 3ème civ., 15 janvier 1971, Bull. civ. III, n° 38, RTD civ., 1971.839, obs. Y. Loussouarn : « le dol peut être constitué par le silence d'une partie dissimulant à son cocontractant un fait qui, s'il avait été connu de lui, l'aurait empêché de contracter ».

868 À nuancer : J. Ghestin, Traité de droit civil - La formation du contrat - Tome 1 Le contrat - Le consentement, 4ème éd., LGDJ, 2013, spéc. n° 1096, p. 854 : « Rationnellement, il n'existe que deux vices du consentement, l'erreur et la contrainte engendrée par la violence. Le dol n'en constitue pas un lui-même puisqu'il n'atteint le consentement que par le truchement de l'erreur qu'il provoque ».

869 Prenons par exemple la sentence CCI, n° 5423, 1987, ICC, Vol. II, p. 339, où l'arbitre unique accueille le grief de la nullité du compromis pour erreur en ce que l'arbitre a été désigné par la CCI tandis que les parties avaient eu à l'esprit, lors de la rédaction du compromis, non pas la CCI mais la Chambre de Commerce et d'Industrie de Paris pour superviser leur arbitrage. Le compromis avait été maladroitement rédigé puisque celui-ci n'évoquait que la *Chambre de Commerce*.

870 J. Robert, « Influence sur la validité de l'arbitrage des rapports antérieurs des arbitres avec les parties », Rev. arb., 1969.43, spéc. n° 8, p. 55.

871 Cass. com., 16 juillet 1964, Rev. arb., 1964.125 ; Gaz. Pal., 1964.2.371, où, en l'espèce, l'arbitre était l'associé du conseil de l'une des parties à l'arbitrage.

872 Ph. Fouchard, E. Gaillard, B. Goldman, *op.cit.*, spéc. n° 531, p. 327.

incarnant le volet juridictionnel de l'arbitrage ? Fouchard considèrait que : « [s]i le vice du consentement peut être établi, c'est sans doute le grief le plus approprié pour contester la sentence »[873]. Plus encore, M. Emmanuel Gaillard précise que « [l]'ignorance par une partie des liens entre un arbitre et l'autre partie, qui lui auraient permis, si elle les avait connus, d'exercer le droit de récusation, peut par ailleurs conduire à la nullité de la sentence arbitrale, sans qu'il soit nécessaire de passer par la nullité de la convention d'arbitrage » [874] . Rappelons également qu'historiquement, le dol était considéré comme un délit, entraînant non pas la nullité du contrat, mais l'engagement de la responsabilité de la partie fautive. Aujourd'hui, l'aspect délictuel du dol n'a pas été totalement évincé par le législateur, puisque celui-ci autorise encore l'octroi de dommages-intérêts.

590. Cette incertitude levée, revenons au Code civil. Le dol est prévu à l'article 1116 du Code civil : « [l]e dol est une cause de nullité de la convention lorsque les manœuvres pratiquées par l'une des parties sont telles, qu'il est évident que, sans ces manœuvres, l'autre partie n'aurait pas contracté.

Il ne se présume pas et doit être prouvé ».

591. Il convient de se poser une première question : la réticence dolosive émanant d'une personne tierce au contrat peut-elle entraîner la nullité de celui-ci ? En ce qui nous concerne, la réticence dolosive émanant de l'arbitre ou de l'institution d'arbitrage, tiers à la convention d'arbitrage, peut-elle emporter la nullité de celle-ci ? M. Jacques Ghestin apporte une réponse sans équivoque : « le dol doit être le fait de l'une des parties pour autoriser la nullité du contrat » [875] . L'auteur ne fait que reprendre une jurisprudence constante en vertu de laquelle : « le dol n'est cause de nullité de la convention que s'il émane de la partie envers laquelle l'obligation est contractée »[876]. Donc, la réticence dolosive de l'arbitre ou de l'institution d'arbitrage ne devrait pas être prise en compte, l'arbitre et l'institution d'arbitrage n'étant pas parties à la convention d'arbitrage.

592. Néanmoins, on le sent, cette règle bloque la jurisprudence en matière arbitrale. Dans un arrêt du 12 novembre 1998, la Cour d'appel de Paris démontre l'existence d'une réticence dolosive et conclut, paradoxalement, à la violation des droits de la défense. Le malaise de la Cour d'appel de Paris est flagrant à la lecture de son attendu : « l'ignorance

[873] *Ibid.*, spéc. n° 1073, pp. 603-604.
[874] *Ibid.*, spéc. n° 531, p. 327.
[875] J. Ghestin, *op. cit.*, spéc. n° 1100, p. 860.
[876] Cass. 1ère civ., 30 septembre 2010, n° 09-67912.

par l'une des parties d'une circonstance de nature à porter atteinte à cette qualité vicie le consentement donné par celle-ci à la convention d'arbitrage, la réticence de l'arbitre à révéler un élément de cette nature constituant par ailleurs une violation des droits de la défense dont le respect est d'ordre public »[877].

593. En réalité, ce principe emporte une nuance et souffre une exception. La nuance a été énoncée par la première chambre civile de la Cour de cassation dans un arrêt du 3 juillet 1996 où elle admet que l'erreur provoquée par le dol d'un tiers au contrat peut entraîner, sur le fondement de l'article 1110 du Code civil, la nullité du contrat lorsque cette erreur porte sur la substance de l'engagement[878]. L'exception est plus ancienne, puisqu'elle a été exposée par la Chambre des Requêtes en 1883 : lorsqu'une partie a été complice du dol commis par un tiers à son profit, et généralement à son instigation, l'annulation du contrat est justifiée[879]. Cet arrêt est repris par l'article 1113-2 de l'avant-projet de réforme du droit des obligations dit avant-projet Catala : « Le dol est semblablement constitué s'il émane du représentant, gérant d'affaires, préposé ou porte-fort du cocontractant, ou même d'un tiers sous l'instigation ou avec la complicité du cocontractant ».

594. Nous sommes convaincus que ces solutions énoncées en droit des obligations sont transposables en droit de l'arbitrage. La Cour de cassation l'a affirmé dans l'affaire *Ury* dans laquelle les Galeries Lafayette n'ont découvert qu'après la reddition de la sentence que la société Ury avait désigné pour arbitre la personne qu'elle avait préalablement consultée sur le litige en cause. En conséquence, les Galeries Lafayette ont demandé la nullité du compromis pour erreur substantielle. La Cour de cassation conclut que « [l]'ignorance par l'une des parties d'une circonstance de nature à porter atteinte à cette qualité, vicie le consentement donné par elle à la convention d'arbitrage et en entraîne la nullité par application de l'article 1110 du Code civil. Spécialement, le fait que l'une des parties à un compromis d'arbitrage ait ignoré, avant la signature de celui-ci, que l'arbitre proposé par son co-contractant avait rédigé, antérieurement à sa désignation, une consultation juridique favorable à la thèse de ce dernier, justifie la décision des juges

[877] Paris, 12 novembre 1998, *société Financière Azzaro Finanza et autres c. Cattan Alfred et autres*, Rev. arb., 1999.374, note Ch. Jarrosson ; RTD com., 1997.234, obs. E. Loquin et J.-C. Dubarry.

[878] Cass. 1ère civ., 3 juillet 1996, Bull. civ. I, n° 288, p. 201, D., 1996.323, obs. Ph. Delebecque ; RTD civ., 1996.895, obs. J. Mestre ; Defrénois, 1997, art. 36619, p. 920, note Y. Dagorne-Labbé ; Gaz. Pal., 1997.I.42, note A. Cousin ; LPA, 23 mai 1997, n° 62, p. 16, note S. Lambert-Wiber.

[879] Req., 20 mars 1883, S. 1884.1.417.

saisis d'une opposition à l'ordonnance d'exequatur, d'annuler le compromis et la sentence arbitrale intervenue »[880].

595. Déterminons désormais si la réticence dolosive pourrait constituer un fondement pertinent à la sanction *lato sensu* des conflits d'intérêts en arbitrage commercial international. Pour ce faire, nous répondrons à quatre questions successives.

(1°) La théorie française de la réticence dolosive est-elle applicable si la convention d'arbitrage est soumise à une loi étrangère ?

(2°) La réticence dolosive peut-elle émaner d'une institution d'arbitrage ?

(3°) Quel est le moment d'appréciation de l'existence d'une réticence dolosive ?

(4°) Qui est compétent pour juger de l'existence d'une réticence dolosive affectant la validité d'une convention d'arbitrage ?

1° LA THÉORIE FRANÇAISE DE LA RÉTICENCE DOLOSIVE EST-ELLE APPLICABLE SI LA CONVENTION D'ARBITRAGE EST SOUMISE À UNE LOI ETRANGÈRE ?

596. Plusieurs réponses ont été données en la matière. D'une part, M. Emmanuel Gaillard avait développé l'idée que la théorie de l'erreur sur les qualités substantielles de la personne constituait une règle matérielle de l'arbitrage international[881]. On pourrait aisément raisonner par analogie pour la théorie de la réticence dolosive. D'autre part, MM. Jérôme Ortscheidt et Christophe Seraglini considèrent qu'il s'agit d'une règle matérielle de source française [882]. La théorie française de la réticence dolosive est donc substantiellement applicable même si la convention d'arbitrage est soumise à une loi étrangère.

---

[880] Cass. 2ème civ., 13 avril 1972, *Ury c. Galeries Lafayette*, JCP G, 1972.II.17189, note P. Level ; D., 1973.2, note J. Robert ; Rev. arb., 1975.235, note E. Loquin.

[881] Ph. Fouchard, E. Gaillard, B. Goldman, *op. cit.*, spéc. n° 531, p. 327 : « Tout en se référant à une disposition de la loi française, la Cour de cassation, et avant elle la Cour d'appel, ont fondé la solution sur un motif aussi évident que général, si bien que l'on ne peut supposer qu'un juge français statuerait différemment si la convention d'arbitrage était régie par une loi étrangère, fût-elle différente de la loi française en ce qui concerne l'erreur sur les qualités substantielles de la personne : la validité d'une convention d'arbitrage viciée par une telle erreur devrait, en effet, être considérée comme contraire à une règle matérielle de l'arbitrage international ».

[882] Ch. Seraglini, J. Ortscheidt, *op. cit.*, spéc. n° 626, p. 529.

2° La réticence dolosive peut-elle émaner d'une institution d'arbitrage ?

597. Pour répondre à cette question cruciale, puisqu'un conflit d'intérêts peut surgir en la personne de l'arbitre ou au sein d'une institution d'arbitrage, il faut étudier la jurisprudence.

598. Dans une affaire portée devant la Cour de cassation en 1978[883], l'une des parties à un arbitrage CCI invoquait le fait que son consentement avait été vicié du fait que le Vice-Président de la CCI avait été choisi comme conseil par l'autre partie. Malgré la flagrance des faits, la Cour de cassation n'a pas conclu à la nullité de la convention d'arbitrage. La Cour invoque trois raisons. D'abord, elle vise l'absence de mission juridictionnelle de la CCI. Ensuite, la Cour explique qu'au moment de la conclusion de la clause compromissoire, le Vice-Président de la CCI n'était pas encore l'avocat de la partie à l'arbitrage. En l'occurrence, la Cour fait une exacte application de la théorie de la réticence dolosive qui s'apprécie au moment de la conclusion du contrat. Nous y reviendrons. Enfin, la Cour clôt sa motivation sur un ton pragmatique : le Vice-Président de la CCI n'a pas siégé et n'aurait pas été invité à siéger au sein de la Cour internationale d'arbitrage de la CCI au moment d'examiner le dossier de cette affaire. Cet arrêt est, à notre connaissance, le premier à envisager la question de la réticence dolosive émanant d'une institution d'arbitrage. La réponse est quelque peu décevante : la Cour de cassation ne tranche pas réellement.

599. La question reste en suspens pendant presque une dizaine d'années, jusqu'à ce que le Tribunal de grande instance de Paris soit saisi d'une nouvelle affaire[884]. En l'espèce, la République de Guinée demande la nullité d'une clause compromissoire car elle estime avoir été induite en erreur sur le règlement, le fonctionnement et l'objet de la Chambre arbitrale de Paris. Le Tribunal de grande instance répond : « [a]ttendu que l'examen de griefs fondés sur l'existence d'un vice du consentement affectant la désignation d'un centre d'arbitrage, lequel est appelé, par l'effet de la commune volonté des parties, à organiser la procédure d'arbitrage et à participer à la constitution du tribunal arbitral selon les règles statutaires, relève exclusivement de l'appréciation de la validité de la clause compromissoire et par voie de conséquence de l'appréciation du tribunal arbitral appelé à connaître du litige ». Cela revient à *botter en touche* : le Tribunal de grande instance de Paris ne retient pas l'existence d'un vice du consentement. Néanmoins, nous sommes

---

[883] Cass. 2ème civ., 31 mars 1978, *société Metal Profil c. société Intercraft*, Rev. arb., 1979.457, note Ph. Fouchard.

[884] TGI Paris, 28 janvier 1987, *République de Guinée c. Chambre arbitrale de Paris et autres*, Rev. arb., 1987.371.

réconfortés à deux titres. D'une part, la jurisprudence applique scrupuleusement le principe compétence-compétence sur lequel nous reviendrons. D'autre part, le commentaire de M. Emmanuel Gaillard à propos de cette décision est prometteur : « [q]ue l'existence du vice du consentement n'ait pas été admise en fait, dans cette affaire, n'empêche pas que l'annulation de clauses compromissoires pour erreur alléguée sur la neutralité du centre d'arbitrage ou des arbitres puisse être prononcée. Bien que le centre d'arbitrage ne soit pas le tribunal arbitral et ne soit pas appelé à trancher le litige, le rôle qu'il joue dans la désignation des arbitres et dans l'organisation de la procédure est suffisant pour ouvrir cette possibilité »[885]. Ainsi, comme l'arbitre, l'institution d'arbitrage peut être à l'origine d'un vice du consentement et, *a fortiori*, d'une réticence dolosive.

3° QUEL EST LE MOMENT D'APPRÉCIATION DE L'EXISTENCE D'UNE RÉTICENCE DOLOSIVE ?

600. « La validité du consentement doit être appréciée au moment de la formation du contrat ». Cette formule, applicable aux trois vices du consentement, est fréquemment rappelée par la Cour de cassation[886], y compris dans l'arrêt de 1964 précité[887]. Bien que cela soit « au demeurant parfaitement logique »[888], il existe un certain nombre de nuances. Il est admis que la réalité puisse être appréciée à partir d'éléments postérieurs à la formation du contrat[889]. Néanmoins, la jurisprudence n'autorise qu'une application raisonnée[890] de cette nuance. En effet, comment se tromper (erreur) ou comment être trompé (réticence dolosive) sur un évènement qui n'est pas encore arrivé ?

601. Pourtant, un conflit d'intérêts peut naître aussi bien au jour de la formation de la convention d'arbitrage, que pendant l'exécution de celle-ci. C'est le cas notamment des relations d'affaires nées au cours de l'instance arbitrale. Cette situation ne devrait-elle pas être prise en compte ?

602. À cet égard, M. Frédéric Rouvière a récemment proposé de réviser le moment d'appréciation de l'erreur. Selon lui, « [l]a fausse simplicité de la

---

[885] Ph. Fouchard, E. Gaillard, B. Goldman, *op. cit.*, spéc. n° 531, p. 327.

[886] Cass. 1ère civ., 26 octobre 1983, Bull. civ. I, n° 249, RTD civ., 1985.160, obs. J. Mestre ; Defrénois, 1984.1013, obs. J.-L. Aubert ; Cass. 1ère civ., 17 juin 2010, n° 09-14854 ; Cass. 3ème civ., 15 novembre 2011, n° 10-20605 ; Cass. 3ème civ., 9 avril 2013, n° 12-14454.

[887] Cass. com., 16 juillet 1964, Rev. arb., 1964.125 ; Gaz. Pal., 1964.2.371.

[888] J. Ghestin, Traité de droit civil - La formation du contrat - Tome 1 Le contrat - Le consentement, 4ème éd., LGDJ, 2013, spéc. n° 1095, p. 854.

[889] TGI Paris, 21 janvier 1976, Gaz. Pal., 1976.1.353, note L. Cadiet ; D., 1977.478, note Ph. Malinvaud, dans l'affaire du *Verrou* de Fragonard.

[890] Cass. com., 18 septembre 2012, n° 11-19875 : « le rejet du vice d'erreur ne saurait être exclusivement fondé sur des éléments postérieurs à la formation du contrat ».

théorie masque les vrais problèmes »[891]. En effet, « [l]'erreur ne peut être réduite à la formation du contrat dans la mesure où les interférences avec l'exécution sont trop nombreuses pour être négligées ou ignorées »[892]. D'après l'auteur, le moment de la rencontre des volontés ne devrait pas servir à apprécier l'existence de l'erreur, mais son caractère excusable[893]. Nous sommes d'accord avec cette thèse, qui plus est, parfaitement transposable à la réticence dolosive. Néanmoins, l'opinion de cet auteur reste isolée et n'a pas, pour l'heure, reçu d'écho de la part de la jurisprudence, ni du législateur.

603. Le moment d'appréciation des vices du consentement fixé à la date de la formation du contrat constitue un obstacle de taille à la reconnaissance de l'un d'entre eux comme fondement général de l'encadrement des conflits d'intérêts en arbitrage commercial international. Il semble que ni l'erreur, ni la réticence dolosive ne puissent couvrir la totalité des situations de conflit d'intérêts, et notamment ceux qui n'existeraient pas encore au jour de la formation de la convention d'arbitrage, et naîtraient au cours de l'instance arbitrale. Or, un fondement partiel serait bien artificiel. Répondons néanmoins à une dernière question.

4° Qui est compétent pour juger de l'existence d'une réticence dolosive affectant la validité d'une convention d'arbitrage ?

604. Rappelons l'attendu de principe de la décision du Tribunal de grande instance de Paris du 28 janvier 1987 : « [a]ttendu que l'examen de griefs fondés sur l'existence d'un vice du consentement (...) relève exclusivement de l'appréciation de la validité de la clause compromissoire et par voie de conséquence de l'appréciation du tribunal arbitral appelé à connaître du litige »[894]. De même, la Cour d'appel de Paris explique en 1988 que « la mission [de jugement des arbitres] répondant au principe d'autonomie de la convention d'arbitrage impose au juge arbitral (...) d'exercer sa pleine compétence sur tous les éléments du litige déduits devant lui »[895].

605. Les vices du consentement affectant la convention d'arbitrage étant une question relative à la validité de celle-ci, il revient à l'arbitre de statuer sur ces questions. Il s'agit d'une application pure et simple du principe

---

[891] F. Rouvière, « Le moment d'appréciation de l'erreur », D., 2014.1782, spéc. n° 1.
[892] *Ibid.*.
[893] *Ibid.*, spéc. n° 3.
[894] TGI Paris, 28 janvier 1987, Rev. arb., 1987.371.
[895] Paris, 4 mai 1988, *Chambre arbitrale de Paris, sociétés Carfa Trade Group et Onium de travaux c. République de Guinée et autres*, Rev. arb., 1988.657, note Ph. Fouchard.

compétence-compétence dans sa composante positive[896]. Il en demeurera ainsi tant que la jurisprudence considère que la nullité pour vice du consentement ne constitue pas une hypothèse de nullité manifeste, redonnant compétence[897] au juge étatique.

606. Or, cette répartition des compétences pose en l'espèce une difficulté évidente : comment un arbitre pourrait-il juger effectivement de la validité de la convention d'arbitrage lorsqu'une partie à l'arbitrage lui reproche d'avoir commis une réticence dolosive ? Il semblerait que, dans cette situation, la résolution du conflit d'intérêts engendre un nouveau conflit d'intérêts. Il s'agit d'une raison supplémentaire pour écarter la réticence dolosive des fondements pertinents pour la sanction *lato sensu* des conflits d'intérêts en arbitrage commercial international. Néanmoins, l'article 1109 du Code civil offre un autre fondement intéressant : la capacité.

---

[896] Ch. Seraglini, J. Ortscheidt, *op. cit.*, spéc. n° 83, p. 95 : « une partie peut prétendre que son consentement à la convention d'arbitrage résulte d'une erreur, a été surpris par dol ou extorqué par violence. (...) [E]n vertu du principe de Compétence-Compétence tel que retenu par le droit français, selon lequel le tribunal arbitral bénéficie d'une compétence prioritaire pour se prononcer sur les questions mettant en cause la validité de son investiture, le tribunal pourra se prononcer lui-même sur ce type de prétentions ».
[897] Articles 1448 alinéa 1er et 1506 1° du Code de procédure civile.

§2. La capacité

607. La capacité est l'une des conditions de validité d'un contrat conformément à l'article 1108 du Code civil. En ce qui concerne l'arbitre, la condition de la capacité est rappelée à l'article 1450 alinéa 1er du Code de procédure civile selon lequel « [l]a mission d'arbitre ne peut être exercée que par une personne physique jouissant du plein exercice de ses droits ».

608. Historiquement, la condition de la capacité de l'arbitre a toujours existé. Dans les années 1990, Fouchard, M. Emmanuel Gaillard et Goldman expliquaient déjà que « pour être nommé arbitre, la capacité civile de droit commun est en principe nécessaire et suffisante »[898]. À cette époque, l'ancien article 1451 alinéa 1er du Code de procédure civile précisait que « [l]a mission d'arbitre ne peut être confiée qu'à une personne physique ; celle-ci doit avoir le plein exercice de ses droits civils ». Cet article ne concernait que l'arbitrage interne ; les anciens articles 1492 et suivants du Code de procédure civile ne contenaient aucune règle régissant la capacité des arbitres statuant en matière internationale. Notons qu'aujourd'hui, l'article 1506 du Code de procédure civile ne renvoie pas non plus à l'article 1450 alinéa 1er du même Code. Néanmoins, la doctrine s'accorde à dire qu'il s'agit d'une règle matérielle française [899] *i.e.* applicable indifféremment en arbitrages interne et international.

609. Théoriquement, la capacité est l'aptitude à être titulaire de droits (capacité de jouissance) et à les exercer (capacité d'exercice). L'article 1450 alinéa 1er du Code de procédure civile ne renvoie qu'à la capacité d'exercice de l'arbitre, mais suppose sa capacité de jouissance.

610. Dès lors, pourrait-on imaginer que l'arbitre ou l'institution d'arbitrage, sujets à un conflit d'intérêts, soient frappés d'une incapacité les rendant inaptes à exécuter leurs offices respectifs ? L'incapacité existe sous différentes formes en droit des obligations. On pense notamment à l'incapacité du majeur de disposer par donation ou par testament au profit de celui qui aurait été son tuteur[900] ; à l'incapacité du médecin d'accepter les libéralités faites en sa faveur par une personne à qui il prodigue des soins[901] ; à l'incapacité du salarié dans un établissement hébergeant des personnes âgées ou dispensant des soins psychiatriques de se rendre acquéreur d'un bien ou cessionnaire d'un droit appartenant à une personne admise dans

---

[898] Ph. Fouchard, E. Gaillard, B. Goldman, *op. cit.*, spéc. n° 1016, p. 579.
[899] Ch. Seraglini, J. Ortscheidt, *op. cit.*, spéc. n° 726, pp. 655-656.
[900] Article 907 du Code civil.
[901] Article 909 du Code civil.

l'établissement[902] ou encore, à l'incapacité du mandataire de se rendre adjudicataire du bien qu'il est chargé de vendre[903].

611. À la lecture de ces exemples, on peut légitimement se demander si ces incapacités relèvent encore de la capacité juridique, et si elles ne touchent pas à l'interdiction morale[904]. À cet égard, M. Jacques Ghestin est particulièrement clair : « [c]'est certainement aussi pour éviter une confusion d'intérêts - qui pourrait déboucher sur un conflit d'intérêts - que l'article 1596 du Code civil interdit aux mandataires de se rendre adjudicataires des biens qu'ils sont chargés de vendre »[905].

612. Nous avons relevé deux séries d'arguments défavorables à la reconnaissance de la capacité comme fondement de la sanction *lato sensu* des conflits d'intérêts en arbitrage commercial international.

613. La première série englobe des arguments de pure logique. Retenir la capacité serait incohérent avec notre démarche, puisque nous tentons de trouver un fondement pertinent le temps que le législateur consacre la notion de conflit d'intérêts par une loi. Or, un adage prévoit : *pas d'incapacité sans texte* ; un autre : *les incapacités ne se présument pas et sont de droit étroit*. Ces maximes sont explicites : une incapacité doit nécessairement être prévue par la loi. En d'autres termes, l'incapacité de l'arbitre ou de l'institution d'arbitrage nécessiterait une intervention du législateur, tout comme le passage de la notion de conflit d'intérêts dans la sphère du droit. Qui plus est, choisir la capacité serait également incohérent avec nos développements relatifs à l'incompatibilité. En effet, nous l'avions exclue des mesures préventives, car nous trouvions que la reconnaître reviendrait à présumer la mauvaise gestion du conflit d'intérêts par son sujet.

614. La seconde série réunit des arguments juridiques. La capacité est subordonnée à l'acquisition de la personnalité juridique[906]. Or, s'il ne fait aucun doute que l'arbitre, personne physique, possède la personnalité juridique, les institutions d'arbitrage ne disposent pas toutes d'une personnalité morale. La Cour internationale d'arbitrage de la CCI en est un exemple probant. La capacité ne serait donc pas un fondement pertinent à

---

[902] Article 1125-1 du Code civil.

[903] Article 1596 du Code civil.

[904] Certains auteurs pensent que certaines incapacités qualifiées comme telles par la loi devraient être requalifiées en incompatibilités : L. Topor, « Etat et capacité des personnes », Répertoire de droit civil, janvier 1990 (mise à jour en mars 2014), spéc. n° 302 : « malgré les termes employés, il semble qu'il faille ranger dans les incompatibilités certaines incapacités de jouissance, telles les incapacités de recevoir à titre gratuit qui frappent (...) des personnes qui se trouvent dans un contexte favorable à une captation ».

[905] J. Ghestin, *op. cit.*, spéc. n° 1034, p. 799.

[906] *Ibid.*, spéc. n° 1021, p. 786.

l'égard de toutes les institutions d'arbitrage. Par ailleurs, rappelons que l'action en nullité relative pour cause d'incapacité ne peut être exercée qu'à l'encontre des actes de disposition postérieurs au jour qui constitue le point de départ de l'incapacité d'exercice. Or, si le conflit d'intérêts émergeait pendant l'instance arbitrale *i.e.* postérieurement à la conclusion de la convention d'arbitrage, le demandeur ne pourrait pas obtenir la nullité de ladite convention. Pour toutes ces raisons, la capacité ne peut pas être retenue comme fondement de la sanction *lato sensu* des conflits d'intérêts en arbitrage commercial international. Néanmoins, le droit des obligations regorge de fondements classiques, notamment au stade de l'exécution du contrat.

SOUS-SECTION 2. AU STADE DE L'EXÉCUTION DU CONTRAT

615. Au stade de l'exécution du contrat, un fondement nous semble envisageable. Il s'agit de la force exécutoire du contrat, portée par l'article 1134 alinéa 1er du Code civil et appliquée dans le commerce international sous l'adage *pacta sunt servanda*.

616. Jusqu'à présent, nous avons envisagé les fondements classiques du droit des obligations seulement au regard de la convention d'arbitrage. Or, *a priori*, la convention d'arbitrage n'oblige ni l'arbitre, ni l'institution d'arbitrage. L'effet relatif des contrats de l'article 1165 du Code civil empêche que la convention d'arbitrage oblige l'arbitre ou l'institution d'arbitrage, tous deux tiers à ladite convention. Néanmoins, la thèse inverse pourrait être soutenue de trois façons différentes.

617. Premièrement, il pourrait être soutenu que la convention d'arbitrage est le siège de l'investiture de l'arbitre et de l'office de l'institution d'arbitrage. Il convient de revenir brièvement sur la distinction traditionnelle entre *compétence* et *investiture*, en reprenant son évolution en trois temps. D'abord, dans une note célèbre sous l'arrêt *Courtieu* de 1953[907], Motulsky prônait la confusion des deux notions. L'éminent auteur persiste et signe trois années plus tard, dans une note sous une décision du 7 juin 1956 du Tribunal civil de Seine : « les parties confèrent, à la fois et par le même acte, à la juridiction arbitrale son existence et sa compétence ; l'arbitre n'étant juge que dans la mesure où les parties l'ont bien voulu, dire qu'il n'est pas institué, ou dire qu'il n'est pas compétent, c'est exactement la même chose (...) [L]es deux découlant du même acte, oeuvre des parties, on ne voit pas au nom de quel principe il serait permis de les traiter différemment »[908]. Ensuite, au

[907] H. Motulsky note sous l'arrêt *Courtieu, in* Ecrits - Etudes et notes sur l'arbitrage, préf. Ph. Fouchard et B. Goldman, Dalloz, 1974, spéc. p. 189 ; Cass. civ., 6 octobre 1953, *Courtieu et Tronel c. Blanchard*.

[908] H. Motulsky, « La compétence et la loi applicable pour l'action en nullité d'une clause compromissoire dans un contrat international », note sous T. civ. Seine, 7 juin 1956, *Buck, in* Ecrits - Etudes et notes sur l'arbitrage, préf. Ph. Fouchard et B. Goldman, Dalloz, 1974, spéc. p. 239.

début des années 2000, la thèse de M. Thomas Clay propose une nouvelle perception de l'arbitrage. L'arbitrage est décrit comme un enchevêtrement de contrats dans lequel le contrat d'arbitre a une importance toute particulière : « l'émergence du contrat d'arbitre (...) fait voler en éclat l'opposition traditionnelle entre investiture et compétence »[909]. En effet, M. Thomas Clay rejette la confusion des notions de compétence et d'investiture, et propose de rattacher la convention d'arbitrage au concept de compétence et celui d'investiture au contrat d'arbitre[910]. Finalement, la compétence correspond à l'examen de la validité de la convention d'arbitrage et l'investiture à l'étendue des droits et devoirs de l'arbitre fixés dans le contrat d'arbitre. Enfin, la Cour de cassation reprend les travaux de M. Thomas Clay et met définitivement fin à la confusion des deux notions en 2013[911]. Dès lors, soutenir que la convention d'arbitrage serait le siège de l'investiture de l'arbitre et de l'office de l'institution d'arbitrage reviendrait à faire marche arrière.

618. Deuxièmement, on pourrait soutenir que la convention d'arbitrage oblige l'arbitre et l'institution d'arbitrage par l'effet d'une stipulation pour autrui conformément à l'article 1121 du Code civil. Les parties à l'arbitrage seraient respectivement promettant et stipulant, et l'arbitre ou l'institution d'arbitrage, le tiers bénéficiaire. Néanmoins, une première difficulté surgit. La stipulation pour autrui rend, en principe, le tiers bénéficiaire créancier et non pas débiteur d'une obligation[912]. Cette idée est précisée par MM. François Terré, Philippe Simler et Yves Lequette : « [i]l y a stipulation pour autrui lorsque, dans un contrat, une des parties, appelée le stipulant, obtient de l'autre, appelée le promettant, l'engagement qu'elle donnera ou fera quelque chose au profit d'un tiers étranger, le bénéficiaire, qui devient ainsi créancier sans avoir été partie au contrat »[913]. Qui plus est, la jurisprudence admet que lorsque le tiers bénéficiaire accepte la stipulation pour autrui, il soit tenu d'exécuter certaines obligations[914]. L'acceptation joue alors un double rôle : elle transforme le droit né de la stipulation pour autrui en un

---

909 Th. Clay, L'arbitre, Dalloz, 2001, spéc. n° 120, p. 114.

910 *Ibid.*, spéc. n° 166, p. 141.

911 Cass. 1ère civ., 28 mars 2013, n° 11-11.320, D., 2013.929 et 2293, obs. S. Bollée ; Dalloz Actualité, 9 avril 2013, obs. X. Delpech ; JCP G, 2013, Act. 558, note M. de Fontmichel ; Procédures, 2013, p.186, note L. Weiller ; Cah. arb., 2013-4, p. 1049, note A. Mourre et Ph. Pinsolle, et avis de Monsieur l'avocat général P. Chevalier ; JCP G, 2013.I.784, § 5, obs. J. Ortscheidt ; Gaz. Pal., 30 juin-2 juillet 2013, p. 14, obs. D. Bensaude ; RJDA, 2013.723, note G. Pluyette.

912 Article 1165 du Code civil : « Les conventions n'ont d'effet qu'entre les parties contractantes ; elles ne nuisent point au tiers, et elles ne lui profitent que dans le cas prévu par l'article 1121 ».

913 Fr. Terré, P. Simler Et Y. Lequette, Droit civil - Les obligations, 11ème éd., Dalloz, 2013, spéc. n° 511, p. 571.

914 Cass. 1ère civ., 8 décembre 1987, Bull. civ. I, n° 343, p. 246, D., 1989.233, obs. J.-L. Aubert ; RTD civ., 1988.532, obs. J. Mestre.

droit irrévocable et crée une obligation nouvelle à la charge du tiers bénéficiaire. Malgré la pertinence de cette exception apportée par la jurisprudence et reconnue par la doctrine[915], la pratique arbitrale ne lui laisse aucune place. En effet, il est rare que l'arbitre pressenti accepte l'arbitrage, par anticipation, alors même que le litige n'est pas encore né. L'argument de la stipulation pour autrui n'emporte donc pas la conviction.

619. Troisièmement, on pourrait soutenir que la convention d'arbitrage oblige l'arbitre et l'institution d'arbitrage par l'effet de l'opposabilité du contrat aux tiers. Selon M. Philippe Malinvaud et Mme Dominique Fenouillet, « le principe de l'effet relatif du contrat signifie seulement que les contrats ne peuvent rendre créancier ou débiteur que les parties elles-mêmes, non les tiers. Ainsi limitée, la solution paraît raisonnable ; c'est une application du principe de l'autonomie de la volonté : nul ne saurait être engagé par un contrat qu'il n'a pas conclu, car il le serait en dehors de sa volonté. Si on peut à la rigueur admettre qu'un contrat rende un tiers créancier, il paraît intolérable qu'il puisse le rendre débiteur. Et pourtant, cela se produit parfois »[916]. Il s'agit de l'hypothèse de l'opposabilité du contrat aux tiers. L'opposabilité du contrat aux tiers est formellement inconnue du Code civil. Celui-ci ne lui consacre aucune disposition. Néanmoins, la doctrine l'a admise avec un certain pragmatisme. En effet, « le contrat ne peut être rationnellement dépourvu de conséquences sur la situation des tiers qui ne peuvent donc l'ignorer et doivent ainsi en subir certains de ses effets, à leur profit ou préjudice »[917]. Bien que cette notion et ses conséquences aient été contestées dans une thèse récente[918], elles font partie intégrante du droit positif français et sont unanimement reprises par le droit prospectif[919]. Néanmoins, l'opposabilité du contrat a-t-elle véritablement pour effet de créer des obligations à l'égard des tiers ? Il semblerait que la réponse soit négative. Les coauteurs précités sont très clairs à ce sujet : « [à] la différence des parties, les tiers n'ont pas à exécuter la ou les prestations promises dans le contrat. En revanche, ils sont tenus de s'abstenir de tout comportement qui

---

[915] G. Venandet, « La stipulation pour autrui avec obligation acceptée par le tiers bénéficiaire », JCP G, 1989.I.3391.

[916] Ph. Malinvaud et D. Fenouillet, Droit des obligations, Litec, 2010, spéc. n° 471, p. 369.

[917] J. Ghestin, *op. cit.*, spéc. n° 267, pp. 202-203.

[918] R. Wintgen, Etude critique de la notion d'opposabilité, Les effets du contrat à l'égard des tiers en droit français et allemand, préf. J. Ghestin, LGDJ, 2004.

[919] Article 1200 du projet d'ordonnance portant réforme du droit des obligations : « Le contrat ne crée d'obligations qu'entre les parties contractantes. Les tiers ne peuvent ni demander l'exécution du contrat ni se voir contraints de l'exécuter, sous réserve des dispositions de la présente section » ; article 1165-1 de l'avant-projet Catala : « Les conventions sont opposables aux tiers ; ceux-ci doivent les respecter et peuvent s'en prévaloir, sans être en droit d'en exiger l'exécution » ; article 106 du projet de la Chancellerie (mai 2009) : « Le contrat est opposable aux tiers qui doivent respecter la situation juridique ainsi créée » ; article 124 de l'avant-projet Terré : « Les tiers doivent respecter la situation créée par le contrat et peuvent s'en prévaloir ».

pourrait faire obstacle à l'exécution de ces prestations »[920]. Tout au plus, la Cour de cassation admet qu'une convention puisse créer « une situation de fait à l'égard des tiers »[921].

620. En conclusion, aucun de ces trois arguments ne permet de démontrer que la force exécutoire du contrat (1134 alinéa 1er du Code civil) appliquée dans le commerce international (*pacta sunt servanda*) puisse constituer un fondement pertinent à la sanction *lato sensu* des conflits d'intérêts en arbitrage commercial international.

621. La recherche d'un fondement général parmi les fondements classiques du droit des obligations est infructueuse, aux stades de la formation et de l'exécution du contrat. Néanmoins, la nature hybride de l'arbitrage nous invite à envisager maintenant les fondements classiques du droit processuel, en vue d'un emprunt temporaire.

---

[920] Fr. Terré, P. Simler et Y. Lequette, *op. cit.*, spéc. n° 490, p. 547.

[921] Cass. 3ème civ., 21 mars 1972, Bull. civ. III, n° 193, p. 137 : « si, en principe, les conventions n'ont d'effet qu'à l'égard des parties, il ne s'ensuit pas que les juges ne puissent rechercher, dans des actes étrangers à l'une des parties en cause, des renseignements de nature à éclairer leurs décisions, ni ne puissent considérer comme créant une situation de fait à l'égard des tiers les stipulations d'un contrat ».

SECTION 2. UN FONDEMENT CLASSIQUE EMPRUNTÉ AU DROIT PROCESSUEL

622. *A priori*, un fondement emprunté au droit processuel serait plus adapté à fonder l'action en annulation ou le recours en révision dirigés contre la sentence arbitrale, qu'un fondement emprunté au droit des obligations.

623. Avant toute chose, il convient d'opérer deux exclusions. L'existence d'un conflit d'intérêts ne saurait constituer une exception d'incompétence, ni un empêchement.

624. L'existence d'un conflit d'intérêts ne saurait constituer une exception d'incompétence au sens des articles 75 à 77 du Code de procédure civile. Ces dispositions sont applicables à la procédure étatique. Or, l'alinéa 1er de l'article 1464 du Code de procédure civile prévoit qu'« [à] moins que les parties n'en soient convenues autrement, le tribunal arbitral détermine la procédure arbitralc sans être tenu de suivre les règles établies pour les tribunaux étatiques ». En particulier, les articles 75 à 77 dudit Code ne sont pas applicables à la procédure arbitrale, sauf si les parties l'ont expressément prévu. Cette hypothèse est peu probable. En effet, on distingue traditionnellement la compétence d'attribution de la compétence territoriale. La première détermine si le litige relève du champ de compétence du juge, et la seconde, si le litige relève de son ressort géographique. Or, aucune de ces notions n'est transposable à la procédure arbitrale. Le champ de compétence de l'arbitre n'est restreint que par l'arbitrabilité du litige et éventuellement par l'acte de mission lorsqu'il existe. Quant à la compétence territoriale, elle n'a pas sa place en arbitrage car l'arbitre n'a pas de for. Pour ces raisons, l'existence d'un conflit d'intérêts ne saurait constituer une exception d'incompétence au sens des articles 75 à 77 du Code de procédure civile.

625. L'existence d'un conflit d'intérêts ne saurait constituer un empêchement. Contrairement à l'exception d'incompétence, le régime de l'empêchement des articles 1457 et 1473 du Code de procédure civile, est transposable à la procédure arbitrale. Néanmoins, au moment d'élaborer l'arsenal des sanctions des conflits d'intérêts en arbitrage commercial international, nous avions défini l'empêchement comme un événement indépendant de la volonté de l'arbitre le contraignant à ne pas poursuivre la mission qui lui avait été confiée. Or, il est des hypothèses où le conflit d'intérêts n'est pas un événement indépendant de la volonté de l'arbitre. En ce sens, l'empêchement ne saurait constituer un fondement adapté à la sanction des conflits d'intérêts en arbitrage commercial international.

626. Pour autant, nous espérons emprunter au droit processuel l'un des trois fondements suivants : le droit à un procès équitable (§1), les exigences d'indépendance et d'impartialité du juge (§2) ou l'un des principes directeurs du procès judiciaire applicables à l'arbitrage (§3).

§1. Le droit à un procès équitable[922]

627. « Toute personne a droit à ce que sa cause soit entendue équitablement, publiquement et dans un délai raisonnable, par un tribunal indépendant et impartial, établi par la loi, qui décidera, soit des contestations sur ses droits et obligations de caractère civil, soit du bien-fondé de toute accusation en matière pénale dirigée contre elle », pose l'article 6§1 *in limine* de la Convention Européenne de Sauvegarde des Droits de l'Homme et des Libertés Fondamentales (CESDH).

628. L'article 6§1 de la CESDH est-il applicable à un litige soumis à l'arbitrage ? Cette question est totalement absente de la CESDH et de ses travaux préparatoires[923]. Juger de l'applicabilité de l'article 6§1 de la CESDH à l'arbitrage revient à s'interroger sur l'interprétation à donner à la formule « tribunal (...) établi par la loi ». *A priori*, il n'existe aucune ambiguïté en ce qui concerne l'institution d'arbitrage. Cette dernière n'étant pas un tribunal tout court[924], l'article 6§1 de la CESDH ne lui est pas applicable. En revanche, la question prend toute son importance au sujet du tribunal arbitral. Le tribunal arbitral est-il un « tribunal (...) établi par la loi » au sens de l'article 6§1 de la CESDH ?

629. Rappelons que la Cour Européenne des Droits de l'Homme (CEDH) a toujours rejeté une interprétation littérale et statique de la Convention, au profit d'une interprétation constructive et évolutive. En effet,

[922] V. notamment pour une étude d'ensemble : S. Guinchard, « Le procès équitable : garantie formelle ou droit substantiel ? », *in* Philosophie du droit et droit économique, quel dialogue ?, *in* Mélanges Farjat, éd. Frison-Roche, Paris, 1999, p. 139, spéc. p. 140.

[923] Ch. Jarrosson, La notion d'arbitrage, LGDJ, 1985, spéc. n° 191, p. 160 : « les rédacteurs de la Convention n'ont pas pensé à l'arbitrage ».

[924] V. notamment Paris, 29 novembre 1985, *S.C.P.A. c. société coopérative de la Roche Clermault*, Rev. arb., 1987.335 : « la Chambre arbitrale de Paris, organisme constitué sous l'égide de l'Union des Syndicats professionnels, ne tient ses pouvoirs de trancher les litiges que de la convention des parties ; que les tribunaux arbitraux qu'elle constitue ne prononcent pas leurs décisions au nom du Peuple français et n'exercent aucune mission de service public » ; TGI Paris, 21 mai 1997, *société Cubic Defense System c. Chambre de commerce internationale*, Rev. arb., 1997.417 ; Paris, 15 septembre 1998, *société Cubic Defense Systems Inc. c. Chambre de commerce internationale*, Rev. arb., 1999.103, note P. Lalive ; JDI, 1999.162, note E. Loquin : « La Convention européenne des droits de l'homme, qui a été signée entre les gouvernements membres du Conseil de l'Europe, s'impose aux Etats signataires et non pas à une association qui ne constitue pas une juridiction » ; Cass. 1ère civ., 20 février 2001, *société Cubic Defense Systems Inc. c. Chambre de commerce internationale*, Bull. civ., I n° 39 p. 24, Rev. arb., 2001.511, note Th. Clay ; Rev. crit. DIP, 2002.124, note Ch. Seraglini ; A. Mourre, « Réflexions sur quelques aspects du droit à un procès équitable en matière d'arbitrage après les arrêts des 6 novembre 1998 et 20 février 2001 de la Cour de cassation française », *in* L'arbitrage et la Convention européenne des droits de l'homme, Bruxelles, Bruylant, 2001, p. 23.

selon elle, « une interprétation restrictive de l'article 6.1 de la Convention ne correspondrait ni à l'objet ni au but de cette disposition, vue la place éminente que le droit à un procès équitable occupe dans une société démocratique au sens de la Convention »[925].

630. La question de savoir si le tribunal arbitral est un *tribunal établi par la loi* a fait l'objet d'une évolution que nous scinderons en trois périodes : les années 1980 à 1990 (A) ; les années 2000 (B) et la période contemporaine (C).

A. Les années 1980 à 1990

631. « La Convention européenne des droits de l'Homme n'est donc ni dans sa lettre, ni dans son esprit, applicable à l'arbitrage »[926]. Cette prise de position nette est celle de M. Charles Jarrosson dans la première étude de fond menée sur ce thème en 1989. L'auteur pense que le tribunal arbitral n'est pas un *tribunal établi par la loi*, et qu'il s'agit d'un tribunal établi par la volonté des parties à l'arbitrage et reconnu par la loi.

632. À cette époque, la Commission européenne[927] et la Cour européenne des droits de l'homme[928] se sont prononcées en faveur de l'applicabilité de l'article 6§1 de la CESDH à la stricte hypothèse de l'arbitrage forcé. Comme l'explique M. Filip de Ly, la raison de cette règle est l'absence de volonté des parties de recourir à l'arbitrage qui leur a été imposé : "[m]*andatory arbitration completely comes within the ambit of Article 6 ECHR because any such arbitral tribunals are courts of law that are similar to domestic courts and individuals are entitled to the same protections under Article 6 ECHR as in relation to ordinary domestic court*

---

925 CEDH, 17 janvier 1970, *Delcourt c. la Belgique*, n° 2689/65, spéc. § 25 ; CEDH, 9 octobre 1979, *Airey c. l'Irlande*, n° 6289/73, spéc. § 24 ; CEDH, 27 février 1980, *Dewer c. la Belgique*, n° 6903/75, spéc. § 44 ; CEDH, 26 octobre 1984, *De Cubber c. la Belgique*, n° 9186/80, spéc. § 30.

926 Ch. Jarrosson, « L'arbitrage et la Convention européenne des droits de l'homme », Rev. arb., 1989.573, spéc. n° 17, p. 581.

927 Commission Européenne, 12 décembre 1983, *Lars Bramelid et Anne-Marie Malmström c. la Suède*, n° 8588/79 et 8589/79 ; Commission Européenne, 4 mars 1987, *R. c. la Suisse*, n° 10881/84 ; Commission Européenne, 22 octobre 1996, *société Molin et Tahir c. la Turquie*, n° 23173/94 où la Commission Européenne explique que la responsabilité de l'Etat ne saurait être engagée pour la durée excessive d'une procédure arbitrale.

928 CEDH, 8 juillet 1986, *Lithgow et autres c. le Royaume-Uni*, n° 9006/80, 9262/81, 9263/81, 9265/81, 9266/81, 9313/81 et 9405/81 ; CEDH, 22 juillet 1999, *Scarth c. le Royaume-Uni*, n° 33745/96.

proceedings because there was no consent to any such arbitration proceedings"[929].

633. Deux raisons sont principalement invoquées au soutien de la thèse de l'inapplicabilité de la CESDH à l'arbitrage. Première raison, « le but essentiel de la Convention est d'assurer le respect des libertés publiques contre l'arbitraire des Etats »[930]. Or, le choix de l'arbitrage par les parties au litige suppose une renonciation volontaire des parties au système étatique et à ses garanties procédurales. De sorte que l'applicabilité de la CESDH à la matière arbitrale aurait un effet paradoxal, parfaitement décrit par M. Olivier Jacot-Guillarmod : « [l]es plaideurs ne sauraient impunément tenir en même temps « le chaud et le froid », c'est-à-dire choisir délibérément la procédure arbitrale en raison de ses avantages supposés, puis se plaindre ultérieurement devant les organes de la Convention du non-respect intégral des garanties procédurales »[931]. Seconde raison, il existerait une « incompatibilité rationnelle »[932] entre la spécificité de l'arbitrage et certaines dispositions de la CESDH, qui empêcherait une application globale de la Convention à la matière arbitrale. Par exemple, la confidentialité de l'arbitrage heurte l'article 6§1 de la CESDH imposant que la cause soit entendue *publiquement.*

634. En conséquence, la renonciation à la compétence des juridictions étatiques d'un Etat membre de la Convention entraînerait la renonciation au bénéfice de la Convention[933]. Cela n'est pas sans rappeler ce que la Commission européenne avait affirmé dans l'affaire *X c. la République fédérale d'Allemagne* en 1962 : « la conclusion d'un compromis d'arbitrage entre particuliers s'analyse juridiquement en une renonciation partielle à l'exercice des droits que définit l'article 6.1 de la Convention et que rien dans le texte de cet article ni d'aucun autre article de la Convention, n'interdit expressément pareille renonciation »[934]. La Commission rappelle cette solution en 1996 dans l'affaire *Nordström-Lehtinen c. les Pays-Bas* : "*the arbitration agreement entails a renunciation of the full application of that Article. The Commission therefore considers that an arbitral award does not necessarily have to be quashed because the parties have not enjoyed all the*

[929] F. de Ly, "*Arbitration and the European Convention on Human Rights*", *in* Liber Amicorum en l'honneur de Serge Lazareff, Pedone, 2011, p. 181, spéc. p. 184.
[930] Ch. Jarrosson, *op. cit.*, spéc. n° 11, p. 578.
[931] O. Jacot-Guillarmod, « L'arbitrage privé face à l'article 6, 1° de la Convention européenne des droits de l'homme », *in* Protection des droits de l'homme : la dimension européenne, *in* Mélanges Wiarda, éd. Carl Heymans Verlag, Cologne, 1988, p. 292.
[932] Ch. Jarrosson, *op. cit.*, spéc. n° 34, p. 592.
[933] *Ibid.*, spéc. n° 21, p. 583.
[934] Commission Européenne, 5 mars 1962, *X c. la République fédérale d'Allemagne*, n° 1197/61.

guarantees of Article 6"[935]. La doctrine donne son aval[936] à deux nuances près : la Convention demeure applicable au droit de recourir à l'arbitrage[937] et aux recours exercés devant les juridictions étatiques pendant l'instance arbitrale et après la reddition de la sentence arbitrale[938].

635. Ces deux nuances et une certaine évolution des moeurs ont conduit la doctrine à développer une série d'arguments favorables à l'applicabilité de la CESDH aux procédures arbitrales dans leur entier. Nous reprendrons un à un ces arguments, en commençant par le moins convaincant et en concluant par celui qui nous semble le plus pertinent.

636. Un auteur considère que le tribunal arbitral est un *tribunal établi par la loi* au sens de l'article 6§1 de la CESDH, car la convention d'arbitrage, instituant le tribunal arbitral, est « la loi des parties »[939] au sens de l'article 1134 alinéa 1er du Code civil. Ce raisonnement consiste essentiellement en un *jeu* sur les mots et ne résout pas véritablement les difficultés exposées précédemment.

637. Beaucoup plus convaincants, deux auteurs ont avancé qu'il ne fallait pas confondre la création d'un tribunal avec la désignation des juges qui le composent[940]. Certes, la spécificité de l'arbitrage réside dans le fait que

---

[935] Commission Européenne, 27 novembre 1996, *Nordström-Lehtinen c. les Pays-Bas*, n° 28101/95.

[936] P. Lambert, « Les procédures d'arbitrage et la Convention européenne des Droits de l'Homme », *in* Présence du droit public et des droits de l'Homme, *in* Mélanges Velu, Bruylant, Bruxelles, 1992, p. 1281, spéc. n° 4, p. 1284 : « Le caractère d'ordre public des garanties de l'article 6 de la Convention ne fait pas obstacle à une renonciation partielle (...) pour autant que cette renonciation ne soit entachée d'aucune contrainte ».

[937] Ch. Jarrosson, *op. cit.*, spéc. n° 21, p. 584 : « ce n'est pas la procédure arbitrale qui est soumise à la Convention, c'est le droit de recourir à ce mode de règlement des litiges qui doit préserver les principes posés par la Convention. La nuance est importante car le destinataire du contrôle est l'Etat en tant qu'il autorise l'arbitrage et non l'arbitre en tant qu'il exerce sa fonction juridictionnelle ».

[938] Ch. Jarrosson, *op. cit.*, spéc. n° 26, p. 587 : ce type de recours « réintègre le litige dans l'orbite judiciaire et la Convention européenne des droits de l'Homme est applicable à la procédure » ; J.-P. Ancel, « La Cour de cassation et les principes fondateurs de l'arbitrage international », *in* Mélanges Drai, Le juge entre deux millénaires, Dalloz, 2000, p. 161, spéc. p. 162 : « le respect des garanties du procès équitable [est] assuré avec la coopération du juge étatique » ; A. Mourre, « Réflexions sur quelques aspects du droit à un procès équitable en matière d'arbitrage après les arrêts des 6 novembre 1998 et 20 février 2001de la Cour de cassation française », *in* L'arbitrage et la Convention européenne des droits de l'homme, Bruylant, Bruxelles, 2001, p. 23, spéc. n° 11, p. 31 : « L'application de la Convention à l'arbitrage se fait donc de façon indirecte, au stade du contrôle par le juge étatique de la régularité de la procédure arbitrale ».

[939] G.-A. Dal, « Le point de vue belge », *in* L'arbitrage et la Convention européenne des droits de l'homme, Bruylant, Bruxelles, 2001, p. 57, spéc. p. 65.

[940] P. Lambert, « L'arbitrage et l'article 6, 1° de la Convention européenne des droits de l'homme », *in* L'arbitrage et la Convention européenne des droits de l'homme, Bruylant,

les parties désignent les juges qui composeront le tribunal arbitral ; mais, dans tous les cas, qu'il s'agisse d'une procédure étatique ou arbitrale, seul le législateur est à l'origine de la création du tribunal[941]. Le tribunal arbitral est donc, en ce sens, un *tribunal établi par la loi.*

638. Au soutien de l'applicabilité de la CESDH aux procédures arbitrales, la doctrine pourrait également rappeler à la Cour européenne sa propre jurisprudence. Dans l'ordre chronologique, la CEDH a d'abord déclaré qu'« un tribunal se caractérise au sens matériel par son rôle juridictionnel : trancher, sur la base de normes de droit et à l'issue d'une procédure organisée, toute question relevant de sa compétence (et) aussi remplir une série d'autres conditions - indépendance, notamment à l'égard de l'exécutif, impartialité, durée du mandat des membres, garanties offertes par la procédure - dont plusieurs figurent dans le texte même de l'article 6, 1° »[942]. Au regard de cette définition, comment soutenir que le tribunal arbitral n'est pas un tribunal ? Certes, mais encore faut-il que ce tribunal soit établi par la loi pour que l'article 6§1 de la CESDH soit applicable. Ensuite, la Cour a jugé que « l'article 6 par. 1 (art. 6-1) s'applique indépendamment de la qualité des parties comme de la nature de la loi régissant la contestation et de l'autorité compétente pour trancher ; il suffit que l'issue de la procédure soit déterminante pour des droits et obligations de caractère privé »[943]. Or, l'issue d'une procédure arbitrale n'est-elle pas déterminante pour les droits et obligations de caractère privé des parties à l'arbitrage ?[944] La réponse est positive. Enfin, la Cour a affirmé qu'« aux fins de l'article 6, 1° de la

---

Bruxelles, 2001, p. 9, spéc. n° 5, p. 19 : « Une distinction doit être faite entre la « création » d'un tribunal par le législateur et la désignation des juges. Il existe de nombreux exemples où les « juges » ne sont pas désignés par le législateur, mais élus voire désignés par le sort : on songe aux jurés d'assises, aux juges disciplinaires, consulaires ou prud'homaux qui, dans de nombreux Etats sont élus par leurs pairs, aux avocats assumés en qualité de juges, ... Il est perdu de vue qu'en énonçant que le « tribunal » doit être « établi par la loi », la Convention a essentiellement entendu prohiber la création de tribunaux extraordinaires ».

[941] A. Cambi Favre-Bulle, « Jurisprudence en Suisse », *in* L'arbitrage et la Convention européenne des droits de l'homme, Bruylant, Bruxelles, 2001, p. 69, spéc. p. 73 : « À notre sens, un tribunal arbitral est nécessairement un tribunal établi par la loi, dans la mesure où la loi permet l'arbitrage et confère à l'arbitre le pouvoir de rendre des décisions qui ont la même valeur et la même force - le Tribunal fédéral l'a souligné - que les jugements. En déléguant le pouvoir de juger à des tribunaux arbitraux de nature privée, le législateur « établit » le tribunal, parce qu'il en consacre le principe, peu importe que la désignation de l'arbitre dans chaque cas d'espèce soit ensuite laissée aux parties ».

[942] CEDH, 29 avril 1988, *Belilos c. la Suisse*, n° 10328/83, spéc. § 64.

[943] CEDH, 9 décembre 1994, *Raffineries grecques Stran et Stratis Andreadis c. la* Grèce, n° 13427/87.

[944] *Contra* : TGI Paris, 19 décembre 2012, n° 11/02455, *SA Fairplus Holding*, LPA, 29 avril 2013, n° 85, p. 18, note L. R. Rennó Lima ; Cah. arb., 2013-2, p. 455, note S. Akhouad : « les difficultés de constitution d'un tribunal arbitral (...), qui ne constituent pas une contestation sur un droit ou une obligation de caractère civil, ne rentrent pas dans le champ d'application de l'article 6, § 1, de la Convention EDH ».

Convention, un tribunal ne doit pas nécessairement être une juridiction de type classique, intégrée aux structures judiciaires ordinaires »[945]. Dès lors, on voit mal comment la CEDH pourrait maintenir l'inapplicabilité de la CESDH aux procédures arbitrales.

639. Le dernier argument favorable à l'applicabilité de la CESDH aux procédures arbitrales fait écho à la première raison invoquée par M. Charles Jarrosson en faveur de son inapplicabilité. « Revêtue de la formule exécutoire, la sentence devient un acte judiciaire. Si, par hypothèse, la sentence a été rendue au mépris des garanties d'un procès équitable, l'Etat cautionne ces manquements et, par là même, engage sa responsabilité. Il en est d'autant plus ainsi que l'exequatur doit être refusé si la sentence ou son exécution est contraire à l'ordre public »[946]. De cette façon, l'Etat retrouve la responsabilité qui lui avait été ôtée du fait du recours à l'arbitrage par les parties. La CESDH pourrait ainsi être invoquée dans l'hypothèse d'une sentence qui n'aurait pas dû recevoir l'exequatur. Néanmoins, cet argument n'est pas valable pour l'applicabilité de la CESDH aux procédures arbitrales dans leur entier, mais seulement aux stades de la reconnaissance et de l'exécution de la sentence arbitrale. Comme l'explique avec clarté M. Alexis Mourre : « les garanties prévues par la Convention relèvent pleinement de la conception française de l'ordre public international. L'Etat doit, par conséquent, veiller au respect par les arbitres des principes posés par la Convention, et censurer une sentence qui les violerait. On ne peut, en effet, admettre que l'Etat, lié par la Convention, prête la main à l'exécution d'une décision qui la méconnaîtrait. En laissant une situation contraire à la Convention produire des effets dans l'ordre juridique français, le juge rendrait cette violation imputable à l'Etat dans certaines conditions ; de cette situation d'imputabilité, on peut déduire que la Convention européenne des droits de l'homme est applicable à l'arbitrage, mais de façon indirecte et contingente. De ce point de vue, on peut dire que tant qu'il n'y a pas de sentence, il n'y a pas de violations de la Convention qui puisse être sanctionnée »[947].

640. Tous ces arguments ont mené à une certaine faveur [948] à l'applicabilité de la CESDH à la matière arbitrale, perceptible dès les années 2000.

---

[945] CEDH, 1er juillet 1997, *Rolf Gustafson c. la Suède*, n° 23196/94, spéc. § 45.

[946] P. Lambert, « Les procédures d'arbitrage et la Convention européenne des Droits de l'Homme », *in* Présence du droit public et des droits de l'Homme, *in* Mélanges Velu, Bruylant, Bruxelles, 1992, p. 1281, spéc. n° 7, p. 1289.

[947] A. Mourre, *op. cit.*, spéc. n° 11, p. 30.

[948] P. Lambert, *op. cit.*, spéc. n° 8, p. 1291 : « Constatant l'extension progressive du champ d'application des garanties relatives à un bon fonctionnement de la justice - et l'arbitrage est une manière de la rendre également -, il n'est pas interdit de penser que dans un avenir proche,

B. LES ANNÉES 2000

641. Dans son commentaire sur l'affaire *Cubic*, M. Alexis Mourre relève que la Cour de cassation « s'est limitée à juger que la Convention n'était pas applicable « en l'espèce » »[949]. Il en conclut que « [l]'arrêt examiné ne va en effet pas, à notre avis, dans le sens d'écarter d'une façon générale la Convention »[950]. Selon l'auteur, seule la sentence peut donner lieu à un contrôle du respect du procès équitable par le juge étatique. En l'espèce, la Cour de cassation a conclu à l'inapplicabilité de la CESDH à l'arbitrage, parce qu'aucune sentence arbitrale n'avait été rendue. Il s'agit d'une solution prudente de la part de la Cour qui tend à protéger l'arbitrage des manœuvres ayant pour résultat de ralentir ou de rendre impossible la reddition de la sentence.

642. Les termes du débat semblent évoluer avec le temps. À ce titre, la suggestion de M. Georges Flécheux est intéressante : « [p]lutôt que de se demander si la Convention est littéralement applicable aux procédures d'arbitrage, il serait plus intéressant peut-être de rechercher pour quels motifs on pourrait écarter des règles aussi essentielles que celles contenues dans l'article 6 de la Convention, telles que l'impartialité de l'arbitre, le respect du caractère contradictoire de la procédure, l'obligation de motivations, *etc.* »[951]. Après tout, peu importe que l'article 6§1 de la CESDH ne soit pas formellement applicable aux procédures arbitrales. L'important est que les garanties procédurales auxquelles cet article renvoie leur soient applicables en substance, éventuellement par le truchement d'un *instrumentum* autre que la CESDH[952].

643. En ce sens, M. Filip de Ly exprime l'idée suivante : "*a unitary vision of justice would dictate to subject arbitration to the same rules as domestic court dispute settlement while pragmatic and decentralized perceptions of justice would focus more on differences between arbitration and domestic courts and on redeeming virtues of arbitration to claim different treatments for arbitration as far as Article 6 ECHR is concerned*"[953]. Cette perception unique de la justice, qu'elle soit étatique ou

---

la jurisprudence admettra que la matière de l'arbitrage est concernée par le droit de la Convention autant que les cours et tribunaux étatiques ».

[949] A. Mourre, *op. cit.*, spéc. n° 7, pp. 28-29.

[950] *Ibid.*.

[951] G. Flécheux, « Propos introductif », *in* L'arbitrage et la Convention européenne des droits de l'homme, Bruylant, Bruxelles, 2001, p. 7, spéc. p. 8.

[952] Th. Clay, note sous Cass. civ. 1ère, 20 février 2001, *société Cubic Defense Systems Inc. c. Chambre de commerce internationale*, Bull. civ., I, n° 39, p. 24, Rev. arb., 2001.511 où l'auteur cherche un autre fondement au procès équitable que l'article 6§1 CEDH. Il évoque notamment l'ordre public processuel et les attentes légitimes des parties à l'arbitrage.

[953] F. de Ly, *op. cit.*, spéc. p. 185.

arbitrale, n'est pas sans rappeler la « justice, globalement considérée »[954] décrite par Oppetit et qui « quelles que soient les voies par lesquelles elle est rendue, tend à s'organiser de nos jours en fonction d'une éthique communément partagée : la notion de procès équitable ». Oppetit évoquait une *nécessité* qui *possède désormais une résonance universelle*, une *philosophie du procès, sinon de la justice dans toutes ses modalités institutionnelles* qui *transcende progressivement les clivages nationaux ou techniques, pénètre dans les droits positifs et contribue largement à restituer une unité de but à la fonction de juger.*

644. Cette idée[955] contrarie la thèse de l'altérité selon laquelle les parties qui ont recours à l'arbitrage cherchent à être jugées autrement. Pour autant, il semblerait qu'elle ait récemment convaincu la CEDH.

C. La période contemporaine

645. En 2011, MM. Georges-Albert Dal et Didier Matray constatent que « [l]es rapports que cette Convention entretient avec l'arbitrage sont devenus plus complexes qu'ils ne l'étaient dans le passé »[956]. En effet, la CEDH elle-même est à l'origine de multiples nuances. En témoigne un arrêt *Regent Company c. l'Ukraine* du 3 avril 2008 dont nous reproduisons un extrait ci-dessous :

"*In so far as the Government raised an objection to the applicability of Article 6 § 1 of the Convention to arbitration proceedings, the Court reiterates that Article 6 does not preclude the setting up of arbitration tribunals in order to settle disputes between private entities. Indeed, the word "tribunal" in Article 6 § 1 is not necessarily to be understood as signifying a court of law of the classic kind, integrated within the standard judicial machinery of the country (see, inter alia, Lithgow and Others v. the United Kingdom, judgment of 8 July 1986, Series A no. 102, pp. 72-73, § 201). It further considers that the Arbitration Tribunal was a "tribunal established by law", acting in accordance with the 1994 International Commercial Arbitration Act and internal procedural rules. The proceedings before the Arbitration Tribunal were similar to those before an ordinary State civil or commercial court and due provision was made for appeals to*

---

[954] B. Oppetit, Théorie de l'arbitrage, PUF, 1998, spéc. p. 25.

[955] G. Bolard, « Les principes directeurs du process arbitral », Rev. arb., 2004.511, spéc. n° 3, p. 513 : « l'article 6-1 de la Convention européenne de sauvegarde des droits de l'homme, même si on ne l'applique pas à l'arbitrage, fonde des principes dont on voit mal qu'ils ne soient pas applicables à l'arbitrage international comme à l'arbitrage interne ou à toute activité juridictionnelle ».

[956] G.-A. Dal et D. Matray, « L'éthique des conseils », *in* L'éthique dans l'arbitrage, sous la direction de G. Keutgen, coll. Francarbi, Bruylant, 2011, p. 37, spéc p. 53.

the Kyiv City Court of Appeal (as applicable at the material time), which could review the award on the grounds specified in the 1994 Arbitration Act. The Arbitration Tribunal remains the only arbitration body in Ukraine that may, in accordance with the 1994 Arbitration Act, decide on "commercial disputes with a foreign element". Under the 1994 Arbitration Act and section 3(1) of the Enforcement Proceedings Act, the Arbitration Tribunal's award is treated as equivalent to an enforceable court judgment"[957].

646. Nous sommes parfaitement d'accord avec M. Filip de Ly : penser que l'article 6§1 de la CESDH n'est pas applicable aux procédures arbitrales revient à en faire une lecture superficielle [958]. Il faut dépasser [959] l'inapplicabilité formelle de l'article 6§1 de la CESDH à la matière arbitrale, comme le font deux éminents auteurs.

647. D'une part, M. Charles Jarrosson a développé la thèse de l'influence. Selon lui, « [i]l est possible de faire une place aux droits de l'Homme dans les procédures arbitrales tout en conservant l'indépendance de l'arbitrage à l'égard de la Convention européenne des droits de l'Homme : il suffit de passer de l'idée rigide d'application, à celle plus souple et plus efficace, d'influence » [960]. Ainsi, « [l]es dispositions de la Convention pourraient (...) être considérées comme posant des principes moraux pour les arbitres »[961]. En effet, « [e]ntre l'arbitrage et la Convention européenne des droits de l'Homme, mieux vaut une coexistence pacifique concrétisée par l'inspiration que les arbitres puiseront dans les préceptes de la Convention, qu'une dépendance contre nature qui passerait par l'application d'un texte à un domaine qui lui est étranger »[962].

648. D'autre part, dans sa note sous l'arrêt *Cubic*, M. Christophe Seraglini a élaboré la thèse de l'adaptation de la manère suivante : « on peut considérer que, dans l'esprit de la Commission au moins, l'article 6-1 reste applicable en cas d'arbitrage, cette application ne subissant que quelques

---

[957] CEDH, 5ème sect., 3 avril 2008, *Regent Company c. l'Ukraine*, n° 773/03.
[958] F. de Ly, *op. cit.*, spéc. p. 182 : "*A superficial reading of Article 6 ECHR would suggest that it does not apply to arbitration at all because arbitral tribunals are not established by law, do not have public hearings and do not pronounce their judgments in public*".
[959] Comme le relèvent MM. Jacques Velu et Rusen Ergec dans J. Velu et R. Ergec, La Convention européenne des droits de l'homme, Bruylant, Bruxelles, 1990, spéc. n° 40 : « Dire que les arbitres ne sont pas astreints à l'article 6, tout en considérant que le compromis arbitral serait frappé de caducité s'ils méconnaissaient cette disposition revient à rendre celle-ci applicable, d'une manière détournée, aux procédures arbitrales : en somme on ne renoncerait valablement aux garanties de l'article 6 qu'autant qu'elles soient respectées ».
[960] Ch. Jarrosson, *op. cit.*, spéc. n° 42, p. 596.
[961] *Ibid.*, spéc. n° 46, p. 597.
[962] *Ibid.*, spéc. n° 63, p. 607.

adaptations »[963], car « la Commission semble retenir que certains droits énoncés à l'article 6-1 ne s'appliquent pas en cas d'arbitrage, et que, pour ceux qui s'appliquent, une certaine marge de manœuvre est laissée aux États dans leur contrôle des procédures arbitrales »[964].

649. Nous sommes favorables à la thèse de l'influence développée par M. Charles Jarrosson. Mais l'influence n'étant pas contraignante, nous sommes convaincus que le droit à un procès équitable porté par l'article 6§1 de la CESDH ne saurait constituer le fondement de la sanction *lato sensu* des conflits d'intérêts en arbitrage commercial international. Néanmoins, peut-être en va-t-il autrement des exigences d'indépendance et d'impartialité du juge ?

---

[963] Ch. Seraglini, note sous Cass. 1ère civ., 20 février 2001, *société Cubic Defense Systems Inc. c. Chambre de commerce internationale*, Bull. civ., I, n° 39, p. 24, Rev. crit. DIP, 2002.124, spéc. n° 3.
[964] *Ibid.*, spéc. n° 9.

§2. Les exigences d'indépendance et d'impartialité[965] du juge

650. En 2007, M. Pierre Tercier écrivait que « [q]uand l'indépendance quitte le prétoire, l'anarchie s'y installe »[966]. Notons que l'indépendance du juge étatique n'est pas exactement la même[967] que celle de l'arbitre, car « le juge public jouit d'une indépendance statutaire, alors que l'arbitre n'a au fond que celle qu'il veut bien avoir ou que lui laissent les parties ou les centres d'arbitrage »[968]. On peut penser que les exigences d'indépendance et d'impartialité du juge constituent le fondement naturel de l'encadrement des conflits d'intérêts en arbitrage commercial international. Il s'agit sans doute du premier fondement auquel on pense[969]. Néanmoins, l'utilisation « abusive »[970] qui en est faite de nos jours nous incite à faire preuve de précaution[971].

651. Commençons par les définitions respectives de l'indépendance et de l'impartialité. Les auteurs proposent des définitions variées[972], parfois contradictoires. D'après M. Charles Jarrosson, « l'indépendance vise la situation objective dans laquelle se trouve l'arbitre, alors que l'impartialité serait davantage subjective et résulterait plutôt de l'état d'esprit de

---

[965] Pour une étude générale : M. Henry, Le devoir d'indépendance de l'arbitre, Paris, LGDJ, 2001.

[966] P. Tercier, Avant-propos, *in* Bulletin CCI, supplément spécial 2007, L'indépendance de l'arbitre, p. 5.

[967] P. Bellet, « Des arbitres neutres et non-neutres », *in* Etudes de droit international en l'honneur de Pierre Lalive, Helbing & Lichtenhahn, 1993, p. 398, spéc. p. 407 : il faut éviter « d'assimiler purement et simplement la fonction d'un arbitre à celle d'un juge, au prix d'une hypocrisie, en faisant présumer son indépendance qui n'est que rarement semblable à celle d'un juge, quand il s'agit de l'arbitre d'une partie ».

[968] B. Oppetit, « Justice étatique et justice arbitrale », *in* Mélanges Bellet, Litec, 1991, p. 415, spéc. p. 425.

[969] A.-M. Whitesell, « L'indépendance dans l'arbitrage de la CCI : pratique de la Cour de la CCI en matière de nomination, confirmation, récusation et remplacement des arbitres », *in* Bulletin CCI, supplément spécial 2007, L'indépendance de l'arbitre, p. 7, spéc. p. 42 : « L'indépendance est manifestement fondamentale pour la crédibilité et l'efficacité pratique de l'arbitrage international ».

[970] A.-M. Whitesell, *op. cit.*, spéc. p. 43 : « Il faut continuer de protéger et de préserver l'indépendance sans en faire une utilisation abusive. Trouver le moyen approprié d'atteindre ce louable objectif est l'un des plus grands enjeux de l'arbitrage international pour l'avenir ».

[971] A. S. El-Kosheri et K. Y. Youssef, « L'indépendance des arbitres internationaux : le point de vue d'un arbitre », *in* Bulletin CCI, supplément spécial 2007, L'indépendance de l'arbitre, p. 45, spéc. p. 50 : « la contestation de plus en plus fréquente de l'indépendance de l'arbitre à des fins stratégiques est aujourd'hui une plaie de l'arbitrage. Les tentatives visant délibérément à compromettre l'indépendance des arbitres sont fréquentes ».

[972] A. S. El-Kosheri et K. Y. Youssef, *op. cit.*, spéc. p. 45 : « On a beaucoup écrit au sujet de cette notion vague, quoique fondamentale, d'indépendance des arbitres ».

l'arbitre »[973]. En revanche, pour MM. Ahmed S. El-Kosheri et Karim Y. Youssef, « [t]elle qu'elle est perçue par un arbitre, l'indépendance est une notion spirituelle, un état d'esprit, une recherche incessante de la rigueur imposée à soi-même et, surtout, la pierre angulaire de la fonction juridictionnelle de l'arbitre » [974] . Sans tomber dans l'écueil d'une simplification à l'extrême[975], la doctrine admet[976] que cette « notion à contenu variable » soit « susceptible de degrés et sujette à variations »[977]. L'impartialité est souvent définie par comparaison à l'indépendance. À cet égard, la doctrine envisage deux critères alternatifs de distinction.

652. Pour les uns, l'indépendance supposerait une approche objective, et l'impartialité une approche subjective[978]. Pour les autres, l'indépendance couvrirait les liens entre l'arbitre et les parties à l'arbitrage, et l'impartialité les liens entre l'arbitre et l'objet du litige soumis à l'arbitrage[979]. Néanmoins, la jurisprudence balaye ces critères de distinction en dédoublant la notion d'indépendance en « indépendance de situation » [980] et « indépendance

---

[973] Ch. Jarrosson, Sixième colloque C.C.I.-C.I.R.D.I.-A.A.A., La procédure arbitrale et l'indépendance des arbitres, Paris, 27 octobre 1988, Rev. arb., 1988.748, spéc. p. 749.

[974] A. S. El-Kosheri et K. Y. Youssef, « L'indépendance des arbitres internationaux : le point de vue d'un arbitre », *in* Bulletin CCI, supplément spécial 2007, L'indépendance de l'arbitre, p. 45.

[975] E. Loquin, note sous Paris, 15 septembre 1998, *société Cubic Defense System Inc. c. Chambre de commerce internationale*, JDI, 1999.162, spéc. p. 180 : « un arbitre perd son indépendance lorsqu'il perd sa liberté de juger ».

[976] M. Henry, Le devoir d'indépendance de l'arbitre, Paris, LGDJ, 2001, spéc. n° 4, p. 3 : « malaise général prévalant autour de la notion même d'indépendance ».

[977] Ch. Jarrosson, *op. cit.*, spéc. p. 749.

[978] Ph. Fouchard, E. Gaillard, B. Goldman, *op. cit.*, spéc. n° 1028, p. 582 : « Il n'est pas aisé de définir rigoureusement les qualités d'indépendance et d'impartialité requises de l'arbitre. Certes, l'indépendance apparaît comme une situation de droit ou de fait que l'ont pourrait apprécier objectivement, tandis que l'impartialité serait une disposition de l'esprit, un état psychologique par nature subjectif » ; M. Henry, « Les obligations d'indépendance et d'information de l'arbitre à la lumière de la jurisprudence récente », Rev. arb., 1999.193, spéc. n° 3, p. 195 : « L'indépendance, ramenée à une notion objective, consiste essentiellement en une situation de non-dépendance à l'égard d'une partie. L'impartialité, notion subjective, consiste à ne pas être partial ».

[979] G. Aguilar-Alvarez, "*The Challenges of Arbitrators*", Arb. Int., 1990, Vol. 6, p. 203, spec. p. 213 : "*Generally it is held that independence involves the relationship between the arbitrator and the parties, whilst impartiality – thought of more as the essential ethical duty of the arbitrator – concerns the relationship between the arbitrator and the subject matter of the dispute, or the adoption of a position in favour of one of the parties*" ; Ph. Fouchard, « Le statut de l'arbitre dans la jurisprudence française », Rev. arb., 1996.325, spéc. p. 338 : « à la différence du juge étatique, c'est essentiellement à l'égard des parties que son indépendance doit être préservée » ; P.-Y. Tschanz, « Indépendance des arbitres en droit suisse », Rev. arb., 2000.523, spéc. p. 532.

[980] Paris, 17 février 2005, *Mytilineos Holdings c. APPASP*, Rev. arb., 2005.720, note M. Henry.

d'esprit »[981]. Par ailleurs, il a été défendu récemment que l'impartialité devait être à la fois subjective et objective[982].

653. Selon nous, la confusion des exigences d'indépendance et d'impartialité est plus pertinente[983] qu'un mauvais critère de distinction. Comme l'explique Mme Chiara Giovannucci Orlandi, « [l]'indépendance et l'impartialité se conjuguent et il est vain de rechercher ce qui les distingue puisqu'elles sont nécessairement complémentaires, dans le but d'éviter les conflits d'intérêts »[984].

654. Quelle est l'assise formelle des exigences d'indépendance et d'impartialité en arbitrage commercial international ? À l'occasion de l'analyse des règlements d'arbitrage de la CCI de 1923 et 1955, M. Charles Jarrosson expliquait que les exigences d'indépendance et d'impartialité n'y figuraient pas parce que « [l]'indépendance est tellement consubstantielle à l'arbitrage que (...) cela allait sans le dire »[985]. Quoi qu'il en soit, les deux règlements CCI publiés depuis 1955 ont chacun intégré les exigences d'indépendance et d'impartialité de l'arbitre. Néanmoins, un règlement

---

[981] Paris, 28 novembre 2002, *société Voith Turbo GmbH AG et Co. c. société nationale des chemins de fer tunisiens*, Rev. arb. 2003.445, note C. Belloc.

[982] M. Latina, Dalloz Etudiants, 24 octobre 2011 : « l'impartialité doit être à la fois subjective et objective. L'impartialité subjective est une vertu. Il s'agit de l'aptitude à se déprendre de ses préjugés et de ses opinions pour prendre une décision. Faute de pouvoir sonder les reins et les cœurs, il n'est pas possible de mettre en doute cette impartialité qui, au demeurant, se présume. Toutefois, l'impartialité doit également être objective, la personne placée en position de prendre une décision ne devant prêter le flanc à aucune forme de soupçon. A l'évidence, les fonctions éminemment politiques de directeur de cabinet sont susceptibles de blesser cette impartialité objective ».

[983] Ph. Fouchard, E. Gaillard, B. Goldman, *op. cit.*, spéc. n° 1028, p. 582 : « C'est évidemment l'impartialité qui est la qualité essentielle du juge mais comme sa preuve directe est rarement possible, il est opportun d'exiger au moins l'indépendance de l'arbitre, plus facile à établir, et qui lui assure, du moins en principe, sa liberté de jugement. Plus précisément, alors que la partialité de l'arbitre n'apparaîtra qu'exceptionnellement dans son comportement, des liens de dépendance à l'égard d'une partie, même s'il ne conduise pas nécessairement cet arbitre à la partialité, suffisent à considérer qu'il ne remplit pas les conditions requises d'un juge » ; P. Tercier, « L'éthique des arbitres », *in* L'éthique dans l'arbitrage, sous la direction de G. Keutgen, coll. Francarbi, Bruylant, 2011, p. 17, spéc. p. 29 : « Le devoir d'impartialité est le prolongement immédiat de l'obligation d'indépendance avec laquelle il est souvent confondu ou assimilé (art 11 R CCI 2012) » ; B. Le Bars, « Le colloque et l'indépendance de l'arbitre : vers une définition jurisprudentielle », D., 2012.2425, spéc. n° 5 : « Les juges adoptent une approche commune de ces deux notions pour les soumettre à un régime unifié ».

[984] Ch. Giovannucci Orlandi, « L'éthique des centres d'arbitrage – L'exemple de la Chambre Arbitrale nationale et internationale de Milan (*Camera Arbitrale di Milano*) », *in* L'éthique dans l'arbitrage, sous la direction de G. Keutgen, coll. Francarbi, Bruylant, 2011, p. 103, spéc. p. 120.

[985] Ch. Jarrosson, Sixième colloque C.C.I.-C.I.R.D.I.-A.A.A., La procédure arbitrale et l'indépendance des arbitres, Paris, 27 octobre 1988, Rev. arb., 1988.748, spéc. p. 750.

d'arbitrage ne saurait constituer une assise pertinente car les exigences d'indépendance et d'impartialité s'imposent aux arbitres aussi dans l'arbitrage *ad hoc*. Pour les raisons vues précédemment, l'article 6§1 de la CESDH ne peut pas porter les exigences d'indépendance et d'impartialité du juge arbitral. Dès lors, l'ordre public international engloberait-il les exigences d'indépendance et d'impartialité de l'arbitre ? Un arrêt de 2004 de la Cour d'appel de Paris referme immédiatement cette porte ouverte en affirmant que « [l]'indépendance de l'arbitre étant une règle impérative, mais édictée pour la protection d'intérêts privés, il est toujours possible pour les parties d'y renoncer en connaissance de cause, sans que soit alors en jeu la violation des règles qui gouvernent le caractère équitable du procès protégé par l'article 6 de la Convention européenne des droits de l'homme »[986]. En pratique, une telle renonciation est tacite et intervient lorsqu'une partie à l'arbitrage s'abstient de dénoncer une irrégularité de la procédure arbitrale au moment où elle en a connaissance. Elle est réputée avoir implicitement renoncé à se prévaloir de ladite irrégularité qu'elle couvre ainsi par son silence. L'assise formelle des exigences d'indépendance et d'impartialité de l'arbitre semble ainsi faire défaut.

655. Outre cette absence d'assise formelle des exigences d'indépendance et d'impartialité de l'arbitre, quatre raisons nous empêchent de les retenir comme fondement de l'encadrement des conflits d'intérêts en arbitrage commercial international.

656. Premièrement, on peut s'interroger sur l'applicabilité de ces exigences aux institutions d'arbitrage, notamment au regard de l'attendu de la première chambre civile de la Cour de cassation dans l'affaire *Creigthon* : « il appartient au juge de la régularité de la sentence arbitrale d'apprécier l'indépendance et l'impartialité de l'arbitre en relevant toute circonstance de nature à affecter le jugement de celui-ci et à provoquer dans l'esprit des parties un doute raisonnable sur ces qualités qui sont de l'essence de la fonction juridictionnelle »[987]. Or, l'institution d'arbitrage a un rôle purement administratif, non pas juridictionnel.

657. Deuxièmement, on peut s'inquiéter de la multiplication des termes employés au titre des qualités nécessaires de l'arbitre : indépendance ;

---

[986] Paris, 18 novembre 2004, *SARL STM Brudey frères c. SA Emeraude Lines*, Rev. arb., 2006.192, note L. Perreau-Saussine.

[987] Cass. 1ère civ., 16 mars 1999, *Etat du Qatar c. société Creigthon*, Rev. arb., 1999.308 ; D., 1999. 497, obs. P. Courbe ; RTD com., 1999.850, obs. E. Loquin.

impartialité ; neutralité[988]; désintéressement[989] ; « autoneutralisation »[990] *etc.* Qui plus est, les frontières sont poreuses entre chacune de ces notions.

658. Troisièmement, on peut se demander si l'obligation d'impartialité n'est pas noyée dans celle d'indépendance qui, elle-même, semble aspirée par l'obligation de révélation. Cette idée a conduit M. Dominique Hascher à écrire que « [l]'indépendance laisse (...) présumer l'impartialité qui tient aussi au comportement dans l'affaire »[991]. Quant à la thèse de la disparition de l'obligation d'indépendance au profit de celle de la révélation, elle est défendue par M. Thomas Clay qui évoque une « dissolution de l'indépendance dans la révélation »[992]. Selon lui, « [l]a révélation n'est plus seulement le moyen de parvenir à l'indépendance ; elle s'y est substituée. Désormais la révélation n'a que faire de l'indépendance ; elle est l'indépendance »[993]. Quand bien même l'exigence d'indépendance existerait encore, elle n'est pas absolue[994]. Certains y voient un « idéal »[995] ; d'autres, une « pure fiction juridique »[996].

---

[988] M. Bedjaoui, "*The Arbitrator: One Man-Three Roles: Some Independent Comments on the Ethical and Legal Obligations of an Arbitrator*", J. Int. Arb., 1988, Vol. 5, Issue 1, p. 7, spéc. pp. 9-10 : "*Like all men, an arbitrator has a conscience which gives him a certain outlook on the world. He cannot detach himself from all the emotional ties which, consciously or unconsciously, may influence his thoughts. Whenever men are judged, including judgment by arbitration, as we have already said, a wager is laid on impartiality. An arbitrator is not a disembodied, floating being, without origins, or ethnic, cultural, religious, social and other attachments*". Trad/ : « Comme tous les hommes, un arbitre est doté d'une conscience qui lui donne une certaine façon de voir le monde. Il ne peut pas se détacher de tous les liens émotionnels qui, consciemment ou inconsciemment, peuvent influencer ses pensées. À chaque fois que des hommes sont jugés, y compris dans le cadre d'un arbitrage, l'impartialité est en jeu. Un arbitre n'est pas un être désincarné, flottant, dépourvu d'origines ou d'attaches ethniques, culturelles, religieuses, sociales ou autres ».

[989] A. Kojève, Esquisses d'une phénoménologie du droit, Gallimard, 1982, spéc. pp. 75-76 : « Un juge ou un arbitre par exemple est dit « désintéressé » quand son jugement et sa mise en exécution ne lui rapportent rien, et ne lui nuisent en rien, le laissant ainsi « indifférent » ».

[990] A. S. El-Kosheri et K. Y. Youssef, *op. cit.*, spéc. p. 48 : cela « revient à s'élever au-dessus de tout parti pris ou prédisposition possible en faveur d'une quelconque partie, pour quelque motif que ce soit ».

[991] D. Hascher, « Indépendances de la justice étatique et de la justice arbitrale », *in* Bulletin CCI, supplément spécial 2007, L'indépendance de l'arbitre, p. 83, spéc. n° 14, p. 91.

[992] Th. Clay, note sous Paris, 12 février 2009, *SA J&P Avax SA c. société Tecnimont SPA*, Rev. arb., 2009.190, spéc. n° 7 et s., p. 192.

[993] *Ibid.*, spéc. n° 9, pp. 192-193.

[994] A. S. El-Kosheri et K. Y. Youssef, *op. cit.*, spéc. p. 49 : « L'indépendance absolue : un mythe ? ».

[995] F. Terré, « L'indépendance et l'arbitre », *in* Bulletin CCI, supplément spécial 2007, L'indépendance de l'arbitre, p. 109, spéc. p. 114 : « De toute façon, en tous domaines, la dépendance est une réalité, tandis que l'indépendance correspond à un idéal ».

[996] B. Oppetit, « Justice étatique et justice arbitrale », *in* Mélanges Bellet, Litec, 1991, p. 415, spéc. p. 425.

659. Enfin, quatrièmement, l'articulation entre l'indépendance et l'impartialité de l'arbitre et les conflits d'intérêts ne nous semble pas évidente : lequel est le fondement de l'autre ? *A priori*, les exigences d'indépendance et d'impartialité sont antérieures à l'émergence d'un conflit d'intérêts. Pourtant, dans un arrêt de 2014, la première chambre civile de la Cour de cassation retient la solution inverse. Selon elle, l'existence d'un éventuel conflit d'intérêts est susceptible de créer un risque de défaut d'indépendance et d'impartialité du président du tribunal arbitral[997]. Le raisonnement suivi par la Cour va donc à rebours du nôtre.

660. Pour toutes ces raisons, nous pensons que les exigences d'indépendance et d'impartialité du juge ne peuvent pas constituer un fondement pertinent à la sanction *lato sensu* des conflits d'intérêts en arbitrage commercial international. Mettons nos derniers espoirs dans l'un des principes directeurs du procès judiciaire applicables à l'arbitrage.

---

[997] Cass. 1ère civ., 25 juin 2014, D., 2014.1985.

§3. L'UN DES PRINCIPES DIRECTEURS DU PROCÈS JUDICIAIRE APPLICABLES À L'ARBITRAGE

661. L'expression « principes directeurs de la procédure française »[998] a été employée pour la première fois en 1948 par Vizioz. Par la suite, les principes directeurs du procès « trouvent des reflets »[999] dans le décret du 9 septembre 1971, et constituent finalement le Chapitre Ier du Titre Ier du Livre Ier, composé de vingt-quatre articles, du Code de procédure civile institué par le décret du 5 décembre 1975. Aujourd'hui, le Code de procédure civile contient les mêmes principes directeurs du procès qu'en 1975 à un article près : l'article 23-1 créé par le décret n° 2004-836 du 20 août 2004 et prévoyant le recours à un interprète dans l'hypothèse où une partie serait atteinte de surdité.

662. On note une certaine permanence dans les principes directeurs du procès qui sont, d'après M. Serge Guinchard, « l'esprit du code, sa philosophie, son âme »[1000]. Cet auteur a d'ailleurs procédé à leur énumération : « [o]n peut distinguer en regroupant les articles de ce chapitre premier : un principe accusatoire ou d'impulsion du procès, dans son double volet d'introduction et d'extinction de l'instance (art. 1er), et de la maîtrise de la conduite, du déroulement de celle-ci (art. 2 et 3) ; un principe dispositif, entendu comme la maîtrise de la matière litigieuse, quant à l'objet du litige (art. 4 et 5), aux faits (art. 6 à 8) et à la preuve (art. 9 à 11) ; mais sans le droit qui reste l'apanage du juge (art. 12 et 13) ; un principe de la contradiction (art. 14 à 17) ; un principe de liberté de se défendre par soi-même (art. 18) et de choisir son défenseur (art. 19), tout en pouvant être entendu par le juge (art. 20) ; un principe (d'espoir) de la conciliation par le juge (art. 21) ; un principe de publicité des débats (art. 22), assorti de celui que les débats ont lieu en langue française (art. 23) ; enfin, un devoir, plus qu'un principe, de réserve des parties à l'égard de la justice (art. 24) »[1001]. Le temps de l'écriture était antérieur au décret du 20 août 2004 précité.

663. Il convient de se demander si les articles du Chapitre Ier du Code de procédure civile constituent une liste limitative des principes directeurs du procès. M. Serge Guinchard considère qu'il ne s'agit pas d'une liste exhaustive et que devraient s'y ajouter notamment le principe de loyauté, le

---

[998] H. Vizioz, Etudes de procédure, éd. Bière, Bordeaux, 1956, spéc. p. 441.

[999] H. Motulsky, « Prolégomènes pour un futur Code de procédure civile : la consécration des principes directeurs du procès civil par le décret du 9 septembre 1971 », D., 1972.91, spéc. n° 10, p. 94.

[1000] S. Guinchard, « Quels principes directeurs pour les procès de demain ? », *in* Mélanges Van Compernolle, Bruylant, 2004, p. 201, spéc. p. 202.

[1001] *Ibid.*, spéc. pp. 204-205.

principe de dialogue entre les parties et le juge, et le principe de célérité, qu'il nomme les « principes de demain »[1002]. À l'inverse, MM. Jacques Héron et Thierry Le Bars considèrent que « [l]e danger d'une telle démarche est de multiplier à l'excès les principes de procédure et de noyer sous la masse ceux qu'ont posés les rédacteurs du Code de procédure civile (...) plus ils sont nombreux, moins ils ont de valeur. Quand tout devient fondamental, plus rien ne l'est et quand tout devient directeur, on finit par se perdre »[1003].

664. Pour savoir si de nouveaux principes directeurs du procès pourraient exister en dehors du Chapitre Ier du Code de procédure civile, nous sommes tentés d'identifier l'objet de ces principes. En 1958, Cornu et Foyer écrivaient que les principes directeurs du procès « ont pour objet, d'une part, de régler le rôle respectif des parties et du juge dans le procès civil, d'autre part, d'établir des garanties fondamentales de bonne justice »[1004]. Les coauteurs précités expliquent que « [l]a marche du procès n'est pas abandonnée au bon vouloir des parties en face d'un juge qui en serait l'observateur muet. Parties et juge y assument un rôle actif - et en vertu de leurs devoirs autant que de leurs pouvoirs - mais les parties plutôt comme moteur, et le juge comme régulateur »[1005]. Dès lors, nous serions favorables à une ouverture[1006] de la liste des principes directeurs du procès du Chapitre Ier du Code de procédure civile[1007] à la condition que leur objet tel qu'il est présenté par Cornu et Foyer soit respecté.

665. Depuis le décret du 13 janvier 2011, l'article 1464 du Code de procédure civile, applicable en arbitrage interne, énonce que :

1002 S. Guinchard, *op. cit.*, spéc. pp. 209-210.

1003 J. Héron et T. Le Bars, Droit judiciaire privé, Montchrestien, 5ème éd., 2012, spéc. n° 258, pp. 211-212.

1004 G. Cornu et J. Foyer, Procédure civile, PUF, Paris, 1958, spéc. n° 96, p. 435 ; G. Cornu, « Les principes directeurs du procès civil par eux-mêmes (fragment d'un état des questions) », *in* Mélanges Bellet, Litec, 1991, p. 83, spéc. p. 83 : « En 24 articles, les principes directeurs règlent le rôle respectif des parties et du juge dans le procès civil français ».

1005 G. Cornu et J. Foyer, Procédure civile, PUF, Paris, 1958, spéc. n° 97, p. 439.

1006 À cet égard, citons M. Loïc Cadiet : L. Cadiet, « Et les principes directeurs des autres procès ? Jalons pour une théorie des principes directeurs du procès », *in* Mélanges Normand, Justice et droits fondamentaux, Litec, 2003, p. 71, spéc. n° 1, p. 72 : « Les principes directeurs du procès se sont largement imposés pour ce qu'ils sont, avec toute la primauté qui doit leur être reconnue. Cette reconnaissance est aussi vraie en doctrine, où les auteurs leur consacrent des développements importants, qu'en jurisprudence qui y fait explicitement référence, à commencer par la Cour de cassation, soit en visant les articles qui les énoncent, soit en les visant directement comme principes. Ce rayonnement, du reste, ne s'exerce pas qu'intra muros, à l'intérieur des limites du procès civil : il va bien au-delà ».

1007 Qui ne constituerait qu'un *fonds de référence* pour reprendre l'expression consacrée par M. Gérard Cornu : G. Cornu, *op. cit.*, spéc. p. 85.

« À moins que les parties n'en soient convenues autrement, le tribunal arbitral détermine la procédure arbitrale sans être tenu de suivre les règles établies pour les tribunaux étatiques.

Toutefois, sont toujours applicables les principes directeurs du procès énoncés aux articles 4 à 10, au premier alinéa de l'article 11, aux deuxième et troisième alinéas de l'article 12 et aux articles 13 à 21, 23 et 23-1.

Les parties et les arbitres agissent avec célérité et loyauté dans la conduite de la procédure.

Sous réserve des obligations légales et à moins que les parties n'en disposent autrement, la procédure arbitrale est soumise au principe de confidentialité ».

666. Avant 2011, l'ancien article 1460 alinéa 2 du Code de procédure civile prévoyait que « [t]outefois, les principes directeurs du procès énoncés aux articles 4 à 10, 11 (alinéa 1) et 13 à 21 sont toujours applicables à l'instance arbitrale ».

667. Il n'était pas évident que les principes directeurs du procès judiciaire s'appliquent aux arbitres. Après tout, le législateur aurait pu traiter les arbitres comme les juges administratif et pénal pour qui les principes directeurs ne sont pas obligatoires, mais indicatifs[1008].

668. Il convient de faire quatre remarques. Première remarque, l'alinéa 2 de l'article 1464 du Code de procédure civile procède à une sélection parmi les principes directeurs du procès pour déterminer lesquels sont applicables en arbitrage. Ainsi, comme l'expliquent MM. Christophe Seraglini et Jérôme Ortscheidt, « [l]'article 1464, alinéa 2, du Code de procédure civile n'oblige pas à respecter tous les « principes directeurs du procès ». Ne sont pas systématiquement applicables à l'instance arbitrale ceux énoncés aux articles 1 à 3, 11, alinéa 2, 12 alinéa 1er, et 22 et 24 de ce code. La réforme opérée par le décret du 13 janvier 2011 et les spécificités de l'arbitrage rendaient en effet soit inutile, soit impossible, le renvoi aux principes énoncés par ces textes »[1009]. Il ne fait aucun doute que l'énumération de l'alinéa 2 de l'article 1464 du Code de procédure civile est limitative. On peut néanmoins se demander pourquoi l'article 3 du Code de procédure civile prévoyant que « le juge veille au bon déroulement de l'instance », n'est pas repris par l'alinéa 2 de l'article 1464 du Code de procédure civile applicable à l'arbitrage. La justification est assurément la suivante : en arbitrage institutionnel, il revient essentiellement à l'institution d'arbitrage de veiller au

---

[1008] G. Cornu, *op. cit.*, spéc. p. 85.
[1009] Ch. Seraglini, J. Ortscheidt, *op. cit.*, spéc. n° 369, p. 330.

bon déroulement de l'instance arbitrale. Il n'aurait dès lors pas été correct de mettre à la charge de l'arbitre cet office.

669. Deuxième remarque, l'alinéa 3 de l'article 1464 du Code de procédure civile ajoute à la liste des principes directeurs du procès judiciaire applicables à l'arbitrage, les principes de célérité et de loyauté dans la conduite de la procédure. Il faut s'en réjouir. En 1958, Cornu et Foyer écrivaient que « [c]ertains principes directeurs ont pour fin supérieure de garantir la justice du procès. Non pas celle du jugement (à laquelle nous demande de croire la présomption légale de vérité, C. civ., a. 1350), mais celle de la procédure qui y conduit (la valeur de la recherche promettant celle du résultat) »[1010]. Nous sommes convaincus que les principes de loyauté et de célérité sont pleinement visés par cette vérité. De plus, cette consécration formelle fait des principes de célérité et de loyauté, des principes propres à l'arbitrage. Il ne s'agit plus d'un emprunt à la matière judiciaire.

670. Troisième remarque, l'article 1506 3° du Code de procédure civile, applicable aux arbitrages internationaux, renvoie à l'article 1464 alinéa 3 du Code de procédure civile, à l'exclusion de son alinéa 2. Cela signifie-t-il que les principes directeurs du procès judiciaire applicables à l'arbitrage visés par l'alinéa 2 de l'article 1464 du Code de procédure civile ne sont pas applicables en arbitrage international ? Une réponse négative s'impose[1011]. La formule employée par l'alinéa 2 de l'article 1464 du Code de procédure civile, « sont toujours applicables », implique que les parties à l'arbitrage ne peuvent pas en prévoir autrement. Les principes directeurs du procès relèvent de l'ordre public procédural[1012]. Or l'arbitre, qu'il soit dans le cadre d'un arbitrage interne ou international, doit veiller au respect de l'ordre public procédural. À défaut, sa sentence risque d'être mise à mal par les parties à l'arbitrage. Par conséquent, les principes directeurs du procès judiciaire applicables à l'arbitrage visés par l'alinéa 2 de l'article 1464 du Code de procédure civile s'appliquent à l'arbitrage international, non *via* l'article 1506 3° dudit Code, mais par le truchement de l'ordre public procédural. Nous pensons, avec la doctrine majoritaire [1013], qu'une

---

[1010] G. Cornu et J. Foyer, *op. cit.*, spéc. n° 101, p. 466.

[1011] Ch. Jarrosson et J. Pellerin, « Le droit français de l'arbitrage après le décret du 13 janvier 2011 », Rev. arb., 2011.5, spéc. n° 86, p. 61 : « dira-t-on que l'absence de renvoi à l'article 1464 alinéa 2 signifie que les arbitres ne seront pas soumis à l'obligation de respecter le principe dispositif sauf si les parties en disposent ainsi expressément ? Une réponse négative s'impose et l'article 1520-3° vient d'ailleurs sanctionner la sentence rendue par le tribunal arbitral qui aura statué *ultra* ou *extra petita* ».

[1012] E. Verges, La catégorie juridique des principes directeurs du procès judiciaire, thèse Aix-Marseille, 2000, spéc. n° 11, p. 25 : « Les principes directeurs doivent être compris comme des principes de procédure ».

[1013] P. Bellet et E. Mezger, « L'arbitrage international dans le Nouveau Code de procédure civile », Rev. crit. DIP, 1981.611 ; Ph. Fouchard, « L'arbitrage international en France après le

transposition de la matière interne à la matière internationale est suffisante. Seuls quelques auteurs, dont M. Matthieu de Boisséson, évoquent la nécessité d'une adaptation[1014].

671. Quatrième et dernière remarque, les principes directeurs du procès judiciaire applicables à l'arbitrage sont-ils obligatoires pour l'institution d'arbitrage ? Dans un arrêt *Opinter France*[1015], la Cour d'appel de Paris a jugé que la décision de récusation d'un arbitre prise par une institution d'arbitrage n'émane pas d'un organisme juridictionnel à qui s'imposeraient les principes directeurs du procès. Néanmoins, si, organiquement, l'institution d'arbitrage ne peut se voir imposer lesdits principes directeurs, fonctionnellement, elle ne pourrait agir dans un sens contraire auxdits principes, puisqu'elle veille au bon déroulement de l'instance arbitrale. Une position ferme est impossible à ce sujet.

672. Etudions les deux principes directeurs du procès judiciaire applicables à l'arbitrage que nous jugeons les plus pertinents pour fonder la sanction *lato sensu* des conflits d'intérêts en arbitrage commercial international, à savoir le principe dispositif (A) et le principe de la contradiction (B).

A. Le principe dispositif

673. Traditionnellement, le principe dispositif est couvert par les articles 4 à 9 du Code de procédure civile. Nous nous intéresserons essentiellement à l'article 7 du Code de procédure civile selon lequel :

« Le juge ne peut fonder sa décision sur des faits qui ne sont pas dans le débat.

---

décret du 12 mai 1981 », JDI, 1982.374 ; J. Robert, « L'arbitrage en matière internationale », D., 1981.209 ; P. Level, « La réforme de l'arbitrage international », JCP G, 1981.I.9899 ; B. Goldman, « La nouvelle règlementation française de l'arbitrage international », *The Art of Arbitration, Kluwer*, 1982, p. 153 ; E. Mezger, « Dix questions relatives au Titre IV du Nouveau Code de procédure civile », Rev. arb., 1981.543.

1014 M. de Boisséson, Le droit français de l'arbitrage : interne et international, GLN-Joly éd., 1990, spéc. n° 715, p. 674 : « Une telle transposition ne justifie pas, à elle seule, l'élaboration de principes de la procédure devant l'arbitre international, puisque déjà, la transposition des principes directeurs du procès, visés par l'article 1460 du Nouveau Code de procédure civile en matière d'arbitrage interne nécessite une certaine adaptation à la nature même de l'arbitrage ».

1015 Paris, 15 janvier 1985, *société Opinter France c. société Dacomex*, Rev. arb., 1986.87, note E. Mezger.

Parmi les éléments du débat, le juge peut prendre en considération même les faits que les parties n'auraient pas spécialement invoqués au soutien de leurs prétentions ».

674. Dans leur manuel de procédure civile de 1958, Cornu et Foyer décrivaient le principe dispositif de la manière suivante : « [l]e juge ne doit pas sortir des termes du litige tels que les parties les déterminent. Sa juridiction épouse la matière du litige. C'est la marque spécifique de la justice civile. L'obligation de respecter les limites du litige porte en doctrine le nom traditionnel de principe dispositif. Le juge dispose sur les prétentions des parties et les faits du débat. Ce sont les deux branches du principe »[1016]. Il est rassurant de retrouver l'objet de tout principe directeur du procès, à savoir la répartition des rôles respectifs du juge et des parties dans le procès civil.

675. Pour appréhender le principe dispositif, il faut le distinguer du principe d'initiative et cerner deux autres distinctions inhérentes au principe que nous étudions : cause et objet ; faits et droit. Motulsky expliquait que le principe dispositif « confère la maîtrise de la matière du litige. En revanche, le principe d'initiative ou (principe dit accusatoire) vise le déroulement du procès »[1017]. Le principe d'initiative encadre l'introduction et l'extinction de l'instance, tandis que le principe dispositif encadre la répartition des rôles entre les parties et le juge en ce qui concerne la matière du litige.

676. Par ailleurs, l'auteur pensait qu'était « l'affaire des parties, la délimitation de l'objet et de la cause »[1018]. Ainsi faut-il distinguer l'objet de la cause : « l'objet, c'est le résultat économique ou social » qui « correspond nécessairement à l'impératif d'une règle de droit », tandis que « la cause est constituée par les faits nécessaires pour déclencher cet impératif »[1019]. Enfin, la définition du principe dispositif donnée par Cornu et Foyer suppose de maîtriser une seconde distinction, celle entre les faits et le droit. Le premier coauteur explique que « les faits correspondent, dans leur individualité, à ce pan de la réalité qui constitue le cas particulier soumis au juge (les faits de l'espèce, art. 6 et 7), le droit, dans sa généralité, à l'ensemble des règles de droit applicables à l'espèce (art. 12 al. 1) »[1020].

1016 G. Cornu et J. Foyer, Procédure civile, PUF, Paris, 1958, spéc. n° 99, p. 448.

1017 H. Motulsky, « Prolégomènes pour un futur Code de procédure civile : la consécration des principes directeurs du procès civil par le décret du 9 septembre 1971 », D., 1972.91, spéc. note n° 44, p. 97.

1018 *Ibid.*, spéc. n° 28, p. 97.

1019 *Ibid.*, spéc. n° 32, p. 98.

1020 G. Cornu, « Les principes directeurs du procès civil par eux-mêmes (fragment d'un état des questions) », *in* Mélanges Bellet, Litec, 1991, p. 83, spéc. p. 98.

677. Ainsi, selon l'adage consacré[1021], le juge prend en compte les faits spécialement invoqués par les parties, auxquels il a « l'interdiction d'annexer d'autres faits de son cru »[1022]. Le juge a l'interdiction de « modifier d'office l'objet et la cause »[1023]. Autrement formulé, il a l'« obligation de ne point toucher à l'édifice de fait construit par les parties »[1024]. Ce principe souffre une exception et connaît plusieurs nuances.

678. Ce principe souffre une exception. Les juges peuvent prendre en compte les faits simplement[1025] invoqués par les parties. Motulsky proposa de les qualifier de *faits adventices*. Les faits adventices sont les faits « qui n'ont pas été invoqués au soutien de la demande, mais bien simplement signalés d'une manière accidentelle »[1026] ; ils ont été « incidemment signalés sans être « soudés à la prétention » »[1027]. Les juges peuvent utiliser les faits adventices à condition de les soumettre à la contradiction des parties. Nous y reviendrons.

679. Le principe connaît, au surplus, plusieurs nuances[1028]. Les parties soufflent naturellement au juge des textes et des principes juridiques. « Le simple désir de gagner le procès incite à suggérer au juge une solution de droit déterminée »[1029]. De plus, il serait faux de penser que le juge est « passif au pied du fait que les parties lui présentent »[1030]. Au contraire, le juge est animé par la recherche de la vérité rendue possible par l'examen du

---

1021 *Da mihi factum, tibi dabo jus* : donne-moi les faits, je te donnerai le droit.

1022 G. Cornu, *op. cit.*, p. 83, spéc. p. 97.

1023 H. Motulsky, *op. cit.*, spéc. n° 29, p. 97.

1024 *Ibid.*, spéc. n° 33, p. 98.

1025 J. Héron et T. Le Bars, Droit judiciaire privé, Montchrestien, 5ème éd., 2012, spéc. n° 274, p. 222 : « il faut savoir qu'au début du procès, il arrive fréquemment que les parties allèguent, comme en vrac, toute une masse de faits pouvant toucher de près ou de loin au procès. (...) tous les faits invoqués simplement, à savoir les faits non invoqués spécialement, ont été mis dans le débat (fût-ce en vrac) et le juge peut les utiliser pour fonder sa décision. Par exemple, il peut fonder sa décision sur une clause d'un contrat produit par une partie et qu'aucun plaideur n'a spécialement invoquée ».

1026 H. Motulsky, « La cause de la demande dans la délimitation de l'office du juge », D., 1964.235 et *in* Ecrits - Ecrits et notes de procédure civile, Dalloz, 1973, p. 101, spéc. n° 12, p. 109.

1027 *Ibid.*, spéc. n° 34, p. 126.

1028 G. Cornu et J. Foyer, Procédure civile, PUF, Paris, 1958, spéc. n° 100, pp. 457-458 : « l'erreur (double) est d'affirmer que le fait est le domaine exclusif des parties, le droit celui du juge ».

1029 H. Motulsky, « Prolégomènes pour un futur Code de procédure civile : la consécration des principes directeurs du procès civil par le décret du 9 septembre 1971 », D., 1972.91, spéc. n° 34, p. 98.

1030 G. Cornu et J. Foyer, *op. cit.*, spéc. n° 99, p. 450.

fait. « Le fait est la base du jugement ; sa pleine connaissance une part essentielle de l'office du juge »[1031].

680. Voyons à présent comment le principe dispositif est appliqué en matière arbitrale. L'application du principe dispositif au droit de l'arbitrage comporte trois volets.

681. Le premier volet résulte de l'application du principe dispositif au juge du recours. Celle-ci ne fait aucun doute. Déjà affirmée dans un arrêt de 1988[1032], elle a été récemment rappelée par la première chambre civile de la Cour de cassation dans l'affaire *Tecnimont* : « [l]a cour d'appel qui, pour juger que le grief tiré du défaut d'indépendance du président du tribunal arbitral était recevable, a retenu un certain nombre d'éléments dont elle a déduit que la situation critiquée n'était pas connue de la recourante avant la reddition de la sentence partielle et que celle-ci n'avait donc pas renoncé à contester l'indépendance de l'arbitre, alors que la quasi-totalité des faits dénoncés figurait dans la requête en récusation déposée au préalable, a modifié l'objet du litige et a, par suite, violé l'article 4 du Code de procédure civile »[1033].

682. Le deuxième volet réside dans l'application du principe dispositif aux institutions d'arbitrage. À notre connaissance, la question s'est posée à la Cour de cassation pour la première fois en 1994[1034]. Les faits étaient les suivants. La société Ferruzzi, exportateur de céréales, soumet à l'arbitrage un litige l'opposant à l'un de ses fournisseurs. Elle désigne la Chambre arbitrale de Paris comme institution d'arbitrage. La Chambre arbitrale de Paris soutient que la demande d'arbitrage de la société Ferruzzi est irrecevable pour cause de forclusion. La société Ferruzzi forme un recours en annulation devant la Cour d'appel de Paris. Le recours est rejeté. Elle forme alors un pourvoi en cassation notamment au motif que la Chambre arbitrale de Paris aurait violé le principe dispositif en déduisant une présomption d'abandon de l'instance du défaut de versement de la provision dans les délais impartis. La

---

1031 *Ibid.*

1032 Cass. 2ème civ., 16 mai 1988, *Paroutian et autres c. société de distribution de produits alimentaires et manufactures Cedipam Cogedis et autres*, Rev. arb., 1988.645, note M.-C. Rivier où la Cour de cassation retient qu'en se fondant, pour annuler la sentence, sur le fait que les arbitres n'avaient pas vérifié le montant des redressements et pénalités fiscales mises à la charge de l'une des sociétés, alors qu'aucune des parties n'avait invoqué un tel manquement, la cour d'appel avait méconnu les termes du litige.

1033 Cass. 1ère civ., 4 novembre 2010, *société Tecnimont Spa c. société J&P Avax*, Rev. arb. 2010.824 ; Cah. arb., 2010-4, p.1147, note Th. Clay ; JCP G, 2010.II.1306, note B. Le Bars et J. Juvénal ; LPA, 21 février 2011, n° 36, p. 17, obs. M. Henry ; D., 2010.2939, obs. Th. Clay ; JCP G, 2010.I.1286 § 2, obs. Ch. Seraglini ; *Kluwer Arbitration Blog*, 5 novembre 2010, obs. A. Mourre ; *Global Arbitration Review*, 8 décembre 2010, obs. T. Toulson.

1034 Cass. 2ème civ., 26 janvier 1994, *société Ferruzzi France c. UCACEL*, Rev. arb., 1995.443.

Cour de cassation rejette ce moyen en relevant que l'article 1er du Nouveau Code de procédure civile n'est pas au nombre des principes directeurs du procès judiciaire applicables à l'arbitrage énumérés à l'article 1464 alinéa 2 dudit Code. Cet arrêt appelle plusieurs remarques. L'article 1er du Nouveau Code de procédure civile ne porte pas le principe dispositif, mais le principe d'initiative. Le principe dispositif est consacré aux articles 4 à 9 du Code de procédure civile qui sont tous applicables à l'arbitrage. Pourtant, la Cour de cassation ne vise aucun de ces articles. La Cour de cassation ne dit à aucun moment que le principe dispositif n'est pas applicable à la Chambre arbitrale de Paris. La question reste donc en suspens.

683. Troisième et dernier volet, il s'agit de l'application du principe dispositif aux arbitres. La doctrine prend le parti d'une transposition pure et simple[1035] à la matière arbitrale du principe dispositif de la matière judiciaire. Les parties à l'arbitrage « sont tenues, avant de les prouver, d'alléguer les faits de nature à justifier les demandes qu'elles présentent et le tribunal arbitral ne peut tenir compte que de ces seuls éléments factuels ; il n'est pas autorisé à se prononcer en considération de faits liés au litige dont il aurait personnellement connaissance, mais que les parties auraient choisi de ne pas invoquer »[1036]. Pour les arbitres, « le respect du principe dispositif constitue une limite infranchissable : l'arbitre ne peut pas étendre sa saisine, ou même suggérer son extension, au-delà du litige que les parties lui ont soumis, défini par sa cause et par son objet »[1037]. « Une solution contraire ouvrirait la voie à un vaste champ de sentences arbitraires et exposerait les parties au risque de l'excès de pouvoir »[1038]. Le principe dispositif s'applique aux arbitres.

684. La jurisprudence est à l'origine d'une confusion fâcheuse entre le principe dispositif et celui de la contradiction. Les exemples sont nombreux[1039]. Nous nous contenterons de citer les attendus de deux arrêts

---

[1035] M. de Boisséson, Le droit français de l'arbitrage : interne et international, GLN-Joly éd., 1990, spéc. n° 258, p. 227 : « Les arbitres ne peuvent outrepasser les limites de l'objet du litige qui leur est soumis » ; spéc. n° 259, p. 228 : « L'arbitre ne peut pas fonder sa décision sur des faits qui ne sont pas dans le débat » ; V. Chantebout, « L'arbitre, les termes du litige et les termes du contrat », note sous Paris, 6 mars 2012, Rev. arb., 2012.605, spéc. n° 9, p. 607 : « L'application à l'arbitrage du principe dispositif posé par les articles 4 et 5 du Code de procédure civile, auxquels renvoie l'article 1464, alinéa 2, n'est pas contestée ».

[1036] Ch. Seraglini, J. Ortscheidt, *op. cit.*, spéc. n° 375, p. 334.

[1037] P. Mayer, « La liberté de l'arbitre », Rev. arb., 2013.339, spéc. n° 29, p. 355.

[1038] V. Chantebout, *op. cit.*, spéc. n° 9, p. 607.

[1039] Paris, 30 juin 2005, *Pilliod c. société Econosto International Holding*, Rev. arb., 2006.689, note R. Libchaber ; Cass. 1ère civ., 23 juin 2010, *société Malicorp c. République arabe d'Egypte*, Rev. arb., 2011.446, note C. Chainais ; Cass. 1ère civ., 23 juin 2010, *Top Bagage International c. société Wistar Entreprise Ltd*, Rev. arb., 2011.448, note C. Chainais ; Paris, 29 septembre 2011, *Scolardi et autres c. Techman Head*, Rev. arb., 2011.1093 ; Cah. arb., 2011-4, p. 1141, obs. A. Mourre et P. Pedone ; Cass. 1ère civ., 29 juin 2011, *société*

rendus le 23 juin 2010 par la première chambre civile de la Cour de cassation : « [v]iole le principe de la contradiction le tribunal arbitral qui a, sans débat contradictoire, fondé sa décision sur les dispositions non invoquées des articles 120, 121 et 142 du Code civil égyptien. La sentence ne peut donc être reconnue ni exécutée en France »[1040] ; « [v]iole le principe de la contradiction le tribunal arbitral qui a prononcé une condamnation destinée à réparer un préjudice non invoqué, distinct des préjudices invoqués et ne pouvant pas être considéré comme y étant virtuellement compris, sans inviter les parties à s'expliquer sur ce point »[1041]. À la lecture de ces attendus, aucune violation du principe dispositif n'apparaît. La Cour de cassation ne s'émeut que de la violation du principe de la contradiction. Cette attitude mène à penser que s'il y avait eu violation du principe dispositif mais respect du principe du contradictoire, la violation du principe dispositif n'aurait peut-être pas été retenue. Il semble que le respect du principe de la contradiction purge[1042] la violation du principe dispositif. Théoriquement, cette idée est insoutenable. Néanmoins, on comprend la logique suivie par la Cour de cassation : la violation du principe de la contradiction est une cause d'annulation de la sentence arbitrale, contrairement à celle du principe dispositif[1043].

685. Dans son commentaire sous l'un des arrêts de la Cour de cassation du 23 juin 2010, Mme Cécile Chainais développe la thèse de l'inflexion du principe dispositif, nécessaire à son application à la matière arbitrale. Selon elle, la répartition des rôles respectifs de l'arbitre et des parties à l'arbitrage dans le procès arbitral ne peut pas être la même que dans le procès judiciaire, pour une raison évidente : l'adage *jura novit curia* ne peut pas être appliqué à l'arbitre de la même manière qu'au juge étatique. Mme Cécile Chainais est favorable à un rôle consistant des parties à l'arbitrage dans la délivrance du droit : « [l]'inflexion donnée au principe dispositif consiste alors, pour les parties, à faire entrer dans la matière litigieuse dont elles disposent, non

---

Overseas Mining Investments Ltd c. Commercial Carribean Niquel, Rev. arb., 2011.678, note C. Chainais ; D., 2011.2941, obs. Th. Clay ; RTD. com., 2010.545, note E. Loquin.

1040 Cass. 1ère civ., 23 juin 2010, *société Malicorp c. République arabe d'Egypte*, Rev. arb., 2011.446, note C. Chainais.

1041 Cass. 1ère civ., 23 juin 2010, *Top Bagage International c. société Wistar Entreprise Ltd*, Rev. arb., 2011.448, note C. Chainais.

1042 H. Motulsky, « La cause de la demande dans la délimitation de l'office du juge », D., 1964.235 et *in* Ecrits - Ecrits et notes de procédure civile, Dalloz, 1973, p. 101, spéc. n° 12, pp. 109-110 : « c'est uniquement ce dernier principe [le principe du contradictoire], et non pas le principe dispositif, qui peut interdire au juge de modifier l'aspect proprement juridique du procès. (...) le principe du contradictoire empêche le juge de faire application d'une règle de droit ou d'une qualification nouvelle lorsque la modification est assez importante pour devoir être subordonnée à une discussion préalable ».

1043 Sauf à prouver l'appartenance du principe du dispositif à l'ordre public.

seulement les faits et l'objet du litige, mais également des éléments de droit »[1044].

686. M. Vincent Chantebout a développé un autre argument au soutien de la thèse de l'inflexion du principe dispositif, préalable à son application à la matière arbitrale. Selon lui, le fait que la mission de l'arbitre soit à la fois dans la convention d'arbitrage, dans l'acte de mission et dans le contrat d'arbitre, suppose une adaptation de l'application du principe dispositif à la matière arbitrale[1045]. Nous ne pensons pas que le principe dispositif puisse faire l'objet d'une simple transposition à la matière arbitrale, et sommes favorables à son inflexion préalable à son application.

687. Au regard des développements ci-dessus, la question se pose de savoir si le principe dispositif pourrait constituer le fondement de la sanction *lato sensu* des conflits d'intérêts en arbitrage commercial international. Autrement dit, l'arbitre faisant prévaloir son intérêt personnel au détriment de l'intérêt tiers dont il a la charge commet-il une violation du principe dispositif ?

688. L'article 7 alinéa 1er du Code de procédure civile dispose que « [l]e juge ne peut fonder sa décision sur des faits qui ne sont pas dans le débat ». Or, l'arbitre qui tranche en faveur de son intérêt personnel, fonde sa décision sur des faits qui, de manière générale, ne sont pas dans le débat. L'intérêt personnel est un fait sans lien avec le litige[1046]. Il ne rentre pas dans la matière litigieuse. Il pourrait éventuellement alimenter un litige annexe, mais certainement pas le litige principal. Preuve en est que ce fait, sans lien avec le litige, ne lui permet pas de rechercher la vérité. La prise en compte de l'intérêt personnel par l'arbitre ou par l'institution d'arbitrage ne peut pas être envisagée au regard du principe dispositif.

689. Pour ces raisons, le principe dispositif ne saurait constituer le fondement de la sanction *lato sensu* des conflits d'intérêts en arbitrage commercial international. Qu'en est-il du principe de la contradiction ?

1044 C. Chainais, « L'arbitre, le juge, et la contradiction : l'office du juge arbitral à la recherche de son point d'équilibre », Rev. arb., 2010.3, spéc. p. 19.

1045 V. Chantebout, « L'arbitre, les termes du litige et les termes du contrat », note sous Paris, 6 mars 2012, Rev. arb., 2012.605.

1046 Paris, 23 mars 1995, *société Maec et a. c. P. Mumbach*, Rev. arb., 1996.446 où la Cour d'appel de Paris considère que le fait que l'arbitre et une partie avaient déposé ensemble une demande de brevet d'invention puis constitué une société civile pour exploiter cinq brevets est « sans lien avec l'objet du litige arbitral ».

B. Le principe de la contradiction[1047]

690. « Âme du procès »[1048], le principe de la contradiction est remarquable car il est un principe directeur commun aux procès civil (articles 14 à 17 du Code de procédure civile), pénal (article préliminaire du Code pénal) et administratif (article L.5 du Code de justice administrative).

691. Parmi les articles 14 à 17 du Code de procédure civile, l'article 16 est l'article le plus souvent visé par la Cour de cassation. Celui-ci dispose que :

« Le juge doit, en toutes circonstances, faire observer et observer lui-même le principe de la contradiction.

Il ne peut retenir, dans sa décision, les moyens, les explications et les documents invoqués ou produits par les parties que si celles-ci ont été à même d'en débattre contradictoirement.

Il ne peut fonder sa décision sur les moyens de droit qu'il a relevés d'office sans avoir au préalable invité les parties à présenter leurs observations ».

692. Dans sa thèse consacrée au principe du contradictoire, Mme Marie-Anne Frison-Roche donne la définition suivante : « [l]e contradictoire interdit qu'une personne risque d'être condamnée par une décision judiciaire sans avoir été mise en mesure de présenter ses moyens de défense »[1049]. MM. Serge Guinchard, Franck Ferrand et Mme Cécile Chainais ajoutent que « [l]e principe de la contradiction est le principe naturel de l'instance en vertu duquel toute personne doit être informée de l'existence d'une instance engagée contre elle et doit être en mesure de discuter les prétentions, les arguments et les preuves de son adversaire : les articles 14 à 17 du Code de procédure civile, posent ainsi à la fois le droit pour chaque partie d'être entendue ou appelée et celui d'être informée des moyens invoqués et de pouvoir y répondre »[1050].

[1047] Dans cette étude, nous utiliserons indifféremment les formules *principe de la contradiction* et *principe contradictoire*.

[1048] L. Cadiet, « Et les principes directeurs des autres procès ? Jalons pour une théorie des principes directeurs du procès », *in* Mélanges Normand, Justice et droits fondamentaux, Litec, 2003, p. 71, spéc. n° 15, p. 86.

[1049] M.-A. Frison-Roche, Généralités sur le principe du contradictoire (droit processuel), thèse Paris II, 1988, spéc. p. 4.

[1050] S. Guinchard, F. Ferrand, C. Chainais, Procédure civile, Dalloz, 3ème éd., 2013, spéc. n° 764, p. 340.

693. L'articulation entre le principe de la contradiction et les droits de la défense est la suivante : le principe de la contradiction est une composante des droits de la défense, avec le libre choix de son défenseur, la possibilité d'exercer un recours et l'obligation de motivation de la décision[1051]. Le contradictoire apparaît « comme le centre, le noyau, le « centre de gravité » des droits de la défense »[1052] bien que « l'expression « droits de la défense » évoque plutôt les droits subjectifs autonomes insérés dans le processus judiciaire, et l'expression « principe du contradictoire » plutôt un droit objectif impersonnel, inhérent au processus »[1053].

694. Quelle est la nature du principe de la contradiction ? Principe de droit naturel selon Mme Marie-Anne Frison-Roche[1054], principe fondamental d'ordre public réellement international d'après Goldman[1055], le principe de la contradiction est, selon M. Loïc Cadiet, comme tout principe directeur du procès, « dans l'entre-deux des normes »[1056].

695. Qu'en est-il de l'applicabilité du principe de la contradiction à l'arbitrage ? Le principe de la contradiction a un champ d'application large : il est obligatoire dans les procès civil, administratif et pénal. On peut penser que la raison en est l'objet de celui-ci : « le contradictoire apparaît comme un mécanisme protecteur de l'individu, lorsque ses intérêts sont mis en péril par le procès »[1057]. Il apparaît essentiel de l'appliquer à tout procès, peu importe sa nature. Par conséquent, le principe de la contradiction serait applicable au procès arbitral. À l'origine, Motulsky faisait du principe du contradictoire une garantie de sécurité juridique et de prévisibilité des décisions de justice. Il dénonçait la *surprise illégitime* qui pourrait résulter de l'application par le juge d'un moyen de droit non débattu par les parties. Aujourd'hui, l'article 1464 alinéa 2 du Code de procédure civile rend applicable à l'arbitrage interne le principe de la contradiction en renvoyant notamment aux articles 14 à 17 du Code. En arbitrage international, l'article 1510 du Code de procédure civile prévoit que « [q]uelle que soit la procédure choisie, le tribunal arbitral garantit l'égalité des parties et respecte le principe de la contradiction ». Cette redondance est signe d'insistance. Le principe de la

---

[1051] J. Héron et T. Le Bars, Droit judiciaire privé, Montchrestien, 5ème éd., 2012, spéc. n° 291, p. 240.
[1052] M.-A. Frison-Roche, *op. cit.*, spéc. p. 31.
[1053] *Ibid.*, spéc. p. 33.
[1054] *Ibid.*, spéc. p. 5.
[1055] B. Goldman, « Instance judiciaire et instance arbitrale internationale », *in* Mélanges Bellet, Litec, 1991, p. 219, spéc. n° 4, p. 221.
[1056] L. Cadiet, « Et les principes directeurs des autres procès ? Jalons pour une théorie des principes directeurs du procès », *in* Mélanges Normand, Justice et droits fondamentaux, Litec, 2003, p. 71, spéc. n° 39, p. 110 : « Politique par ses prémices, technique par ses conséquences, le principe directeur est bien dans l'entre-deux des normes ».
[1057] M.-A. Frison-Roche, *op. cit.*, spéc. p. 15.

contradiction est expressément applicable aussi bien en arbitrage interne qu'en arbitrage international.

696. Il est de jurisprudence constante que le principe de la contradiction est applicable au juge du recours en matière arbitrale[1058]. De même, la doctrine et la jurisprudence affirment avec certitude l'applicabilité du principe de la contradiction aux arbitres. « L'arbitre, comme le juge, doit, en toutes circonstances, faire observer le principe de la contradiction. Il ne peut retenir dans sa décision les moyens, les explications et les documents invoqués ou produits par les parties que si celles-ci ont été à même d'en débattre contradictoirement » [1059] affirme M. Matthieu de Boisséson dès 1990. En 2003, la Cour d'appel de Paris précise que « [l]e tribunal arbitral doit impérativement respecter et faire respecter le principe de la contradiction ; ce principe suppose tout d'abord que chaque partie ait été en mesure de faire valoir ses moyens de fait et de droit, de connaître ceux de son adversaire et de les discuter, ensuite qu'aucune écriture ou aucun document n'ait été porté à la connaissance de l'arbitre sans être également communiqué à l'autre partie, et enfin qu'aucun moyen de fait ou de droit ne soit soulevé d'office par le tribunal arbitral sans que les parties n'aient été invitées à présenter leurs observations éventuelles »[1060]. Enfin, le Tribunal de grande instance de Nanterre a affirmé, dans une décision du 1er juillet 2010, qu'« [e]n vertu de l'article 1460 (ancien) du Code de procédure civile, les arbitres sont tenus de respecter le principe de la contradiction »[1061]. Le principe de la contradiction s'applique donc aux arbitres. En revanche, le doute persiste quant à l'applicabilité du principe du contradictoire aux institutions d'arbitrage en raison de leur nature non-juridictionnelle[1062].

697. Il convient de noter un point essentiel : contrairement à la violation du principe dispositif, la violation du principe de la contradiction est une

---

[1058] Cass. 1ère civ., 13 mars 2007, *société Chefaro International c. Barrère et autres*, Rev. arb. 2007.498, note L. Jaeger.

[1059] M. de Boisséson, Le droit français de l'arbitrage : interne et international, GLN-Joly éd., 1990, spéc. n° 260, p. 228.

[1060] Paris, 27 février 2003, *SA Banco Espirito Santo et autre c. SA Damm*, Rev. arb., 2003.547.

[1061] TGI Nanterre, 1er juillet 2010, *société Filature Française de Mohair c. Fédération Française des Industries Lainière et Cotonnière*, Rev. arb., 2014.211.

[1062] Paris, 15 janvier 1985, *société Opinter France c. société Dacomex*, Rev. arb., 1986.87, note E. Mezger ; TGI Nanterre, 1er juillet 2010, *société Filature Française de Mohair c. Fédération Française des Industries Lainière et Cotonnière*, Rev. arb., 2014.211 : « En vertu de l'article 1460 (ancien) du Code de procédure civile, les arbitres sont tenus de respecter le principe de la contradiction. La transmission d'une pièce au tribunal arbitral par le secrétariat de l'institution d'arbitrage chargée de l'organisation de l'arbitrage, sans communication à la partie adverse, viole le principe de la contradiction, caractérisant une faute de l'institution dans l'organisation des opérations d'arbitrage dont elle avait la charge ».

cause d'annulation de la sentence arbitrale[1063]. La violation du principe de la contradiction est souvent invoquée par les parties, parfois de manière abusive. Par exemple, dans un arrêt rendu le 20 mars 2012 par la Cour d'appel de Paris[1064], le tribunal arbitral avait relevé des carences dans la défense de la société ADB et l'avait déboutée au profit de la partie adverse. La société ADB avait fait un recours en annulation contre la sentence arbitrale et avait expliqué que sa défense souffrait de carence, car elle n'avait pas compris certaines prétentions de la partie adverse. Selon elle, le tribunal arbitral aurait dû la mettre en mesure de comprendre et, ne l'ayant pas fait, il avait violé le principe de la contradiction. La Cour d'appel de Paris rejette à juste titre cette argumentation hasardeuse.

698. Mme Cécile Chainais note que « le devoir de respecter le principe du contradictoire doit être satisfait avec une « virulence » toute particulière devant les arbitres, dès lors que l'on sait que cette procédure est en principe exclusive du double degré de juridiction et que, dans le cadre du recours en annulation, ni la dénaturation du contrat, ni l'erreur de droit ne sont des causes de nullité de la sentence »[1065]. Cela fait l'objet d'une deuxième remarque : le principe de la contradiction doit faire l'objet d'une adaptation en matière arbitrale. Il ne saurait être appliqué comme en matière judiciaire.

699. La pratique arbitrale nous permet de faire une troisième remarque en ce qui concerne l'application du principe de la contradiction. Les parties à l'arbitrage échangent avec les arbitres beaucoup plus que les parties à un procès judiciaire n'échangent avec le juge qui leur a été imposé. Dès lors, le principe de la contradiction s'étend à ces échanges. Mme Catherine Kessedjian l'avait relevé dès 1995 : « les dispositions de l'article 16 du nouveau Code de procédure civile et la jurisprudence rendue par application de ce texte nous semblent condamner les conférences téléphoniques ou autres contacts entre le tribunal arbitral ou l'un de ses membres et l'une des parties au litige sans que l'autre partie ne soit appelée à y participer »[1066]. Ces échanges sont « fructueux » car ils permettent « d'aller plus vite, de convaincre une partie d'abandonner telle ou telle prétention qui leur apparaît futile ou dilatoire ou abusive ». Néanmoins, la célérité de la justice arbitrale ne saurait l'emporter sur le respect du contradictoire. Qui plus est, la

---

[1063] Article 1492 4° du Code de procédure civile pour les sentences internes ; article 1520-4° du Code de procédure civile pour les sentences internationales rendues en France, dans l'hypothèse où les parties à l'arbitrage n'auraient pas renoncé au recours en annulation en vertu de l'article 1522 du Code de procédure civile.
[1064] Paris, 20 mars 2012, *SAS ADB c. société Reo Inductive Components AG*, Rev. arb., 2012.805.
[1065] C. Chainais, « L'arbitre, le juge, et la contradiction : l'office du juge arbitral à la recherche de son point d'équilibre », Rev. arb., 2010.3, spéc. p. 27.
[1066] C. Kessedjian, « Principe de la contradiction et arbitrage », Rev. arb., 1995.381, spéc. pp. 397-398.

multiplication de ces échanges risquerait d'avoir pour conséquence une confusion inopportune entre arbitrage et conciliation.

700. Finalement, la pratique arbitrale appelle une quatrième et dernière remarque à propos de la motivation[1067] des sentences arbitrales. Ce volet est intéressant en ce qui concerne les conflits d'intérêts, car l'arbitre qui tranche dans le sens de son intérêt personnel aura vraisemblablement quelques difficultés à motiver sa sentence de manière convaincante. Néanmoins, la jurisprudence constante[1068] affirme que l'arbitre n'a pas à soumettre au débat contradictoire la motivation de la sentence. La première chambre civile de la Cour de cassation a rappelé dans un arrêt du 13 mars 2013 que « les arbitres, qui n'avaient pas à soumettre à la discussion des parties l'argumentation juridique étayant leur motivation, n'ont manqué ni à leur mission ni au principe de la contradiction ; que les moyens ne sont pas fondés »[1069]. En 2004, la Cour d'appel de Paris avait déjà jugé que « [l]es arbitres n'ont aucune obligation de soumettre au préalable leur motivation à une discussion contradictoire des parties »[1070], ou encore qu'« [i]l n'y a aucune violation du principe de la contradiction à ne pas soumettre préalablement au prononcé de la sentence la motivation de celle-ci au débat contradictoire, sauf à empêcher les arbitres de jamais statuer s'il leur fallait provoquer les explications des parties sur le raisonnement à tenir »[1071]. L'idée est de laisser à l'arbitre une

1067 Sur l'appartenance de l'obligation de motivation au principe de la contradiction : H. Motulsky, « Le droit naturel dans la pratique jurisprudentielle : la violation des droits de la défense en procédure civile », *in* Mélanges Roubier, t. 2, Dalloz, 1961, spéc. p. 175.

1068 Cass. 1ère civ., 18 septembre 2003, *Conselho Nacional de Corregadores c. Charasse et autres*, Rev. arb., 2004.311 : « Le tribunal arbitral n'a pas l'obligation de soumettre au préalable le raisonnement juridique qui étaye sa motivation à la discussion contradictoire. Les arbitres ayant en l'espèce procédé à la motivation de leur sentence en droit en appliquant leur raisonnement aux éléments de fait et de droit qui avaient été débattus devant eux par les parties, et en ayant déduit les conséquences juridiques qu'ils estimaient fondées, le moyen d'annulation pour non-respect du principe de la contradiction n'est pas fondé » ; Paris, 22 mai 2003, *SA Intercafco c. SA DAFCI*, Rev. arb., 2004.132 : « Il n'y a aucune violation du principe de la contradiction à ne pas soumettre préalablement au prononcé de la sentence la motivation de celle-ci au débat contradictoire, sauf à empêcher les arbitres de jamais statuer s'il leur fallait provoquer les explications des parties sur le raisonnement à tenir » ; Paris, 27 février 2003, *SA Banco Espirito Santo et autre c. SA Damm*, Rev. arb., 2003.547 : « Il n'existe ni violation du principe de la contradiction ni non-respect de la mission à ne pas soumettre préalablement au prononcé de la sentence sa motivation au débat contradictoire, sauf à empêcher la juridiction arbitrale de statuer s'il fallait toujours provoquer les explications des parties sur le raisonnement à tenir » ; Paris, 19 septembre 2002, *SA Fach c. Epoux Martinval*, Rev. arb., 2002.1048 : « l'arbitre n'ayant pas l'obligation, pour rendre sa sentence, de soumettre au préalable le raisonnement juridique qui étaye sa motivation à la discussion contradictoire ».

1069 Cass. 1ère civ., 13 mars 2013, *société Carrefour c. société Coop Atlantique*, Revue brésilienne de l'arbitrage, Vol. XI, Issue 41, p. 154.

1070 Paris, 25 mars 2004, *Fontan Tessaur c. société ISS Abilis France*, Rev. arb., 2004.455.

1071 Paris, 12 février 2004, *société Bacquet c. société Prodim*, Rev. arb., 2004.448.

liberté nécessaire et suffisante pour trancher le litige sans l'intervention intempestive des parties à l'arbitrage.

701. Au regard des développements ci-dessus, le principe de la contradiction constitue-t-il le fondement de la sanction *lato sensu* des conflits d'intérêts en arbitrage commercial international ?

702. L'arbitre qui tranche non pas dans le sens de la bonne administration de la justice arbitrale, mais dans celui de la satisfaction de son intérêt personnel emporte-t-il la *surprise illégitime* des parties à l'arbitrage ? La réponse est positive, la sentence arbitrale emporte la *surprise illégitime* en tout cas de la partie victime de la mauvaise gestion du conflit d'intérêts.

703. Cette *surprise illégitime* des parties à l'arbitrage emporte-t-elle violation du principe de la contradiction ? La réponse est une nouvelle fois positive. Comme l'a rappelé la Cour d'appel de Paris dans un arrêt du 2 avril 2013, [l]e principe de la contradiction exige seulement que les parties aient pu faire connaître leurs prétentions de fait et de droit et discuter celles de leur adversaire de telle sorte que rien de ce qui a servi à fonder la décision des arbitres n'ait échappé à leur débat contradictoire »[1072]. L'arbitre ne peut pas prendre en compte des éléments qui ne seraient pas passés au crible de chacune des parties à l'arbitrage. Ainsi la première chambre civile de la Cour de cassation a-t-elle annulé la sentence arbitrale rendue par un arbitre qui avait eu accès au dossier de conciliation constitué préalablement à l'arbitrage, et qui n'en avait pas informé les parties. Il s'agit d'une manière de sanctionner l'arbitre qui « a conservé, par devers lui, des pièces dont les parties n'ont pas eu connaissance, ni n'ont pu discuter, peu importe qu'il ne résulte pas des termes de la sentence que l'arbitre ait pris ces pièces en considération »[1073]. Cette solution est particulièrement rigoureuse.

704. Néanmoins, rappelons que, théoriquement, le principe de la contradiction ne concerne que les faits litigieux au sens de l'article 12 du Code de procédure civile[1074]. Or, les faits éventuellement pris en compte par l'arbitre sujet à un conflit d'intérêts ne sont pas des faits litigieux au sens de l'article 12 du Code de procédure civile. Il ne s'agit que de faits annexes au litige, de sorte que leur prise en compte par l'arbitre ou par l'institution d'arbitrage ne peut pas être à l'origine d'une violation du principe de la contradiction.

[1072] Paris, 2 avril 2013, *M. P. Cardin et autre c. société Ratti Spa*, Rev. arb., 2013.539.

[1073] Cass. 1ère civ., 1er février 2012, *société d'Experts en tarification de l'énergie c. société Gascogne Paper*, Rev. arb., 2012.91, 2ème esp., note E. Loquin ; D., 2012.446, obs. X. Delpech ; JCP G, 2012.201, obs. J. Béguin.

[1074] S. Guinchard, F. Ferrand, C. Chainais, Procédure civile, Dalloz, 3ème éd., 2013, spéc. n° 811, p. 350.

705. Pour cette raison, le principe de la contradiction ne nous semble pas plus adapté à fonder la sanction des conflits d'intérêts en arbitrage commercial international que le principe dispositif.

706. Ainsi aucun des fondements classiques du droit processuel auxquels nous avions pensé : le droit à un procès équitable ; les exigences d'indépendance et d'impartialité du juge et l'un des principes directeurs du procès judiciaire applicables à l'arbitrage, ne paraît idoine pour fonder la sanction *lato sensu* des conflits d'intérêts en arbitrage commercial international.

707. Nous avions dressé le même constat au sujet des fondements classiques du droit des obligations. Dès lors, plutôt que d'emprunter un fondement à une autre branche du droit, tentons de trouver un fondement propre au droit de l'arbitrage, qui soit suffisamment stable pour constituer l'assise de la sanction des conflits d'intérêts en arbitrage commercial international.

CHAPITRE 2. UN FONDEMENT PROPRE AU DROIT DE L'ARBITRAGE

708. Notre objectif est de trouver un fondement pertinent, stable et provisoire pour asseoir la sanction *lato sensu* des conflits d'intérêts en arbitrage commercial international, dans l'attente d'une intervention nécessaire du législateur en la matière.

709. Plutôt que de proposer de manière hâtive un fondement nouveau, nous avons tenté d'emprunter un fondement existant. Guidés par la nature hybride de l'arbitrage, nous avons cherché à emprunter un fondement classique au droit des obligations, puis au droit processuel, en vain. Logiquement, nous nous tournons maintenant vers le droit de l'arbitrage lui-même. Nous aurions pu mener le raisonnement inverse : commencer par le droit de l'arbitrage et, à défaut, explorer le droit des obligations, puis le droit processuel. Nous n'avons pas fait ce choix pour une raison simple. Bien que nous cantonons notre étude à la branche du droit de l'arbitrage commercial international, nous ne perdons pas de vue que les conflits d'intérêts n'épargnent aucune branche du droit. Ainsi sommes-nous soucieux de proposer une théorie du conflit d'intérêts qui, bien que construite pour le droit de l'arbitrage commercial international, puisse être reprise dans d'autres domaines.

710. Nous discuterons de la pertinence d'un principe fondamental de l'arbitrage (Section 1) pour fonder la sanction *lato sensu* des conflits d'intérêts et, à défaut, de celle d'un principe nouveau : le principe de confiance (Section 2).

SECTION 1. UN PRINCIPE FONDAMENTAL DE L'ARBITRAGE

711. Les principes fondamentaux de l'arbitrage ont récemment fait l'objet d'une classification remarquable dans la thèse de Mme Laure Bernheim-Van de Casteele[1075]. Nous y avons sélectionné deux principes qui pourraient constituer un fondement pertinent à la sanction *lato sensu* des conflits d'intérêts en arbitrage commercial international : le principe d'égalité entre les parties (§1) et le principe de loyauté (§2).

[1075] L. Bernheim-Van de Casteele, Les principes fondamentaux de l'Arbitrage, Francarbi, Bruylant, 2012.

§1. LE PRINCIPE D'ÉGALITÉ ENTRE LES PARTIES

712. « [L]'égalité des parties est une des garanties-pivot de l'arbitrage »[1076] disait M. Jean-Louis Delvolvé dans son article reconnaissant « Le droit à l'arbitre ». La présentation qu'en font MM. Christophe Seraglini et Jérôme Ortscheidt est rassurante : « [l]e principe d'égalité des parties est un principe fondamental de l'arbitrage. Il postule que tous les litigants doivent disposer d'un accès équivalent à l'arbitre et que chacun d'eux bénéficie d'un traitement qui ne le désavantage pas nettement par rapport aux autres »[1077]. Ainsi le principe d'égalité entre les parties se décline-t-il de la manière suivante : principe d'égalité entre les parties dans la désignation des arbitres (A) et principe d'égalité entre les parties dans l'instance arbitrale (B).

A. LE PRINCIPE D'ÉGALITÉ ENTRE LES PARTIES DANS LA DÉSIGNATION DES ARBITRES

713. Le principe d'égalité entre les parties dans la désignation des arbitres[1078] consiste en ce que chaque partie doit pouvoir désigner, pas « son »[1079], mais « un »[1080] arbitre. Traditionnellement, les deux arbitres désignés respectivement par les deux parties à l'arbitrage, nomment le troisième membre et président du tribunal arbitral. Historiquement, l'enjeu de ce principe était de garantir les mêmes droits dans le processus de désignation des arbitres, aux parties à un arbitrage institutionnel qu'aux parties à un arbitrage *ad hoc*[1081].

1076 J.-L. Delvolvé, « Le droit à l'arbitre », Gaz. Pal., 15 avril 1995, Doctr. p. 473, spéc. p. 477.

1077 Ch. Seraglini, J. Ortscheidt, *op. cit.*, spéc. n° 257, p. 258.

1078 L. Bernheim-Van de Casteele, *op. cit.*, spéc. n° 606, p. 489 où Mme Laure Bernheim élargit cette première composante et la nomme différemment : principe d'égalité des parties dans le contrat d'arbitre.

1079 Ch. Seraglini, J. Ortscheidt, *op. cit.*, spéc. n° 258, p. 259 : « La portée de la règle doit être bien comprise. Elle ne postule pas que chacune des parties peut désigner « son arbitre », l'arbitre n'étant pas la chose des parties ».

1080 Cass. 1ère civ., 7 janvier 1992, *BKMI Industrienlagen GmbH & Siemens AG c. Dutco Construction*, Rev. arb., 1992.470, note P. Bellet ; RTD com., 1992.796, obs. J.-C. Dubarry et E. Loquin ; JDI, 1992.726, note Ch. Jarrosson.

1081 Cass. 1ère civ., 8 juin 1999, *société Sonapra c. société Adeossi*, Rev. arb., 2000.116, note E. Loquin, où la Cour de cassation casse un arrêt de la deuxième chambre civile de la Cour d'appel de Rouen, en date du 3 octobre 1996, qui avait refusé de rétracter une ordonnance du président du Tribunal de commerce de Rouen, lequel avait désigné un arbitre à la place de l'une des parties, qui contestait le principe de l'arbitrage, sans tenir compte du fait que, subsidiairement, celle-ci avait proposé le nom d'un arbitre. En refusant de rétracter l'ordonnance, qui désignait un autre arbitre que celui proposé par cette partie « sans avoir

714. Actuellement, il est deux garanties de l'application du principe d'égalité entre les parties dans la désignation des arbitres : la pratique des clauses compromissoires types émanant des institutions d'arbitrage et la compétence du juge d'appui en cas de difficulté dans la constitution du tribunal arbitral. Le principe d'égalité entre les parties dans la désignation des arbitres est assuré par ces deux mécanismes fortement ancrés dans la pratique arbitrale. Les clauses compromissoires types prévoient souvent la désignation d'un arbitre par chaque partie à l'arbitrage et celle d'un président du tribunal arbitral par les deux arbitres désignés. Le cas échéant, l'institution d'arbitrage peut procéder à des nominations directes. Dans tous les cas, une partie à l'arbitrage ne saurait être avantagée dans la désignation des arbitres par rapport à l'autre. C'est le rôle du juge d'appui qui a compétence pour statuer en cas de difficulté de constitution du tribunal arbitral.

715. En revanche, on peut légitimement se demander si le principe d'égalité entre les parties dans la désignation des arbitres n'est pas malmené par la pratique des listes d'arbitres en principe dressées de concert par les parties à l'arbitrage. En effet, il arrive que la liste d'arbitres n'ait pas été librement négociée entre les deux parties. Le principe d'égalité entre les parties dans la désignation des arbitres ne s'oppose pas frontalement à la pratique des listes d'arbitres. Néanmoins, il impose que toutes les parties à l'arbitrage soient contraintes de la même manière. La décision du Tribunal de grande instance de Paris du 7 décembre 1994 est intéressante à ce titre. L'une des parties à l'arbitrage marquait son désaccord avec le fait que l'arbitre unique serait désigné par une seule partie à l'arbitrage : la partie demanderesse. Le Tribunal répond que « si les parties ont le droit de concourir également à la constitution du tribunal arbitral, aucune violation de ce principe n'apparaît caractérisée en l'espèce dès lors que la clause d'arbitrage litigieuse n'abandonne pas la désignation de l'arbitre à la désignation unilatérale de l'une des parties, mais au choix de la partie demanderesse en arbitrage, qui pouvait être l'une ou l'autre société, compte tenu des griefs réciproques formulés, sur une liste de trois noms dressée de concert »[1082]. Cette solution est étonnante car, quand bien même, la rédaction de la clause compromissoire ne peut pas prévoir laquelle des parties à l'arbitrage désignera l'arbitre, *in fine*, une seule d'entres elles le désignera, ce qui est, en soi, contraire au principe d'égalité des parties.

716. Quoi qu'il en soit, le principe d'égalité entre les parties dans la désignation des arbitres n'est pas la composante du principe d'égalité entre les parties qui nous intéresse le plus en matière de conflits d'intérêts. Le

---

égard au choix ainsi exprimé », la cour d'appel a méconnu le principe d'égalité des parties dans la désignation des arbitres.

1082 TGI Paris, réf., 7 décembre 1994, *société Démolitions Delair c. société Bouygues*, Rev. arb., 2000.116, note E. Loquin.

principe d'égalité entre les parties dans l'instance arbitrale nous semble plus pertinent.

B. Le principe d'égalité entre les parties dans l'instance arbitrale

717. Le principe d'égalité entre les parties dans l'instance arbitrale signifie que les parties doivent être traitées de la même manière par le tribunal arbitral. Les parties à l'arbitrage doivent être placées sur un *pied d'égalité*[1083] par le tribunal arbitral.

718. MM. Jérôme Ortscheidt et Christophe Seraglini expliquent que « [l]e principe d'égalité des parties ne postule pas qu'elles soient traitées de manière parfaitement identique par le tribunal arbitral. Il faut et il suffit qu'elles soient mises en mesure d'exposer leurs causes dans des conditions qui ne les désavantagent pas d'une manière appréciable les unes par rapport aux autres »[1084]. Cette façon de présenter le principe de l'égalité entre les parties dans l'instance arbitrale n'est pas sans rappeler nos développements sur le droit à un procès équitable. Nous avions conclu que l'article 6§1 de la CESDH n'était pas formellement applicable aux procédures arbitrales en leur entier, mais que les arbitres demeuraient influencés par la substance de cet article. Le principe d'égalité entre les parties dans l'instance arbitrale est un exemple de cette *influence*. Plusieurs arrêts de la Cour d'appel de Paris vont précisément en ce sens : « [l]'égalité des armes qui représente un élément de la notion de procès équitable protégée par l'ordre public, implique l'obligation d'offrir à chaque partie une possibilité raisonnable de présenter sa cause, y compris ses preuves, dans des conditions qui ne la placent pas dans une situation de net désavantage par rapport à son adversaire »[1085].

719. Une partie à l'arbitrage ne saurait être en net désavantage par rapport à son adversaire, notamment en ce qui concerne l'administration de la preuve et la préparation de son argumentation. Néanmoins, cela ne signifie pas qu'il doit nécessairement exister une égalité parfaite, pour ainsi dire *arithmétique*, de traitement entre elles. En effet, dans une affaire où l'une des parties avait eu sept jours de plus que l'autre pour communiquer ses éléments

---

[1083] Ch. Seraglini, J. Ortscheidt, *op. cit.*, spéc. n° 387, p. 345 : « Les parties doivent donc être placées sur un pied d'égalité au cours de la procédure arbitrale » ; l'article 18 de la loi-type CNUDCI modifiée en 2006, intitulé *Égalité de traitement des parties* et situé dans un Chapitre V consacré à la conduite de la procédure arbitrale dispose que « Les parties doivent être traitées sur un pied d'égalité et chaque partie doit avoir toute possibilité de faire valoir ses droits ».

[1084] Ch. Seraglini, J. Ortscheidt, *op. cit.*, spéc. n° 388, p. 345.

[1085] Paris, 6 mai 2003, *SA Finances et Gestion c. SA Delachaux*, Rev. arb., 2004.720 ; Paris, 12 juin 2003, *SA Citel c. Mungovan*, Rev. arb., 2004.887, note D. Bensaude.

de preuve au tribunal arbitral, la Cour d'appel de Paris a précisé qu'« [u]n décalage de sept jours au profit de l'une des parties dans le calendrier de procédure ne confère à celle-ci aucun avantage décisif, même si, par la nature des choses, le demandeur dispose de plus de temps que son adversaire pour la préparation de ses arguments »[1086]. En d'autres termes, il ne doit y avoir ni « net désavantage » au détriment d'une partie à l'arbitrage, ni « avantage décisif » au profit d'une partie à l'arbitrage. En l'absence d'avantage décisif et de net désavantage, les parties à l'arbitrage seront présumées traitées sur un pied d'égalité, même si cette égalité n'est pas parfaite.

720. La majorité des auteurs est favorable à une conception souple[1087] et pragmatique[1088] de l'égalité entre les parties dans l'instance arbitrale : « l'égalité des parties n'impose pas que chacune des parties ait très exactement disposé du même nombre de jours pour la production de ses écritures et pièces. Il suffit qu'elles aient été à même de faire valoir leurs moyens de fait et de droit dans des conditions sensiblement égales »[1089]. Dans une affaire où la République du Gabon prétendait avoir été défavorisée par rapport à la partie adverse, la société Prodoil, en ce que le tribunal arbitral ne lui aurait accordé que soixante-trois jours pour se prononcer sur le *quantum* contre deux cent quarante-trois jours au profit de la partie adverse, la Cour d'appel de Paris rejette sa prétention au motif que « les différents décomptes par jours proposés de manière générale et arbitraire par la recourante ne démontrent pas une inéluctable inégalité de traitement entre les parties, l'égalité procédurale ne supposant d'ailleurs aucun principe d'automaticité »[1090].

721. Dès lors, comment apprécier le respect du principe d'égalité entre les parties dans l'instance arbitrale ? Il semblerait qu'il ne faille pas adopter

---

[1086] Paris, 22 janvier 2004, *société National Company for Fishing and Marketting "Nafimco" c. Société Foster Wheeler Trading Company AG*, Rev. arb., 2004.657, note E. Loquin.

[1087] J.-Y. Garaud et Ch.-H. de Taffin, note sous Paris, 15 juin 2006, *République du Gabon c. société Prodoil Gabon SA*, Rev. arb. 2006.1002 : « Le principe d'égalité est automatique et doit s'appliquer à tous les stades de la procédure arbitrale, mais il ne doit pas être pour autant interprété et sanctionné avec une rigueur excessive sous peine d'être dénaturé et de nuire à la flexibilité et à l'efficacité de l'arbitrage ».

[1088] Ph. Fouchard, E. Gaillard, B. Goldman, *op. cit.*, spéc. n° 1654, p. 972 : « Ce principe ne doit pas être pris dans un sens strictement matériel et mécanique » ; Paris, 23 juin 2005, *société Bombardier Transportation Switzerland c. société Siemens AG*, Rev. arb., 2005.799 : « Les délais fixés par les arbitres ne sont pas une fin en soi, mais servent à assurer l'égalité entre les parties et la loyauté des débats ainsi que l'organisation efficiente de l'arbitrage ».

[1089] Ph. Fouchard, E. Gaillard, B. Goldman, *op. cit.*, spéc. n° 1269, p. 710.

[1090] Paris, 15 juin 2006, *République du Gabon c. société Prodoil Gabon SA*, Rev. arb., 2006.1002, obs. J.-Y. Garaud et Ch.-H. de Taffin.

une approche quantitative [1091], mais qualitative dans l'application dudit principe. Le principe d'égalité entre les parties « doit s'apprécier d'une manière plus globale »[1092] d'après MM. Jean-Yves Garaud et Charles-Henri de Taffin. « Il suffit qu'un équilibre général soit respecté et que chaque partie soit également mise en mesure de présenter utilement son argumentation » [1093], concluent Fouchard, M. Emmanuel Gaillard et Goldman.

722. Au contraire, David estimait qu'« il faut qu'une stricte égalité soit observée entre les parties »[1094]. Après tout, si le principe d'égalité entre les parties n'avait pas vocation à garantir une égalité parfaite entre elles, il aurait été qualifié de *principe d'équivalence*. L'application du principe d'égalité entre les parties est malaisée[1095].

723. En présence d'un conflit d'intérêts, l'arbitre a tendance à favoriser la cause de la partie avec laquelle il entretient des liens professionnels ou personnels. Imposer à l'arbitre ou à l'institution d'arbitrage sujets à un conflit d'intérêts, le principe d'égalité entre les parties serait un bon moyen de garantir sa bonne gestion. Dès lors, le principe d'égalité entre les parties dans l'instance arbitrale pourrait-il constituer le fondement de la sanction *lato sensu* des conflits d'intérêts en arbitrage commercial international ?

724. Notons que le principe d'égalité entre les parties dans l'instance arbitrale est applicable aux institutions d'arbitrage, comme en témoigne la décision du Tribunal de grande instance de Paris du 19 décembre 2012 : « [s]i les parties litigantes confient à la CCI le soin d'organiser l'arbitrage, dans l'intérêt commun des parties, et si cette institution d'arbitrage a bien de ce fait l'obligation de mener sa mission à bien, en fournissant à toutes les parties à l'arbitrage les mêmes informations sur le déroulement de sa mission et en respectant les principes d'égalité entre les parties et de transparence,

---

1091 P. Bellet, note sous Cass. 1ère civ., 7 janvier 1992, *BKMI Industrienlagen GmbH & Siemens AG c. Dutco Construction*, Rev. arb., 1992.470, spéc. p. 475 : « Certes il est aisé de répartir également le nombre des interventions des parties ou les délais accordés à chacun. Ce qui est purement quantitatif est facile à mesurer, encore que parfois les adversaires se livrent à des duels incroyables, au motif que l'un a plaidé quelques minutes de plus que l'autre, ou bien parce que chacun prétend dire le dernier mot ! ».

1092 J.-Y. Garaud et Ch.-H. de Taffin, note sous Paris, 15 juin 2006, *République du Gabon c. société Prodoil Gabon SA*, Rev. arb. 2006.1002.

1093 Ph. Fouchard, E. Gaillard, B. Goldman, *op. cit.*, spéc. n° 1654, p. 972.

1094 R. David, L'arbitrage dans le commerce international, Economica, 1982, spéc. n° 256, p. 319.

1095 P. Bellet, note sous Cass. 1ère civ., 7 janvier 1992, *BKMI Industrienlagen GmbH & Siemens AG c. Dutco Construction*, Rev. arb., 1992.470, spéc. pp. 474-475 : « Simple à énoncer, le principe de l'égalité des parties est d'une application malaisée, du moins dans les procédures arbitrales en raison entre autres de la disparition devant l'arbitre, des règles imposées au juge, et bien souvent de l'inexpérience de certains arbitres ».

elle le fait dans le cadre contractuel accepté par lesdites parties dès la convention d'arbitrage et confirmé lors de la demande d'arbitrage »[1096]. Cette solution est ancienne puisque que dans un jugement du 29 juin 1989, le Tribunal de grande instance de Paris avait déjà jugé que « [l]e recours à l'arbitrage se fonde essentiellement sur la confiance en l'arbitre désigné qui, comme juge, doit statuer en toute indépendance et impartialité ; cette même confiance justifie le choix d'un centre d'arbitrage préconstitué pour organiser, conformément à son règlement, une procédure adaptée à ces exigences et à la nature du litige, afin d'assurer à chaque partie un traitement égal pour le règlement du différend »[1097]. Comme l'arbitre, l'institution d'arbitrage doit respecter et veiller au respect du principe d'égalité entre les parties dans l'instance arbitrale.

725. Le principe d'égalité est-il applicable aussi bien en arbitrage interne qu'en arbitrage international ? Avant le décret du 13 janvier 2011, le principe d'égalité entre les parties dans l'instance arbitrale n'était pas présent dans le Code de procédure civile français. Depuis l'entrée en vigueur de ce décret, l'article 1510 du Code de procédure civile dispose que « [q]uelle que soit la procédure choisie, le tribunal arbitral garantit l'égalité des parties et respecte le principe de la contradiction ». Cet article, applicable exclusivement à l'arbitrage international, n'a aucun équivalent en arbitrage interne. Néanmoins, dans un arrêt *Fougerolle*, la Cour d'appel de Paris a affirmé, par un *obiter dictum*, que le principe d'égalité des parties est un principe général de procédure relevant de l'ordre public international[1098]. Il s'agirait d'un ordre public de protection[1099]. En conséquence, les parties à l'arbitrage ne peuvent pas y renoncer dans leur convention d'arbitrage, que l'arbitrage soit interne ou international. La différence d'origine du principe d'égalité entre les parties dans l'instance arbitrale, légale en arbitrage international, prétorienne en arbitrage interne, n'est pas idéale. Néanmoins, il ne s'agit pas d'un obstacle dirimant à sa reconnaissance comme fondement de la sanction *lato sensu* des conflits d'intérêts.

1096 TGI Paris, 19 décembre 2012, *SA Fairplus Holding et autre c. Chambre de commerce internationale*, Rev. arb., 2014.212.

1097 TGI Paris, 29 juin 1989, *société Philipp Brothers c. société Drexel et autres*, Rev. arb., 1990.506.

1098 Paris, 25 mai 1990, *Fougerolle c. Procofrance*, Rev. crit. DIP, 1990.753, note B. Oppetit ; Rev. arb., 1990.892, note M. de Boisséson : « Considérant qu'il n'est donc pas établi que le principe d'égalité des parties – en tant que principe général de procédure relevant de l'ordre public international – ait été en l'espèce méconnu au détriment de Fougerolle ».

1099 Ph. Fouchard, E. Gaillard, B. Goldman, *op. cit.*, spéc. n° 792, p. 485 : « C'est là une règle impérative de protection, il est légitime que chacune des parties ne puisse y renoncer qu'une fois cette procédure acquise, c'est-à-dire après la naissance du litige et au moment où, concrètement, il convient de constituer le tribunal arbitral. À ce moment seulement, renonçant au principe d'égalité, elle peut confirmer une clause compromissoire en acceptant de désigner avec sa codéfenderesse (ou codemanderesse) un arbitre commun ».

726. Les divergences d'appréciation du principe d'égalité entre les parties dans l'instance arbitrale exposées antérieurement[1100] constituent-elles un tel obstacle ? Nous ne le pensons pas. Il est vraisemblable que le juge étatique adopte une approche pragmatique du principe d'égalité entre les parties dans l'instance arbitrale.

727. Il est, en revanche, un obstacle de taille à la reconnaissance du principe d'égalité entre les parties dans l'instance arbitrale comme fondement de la sanction *lato sensu* des conflits d'intérêts en arbitrage commercial international : l'incertitude entourant son existence. Mme Laure Bernheim-Van de Casteele pense que le principe d'égalité entre les parties dans l'instance arbitrale est, en pratique, inexistant : « [c]onfirmation d'une recherche infructueuse : l'égalité des parties dans l'instance arbitrale reste une exigence inhérente à l'équité procédurale, mais elle ne constitue nullement un principe de procédure »[1101]. Elle relève l'« incapacité du principe d'égalité des parties à s'épanouir dans l'instance arbitrale »[1102]. Quand bien même Mme Laure Bernheim-Van de Casteele admettrait son existence, elle ne reconnaît pas son autonomie : « [e]lle n'apparaît jamais de manière autonome et son utilité reste très limitée comparée aux autres principes directeurs du procès, le contradictoire notamment »[1103] ; « tantôt absorbé par le principe du contradictoire ou, en l'occurrence, par l'obligation de l'arbitre de respecter sa mission »[1104]. Cette argumentation trouve un écho lointain mais certain dans les écrits de Fouchard, M. Emmanuel Gaillard et Goldman : « [i]l en va différemment du principe d'égalité des parties qui, en droit français, n'a pas été consacré de manière autonome »[1105]. Comment expliquer que le principe d'égalité des parties n'ait pas une existence autonome ? La raison a été explicitée par plusieurs auteurs dont M. Eric Loquin : « nous n'avons trouvé aucune décision sanctionnant une violation du seul principe d'égalité »[1106] ; « [d]ans le cadre de l'instance, les exemples de mise en œuvre du principe indépendamment de celui du contradictoire sont rares »[1107] ; « [l]e principe de l'égalité des parties dans l'instance arbitrale est au voisinage de celui du respect des droits de la défense et du

---

[1100] V. *supra* n° 720 et s..

[1101] L. Bernheim-Van De Casteele, *op. cit.*, spéc. n° 728, p. 575.

[1102] *Ibid.*, spéc. n° 725, p. 574.

[1103] *Ibid.*, spéc. n° 728, p. 575.

[1104] *Ibid.*, spéc. n° 725, p. 574.

[1105] Ph. Fouchard, E. Gaillard, B. Goldman, *op. cit.*, spéc. n° 1654, p. 972.

[1106] E. Loquin, « À la recherche du principe d'égalité des parties dans le droit de l'arbitrage », Gaz. Pal., 2 juillet 2008, n° 184, p. 5.

[1107] E. Loquin, note sous Paris, 22 janvier 2004, *société National Company for Fishing and Marketting "Nafimco" c. Société Foster Wheeler Trading Company AG*, Rev. arb., 2004.657, spéc. n° 1, p. 658.

principe de la contradiction »[1108]. En effet, il arrive souvent que les juges aient à trancher sur les violations concomitantes du principe d'égalité entre les parties et du principe de la contradiction. On peut ainsi légitimement s'interroger sur l'autonomie du premier par rapport au second.

728. En conclusion, notons que la Cour de cassation, qui a pourtant jugé que le principe d'égalité des parties était un principe général de procédure relevant de l'ordre public international[1109], ne lui reconnaît aucune autonomie et le place dans l'ombre d'autres principes tels que celui de la contradiction. Cette attitude a conduit la doctrine majoritaire à s'interroger sur l'utilité du principe d'égalité entre les parties. M. Eric Loquin l'a qualifié de principe d'une « utilité médiocre, même si sa nécessité est proclamée »[1110]. Nous sommes bien loin de l'arrêt *Dutco* à l'occasion duquel le même auteur avait dit que « [l]e principe de l'égalité des parties appartient au droit naturel de l'arbitrage, et toute atteinte, aussi anodine soit-elle à celui-ci, ne peut être tolérée »[1111]. Pour cette raison, le principe d'égalité entre les parties dans l'instance arbitrale ne peut pas constituer le fondement de la sanction *lato sensu* des conflits d'intérêts en arbitrage commercial international. Néanmoins, peut-être en va-t-il autrement d'un autre principe fondamental de l'arbitrage : le principe de loyauté.

[1108] E. Loquin, « À la recherche du principe d'égalité des parties dans le droit de l'arbitrage », Gaz. Pal., 2 juillet 2008, n° 184, p. 5.
[1109] Paris, 25 mai 1990, *Fougerolle c. Procofrance*, Rev. crit. DIP, 1990.753, note B. Oppetit ; Rev. arb., 1990.892, note M. de Boisséson.
[1110] E. Loquin, *op. cit.*, n° 184, p. 5.
[1111] J.-C. Dubarry et E. Loquin, RTD com., 1992.796, note sous Cass. 1ère civ., 7 janvier 1992, *BKMI Industrienlagen GmbH & Siemens AG c. Dutco Construction.*

§2. LE PRINCIPE DE LOYAUTÉ[1112]

729. La loyauté est fréquemment attachée à la notion de conflit d'intérêts. Dans un article publié aux Archives de la philosophie du droit en 2000, M. Laurent Aynès expose que « [l]a loyauté exige beaucoup plus ; bien sûr, ne pas tromper, ne pas mentir. Mais surtout, adopter une attitude cohérente, une unité de comportement, qui permette à autrui de déterminer avec confiance sa propre conduite. En ce sens, le contraire de la loyauté est la duplicité, l'attitude double, qui égare autrui et ruine ses prévisions »[1113]. Or, le sujet à un conflit d'intérêts est tenté d'adopter une attitude double : prétendre à la satisfaction de l'intérêt tiers tout en tendant à celle de son intérêt personnel. En présence d'un conflit d'intérêts, l'arbitre se trouve dans la situation que M. Laurent Aynès a appelée la « loyauté dans la relation de confiance ». De même, dans son article de 2005 intitulé « Le conflit d'intérêts », M. Pierre-François Cuif note que « [m]algré leur diversité, les règles relatives au conflit d'intérêts rencontrées ont toutes pour origine un devoir moral de loyauté »[1114].

730. En effet, l'étude de quelques branches du droit en témoigne. En droit public, l'Etat fédéral, les communautés, et les régions ont l'obligation constitutionnelle d'agir dans le respect de la loyauté fédérale, en vue d'éviter les conflits d'intérêts. En droit des sociétés, les conflits d'intérêts entre associés sont réglementés en fonction d'un principe de loyauté[1115]. En droit international privé, la loyauté a également un rôle essentiel à jouer[1116]. Enfin, en droit de l'arbitrage, Mme Marie-Emma Boursier gageait en 2003 que « le principe de loyauté processuelle, permettant d'assainir l'instance en évitant l'écueil des dérives procédurières, [soit] promis à bel avenir en droit de l'arbitrage »[1117]. En 2011, M. Daniel Cohen conclut que « [l]es questions

---

[1112] Nous n'envisagerons pas la loyauté contractuelle au sens de l'article 1134 alinéa 3 du Code civil car ce fondement emprunté au droit des obligations n'a pas sa place dans les développements qui vont suivre.

[1113] L. Aynès, « L'obligation de loyauté », *in* L'obligation, Archives de la Philosophie du droit, t. 44, 2000, p. 195, spéc. p. 197.

[1114] P.-Fr. Cuif, « Le conflit d'intérêts, essai sur la détermination d'un principe juridique en droit privé », RTD com. 2005.1, spéc. n° 41.

[1115] B. Demonty, « La règlementation des conflits d'intérêts complétée par un principe de loyauté en droit des sociétés », note sous Comm. Bruxelles, réf., 26 octobre 1999, D.A.O.R., 2000, pp. 256-259.

[1116] F. de Bérard, Le devoir de loyauté dans le contentieux privé international, thèse Paris Ouest-Nanterre La Défense, 2009, spéc. n° 3, p. 12 : « La loyauté - ou le devoir de loyauté - est une valeur d'imprégnation morale qui comporte, à ce titre, un potentiel de développement juridique important dans le droit judiciaire international ».

[1117] M.-E. Boursier, sous Paris, 12 septembre 2002, *Macron (ép Cougoulat) et SARL International Display Design (IDD) c. société des Cartonnages de Pamfou (SCAP)*, Rev. arb., 2003.173.

posées et les solutions développées à propos de l'indépendance des arbitres au regard des conflits d'intérêts démontrent l'importance de l'obligation de loyauté »[1118].

731. Depuis le décret du 13 janvier 2011[1119], le principe de loyauté est expressément consacré dans le Code de procédure civile français. En arbitrage interne, l'article 1464 alinéa 3 du Code dispose que « [l]es parties et les arbitres agissent avec célérité et loyauté dans la conduite de la procédure »[1120]. En arbitrage international, l'article 1506 3° du Code renvoie à l'article 1464 alinéa 3 précité. M. Matthieu de Boisséson décrit qu'au moment de la rédaction du décret du 13 janvier 2011, « [u]n vif débat avait eu lieu au sein des groupes de travail constitués par le Comité Français d'Arbitrage sur ce genre de directive. En effet, certains (...) étaient réticents à insérer dans le texte des directives davantage morales que juridiques et qui relèveraient plus d'un code de bonne conduite que de la nature d'un texte de loi »[1121]. Il faut se réjouir avec Mme Marie-Elodie Ancel que « la réforme française [obéisse] à une triple devise : loyauté, célérité, efficacité »[1122].

[1118] D. Cohen, « Indépendance des arbitres et conflits d'intérêts », Rev. arb. 2011.611, spéc. n° 67, p. 647.

[1119] Avant le décret du 13 janvier 2011, l'existence d'un principe de loyauté en arbitrage était souvent argumentée de la manière suivante : M.-E. Boursier, Le principe de loyauté en droit processuel, Dalloz, 2002, spéc. n° 19, p. 20 : « L'arbitrage (...) se voit sans doute appliquer le principe de loyauté processuelle au titre de l'article 1460 du N.C.P.C. Son second alinéa dispose en effet que "*Toutefois les principes directeurs du procès énoncés aux articles 4 à 10, 11 alinéa 1 et 13 à 21 sont toujours applicables à l'instance arbitrale*" ; ce qui induit que le principe de loyauté processuelle est dégagé au vu de ses fondements dans la matière. L'arbitrage est soumis à l'influence de la Convention européenne des droits de l'Homme qui implique la conformité des procédures d'arbitrage aux principes fondamentaux de la procédure : en effet, "*si l'applicabilité de la Convention peut être discutée, sa prise en considération est incontournable*" ».

[1120] Cette formule a été reprise littéralement par les articles 23 1. *in limine* du Règlement d'arbitrage du CEPANI (2013) ; XII *in limine* du Règlement d'arbitrage de la Chambre Arbitrale Maritime de Paris (2012) ; 19 *in limine* du Règlement d'arbitrage de la Chambre Arbitrale Internationale de Paris (2011) notamment, et en substance par les articles 13.3. du Règlement d'arbitrage du CMAP (2012) : « Les arbitres s'engagent à se rendre disponibles pendant toute la durée de la procédure et à agir avec loyauté et célérité » et 15 *in limine* du Règlement d'arbitrage national et international du Centre interprofessionnel de médiation et d'arbitrage (CIMA) (2011) : « Le Tribunal arbitral instruit le litige avec loyauté et célérité par tous moyens appropriés ».

[1121] M. de Boisséson et J. E. Nunes Pinto, « Synthèse sur le Nouveau Droit de l'Arbitrage », *Revista Brasiliera de Arbitragem*, 2011, Vol. 8, Issue 32, p. 7, spéc. p. 13. En tout cas, L. Weiller, « Les obligations de loyauté, de célérité et de confidentialité », *in* La réforme du droit de l'arbitrage par le décret du 13 janvier 2011 : premier bilan d'étape après un an d'application, LPA, 13 février 2013, p. 11 : « C'est pour conforter et perpétuer des solutions acquises mais parfois mal connues ou d'une certaine subtilité qu'il fallait inscrire dans le marbre du code les principes matriciels correspondant ».

[1122] M.-E. Ancel, « Le nouveau droit français de l'arbitrage : le meilleur de soi-même », *in Evelio Verdera y Tuells and José Carlos Fernandez Rozas (eds), Arbitraje : Revista de*

732. Qualifié de « principe émergent »[1123] ou encore de « principes directeurs de la seconde génération »[1124], le principe de loyauté doit être défini. Le mot *loyauté* vient du latin, *legalis*, qui signifie *conforme à la loi*. Il fut également employé dans le langage de la chevalerie : *leial* est un adjectif qualificatif utilisé à plusieurs reprises dans la célèbre Chanson de Roland. Plusieurs définitions de la loyauté ont été proposées : « sens de la parole donnée, respect de l'engagement »[1125] ; « fait de bienveillance à l'égard d'autrui et de cohérence dans le comportement »[1126] ou encore « correction attendue du juge, des auxiliaires du juge et des parties »[1127]. Un élément est récurrent : la prévisibilité[1128]. La loyauté suppose une prévisibilité dans le comportement. Le comportement est prévisible dès lors qu'il est *conforme* à la parole donnée. Notion subjective[1129], la loyauté est censée guider l'arbitre ou l'institution d'arbitrage dans un sens : celui de la bonne administration de la justice arbitrale. Les parties à l'arbitrage s'attendent légitimement à ce comportement de leur part.

733. Selon Mme Marie-Thérèse Caupain et M. Edouard Leroy, la loyauté est « bicéphale »[1130] : elle se décline en loyauté processuelle (A) et loyauté professionnelle (B). Reprenons chacune de ces déclinaisons.

Arbitraje Comercial y de Inversiones, IprolLex 2011, Vol. 4, Issue 3, p. 822, spéc. p. 830. Cette devise fait d'ailleurs écho à la matière contractuelle : D. Mazeaud, « Loyauté, solidarité, fraternité : la nouvelle devise contractuelle ? », *in* Mélanges Terré, Dalloz, 1999, p. 603.

1123 L. Bernheim-Van de Casteele, *op. cit.*, spéc. n° 729, pp. 575-576.

1124 J. Van Compernolle, « Quelques réflexions sur un principe émergent : la loyauté procédurale », *in* Mélanges Guinchard, Dalloz, 2010, p. 413, spéc. n° 1, p. 414.

1125 L. Aynès, « L'obligation de loyauté », *in* L'obligation, Dalloz, coll. Archives de la Philosophie du droit, t. 44, 2000, p. 195, spéc. p. 196.

1126 F. de Bérard, Le devoir de loyauté dans le contentieux privé international, Paris Ouest-Nanterre La Défense, 2009, spéc. n° 4, p. 14.

1127 G. de Leval, « Le citoyen et la justice civile : un délicat équilibre entre efficacité et qualité », Revue de la Faculté de droit de l'Université Libre de Bruxelles, Bruylant, 2006, p. 20, spéc. p. 22.

1128 L. Bernheim-Van de Casteele, *op. cit.*, spéc. n° 299, p. 269 : « La loyauté est exigée dans tout rapport de droit afin que règne la prévisibilité et la sécurité juridique » ; A. Leborgne, « L'impact de la loyauté sur la manifestation de la vérité ou le double visage d'un grand principe », RTD civ., 1996.535 : « Evoquer la loyauté, c'est faire référence à un comportement attendu des parties comme du juge, à une qualité humaine que l'on exige aujourd'hui dans toutes les relations juridiques, lors de la conclusion d'un contrat comme de son exécution, ou encore à l'occasion de la mise en oeuvre d'un droit ».

1129 M.-T. Caupain et E. Leroy, « La loyauté : un modèle pour un petit supplément d'âme ? », *in* Mélanges Jacques Van Compernolle, Bruxelles, Bruylant, 2004, p. 67, spéc. p. 112 : « La loyauté correspond à ce que ressent le justiciable ».

1130 M.-Th. Caupain et E. Leroy, *op. cit.*, p. 67, spéc. p. 111.

A. La loyauté processuelle

734. En 2008, le rapport Magendie détermine quelle est la consistance de la loyauté processuelle : « le principe de loyauté processuelle commande d'imposer aux parties d'invoquer tous les faits, moyens et preuves qui fondent leurs prétentions, dès le début de l'instance, c'est-à-dire dès leurs premières conclusions, à peine d'irrecevabilité ; en appel, les moyens nouveaux seraient recevables uniquement en cas d'évolution du litige ou de survenance de faits nouveaux depuis le jugement, ou de découverte de documents ou de rétention de pièces »[1131]. Respecter la loyauté processuelle revient à se battre à la loyal, *i.e.* sans user de coups interdits ou que la morale réprouve, et ce, tout au long de la procédure. M. Yves Strickler compare la loyauté processuelle à « un fil d'or » qui « irrigue le schéma processuel en son entier »[1132].

735. Bien que le rapport Magendie ait été rédigé pour la matière judiciaire, son contenu est transposable à la matière arbitrale. D'ailleurs, la Cour d'appel de Paris consacre un devoir procédural de loyauté à la charge des parties à l'arbitrage dans un célèbre arrêt *Macron*[1133]. De plus, l'article 1466 du Code de procédure civile repris par l'article 1506 3° du même Code dispose que « [l]a partie qui, en connaissance de cause et sans motif légitime, s'abstient d'invoquer en temps utile une irrégularité devant le tribunal arbitral est réputée avoir renoncé à s'en prévaloir ». La loyauté processuelle est à rapprocher du principe de la concentration des moyens. En effet, « il faut éviter d'avoir cette possibilité qui est une paresse intellectuelle, quand ce n'est pas de la mauvaise foi, de diluer les choses en les dévoilant au fur et à mesure, en attendant. Le principe de loyauté est au cœur du dispositif tel que je le conçois : lorsqu'une partie arrive devant le juge, elle doit abattre d'entrée toutes ses cartes. L'autre abattra les siennes »[1134]. Ce que M. Jean-Claude Magendie nomme « stratégies procédurales »[1135] rappelle les

---

[1131] Mission Magendie II - Célérité et la qualité de la justice devant la cour d'appel, Rapport au Garde des Sceaux, 24 mai 2008, p. 47, note 99.

[1132] Y. Strickler, *op. cit.*, spéc. p. 362. D'ailleurs, en ce qui concerne l'arbitrage, la loyauté procédurale s'applique aussi pendant la phase d'exequatur : Cass. 1ère civ., 29 juin 2007, *société PT Putrabali Adyamulia c. société Rena Holding et société Moguntia Est Epices*, Rev. arb. 2007.507, note E. Gaillard ; JDI, 2007.1236, obs. Th. Clay ; LPA, 25 septembre 2007, n° 192, p. 7, obs M. de Boisséson.

[1133] Paris, 12 septembre 2002, *Macron (ép Cougoulat) et SARL International Display Design (IDD) c. société des Cartonnages de Pamfou (SCAP)*, Rev. arb., 2003.173, note M.-E. Boursier.

[1134] J.-C. Magendie, entretien publié au JCP G, 2008.I.145.

[1135] J.-C. Magendie, entretien publié au JCP G, 2008.I.145.

« manœuvres dilatoires »[1136] décrites par M. Emmanuel Gaillard. La loyauté processuelle est également à rapprocher de la règle de l'*estoppel* ou l'interdiction de se contredire au détriment d'autrui qui, consacrée par la pratique arbitrale[1137], a désormais les faveurs de la Cour de cassation[1138].

736. Ainsi les indices de la loyauté processuelle sont nombreux en arbitrage. Néanmoins, il apparaît que les seules personnes tenues à la loyauté processuelle soient les parties à l'arbitrage, et pas les arbitres, ni même les institutions d'arbitrage. C'est la raison pour laquelle il faut envisager la loyauté professionnelle.

B. La loyauté professionnelle

737. Mme Marie-Thérèse Caupain et M. Edouard Leroy définissent la loyauté professionnelle de la manière suivante : « [l]a loyauté professionnelle apparaît comme un standard de comportement, comme une norme régulatrice des relations et des comportements professionnels dans le champ judiciaire »[1139]. Ainsi s'impose-t-elle aux magistrats[1140]. On en trouve deux traces dans la loi : une première, dans le serment que prête le magistrat : « [j]e jure de bien et fidèlement remplir mes fonctions, de garder religieusement le secret des délibérations et de me conduire en tout comme un digne et loyal magistrat »[1141], une seconde, à l'article 763 l'alinéa 2 du Code de procédure civile déterminant la mission du juge de la mise en état : « [c]elui-ci a mission de veiller au déroulement loyal de la procédure, spécialement à la ponctualité de l'échange des conclusions et de la communication des pièces ».

738. Quelles sont les manifestations de la loyauté professionnelle en arbitrage ? Il convient d'être attentif à la mise en garde de Mme Marie-Thérèse Caupain et M. Edouard Leroy : « [q]u'on ne s'y trompe pas toutefois : comprise comme un concept juridique, la loyauté professionnelle,

---

[1136] E. Gaillard, « Les manœuvres dilatoires des parties et des arbitres dans l'arbitrage commercial international », Rev. arb., 1990.759.

[1137] V. notamment Sentence CIRDI, 25 septembre 1983, *Amco,* Rev. arb., 1985.259.

[1138] Cass. 1ère civ., 6 juillet 2005, *Golshani c. Gouvernement de la République islamique d'Iran,* D., 2005.3060, obs. Th. Clay ; D., 2006. Jur. 1424, note E. Agostini ; RTD com., 2006.309, note E. Loquin ; Rev. arb., 2005.993, note Ph. Pinsolle ; Gaz. Pal., 24-25 février 2006, p. 18, note F.-X. Train ; JCP G, 2005.I.179, note J. Ortscheidt ; RDC, 2006.1279, obs. B. Fauvarque-Cosson ; Cass. 1ère civ., 6 mai 2009, D., 2009. AJ 1422, obs. X. Delpech ; D., 2009.2966, obs. Th. Clay ; RTD com., 2009.546, obs. E. Loquin ; Cass. 1ère civ., 11 juillet 2006, Bull. civ. I, n° 369, D., 2006. AJ 2052, obs. X. Delpech.

[1139] M.-Th. Caupain et E. Leroy, *op. cit.*, spéc. p. 79.

[1140] *Ibid.*, spéc. p. 72.

[1141] Article 6 de l'ordonnance n° 58-1270 du 22 décembre 1958 portant loi organique relative au statut de la magistrature.

encadrée par la déontologie, ne doit pas être vue comme l'expression janséniste d'une vertu morale particulière qui ne se déterminerait que par une haute conscience de la Justice. Une telle conception, moralisante ou métaphysique, en raison de sa subjectivité, épouserait les dangers de l'arbitraire »[1142]. Il est certain que la loyauté est une notion à géométrie variable, une notion aux contours « généreux »[1143] se plait à dire M. Xavier Lagarde. En arbitrage, la loyauté professionnelle s'impose aux arbitres de manière concrète[1144], mettant à leur charge des obligations précises. L'étude de la jurisprudence et de la doctrine nous permet de dresser l'inventaire suivant des obligations de l'arbitre. La loyauté professionnelle renvoie notamment à la fixation des délais par l'arbitre[1145], à la clôture et à la réouverture des débats[1146], à la collégialité[1147], à sa disponibilité[1148] et à son devoir de révélation[1149], malgré les réserves que l'on connaît[1150]. La loyauté

[1142] M.-T. Caupain et E. Leroy, *op. cit.*, spéc. p. 80.

[1143] X. Lagarde, « L'efficacité des clauses de conciliation ou de médiation », Rev. arb., 2000.377, spéc. p. 389.

[1144] J. Van Compernolle, « Quelques réflexions sur un principe émergent : la loyauté procédurale », *in* Justices et droit du procès, *in* Mélanges Guinchard, Dalloz, 2010, p. 413, spéc. n° 1, p. 414 : « son importance et sa promotion dans la concrétisation d'une justice de qualité ».

[1145] Paris, 23 juin 2005, *société Bombardier Transportation Switzerland c. société Siemens AG*, Rev. arb., 2005.799 : « Les délais fixés par les arbitres ne sont pas une fin en soi, mais servent à assurer l'égalité entre les parties et la loyauté des débats ainsi que l'organisation efficiente de l'arbitrage ».

[1146] Paris, 1er juillet 2011, *SA Sorbrior et autres c. et SAS ITM Entreprises et autres*, Rev. arb., 2011.761 : « le refus des arbitres de rouvrir les débats en ce "*que les éléments avancés par les demandeurs ainsi que la rumeur alléguée ne sauraient constituer une argumentation nouvelle par rapport à ce qui était soutenu et largement développé antérieurement*" n'a ni rompu l'égalité entre les parties ni porté atteinte à la loyauté des débats ».

[1147] Cass. 1ère civ., 24 mars 1998, *société Excelsior Film c. société UGC-PH*,, Rev. arb., 1999.255 : « Une Cour d'appel qui a souverainement retenu que l'un des arbitres siégeant à la fois dans un tribunal arbitral constitué en France et dans celui établi en Italie, avait communiqué à ce dernier tribunal des informations erronées de nature à influer sur sa décision quant à la compétence a pu en déduire que cette déloyauté de l'un des arbitres lié à l'une des parties avait créé un déséquilibre entre les parties, constitutif d'une violation des droits de la défense ».

[1148] L. Weiller, « Les obligations de loyauté, de célérité et de confidentialité », *in* La réforme du droit de l'arbitrage par le décret du 13 janvier 2011 : premier bilan d'étape après un an d'application, LPA, 13 février 2013, p. 11 : « la loyauté qui doit innerver les liens entre l'arbitre et les parties impose au premier de ne pas surprendre les secondes par des décisions procédurales auxquelles elles ne pouvaient légitimement s'attendre, d'être disponible tout au long du délai fixé afin de mener à bien sa mission jusqu'à son terme, conformément à l'article 1457 du CPC ».

[1149] L. Bernheim-Van de Casteele, *op. cit.*, spéc. n° 644, p. 515 : « La loyauté se traduit par un comportement négatif (ne pas se taire) ou positif (informer), consistant en un devoir de transparence et de sincérité » ; X. de Mello, « Réflexions sur les règles déontologiques élaborées par l'*International Bar Association* pour les arbitres internationaux », Rev. arb., 1988.333, spéc. p. 345 : « La transparence est une condition de la loyauté de l'arbitrage tout autant que l'adoption d'une règle du jeu commune ».

professionnelle a vocation à garantir le déroulement prévisible et efficace de l'instance arbitrale. Ainsi, chaque auteur y associe les obligations qu'il juge déterminantes pour le bon déroulement de l'arbitrage comme la diligence et l'efficacité[1151], la célérité[1152], la confidentialité[1153] *etc.* Il est tentant de ne pas donner de contours trop nets à la notion de loyauté professionnelle[1154] et de se cacher derrière la citation habile de M. Yves Derains : « [s]on contenu est plus difficile à cerner tant il est peu concevable qu'un arbitre soit déloyal vis-à-vis des parties »[1155]. Quoi qu'il en soit, la loyauté professionnelle pourrait-elle constituer le fondement de la sanction *lato sensu* des conflits d'intérêts en arbitrage commercial international ? Il semble que deux séries d'objections puissent être émises.

739. D'abord, il existe un doute quant à l'autonomie du principe de loyauté. M. Loïc Cadiet a exprimé cette idée avec force : « [i]l n'est (...) pas souhaitable, de mon point de vue, que le principe de loyauté soit érigé en principe autonome, sauf à vider le 1er chapitre du Nouveau code de procédure civile de sa substance éprouvée au profit d'un concept trop général et trop subjectif pour servir de grammaire fiable et sûre »[1156]. Cette idée sera reprise

---

[1150] Ph. Grandjean, note sous Paris, 28 octobre 1999 et Paris, 30 novembre 1999, Rev. arb., 2000.299, spéc. n° 6 : « La garantie de loyauté du procès peut alors reposer sur la déclaration de l'arbitre. Dans ce domaine, l'expérience et le bon sens commandent de se tenir à distance raisonnable entre le laxisme, hélas fréquent, et le maximalisme qu'exprime, notamment, Thomas Clay (...) quand, pour « sécuriser » l'instance, il recommande à l'arbitre une révélation particulièrement exhaustive et une enquête sur « lui-même avec plus de sévérité que ne le ferait n'importe qui d'autre que lui » ».

[1151] M.-T. Caupain et E. Leroy, *op. cit.*, spéc. p. 73 : « Une fois l'instance introduite, le devoir de loyauté du juge à l'égard des justiciables consiste notamment en une obligation générale de diriger le procès avec diligence et efficacité, dans le strict respect de l'égalité des parties, de sorte que sa décision puisse être rendue dans les meilleures conditions de légitimité et puisse déployer concrètement tous ses effets utiles ».

[1152] Y. Derains, « Les nouveaux principes de procédure : confidentialité, célérité, loyauté », *in* Le nouveau droit français de l'arbitrage, sous la direction de Th. Clay, Lextenso, 2011, p. 91, spéc. n° 16, p. 97 : « Bref, le devoir de loyauté impose à l'arbitre d'exécuter son contrat de bonne foi, d'être disponible et ne pas imposer aux parties des exigences égoïstes. Il exige aussi qu'il ne fasse pas dépendre les délais procéduraux de ses convenances personnelles, et, en ce sens, le principe de loyauté englobe le principe de célérité ».

[1153] M.-E. Ancel, « Le nouveau droit français de l'arbitrage : le meilleur de soi-même », *in Evelio Verdera y Tuells and José Carlos Fernandez Rozas (eds), Arbitraje : Revista de Arbitraje Comercial y de Inversiones*, IprolLex 2011, Vol. 4, Issue 3, p. 822, spéc. p. 831 : « La loyauté attendue implique en particulier qu'un arbitre n'abandonne pas sa mission sans raison valable (art. 1457 CPC) et qu'il respecte le principe de confidentialité ainsi que le secret des délibérations (art. 1464 CPC ; art. 1479 CPC) ».

[1154] M.-E. Boursier, Le principe de loyauté en droit processuel, Dalloz, 2002, spéc. n° 804, p. 538 : « La loyauté notion polymorphe et protéiforme, en un mot sensible, est ainsi source du bon droit et plus encore, source d'effectivité du bon droit ».

[1155] Y. Derains, *op. cit.*, spéc. n° 16, p. 97.

[1156] L. Cadiet, « La légalité procédurale en matière civile », Bulletin d'Information de la Cour de Cassation, n° 636, 15 mars 2006, p. 3, n° 21.

notamment par M. Yves Strickler[1157], puis cristallisée dans le rapport Magendie[1158]. D'autres s'interrogent sur sa qualification de principe directeur du procès[1159], si bien que Mme Marie-Emma Boursier en conclut que « [l]a loyauté répond à la logique du flou »[1160].

740. Ensuite, il n'existe, actuellement, aucune profession reconnue et réglementée d'arbitre. Or, « la loyauté est affaire de professionnalisme »[1161]. Dès lors, peut-on dire que l'arbitre, qui n'est pas un professionnel, est tenu à la loyauté professionnelle ? Cela ne semble pas correct. Qui plus est, la jurisprudence commet quelques « errements conceptuels »[1162] en confondant notamment *déloyauté* et *obligation d'impartialité* de l'arbitre. Ces raisons mènent à penser que le principe de loyauté ne saurait constituer le fondement de la sanction *lato sensu* des conflits d'intérêts en arbitrage commercial international.

741. Ainsi s'achève notre recherche au sein des principes fondamentaux de l'arbitrage. Cette recherche fut infructueuse, mais, elle ne fut pas inutile. Menée à son terme, elle nous permet de croire qu'un principe nouveau pourrait constituer l'assise de la sanction des conflits d'intérêts en arbitrage commercial international : le principe de confiance.

[1157] Y. Strickler, *op. cit.*, spéc. p. 358 : « le principe de loyauté apparaît souvent comme une déclinaison ou une mise en application de principes formellement contenus dans le Code ».

[1158] Mission Magendie II - Célérité et la qualité de la justice devant la cour d'appel, Rapport au Garde des Sceaux, 24 mai 2008, p. 50 : « la loyauté des comportements représente un gage évident de respect du principe de contradiction ».

[1159] L. Miniato, « L'introuvable principe de loyauté en procédure civile », D., 2007.1035 : « la loyauté ne saurait être un principe directeur de la procédure civile, et ce pour trois raisons. Premièrement, parce que des applications de la loyauté se rattachent à d'autres règles ou principes qui existent déjà (principe inutile). Deuxièmement, parce que des applications de la loyauté peuvent conduire à des résultats discutables (principe inopportun). Troisièmement, parce que le recensement de l'ensemble des applications de la loyauté amène à constater que la loyauté aboutit à des résultats contradictoires (principe incohérent) ».

[1160] M.-E. Boursier, *op. cit.*, spéc. n° 802, p. 538.

[1161] M.-T. Caupain et E. Leroy, *op. cit.*, spéc. p. 80.

[1162] M. Henry, « Les obligations d'indépendance et d'information de l'arbitre à la lumière de la jurisprudence récente », Rev. arb., 1999.193, spéc. note n° 32 : « Dans un arrêt du 24 mars 1998, la Cour de cassation approuve la Cour d'appel de Paris d'avoir invoqué la « déloyauté de l'un des arbitres » pour faire obstacle à l'exequatur en France d'une sentence rendue en Italie. Il s'agissait en réalité d'un manquement clair à l'obligation d'impartialité de l'arbitre. Pourquoi recourir à ce concept de loyauté alors qu'il s'agissait d'une question d'impartialité pure et simple ? Ces errements conceptuels ne nous paraissent pas devoir être favorisés ».

SECTION 2. UN NOUVEAU PRINCIPE : LE PRINCIPE DE CONFIANCE

742. À la différence de la loyauté qui est *attendue*, la confiance est *donnée*[1163]. La loyauté et la confiance ne sont pas synonymes. Le principe de confiance et celui de loyauté désignent des réalités différentes. Nous pensons qu'il existe, en droit de l'arbitrage, un principe de confiance, distinct du principe de loyauté. L'idée nous est née notamment à la lecture de l'article de M. Georges Bolard consacré aux principes directeurs du process arbitral. Dans cet article, l'auteur évoque l'existence d'un *principe contractuel*[1164] qui, dans la procédure arbitrale, s'ajouterait aux autres principes directeurs du procès. Mme Laure Bernheim-Van de Casteele pense que l'auteur entendait par *principe contractuel*, le principe d'autonomie des parties[1165]. Nous ne partageons pas son interprétation et sommes convaincus que M. Georges Bolard visait un principe autre, tel que le principe de confiance. Le principe de confiance est un principe inhérent à la matière arbitrale et qui, pourtant, n'a pas encore été révélé, ni par le législateur, ni par le juge. Ainsi, dans cette étude, nous n'avons pas l'ambition de créer[1166], mais seulement celle de révéler[1167] l'existence et le contenu du principe de confiance en droit de l'arbitrage[1168].

[1163] Y. Strickler, *op. cit.*, spéc. p. 363.

[1164] G. Bolard, « Les principes directeurs du process arbitral », Rev. arb., 2004.511, spéc. n° 20, p. 531.

[1165] L. Bernheim-Van de Casteele, *op. cit.*, spéc. n° 682, p. 546.

[1166] Comme P.-Fr. Cuif, « Le conflit d'intérêts. Essai sur la détermination d'un principe juridique en droit privé », RTD com., 2005.1 : « La reconnaissance d'un principe de droit - « Nul ne peut faire prévaloir son intérêt personnel sur les intérêts dont il a la charge » - doit permettre le traitement des conflits d'intérêts de manière unitaire et donner au juge l'outil juridique dont il manque en l'absence de texte ».

[1167] L. Cadiet, « La renonciation à se prévaloir des irrégularités de la procédure arbitrale », Rev. arb., 1996.3, spéc. n° 25, p. 29 : « Sans doute parce que l'évolution contemporaine du droit nous a habitués à la volatilité des lois, la tendance est grande, de nos jours, à espérer, voire revendiquer une norme nouvelle pour tout nouveau problème. (...) Mais c'est prendre le risque d'écrire la loi dans le sable, en oubliant les leçons de Portalis dans ce précis de l'art législatif qu'est le Discours préliminaire du Code civil » ; J.-L. Delvolvé, « Le droit à

743. En 1965, David écrivait que « [L'arbitrage] n'est justifié que si les parties, au moment où elles en conviennent, s'entendent sur la personne même qui, jouissant de leur commune confiance, pourra mieux qu'un juge résoudre leur litige et les mettre d'accord »[1169]. Selon lui, l'arbitrage est *justifié* par la confiance des parties à l'arbitrage, en la personne de l'arbitre. Sans cette confiance commune, l'arbitrage ne serait pas justifié. L'arbitrage ne saurait exister sans la confiance des parties d'arbitrage. Cette confiance donne à l'arbitre un net avantage sur le juge de droit commun. En effet, le juge étatique suscite moins la confiance des usagers du service public que l'arbitre ne suscite celle des acteurs du commerce international et parties à l'arbitrage. La personne du juge étatique n'est pas choisie par les parties au litige. Celles-ci peuvent à tout le moins opter pour une juridiction ou pour le ressort de celle-ci mais elles ne peuvent pas choisir quel juge étatique les jugera personnellement. Qui plus est, les usagers peuvent s'étonner que certains juges étatiques ne soient pas des professionnels. Ces éléments mettent à l'épreuve la confiance des usagers du service de la justice, si bien que le Conseil Supérieur de la Magistrature a publié en 2008 une étude sur « Les Français et leur justice » invitant à « Restaurer la confiance »[1170]. Il en va autrement en arbitrage où la confiance des parties à l'arbitrage existe et est étendue. Elle s'adresse à la personne de l'arbitre, éventuellement à l'institution d'arbitrage lorsque l'arbitrage est institutionnel et à l'arbitrage en tant que mode de résolution des litiges[1171].

744. Le principe de confiance est cohérent avec le caractère apaisant[1172] traditionnellement employé pour qualifier la justice arbitrale. Eisemann

---

l'arbitre », Gaz. Pal., 15 avril 1995, Doctr. p. 473, spéc. p. 474 : « Comme quoi, il faut toujours regarder en arrière avant de se piquer de modernité ».

[1168] Ch. Jarrosson, « Ethique, Déontologie et normes juridiques dans l'arbitrage », *in* L'éthique dans l'arbitrage, sous la direction de G. Keutgen, coll. Francarbi, Bruylant, 2011, p. 1, spéc. n° 34, pp. 15-16 : « [a]ujourd'hui et puisqu'il est devenu un mode universel de règlement des litiges, l'un des défis majeurs de l'arbitrage est de faire émerger des règles quasi-universellement admises ».

[1169] R. David, « Arbitrage du XIX et arbitrage du XX siècle », *in* Mélanges Savatier, Dalloz, 1965, p. 219, spéc. p. 220.

[1170] Conseil Supérieur de la Magistrature, Les Français et leur justice - Restaurer la confiance, La documentation française, Paris, 2008.

[1171] E. Gaillard, « La jurisprudence de la Cour de cassation en matière d'arbitrage international », Rev. arb., 2007.697, spéc. n° 21, p. 717 : « Tout le mouvement de faveur à l'arbitrage qui a conduit à considérer, dans les Etats favorables à l'institution, comme arbitrable l'essentiel des litiges de nature patrimoniale repose sur l'idée qu'il y a lieu de faire confiance, au moins dans un premier temps, à l'arbitre pour faire respecter les exigences de l'ordre public international, celui-ci statuant sous le contrôle ultérieur du juge de l'annulation ou de l'exécution ».

[1172] Fr. Eisemann, « L'arbitre-partie », *in* Mélanges Domke, La Haye, 1967, p. 78, spéc., n° 9, p. 85 : « l'arbitrage, s'il est moins, est certainement en même temps beaucoup plus : ce plus, c'est l'orientation fondamentale vers la détente dans les relations sociales, comme dans les

décrivait l'arbitrage comme une justice ayant quelque chose en plus, « ce plus, c'est l'orientation fondamentale vers la détente dans les relations sociales, comme dans les rapports commerciaux, résultat que l'élément de confiance restera toujours seul à pouvoir assurer ». L'arbitrage intervient souvent entre des acteurs du commerce international qui, jusqu'alors, entretenaient des relations commerciales saines. Il est essentiel pour les parties qu'elles puissent reprendre leurs activités normalement après l'instance arbitrale. En conséquence, l'arbitrage doit être mené de manière sereine du début à la fin. La confiance quc les parties investissent en l'arbitre et en l'arbitrage en tant que mode de résolution des litiges permet d'assurer un certain apaisement au cours de l'instance arbitrale. Déjà en 1996, Fouchard, M. Emmanuel Gaillard et Goldman écrivaient que « cette confiance est le meilleur gage de la sérénité des débats et de l'exécution amiable de la sentence »[1173].

745. Ce principe de confiance pourrait-il fonder la sanction des conflits d'intérêts en arbitrage commercial international ? Traditionnellement, un principe a pour *action emblématique, l'éviction de la loi*[1174]. Un principe sert à contourner l'application d'une loi en particulier lorsque les circonstances de la cause le justifient. Dès lors, est-il correct d'envisager un principe ayant vocation à pallier l'absence de loi ? La réponse est positive. Il y a un intérêt évident à ce qu'un principe existe là où aucune loi n'existe. On peut même imaginer que la consécration d'un principe ayant vocation à pallier l'absence de loi suscitera l'attention du législateur. Seconde objection, le principe de confiance ne serait-il pas un principe supplémentaire, s'ajoutant aux principes existants ? En réalité, nous sommes convaincus que le principe de confiance est une « balise »[1175] très utile pour l'arbitre. Sa reconnaissance ne nous semble pas superfatatoire.

746. Pour déterminer si le principe de confiance pourrait constituer le fondement de la sanction *lato sensu* des conflits d'intérêts en arbitrage commercial international, procédons à son étude formelle (§1), puis à son étude substantielle (§2).

---

rapports commerciaux, résultat que l'élément de confiance restera toujours seul à pouvoir assurer ».

1173 Ph. Fouchard, E. Gaillard, B. Goldman, *op. cit.*, spéc. n° 957, p. 555.

1174 P. Morvan, Le principe de droit privé, thèse Paris II, 1997, spéc. p. 3.

1175 G. Bolard, « L'arbitraire du juge », *in* Mélanges Drai, Le juge entre deux millénaires, Dalloz, 2000, p. 225, spéc. n° 3, p. 226 : « le droit du procès balise le chemin du juge vers la décision qu'attendent les plaideurs ».

§1. ÉTUDE FORMELLE DU PRINCIPE DE CONFIANCE

747. Déterminons quelle est la nature du principe de confiance (A), puis recherchons son assise (B).

A. LA NATURE DE PRINCIPE DE CONFIANCE

748. De manière générale, un principe présente une myriade d'avantages, dont la positivité[1176], la modération[1177] et la malléabilité « qui sied particulièrement à l'arbitrage, allergique à un corset rigide de dispositions impératives »[1178]. En sa qualité de principe, le principe de confiance semble adapté à la matière arbitrale.

749. Néanmoins, tous les principes sont-ils les mêmes ? Assurément, la réponse est négative. Dans sa thèse sur *Le principe de droit privé*, M. Patrick Morvan énonce qu'il existe trois catégories de principe :

« - le principe exprimant ce qui est, ou principe d'ontologie.

- le principe exprimant ce qu'impose la raison, ou principe de logique.

- le principe exprimant ce qui doit être, ou principe normatif »[1179].

750. Dans quelle catégorie, le principe de confiance rentre-t-il ? Nous pouvons d'ores et déjà écarter le principe d'ontologie car la confiance ne va pas de soi et nécessite d'être *donnée*. La confiance se gagne. Le principe de confiance n'est donc pas un principe d'ontologie. Il semblerait que le principe de confiance exprime ce qu'impose la raison et non ce qui doit être. En effet, les parties ne sont jamais obligées d'avoir confiance en l'arbitre. Les parties ont le droit de perdre la confiance donnée à l'arbitre ou à l'arbitrage. La confiance doit exister pour que l'arbitrage soit réussi. Néanmoins, il ne s'agit

---

[1176] B. Oppetit, « Les principes généraux en droit international privé », *in* Le droit international, Archives de philosophie du droit, t. 32, 1987, p. 179, spéc. p. 183 : « leur autonomie est certaine, puisque leur invocation intervient en dehors de toute référence à un texte et parfois même contre un texte, et pourtant leur juridicité ne fait ici aucun doute, car elle seule justifie et légitime les effets qui s'y attachent. En effet, la positivité de tels principes se trouve formellement reconnue dès l'instant où la Cour de cassation les vise au soutien d'une décision de réformation puisque seule la violation d'une règle de droit est de nature à fonder une cassation ».

[1177] G. Cornu, « Les principes directeurs du procès civil par eux-mêmes (fragments d'un état des questions) », *in* Mélanges Bellet, Litec, 1991, p. 83, spéc. p. 90 : « L'esprit des principes est la modération ».

[1178] L. Bernheim-Van de Casteele, *op. cit.*, spéc. n° 6, p. 39.

[1179] P. Morvan, *op. cit.*, spéc. n° 2, p. 10.

pas d'une obligation liant les parties à l'arbitrage. Ainsi, le principe de confiance est-il un principe normatif, à l'exclusion des principe d'ontologie et principe de logique.

751. À cette classification, Mme Laure Bernheim-Van de Casteele superpose une distinction propre aux principes dans le droit de l'arbitrage : les principes *de* l'arbitrage et les principes *dans* l'arbitrage[1180]. Les principes *de* l'arbitrage ont trait au fonctionnement de l'arbitrage en tant que mode de résolution des litiges, tandis que les principes *dans* l'arbitrage renvoient aux normes que les arbitres mettent en oeuvre pour trancher le litige au fond. Les principes *de* l'arbitrage ont vocation à encadrer le bon déroulement de l'arbitrage. Les principes *dans* l'arbitrage ont vocation à garantir la reddition d'une sentence juste au regard des circonstances de l'espèce et du droit applicable. Le principe de confiance est plus vraisemblablement un principe *de* l'arbitrage à l'exclusion du principe *dans* l'arbitrage, car il a vocation à intervenir pour garantir la bonne administration de la justice arbitrale sans véritablement porter sur le fond du litige. Ainsi peut-on considérer que le principe de confiance est un principe *de* l'arbitrage.

752. En qualité de principe, le principe de confiance possède certains éléments qui manquaient, en tout ou partie, à la morale, à l'éthique et à la déontologie, à savoir, un caractère objectif, une portée générale, une valeur contraignante et une valeur juridique. Le principe de confiance a un caractère objectif, une portée générale et une valeur contraignante comme tout principe *normatif*. Le principe de confiance aurait une valeur juridique à condition qu'il soit officiellement reconnu par le législateur ou par le juge.

753. Il convient dès lors de rechercher quelle est l'assise du principe de confiance.

B. L'ASSISE DU PRINCIPE DE CONFIANCE

754. Actuellement, le principe de confiance est porté par un seul texte. Le Principe IV du Code d'éthique de la Chambre arbitrale internationale de Paris en date du 10 juin 2010 prévoit que « [l]'Arbitre doit rester fidèle aux principes de confiance, de discrétion et de confidentialité inhérents à son office »[1181]. Malgré son existence, ce texte isolé ne nous dispense pas de rechercher quelle pourrait être l'assise du principe de confiance.

755. En droit, la marque la plus convaincante de confiance prend la forme du contrat. En effet, Lévy définit le contrat comme « le rapport de

[1180] L. Bernheim-Van de Casteele, *op. cit.*, spéc. n° 14, p. 49.
[1181] http://www.arbitrage.org/fr/listes-arbitres.

confiance légitime que crée l'activité (ou volonté) formulée ou non formulée »[1182]. Selon nous, l'assise du principe de confiance est contractuelle, comme l'avait pressenti M. Georges Bolard dans son article précité. Néanmoins, en droit de l'arbitrage, il existe un enchevêtrement de contrats. Quel contrat constitue l'assise du principe de confiance : la convention d'arbitrage ? le contrat d'arbitre ? ou le contrat d'organisation de l'arbitrage ? Nous pensons que la solution est multiple : les parties donnent leur confiance par la convention d'arbitrage (1), et la renouvellent par le contrat d'arbitre et le contrat d'organisation de l'arbitrage (2).

1° LA CONVENTION D'ARBITRAGE : LA CONFIANCE DONNÉE

756. La convention d'arbitrage est la première marque de confiance des parties à l'arbitrage. La confiance des parties à l'arbitrage s'adresse à l'arbitrage en tant de mode de résolution des litiges et éventuellement à l'arbitre si la convention d'arbitrage est nominative. Comme l'explique Mme Catherine Kessedjian, l'arbitre « est investi de la fonction de juger, fonction qui nous apparaît comme une marque de confiance extrême, confiance qui ne doit pas être trompée »[1183]. Néanmoins, en pratique, les conventions d'arbitrage nominatives sont relativement rares. En effet, elles peuvent être à l'origine de difficultés notamment dans le cas du décès de l'arbitre. En revanche, il arrive fréquemment que les parties à l'arbitrage mentionnent le choix d'une institution d'arbitrage dans leur convention d'arbitrage. La confiance commune des parties à l'arbitrage est alors étendue à ladite institution d'arbitrage.

757. La confiance est donnée par les parties à l'arbitrage dans la convention d'arbitrage. Néanmoins, la convention d'arbitrage ne saurait constituer la seule assise du principe de confiance. Celle-ci est renouvelée dans le contrat d'arbitre et dans le contrat d'organisation de l'arbitrage dans l'hypothèse d'un arbitrage institutionnel.

2° LE CONTRAT D'ARBITRE ET LE CONTRAT D'ORGANISATION DE L'ARBITRAGE : LA CONFIANCE RENOUVELÉE

758. Par le contrat d'arbitre, les parties à l'arbitrage renouvellent leur confiance à l'égard de l'arbitrage en tant que mode de résolution des litiges et scellent leur confiance envers les membres du tribunal arbitral. La confiance

---

[1182] E. Lévy, « La confiance légitime », RTD civ., 1910.717, spéc. p. 720.

[1183] C. Kessedjian, « Principe de la contradiction et arbitrage », Rev. arb., 1995.381, spéc. p. 409.

est alors à l'origine de l'investiture[1184] de chacun des arbitres. En effet, M. Thomas Clay écrit que « [l]orsque les litigants choisissent un arbitre, c'est aussi parce qu'ils ont confiance en sa capacité de bien mener une instance arbitrale, c'est-à-dire qu'ils ont confiance en ses capacités juridictionnelles. Et cette confiance est contractuellement fixée dans le contrat d'arbitre »[1185].

759. Par ailleurs, lorsque les parties décident de demander à une institution d'arbitrage de superviser la procédure, elles passent avec elle un contrat d'organisation de l'arbitrage. De la même manière, le contrat d'organisation de l'arbitrage renouvelle la confiance que les parties à l'arbitrage avaient déjà donnée à l'institution d'arbitrage par la convention d'arbitrage.

760. Donc, l'assise du principe de confiance est contractuelle et multiple. Par la convention d'arbitrage, les parties à l'arbitrage donnent leur confiance à l'arbitrage en tant que mode de résolution des différends, à l'arbitre si la convention d'arbitrage est nominative et à l'institution d'arbitrage si l'arbitrage est institutionnel. Par le contrat d'arbitre, les parties à l'arbitrage renouvellent leur confiance à l'égard de l'arbitrage en tant que mode de résolution des différends et scellent leur confiance envers les membres du tribunal arbitral. Enfin, par le contrat d'organisation de l'arbitrage, les parties à l'arbitrage confirment leur confiance en l'institution d'arbitrage qu'elles avaient choisie dans la convention d'arbitrage.

761. Etudions à présent la substance du principe de confiance.

[1184] P. Chevalier, « Impartialité de l'arbitre, étendue de son obligation de révélation et promptitude à agir des parties », D., 2014. 1981.

[1185] Th. Clay, L'arbitre, Dalloz, 2001, spéc. n° 799 et s., pp. 616 et s..

§2. ÉTUDE SUBSTANTIELLE DU PRINCIPE DE CONFIANCE

762. Nos propos introductifs sur le principe de confiance nous permettent de dire que le principe de confiance transcende les dimensions contractuelle et juridictionnelle de l'arbitrage (A) et qu'il est un principe *congénital* à l'arbitrage (B).

A. UN PRINCIPE TRANSCENDANT LES DIMENSIONS CONTRACTUELLE ET JURIDICTIONNELLE DE L'ARBITRAGE

763. Le principe de confiance transcende les dimensions contractuelle et juridictionnelle de l'arbitrage. Il ne relève ni de l'une, ni de l'autre. Il n'est cantonné ni à l'une, ni à l'autre. Il est omniprésent dans la matière arbitrale. Cela fait la force du principe de confiance par rapport aux autres principes dont l'appartenance exclusive à l'une des deux dimensions de l'arbitrage les empêchait de constituer un fondement pertinent de la sanction *lato sensu* des conflits d'intérêts.

764. Concrètement, la confiance vise indifféremment l'arbitrage en tant que mode de résolution des litiges[1186], l'institution d'arbitrage et le tribunal arbitral. Chaque partie doit avoir confiance en chacun des membres du tribunal arbitral, et pas seulement en celle de l'arbitre qu'elle a choisi ou en la personne du Président du tribunal arbitral[1187]. À cet égard, le choix de la partie à l'arbitrage a évolué avec le temps. Historiquement, les parties à l'arbitrage recouraient à l'arbitrage pour les qualités humaines et la sagesse[1188] de l'arbitre. La description de l'arbitrage faite par M. Martin Domke est signifiante : "[a]*rbitration, as a human affair in spite of business context, can be successful only if the quality of the arbitrators affords efficient administration of arbitration proceedings and the rendering of a fair and just award*"[1189]. Depuis les années 1990, l'arbitrage s'est spécialisé ; les parties n'ont plus recours à un sage, mais à un sachant. Mme Soia Mentschikoff et M. Ernest Haggard ont parfaitement décrit cette évolution :

1186 J.-C. Fernandez Rozas, "*Clearer Ethics Guidelines and Comparative Standards for Arbitrators*", *in* Liber Amicorum en l'honneur de Bernardo Cremades, La Ley, 2010, p. 413, spéc. n° 43, p. 449 : "*Arbitration requires a neutral and impartial climate, one in which the parties may conduct themselves in complete freedom and with the total confidence that their positions will receive a fair hearing*".

1187 A. C. Foustoucos, Rev. arb., 1990.376 : « La confiance doit exister envers la personne du Président c'est-à-dire que les parties doivent avoir confiance dans la capacité du Président à rendre une sentence équitable, juste, correcte et apte à prendre en considération les intérêts légitimes des parties ».

1188 Ch. Jarrosson, La notion d'arbitrage, Dalloz, 1985, spéc. n° 5, p. 5 : « L'arbitrage apparaît donc placé sous la double influence de l'impartialité et de la sagesse ».

1189 M. Domke, "*The Bangkok Conference on Commercial Arbitration*", *in Arbitration Journal*, 1962, p. 28.

"[o]*verall, who the arbitrator is in terms of expertise and prior experience is the most important single factor both the decisional and the consensus processes. Who he or she is determines the availability of both substantive and fact finding norms, conditions the procedural and role norms that are held, and raises or lowers the degree of influence in interaction with other arbitrators*"[1190]. D'une décennie sur l'autre, les parties à l'arbitrage ne font plus confiance aux mêmes personnes. Leurs exigences et leurs attentes légitimes changent. Cette mutation a entraîné deux conséquences principales : la création d'une élite d'arbitres[1191] et l'émergence d'un véritable marché[1192] de l'arbitrage. MM. Yves Dezalay et Bryant G. Garth l'expriment parfaitement dans leur livre intitulé *Dealing with virtue* publié en 1996. Ces auteurs développent une vision économique de l'arbitrage, dans laquelle les compétences et les connaissances de l'arbitre sont assimilées à un *capital* : "[i]*n Bourdieu's words,* "the weight of different agents depends on their symbolic capital, i.e. on the recognition, institutionalized or not, that they receive from a group". *Educational degrees and formal positions in the legal, economic, or political system have a certain value as capital, depending upon the purpose and audience for which they are assessed. Particular experiences, expertises, and connections likewise have a capital value to the extent that they are recognized as having such a value*"[1193]. De cette manière, les arbitres pressentis espèrent gagner la confiance des potentielles parties à l'arbitrage. Cette quête de la confiance des parties à l'arbitrage a certainement participé à l'émergence d'une communauté arbitrale, ouvertement critiquée par MM. Yves Dezalay et Bryant G. Garth : "[t]*he careers of these notable individuals recall accounts of the medieval church. The son of nobleman could become a bishop of the church simply because of family background and social prominence. Others would shave their heads, take vows of celibacy, devote everything to the church, and yet have no chance to rise to a position of eminence, such as bishop.* (...) *There is a similar phenomenon in arbitration. Without a suitable platform, defined now as more than social class (with is nevertheless useful), the arbitration*

[1190] Soia Mentschikoff & Ernest Haggard, à propos de l'arbitrage interne aux Etats-Unis, cités dans Y. Dezalay et B. G. Garth, *Dealing in virtue. International Commercial Arbitration and the Construction of a Transnational Legal order*, avant-propos de P. Bourdieu, *The University of Chicago Press*, 1996, spéc. note n° 6, pp. 8-9.

[1191] J. Paulsson, "*Ethics, Elitism, Eligibility*", J. Int. Arb., 1997, Vol. 14, Issue 4, p. 13, spéc. p. 21 : "*Elitism is no sin; the ambition to work at the highest possible level is surely a healthy one. The building of a reputation in this challenging context is a lengthy process, which offers no assurance of success. However, it creates a depth of confidence which can never be achieved by self-serving declarations*".

[1192] Y. Dezalay, B. G. Garth, *op. cit.*, spéc. p. 16 : "*International commercial arbitration, we find, is partly an epistemic community or issue network organized around certain beliefs in an ideal of international private justice, but it is also an extremely competitive market involving big business and megalawyering*".

[1193] Y. Dezalay, B. G. Garth, *op. cit.*, spéc. p. 18.

devotee can never get selected as an arbitrator. There are individuals who, for example, teach at low-prestige schools, work in unknown law firms, or produce scholarship that is deemed to be too marginal, who cannot gain access to this world no matter how much they write, attend conferences, or in general profess the faith"[1194].

765. Idéalement[1195], les parties devraient sélectionner des arbitres ayant les connaissances techniques suffisantes pour saisir les enjeux de leur litige et les qualités humaines nécessaires pour gérer la bonne administration de la justice arbitrale et notamment l'émergence d'un conflit d'intérêts en leur sein. Une fois que les arbitres ont reçu la confiance des parties à l'arbitrage par le truchement du contrat d'arbitre, ils doivent exercer leur pouvoir juridictionnel sans trahir cette confiance. C'est en ce sens que nous pensons que le principe de confiance est un principe transcendant les dimensions contractuelle et juridictionnelle de l'arbitrage. Il est impossible de dire qu'il relève de l'une ou de l'autre.

766. Qui plus est, le principe de confiance est un principe *congénital* à l'arbitrage.

B. UN PRINCIPE *CONGÉNITAL* A L'ARBITRAGE

767. Selon le *Vocabulaire technique et critique de la philosophie* de Lalande, « [e]st congénital tout caractère possédé par un individu dès sa naissance, et non acquis au cours de son développement »[1196]. Or, comme l'écrivait David, l'arbitrage est *justifié* par la confiance. Sans confiance, il ne saurait y avoir d'arbitrage. L'arbitrage ne peut pas exister sans confiance. Le principe de confiance est *congénital* à l'arbitrage. Pour nous en convaincre, il suffit de constater de quelle manière la doctrine (1°) et la jurisprudence (2°) envisagent ledit principe de confiance.

1° LE PRINCIPE DE CONFIANCE ENVISAGÉ PAR LA DOCTRINE

768. « L'essentiel est que le vœu des parties prime. Rien ne serait plus désastreux que l'ébranlement de la confiance dans un domaine où elle est essentielle »[1197]. La doctrine est unanime : la confiance est de l'essence de l'arbitrage. Sans confiance, pas d'arbitrage. M. Gérard Pluyette le démontre avec une simplicité remarquable : « [s]i l'arbitrage repose sur un fondement

---

[1194] *Ibid.*, spéc. p. 23.

[1195] Th. Clay, D., 2013.2936 : « Il existe une conception et une pratique nobles de l'arbitrage, et elles sont, de loin, les plus répandues ».

[1196] A. Lalande, Vocabulaire technique et critique de la philosophie, Quadrige, 1ère éd., 1926.

[1197] L. Matray, « La déontologie de l'arbitrage commercial international », Revue belge de droit international et droit comparé, 1985, p. 97, spéc. n° 13, p. 106.

conventionnel, si les arbitres sont investis d'un pouvoir juridictionnel, la sentence n'est pas rendue « au nom du peuple français » mais par l'effet d'une volonté des parties et d'un choix consensuel. L'arbitrage repose donc aussi sur un sentiment de confiance que les parties attribuent au centre organisateur et aux arbitres désignés. Ce sentiment de confiance doit donc exister, être effectif et demeurer »[1198]. Ainsi, non seulement la confiance doit exister, mais elle doit perdurer. En d'autres termes, la confiance est essentielle à l'existence de l'arbitrage (a), et à sa réussite (b).

A. LA CONFIANCE, ESSENTIELLE À L'EXISTENCE DE L'ARBITRAGE

769. La confiance est essentielle à l'existence de l'arbitrage. M. George-Albert Dal considère que « l'élément de confiance est fondamental »[1199], en ce sens qu'il pose les bases. La confiance pose les bases d'une relation saine entre chacun des arbitres et chacune des parties à l'arbitrage. Dans leur article « Préférez l'arbitrage ! », MM. Louis B. Buchman et Eric Loquin mettent en avant que « [l]'arbitrage est d'abord une relation de confiance entre les parties et les arbitres »[1200]. Robert évoque une relation à « caractère fiduciaire »[1201]. Les références doctrinales à la confiance sont très nombreuses. En particulier, le lien entre les arbitres et les parties à l'arbitrage est justement décrit par M. Jean-Louis Delvolvé : « [i]l ne suffit pas, en vérité, de constater que les parties ont évité l'audience publique. Plus fondamentalement, elles ont cherché à instaurer en commun avec un ou des arbitres de leur choix un lien étroit de confiance fondé sur leur attachement à des qualités, une compétence, un savoir-faire peut-être spécialisé, une sagesse, une intégrité qu'elles leur reconnaissent intuitu personae. Qu'il ait lieu directement ou par le canal d'une institution d'arbitrage à laquelle elles ont aussi fait confiance, leur choix aura dépendu d'affinités électives propices à la confidence et la justifiant. L'arbitrage est l'instrument de leur confiance et donc de leur confidence, et ce n'est pas rien que ces mots soient de même racine »[1202]. Cette confiance doit exister[1203] sans excès, sinon elle risquerait d'être requalifiée en connivence[1204].

[1198] G. Pluyette, « Le point de vue du juge », Rev. arb., 1990.355.

[1199] G.-A. Dal, « Déontologie de l'arbitre », *in* L'Arbitre : Pouvoirs et Statut, Actes du colloque du CEPANI du 28 mars 2003, p. 165, spéc. n° 15, p. 171.

[1200] L. B. Buchman et E. Loquin, « Préférez l'arbitrage ! », Gaz. Pal., 14-16 septembre 2008, Doct. p. 2893, spéc. p. 2895.

[1201] J. Robert, « Influence sur la validité de l'arbitrage des rapports antérieurs des arbitres avec les parties », Rev. arb., 1969.43, spéc. n° 7, p. 53.

[1202] J.-L. Delvolvé, « Vraies et fausses confidences, ou les petits et les grands secrets de l'arbitrage », Rev. arb., 1996.373, spéc. p. 390.

[1203] Ph. Fouchard, E. Gaillard, B. Goldman, *op. cit.*, spéc. n° 753, p. 470 : « Si l'on veut maintenir dans l'arbitrage international un minimum de rapport personnel de confiance entre

770. Ce n'est que si le tribunal arbitral jouit de la confiance commune des parties à l'arbitrage qu'il trouvera son « alchimie propre »[1205], nécessaire à la réussite de l'arbitrage.

B. LA CONFIANCE, ESSENTIELLE À LA RÉUSSITE DE L'ARBITRAGE

771. Dans ses *Etudes et notes sur l'arbitrage*, Motulsky écrivait que la confiance est « le facteur à [ses] yeux décisif de la réussite de l'arbitrage »[1206]. Plus récemment, M. Lambert Matray disait à propos de l'arbitrage que « [s]on fonctionnement harmonieux suppose que confiance soit faite aux arbitres auxquels il fait appel »[1207]. Ainsi si la confiance est à l'origine de l'arbitrage, elle est aussi le gage de sa réussite. La confiance est essentielle à la réussite de l'arbitrage, à condition que la « confiance de toutes les parties en tous les arbitres appelés à les juger [soit] permanente »[1208]. Par *permanente*, il faut entendre *continue* du début à la fin de l'instance arbitrale. Selon nous, un arbitrage est réussi lorsque les parties à l'arbitrage maintiennent la confiance qu'elles ont donnée aux arbitres tout au long de la procédure arbitrale.

---

les parties et leurs juges, la désignation des arbitres est d'abord l'affaire des parties ; à elles d'exercer elles-mêmes cette liberté, ou si elles le préfèrent, de déléguer leurs pouvoirs ; seuls les graves abus seront sanctionnés ou l'impuissance secourue par l'intervention du juge ».

1204 E. Loquin, « À la recherche du principe d'égalité des parties dans le droit de l'arbitrage », Gaz. Pal., 2 juillet 2008, n° 184, p. 5 : « Comme l'a écrit Motulsky, "*l'arbitre est le juge que les parties ont choisi*". Tel est l'un des intérêts recherchés dans l'arbitrage. L'arbitrage est d'abord une relation de confiance entre les parties et les arbitres. L'arbitre peut être choisi en raison de la compétence juridique ou technique qu'il a su développer dans la matière qui touche au litige, ou en raison de son appartenance au milieu professionnel auquel appartiennent les parties, ou encore en raison de son autorité morale qui justifie la confiance que les parties mettent en lui. Et même si la partie qui a désigné un arbitre n'attend pas que ce dernier soit son avocat dans le tribunal arbitral, elle espère au moins qu'il veillera à ce que ses droits ne soient pas ignorés. Comme l'a jugé avec réalisme la Cour d'appel de Paris, "*la présence des arbitres désignés par les parties au sein du tribunal arbitral constitue pour celles-ci une garantie morale ou psychologique que leur point de vue sera entendu, même s'il n'est pas adopté* " (Paris, 16 janvier 2003, Rev. arb. 2004, 369, note L. Jaeger.) ».

1205 B. Moreau, « L'exemple de l'Association Française d'Arbitrage », *in* L'éthique dans l'arbitrage, sous la direction de G. Keutgen, coll. Francarbi, Bruylant, 2011, p. 117, spéc. p. 118 : « Chaque tribunal arbitral a son alchimie propre, composée de la personnalité de chaque arbitre, de la confiance des parties, de l'expérience de chacun, de la nature du litige, de la qualité et du poids de chaque partie, du climat de leurs relations ».

1206 H. Motulsky, Ecrits - Etudes et notes sur l'arbitrage, préf. Ph. Fouchard et B. Goldman, Dalloz, 1974, spéc. p. 510.

1207 L. Matray, « La déontologie de l'arbitrage commercial international », Revue belge de droit international et droit comparé, 1985, p. 97, spéc. n° 3, p. 99.

1208 Ph. Fouchard, « La coopération du Président du Tribunal de grande instance à l'arbitrage », Rev. arb., 1985.5.

772. Il est un élément déterminant pour la confiance des parties à l'arbitrage en l'arbitre : son indépendance. M. Anghelos C. Foustoucos considérait que l'indépendance des arbitres et la confiance sont des notions contradictoires [1209]. Nous ne sommes pas d'accord avec cette idée. Au contraire, ces deux notions vont de pair. Une partie donnera plus aisément sa confiance à un arbitre apparemment indépendant. À l'inverse, un arbitre à l'indépendance réduite aura plus de mal à susciter la confiance des parties à l'arbitrage.

773. En donnant sa confiance à un arbitre, une partie à l'arbitrage lui donne une *liberté*[1210] étendue : liberté de juger en application des règles qui lui semblent appropriées ; liberté d'appliquer les règles de procédure qui lui semblent les plus adaptées aux circonstances de l'espèce *etc.* L'arbitre a une liberté quasi absolue dans l'administration de la justice arbitrale. Il ne connaît pas l'ensemble des contraintes imposées au juge étatique. L'arbitre, dépourvu de for, n'est pas soumis aux mêmes impératifs que le juge étatique. Néanmoins, l'arbitre se contraint par la *conscience* qu'il a de sa propre mission. À cet égard, M. Pierre Mayer écrivait qu'« [e]n réalité on ne peut compter que sur la conscience de l'arbitre pour qu'il agisse conformément à ce que l'on attend de lui »[1211]. La conscience de l'arbitre l'incite à ne pas trahir la confiance donnée par les parties à l'arbitrage et à veiller à la réussite de l'arbitrage.

774. Analysons maintenant le principe de confiance envisagé par la jurisprudence.

2° Le principe de confiance envisagé par la jurisprudence

775. La jurisprudence rappelle que la confiance garantit une justice apaisante (a). Les juges se prennent au jeu de la théorisation en déterminant qui sont l'émetteur et le destinataire de cette confiance (b).

A. La confiance, garantie d'une justice apaisante

776. Dans un jugement du 28 janvier 1987, le Tribunal de grande instance de Paris vise les « exigences de confiance et de sérénité »[1212]

[1209] A. C. Foustoucos, Débats, Rev. arb., 1990.376.

[1210] P. Mayer, « La liberté de l'arbitre », Rev. arb., 2013.339.

[1211] *Ibid.*, spéc. n° 47, p. 364.

[1212] TGI Paris, 28 janvier 1987, inédit : « Si l'impartialité, la neutralité et l'objectivité de tous les arbitres désignés n'ont jamais été discutées, il apparaît des circonstances objectives (...) que la Chambre arbitrale de Paris n'a pas été et n'est plus en mesure de donner à la partie demanderesse le sentiment légitime de participer à une procédure d'arbitrage répondant à tous

comme éléments de toute procédure arbitrale. L'arbitre a vocation à trancher le litige de manière apaisée. Les caractères privé, confidentiel et rapide de l'arbitrage s'inscrivent dans cet idéal de justice lénifiante.

777. La jurisprudence est en accord avec la doctrine. La confiance relève de l'essence de l'arbitrage ; elle doit exister dès le début de l'instance arbitrale et demeurer tout au long de celle-ci. Deux arrêts de la Cour d'appel de Paris de 2008 et de 2009 vont expressément en ce sens : « [c]onsidérant que l'exercice des fonctions d'arbitre est essentiellement marqué par l'existence d'un lien de confiance avec les parties qui doit être préservé pendant toute la durée de l'arbitrage »[1213] ; « le lien de confiance entre l'arbitre et les parties devant être préservé continûment »[1214].

778. Par ailleurs, la jurisprudence établit un lien direct entre la confiance et l'obligation de révélation liant l'arbitre[1215]. Dans un arrêt du 17 février 2005, la Cour d'appel de Paris explique que « cette obligation d'information vise à établir et à maintenir un lien de confiance entre l'arbitre et les parties »[1216]. En conséquence, la continuité de la confiance au long de l'instance arbitrale entraîne celle de l'obligation de révélation à la charge de l'arbitre : « le lien de confiance entre l'arbitre et les parties devant être préservé continûment, celles-ci doivent être informées pendant toute la durée de l'arbitrage des relations qui pourraient avoir à leurs yeux une incidence sur le jugement de l'arbitre et qui seraient de nature à affecter son indépendance »[1217]. Cette conséquence est parfaitement cohérente avec l'article 1456 alinéa 2 du Code de procédure civile en vertu duquel : « Il appartient à l'arbitre, avant d'accepter sa mission, de révéler toute

---

ses éléments, et notamment dans ses exigences de confiance et de sérénité, aux impératifs de l'article 6 de la Convention de sauvegarde des droits de l'homme ».

1213 Paris, 13 mars 2008, n° 06/12878.

1214 Paris, 12 février 2009, *SA J. & P. Avax c. société Tecnimont SPA*, Rev. arb. 2009.186, note Th. Clay ; Gaz. Pal., 13-15 déc. 2009, obs. L. Degos ; Cah. arb., 2009-4, p. 6, obs. L. Degos ; D., 2009.2964, obs. Th. Clay ; Bull. ASA, 2009, Vol. 27, p. 520, note Ph. Schweizer ; Spain Arb. Rev. 2009/6, p. 155, note A. Munoz et Th. Parigot ; *Arbitraje. Revista de arbitraje commercial y de inversiones*, 2010, Vol. 3, p. 597, obs. J.-C. Fernandez-Rozas.

1215 Paris, 18 novembre 2004, *SARL STM Brudey frères c. SA Emeraude Lines*, Rev. arb., 2006.192, note L. Perreau-Saussine : « Le lien de confiance qui est au centre des relations entre les parties et les arbitres requiert principalement de la part de l'arbitre afin qu'elles puissent exercer leur droit de récusation, un devoir d'informer les parties sur sa situation à moins que celle-ci soit notoire ».

1216 Paris, 17 février 2005, *Mytilineos Holdings c. APPASP*, Rev. arb., 2005.720, note M. Henry.

1217 Paris, 12 février 2009, *SA J. & P. Avax c. société Tecnimont SPA*, Rev. arb. 2009.186, note Th. Clay ; Gaz. Pal., 13-15 déc. 2009, obs. obs. L. Degos ; Cah. arb., 2009-4, p. 6, obs. L. Degos ; D., 2009.2964, obs. Th. Clay ; Bull. ASA, 2009, Vol. 27, p. 520, note Ph. Schweizer ; Spain Arb. Rev. 2009/6, p. 155, note A. Munoz et Th. Parigot ; *Arbitraje. Revista de arbitraje commercial y de inversiones*, 2010, Vol. 3, p. 597, obs. J.-C. Fernandez-Rozas.

circonstance susceptible d'affecter son indépendance ou son impartialité. Il lui est également fait obligation de révéler sans délai toute circonstance de même nature qui pourrait naître après l'acceptation de sa mission ».

779. Voyons désormais qui sont l'émetteur et le destinataire de la confiance selon la jurisprudence.

B. L'ÉMETTEUR ET LE DESTINATAIRE DE LA CONFIANCE

780. L'émetteur de la confiance est chacune des parties à l'arbitrage. Le destinataire de cette confiance commune des parties à l'arbitrage est multiple. Il s'agit de l'arbitrage en tant que mode de résolution des litiges, de chacun des membres du tribunal arbitral, Président et coarbitres ou arbitre unique, et de l'institution d'arbitrage dans l'hypothèse d'un arbitrage institutionnel ou dans celle où les parties à l'arbitrage l'auraient désignée comme autorité de nomination. Le Tribunal de grande instance de Paris a rappelé cette règle dans sa décision du 29 juin 1989 : « [l]e recours à l'arbitrage se fonde essentiellement sur la confiance en l'arbitre désigné qui, comme juge, doit statuer en toute indépendance et impartialité ; cette même confiance justifie le choix d'un centre d'arbitrage »[1218]. Ainsi les parties à l'arbitrage donnent-elles indifféremment leur confiance à l'arbitrage, à l'arbitre et à l'institution d'arbitrage. La Cour d'appel de Paris insiste sur les émetteurs de la confiance : elle envisage la *confiance de toutes les parties*, et pas seulement celle de l'une d'entre elles.

781. L'étude de la doctrine et de la jurisprudence confirment le caractère *congénital* du principe de confiance.

782. Dès lors, le principe de confiance est-il en mesure de fonder la sanction *lato sensu* des conflits d'intérêts en arbitrage commercial international ?

783. Le principe de confiance nous semble en mesure de fonder la sanction *lato sensu* des conflits d'intérêts en arbitrage commercial international. Ce principe normatif a l'avantage de la malléabilité, qui s'accorde parfaitement avec le caractère profondément libéral de la matière arbitrale. Le principe de confiance trouve son assise dans la convention d'arbitrage par laquelle les parties à l'arbitrage donnent leur confiance à l'arbitrage en tant de mode de résolution des litiges. Elles sont ensuite amenées à renouveler leur confiance dans le contrat d'arbitre et, éventuellement, dans le contrat d'organisation de l'arbitrage. Malgré cette assise contractuelle, le principe de confiance transcende la matière arbitrale.

[1218] TGI Paris, 29 juin 1989, *société Philipp Brothers c. société Drexel et autres*, Rev. arb., 1990.497.

Elle relève aussi bien de la dimension conventionnelle que de la dimension juridictionnelle de l'arbitrage. En effet, les parties à l'arbitrage donnent à un arbitre leur commune confiance pour trancher leur litige. Confier cette mission nécessite une confiance des parties à l'arbitrage en chacun des membres du tribunal arbitral. La confiance est *congénitale* à l'arbitrage. Sans confiance, il ne saurait y avoir d'arbitrage. À cet égard, la confiance des parties à l'arbitrage doit exister dès le début de l'instance arbitrale, et tout au long de la procédure arbitrale. La confiance est un gage de réussite de l'arbitrage. Selon nous, un arbitrage est réussi lorsque les parties à l'arbitrage maintiennent la confiance qu'elles ont donnée aux arbitres tout au long de l'instance arbitrale. L'existence d'un conflit d'intérêts met en péril la confiance des parties à l'arbitrage. Néanmoins, la présence d'un conflit d'intérêts en la personne de l'arbitre notamment n'entraîne pas automatiquement la disparition de la confiance des parties. Cette confiance disparaît seulement si l'arbitre ne gère pas la situation de conflit d'intérêts dans le sens de la bonne administration de la justice arbitrale. Le principe de confiance constitue ainsi le fondement idoine de la sanction *lato sensu* des conflits d'intérêts en arbitrage commercial international.

CONCLUSION GÉNÉRALE

784. Les conflits d'intérêts sont une véritable pathologie dont souffre la pratique de l'arbitrage commercial international. Bien que les *IBA Guidelines on Conflicts of Interest in International Arbitration* existent, ils ne proposent pas un traitement suffisamment efficace pour prévenir et guérir la mauvaise gestion des conflits d'intérêts affectant aussi bien les arbitres que les institutions d'arbitrage. Arrivés au terme de notre étude, nous nous permettons la prescription suivante. Pour un meilleur encadrement des conflits d'intérêts en arbitrage commercial international, il faut que cette notion, actuellement de pur fait, devienne une notion juridique. En d'autres termes, il est nécessaire que le législateur impose une définition et un régime juridiques des conflits d'intérêts en arbitrage commercial international. Nos recherches constituent un ensemble de pistes à l'attention du législateur.

785. Dans un premier temps, nous avons procédé à un recensement des situations de conflits d'intérêts dans la pratique de l'arbitrage commercial international. Nous avons raisonné selon la distinction suivante : conflits d'intérêts en la personne de l'arbitre [1219] et conflits d'intérêts affectant l'institution d'arbitrage[1220]. Les conflits d'intérêts en la personne de l'arbitre sont, en pratique, les plus nombreux. Nous y avons distingué les conflits d'intérêts en raison des parties à l'arbitrage et les conflits d'intérêts en raison de l'objet du litige soumis à arbitrage. Les conflits d'intérêts en la personne de l'arbitre et en raison des parties à l'arbitrage comportent une dernière subdivision en fonction de leur caractère patrimonial ou non. Les conflits d'intérêts patrimoniaux regroupent plusieurs hypothèses, telles que le courant d'affaires[1221] (lorsque l'arbitre a fait l'objet de multiples désignations par une partie à l'arbitrage par le passé), le lien de subordination[1222] (lorsque l'arbitre et l'une des parties à l'arbitrage sont liés par un contrat de travail) et les

[1219] V. n° 21 et s..
[1220] V. n° 135 et s..
[1221] V. n° 24 et s..
[1222] V. n° 39 et s..

relations d'affaires [1223] (*consulting* ; participation financière *etc.*). La jurisprudence couvre la plupart de ces situations.

786. La confrontation de celle-ci aux *IBA Guidelines on Conflicts of Interest in International Arbitration* est instructive : elle révèle la non-exhaustivité de ces derniers. Parmi les conflits d'intérêts extrapatrimoniaux en la personne de l'arbitre, nous avons étudié l'impact de la nationalité de l'arbitre sur sa faculté de juger de manière neutre. Nous avons également étudié les liens affectifs entretenus par l'arbitre. En ce qui concerne les conflits d'intérêts au sein de l'arbitre et en raison de l'objet du litige soumis à arbitrage, l'étude des *issue conflicts* d'origine anglo-américaine s'imposait. Les opinions scientifiques de l'arbitre, exprimées par le passé dans une revue, à l'occasion d'un colloque, ou dans le cadre d'une procédure parallèle ou connexe ne sont pas prises en compte de manière systématique par la jurisprudence française. Il en va de même des opinions politiques et religieuses de l'arbitre. La Cour de cassation adopte une approche casuistique dans l'examen de ces hypothèses. Les conflits d'intérêts affectant les institutions d'arbitrage nous ont également intéressés. La nomenclature des conflits d'intérêts au sein des institutions d'arbitrage est la suivante. Nous avons distingué les conflits d'intérêts structurels[1224] des conflits d'intérêts conjoncturels[1225]. Nous avons notamment relevé que la participation des comités nationaux membres de la CCI (*Nestlé*, *Philips etc*) à la nomination des membres de la Cour internationale d'arbitrage était une hypothèse de conflit d'intérêts structurel. Par ailleurs, des conflits d'intérêts conjoncturels émergent au sein des institutions régionales telles que la Cour d'arbitrage de l'Europe du Nord (CAREN) à Lille, et des institutions d'arbitrage spécialisées comme la Chambre maritime de Paris.

787. Une fois toutes les situations de conflits d'intérêts relevées et classées, il était aisé de relever un certain nombre de points communs. Ceux-ci ont permis d'identifier les potentielles conditions de l'existence d'un conflit d'intérêts et de construire la définition suivante : *Un conflit d'intérêts est la contradiction directe et actuelle au sein d'une seule et même personne entre un intérêt personnel et un intérêt tiers dont elle a la charge, la plaçant en situation de faire prévaloir le premier au détriment du second.*

788. Nous nous sommes livrés à la glose de cette définition. L'existence d'un conflit d'intérêts suppose la réunion de conditions objectives[1226], d'une part, et de conditions subjectives[1227], d'autre part. D'abord, il doit y avoir

[1223] V. n° 50 et s..
[1224] V. n° 181 et s..
[1225] V. n° 198 et s..
[1226] V. n° 215 et s..
[1227] V. n° 287 et s..

contradiction (opposition évidente et inévitable entre deux termes couvrant des réalités s'excluant mutuellement) entre un intérêt personnel[1228] (intérêt propre au sujet) et un intérêt tiers [1229] dont il a la charge (la bonne administration de la justice arbitrale). Le sujet au conflit d'intérêts est l'arbitre ou l'institution d'arbitrage affecté par ledit conflit d'intérêts. Par ailleurs, cette contradiction doit être directe et actuelle à l'instance arbitrale. Ensuite, l'existence d'un conflit d'intérêts suppose la réunion de deux conditions subjectives. Le conflit d'intérêts doit exister au sein d'une seule et même personne[1230]. Cette condition est souvent oubliée des auteurs. Elle est pourtant, selon nous, la plus importante. En effet, la concentration de deux intérêts contradictoires au sein d'une seule et même personne rend la situation inique[1231], ce qui constitue la seconde condition subjective. L'arbitre ou l'institution d'arbitrage sont enclins à faire prévaloir leur intérêt personnel au détriment de la bonne administration de la justice arbitrale. Cette définition, dans laquelle chaque mot a un sens, est un premier pas vers la sphère du droit. Le régime juridique attaché à cette définition en constitue un second.

789. L'étude du régime des conflits d'intérêts en arbitrage commercial international s'est faite en deux temps. D'abord, nous avons proposé un ensemble de sanctions de la mauvaise gestion d'un conflit d'intérêts. Puis, nous avons cherché quel serait le fondement le plus pertinent pour asseoir ces sanctions, dans l'attente d'une intervention du législateur. Les sanctions que nous avons relevées ne sont pas nouvelles en tant que telles. Néanmoins, nous pensons que leur articulation et nos motivations le sont. D'abord, nous avons insisté sur l'idée suivante : l'existence d'un conflit d'intérêts n'est pas nocive en soi. Seule la mauvaise gestion qui en est faite appelle une sanction. Par ailleurs, l'arbitre ou l'institution d'arbitrage ne sont pas nécessairement à l'origine de l'émergence d'un conflit d'intérêts en leur sein. Ils se retrouvent souvent sujets à un conflit d'intérêts de manière involontaire.

790. Les sanctions des conflits d'intérêts en arbitrage commercial international s'articulent de la manière suivante. D'une part, des mesures préventives[1232] tendent à prévenir la mauvaise gestion, et non l'émergence d'un conflit d'intérêts. D'autre part, des mesures curatives[1233] ont vocation à réparer le préjudice né de la mauvaise gestion d'un conflit d'intérêts par son sujet. Dans le cadre de notre étude des mesures préventives, nous avons

---

[1228] V. n° 444 et s..
[1229] V. n° 231 et s..
[1230] V. n° 290 et s..
[1231] V. n° 321 et s..
[1232] V. n° 363 et s..
[1233] V. n° 451 et s..

écarté l'incompatibilité légale [1234] car elle aurait institutionnalisé une présomption de mauvaise gestion d'un conflit d'intérêts en raison du cumul de plusieurs fonctions. Or, retenir une telle présomption n'aurait pas été cohérent avec notre idée selon laquelle l'existence d'un conflit d'intérêts n'est pas nocive en soi et que seule la mauvaise gestion qui en est faite est sanctionnable. En revanche, l'arbitre lui-même peut être à l'initiative de deux mesures préventives : la révélation[1235] et le déport[1236]. En dernier ressort, les parties à l'arbitrage ont le pouvoir d'activer une ultime mesure préventive : la récusation de l'arbitre[1237]. Dans le cas où l'arbitre ou l'institution d'arbitrage n'auraient pas géré le conflit d'intérêts conformément à la bonne administration de la justice arbitrale, des sanctions matérielles et des sanctions personnelles existent. Parmi les sanctions matérielles, nous avons écarté l'annulabilité de la convention d'arbitrage[1238]. Nous avons jugé qu'il s'agissait d'une sanction trop rigoureuse et peu respectueuse de la volonté des parties à l'arbitrage. Néanmoins, nous avons retenu une action en annulation de la sentence arbitrale pour mauvaise gestion d'un conflit d'intérêts [1239]. Nous pensons que le fondement le plus pertinent de cette action sont les articles 1492 3° (arbitrage interne) et 1520-3° (arbitrage international) du Code de procédure civile [1240]. En effet, en faisant prévaloir son intérêt personnel au détriment de la bonne administration de la justice arbitrale, l'arbitre a statué sans se conformer à la mission qui lui avait été confiée. Nous avons également retenu le recours en révision de la sentence arbitrale[1241]. Celui-ci peut être activé sur le fondement de la fraude (article 595 1° du Code de procédure civile). Il est particulièrement utile lorsque le délai pour intenter le recours en annulation contre la sentence arbitrale est forclos. En matière de sanctions personnelles, les responsabilités civiles contractuelles respectives de l'arbitre[1242] (contrat d'arbitre) et de l'institution d'arbitrage[1243] (contrat d'organisation de l'arbitrage) peuvent être engagées dans les conditions du droit commun. L'ensemble de ces sanctions forme un véritable arsenal. Il n'est plus question de se focaliser sur la seule prévention qui fait souvent l'objet de discussions plus politiques que juridiques et ne permet pas un traitement efficace des conflits d'intérêts. Nous espérons que l'ensemble de ces conclusions participera à l'intervention du législateur en la matière.

[1234] V. n° 366 et s..
[1235] V. n° 377 et s..
[1236] V. n° 404 et s..
[1237] V. n° 433 et s..
[1238] V. n° 463 et s..
[1239] V. n° 485 et s..
[1240] V. n° 491 et s..
[1241] V. n° 497 et s..
[1242] V. n° 514 et s..
[1243] V. n° 527 et s..

791. En l'absence d'intervention législative, quel pourrait être le fondement de l'ensemble de ces sanctions ? Il a fallu trouver un fondement temporaire et pertinent. Par souci de simplicité, nous avons d'abord souhaité reprendre un fondement classique du droit des obligations[1244] ou du droit processuel[1245]. En droit des obligations, nous avons envisagé deux vices du consentement. À la suite d'une mauvaise gestion d'un conflit d'intérêts par l'arbitre qu'elles avaient elles-mêmes choisi, les parties sont en droit de se demander si elles n'ont pas commis une erreur[1246] en le désignant ou si celui-ci n'est pas l'auteur d'une réticence dolosive[1247] en n'ayant rien dévoilé des éléments qui l'ont empêché de mener à bien sa mission. Néanmoins, la sanction traditionnelle des vices du consentement et le moment de leur appréciation ne nous ont pas permis de retenir l'un des deux comme fondement. Nous nous sommes ensuite demandé si l'arbitre sujet à un conflit d'intérêts n'était pas frappé d'une incapacité d'exercice ponctuelle[1248]. En réalité, il n'en est rien : sujet à un conflit d'intérêts, l'arbitre reste apte à le gérer conformément à la bonne administration de la justice arbitrale. Par la suite, nous nous sommes interrogé de la manière suivante : l'arbitre qui agit dans le sens de la satisfaction de son intérêt personnel et, ce faisant, sans conformité avec la bonne administration de la justice arbitrale, exécute-t-il correctement ses obligations contractuelles ? En réalité, la mauvaise gestion d'un conflit d'intérêts est beaucoup plus complexe qu'une hypothèse classique d'inexécution contractuelle[1249]. L'arbitre ou l'institution d'arbitrage trahissent la confiance des parties à l'arbitrage. Par ailleurs, l'étude du droit processuel nous a permis d'envisager quatre fondements : (i) Les parties ayant pour juge un arbitre sujet à un conflit d'intérêts voient-elles leur droit à un procès équitable méconnu ? En réalité, le droit à un procès équitable ne saurait constituer un fondement pertinent car la Convention Européenne de Sauvegarde des Droits de l'Homme et des Libertés Fondamentales n'est pas directement applicable aux procédures arbitrales ; (ii) En présence d'un arbitre sujet à un conflit d'intérêts, les exigences d'indépendance et d'impartialité du juge sont-elles satisfaites ? Bien que les exigences d'indépendance et d'impartialité constituent le fondement le plus intuitif, nous n'avons pas jugé opportun de le retenir car elles ne renvoient pas à des notions aux contours précis[1250] ; (iii) L'arbitre sujet à un conflit d'intérêts ne prend-il pas en compte des éléments non spécialement invoqués par les parties au litige, agissant ainsi en contradiction avec le principe dispositif ? Le manquement au principe du dispositif suppose que l'arbitre prenne en

---

[1244] V. n° 566 et s..
[1245] V. n° 622 et s..
[1246] V. n° 574 et s..
[1247] V. n° 587 et s..
[1248] V. n° 607 et s..
[1249] V. n° 608 et s..
[1250] V. n° 650 et s..

compte des éléments en lien avec le litige sans les soumettre à la discussion préalable des parties à l'arbitrage. Or, l'arbitre qui a l'intention de faire prévaloir son intérêt personnel prend en compte des éléments professionnels ou personnels qui n'ont souvent pas de lien direct avec l'objet du litige. Pour cette raison, le principe dispositif ne peut pas être retenu[1251] ; (iv) Enfin, l'arbitre sujet à un conflit d'intérêts et entretenant un lien patrimonial ou extrapatrimonial avec l'une des parties à l'arbitrage est-il en mesure de respecter le principe de la contradiction ? En réalité, la réponse est affirmative. L'arbitre, même s'il est décidé à trancher dans le sens de son intérêt personnel, peut respecter formellement le principe de la contradiction en appelant et en entendant chacune des parties à l'arbitrage. L'arbitre respecte, de ce fait, le principe de la contradiction, alors même qu'il sait qu'il tranchera dans le sens de la satisfaction de son intérêt personnel. Le principe de la contradiction ne peut donc pas être retenu[1252].

792. Nos recherches d'un fondement en droit des obligations puis en droit processuel ont été vaines. Néanmoins, nous avons poursuivi nos investigations en droit de l'arbitrage[1253]. Deux questions se sont posées : (i) L'arbitre sujet à un conflit d'intérêts est-il en mesure de respecter le principe d'égalité dans l'instance arbitrale entre les parties à l'arbitrage ? (ii) L'arbitre sujet à un conflit d'intérêts est-il en mesure de respecter le principe de loyauté ? À l'issue de l'étude respective des principes d'égalité[1254] et de loyauté[1255], nous avons décidé de n'en retenir aucun comme fondement de la sanction *lato sensu* des conflits d'intérêts en arbitrage commercial international. En effet, bien que chacun de ces principes soit attractif, leur autonomie n'est pas avérée pour le moment.

793. Finalement, nous avons trouvé le fondement de la sanction *lato sensu* des conflits d'intérêts en arbitrage commercial international dans le principe de confiance[1256]. Le principe de confiance est un principe congénital à la matière arbitrale[1257]. Il est fréquemment mentionné par la jurisprudence et par la doctrine. Néanmoins, il n'a pas encore été formellement consacré. Ce principe transcende les dimensions contractuelle et juridictionnelle de l'arbitrage[1258]. L'idée est la suivante : en ne tranchant pas le litige dans le sens de la bonne administration de la justice arbitrale, l'arbitre trahit la confiance que les parties avaient mise en lui. Il nous semble parfaitement adapté pour

[1251] V. n° 673 et s..
[1252] V. n° 690 et s..
[1253] V. n° 708 et s..
[1254] V. n° 712 et s..
[1255] V. n° 729 et s..
[1256] V. n° 742 et s..
[1257] V. n° 769 et s..
[1258] V. n° 762 et s..

constituer le fondement de la sanction *lato sensu* des conflits d'intérêts en arbitrage commercial international. Le principe de confiance innerve toute la théorie du conflit d'intérêts que nous avons construite.

Index alphabétique

(Les nombres renvoient aux numéros de paragraphe)

BIBLIOGRAPHIE SÉLECTIVE[1259]

I - Dictionnaires

Beignier (B.), Dictionnaire de culture juridique, PUF, 2003
Davau (M.), Cohen (M.), Lallemand (M.), Dictionnaire du français vivant, Bordas, Paris - Bruxelles - Montréal, 1972
Lalande (A.), Vocabulaire technique et critique de la philosophie, PUF, Quadrige, 1999
Dictionnaire de l'Académie française, 8ème éd., 1932-1934

II - Ouvrages généraux

Boisséson (M. de), Le droit français de l'arbitrage : interne et international, GLN-Joly éd., 1990
Clay (Th.), Le code de l'arbitrage commenté, Lexisnexis, 2015
Fouchard (Ph.), Gaillard (E.), Goldman (B.), Traité de l'arbitrage commercial international, Litec, 1996
Lalive (P.), Poudret (J.-F.), Reymond (C.), Le droit de l'arbitrage interne et international en Suisse, Payot, Lausanne, 1989
Loquin (E.), L'arbitrage du commerce international, Pratique des affaires, Joly éd., 2015
Poudret (J.-F.), Besson (S.), Droit comparé de l'arbitrage international, LGDJ, 2002
Seraglini (Ch.), Ortscheidt (J.), Droit de l'arbitrage interne et international, Montchrestien, Lextenso, 2013
Terré (Fr.), Simler (P.) et Lequette (Y.), Droit civil - Les obligations, 11ème éd., Dalloz
Vidal (D.), Droit français de l'arbitrage interne et international, Gualino, Lextenso, 2012

[1259] P. Lalive, « Sur une "*commercialisation*" de l'arbitrage international », *in* Mélanges Reymond, Litec, 2004, p. 167, spéc. p. 171 : « on en vient à rêver d'un moratoire ou d'un embargo qui serait décrété par l'ONU pour interdire pendant cinq ans toute étude sur l'arbitrage ».

III - Ouvrages spéciaux

Auby (J.-B.), Breen (E.), Perroud (Th.), *Corruption and Conflicts of Interest, A comparative Law Approach, Studies in Comparative Law and Legal Culture*, EE. 2014

Bentham (J.), *Deontology, or Science of Morality*, London ed. by John Bowring, 1834

Bonnot de Condillac (E.), La logique ou les premiers développements de l'art de penser, 1794

Boucher (P. B.), Manuel des arbitres ou traité complet de l'arbitrage, Paris, 1807

Burlamaqui (J.-J.), Principes du Droit Naturel, Dalloz, 2007

Cadiet (L.), Découvrir la justice, Dalloz, 1997

Carbonnier (J.),
- Les Ecrits, textes rassemblés par R. Verdier, PUF, 2008
- Sociologie juridique, Paris, PUF, Quadrige Manuels, 2ème éd., 2004
- Droit Civil, PUF, 1ère éd., Quadrige, 2004
- Flexible droit, Pour une sociologie du droit sans rigueur, 10ème éd., LGDJ, 2001

Clay (Th.), Le Code de l'arbitrage commenté, Lexisnexis, 2015

Citröen (H.), Manuel de l'arbitre, préf. d'E. Clémentel, lettre de Willis H. Booth, La Perle, 1925

Conseil Supérieur de la Magistrature, Les Français et leur justice - Restaurer la confiance, La documentation française, Paris, 2008

Cornu (G.) et Foyer (J.), Procédure civile, PUF, Paris, 1958

David (R.),
- Le droit du commerce international, Economica, 1987
- L'arbitrage dans le commerce international, Economica, 1982

Demogue (R.), Traité des obligations en général, VI, Paris, Rousseau, 1931

Dezalay (Y.) and Garth (B. G.), *Dealing in virtue. International Commercial Arbitration and the Construction of a Transnational Legal order*, avant-propos de P. Bourdieu, *The University of Chicago Press*, 1996

Derains (Y.), Droit et pratique de l'arbitrage international en France, avant-propos R. Pichard du Page, Feduci, Paris, 1984

Etchegoyen (A.), La valse des éthiques, éd. Fr. Bourin, 1991

Fenet (P.-A.), Travaux préparatoires du Code civil, Videcoq, 1827

Gaillard (E.), Aspects philosophiques du droit de l'arbitrage international, Recueil des cours, Académie de Droit International de La Haye, 2008

Garapon (A.), Allard (J.), Gros (Fr.), Les vertus du juge, Dalloz, 2008

Gény (Fr.), Méthode d'interprétation et sources en droit privé positif, 2ème éd., Paris, 1919

Ghestin (J.), Traité de droit civil - La formation du contrat - Tome 1 Le contrat - Le consentement, 4ème éd., LGDJ, 2013

Guinchard (S.), Ferrand (F.), Chainais (C.), Procédure civile, Dalloz, 3ème éd., 2013
Hirsch (M.), Pour en finir avec les conflits d'intérêts, Parti pris, Stock, 2010
Héron (J.) et Le Bars (Th.), Droit judiciaire privé, Montchrestien, 5ème éd., 2012
Kassis (A.), Réflexions sur le règlement d'arbitrage de la Chambre de commerce internationale, LGDJ, 1988
Kojève (A.), Esquisses d'une phénoménologie du droit, Gallimard, 1943, éd. postume 1981
Loquin (E.), L'amiable composition en droit comparé et international, Litec, 1981
Malinvaud (Ph.) et Fenouillet (D.), Droit des obligations, Litec, 2010
Motulsky (H.), Ecrits - Etudes et notes sur l'arbitrage, préf. Ph. Fouchard et B. Goldman, Dalloz, 1974
Oppetit (B.),
- Philosophie du droit, Dalloz, 1999
- Théorie de l'arbitrage, PUF, 1998
Paulsson (J.), *Denial of Justice in International Law, Cambridge University Press*, 2005
Perelman (Ch.), Logique juridique, Nouvelle rhétorique, Méthodes du droit, Dalloz, 2ème éd., 1979
Portalis,
- Discours préliminaire au premier projet de Code civil, préf. Michel Massenet, coll. Voix de la cité, Confluences éd., 1999
- Sur le Code civil, Discours et rapports sur le Code civil, PU de Caen, coll. Bibliothèque de philosophie politique et juridique, 1990
Prevet (F.), Permanence de la loi morale : exportation ; propriété industrielle et propriété scientifique ; arbitrage, Librairie du Recueil Sirey, 1961
Ripert (G.), La règle morale dans les obligations civiles, LGJD, 3ème éd., 1935
Roland (H.) et Boyer (L.), Adages du droit français, Litec, 4ème éd., 1999
Robert (J.), L'arbitrage, Dalloz, 5éme éd., 1983
Roubier (P.), Théorie générale du droit, Sirey, 2ème éd., 1951
Schmidt (D.), Les conflits d'intérêts dans la société anonyme, éd. Joly, 2004
Sériaux (A.), Manuel de droit des obligations, PUF, 2ème éd., 2006
Troplong (M.), Le droit civil expliqué : du contrat de société civile et commerciale, Paris, 1843
Vincent (J.) et Guinchard (S.), Procédure civile, Dalloz, coll. Précis-droit privé, 25ème éd., 1999
Vizioz (H.), Etudes de procédure, éd. Bière, Bordeaux, 1956
Vulliemin (R.), De l'arbitrage commercial particulièrement en matière internationale, coll. d'Etudes théoriques et pratiques de Droit Etranger, de Droit Comparé et de Droit International, sous la direction de M. Henri Lévy-Ullman, 1931

IV - Thèses

Bérard (F. de), Le devoir de loyauté dans le contentieux privé international, thèse Paris Ouest-Nanterre La Défense, 2009

Bernheim-Van de Casteele (L.), Les principes fondamentaux de l'Arbitrage, Francarbi, Bruylant, 2012

Bouanha-Capel (N.), Conciliation et alternative au règlement des contestations, thèse Toulouse I, 1999

Boursier (M.-E.), Le principe de loyauté en droit processuel, Dalloz, 2002

Bureau (D.), Les sources informelles du droit dans les relations privées internationales, thèse Paris II, 1992

Chekroun (D.), L'*imperium* de l'arbitre, thèse Paris I, 2008

Clay (Th.), L'arbitre, Dalloz, 2001

Cohen (D.), Arbitrage et société, LGDJ, 1993

Douville (Th.), Les conflits d'intérêts en droit privé, thèse Caen Basse-Normandie, 2013

Fontmichel (A. de), L'arbitre, le juge et les pratiques illicites du commerce international, éd. Panthéon-Assas, 2004

Fouchard (Ph.), L'arbitrage commercial international, Dalloz, 1965

Frison-Roche (M.-A.), Généralités sur le principe du contradictoire (droit processuel), thèse Paris II, 1988

Henry (M.), Le devoir d'indépendance de l'arbitre, LGDJ, 2001

Jarrosson (Ch.), La notion d'arbitrage, LGDJ, 1987

Morvan (P.), Le principe de droit privé, thèse Paris II, 1997

Ogier (C.), Le conflit d'intérêts, thèse Saint-Etienne, 2008

Rubellin-Devichi (J.), Essai sur la nature juridique de l'arbitrage, LGDJ, 1965

Seraglini (Ch.), Lois de police et justice arbitrale internationale, LGDJ, 2001

Sorrente (J.-Y.), La responsabilité de l'arbitre, responsabilité contractuelle, délictuelle, juridictionnelle, protection de l'arbitre, thèse Lyon III, 2006

Verges (E.), La catégorie juridique des principes directeurs du procès judiciaire, thèse Aix-Marseille, 2000

V - Ouvrages collectifs (par ordre antechronologique)

L'argent dans l'arbitrage, sous la direction de Walid Ben Hamida et Thomas Clay, Lextenso, 2013

L'arbitrage : questions contemporaines, L'Harmattan DL, 2012

Les conflits d'intérêts : fonction et maîtrise, colloque du 18 octobre 2012, Société de législation comparée

Droit et morale, D. Bureau, F. Drummond et D. Fenouillet, Dalloz, coll. Thèmes & commentaires, 2011
Le nouveau droit français de l'arbitrage sous la direction de Th. Clay, Lextenso, 2011
L'éthique dans l'arbitrage, sous la direction de G. Keutgen, coll. Francarbi, Bruylant, 2011
Liber Amicorum en l'honneur de Serge Lazareff, Pedone, 2011
Répertoire pratique de l'Arbitrage commercial international, sous la direction de Francarbi, préface de Guy Keutgen, Bruylant, 2011
Liber Amicorum en l'honneur de Bernardo Cremades, La Ley, 2010
Liber Amicorum en l'honneur de Robert Briner, Publications CCI, 2005
Liber Amicorum en l'honneur de Claude Reymond, Lexis Nexis, 2004
L'Arbitre : Pouvoirs et statut, Actes du colloque du CEPANI du 28 mars 2003
Le droit privé français à la fin du XXème siècle - Etudes offertes à Pierre Catala, Paris, Litec, 2001
L'arbitrage et la Convention européenne des droits de l'homme, Bruxelles, Bruylant, 2001
Etudes de procédure et d'arbitrage en l'honneur de Jean-François Poudret, Lausanne, 1999
Droit civil, procédure, linguistique juridique. Ecrits en hommage à G. Cornu, PUF, 1994
Etudes de droit international en l'honneur de Pierre Lalive, Helbing & Lichtenhahn, 1993
Droit et intérêt, Ph. Gérard, M. Van de Kerchove, Fr. Ost, Publications des Facultés universitaires Saint-Louis, Bruxelles, 1990
Liber Amicorum en l'honneur de Wilhelm Schonenberger, Fribourg, 1968

VI - Mélanges

Mélanges Merle, Dalloz, 2013
Mélanges Lazareff, Pedone, 2011
Mélanges Guinchard, Dalloz, 2010
Mélanges Burgelin, Dalloz, 2008
Mélanges Reymond, Litec, 2004
Mélanges Van Compernolle, Bruylant, 2004
Mélanges Ponsard, Litec, 2003
Mélanges Normand, Justice et droits fondamentaux, Litec, 2003
Mélanges Drai, Le juge entre deux millénaires, Dalloz, 2000
Mélanges Farjat, éd. Frison-Roche, Paris, 1999
Mélanges Terré, Dalloz, 1999
Mélanges Robert, Montchestien, 1998

Mélanges Colomer, Litec, 1993
Mélanges Bellet, Litec, 1991
Mélanges Champaud, Dalloz, 1997
Mélanges Perrot, Dalloz, 1995
Mélanges Velu, Bruylant, Bruxelles, 1992
Mélanges Wiarda, éd. Carl Heymans Verlag, Cologne, 1988
Mélanges Roblot, LGDJ, 1984
Mélanges Goldman, Litec, 1982
Mélanges Marty, Toulouse, 1978
Mélanges Ganshof Van der Meersch, Bruylant, Bruxelles et LGDJ, 1972
Mélanges Domke, La Haye, 1967
Mélanges Savatier, Dalloz, 1965
Mélanges Roubier, Dalloz, 1961

VII - Articles

- A -

Abdel Raoul (M.), "*How Should International Arbitrators Tackle Corruption Issues?*", ICSID Review, 2009, Vol. 24, p. 116

Aguilar-Alvarez (G.), "*The Challenges of Arbitrators*", Arb. Int., 1990, Vol. 6, p. 203

Ancel (J.-P.),
- « L'éthique dans l'arbitrage vue par le juge », *in* L'éthique dans l'arbitrage, sous la direction de G. Keutgen, coll. Francarbi, Bruylant, 2011, p. 138
- « La Cour de cassation et les principes fondateurs de l'arbitrage international », *in* Mélanges Drai, Le juge entre deux millénaires, Dalloz, 2000, p. 161

Ancel (M.-E.),« Le nouveau droit français de l'arbitrage : le meilleur de soi-même », *in Evelio Verdera y Tuells and José Carlos Fernandez Rozas (eds), Arbitraje : Revista de Arbitraje Comercial y de Inversiones*, IprolLex 2011, Vol. 4, Issue 3, p. 822

Aynès (L.), « L'obligation de loyauté », *in* L'obligation, Archives de philosophie du droit, t. 44, 2000, p. 195

- B -

Badinter (R.), « L'impartialité de l'arbitre », colloque de l'AFA, 30 septembre 1991, Publications de l'AFA, p. 17

Batiffol (H.), « Le pluralisme des méthodes en droit international privé », Recueil de cours de l'Académie de droit international de La Haye, 1973, t. 2, p. 79

Balladore Pallieri (G.), « L'arbitrage privé dans les rapports internationaux », Recueil de cours de l'Académie de droit international de La Haye, 1935, Vol. 51
Bedjaoui (M.),
- « Des fortes vérités de Cassandre aux modestes correctifs de Némésis (ou le souci communément partagé de voir la liberté fondamentale de choisir un arbitre n'être ni *un danger* ni *en danger* », *in* Etudes de droit international en l'honneur de Pierre Lalive, Helbing & Lichtenhahn, 1993, p. 385
- "*The Arbitrator: One Man-Three Roles: Some Independent Comments on the Ethical and Legal Obligations of an Arbitrator*", J. Int. Arb., 1988, Vol. 5, Issue 1, p. 7
Béguin (J.), « Le bon usage de l'arbitrage », JCP G, n° 27, 29 juin 2009, p. 54
Bellet (P.),
- « Des arbitres neutres et non-neutres », *in* Etudes de droit international en l'honneur de Pierre Lalive, Helbing & Lichtenhahn, 1993, p. 398
- et Mezger (E.), « L'arbitrage international dans le nouveau code de procédure civile », Rev. crit. DIP, 1981.611
- « Le juge-arbitre », Rev. arb., 1980.394
Benett (S. C.), "*Who is Responsible for Ethical Behaviour by Counsel in Arbitration?*", *Dispute Resolution Journal*, mai-juin 2008, p. 40
Benson (C.), "*Can Professional Ethics Wait? The Need for Transparency in International Arbitration*", *Dispute Resolution International*, 2009, Vol. 3, n° 1, p. 82
Bertrou (G.) et Q. de Margerie, « Obligation de révélation de l'arbitre : tentative de synthèse après la publication des nouvelles règles de l'IBA », Cah. arb., 2015-1, p. 29
Billemont (J.), « La sentence d'accord-parties : vraie sentence ou transaction déguisée ? », note sous Cass. 1ère civ., 14 novembre 2012, Rev. arb., 2013.139
Bishop (D.), Reed (L.), "*Practical Guidelines for Interviewing, Selecting and Challenging Party-Appointed Arbitrators in International Commercial Arbitration*", Arb. Int'l., 1998, Vol. 14, p. 395
Brubaker (J. R.), "*The Judge Who Knew Too Much: Issue Conflicts in International Adjudication*", *Berkeley Journal of International Law*, 2008, Vol. 26, p. 111
Boisséson (M. de),
- « La nouvelle convention d'arbitrage », *in* Le nouveau droit français de l'arbitrage sous la direction de Th. Clay, Lextenso, 2011, p. 81
- « L'arbitrage et la fraude : à propos de l'arrêt *Fougerolle* rendu par la Cour de cassation le 25 mai 1992 », Rev. arb., 1993.3
- « Réflexions sur l'espace et le temps dans l'arbitrage international », *in* Mélanges Bellet, Litec, 1991, p. 33

- « La constitution du Tribunal arbitral dans l'arbitrage institutionnel », Rev.arb., 1990.337
Bolard (G.),
- « Les principes directeurs du process arbitral », Rev. arb., 2004.511
- « L'arbitraire du juge », *in* Mélanges Drai, Le juge entre deux millénaires, Dalloz, 2000, p. 225
- « Les juges et les droits de la défense », *in* Mélanges Bellet, Litec, 1991, p. 49
Boubou (P.), « L'indépendance et l'impartialité de l'arbitre dans le droit OHADA », Rev. Camerounaise Arb., n° 9, mai-juin-juillet 2000, p. 3
Bond (S. R.), "*The Selection of ICC Arbitrators and the Requirement of Independence*", Arb. Int., 1998, Vol. 4, p. 300
Bredin (J.-D.),
- « La révélation. Remarques sur l'indépendance de l'arbitre en droit interne français », *in* Etudes de procédure et d'arbitrage en l'honneur de Jean-François Poudret, Lausanne, 1999, p. 349
- « Qu'est-ce que l'indépendance du juge ? », Justices. Revue générale de droit processuel, janvier-juin 1996, n° 3, p. 161
- « Secret du délibéré arbitral », *in* Mélanges Bellet, Litec, 1991, p. 71
- « Amiable compositeur et contrat », Rev. arb., 1984.259
- « La paralysie des sentences arbitrales étrangères par l'abus des voies de recours », JDI, 1962.639
Briner (R.), « Convention de New York - philosophie et objectifs de la convention », Bull. CCI, 1998, Vol. 9, Issue 2, p. 7
Buchman (L. B.) et Loquin (E.), « Préférez l'arbitrage ! », Gaz. Pal., 14-16 septembre 2008, Doct. p. 2893
Bülher (M. W.),
- "*The arbitrator's remuneration – too much, too little* ?", *in* Liber Amicorum en l'honneur de Serge Lazareff, Pedone, 2011, p. 103
- « L'éthique des centres d'arbitrage - L'exemple de la Cour Internationale d'arbitrage de la Chambre de Commerce Internationale (CCI) », *in* L'éthique dans l'arbitrage, sous la direction de G. Keutgen, coll. Francarbi, Bruylant, 2011, p. 89

- C -

Cadiet (L.),
- « La légalité procédurale en matière civile », Bulletin d'Information de la Cour de Cassation, n° 636, 15 mars 2006, p. 3, n° 21
- « Et les principes directeurs des autres procès ? Jalons pour une théorie des principes directeurs du procès », *in* Mélanges Normand, Justice et droits fondamentaux, Litec, 2003, p. 71
- « Solution judiciaire et règlement amiable des litiges : de la contradiction à la conciliation », *in* Mélanges Champaud, Dalloz, 1997, p. 123

- « La renonciation à se prévaloir des irrégularités de la procédure arbitrale », Rev. arb., 1996.3
- « Le spectre de la société contentieuse », *in* Droit civil, procédure, linguistique juridique. Ecrits en hommage à G. Cornu, PUF, 1994, p. 29
Canivet (G.), « Ethique et bien commun : à propos des écrits de Ph. Fouchard », Rev. arb., 2008.3
Carabiber (Ch.), « Les centres d'arbitrage. Leur rôle dans le développement de l'arbitrage », Rev. arb., 1955.4
Carbonnier (J.),
- « Le visible et l'invisible », *in* L'art du droit en quête de sagesse, PU, coll. Doctrine juridique, 1998, p. 419
- « L'hypothèse du non-droit », Archives de la philosophie du droit, 1963, p. 55
Carcassonne (G.), « Le trouble dans la transparence », Pouvoirs, n° 97, 2001, p. 22
Cardenas (E.) et Rivkin (D.), "*A Growing Challenge for Ethics in International Arbitration*", *in* Liber Amicorum en l'honneur de Robert Briner, Publications CCI, 2005, p. 197
Caupain (M.-T.) et Leroy (E.), « La loyauté : un modèle pour un petit supplément d'âme ? », *in* Mélanges Jacques Van Compernolle, Bruxelles, Bruylant, 2004, p. 67
Chainais (C.), « L'arbitre, le juge, et la contradiction : l'office du juge arbitral à la recherche de son point d'équilibre », Rev. arb., 2010.3
Chantebout (V.),
- « L'irrévocabilité des décisions du juge d'appui », note sous Cass. 1ère civ., 13 mars 2013, Rev. arb. 2013.737
- « L'arbitre, les termes du litige et les termes du contrat », note sous Paris, 6 mars 2012, Rev. arb., 2012.605
Chevalier (P.), « Impartialité de l'arbitre, étendue de son obligation de révélation et promptitude à agir des parties », D., 2014. 1981
Chilstein (D.), « Droit pénal et arbitrage », Rev. arb., 2009.3
Cuif (P.-Fr.), « Le conflit d'intérêts, essai sur la détermination d'un principe juridique en droit privé », RTD com. 2005.1
Clay (Th.),
- « Arbitrage et modes alternatifs de résolution des litiges », D., 2014.2541
- « Arbitrage et modes alternatifs de résolution des litiges », D., 2013.2936
- « Arbitrage et modes alternatifs de résolution des litiges », D., 2012.2991
- « Arbitrage et modes alternatifs de résolution des litiges », D., 2011.3023
- « Arbitrage et modes alternatifs de résolution des litiges », D., 2010.2933
- « Le fabuleux régime du recours en révision contre les sentences arbitrales », *in* Mélanges Guinchard, Dalloz, 2010, p. 651
- « Arbitrage et modes alternatifs de résolution des litiges », D., 2009.2959
- « La disparition de l'obligation d'indépendance de l'arbitre au profit de l'obligation de révélation », Rev. arb., 2009.186

- « Le siège de l'arbitrage international entre *ordem* et *progresso* », Gaz. Pal., 29 juin - 1er juillet 2008, Doct. p. 2045
- « Arbitrage et modes alternatifs de résolution des litiges », D., 2008.3111
- « Arbitrage et modes alternatifs de résolution des litiges », D., 2008.180
- « Arbitrage et modes alternatifs de résolution des litiges », D., 2006.3026
- « Arbitrage et modes alternatifs de résolution des litiges : panorama 2005 », D., 2005.3050
- « Présentation des directives de l'*International Bar Association* sur les conflits d'intérêt dans l'arbitrage international », Rev. arb., 2004.991
- « Arbitre, magistrat ou juge consulaire, il faut choisir », Dr. et patr., juin 2002, p. 92

Cohen (D.),
- « Indépendance des arbitres et conflits d'intérêts », Rev. arb., 2011.611
- « Arbitrage et groupes de contrats », Rev. arb., 1997.471

Compernolle (J. Van), « Quelques réflexions sur un principe émergent : la loyauté procédurale », *in* Mélanges Guinchard, Dalloz, 2010, p. 413

Cornu (G.),
- « Les modes alternatifs de règlement des conflits : rapport de synthèse », Rencontres internationales de droit comparé, Damas, 5-8 octobre 1996, RID comp., 1997.313
- « Les principes directeurs du procès civil par eux-mêmes (fragment d'un état des questions) », *in* Mélanges Bellet, Litec, 1991, p. 83

Coulson (R.), "*An American Critique of the I.B.A.'s Ethics for International Arbitrators*", J. Int. Arb., 1987, Vol. 4, Issue 2, p. 103

Crivellaro (A.), "*The Arbitrator's Failure to Disclose Conflicts of Interest: Is It* Per Se *a Groung for Annuling the Award?*", *in* Liber Amicorum en l'honneur de Bernardo Cremades, La Ley, 2010, p. 309

- D -

Dal (G.-L.),
- et Matray (D.), « L'éthique des conseils », *in* L'éthique dans l'arbitrage, sous la direction de G. Keutgen, coll. Francarbi, Bruylant, 2011, p. 37
- « Déontologie de l'arbitre », *in* L'Arbitre : Pouvoirs et Statut, Actes du colloque du CEPANI du 28 mars 2003, p. 165

Dalcq (R. O.) et van Oevelen (A.), « La responsabilité de l'Arbitre », *in* L'Arbitre : Pouvoirs et statut, Actes du colloque du CEPANI du 28 mars 2003, p. 191

David (R.),
- « L'arbitrage en droit civil, technique de régulation des contrats », *in* Mélanges Marty, Toulouse, 1978, p. 383
- « Conception française et conception anglaise de l'arbitrage », *in* Mélanges Ganshof van der Meersch, Bruylant, Bruxelles et LGDJ, 1972, t. 2, p. 765

- « Arbitrage du XIX et arbitrage du XX siècle », *in* Mélanges Savatier, Dalloz, 1965, p. 219
Dubarry (J.-C.), « L'indépendance de l'arbitre par rapport aux parties : tutoiement, lien de subordination et conseiller habituel », RTD com., 1999.371
Delalande (M.), « Chambre arbitrale des Provinces de France », Rev. arb., 1990.277
Delpech (X.), « Responsabilité civile de l'arbitre : un régime original », Dalloz Actualité, 23 janvier 2014
Delvolvé (J.-L.),
- « Vraies et fausses confidences, ou les petits et les grands secrets de l'arbitrage », Rev. arb., 1996.373
- « Le droit à l'arbitre », Gaz. Pal., 15 avril 1995, Doctr. p. 473
- « Motivation des sentences », Rev. arb., 1989.149
- « L'intervention du juge dans le décret du 14 mai 1980 relatif à l'arbitrage », Rev. arb., 1980.608
Derains (Y.),
- « Les nouveaux principes de procédure : confidentialité, célérité, loyauté » *in* Le nouveau droit français de l'arbitrage, sous la direction de Th. Clay, Lextenso, 2011, p. 91
- « Institutions d'arbitrages et responsabilité », Cah. arb., 2010-1, p. 219
- « Les normes d'application immédiate dans la jurisprudence arbitrale internationale », *in* Mélanges Goldman, Litec, 1982, p. 29
- « Le statut des usages du commerce international devant les juridictions arbitrales », Rev. arb., 1973.122
Dessemontet (F.), « Projet de Disposition sur les règles applicables à la Déontologie dans les arbitrages internationaux et Projet de Code de conduite », Bull. ASA, 2008, Vol. 26, p. 259
Ditchev (A.), « Le « contrat d'arbitrage ». Essai sur le contrat ayant pour objet la mission d'arbitrer », Rev. arb., 1981.395
Dondero (B.), « Le traitement juridique des conflits d'intérêts : entre droit commun et dispositifs spéciaux », D., 2012.1686

- E -

Eisemann (F.),
- « Déontologie de l'arbitre commercial international », Rev. arb., 1969.217
- « L'arbitre-partie », *in* Mélanges Domke, La Haye, 1967, p. 78
El Kosheri (A. S.)
- et Youssef (K. Y.), « L'indépendance des arbitres internationaux : le point de vue d'un arbitre », *in* Bulletin CCI, supplément spécial 2007, L'indépendance de l'arbitre, p. 45
- et Leboulanger (Ph.), « L'arbitrage face à la corruption et aux trafics d'influence », Rev. arb., 1984.3

Estavillo-Castro (F.), "*Ethics in Arbitration*", *in* Liber Amicorum en l'honneur de Bernardo Cremades, La Ley, 2010, p. 387

- F -

Farjat (G.), « Réflexions sur les codes de conduite privés », *in* Le droit des relations économiques internationales, *in* Mélanges Goldman, Litec, 1982, p. 47

Fernandez-Armesto (J.), "*The time has come - A plea for abandoning secrecy in arbitration*", Cah. arb., 2012-3, p. 583

Fernandez Rozas (J.-C.), "*Clearer Ethics Guidelines and Comparative Standards for Arbitrators*", *in* Liber Amicorum en l'honneur de Bernardo Cremades, La Ley, 2010, p. 413

Fontmichel (A. de), « Les tentatives de paralysie de l'instance arbitrale devant le juge étatique », Cah. arb., 2010-2, p. 407

Fouchard (Ph.),

- « L'arbitrage et la mondialisation de l'économie », *in* Philosophie du droit et droit économique. Quel dialogue ? *in* Mélanges Farjat, éd. Frison-Roche, 1999, p. 381
- « Droit et morale dans les relations économiques internationale », Rev. des sciences morales et politiques, 1997.33
- « Rapport sur le Statut de l'Arbitre de la Commission de l'arbitrage international », Bull. CCI, mai 1996, p. 28
- « Le statut de l'arbitre dans la jurisprudence française », Rev. arb., 1996.325
- « Rapport de synthèse sur les perspectives d'évolution du droit français de l'arbitrage », Rev. arb., 1992.381
- « Typologie des institutions d'arbitrage », Rev. arb., 1990.281
- « Où va l'arbitrage international ? », Rev. droit McGill, 1989.435
- « Les institutions permanentes d'arbitrage devant le juge étatique (À propos d'une jurisprudence récente) », Rev. arb., 1987.225
- « La coopération du Président du Tribunal de grande instance à l'arbitrage », Rev. arb., 1985.5
- « L'arbitrage commercial et le législateur », *in* Mélanges Roblot, LGDJ, 1984, p. 63
- « Les usages, l'arbitre et le juge », *in* Mélanges Goldman, Litec, 1982, p. 67
- « Spécificité de l'arbitrage international », Rev. arb., 1981.449
- « L'arbitrage international en France après le décret du 12 mai 1981 », JDI, 1982.374
- « Quand un arbitrage est-il international ? », Rev. arb., 1970.59

- G -

Gabriel (P.), « Chemins du droit et droit chemin - Libres propos sur l'arbitrage commercial international », *in* Liber Amicorum en l'honneur de Robert Briner, Publications CCI, 2005, p. 297

Gaillard (E.),

- et Lapasse (P. de), « Le nouveau droit de l'arbitrage interne et international », D., 2011.175
- « La jurisprudence de la Cour de cassation en matière d'arbitrage international », Rev. arb., 2007.697
- « La distinction des principes généraux du droit et des usages du commerce international », *in* Mélanges Bellet, Litec, 1991, p. 203
- « Les manœuvres dilatoires des parties et des arbitres dans l'arbitrage commercial international », Rev. arb., 1990.759
- « L'interdiction de se contredire au détriment d'autrui comme principe général du droit du commerce international - Le principe de l'estoppel dans quelques sentences arbitrales récentes », Rev. arb., 1985.241

Giovannucci Orlandi (Ch.), « L'éthique des centres d'arbitrage – L'exemple de la Chambre Arbitrale nationale et internationale de Milan (*Camera Arbitrale di Milano*) », *in* L'éthique dans l'arbitrage, sous la direction de G. Keutgen, coll. Francarbi, Bruylant, 2011, p. 103

Greenberg (S.), J. R. Feris, « Références aux Directives de l'International Bar Association sur les conflits d'intérêts dans l'arbitrage international (« Directives de l'IBA ») pour décider de l'indépendance des arbitres dans les affaires CCI », Bull. CCI, 2009, Vol. 20, Issue 2, p. 37

Guigou (E.), « La justice au service du citoyen », *in* Le service public de la justice. Colloque organisé par le tribunal de grande instance, le tribunal administratif et le tribunal de commerce de Paris avec le Laboratoire de sociologie juridique de Paris II, 6 octobre 1997. Odile Jacob, 1998, p. 11

Guinchard (S.),

- « Quels principes directeurs pour les procès de demain ? », *in* Mélanges Van Compernolle, Bruylant, 2004, p. 201
- « Le procès équitable : garantie formelle ou droit substantiel ? », *in* Philosophie du droit et droit économique, quel dialogue ?, *in* Mélanges Farjat, éd. Frison-Roche, Paris, 1999, p. 139

Goldman (B.),

- « Instance judiciaire et instance arbitrale internationale », *in* Mélanges Bellet, Litec, 1991, p. 219
- « La nouvelle règlementation française de l'arbitrage international », *The Art of Arbitration, Kluwer*, 1982, p. 153
- « La volonté des parties et le rôle de l'arbitre dans l'arbitrage international », Rev. arb., 1981.469
- « Les problèmes spécifiques de l'arbitrage international », Rev. arb., 1980.323

Gutmann (D.), « L'obligation déontologique entre l'obligation morale et l'obligation juridique », Archives de philosophie du droit, t. 44, 2000, p. 115

- H -

Hacking (D. Lord), "*Ethics, Elitism, Eligibility: A Response – What happens if the Icelandic Arbitrator falls through the ICC ?*", J. Int. Arb., 1998, Vol. 15, Issue 4, p. 73

Hanotiau (B), « L'arbitre, garant du respect des valeurs de l'arbitrage », *in* Liber Amicorum en l'honneur de Robert Briner, Publications CCI, 2005, p. 365

Harrisson (M. L.), "*Chapter 3: Issue Conflict in International Arbitration: Much Ado about Nothing?*", *in* Ian A. Laird and Todd Weiler (eds.), *Investment Treaty Arbitration and International Law,* Vol. 2, JurisNet, LLC (2009), p. 19

Hascher (D.),

- « Indépendances de la justice étatique et de la justice arbitrale », *in* L'indépendance de l'arbitre, Supplément spécial, Bull. CCI, 2007
- « L'influence de la doctrine sur la jurisprudence française en matière d'arbitrage », Rev. arb., 2005.391
- « La révision en arbitrage international », *in* Mélanges Reymond, Litec, 2004, p. 111
- « Principes et pratique de procédure dans l'arbitrage international », Recueil de cours de l'Académie de droit international de La Haye, 1999, Vol. 279, p. 55

Henry (M.),

- « Indépendance et impartialité de l'arbitre : la Cour d'appel de Paris tire les enseignements de l'arrêt Tecso de la Cour de cassation », note sous Paris, 2 juillet 2013, Rev. arb., 2013.1038
- « Le devoir de révélation dans les rapports entre arbitres et conseils : de la suggestion aux électrochocs », Cah. arb., 2011-3, p. 787
- « Le devoir de révélation dans la jurisprudence récente : de la rigueur à l'excès », LPA, 21 février 2011, p. 17
- « L'obligation d'indépendance de l'arbitre ou le mythe d'Icare », LPA, 21 juillet 2009, n° 144, p. 4
- « Les obligations d'indépendance et d'information de l'arbitre à la lumière de la jurisprudence récente », Rev. arb., 1999.193

Heuzé (V.),

- « Arbitrage international : quelle raison à la déraison ? », D., 2011.2880
- « La morale, l'arbitre et le juge », Rev. arb. 1993.179

Hirsch (M.), « Les conflits d'intérêts non gérés ruinent la démocratie », JCP G supplément au n°52, 26 décembre 2011, p. 2

Hodges (P.), "*The perils of complete transparency in international arbitration - should parties be exposed to the glare of publicity?*", Cah. arb., 2012-3, p. 589
Horsmans (G.), « Propos insolites sur l'efficacité arbitrale », Gaz. Pal., 19-20 mai 2004, n° 141, p. 5
Hunter (M.)
- "*Ethics of the International Arbitrator*", Bull. ASA., Vol. 4, 1986, p. 173
- et Paulsson (J.), "*A Code of Ethics for Arbitrators in International Commercial Arbitration*", *Arbitration*, 1985, Vol. 13, p. 153
Hyest (J.-J.), « Prévenir les conflits d'intérêts pour les parlementaires », JCP G, Suppl. n° 52, 26 décembre 2011, p. 20

- J -

Jacot-Guillarmod (O.), « L'arbitrage privé face à l'article 6, 1° de la Convention européenne des droits de l'homme », *in* Protection des droits de l'homme : la dimension européenne, *in* Mélanges Wiarda, éd. Carl Heymans Verlag, Cologne, 1988, p. 292
Jallamion (C.),
- « Tradition et modernité de l'arbitrage et de la médiation au regard de l'histoire », Gaz. Pal., 16-17 janvier 2009, n° 17, p. 3
- « Arbitrage et pouvoir politique en France du XVIIe au XIXe siècle », Rev. arb., 2005.3
Jarrosson (Ch.),
- « Ethique, Déontologie et normes juridiques dans l'arbitrage », *in* L'éthique dans l'arbitrage, sous la direction de G. Keutgen, coll. Francarbi, Bruylant, 2011, p. 1
- et Pellerin (J.), « Le droit français de l'arbitrage après le décret du 13 janvier 2011 », Rev. arb., 2011.5
- « Les frontières de l'arbitrage », Rev. arb., 2001.5
- « L'apport de l'arbitrage international à l'arbitrage interne », *in* Mélanges Plantey, Pédone, 1995, p. 236
- « Clause compromissoire », Rev. arb., 1992.259
- « Réflexions sur l'*imperium* », *in* Mélanges Bellet, Litec, 1991, p. 245
- « L'instance arbitrale : Le rôle respectif de l'institution, de l'arbitre et des parties à l'instance arbitrale », Rev. arb., 1990.381
- « L'arbitrage et la Convention européenne des droits de l'Homme », Rev. arb., 1989.573
Jarvin (S.), « L'obligation de coopérer de bonne foi - Exemple d'application au plein de l'arbitrage international », *in* L'apport de la jurisprudence arbitrale, CCI, 1986, p. 157
Jestaz (Ph.), « Les frontières du droit et de la morale », Revue de recherche juridique, 1982.334

Jolivet (E.), « L'intérêt de recourir à une institution d'arbitrage. L'exemple de la Cour internationale d'arbitrage de la CCI », *in* Liber Amicorum en l'honneur de Robert Briner, Publications CCI, 2005, p. 413

- K -

Kahn (Ph)., « Les principes généraux du droit devant les arbitres du commerce international », JDI, 1989.305
Kalicki (J.), "*Chapter 4: Arbitrators and Issue Conflict: Treading a Tightrope of Legitimacy? Panel Discussion*", *in* Ian A. Laird and Todd J. Weiler (eds.), *Investment Treaty and International Law*, Vol. 2, JurisNet, LLC (2009), p. 42
Karsten (K.), "*The future of arbitration: Prophecy using the prism of the past*", *in* Liber Amicorum en l'honneur de Serge Lazareff, Pedone, 2011, p. 331
Kaufmann-Kohler (G.), "*Arbitral Precedent: Dream, Necessity or Excuse?*", Arb. Int., 2007, Vol. 3, p. 357
Kenfack Douajni (G.), « L'éthique des centres d'arbitrage - L'exemple de l'OHADA », *in* L'éthique dans l'arbitrage, sous la direction de G. Keutgen, coll. Francarbi, Bruylant, 2011, p. 132
Kessedjian (C.), « Principe de la contradiction et arbitrage », Rev. arb., 1995.381
Kirby (J.),
- "*With Arbitrators, Less Can be More: Why the Conventionnal Wisdom on the Benefits of having Three Arbitrators may be Overrated*", J. Int. Arb., 2009, Vol. 26, p. 348
- « La Cour de la CCI : un regard dans les coulisses », Bull. CCI, 2005, Vol. 16, n° 2, p. 9
Kleiman (E.),
- et Saleh (S.) « Célérité et loyauté en droit français de l'arbitrage international : quels pouvoirs et quelles responsabilités pour les arbitres et les parties ? », Cah. arb., 2012-1, p. 99
- et Spinelli (J.), « La réforme de l'arbitrage, sous le signe de la lisibilité et de l'efficacité », Gaz. Pal., 27 janvier 2011, p. 9
- « Arbitrage et conflits d'intérêts : une année mouvementée », JCP G, Suppl. n° 52, 26 décembre 2011, p. 25
- « Arbitre, *Intuitu personae* », *in* Liber Amicorum en l'honneur de Serge Lazareff, Pedone, 2011, p. 361

- L -

Lagarde (X.), « L'efficacité des clauses de conciliation ou de médiation », Rev. arb., 2000.377
Lalive (P.),
- « Dérives arbitrales », Bull. ASA, 2006, Vol. 24, p. 2
- « Dérives arbitrales », Bull. ASA, 2005, Vol. 23, p. 587

- « Sur une "*commercialisation*" de l'arbitrage international », *in* Liber Amicorum en l'honneur de Claude Reymond, Lexis Nexis, 2004, p. 167
- « Sur l'irresponsabilité arbitrale », *in* Etudes de procédure et d'arbitrage en l'honneur de Jean-François Poudret, Lausanne, 1999, p. 419
- « Le choix de l'arbitre », *in* Mélanges Robert, Montchestien, 1998, p. 353
- « Inquiétantes dérives de l'arbitrage CCI », Bull. ASA, 1995, Vol. 13, p. 634
- « Avantages et inconvénients de l'arbitrage *ad hoc* », *in* Mélanges Bellet, Litec, 1991, p. 301
- « Les problèmes spécifiques de l'arbitrage international », Rev. arb., 1980.341
- « De la désignation par un tiers de l'arbitre international », *in* Liber Amicorum en l'honneur de Wilhelm Schonenberger, Fribourg, 1968, p. 373

Lambert (L.),
- « L'arbitrage et l'article 6, 1° de la Convention européenne des droits de l'homme », *in* L'arbitrage et la Convention européenne des droits de l'homme, Bruylant, Bruxelles, 2001, p. 9
- « Les procédures d'arbitrage et la Convention européenne des Droits de l'Homme », *in* Présence du droit public et des droits de l'Homme, *in* Mélanges Velu, Bruylant, Bruxelles, 1992, p. 1281

Larroumet (C.), « À propos de la jurisprudence arbitrale », Gaz. Pal., 14 décembre 2006, n° 348, Doct. p. 5

Lawson (D.), "*Impartiality and Independence of Arbitrator, Commentary on the 2004 IBA Guidelines on Conflicts of Interest in International Arbitration*", Bull. ASA, 2005, Vol. 23, p. 22

Lazareff (S.),
- « De la révélation », Cah. arb., 2011-2, p. 643
- « L'ère du soupçon », Cah. arb., 2010-3, p. 1247
- « De la qualité des arbitres », Cah. arb., 2006, Vol. 3, p. 7
- « L'arbitre singe ou comment assassiner l'arbitrage », *in* Liber Amicorum en l'honneur de Robert Briner, Publications CCI, 2005, p. 477
- « L'arbitre est-il un juge ? », *in* Mélanges Reymond, Litec, 2004, p. 173

Le Bars (B.), « Le colloque et l'indépendance de l'arbitre : vers une définition jurisprudentielle », D., 2012.2425

Leborgne (A.), « L'impact de la loyauté sur la manifestation de la vérité ou le double visage d'un grand principe », RTD civ., 1996.535

Leemann (M.), "*Challenging international arbitration awards in Switzerland on the ground of lack of independence of an arbitrator*", Bull. ASA, 2011, Vol. 29, p. 10

Level (P.),
- « Brèves réflexions sur l'office de l'arbitre », *in* Mélanges Perrot, Dalloz, 1995, p. 259
- « La réforme de l'arbitrage international », JCP G, 1981.I.9899

Levine (J.), "*Dealing with Arbitrator "Issue Conflicts" in International Arbitration*", Global Arbitration Journal, 2006 (Feb.- April)
Lévy (E.), « La confiance légitime », RTD civ., 1910.717
Levy-Morelle (J.), « L'éthique des parties », *in* L'éthique dans l'arbitrage, sous la direction de G. Keutgen, coll. Francarbi, Bruylant, 2011, p. 81
Loquin (E.),
- « La dualité de fonctions de l'obligation de révélation », *in* Mélanges Merle, Dalloz, 2013, p. 487
- « La réforme du droit français interne et international de l'arbitrage », RTD com., 2011.175
- « À la recherche du principe d'égalité des parties dans le droit de l'arbitrage », Gaz. Pal., 2 juillet 2008, n° 184, p. 5
- « Arbitrage - Compétence arbitrale - Etendue », J.-Cl. Proc. civ., fasc. n° 1032, 10 octobre 2008, mise à jour 12 mai 2014
- « Les garanties de l'arbitrage », LPA, 2 octobre 2003, n° 197, p. 13
- « À la recherche de la jurisprudence arbitrale », *in* Mélanges Ponsard, Litec, 2003, p. 213
- « Perspectives pour une réforme des voies de recours », Rev. arb., 1992.321
- « La sentence arbitrale. L'examen du projet de sentence par l'institution et la sentence au deuxième degré. Réflexions sur la nature et la validité de l'intervention de l'institution arbitrale sur la sentence », Rev. arb., 1990.426
- « La réalité des usages du commerce international », Rev. internationale de droit économique, 1989.163

Loussouarn (Y.), « Les voies de recours dans le décret du 14 mai 1980 relatif à l'arbitrage », Rev. arb., 1980.671
Lowendeld (A. F.), "*Lex Mercatoria, An Arbitrator's View*", *in Lex mercatoria and Arbitration, Juris Publishing, Kluwer Law International*, 1998, p. 71
Ly (F. de), "*Arbitration and the European Convention on Human Rights*", *in* Liber Amicorum en l'honneur de Serge Lazareff, Pedone, 2011, p. 181

- M -

Malouche (H.), "*Some Considerations About Current International Arbitration Conduct*", *in* Liber Amicorum en l'honneur de Bernando Cremades, La Ley, 2010, p. 781
Mann (F. A.), "*Lex Facit Arbitrum*", *in* Mélanges Domke, La Haye, 1967, p. 157
Mantilla-Serrano (F.), « L'indépendance d'esprit de l'arbitre (ou l'*issue conflict*) », *in* Liber Amicorum en l'honneur de Serge Lazareff, Pedone, 2011, p. 441
Matray (L.), « La déontologie de l'arbitrage commercial international », Revue belge de droit international et droit comparé, 1985, p. 97

Mayer (P.),
- « La liberté de l'arbitre », Rev. arb., 2013.339
- « Faut-il distinguer arbitrage interne et arbitrage international ? », Rev. arb., 2005.361
- « L'arbitre et la loi », *in* Le droit privé français à la fin du XXème siècle - Etudes offertes à Pierre Catala, Paris, Litec, 2001, p. 225
- « Le pouvoir des arbitres de régler la procédure. Une analyse comparée des systèmes de *civil law* et de *common law* », Rev. arb., 1995.163
- « Le principe de bonne foi devant les arbitres du commerce international », *in* Etudes de droit international en l'honneur de Pierre Lalive, Helbing & Lichtenhahn, 1993, p. 543
- « La règle morale dans l'arbitrage international », *in* Mélanges Bellet, Litec, 1991, p. 379
- « L'Autonomie de l'Arbitre International dans l'Appréciation de sa Propre Compétence », Recueil de cours de l'Académie de droit international de La Haye, 1989, Vol. 217, p. 319
- « L'insertion de la sentence dans l'ordre juridique français », *in* Y. Derains, Droit et pratique de l'arbitrage international en France, avant-propos R. Pichard du Page, Feduci, Paris, 1984, p. 81
- « Le mythe de l'ordre juridique de base », *in* Mélanges Goldman, 1982, p. 199

Mazeaud (D.)
- alias Félix Rome, « *Rien à déclarer ???* », D., 2013.897
- « Loyauté, solidarité, fraternité : la nouvelle devise contractuelle ? », *in* Mélanges Terré, Dalloz, 1999, p. 603

Mello (X. de), « Réflexions sur les règles déontologiques élaborées par l'*International Bar Association* pour les arbitres internationaux », Rev. arb., 1988.333

Mezger (E.),
- « Dix questions relatives au Titre IV du Nouveau Code de procédure civile », Rev. arb., 1981.543
- « L'arbitrage international dans le nouveau code de procédure civile », Rev. crit. DIP, 1981.611

Mezghani (A.), « Méthodes de droit international privé et contrat illicite », Recueil des cours de droit international de La Haye, 2004, Vol. 303, p. 409

Miniato (L.), « L'introuvable principe de loyauté en procédure civile », D., 2007.1035

Moreau (B.), « Diversité des centres d'arbitrage - Un centre national : L'association française d'arbitrage (A.F.A.) », Rev. arb., 1990.234

Mouawad (C.), "*Issue Conflict in Investment Treaty Arbitration*", TDM, 2008, Vol. 5, Issue 4

Mouralis (D.), « Les exigences d'indépendance et d'impartialité de l'arbitre », LPA, 13 février 2013, n° 32, p. 18

Mourre (A.), « Réflexions sur quelques aspects du droit à un procès équitable en matière d'arbitrage après les arrêts des 6 novembre 1998 et 20 février 2001 de la Cour de cassation française », *in* L'arbitrage et la Convention européenne des droits de l'homme, Bruxelles, Bruylant, 2001, p. 23
Moret-Bailly (J.),
- « Définir les conflits d'intérêts », D., 2011.1110
- « Les conflits d'intérêts des experts consultés par l'administration dans le domaine sanitaire », Revue de droit sanitaire et social, 2004, p. 855
Motulsky (H.),
- « Prolégomènes pour un futur Code de procédure civile : la consécration des principes directeurs du procès civil par le décret du 9 septembre 1971 », D., 1972.91
- « La cause de la demande dans la délimitation de l'office du juge », D., 1964.235 et *in* Ecrits - Ecrits et notes de procédure civile, Dalloz, 1973, p. 101
- « Le droit naturel dans la pratique jurisprudentielle : la violation des droits de la défense en procédure civile », *in* Mélanges Roubier, t. 2, Dalloz, 1961, spéc. p. 175

- N -

Nicholas (G.) and Partasides (C.), "*LCIA Court Decision on Challenges to Arbitrators: A proposal to Publish*", Arb. Int'l, 2007, Vol. 23, p. 1

- O -

Oppetit (B.),
- « Les modes alternatifs de règlement des différends de la vie économique », Just., n° 1, 1995.53
- « Ethique et vie des affaires », *in* Mélanges Colomer, Litec, 1993, p. 319
- « Philosophie de l'arbitrage commercial international », JDI, 1993.811
- « Justice étatique et justice arbitrale », *in* Mélanges Bellet, Litec, 1991, p. 415
- « Les principes généraux en droit international privé », *in* Le droit international, Archives de philosophie du droit, t. 32, 1987
- « Le paradoxe de la corruption à l'épreuve du droit du commerce international », JDI, 1987.5
- « Sur le concept d'arbitrage », *in* Mélanges Goldman, Litec, 1982, p. 229
Ortscheidt (J.) et Seraglini (Ch.), « La nouvelle articulation des recours en arbitrage international », *in* Le nouveau droit français de l'arbitrage sous la direction de Th. Clay, Lextenso, 2011, p. 189
Osman (F.), « Avis, directives, codes de bonne conduite, recommandations, déontologie, éthique etc. : réflexions sur la dégradation des sources privées du droit », RTD civ., 1995.509

- P -

Park (W. W.), « Les devoirs de l'arbitre : ni un pour tous, ni tous pour un », Cah. arb., 2011-1, p. 13

Paulsson (J.),

- "*Moral Hazard in International Dispute Resolution*", *Inaugural Lecture as Holder of the Michael R. Klein Distinguished Scholar Chair, University of Miami School of Law*, 29 avril 2010, p. 11
- "*Ethics, Elitism, Eligibility*", J. Int. Arb., 1997, Vol. 14, Issue 4, p. 13
- and N. Rawding, "*Trouble with Confidentiality*", Bull. CCI, 1994, Vol. 5, Issue 1, p. 48

Pechota (V.), "*The Future of The Law Governing The International Arbitral Process*", *in Lex mercatoria and Arbitration, Juris Publishing, Kluwer Law International*, 1998, p. 257

Perreau (E.-H.), « Les obligations de conscience devant les tribunaux », RTD civ., 1913.503

Perrot (R.),

- « Arbitrage interne et arbitrage international - Les recours devant la cour d'appel empêchent-ils l'arbitre de poursuivre sa mission ? », Rev. arb., 1987.107
- « Application à l'arbitrage des règles de procédure civile », Rev. arb., 1980.642
- « L'interprétation des sentences arbitrales », Rev. arb., 1967.7

Pinna (A.) et Barrier (A.), « L'arbitre et le recours en annulation contre la sentence qu'il a rendue. Approche critique du droit français à la lumière du droit comparé », Cah. arb., 2012-2, p. 295

Plantey (A.), « Quelques mots sur l'arbitrage administré », JDI, 1999.741

Pluyette (G.), « Le point de vue du juge », Rev. arb., 1990.355

Pontavice (E. du), « Un centre spécialisé : la Chambre arbitrale maritime de Paris », Rev. arb., 1990.239

Prujiner (A.), « La gestion des arbitrages commerciaux internationaux : l'exemple de la Cour d'arbitrage de la CCI », JDI, 1988.663

- R -

Racine (J.-B.),

- « L'arbitrage : propos liminaires sur un droit pragmatique », *in* L'arbitrage : questions contemporaines, L'Harmattan DL, 2012, p. 11
- « Le nouvel arbitre », *in* Le nouveau droit français de l'arbitrage, sous la direction de Th. Clay, Lextenso, 2011, p. 117

Rau (A. S). et Pedamon (C.), « La contractualisation de l'arbitrage : le modèle américain », Rev. arb., 2001.451

Reymond (C.),

- « Pour une histoire des idées en matière d'arbitrage », *in* Liber Amicorum en l'honneur de Serge Lazareff, Pedone, 2011, p. 531
- « Le Président du tribunal arbitral », *in* Mélanges Bellet, Litec, 1991, p. 467
- « Des connaissances personnelles de l'arbitre à son information privilégiée. Réflexions sur quelques arrêts récents », Rev. arb., 1991.3

Robert (J.),
- « La dénaturation par l'arbitre – réalités et perspectives », Rev. arb., 1982.405
- « L'arbitrage en matière internationale », D., 1981.209
- « Le juge et l'arbitrage », Rev. arb., 1980.233
- « Influence sur la validité de l'arbitrage des rapports antérieurs des arbitres avec les parties », Rev. arb., 1969.43

Rogers (C. A.),
- "*The Ethics of Advocacy in International Arbitration*", *The Pennsylvania State University, the Dickison School of Law, Legal Study research*, Paper n° 18, 2010
- "*The Ethics in International Arbitrators*", *in* Lawrence W. Newman & Richard D. Hill (éd.), *The Leading Arbitrator Guide to International Arbitration*, 2008

Rouel (Ph.), « La disparition de la règle de droit en arbitrage international », Bull. CCI, 2005, p. 565

- S -

Sage (E.), « Diversité des centres d'arbitrage - Un centre régional : Le C.A.R.A. - Centre d'arbitrage Rhône-Alpes », Rev. arb., 1990.235

Sarrailhe (Ph.), « L'impartialité et l'indépendance de l'arbitre devant les juges Anglais », Rev. arb., 2001.211

Sauvé (J.-M.), « Pour une nouvelle déontologie de la vie publique », JCP G, Suppl. n° 52, 26 décembre 2011, p. 12

Schroeder (C.), « Institutions d'arbitrages et responsabilité », Cah. arb., 2010-1, p. 219

Schwebel (S.), « Validité d'une sentence arbitrale rendue par un tribunal tronqué », Bull. CCI, novembre 1995, p. 18

Schweizer (P.), « Récusation d'arbitre : Analyse sommaire », Bull. ASA, 2009, Vol. 27, p. 520

Silva Romero (E.), "*Immunity and Liability of Arbitrators: What is the proper balance?*", Dossier CCI *Institute of World Business Law: Players' interaction in International Arbitration*, 2012

Sinclair (A. C.) and Gearing (M.), "*Partiality and Issue Conflicts*", TDM, 2008, Vol. 5, Issue 4

Slaoui (F.-Z.), "*The Rising Issue of "Repeat Arbitrators": A Call for Clarification*", Arb. Int., 2009, Vol. 25, p. 103

Smith (M. L.), "*Impartiality of the Party-Appointed Arbitrator*", Arb. Int., 1990, Vol. 6, p. 320
Stoffel-Munck (Ph.), « Responsabilité d'un centre d'arbitrage pour nullité de la sentence », Cah. arb., 2011-2, p. 401
Stricker (Y.), « La loyauté processuelle », *in* Mélanges Burgelin, Dalloz, 2008, p. 355

- T -

Tercier (P.),
- « L'éthique des arbitres », *in* L'éthique dans l'arbitrage, sous la direction de G. Keutgen, coll. Francarbi, Bruyland, 2011, p. 17
- « Banalisation de l'arbitrage ? », *in* Liber Amicorum en l'honneur de Serge Lazareff, Pedone, 2011, p. 579
- « La légitimité de l'arbitrage », Rev. arb., 2011.653
Terré (F.),
- « L'indépendance et l'arbitre », *in* Bulletin CCI, supplément spécial 2007, L'indépendance de l'arbitre, p. 109
- « L'arbitrage, essence du juridique », *in* Mélanges Reymond, Litec, 2004, p. 309
Train (F.-X.), « Mode d'exercice de l'activité d'arbitre et conflits d'intérêts », Rev. arb., 2012.725
Tschanz (P.-Y.), « Indépendance des arbitres en droit suisse », Rev. arb., 2000.523

- V -

Vidal (D.), « Notions de base de l'arbitrage », *in* L'arbitrage : questions contemporaines, L'Harmattan DL, 2012, p. 13

- W -

Weiller (L.), « Les obligations de loyauté, de célérité et de confidentialité », *in* La réforme du droit de l'arbitrage par le décret du 13 janvier 2011 : premier bilan d'étape après un an d'application, LPA, 13 février 2013, p. 11
Whitesell (A.-M.), « L'indépendance dans l'arbitrage de la CCI : pratique de la Cour de la CCI en matière de nomination, confirmation, récusation et remplacement des arbitres », *in* Bulletin CCI, Supplément spécial 2007, L'indépendance de l'arbitre, p. 7
de Witt Wijnen (O. L.O.), "*Two Anecdotes about Rober Briner, and Some Thoughts on Conflicts of Interest in the Light of Transparency and Predictability*", *in* Liber Amicorum en l'honneur de Robert Briner, Publications CCI, 2005, p. 933

- Z -

Ziadé (N.), "*How Many Hats Can a Player Wear: Arbitrator, Counsel and Expert?*", ICSID Review, 2009, Vol. 24, p. 49

VIII - Notes de jurisprudence

- A-

Agostini (E.),
- obs. sous Cass. 1ère civ., 6 juillet 2005, *Golshani c. Gouvernement de la République islamique d'Iran* : D., 2006. Jur. 1424

Akhouad (S.), note sous TGI Paris, 19 décembre 2012, n° 11/02455, *SA Fairplus Holding* : Cah. arb., 2013-2, p. 455

Aubert (J.-L.),
- obs. sous Cass. 1ère civ., 8 décembre 1987, Bull. civ. I, n° 343, p. 246 : D., 1989.233
- obs. sous Cass. 1ère civ., 26 octobre 1983, Bull. civ. I, n° 249 : Defrénois, 1984.1013

- B -

Bandrac (M.),
- note sous Cass. 2ème civ., 20 novembre 2003, *société Radiologie et imagerie médicale Pasteur Bergouignan (RIMPB) c. Hummel* : Rev. arb., 2004.290
- note sous Cass. 2ème civ., 11 juillet 2002, *société Beugnet Aquitaine c. société DV construction* : Rev. arb., 2004.283

Béguin (J.),
- note sous Cass. 1ère civ., 1er février 2012, *société d'Experts en tarification de l'énergie c. société Gascogne Paper* : JCP G, 2012.201
- obs. sous CA Lyon, 6 mai 2002, *SARL Hephaistos c. Pons* : JCP G, 2003.I.105, n° 7
- obs. sous Cass. 1ère civ., 29 janvier 2002, *Hudault c. société générale de surveillance (SGS) et autres* : JCP G, 2003.I.105, n° 7

Béhar-Touchais (M.), note sous Cass. 1ère civ., 6 juillet 2005, *Golshani c. Gouvernement de la République islamique d'Iran* : JDI, 2006.608

Bellet (P.),
- note sous Cass. 1ère civ., 7 janvier 1992, *BKMI Industrienlagen GmbH & Siemens AG c. Dutco Construction* : Rev. arb., 1992.470
- note sous Paris, 14 octobre 1993, *Ben Nasser et autre c. BNP et Crédit Lyonnais* : Rev. arb., 1994.381
- note sous TGI Paris, réf., 1er avril 1993, *Etat de Dubai et société Dubai Drydocks c. sociétés Halcrow et F. Mc Williams* : Rev. arb., 1993.455
- note sous Paris, 28 juin 1991, *KFTCIC c. Icori Estero* : Rev. arb., 1992.568
- note sous TGI Paris, réf., 13 janvier 1986, *SETEC c. SICCA* : Rev. arb., 1987.63

Belloc (Ch.), note sous Paris, 28 novembre 2002, *société Voith Turbo GmbH AG et Co. c. société nationale des chemins de fer tunisiens* : Rev. arb. 2003.445

Bénabent (A.), obs. sous Cass. com., 28 juin 2011 : D., 2012.159
Bensaude (D.),
- obs. sous Cass. 1ère civ., 28 mars 2013, n° 11-11.320 : Gaz. Pal., 30 juin-2 juillet 2013, p. 14
- obs. CA Reims, 2 novembre 2011, *Avax SA c. Tecnimont SpA* : Gaz. Pal., 22 et 24 janvier 2012, p. 15
- obs. sous Paris, 10 mars 2011, *EURL Tecso c. SAS Neoelectra Group* : Gaz. Pal., 15-17 mai 2011, p. 19
- obs. sous Paris, 9 septembre 2010, *consorts Allaire c. SAS SGS Holding France* : Gaz. Pal., 8 février 2011, p. 17
- note sous Paris, 12 juin 2003, *SA Citel c. Mungovan* : Rev. arb., 2004.887
- note sous Paris, 4 avril 2002, *société National Company for Fishing and Marketing (NAFIMCO) c. société Foster Wheeler Trading Company AG* : Rev. arb., 2003.143
Boisséson (M. de),
- obs. sous Cass. 1ère civ., 29 juin 2007, *société PT Putrabali Adyamulia c. société Rena Holding et société Moguntia Est Epices* : LPA, 25 septembre 2007, n° 192, p. 7
- note sous TGI Paris, réf., 28 octobre 1998, *société Drexel Burnham Lambert c. société Philipp Brothers* : Rev. arb., 1990.497
- note sous Paris, 25 mai 1990, *Fougerolle c. Procofrance* : Rev. arb., 1990.892
- note sous Paris, 6 avril 1990, *société Philipp Brothers c. société Icco et autres* : Rev. arb., 1990.880
- note sous TGI Paris, 15 juillet 1989, *société Philipp Brothers c. société Drexel et autres* : Rev. arb., 1990.497
- note sous TGI Paris, réf., 28 octobre 1988, *Drexel Burnham Lambert c. Philipp Brothers* : Rev. arb., 1990.497
Bollée (S.),
- obs. sous Cass. 1ère civ., 28 mars 2013, n° 11-11.320 : D., 2013.929 et 2293
- note sous Cass. 1ère civ., 25 juin 2014, Rev. arb., 2015.75
Boursier (M.-E.), note sous Paris, 12 septembre 2002, *Macron (ép Cougoulat) et SARL International Display Design (IDD) c. société des Cartonnages de Pamfou (SCAP)* : Rev. arb., 2003.173

- C-

Catino (C.), obs. sous TGI Nanterre, 1er juillet 2010, *société Filature Française de Mohair c. Fédération Française des Industries Lainières et Cotonnières* : LPA, 15 novembre 2011, n° 227, p. 9
Chainais (C.),
- note sous Cass. 1ère civ., 29 juin 2011, *société Overseas Mining Investments Ltd c. Commercial Carribean Niquel* : Rev. arb., 2011.678

- note sous Cass. 1ère civ., 23 juin 2010, *société Malicorp c. République arabe d'Egypte* : Rev. arb., 2011.446
- note sous Cass. 1ère civ., 23 juin 2010, *Top Bagage International c. société Wistar Entreprise Ltd* : Rev. arb., 2011.448
- note sous Paris, 29 novembre 2007, 1ère esp., *société française de rentes et de financements crédirente c. société Compagnie générale de garantie* : Rev. arb., 2009.742

Clay (Th.),
- obs. sous Cass. 1ère civ., 5 mars 2014, n° 12-29.112 : D., 2014.671
- obs. sous Paris, 29 octobre 2013, n° 12/05854 et n° 12/05955, *M. M. Teman et autre c. société civile Norma* : D., 2013.2936
- obs. sous Cass. 1ère civ., 10 octobre 2012, *Neoelectra Group c. Tecso* : D., 2012.2999
- note sous CA Reims, 2 novembre 2011, *SA J. & P. Avax c. société Tecnimont SPA* : Cah. arb., 2011-4, p. 1109
- obs. sous Cass. 1ère civ., 29 juin 2011, *société Overseas Mining Investments Ltd c. Commercial Carribean Niquel* : D., 2011.2941
- obs. sous Paris, 10 mars 2011, *EURL Tecso c. SAS Neoelectra Group* : D., 2009.2959
- obs. sous CA Colmar, 8 février 2011, *SA Cevede et autres c. société Système U Est* : D., 2011.3023
- note sous Cass. 1ère civ., 4 novembre 2010, *société Tecnimont SPA c. SA J. & P. Avax* : D., 2010.2939
- note sous Paris, 9 septembre 2010, *consorts Allaire c. SAS SGS Holding France* : D., 2010.2938
- obs. sous Cass. 1ère civ., 6 mai 2009 : D., 2009.2966
- note sous Paris, 12 février 2009, *SA J. & P. Avax c. société Tecnimont SPA* : Rev. arb. 2009.186 et D., 2009.2964
- obs. sous Paris, 22 janvier 2009, *SNF c. CCI* : JDI, 2009.617
- obs. sous Paris, 7 février 2008, *société Française des Rentes et de Financement c. société Compagnie Générale de Garantie* : D., 2008.3111
- obs. sous TGI Paris, 10 octobre 2007 : D., 2007.2916
- obs. sous Cass. 1ère civ., 29 juin 2007, *société PT Putrabali Adyamulia c. société Rena Holding et société Moguntia Est Epices* : JDI, 2007.1236
- obs. sous Cass. 1ère civ., 28 novembre 2006, *société So Good International Ltd* : D., 2008.180
- obs. sous Cass. 1ère civ., 6 juillet 2005, *Golshani c. Gouvernement de la République islamique d'Iran* : D., 2005.3060
- note sous Paris, 29 janvier 2004, *SA Serf c. société DV Constrution* : D., 2004.3182
- obs. sous Paris, 2 avril 2003, *Fremarc c. ITM Entreprises* : D., 2003.2472
- obs. sous Cass. 2ème civ., 22 novembre 2001 : D., 2003.2472
- obs. sous Cass. 1ère civ., 20 février 2001, *société Cubic Defense Systems Inc. c. Chambre de commerce internationale* : Rev. arb., 2001.511

Cohen (D.),
- note sous Paris, 1er juillet 2011, *SA Sorbrior et autres c. SAS ITM Entreprises et autres* : Rev. arb., 2011.761
- note sous Cass. 1ère civ., 29 juin 2011, *société Papillon group corporation c. République arabe de Syrie et autres* : Rev. arb., 2011.836
- note sous Paris, 10 mars 2011, *société Nykcool AB c. société Dole France et autres* : Rev. arb. 2011.732
- note sous Paris, 10 mars 2011, *EURL Tecso c. SAS Neoelectra Group* : Rev. arb. 2011.737
- note sous CA Colmar, 8 février 2011, *SA Cevede et autres c. société Système U Est* : Rev. arb. 2011.724
- note sous Cass. 1ère civ., 20 octobre 2010, *M. Marcel Batard et autre c. société Prodim et autre* : Rev. arb., 2011.669
- note sous Cass. 1ère civ., 20 octobre 2010, *société Somoclest Bâtiment c. société DV Construction* : Rev. arb., 2011.669
- note sous Paris, 9 septembre 2010, *consorts Allaire c. SAS SGS Holding France* : Rev. arb., 2011.686
- note sous Paris, 11 janvier 1990, *Orri c. société des Lubrifiants Elf Aquitaine* : Rev. arb., 1992.95

Courbe (P.), obs. sous Cass. 1ère civ., 16 mars 1999, *Etat du Qatar c. société Creigthon* : D., 1999. 497,

Cousin (A.), obs. sous Cass. 1ère civ., 3 juillet 1996, Bull. civ. I, n° 288, p. 201 : Gaz. Pal., 1997.I.42

- D -

Dagorne-Labbé (Y.), note sous Cass. 1ère civ., 3 juillet 1996, Bull. civ. I, n° 288, p. 201 : Defrénois, 1997, art. 36619, p. 920

Degos (L.), obs. sous Paris, 12 février 2009, *SA J. & P. Avax c. société Tecnimont SPA* : Gaz. Pal., 13-15 déc. 2009 et Cah. arb., 2009-4, p. 6

Delebecque (Ph.), obs. sous Cass. 1ère civ., 3 juillet 1996, Bull. civ. I, n° 288, p. 201 : D., 1996.323

Delpech (X.),
- obs. sous Cass. 1ère civ., 15 janvier 2014, *M. S. Azran c. M. E. Schirer et autres* : Dalloz Actualité, 23 janvier 2014
- obs. sous Cass. 1ère civ., 28 mars 2013, n° 11-11.320 : Dalloz Actualité, 9 avril 2013
- obs. sous Cass. 1ère civ., 10 octobre 2012, *Neoelectra Group SAS c. société Tecso EURL* : D., 2012.2458
- obs. sous Cass. 1ère civ., 1er février 2012, *société d'Experts en tarification de l'énergie c. Gascogne Paper* : D., 2012.446
- obs. sous Cass. 1ère civ., 20 octobre 2010, *société Somoclest Bâtiment c. société DV Construction* : D., 2010.2589
- obs. sous Cass. 1ère civ., 6 mai 2009 : D., 2009. AJ 1422

- obs. sous Cass. 1ère civ., 11 juillet 2006, Bull. civ. I, n° 369 : D., 2006. AJ 2052
Dubarry (J.-C.),
- note sous Paris, 12 novembre 1998, *société Financière Azzaro Finanza et autres c. Cattan Alfred et autres* : RTD com., 1997.234
- note sous Cass. 1ère civ., 24 mars 1998, *société Excelsior Film TV c. société UGC-PH* : RTD com., 1998.837
- note sous CA Versailles, 14 novembre 1996, *société Scintelle c. Bourey* : RJDA, 1997.1, n° 144 et RTD com., 1997.234
- note sous Paris, 25 mars 1994, *société Sardisud et autre c. société Technip et autre* : RTD com., 1994.483
- note sous Cass. 1ère civ., 7 janvier 1992, *BKMI Industrienlagen GmbH & Siemens AG c. Dutco Construction* : RTD com., 1992.796
- note sous Cass. 2ème civ., 14 novembre 1990, *société Graine d'élite Clause c. Gérin* : RTD com., 1992.167

- F -

Fauvarque-Cosson (B.), note sous Cass. 1ère civ., 6 juillet 2005, *Golshani c. Gouvernement de la République islamique d'Iran* : RDC, 2006.1279
Flécheux (G.), note sous Paris, 18 février 1986, *Aita c. Ojjeh* : Rev. arb., 1986.583
Fouchard (Ph.),
- note sous Paris, 12 janvier 1996, *Gouvernement de l'Etat du Qatar c. Creighton Limited* : Rev. arb., 1996.428
- note sous TGI Paris, réf., 15 février 1995, *société chérifienne des pétroles c. société Mannesmann Industria Iberica et autres, société Industrialexport and others* : Rev. arb., 1996.503, 2ème esp.
- note sous TGI Paris, 13 juin 1990, *Bompard c. consorts C. et autres* : Rev. arb., 1996.476
- note sous TGI Paris, réf., 23 juin 1988, *République de Guinée c. MM. R. et O.* : Rev. arb., 1988.657
- note sous Paris, 4 mai 1988, *Chambre arbitrale de Paris, sociétés Carfa Trade Group et Onium de travaux c. République de Guinée et autres* : Rev. arb., 1988.657
- note sous Paris, 18 novembre 1987, *Chambre arbitrale de Paris, sociétés Carfa Trade Group et Onium de travaux c. République de Guinée et autres* : Rev. arb., 1988.657
- note sous TGI Paris, réf., 22 mai 1987, *Transportations Maritima Mexicana SA c. société Alsthom*, Rev. arb., 1988.699, 1ère esp.
- note sous Paris, 17 mai 1983, *société Techni Import Professionnel c. société Electro Scientific Industries* : Rev. arb., 1987.309
- note sous Cass. 2ème civ., 31 mars 1978, *société Metal Profil c. société Intercraft* : Rev. arb., 1979.457

Fontmichel (M. de), obs. sous Cass. 1ère civ., 28 mars 2013, n° 11-11.320 : JCP G, 2013, Act. 558

- G -

Gaillard (E.),
- note sous Cass. 1ère civ., 29 juin 2007, *société PT Putrabali Adyamulia c. société Rena Holding et société Moguntia Est Epices* : Rev. arb. 2007.507
- note sous Paris, 16 mai 2002, *STPIF c. SB Ballestrero* : Rev. arb., 2003.1236
- note sous Cass. 2ème civ., 6 décembre 2001, *Fremarc c. ITM Entreprises* : Rev. arb., 2003.1231
Garaud (J.-Y.), note sous Paris, 15 juin 2006, *République du Gabon c. société Prodoil Gabon SA* : Rev. arb., 2006.1002,
Grandjean (Ph.), note sous Paris, 28 octobre 1999, *Frétal c. ITM Entreprises* : Rev. arb., 2000.299

- H -

Hascher (D.), note sous Paris, 1er juillet 1997, *ATC-CFCO c. Comilog* : Rev. arb., 1998.131
Henry (M.),
- note sous Paris, 2 juillet 2013, *Société La Valaisanne Holding LVH c. M. Guy Besnardeau et autre* : Rev. arb., 2013.819
- obs. sous Cass. 1ère civ., 10 octobre 2012, *Neoelectra Group SAS c. société Tecso EURL* : JCP G, 2012, p. 1929, n° 1127
- note sous CA Reims, 2 novembre 2011, *Avax SA c. Tecnimont SpA* : Rev. arb. 2012.112
- note sous Paris, 10 mars 2011, *EURL Tecso c. SAS Neoelectra Group* : Cah. arb., 2011-3 , p. 787
- note sous Cass. 1ère civ., 4 novembre 2010, *société Tecnimont SPA c. SA J. & P. Avax* : LPA, 21 février 2011, n° 36, p. 6
- note sous Paris, 17 février 2005, *Mytilineos Holdings c. APPASP* : Rev. arb., 2005.720
- note sous Paris, 10 février 2005, *société Prodim c. Nigioni* : Rev. arb., 2005.720
- note sous TC Paris, réf., 6 juillet 2004 : Rev. arb., 2005.720
- note sous Paris, 29 janvier 2004, *SA Serf c. société DV Construction* : Rev. arb., 2005.720
- note sous CA Rouen, 28 octobre 1998, *société Jean Lion et Cie c. société Etablissements Gortzounian* : Rev. arb., 1999.368
Muir Watt (H.),
- note sous Cass. 1ère civ., 6 juillet 2005, *Golshani c. Gouvernement de la République islamique d'Iran* : Rev. crit. DIP, 2006.602
- note sous Cass. 1ère civ., 1er février 2005, *Etat d'Israël c. Société NIOC* : Rev. arb., 2005.693

Hory (A.), note sous TGI Paris, réf., 6 janvier 1999, *A. Coquard c. société Vidéopole* : Rev. arb., 1999.138

- J -

Jaeger (L.), note sous Cass. 1ère civ., 13 mars 2007, *société Chefaro International c. Barrère et autres* : Rev. arb. 2007.498

Jarrosson (Ch.),

- note sous Cass. 1ère civ., 10 octobre 2012, *Neoelectra Group SAS c. société Tecso EURL* : Rev. arb., 2013.129
- note sous Cass. 1ère civ., 17 novembre 2010, *société CNCA-CEC et Charasse c. B. et autre* : Rev. arb., 2011.943
- note sous TGI Paris, 10 octobre 2007, *société SNF c. Chambre de commerce internationale* : Rev. arb., 2007.847
- note sous Cass. 1ère civ., 6 décembre 2005, *L. et B. Juliet c. X. et autres* : Rev. arb., 2006.126
- note sous Paris, 1er juillet 1999, *société Braspetro Oil Services (Brasoil) c. GMRA* : Rev. arb., 1999.834
- note sous Paris, 19 janvier 1999, *société CIC International Ltd c. Ministre de la Défense de la République d'Allemagne* : Rev. arb., 1999.601
- note sous Cass. 2ème civ., 25 mars 1999, *société Siab et autres c. société Valmont* : Rev. arb., 1999.319
- note sous Paris, 3 décembre 1998, *société ITP Interpipe c. Hunting Oilfield Services (HOS)* : Rev. arb., 1999.601
- note sous Paris, 12 novembre 1998, *société Financière Azzaro Finanza et autres c. Cattan Alfred et autres* : Rev. arb., 1999.374
- note sous Paris, 19 mai 1998, *société Torno SpA c. société Kagumai Gumi Co Ltd* : Rev. arb., 1999.601
- note sous Paris, 25 mars 1994, *société Sardisud et autre c. société Technip et autre* : Rev. arb., 1994.391
- note sous Paris, 9 juillet 1992, *société Industrialexport-Import c. société GECI et GFC* : Rev. arb., 1993.303
- note sous Cass. 1ère civ., 7 janvier 1992, *BKMI Industrienlagen GmbH & Siemens AG c. Dutco Construction* : JDI, 1992.726
- note sous Cass. 2ème civ., 14 novembre 1990, *société Graine d'élite Clause c. Gérin* : Rev. arb., 1991.75
- note sous Cass. 2ème civ., 19 avril 1985, *société Résidence du Bois d'Aurouze c. société Devoluy Vacances* : Rev. arb., 1986.57

Juvenal (J.),

- obs. sous Cass. 1ère civ., 4 novembre 2010, *société Tecnimont SPA c. SA J. & P. Avax* : JCP G, 2010.II.1306
- obs. sous Cass. 1ère civ., 20 octobre 2010, *M. Marcel Batard et autres c. société Prodim et autres,* JCP G, n° 52, 27 décembre 2010, p. 1306

- K -

Kahn (Ph.),
- note sous Cass. 1ère civ., 24 mars 1998, *Excelsior c. UGC-PH* : JDI, 1999.155
- note sous Paris, 24 novembre 1989, *société La Belle Créole SA c. société The Gemtel Partnership* : Rev. arb., 1990.176

Kessedjian (C.),
- note sous Cass. 1ère civ., 9 novembre 1993, *société Bomar Oil NV c. ETAP* : Rev. arb., 1994.108
- note sous CA Versailles, 23 janvier 1991, *société Bomar Oil NV c. ETAP* : Rev. arb., 1991.291
- note sous Cass. 1ère civ., 26 juin 1990, *société dreistern Werl c. société Crouzier* : Rev. arb., 1991.291
- note sous Cass. 1ère civ., 11 octobre 1989, *société Bomar Oil NV c. ETAP* : Rev. arb., 1990.134

Keutgen (G.), note sous TPI Bruxelles, 14 décembre 2006, *CBC Banque* : Journ. trib. 2007.207

Kiffer (L.), obs. sous Paris, 22 janvier 2009, *SNF c. CCI* : J. Int. Arb., 2009, Vol. 26, Issue 4, p. 579

- L -

Lalive (P.), note sous Paris, 15 septembre 1998, *société Cubic Defense System Inc. c. Chambre de commerce internationale* : Rev. arb., 1999.103

Lambert-Wiber (S.), note sous Cass. 1ère civ., 3 juillet 1996, Bull. civ. I, n° 288, p. 201 : LPA, 23 mai 1997, n° 62, p. 16

Le Bars (B.),
- note sous Cass. 1ère civ., 10 octobre 2012, *Neoelectra Group SAS c. société Tecso EURL* : JCP G, 2012, p. 2281, n° 1268
- obs. sous Cass. 1ère civ., 4 juillet 2012 : D., 2012.2425
- note sous Cass. 1ère civ., 4 novembre 2010, *société Tecnimont SPA c. SA J. & P. Avax* : JCP G, 2010.II.1306
- obs. sous Cass. 1ère civ., 20 octobre 2010, *M. Marcel Batard et autres c. société Prodim et autres* : JCP G, n° 52, 27 décembre 2010, p. 1306

Leboulanger (Ph.),
- note sous Paris, 6 novembre 2008, *Charasse et autre c. D. et autres* : Rev. arb., 2009.376
- note sous Cass. 1ère civ., 6 janvier 1987, *Southern Pacific Properties Ltd et Southern Pacific Ltd c. République arabe d'Egypte* : Rev. arb., 1987.469

Legros (C.), note sous Paris, 27 juin 2002, *société Comecim c. société Theobroma* : Rev. arb., 2003.427

Level (P.),
- note sous TGI Paris, 6 mai 1976 : Rev. arb., 1977.292
- note sous Cass. 2ème civ., 13 avril 1972, *Ury c. Galeries Lafayette* : JCP G, 1972.II.17189

Libchaber (R.), note sous Paris, 30 juin 2005, *Pilliod c. société Econosto International Holding* : Rev. arb., 2006.689
Loquin (E.),
- note sous Cass. 1ère civ., 1er février 2012, *société d'Experts en tarification de l'énergie c. société Gascogne Paper* : Rev. arb., 2012.91, 2ème esp.
- note sous Cass. 1ère civ., 29 juin 2011, *société Overseas Mining Investments Ltd c. Commercial Carribean Niquel* : RTD. com., 2010.545
- obs. sous Cass. 1ère civ., 6 mai 2009 : RTD com., 2009.546
- note sous Cass. 1ère civ., 6 juillet 2005, *Golshani c. Gouvernement de la République islamique d'Iran* : RTD com., 2006.309
- note sous Paris, 22 janvier 2004, *société National Company for Fishing and Marketting "Nafimco" c. Société Foster Wheeler Trading Company AG* : Rev. arb., 2004.657
- note sous Cass. 2ème civ., 6 décembre 2001 : RDT com., 2002.657
- note sous Cass. 1ère civ., 8 juin 1999, *société Sonapra c. société Adeossi* : Rev. arb., 2000.116
- obs. sous Cass. 1ère civ., 16 mars 1999, *Etat du Qatar c. société Creigthon* : RTD com., 1999.850
- note sous Paris, 12 novembre 1998, *société Financière Azzaro Finanza et autres c. Cattan Alfred et autres* : RTD com., 1997.234
- note sous Paris, 15 septembre 1998, *société Cubic Defense System Inc. c. Chambre de commerce internationale* : JDI, 1999.162
- note sous Cass. 1ère civ., 24 mars 1998, *société Excelsior Film TV c. société UGC-PH* : RTD com., 1998.837
- note sous CA Versailles, 14 novembre 1996, *société Scintelle c. Bourey* : RJDA, 1997.1, n° 144 : RTD com., 1997.234
- note sous Paris, 23 mars 1995, *société Maec SA, société Domiticom SARL c. P. Mumbach* : RTD com., 1995.588
- note sous TGI Paris, réf., 7 décembre 1994, *société Démolitions Delair c. société Bouygues* : Rev. arb., 2000.116
- note sous Paris, 25 mars 1994, *société Sardisud et autre c. société Technip et autre* : RTD com., 1994.483
- note sous Paris, 18 novembre 1993, *société Hannover International et AGF c. société Uni-Europe* : Rev. arb., 1994.505
- note sous Paris, 14 octobre 1993, *Ben Nasser et autre c. BNP et Crédit Lyonnais* : JDI, 1994.446
- note sous Cass. 1ère civ., 7 janvier 1992, *BKMI Industrienlagen GmbH & Siemens AG c. Dutco Construction* : RTD com., 1992.796
- note sous Cass. 2ème civ., 14 novembre 1990, *société Graine d'élite Clause c. Gérin* : RTD com., 1992.167
- note sous Cass. 2ème civ., 23 janvier 1974, *société Schutte Lanz c. veuve Gallais* : Rev. arb., 1974.296
- note sous Paris, 20 avril 1972, *société Schutte Lanz c. veuve Gallais* : Rev. arb., 1973.87

- note sous Cass. 2ème civ., 13 avril 1972, *Ury c. Galeries Lafayette* : Rev. arb., 1975.235
Loussouarn (Y.), obs. sous Cass. 3ème civ., 15 janvier 1971, Bull. civ. III, n° 38 : RTD civ., 1971.839

- M -

Mestre (J.),
- obs. sous Cass. 1ère civ., 3 juillet 1996, Bull. civ. I, n° 288, p. 201 : RTD civ., 1996.895
- obs. sous Cass. 1ère civ., 8 décembre 1987, Bull. civ. I, n° 343, p. 246 : RTD civ., 1988.532
- obs. sous Cass. 1ère civ., 26 octobre 1983, Bull. civ. I, n° 249 : RTD civ., 1985.160
Mezger (E.),
- note sous Cass. 2ème civ., 7 octobre 1987, *société Opinter France c. SARL Dacomex* : Rev. arb., 1987.479
- note sous Paris, 26 avril 1985, Rev. arb., 1985.311
- note sous Paris, 15 janvier 1985, *société Opinter France c. société Dacomex* : Rev. arb., 1986.87
- note sous Paris, 22 janvier 1982, *société Appareils Dragon c. société Construimport* : Rev. arb., 1982.97
Mezghani (A.) et J.-J. Arnaldez, « Les décisions des institutions arbitrales relatives aux récusations et le sort de la sentence devant le juge de l'annulation », note sous Cass. 1ère civ., 25 juin 2014, Rev. arb., 2015.85
Mouralis (D.), note sous Cass. 1ère civ., 13 mars 2013 : JCP G, n° 17, 17-22 avril 2013, p. 813
Mourre (A.),
- obs. sous Cass. 1ère civ., 28 mars 2013, n° 11-11.320 : Cah. arb., 2013-4, p. 1049
- obs. sous Paris, 29 septembre 2011, *Scolardi et autres c. Techman Head* : Cah. arb., 2011-4, p. 1141
- note sous Cass. 1ère civ., 4 novembre 2010, *société Tecnimont SPA c. SA J. & P. Avax* : *Kluwer Arbitration Blog*, 5 novembre 2010
Motulsky (H.),
- note sous T. civ. Seine, 7 juin 1956, *Buck* : Ecrits - Etudes et notes sur l'arbitrage, préf. Ph. Fouchard et B. Goldman, Dalloz, 1974, spéc. p. 239
- note sous Cass. civ., 6 octobre 1953, *Courtieu et Tronel c. Blanchard* : Ecrits - Etudes et notes sur l'arbitrage, préf. Ph. Fouchard et B. Goldman, Dalloz, 1974, p. 189

- O -

Ortscheidt (J.),
- obs. sous Cass. 1ère civ., 28 mars 2013, n° 11-11.320 : JCP G, 2013.I.784, §5

- note sous TGI Paris, 2 mars 2012, *SAS CSF c. SARL Lamote Distribution et autre* : Rev. arb. 2013.186
- note sous Cass. com., 28 juin 2011 : JCP G, 2011.1432, n° 1
- obs. sous TGI Nanterre, 1er juillet 2010, *société Filature Française de Mohair c. Fédération Française des Industries Lainières et Cotonnières* : JCP G, 2010.I.1286, §8
- note sous Paris, 22 janvier 2009, *SNF c. CCI* : JCP G, 2009.I.148, §12
- obs. sous Cass. 1ère civ., 6 juillet 2005, *Golshani c. Gouvernement de la République islamique d'Iran* : JCP G, 2005.I.179, n° 6
- note sous Cass. 2ème civ., 11 juillet 2002, *société Beugnet Aquitaine c. société DV construction* : JCP G, 2003.I.103, n° 8

Oppetit (B.), note sous Paris, 25 mai 1990, *Fougerolle c. Procofrance* : Rev. crit. DIP, 1990.753

- P -

Paclot (Y.),
- note sous Paris, 30 mai 1991, *SARL Diva Fruits c; société Simfruits* : Rev. arb., 1994.115
- note sous Paris, 18 avril 1991, *société Afric Viande c. société Brittania* : Rev. arb., 1994.115

Pedone (P.), obs. sous Paris, 29 septembre 2011, *Scolardi et autres c. Techman Head* : Cah. arb., 2011-4, p. 1141

Pellerin (J.),
- note sous Paris, 10 novembre 1995, *Verbiese c. SEE et autre* : Rev. arb., 1997.583
- note sous Paris, 6 mars 1986 : Rev. arb., 1987.390

Perreau-Saussine (L.), note sous Paris, 18 novembre 2004, *SARL STM Brudey frères c. SA Emeraude Lines* : Rev. arb., 2006.192

Pinsolle (Ph.),
- obs. sous Cass. 1ère civ., 28 mars 2013, n° 11-11.320 : Cah. arb., 2013-4, p. 1049
- note sous Paris, 10 mars 2011, *EURL Tecso c. SAS Neoelectra Group* : LPA, 14 novembre 2011, n° 226, p. 5
- note sous Paris, 9 septembre 2010, *consorts Allaire c. SAS SGS Holding France* : Bull. ASA, 2011, Vol. 29, p. 197
- Cass. 1ère civ., 6 juillet 2005, *Golshani c. Gouvernement de la République islamique d'Iran* : Rev. arb., 2005.993

Pluyette (G.), obs. sous Cass. 1ère civ., 28 mars 2013, n° 11-11.320 : RJDA, 2013.723

- R -

Racine (J.-B.),
- note sous TGI Paris, réf., 22 janv. 2010, *Samsung Electronics Co. Ltd c. Michael Jaffé* : Rev. arb. 2010. 571

- note sous Paris, 7 février 2008, *société Française des Rentes et de Financement c. société Compagnie Générale de Garantie* : Rev. arb. 2008.501
Rennó Lima (L. R.), note sous TGI Paris, 19 décembre 2012, n° 11/02455, *SA Fairplus Holding* : LPA, 29 avril 2013, n° 85, p. 18
Reymond (C.), note sous Paris, 2 juin 1989, *Gemanco c. sociétés SAEPA et SIAPE* : Rev. arb., 1991.87
Rivier (M. C.),
- note sous Cass. 2ème civ., 12 février 2004, *M. c. société Groupe Capitales (Perinvest)* : Rev. arb., 2004.359
- note sous Cass. 2ème civ., 16 mai 1988, *Paroutian et autres c. société de distribution de produits alimentaires et manufactures Cedipam Cogedis et autres* : Rev. arb., 1988.645
Robert (J.),
- note sous TGI Paris, réf., 15 janvier 1988, *société des Equipements industriels Stolz S.A c. société Ets Letierce et autre* : Rev. arb., 1988.316
- note sous Cass. 2ème civ., 13 avril 1972, *Ury c. Galeries Lafayette* : D., 1973.2
- note sous Paris, 8 mai 1970, *consorts Ury et autres c. société anonyme des Galeries Lafayette* : D., 1970.635
Rouquette (P.-A.), note sous TGI Paris, réf., 22 janv. 2010, *Samsung Electronics Co. Ltd c. Michael Jaffé* : LPA, 12 octobre 2010, n° 203, p. 6
Rubellin-Devichi (J.), note sous Paris, 4 décembre 1979, *René Cornu c. Comptoir commercial André et Cie.* : Rev. arb., 1981.146

- S -

Samper-Le Breton (G.), note sous Cass. com., 28 juin 2011, *Mme I. Ayache-Revah c. SCP Flichy Grangé* : Rev. arb., 2012.65
Schweizer (Ph.), note sous Paris, 12 février 2009, *SA J. & P. Avax c. société Tecnimont SPA* : Bull. ASA, 2009, Vol. 27, p. 520
Seraglini (Ch.),
- note sous Cass. 1ère civ., 13 mars 2013 : JCP G, n° 27, 1er juillet 2013, p. 1349
- note sous Cass. 1ère civ., 10 octobre 2012, *Neoelectra Group SAS c. société Tecso EURL* : JCP G, 2012, p. 2281, n° 1354
- note sous Cass. 1ère civ., 4 novembre 2010, *société Tecnimont SPA c. SA J. & P. Avax* : JCP G, 2010.I.1286 § 2
- note sous Paris, 29 janvier 2004, *SA Serf c. société DV Constrution* : JCP G, 2004.I.179, §5
- note sous Paris, 28 novembre 2002, *société Voith Turbo GmbH AG et Co. c. société nationale des chemins de fer tunisiens* : JCP G, 2003.I.164, n° 3
- note sous Cass. 1ère civ., 20 février 2001, *société Cubic Defense Systems Inc. c. Chambre de commerce internationale* : Rev. crit. DIP, 2002.124

Stoffel-Munck (Ph.), obs. sous TGI Nanterre, 1er juillet 2010, *société Filature Française de Mohair c. Fédération Française des Industries Lainières et Cotonnières* : Cah. arb. 2011-2, p. 401

- T -

Taffin (Ch.-H. de), note sous Paris, 15 juin 2006, *République du Gabon c. société Prodoil Gabon SA* : Rev. arb., 2006.1002
Toulson (T.), note sous Cass. 1ère civ., 4 novembre 2010, *société Tecnimont SPA c. SA J. & P. Avax* : *Global Arbitration Review*, 8 décembre 2010
Train (F.-X.), note sous Cass. 1ère civ., 6 juillet 2005, *Golshani c. Gouvernement de la République islamique d'Iran* : Gaz. Pal., 24-25 février 2006, p. 18

- W -

Weiller (L.),
- obs. sous Cass. 1ère civ., 28 mars 2013, n° 11-11.320 : Procédures, 2013, p. 186
- obs. sous Cass. 1ère civ., 13 mars 2013 : Procédures, 2013, p. 25

VIII – Colloques (par ordre antéchronologique)

« De l'arbitre pro-actif à l'arbitre collaboratif » par Kessedjian (C.), CFA, Paris, 18 juin 2015
"*The Better Seat? France v. Switzerland*", CFA/ASA, Paris, 24 avril 2015
« L'obligation de révélation : aspects pratiques pour les arbitres et les parties », CFA, Paris, 16 avril 2015
« Le financement par les tiers (ou *third-party funding*) », CFA 40, Paris, 2 avril 2015
« La sociologie en Arbitration Commercial International » par Gaillard (E.), DU Contentieux international des affaires, Université Paris Est Créteil, 27 mars 2015, Collège des Bernardins, Paris
« L'évaluation du préjudice par l'arbitre », CFA, Paris, 21 novembre 2014
« La sentence étrangère au regard du droit français » par Train (F.-X.), CFA, Paris, 16 octobre 2014
« L'obligation de loyauté dans l'arbitrage », CFA, Paris, 30 juin 2014
« Le délibéré arbitral » par Grigera Naón (H.), CFA, Paris, 11 juillet 2013
« L'appréciation par les tribunaux français de l'indépendance des arbitres, Le juge et l'arbitrage » par Malan (A.), 25 et 26 avril 2013, Tunis
« La liberté de l'arbitre » par Mayer (P.), CFA, Paris, 30 novembre 2012
« Arbitrage et sociétés », CFA, Paris, 16 novembre 2012
« L'interprétation arbitrale » par Lévy (L.), CFA, Paris, 5 juillet 2012
« Eléments pour une sociologie de l'arbitrage », CFA, Paris, 21 juin 2012

« Arbitrage et médias », Science-Po, Paris, 2 juin 2012
« La qualification en arbitrage commercial international » par Kaufmann-Kohler (G.), CFA, Paris, 25 mai 2012
« Le caractère définitif des sentences arbitrales » par Park (W.), CFA, Paris, 11 mai 2012
« Le financement du contentieux par un tiers », CFA, Paris, 2 avril 2012
« La transparence dans l'arbitrage », CFA, Paris, 29 mars 2012
« Séminaire de la pratique arbitrale », CFA, Paris, 20 janvier 2012
« L'Ethique dans l'arbitrage », CFA Paris, 9 décembre 2011
« Journée en hommage à René David », Association Capitant, Paris, 1er décembre 2011
« Conflits d'intérêts et indépendance des arbitres » par Cohen (D.), CFA, Paris, 17 octobre 2011

TABLE DES MATIÈRES

Questions juridiques aux éditions L'Harmattan

Dernières parutions

LES ENJEUX PATRIMONIAUX DE LA SÉPARATION
Questions récurrentes
Sous la direction de et textes réunis par Antonini-Cochin Laetitia
Confondus pendant la vie commune, les intérêts patrimoniaux des conjoints doivent être démêlés et liquidés lors de la séparation. Ces questions d'ordre liquidatif relèvent souvent de la compétence du juge aux affaires familiales. La séparation révèle souvent d'importantes disparités de situation et des préjudices qu'il convient de compenser et de réparer. Se posent alors plusieurs questions telles que l'évaluation de la prestation compensatoire, de l'allocation de dommages et intérêts ou encore de l'attribution du logement de la famille.
(Coll. Droit privé et sciences criminelles, 14.00 euros, 114 p.)
ISBN : 978-2-343-09830-2, ISBN EBOOK : 978-2-14-001613-4

LES SOCIÉTÉS PUBLIQUES LOCALES
Entre volonté publique, esprit d'entreprise et concurrence
Sous la direction de Meunier Patrick, Vanneaux Marie-Anne, Viviano Michel, Delavenne Thibault
Les sociétés publiques locales sont des sociétés anonymes, instruments de politiques publiques dédiées à leurs collectivités territoriales actionnaires. Elles sont donc soumises au droit public et au droit commun et se retrouvent au coeur des questions liées aux justifications et aux formes de l'interventionnisme économique des personnes publiques. Ce type de sociétés invite ainsi à une réflexion plus globale sur les évolutions actuelles du droit européen et du droit public économique français. Cet ouvrage présente différentes études sur ces sociétés publiques locales et leur utilisation par les acteurs locaux.
(Coll. Logiques Juridiques, 37.00 euros, 360 p.)
ISBN : 978-2-343-09771-8, ISBN EBOOK : 978-2-14-001496-3

L'EFFECTIVITÉ DU DROIT ÉCONOMIQUE DANS L'ESPACE OHADA
Sous la direction de David Hiez et Séverine Menétrey
En interrogeant l'effectivité du droit économique dans l'espace OHADA, voici une réflexion sur ce droit au-delà de l'analyse positiviste des textes en vigueur. Il s'agit de donner corps au droit, particulièrement au droit africain, dont l'abstraction et l'ineffectivité endémique le privent de son aptitude à réguler efficacement la société, fonction que tous s'accordent pourtant à lui attribuer. Ces contributions démontrent que les juristes doivent s'éloigner du dogmatisme juridique pour éprouver le droit vivant.
(39.00 euros, 412 p.)
ISBN : 978-2-343-09528-8, ISBN EBOOK : 978-2-14-001587-8

LA VALORISATION ÉCONOMIQUE DES BIENS CULTURELS LOCAUX EN FRANCE ET EN ITALIE
Sous la direction de Bettio Nathalie, Collot Pierre-Alain, Perlo Nicoletta, Voizard Karl-Henri
Voici une réflexion comparatiste sur un domaine en pleine mutation. S'agit-il de conférer une valeur culturelle à des biens et de la renforcer lorsqu'elle est déjà présente ou bien le but est-il de dégager une valeur marchande à partir de biens dont l'identité culturelle est réputée ? Si ces deux formes de valorisation peuvent se conjuguer, elles sont susceptibles aussi d'entrer en conflit. Ces

actes de colloque dressent le bilan des outils de mise en valeur des biens culturels locaux, tout en révélant les enjeux et défis qui leur sont attachés.
(Coll. Droit du Patrimoine culturel et naturel, 24.50 euros, 242 p.)
ISBN : 978-2-343-09750-3, ISBN EBOOK : 978-2-14-001523-6

GÉNOCIDE ET CRIMES DE MASSE (1933-1946)
Tatarinoff Anna
La Seconde Guerre mondiale est une période cruciale de l'histoire. Si de nombreux domaines ont été abordés au sujet de la Seconde Guerre mondiale, ceux concernant la population civile restent imprécis. Sous le couvert du tabou, la question de l'étendue et de la force de la participation des civils au Régime nazi est traitée de façon superficielle. C'est pourquoi il importe d'étudier et comprendre comment s'est déroulée cette participation populaire.
(Coll. Bibliothèques de droit, 15.50 euros, 144 p.)
ISBN : 978-2-343-07702-4, ISBN EBOOK : 978-2-14-001411-6

LES RÉPONSES DU DROIT AUX CRISES SANITAIRES
Anticiper / Réagir
Sous la direction de François Rousseau et Karine Foucher
Nos sociétés contemporaines sont exposées depuis une trentaine d'années à des risques sanitaires d'une ampleur nouvelle, révélateurs de leur propre vulnérabilité et marqués par un fort impact médiatique. Face à cette situation, le droit évolue au coup par coup, sans que l'on sache très bien si les changements opérés constituent des ajustements à la marge ou masquent une mutation plus profonde du système juridique. Cet ouvrage propose une réflexion transversale sur la réponse du droit aux crises sanitaires.
(31.00 euros, 306 p.)
ISBN : 978-2-343-09543-1, ISBN EBOOK : 978-2-14-001396-6

LA DÉFRAGMENTATION DU DROIT INTERNATIONAL DE LA CULTURE
Vers une cohérence des normes internationales
Harelimana Jean-Baptiste - Préface de Federico Mayor, Postface d'Albert Tévoédjrè
La gouvernance internationale est un paysage naturellement fragmenté, composé de traités et d'institutions autonomes, sans hiérarchie existante entre les sources de droit et les traités. Cette fragmentation découle de la souveraineté des États. L'objectif de cet ouvrage est, par une approche intersystémique insistant sur l'incomplétude des systèmes, d'examiner à quelles conditions les rapports, tantôt apaisés, tantôt conflictuels entre les organisations internationales, peuvent œuvrer pour un développement durable par une gouvernance internationale moins éclatée et plus cohérente.
(55.00 euros, 772 p.)
ISBN : 978-2-343-09374-1, ISBN EBOOK : 978-2-14-001387-4

CONCILIATION ET MÉDIATION DEVANT LA JURIDICTION ADMINISTRATIVE
Actes du colloque du Conseil d'État du 17 juin 2015
Sous la direction de Jacques Biancarelli et Béatrice Blohorn-Brenneur
Voici près de 25 ans que le Conseil d'État, confronté à une judiciarisation croissante de la société, réfléchit aux modes alternatifs de règlement des différends afin de les pacifier et de rendre les justiciables davantage confiants en la justice administrative. Après avoir rappelé le contexte juridique et les enjeux d'une telle impulsion, un bilan comparatif des pratiques du juge administratif et du juge judiciaire a permis de mesurer combien il est nécessaire et urgent de compléter la boîte à outils dont dispose le premier. Voici une réflexion, les références et les outils nécessaires à la juridiction administrative.
(Coédition GEMME, 24.00 euros, 246 p.)
ISBN : 978-2-343-07270-8, ISBN EBOOK : 978-2-336-39774-0

L'ERREUR JUDICIAIRE
Apprendre à douter pour lutter contre les erreurs judiciaires
Sous la direction de Xavier Pin
L'erreur judiciaire hante autant qu'elle jalonne l'histoire de notre justice pénale. Nous avons tous en mémoire de retentissants procès ayant vu des individus accusés ou condamnés, avant d'être

disculpés, graciés ou réhabilités. Le législateur y est sensible au point de réformer régulièrement la procédure pénale pour tenter d'éviter, de corriger ou de réparer, autant que possible, de telles erreurs. Une loi du 20 juin 2014 réforme les procédures de révision et de réexamen des condamnations pénales définitives : elle est l'occasion d'essayer de comprendre ces fiascos judiciaires.
(Coll. Droit privé et sciences criminelles, 15.00 euros, 126 p.)
ISBN : 978-2-343-07284-5, ISBN EBOOK : 978-2-336-39807-5

LE DROIT CONSTITUTIONNEL DE LA Ve RÉPUBLIQUE
(Treizième édition)
Lascombe Michel, Toulemonde Gilles
Cet ouvrage s'adresse aux étudiants en droit, aux élèves des instituts d'études politiques et aux candidats aux concours administratifs. Il couvre l'essentiel du programme de droit constitutionnel, c'est-à-dire aussi bien les constitutions françaises depuis 1789 que l'actuel texte constitutionnel. Cette nouvelle édition tient compte des derniers développements induits par les changements politiques, des dernières réformes des règlements des assemblées et de la jurisprudence la plus récente.
(Coll. Logiques Juridiques, 42.00 euros, 506 p.)
ISBN : 978-2-343-07916-5, ISBN EBOOK : 978-2-336-39877-8

LA PROXIMITÉ EN DROIT INTERNATIONAL PRIVÉ DE LA FAMILLE
Bouyahia Sabrine Maya - Préface de Lotfi Chedly et Marie Goré
Parmi les méthodes proposées pour trancher les litiges présentant un élément d'extranéité, figure celle reposant sur le principe de proximité. L'étude porte sur deux systèmes de droit international privé de la famille différents (droit français et droit tunisien) pour mettre en exergue d'une part l'adaptation de cette méthode aux spécificités de chaque ordre étatique et d'autre part son adéquation avec tous les différents systèmes de droit.
(Coll. Logiques Juridiques, 54.00 euros, 618 p.)
ISBN : 978-2-343-05464-3, ISBN EBOOK : 978-2-336-39866-2

QUARTIER-FEMMES ÉCROU 10970
Boh-Petit Dominique
Cellule 24 : une femme dit toute sa souffrance d'être enfermée. Elle a tué. Son histoire est à la rubrique des faits divers. La Cour d'assises la jugera. Bien des années plus tard, elle est libérée. La vie doit reprendre. Ce récit est parfaitement conforme à la réalité. Tout a existé et existe encore.
(Coll. La justice au quotidien, 15.00 euros, 130 p.)
ISBN : 978-2-343-07436-8, ISBN EBOOK : 978-2-336-39812-9

GABELOUS ET CONTREBANDIERS
Histoire des fermiers généraux de Dijon (1760-1780)
Evrard Sébastien - Préface de Marc Fradet
En exhumant un registre du personnel de la direction des fermes de Dijon, l'auteur retrace, entre 1760 et 1780, la vie méconnue de centaines d'agents au service du doit et de l'impôt. Ces derniers servaient un système protecteur (la retraite fait son apparition dès 1768), parfois très rémunérateur, mais qui s'avère aussi, sous certains aspects, une machine à broyer les hommes : le régime des sanctions que met en place la Ferme est d'une efficacité redoutable. En définitive, la Ferme présente un aspect mitigé.
(Coll. Mémoires des Douanes, 28.50 euros, 278 p.)
ISBN : 978-2-343-06683-7, ISBN EBOOK : 978-2-336-39845-7

DICTIONNAIRE OHADA
(3e édition)
Bitsamana Hilarion Alain
Ce dictionnaire spécial du droit des affaires OHADA propose une définition claire et précise, avec tous les compléments nécessaires, des principaux termes utilisés tous les jours se rapportant

à l'OHADA. Un ouvrage de référence permettant de décoder l'OHADA, accessible à toute personne s'intéressant au monde des affaires en Afrique comme à l'étranger.
(39.00 euros, 398 p.)
ISBN : 978-2-343-07656-0, ISBN EBOOK : 978-2-336-39786-3

LA DÉJUDICIARISATION ET LES PROCÉDURES NON CONTENTIEUSES EN AFRIQUE
Amboulou Hygin Didace
La déjudiciarisation comprend l'ensemble des mécanismes de gestion des différends en rationalisant les moyens matériels et humains de la justice, afin de pallier les déficiences du système judiciaire et de limiter les surcharges des juridictions. Les institutions de nombreux pays sont analysées et les déjudiciarisations en droit public et en droit privé sont abordées.
(Coll. Études africaines, 17.50 euros, 156 p.)
ISBN : 978-2-343-06928-9, ISBN EBOOK : 978-2-336-39805-1

COMMENT RENFORCER L'INDÉPENDANCE DE LA MAGISTRATURE AU SÉNÉGAL ?
Ngom Babacar
Préface de Amadou Mahtar Mbow
L'ouvrage présente dans une première partie les garanties légales d'indépendance de la justice, notamment la règle de la séparation des pouvoirs, le principe de la soumission des juges à l'autorité de la loi et celui de l'inamovibilité du magistrat du siège. Après une analyse critique de ces dispositions, l'auteur formule des propositions de renforcement de l'indépendance de la magistrature.
(13.50 euros, 124 p.)
ISBN : 978-2-343-05158-1, ISBN EBOOK : 978-2-336-39837-2

LE DROIT PÉNAL DES AFFAIRES AU CAMEROUN
Djila Kouayi Kemajou Rose
Préface de Victor-Emmanuel Bokalli
Dans le domaine des affaires, la liberté d'entreprendre et d'investir comporte de nombreux risques, au rang desquels le risque pénal. La délinquance en col blanc n'étant plus réservée aux grandes sociétés commerciales, les moyens de lutte et de sécurisation des investisseurs nécessitent un droit pénal des affaires dont l'objectif est la recherche d'une éthique dans ce domaine.
(Coll. Études africaines, 35.50 euros, 350 p.)
ISBN : 978-2-343-07840-3, ISBN EBOOK : 978-2-336-39777-1

50 ANS DE MARIAGE
Réflexions d'un notaire sur l'évolution du couple ces cinquante dernières années
Dauptain Pierre
De la pilule contraceptive jusqu'au mariage pour tous, l'auteur nous propose une réflexion sur les lois qui ont accompagné l'évolution du couple au cours des cinquante dernières années. Il analyse cette évolution pour aborder les problématiques juridiques et morales qui font tant débat de nos jours. Il s'appuie sur des travaux de juristes ou de sociologues, des articles de presse, mais aussi sur les chansons et les films qui ont marqué ces années et qui témoignent de façon si éclairante des changements de mentalités.
(Éditions Pepper, 16.50 euros, 148 p.)
ISBN : 978-2-343-07677-5, ISBN EBOOK : 978-2-336-39690-3

L'HARMATTAN ITALIA
Via Degli Artisti 15; 10124 Torino
harmattan.italia@gmail.com

L'HARMATTAN HONGRIE
Könyvesbolt ; Kossuth L. u. 14-16
1053 Budapest

L'HARMATTAN KINSHASA
185, avenue Nyangwe
Commune de Lingwala
Kinshasa, R.D. Congo
(00243) 998697603 ou (00243) 999229662

L'HARMATTAN CONGO
67, av. E. P. Lumumba
Bât. – Congo Pharmacie (Bib. Nat.)
BP2874 Brazzaville
harmattan.congo@yahoo.fr

L'HARMATTAN GUINÉE
Almamya Rue KA 028, en face
du restaurant Le Cèdre
OKB agency BP 3470 Conakry
(00224) 657 20 85 08 / 664 28 91 96
harmattanguinee@yahoo.fr

L'HARMATTAN MALI
Rue 73, Porte 536, Niamakoro,
Cité Unicef, Bamako
Tél. 00 (223) 20205724 / +(223) 76378082
poudiougopaul@yahoo.fr
pp.harmattan@gmail.com

L'HARMATTAN CAMEROUN
BP 11486
Face à la SNI, immeuble Don Bosco
Yaoundé
(00237) 99 76 61 66
harmattancam@yahoo.fr

L'HARMATTAN CÔTE D'IVOIRE
Résidence Karl / cité des arts
Abidjan-Cocody 03 BP 1588 Abidjan 03
(00225) 05 77 87 31
etien_nda@yahoo.fr

L'HARMATTAN BURKINA
Penou Achille Some
Ouagadougou
(+226) 70 26 88 27

L'HARMATTAN SÉNÉGAL
10 VDN en face Mermoz, après le pont de Fann
BP 45034 Dakar Fann
33 825 98 58 / 33 860 9858
senharmattan@gmail.com / senlibraire@gmail.com
www.harmattansenegal.com

L'HARMATTAN BÉNIN
ISOR-BENIN
01 BP 359 COTONOU-RP
Quartier Gbèdjromèdé,
Rue Agbélenco, Lot 1247 I
Tél : 00 229 21 32 53 79
christian_dablaka123@yahoo.fr

Achevé d'imprimer par Corlet Numérique - 14110 Condé-sur-Noireau
N° d'Imprimeur : 132257 - Dépôt légal : septembre 2016 - *Imprimé en France*

www.ingramcontent.com/pod-product-compliance
Lightning Source LLC
LaVergne TN
LVHW021146061026
849535LV00002B/371
9782343101965